CB121521

DICIONÁRIO DO NOTARIADO

ALBINO MATOS
JOÃO RICARDO MENEZES

DICIONÁRIO DO NOTARIADO

ALMEDINA

DICIONÁRIO DO NOTARIADO

AUTORES

ALBINO MATOS

JOÃO RICARDO MENEZES

EDITOR

EDIÇÕES ALMEDINA, S.A.

Avenida Emídio Navarro, 81, 3D

3000-151 Coimbra

Tel.: 239 851 904 · Fax: 239 851 901

www.almedina.net · editora@almedina.net

DESIGN DE CAPA

FBA.

PRÉ-IMPRESSÃO

EDIÇÕES ALMEDINA, S.A.

IMPRESSÃO E ACABAMENTO

abril, 2023

ISBN

978-989-40-0856-9

DEPÓSITO LEGAL

????????/23

Os dados e as opiniões inseridos na presente publicação são da exclusiva responsabilidade do(s) seu(s) autor(es).

Toda a reprodução desta obra, por fotocópia ou outro qualquer processo, sem prévia autorização escrita do Editor, é ilícita e passível de procedimento judicial contra o infrator.

ALMEDINA | GRUPOALMEDINA

PREFÁCIO

É-me muito grato fazer nestas linhas a apresentação do presente volume, ensaiando do mesmo passo como que a passagem de testemunho de um autor a outro, de uma geração à seguinte, do passado tempo ao presente e ao tempo futuro, por assim dizer.

O DICIONÁRIO DO NOTARIADO foi lançado em 1980, como publicação periódica, distribuída em fascículos, por assinatura, assumindo o aqui signatário quer a autoria da obra, quer a edição, distribuição e administração da publicação.

Tratava-se de oferecer ao público interessado – mormente a notários e oficiais do notariado, a registadores e oficiais dos registos, a advogados e juristas em geral – um instrumento prático de trabalho, recolhendo informação relevante para o exercício do ofício notarial, quer de legislação, quer de doutrina, quer de jurisprudência, judicial ou administrativa.

A publicação teve um sucesso assinalável, pode afirmar-se, recebendo desde início o favor do público destinatário, a ponto de o número de assinantes equivaler a breve trecho, nesses anos iniciais, ao volume da tiragem, traduzindo praticamente o esgotamento da edição.

Cumprida, entretanto, a fase primeva de edição própria, de três ou quatro anos, passou a publicação a ser editada pela Associação Portuguesa de Notários, com sede em Lisboa, e aí se manteve por largo período, vindo mais tarde a ser editada e distribuída pela Livraria Almedina, de Coimbra, por alguns anos, até se finar de morte natural em 2005, por virtude de reforma do seu autor, como notário. Iam volvidos, desde o começo, 26 anos de vida, com a publicação de 96 fascículos, salvo erro – 3072 fichas, dois ou três palmos de lombadas, por junto, na estante.

Ora bem, foi esta obra que o Dr. João Menezes, M.I. Notário no Porto, se propôs reeditar em volume – sob nova forma e apresentação, portanto – e eu não podia senão dizer-lhe que sim, dar à ideia o acordo indispensável, de boamente, abrir-lhe as portas e janelas da casa, franquear-lhe o caminho e a passagem. Sem quaisquer condições, sem nenhum interesse próprio, sem a mínima interferência, sem conhecimento sequer do pormenor do projecto ou da sua execução, que é assim como aparece a público da inteira e exclusiva responsabilidade do segundo autor. Este, com inteira liberdade e no desígnio de salvar a utilidade, interesse e actualidade do material publicado, cortou como entendeu no texto original, sobretudo no capítulo da legislação, por forma a fazer caber em cerca de seiscentas páginas do presente volume as mais de três mil da publicação anterior, assim como alterou, acrescentou e actualizou outras matérias.

O resultado é este que se oferece à atenção do leitor, à consideração e ao juízo do público. Que a obra lhe seja útil, na singeleza da sua modéstia, é o meu voto sincero.

Ao meu co-autor, João Menezes, o agradecimento que lhe devo pelo seu interesse e pelo seu trabalho. *Ex corde...*

Albino Matos
Notário (Vouzela, 1974-2004)
(Coimbra, 2005)

EXÓRDIO

"Conhecer o querer que aquele que quer não conhece: eis o drama do notário." (Salvatore Satta)

É esta a dimensão mais nobre do notário: conformar a vontade declarada com a vontade real do interessado e adequar a vontade livre, porque informou e esclareceu, com o ordenamento jurídico vigente.

Em Portugal, e já depois da chamada "privatização do notariado" (Decreto-Lei n.º 26/2004, de 4 de fevereiro), aproximando-o, e bem, do seu habitat natural (o notariado do tipo latino ou romano-germânico), temos assistido à vulgarização, por parte do poder político, da atividade notarial. Vulgarização sem paralelo em ordenamentos jurídicos de tradição civilística. Uma originalidade portuguesa, cujos efeitos, para a economia e para a segurança e certeza jurídicas, ainda estão por demonstrar.

No entanto, a relevância da atuação do notário continua e continuará a contar com o reconhecimento dos cidadãos e das empresas, pois é nele que encontram o jurista a cujos documentos escritos, elaborados no exercício da sua função, é conferida autenticidade e fé pública.

O notário é o autor das escrituras públicas e assegura o seu arquivo de acesso público. Rege a sua atividade pelo princípio da legalidade, devendo indagar, interpretar e adequar à Lei as declarações que recebe.

Não há, portanto, normas do direito que não interessem à função notarial.

O exercício que propomos retoma o DICIONÁRIO DO NOTARIADO, iniciado em janeiro de 1980, pelo Ilustre Notário Albino Matos, com vasta obra publicada e reconhecimento além-fronteiras.

Albino Matos, com mestria ímpar, disponibilizou-nos uma obra de recolha e catalogação de matérias publicadas sobre a atividade notarial, com notas de opinião ou comentários pessoais do autor como contribuição para a reflexão crítica dos problemas.

Convencidos da falta que faz uma obra do género, propomos a publicação deste novo trabalho, aproveitando e seguindo de perto, com cortes e atualizações, o caminho traçado pelo Dicionário do Notariado de Albino Matos.

Com Albino Matos, tentamos o mapeamento, a separação e marcação de informação relevante, com o objetivo de esta se tornar conteúdo de rápida e fácil compreensão e utilização.

É uma obra de interesse eminentemente prático, que tem o seu público-alvo nos estudantes, notários, advogados e solicitadores.

Assumimos a organização, revisão, adaptação e atualização dos temas tratados. Coligimos a jurisprudência, dos Tribunais e do Conselho Técnico do Instituto dos Registos e do Notariado, que reputamos mais relevante, mas sem prescindir de introduzirmos uma ou outra nota dos autores, como contributo para a reflexão crítica dos temas tratados.

A revisão foi feita com todo o cuidado, mas os práticos devem confrontar, sempre, as referências legislativas em vigor.

O presente trabalho não seria possível sem a colaboração empenhada e entusiasmada da notária estagiária Carolina Camarinha e do jurista Ricardo Menezes, a quem muito agradecemos, e que são a prova de que o notariado está bem vivo e recomenda-se.

Porto, fevereiro de 2023

ABREVIATURAS E SIGLAS

A.	Autor
al.	alínea
art.	artigo
arts.	artigos
BMJ	Boletim do Ministério da Justiça
Bol. Reg. Not.	Boletim dos Registos e do Notariado
BRN	Boletim dos Registos e do Notariado
BRN-CC	Boletim dos Registos e do Notariado – Conselho Consultivo
BRN-CT	Boletim dos Registos e do Notariado – Conselho Técnico
cf.	conferir
CIMT	Código do Imposto Municipal sobre as Transmissões Onerosas de Imóveis
CIRE	Código da Insolvência e da Recuperação de Empresas
CIRS	Código do Imposto sobre o Rendimento das Pessoas Singulares
CN	Código do Notariado
Cód. Civ./C. Civil	Código Civil
Crcom	Código do Registo Comercial
CRP	Código do Registo Predial
CSC	Código das Sociedades Comerciais
CTF	Ciência e Técnica Fiscal
DGRN	Direção-Geral dos Registos e do Notariado
ed.	edição
i. e.	*id est*, isto é
IMT	Imposto Municipal sobre as Transmissões Onerosas de Imóveis
IRN	Instituto dos Registos e do Notariado
LGT	Lei Geral Tributária
n.º(s)	número(s)
ob. cit.	obra citada
p.	página
p. ex.	por exemplo

pp.	páginas
RDES	Revista de Direito e de Estudos Sociais
Rev. Leg. Jur.	Revista de Legislação e Jurisprudência
Rev. Not.	Revista do Notariado
Rev. Trib.	Revista dos Tribunais
RLJ	Revista de Legislação e de Jurisprudência
SJC-CT	Setor Jurídico – Conselho Técnico
ss.	seguintes
STA	Supremo Tribunal Administrativo
STJ	Supremo Tribunal de Justiça
TC	Tribunal Constitucional
Ver. Not.	Verificar Nota
v.g.	*verbi gratia* (por exemplo)
vol.	volume

A

ABERTURA DE CRÉDITO

A abertura de crédito será o contrato pelo qual alguém, em geral um banco, se obriga a prestar a outrem o seu crédito, considerado este como valor económico. Dela não nasce qualquer dever do creditado de usar o crédito concedido, mas unicamente um direito potestativo a utilizar ou não as importâncias objeto desse direito de crédito.

A abertura de crédito é um contrato consensual, *cujos efeitos são meramente obrigacionais e não reais – apresentando-se como um contrato oneroso e bilateral, como um* contrato de crédito, *de* execução duradoura *e que não está sujeito a forma, tanto podendo ser celebrado por escrito como oralmente.*

(A. Braz Teixeira, "Sobre a natureza jurídica do contrato de abertura de crédito", *Ciência e Técnica Fiscal,* n.º 125, p. 117)

NOTAS

O A. resume em breves notas as várias doutrinas acerca da natureza jurídica do contrato de abertura de crédito: deverá considerar-se um contrato real, um mútuo? Ou um simples contrato preliminar, consensual, promessa de mútuo? Ou um contrato autónomo e definitivo, que se realiza ou cumpre pela utilização das disponibilidades concedidas? Ou um mútuo, já não real, mas meramente consensual? Ou, finalmente, um negócio complexo, que se desdobraria num mútuo seguido de depósito?

Sobre a matéria, entre o fundamental, o estudo de J. G. Pinto Coelho, "Operações de banco: Depósito bancário – Abertura de Crédito", *Rev. Leg. Jur.*, ano 81, p. 17, assim como o estudo publicado na *Revista Bancária*, 29, p. 25; cf., ainda, A. Vaz Serra, *Rev. Leg. Jur.*, ano 112, p. 32.

FORMA

O contrato de abertura de crédito não é regulado no Código Comercial, nem é previsto na legislação civil, pelo que a sua formação não depende de quaisquer requisitos formais, podendo a sua existência ser livremente apreciada em face da prova testemunhal e documental.

(Acórdão do STJ, de 1979-03-01, *BMJ*, 285/347)

NOTAS

No mesmo sentido, ver A. Braz Teixeira, *Ciência e Técnica Fiscal*, n.º 125, p. 123, e acórdão do Tribunal da Relação de Lisboa, de 1979-05-30 (*Colectânea de Jurisprudência*, 3/3/61).

O douto acórdão sumariado é anotado, com reserva, por Vaz Serra (*Rev. Leg. Jur.*, 112/283), que invoca a doutrina de Pinto Coelho ("Operações de banco", II, n.os 10 e ss.): se tiver por objeto um mútuo, o contrato de abertura de crédito é, afinal, um contrato-promessa de mútuo, daí resultando que, se o mútuo prometido estiver legalmente sujeito a forma especial (C. Civil, art. 1143.º), teria o respetivo contrato-promessa de ser reduzido a escrito e assinado pelos promitentes (C. Civil, art. 410.º, n.º 2) – cf., ainda, Vaz Serra, *Rev. Leg. Jur.*, n.º 93, p. 178.

AGÊNCIA

O Decreto-Lei n.º 178/86, de 3 de julho, com a redação dada pelo Decreto-Lei n.º 118/93, de 13 de abril, regulamenta o *contrato de agência* por diploma, de que se salienta:

Artigo 1.º – *Noção e forma*

1. Agência é o contrato pelo qual uma das partes se obriga a promover por conta da outra a celebração de contratos, de modo autónomo e estável e mediante retribuição, podendo ser-lhe atribuída certa zona ou determinado círculo de clientes.

2. Qualquer das partes tem o direito, a que não pode renunciar, de exigir da outra um documento assinado que indique o conteúdo do contrato e de posteriores aditamentos ou modificações.

Artigo 4.º – *Direito de exclusivo*

Depende de acordo escrito das partes a concessão do direito de exclusivo a favor do agente, nos termos do qual a outra parte fique impedida de utilizar, dentro da mesma zona ou do mesmo círculo de clientes, outros agentes para o exercício de atividades que estejam em concorrência com as do agente exclusivo.

O agente só pode celebrar contratos em nome do principal se este lhe conferir, *por escrito,* os necessários poderes (art. 2.º). O mesmo, para a cobrança de créditos (art. 3.º).

A subagência (art. 5.º) é permitida, salvo convenção em contrário.

NOTAS

Este diploma tem 39 artigos, sendo de leitura imprescindível.

Nos arts. 6.º a 11.º regulam-se as *obrigações do agente,* designadamente de segredo, de não concorrência (após a cessação do contrato, sujeita a forma escrita e limitada ao máximo de dois anos), bem como de garantia do cumprimento das obrigações de terceiro, igualmente sujeita a forma escrita).

Os direitos do agente constam dos arts. 12.º a 20.º, contando-se entre eles, nomeadamente, os direitos a aviso, a retribuição e a comissão.

No capítulo III (arts. 21.º a 23.º) preveem-se diversas medidas de *proteção de terceiros* e no capítulo IV (arts. 24.º a 36.º) disciplina-se a *cessação do contrato,* que pode verificar-se por acordo (exigência, para o mesmo, de documento escrito), caducidade, denúncia e resolução (devendo esta, como a denúncia, fazer-se por meio de declaração escrita à contraparte).

O contrato em si mesmo não está sujeito, aparentemente, à observância de forma especial.

É de referir, neste âmbito, o artigo de Menezes Cordeiro "Do Contrato de Concessão Comercial", disponível em {6bf3386e-d685-4ec5-b913-2544d9ad7e2c}.pdf (oa.pt)

AGRUPAMENTOS COMPLEMENTARES DE EMPRESAS (ACE)

A Lei n.º 4/73, de 4 de junho, com a redação dada pelas várias alterações, sendo a última resultante do Decreto-Lei n.º 76-A/2006, de 29 de março, estabeleceu as normas sobre a constituição e o regime dos ACE.

Os ACE são entidades personalizadas resultantes do agrupamento de *pessoas singulares ou coletivas* e de *sociedades*, com o fim de melhorarem as condições de exercício ou de resultado das suas atividades económicas (Base I).

Os ACE não podem ter por *fim* principal a realização e partilha de lucros e constituem-se com ou sem capital; as empresas agrupadas respondem, em princípio, solidariamente pelas dívidas do ACE, gozando do benefício de excussão (Base II).

O contrato constitutivo deve ser reduzido a *escrito*, salvo se forma mais solene for exigida para a transmissão dos bens com que os sócios entram para o agrupamento (Base III).

O ACE adquire *personalidade jurídica* com a inscrição do seu ato constitutivo no *registo comercial* (Base IV).

"O Governo providenciará no sentido da concessão de estímulos financeiros e de outros benefícios, nomeadamente de natureza fiscal, a favor dos agrupamentos que tenham, pelo seu objetivo, interesse para a economia nacional" (Base VI).

NOTAS

Apesar de os n.ºs 1 a 3 da Base VI da Lei n.º 4/73 terem sido revogados pelo Decreto-Lei n.º 442-B/88, de 30 de novembro (art. 7.º, n.º 1), o art. 7.º, n.º 2, deste diploma manteve expressamente em vigor o disposto no art. 15.º, n.º 1, do Decreto-Lei n.º 430/73, de 25 de agosto.

AGRUPAMENTOS EUROPEUS DE INTERESSE ECONÓMICO (AEIE)

Regulamento (CEE) n.º 2137/85 do Conselho, de 25 de julho de 1985, de que descatamos:

Artigo 1.º – *Noção*

1. Os Agrupamentos Europeus de Interesse Económico constituir-se-ão nas condições, segundo as modalidades e com os efeitos previstos no presente regulamento. Neste sentido, quem pretenda constituir um agrupamento deve concluir um contrato e proceder ao registo previsto no artigo 6.º.

2. O agrupamento assim constituído tem capacidade, em seu próprio nome, para ser titular de direitos e de obrigações de qualquer natureza, para celebrar contratos ou praticar outros atos jurídicos e estar em juízo, a partir da data do registo previsto no artigo 6.º.

3. Os Estados-membros determinarão se os agrupamentos inscritos nos seus registos por força do artigo 6.º têm ou não personalidade jurídica.

Artigo 3.º – *Objeto*

1. O objetivo do agrupamento é facilitar ou desenvolver a atividade económica dos seus membros, melhorar ou aumentar os resultados desta atividade; não é seu objetivo realizar lucros para si próprio.

A sua atividade deve estar ligada à atividade económica dos seus membros e apenas pode constituir um complemento a esta última.

(...)

Artigo 4.º – *Membros*

Só podem ser membros de um agrupamento os entes indicados pelo n.º 1 deste artigo, sendo que o agrupamento deve ser composto, no mínimo, de acordo com o resultante do n.º 2.

Artigo 5.º – *Contrato*

O contrato tem como âmbito mínimo o resultante do art. 5.º do Regulamento.

Artigo 16.º – *Órgãos*

1. Os órgãos do agrupamento são os membros agindo colegialmente e o ou os gerentes.

O contrato do agrupamento pode prever outros órgãos; estabelecerá, neste caso, os seus poderes.

2. Os membros do agrupamento agindo enquanto órgão podem tomar qualquer decisão com vista à realização do objetivo do agrupamento.

Artigo 17.º – *Deliberações*

"Cada membro dispõe de um voto. O contrato do agrupamento pode, todavia, atribuir vários votos a certos membros, desde que nenhum deles detenha a maioria" (n.º 1).

É exigida a unanimidade dos membros para as decisões previstas no n.º 2 do mesmo artigo.

O critério supletivo para as decisões é o da unanimidade, mas, quando a unanimidade não seja exigida pelo Regulamento, "o contrato de agrupamento pode determinar as condições de quórum e de maioria em que as decisões, ou algumas de entre elas, serão tomadas. Se o contrato nada estipular a este respeito, as decisões serão tomadas por unanimidade" (n.º 3).

"Por iniciativa de um gerente ou a pedido de um membro, o ou os gerentes devem organizar uma consulta aos membros a fim de que estes tomem uma decisão" (n.º 4).

NOTAS

O presente Regulamento é aplicável a partir de 1 de julho de 1989 (art. 43.º).

Poderá ser útil a consulta dos Sumários de Legislação da UE a propósito desta matéria, disponível em EUR-Lex – l26015 – EN – EUR-Lex (europa.eu) .

Conforme as disposições aplicáveis do Regulamento, a constituição e as alterações, além de outros factos relativos ao agrupamento, estão sujeitos a registo e publicação (ver também os arts. 1.º, n.º 2, 7.º, 9.º, 10.º, 15.º e 70.º do Código do Registo Comercial).

Execução do Regulamento relativo aos Agrupamentos Europeus de Interesse Económico

O Decreto-Lei n.º 148/90, de 9 de maio, publica o regime substantivo dos agrupamentos em epígrafe, em execução do Regulamento (CEE) n.º 2137/85, do Conselho, de 25 de julho de 1985, de que destacamos:

Artigo 1.º – *Personalidade jurídica*

O agrupamento europeu de interesse económico adquire personalidade jurídica com a inscrição definitiva da sua constituição no registo comercial, de harmonia com a lei respetiva, e mantém-na até ao registo do encerramento da liquidação.

Artigo 2.º – *Contrato de agrupamento*

O contrato de agrupamento e as suas alterações devem constar de documento escrito.

Artigo 3.º – *Natureza do contrato*

1. O contrato de agrupamento tem carácter civil ou comercial, consoante o seu objeto.

2. O agrupamento europeu de interesse económico que tenha por objeto praticar atos de comércio é comerciante.

Artigo 5.º – *Cessão de participação*

A transmissão entre vivos da participação de um membro do agrupamento deve constar de documento escrito.

(...)

Artigo 7.º – *Obrigações*

O agrupamento pode emitir obrigações para oferta em subscrição particular, nas mesmas condições que o agrupamento complementar de empresas, sem prejuízo do disposto no artigo 23.º do Regulamento (CEE) n.º 2137/85.

(...)

Artigo 11.º – *Transformação*

1. Um agrupamento complementar de empresas pode transformar-se em agrupamento europeu de interesse económico, independentemente de processo de liquidação e sem criação de uma nova pessoa coletiva, desde que satisfaça as condições previstas no referido Regulamento (CEE) n.º 2137/85, nomeadamente no seu artigo 4.º, n.º 2.

2. Um agrupamento europeu de interesse económico pode transformar-se em agrupamento complementar de empresas, independentemente de processo de liquidação e sem criação de uma nova pessoa coletiva, desde que deixe de satisfazer as condições previstas no referido Regulamento (CEE) n.º 2137/85, nomeadamente nos artigos 3.º, n.º 2, alínea c), e 4.º, n.º 2.

Artigo 12.º – *Regime supletivo*

São aplicáveis aos agrupamentos europeus de interesse económico com sede contratual em Portugal as normas estabelecidas pela lei portuguesa para o agrupamento complementar de empresas em tudo o que não se encontre previsto no Regulamento (CEE) n.º 2137/85, do Conselho, de 25 de julho de 1985, nem no presente diploma.

ÁGUAS

Menção

I – A água é bem imóvel suscetível de direito real distinto do direito de propriedade sobre o prédio onde ela nasce.

II – Tendo sido vendida uma parte rústica de um imóvel, em que existia uma mina, e não se tendo mencionado na respetiva escritura pública abranger a venda também a água daquela mina, não se transmitiu o direito de propriedade dos vendedores em relação àquela água.

(Acórdão da Relação de Coimbra, de 1981-11-10, *Colectânea de Jurisprudência*, 6/05/60.

[...] Para que em definitivo se possa concluir no apontado sentido [nota de autor: i. e., pela aplicação do art. 97.º, n.º 1, do CRP], *é necessário, face à pouco clara redação empregue no título, nomeadamente no que respeita à caracterização jurídica da referenciada pertença em partes iguais a cada um dos prédios do dito furo artesiano (e respetiva água) localizado no prédio submetido a registo, que o notário – obviamente, mediante a intervenção das partes outorgantes na escritura em que foi dada forma à expressão da sua vontade – se pronuncie sobre o alcance da transcrita menção, complementando o esclarecimento a prestar, no caso de por ele se confirmar a constituição da servidão, com a integral e precisa definição do correspondente conteúdo* [art. 1544.º do Código Cível e art. 95.º, n.º 1, al. c), do CRP].*"*

(Parecer do Conselho Consultivo do IRN, relatora Maria Eugénia Cruz Pires dos Ramos Moreira, homologado em 2010-04-09, disponível em PRP 16/2010 SJC-CT (mj.pt))

I – A alienação de um prédio implica a alienação do subsolo e do espaço aéreo respetivos, com tudo o que neles se contém e não esteja desintegrado da superfície por lei ou negócio jurídico.

II – Existindo registo de aquisição do subsolo, passível de ser interpretado como direito de exploração de águas subterrâneas, mas subordinado a condição resolutiva, e registo de aquisição do prédio a favor do mesmo sujeito, no título de transmissão do imóvel a favor de terceiro deve ficar suficientemente claro se no objeto da alienação se contém ou não aquele direito de exploração.

III – O facto que titule aquisição de três prédios e aquisição de outro direito sujeito a registo pode ser registado mediante uma única inscrição.

IV – A existência de unicidade da inscrição que resulta do facto jurídico que abrange quatro prédios não implica que o registo obtenha igual qualificação relativamente a todos os prédios, podendo a inscrição ser recusada, ou feita provisória, quanto a um ou alguns deles.

(Parecer do Conselho Consultivo do IRN, homologado em 2014-02-03, disponível em 10_2014_RP_92-2013-STJ-CC.pdf (mj.pt))

NOTAS

1. Sobre o acórdão da Relação de Coimbra, Albino de Matos refere: "Admitindo o acerto do doutamente decidido, em face da matéria de facto provada no caso concreto, observa-se, em todo o caso, o seguinte: *a falta de menção da respetiva água na escritura de transmissão de um prédio tanto pode significar a sua inclusão como a sua exclusão do ob-*

jeto do contrato; por via de regra significará a inclusão, e só excecionalmente o contrário; em princípio, a transmissão do prédio compreende a transmissão de todos os seus respetivos direitos, partes componentes ou integrantes, acessórios, etc.

A fim de evitar dúvida na interpretação do contrato e quando a dúvida se antolhe possível, não haverá como clausular a tal respeito na escritura, mencionando expressamente a água (ou outra coisa) que não se pretende excluir do objeto da transmissão.

A esta luz se patenteia a nocividade e o perigo de certa prática notarial, avessa à menção expressa das águas nas escrituras de venda, sob o pretexto, diz-se, de que tal menção não consta, como normalmente não consta, do respetivo conhecimento de sisa."

2. O acórdão da Relação do Porto, de 1981-11-03, doutrina que não constitui, só por si, prova suficiente para determinar a titularidade de determinadas águas, a declaração feita pelos vendedores, em escritura pública, de que estas lhe pertencem (*Colectânea de Jurisprudência*, 6/5/243).

ANULABILIDADE

Acompanhamento

A Lei n.º 49/2018, de 14 de agosto, cria o regime jurídico do maior acompanhado, eliminando os institutos da interdição e da inabilitação previstos no Código Civil, aprovado pelo Decreto-Lei n.º 47 344, de 25 de novembro de 1966. Do Código Civil destacamos:

Artigo 138.º – *Acompanhamento*

O maior impossibilitado, por razões de saúde, deficiência ou pelo seu comportamento, de exercer, plena, pessoal e conscientemente, os seus direitos ou de, nos mesmos termos, cumprir os seus deveres, beneficia das medidas de acompanhamento previstas neste Código.

Artigo 139.º – *Decisão judicial*

1. O acompanhamento é decidido pelo tribunal, após audição pessoal e direta do beneficiário, e ponderadas as provas.

2. Em qualquer altura do processo, podem ser determinadas as medidas de acompanhamento provisórias e urgentes, necessárias para providenciar quanto à pessoa e bens do requerido.

Artigo 145.º – *Âmbito e conteúdo do acompanhamento*

1. O acompanhamento limita-se ao necessário.

2. Em função de cada caso e independentemente do que haja sido pedido, o tribunal pode cometer ao acompanhante algum ou alguns dos regimes seguintes:

a) Exercício das responsabilidades parentais ou dos meios de as suprir, conforme as circunstâncias;

b) Representação geral ou representação especial com indicação expressa, neste caso, das categorias de atos para que seja necessária;

c) Administração total ou parcial de bens;

d) Autorização prévia para a prática de determinados atos ou categorias de atos;

e) Intervenções de outro tipo, devidamente explicitadas.

3. Os atos de disposição de bens imóveis carecem de autorização judicial prévia e específica.

4. A representação legal segue o regime da tutela, com as adaptações necessárias, podendo o tribunal dispensar a constituição do conselho de família.

5. À administração total ou parcial de bens aplica-se, com as adaptações necessárias, o disposto nos artigos 1967.º e seguintes.

Artigo 156.º – *Mandato com vista a acompanhamento*

1. O maior pode, prevenindo uma eventual necessidade de acompanhamento, celebrar um mandato para a gestão dos seus interesses, com ou sem poderes de representação.

2. O mandato segue o regime geral e especifica os direitos envolvidos e o âmbito da eventual representação, bem como quaisquer outros elementos ou condições de exercício, sendo livremente revogável pelo mandante.

3. No momento em que é decretado o acompanhamento, o tribunal aproveita o mandato, no todo ou em parte, e tem-no em conta na definição do âmbito da proteção e na designação do acompanhante.

4. O tribunal pode fazer cessar o mandato quando seja razoável presumir que a vontade do mandante seria a de o revogar.

NOTAS

1. O valor dos atos dos interditos encontrava-se, até 2018, fixado nos arts. 148.º e ss. do Código Civil. Com a entrada em vigor da Lei n.º 49/2018, o regime alterou-se, surgindo o instituto do **acompanhamento**, que se encontra plasmado nos arts. 138.º e ss. do Código Civil. O legislador teve em vista uma maior flexibilização no âmbito da incapacidade jurídica, procurando uma maior aproximação entre as capacidades naturais de cada pessoa e o seu grau de autonomia jurídica. Por isso, determina-se que seja o tribunal, perante cada caso, a definir o âmbito do acompanhamento (art. 145.º do Código Civil). Há que ter em conta que, no entanto, em regra, o exercício, pelo acompanhado, de direitos pessoais e a celebração de negócios da vida corrente são livres, salvo disposição da lei ou decisão judicial em contrário (art. 147.º, n.º 1, do Código Civil).

Para os negócios jurídicos celebrados pelo maior acompanhado após o registo da sentença de acompanhamento, comina-se a anulabilidade (art. 154.º, n.º 1, al. a), do Código Civil.)

Os negócios jurídicos celebrados depois de anunciada a proposição da ação serão anuláveis, contanto que o acompanhamento venha a ser decretado e se demonstre o prejuízo do negócio para o acompanhado (art. 154.º, n.º 1, al. b), do Código Civil).

Os negócios celebrados antes do anúncio da proposição da ação serão anuláveis, mas apenas se o sujeito se encontrar acidentalmente incapacitado de entender o sentido da declaração ou não tiver o livre exercício da sua vontade, posto que o facto seja notório (aos olhos de uma pessoa de normal diligência) ou conhecido do declaratário (art. 257.º do Código Civil *ex vi* art. 154.º, n.º 3).

2. A natureza da invalidade não implica, para o notário, a impossibilidade de recusar o ato outorgado pelo maior acompanhado, quando a sentença de acompanhamento o impeça de praticar esse ato, ou por quem se mostre incapaz de entender ou querer o sentido da declaração.

Decerto, a anulabilidade não constitui por si motivo de recusa legítima (art. 174.º do Código do Notariado); mas já o constitui a simples dúvida sobre a integridade das faculdades mentais do outorgante (al. c) do n.º 1 do art. 173.º do Código do Notariado).

Aliás, a falta de consciência da declaração gera nulidade (Rui Alarcão, *BMJ*, 138/89), senão inexistência (Mota Pinto, *Teoria Geral do Direito Civil*, 1966, pp. 218 e 357), nos termos do art. 246.º do Código Civil. Já foi, porém, sustentado que este preceito não atinge os atos praticados pelo demente (*Rev. Trib.*, 88/94).

3. Quanto ao prazo para a invocação da anulabilidade, bem como as pessoas com legitimidade para a arguir, é aplicável o art. 287.º do Código Civil, com as necessárias adaptações.

Deve notar-se, em todo o caso, a disposição expressa do n.º 2 do art. 154.º: o prazo de anulação dos atos praticados depois de anunciada a proposição da ação só começam a contar-se a partir do registo da sentença.

Quanto ao prazo de anulação dos atos anteriores à publicidade da ação, rege o disposto no art. 287.º, *ex vi* arts. 154.º, n.º 3, e 257.º.

4. Em relação à exigência de autorização judicial prévia e específica, prevista nos casos do art. 145.º, n.º 3, pode questionar-se quanto à consequência associada à sua preterição, i. e., se constitui uma nulidade por força do disposto no art. 294.º do Código Civil, ou uma anulabilidade. Parece ser mais correto sancionar esse vício com a mera anulabilidade. A mesma posição é adotada por Mafalda Miranda Barbosa, no artigo "Maiores Acompanhados: da incapacidade à capacidade?", disponível em *Revista da Ordem dos Advogados*, I-II, 2018 (oa.pt), e cujo excerto se transcreve: "[N]o que diz aos atos de disposição de bens imóveis, determina o art. 145.º/3 do Código Civil, que eles carecem sempre de autorização judicial específica. Tratando-se de um ato do acompanhante em nome do acompanhado, tal já resultava das regras do art. 1938.º, conjugado com o art. 1889.º, ambos do Código Civil. Estes preceitos são, aliás, mais amplos. De facto, enquanto a norma do art. 145.º/3 do Código Civil, fala da disposição de bens imóveis, o art. 1938.º/1 a) do Código Civil refere-se a alienação e oneração de bens não suscetíveis de deterioração. E, embora o conceito de disposição pareça ser, em certa medida, mais amplo do que o de alienação, as restantes alíneas dos artigos citados contemplam hipóteses que se integrariam no conceito de disposição. A verdade é que os preceitos em questão se continuam a aplicar ao maior acompanhado, não pela equiparação ao menor – que inexiste – mas por expressa determinação do art. 145.º/4 do Código Civil.".

5. No regime anterior, o incapaz não possuía uma palavra determinante para a conformação do âmbito da sua incapacidade. Isso alterou-se com a introdução do mandato com vista a acompanhamento (art. 156.º): qualquer pessoa, prevendo uma eventual situação que justifique, no futuro, o decretamento de uma medida de acompanhamento, pode outorgar um mandato a outrem para que essa pessoa, se essa necessidade se verificar, possa gerir os seus bens ou interesses, com ou sem poderes de representação, ficando o mandatário sujeito ao regime geral do mandato previsto nos arts. 1157.º e ss., com as necessárias adaptações (n.º 1). Este mandato é livremente revogável pelo mandante (n.º 2).

Quando decrete o acompanhamento, o tribunal terá, assim, de ter em consideração o mandato que existe, mas não terá de seguir integralmente o seu conteúdo (n.º 3). O juiz tem de tomar em consideração que o mandato existe e os termos em que é formulado, mas não é obrigado a cumpri-lo integralmente, podendo considerar que tal não se justifica. Se o tribunal tem o dever de ponderar a aplicação do mandato, a verdade é que possui o poder de, *ex officio*, o fazer cessar (n.º 4).

Advertência

São anuláveis os atos que envolvam fracionamento ou troca de prédios rústicos, com violação do disposto nos arts. 1376.º e 1378.º do Código Civil, segundo resulta do art. 1379.º do mesmo Código, pelo que, nos termos do n.º 2 do art. 191.º do Código do Notariado, o notário deve advertir as partes da causa e efeitos da anulabilidade e consignar no instrumento a advertência que haja feito.

(Recomendações dos Serviços de Inspeção da DGRN)

Para efeitos de registo, deve dar-se por notarialmente verificada a legitimidade conjugal para a prática do ato de alienação de imóvel destinado à habitação, bem próprio do outorgante casado no regime da separação de bens, se da escritura pública, omissa quanto ao facto de não estar em causa a casa de morada de família, não resultar, no entanto, a intervenção do outro cônjuge para prestar o consentimento, o arquivamento de documento comprovativo da anuência deste ao negócio jurídico ou a advertência às partes da existência do vício de anulabilidade a que se refere o artigo 174.º, n.º 2, do Código do Notariado; elementos que são de molde a infirmar o indício resultante da afetação económica do objeto transmitido e, deste modo, a sobre passar a «dúvida».

(Parecer do Conselho Consultivo do IRN, relatora Maria Madalena Rodrigues Teixeira, homologado em 2007-10-09, disponível em RP84-07 (mj.pt))

1. Nas figuráveis concretizações do conceito de ineficácia jurídica em sentido estrito cuja ocorrência o n.º 1 do art. 174.º do Código do Notariado diz não constituir causa legítima de recusa de prática do ato deve incluir-se a inoponibilidade com que o art. 819.º do Código Civil sanciona os atos de disposição, oneração ou arrendamento que o executado pratique sobre bens penhorados; consequentemente, estando em causa a formalização de um qualquer dos referidos atos, fica o notário obrigado, ex vi *do n.º 2 do mesmo art. 174.º, primeiro, e perante as partes, a adverti-las da existência duma tal ineficácia, e, segundo, no que toca aos termos do instrumento, a nele incluir a menção de haver efetuado a advertência.*

2. Em todo o caso, a falta de consignação daquela advertência, caso aconteça, constituirá mera preterição de formalidade de que se compõe o modelo legal de redação do documento, cuja verificação por si só não determina que o ato de registo que nele se baseie se tenha que admitir em termos minguantes.

(Parecer do Conselho Consultivo do IRN, relator António Manuel Fernandes Lopes, homologado em 2010-08-16, disponível em *Deliberação proferida no Pº* (mj.pt))

NOTAS

Quanto à recomendação da DGRN, há que assinalar duas questões. Por um lado, desde a entrada em vigor da Lei n.º 111/2015, de 27 de agosto, que a sanção associada ao fracionamento é a nulidade (art. 1379.º, n.º 1, do Código Civil), mantendo-se a anulabilidade nos casos do n.º 2 do art. 1379.º. A temática do fracionamento em especial será aprofundada depois em lugar próprio. Por outro lado, o art. 191.º do Código do Notariado de 1967 corresponde, no essencial, ao art. 147.º do Código de 1995.

Contudo, na redação primitiva de 1967, o preceito obrigava o notário a advertir as partes da *causa e dos efeitos* da anulabilidade; atualmente, impõe-lhe que as advirta da *existência* do vício.

Não é claro o sentido da alteração, uma vez que a advertência da existência do vício compreenderá, necessariamente (não será menos, nem mais que), a advertência da causa e dos efeitos da anulabilidade.

Dir-se-ia, neste aspeto, que a alteração foi nenhuma.

O que a lei terá pretendido, se bem que imperfeitamente, foi autorizar ou sancionar a prática já seguida do antecedente por muitos notários: resumir o mais possível o registo da advertência no texto do ato. Uma coisa é a advertência oral – quanto mais detalhada, melhor (tudo deve estar nela presente: a causa da anulabilidade, a possibilidade e a forma da confirmação, o efeito retroativo da anulação, e a inoponibilidade da mesma, a restituição consequente, a redução, conversão, etc. – arts. 288 e ss. do Código Civil). Outra coisa é o registo ou consignação escrita dessa advertência no instrumento – quanto mais resumido, melhor.

Atualmente, parece que satisfará a lei consignar-se no ato uma advertência, por exemplo, do seguinte teor: «Adverti os outorgantes da anulabilidade do ato nos termos do art. ...» ou «nos termos, que expliquei, do art. ...»

Quanto à questão da troca de prédios rústicos em si, a recomendação da DGRN será objeto de crítica autónoma no lugar próprio (ver **Troca – Terrenos aptos para cultura**).

Interditos

I – Os interditos, por regra, possuem capacidade de gozo e os negócios que praticam não são feridos de nulidade, salvo nos casos em que preceito legal o imponha.

II – A compra e venda celebrada por interdito está sujeita a mera anulabilidade.

III – O direito de pedir a anulação de uma compra e venda celebrada por interdito caduca no prazo de um ano a contar do conhecimento da mesma.

(Acórdão da Relação de Évora, de 1984-07-12, *Colectânea de Jurisprudência*, 9/4/292, e *Revista do Notariado*, 1985/3-4/449)

Negócio consigo mesmo

São anuláveis, por expressa disposição da lei (art. 261.º do Código Civil), os negócios jurídicos celebrados pelo representante consigo mesmo, seja em nome próprio, seja em representação de terceiro, a menos que «o representado tenha especificadamente *consentido na celebração...».*

Daí que, sempre que a autorização não tenha sido expressamente dada, como será o caso de, numa escritura de partilha, um herdeiro intervir por si como procurador de outro, com meros poderes de o representar em partilhas amigáveis ou extrajudiciais, deva cumprir-se o estabelecido no art. 191.º, n.º 2, do Código do Notariado.

(Recomendações dos Serviços de Inspeção da DGRN)

O negócio consigo mesmo, sendo em princípio anulável, não se integra contudo na fati-species *da norma da al. e) do n.º 1 do art. 92.º do Código do Registo Predial, pelo que não deve o registo respetivo ser efetuado como provisório por natureza nos correspondentes termos.*

(Parecer do Conselho Consultivo do IRN, relator António Manuel Fernandes Lopes, homologado em 2014-04-02, disponível em 14_RP2-2014SJC-CC.pdf (mj.pt))

Nem a falta de consentimento especial do cônjuge, para partilha de herança celebrada pelo outro cônjuge, nos casos em que é exigível (art. 1682.º-A, n.º 1, al. a), do Código Civil), nem a falta de consentimento específico do representado, para partilha de herança celebrada pelo representante consigo mesmo (art. 261.º do Código Civil), constituem fundamento de invalidade dos instrumentos de consentimento e de procuração de carácter genérico. O que a falta de qualquer daqueles consentimentos vicia ou pode viciar é a própria partilha, tornando-a ou podendo torná-la anulável, nos termos do art. 1687.º, n.º 1, e do mencionado art. 261.º, n.º 1, do mesmo diploma, respetivamente, de que decorre, no primeiro caso, a provisoriedade por natureza ao abrigo da alínea e) do n.º 1 do art. 92.º do Código do Registo Predial.

(Parecer do Conselho Consultivo do IRN, relator Luís Manuel Nunes Martins, homologado em 2014-04-14, disponível em Microsoft Word - 24_R P 10-2014 SJC-CC (mj.pt))

NOTAS

O artigo 191.º, n.º 2, do Código de 1967 corresponde ao art. 174.º, n.º 2, do Código do Notariado de 1995.

Consideramos excluir da doutrina sumariada a hipótese de na procuração se identificar a herança a partilhar, por o facto equivaler a um específico consentimento do negócio consigo mesmo. Aliás, a redação da recomendação assim o pressupõe, ao aludir concretamente a meros poderes de representação nas partilhas.

No segundo ponto do sumário do acórdão da Relação do Porto, de 1970-01-21, diz-se: "Sendo admissível que os comproprietários de prédio indiviso o arrendem a um dos consortes, não constitui contrato consigo mesmo o facto de este intervir no contrato como senhorio e como arrendatário, visto aquela primeira intervenção, quando muito supérflua, evidentemente visar a demonstração do seu consentimento como condómino" (*BMJ*, 195/261).

I – O chamado negócio consigo mesmo é, em princípio, anulável.

II – Cessa a proibição quando a autorização do representado tenha sido dada especificamente, de modo a não se poder duvidar que o representado previu o negócio e quis consentir nele.

III – Cessa também a proibição quando o negócio, por sua natureza, exclua a possibilidade de um conflito de interesses.

IV – Uma partilha é sempre geradora da possibilidade de um conflito de interesses entre representados pelo mesmo procurador.

(Acórdão da Relação de Coimbra, de 85-06-11, *Colectânea de Jurisprudência*, 10/3/92, e *Revista do Notariado*, 1986/2/247)

I – Considerando que a posição de arrendatário, embora transmissível «mortis causa», não é comunicável ao cônjuge, não é contrato consigo mesmo o arrendamento que um indivíduo faz ao seu cônjuge, agindo aquele em representação do senhorio.

II – Mesmo que assim se não entendesse, esse contrato sempre seria válido, desde que, de algum modo, o representado nele consentiu.

(Acórdão da Relação de Lisboa, de 1983-05-26, *Colectânea de Jurisprudência*, 8/3/127)

NOTAS

Cf. art. 261.º do Código Civil. Trabalhos preparatórios (Rui de Alarcão), in *BMJ*, 102/167 (Articulado) e 138/71 (Exposição de motivos).

Doutrina: A. C. Campelo, "Contrato consigo mesmo", *Revista da Ordem dos Advogados*, 1947/1-2/246-67; A. Vaz Serra, "Contrato consigo mesmo", *Rev. Leg. Jur.*, 91/179 (início).

ARRENDAMENTO

A Lei n.º 6/2006, de 27 de fevereiro, aprovou o Novo Regime do Arrendamento Urbano (NRAU), compreendendo três títulos: I – Novo Regime do Arrendamento Urbano, II – Normas transitórias, III – Normas finais. Dela destacamos:

Artigo 59.º – *Aplicação no tempo*

1. O NRAU aplica-se aos contratos celebrados após a sua entrada em vigor, bem como às relações contratuais constituídas que subsistam nessa data, sem prejuízo do previsto nas normas transitórias.

2. A aplicação da alínea a) do n.º 1 do artigo 1091.º do Código Civil não determina a perda do direito de preferência por parte de arrendatário que dele seja titular aquando da entrada em vigor da presente lei.

3. As normas supletivas contidas no NRAU só se aplicam aos contratos celebrados antes da entrada em vigor da presente lei quando não sejam em sentido oposto ao de norma supletiva vigente aquando da celebração, caso em que é essa a norma aplicável.

Artigo 60.º – *Norma revogatória*

1. É revogado o RAU, aprovado pelo Decreto-Lei n.º 321-B/90, de 15 de outubro, com todas as alterações subsequentes, salvo nas matérias a que se referem os artigos 26.º e 28.º da presente lei.

2. As remissões legais ou contratuais para o RAU consideram-se feitas para os lugares equivalentes do NRAU, com as adaptações necessárias.

Artigo 61.º – *Manutenção de regimes*

Até à publicação de novos regimes, mantêm-se em vigor os regimes da renda condicionada e da renda apoiada, previstos nos artigos 77.º e seguintes do RAU.

NOTAS

O novo regime da renda condicionada foi aprovado pela Lei n.º 80/2014, de 19 de dezembro, que entrou em vigor a 1 de janeiro de 2015.

O novo regime do arrendamento apoiado foi aprovado pela Lei n.º 81/2014, de 19 de dezembro, que entrou em vigor a 1 de março de 2015.

Locação

Do capítulo, sobre *Locação*, do Código Civil destacamos:

Artigo 1022.º – *Noção*

Locação é o contrato pelo qual uma das partes se obriga a proporcionar à outra o gozo temporário de uma coisa, mediante retribuição.

Artigo 1023.º – *Arrendamento e aluguer*

A locação diz-se arrendamento quando versa sobre coisa imóvel, aluguer quando incide sobre coisa móvel.

Artigo 1029.º – *Exigência de escritura pública*

Foi revogado pelo art. 2.º, n.º 1, da Lei n.º 6/2006, de 27 de fevereiro.

ASSOCIAÇÃO EM PARTICIPAÇÃO

O Decreto-Lei n.º 231/81, de 28 de julho, estabelece o regime jurídico do contrato de associação em participação (antigamente denominado de "conta em participação"): associação de uma pessoa a atividade económica de outra, ficando a primeira a participar nos lucros ou nos lucros e perdas da atividade.

São revogados os arts. 224.º a 227.º do Código Comercial.

O diploma regula, em capítulo próprio, o contrato de consórcio.

Admite-se a existência de lapso na norma revogatória do art. 32.º, que deve querer referir-se aos arts. 224.º a 229.º do Código Comercial.

O respetivo anteprojeto, que o diploma segue de muito perto, encontra-se publicado e justificado, no *BMJ*, 189/15 e 190/5, pelo Prof. Raul Ventura, seu autor, que oferece detalhada informação bibliográfica doutrinal (*BMJ*, 189/24).

Na jurisprudência, para os arestos mais recentes, ver *BMJ*, 252/189, 255/177, 284/214, 294/376; *Colectânea de Jurisprudência*, 3/4/1314, 4/2/403, 718; *Rev. Tribunais*, 94/335; e *Rev. Leg. Jur.*, 110/70.

Jurisprudência relevante: acórdão do STJ, de 2010-03-25.

ASSOCIAÇÕES

Associações de defesa ao consumidor

A Lei n.º 24/96, de 31 de julho, estabelece o regime legal aplicável à defesa dos consumidores, de que destacamos:

Artigo 17.º – *Associações de consumidores*

1 – As associações de consumidores são associações dotadas de personalidade jurídica, sem fins lucrativos e com o objetivo principal de proteger os direitos e os interesses dos consumidores em geral ou dos consumidores seus associados.

2 – As associações de consumidores podem ser de âmbito nacional, regional ou local, consoante a área a que circunscrevam a sua ação e tenham, pelo menos, 3000, 500 ou 100 associados, respetivamente.

3 – As associações de consumidores podem ser ainda de interesse genérico ou de interesse específico:

a) São de interesse genérico as associações de consumidores cujo fim estatutário seja a tutela dos direitos dos consumidores em geral e cujos órgãos sejam livremente eleitos pelo voto universal e secreto de todos os seus associados;

b) São de interesse específico as demais associações de consumidores de bens e serviços determinados, cujos órgãos sejam livremente eleitos pelo voto universal e secreto de todos os seus associados.

4 – As cooperativas de consumo são equiparadas, para os efeitos do disposto na presente lei, às associações de consumidores.

NOTAS

Jurisprudência relevante: acórdão do STJ sobre uniformização jurisprudência n.º 4/2019, de 25 de julho.

Associações de defesa do ambiente ou do património natural, bem como a conservação da natureza

A Lei n.º 35/98, de 18 de julho, define o estatuto das organizações não governamentais do ambiente (ONGA).

Podem ser equiparados a ONGA as associações, nomeadamente socioprofissionais, culturais e científicas, que não prossigam fins partidários, sindicais ou lucrativos, para si ou para os seus associados, e tenham como área de intervenção principal o ambiente, o património natural e construído ou a conservação da natureza.

Estas associações podem solicitar a inscrição no Registo Nacional das ONGA e Equiparadas, gerido atualmente pela Agência Portuguesa do Ambiente (APA), que instruirá o processo e emitirá a decisão final.

O estatuto de «ONGA» ou de «equiparada a ONGA» e os direitos e deveres decorrentes da sua atribuição estão dependentes da inscrição, que é voluntária, no Registo Nacional das ONGA e equiparadas.

Associações de família

A Lei n.º 9/97, de 12 de maio, estabelece a constituição e os direitos e deveres das associações representativas das famílias, de que destacamos:

Artigo 2.º – *Objetivos*

Para efeitos da presente lei, consideram-se associações de família as instituições dotadas de personalidade jurídica, sem fins lucrativos, de âmbito nacional, regional ou local, constituídas nos termos da lei geral e que tenham por objetivos prosseguir, nomeadamente, os seguintes fins:

a) Defender e promover os direitos e interesses da família, qualquer que seja a sua forma, em tudo quanto respeite à sua valorização, de modo a permitir a realização pessoal dos seus membros;

b) Desenvolver ações de apoio às famílias com vista à melhoria efetiva das suas condições de vida;

c) Criar condições necessárias para que a família desempenhe a sua função educativa no respeito pela dignidade da pessoa humana e em ordem ao desenvolvimento da solidariedade familiar e entre gerações;

d) Fortalecer a família e estimular as capacidades próprias de iniciativa na promoção dos seus direitos e liberdades fundamentais;

e) Promover a intervenção da família como elemento fundamental da sociedade na vida das comunidades em que se insere.

(...)

Artigo 6.º – *Direitos*

1 – As associações de família com representatividade genérica gozam dos seguintes direitos:

a) Participar na definição da política de família;

b) Participar no processo de elaboração da respetiva legislação;

c) Estatuto de parceiro social, traduzido na indicação de representantes para órgãos de consulta ou concertação que se ocupem da matéria;

d) Exercer a ação popular em defesa dos direitos da família;

e) Solicitar às entidades competentes as informações que lhes permitam acompanhar a definição e execução das políticas de família;

f) Direito de antena na rádio e televisão, em termos a regulamentar;

g) Isenção do pagamento de custas, preparos e de imposto do selo;

h) Benefícios fiscais e emolumentares legalmente atribuídos às pessoas coletivas de utilidade pública;

i) Apoio do Estado, através da administração central, regional e local, para a prossecução dos seus fins, em termos a regulamentar.

2 – As demais associações de família gozam dos direitos definidos nas alíneas e), g), h) e i) do número anterior.

Associações de freguesias

A Lei n.º 175/99, de 21 de setembro, estabelece o regime jurídico das associações de freguesias, de que destacamos:

Artigo 6.º – *Estatutos*

1 – Os estatutos da associação devem conter indicação:

a) Da denominação, sede, objeto e composição;

b) Da duração da associação, caso não seja constituída por tempo indeterminado;

c) Da contribuição de cada freguesia para as despesas comuns necessárias à realização do objeto;

d) Do número de representantes de cada freguesia associada;

e) Dos seus órgãos e respetivas competências;

f) Das demais disposições necessárias ao seu bom funcionamento.

2 – Os estatutos devem ainda fixar as condições de ingresso de novos associados e as condições de abandono das freguesias associadas.

3 – Os estatutos podem ser modificados por acordo das freguesias associadas, de harmonia com o regime estabelecido na presente lei para a respetiva aprovação.

4 – Os estatutos devem conferir aos órgãos da associação todos os poderes necessários à realização do respetivo objeto, com exceção dos que, pela sua própria natureza ou disposição da lei, devam ser exercidos diretamente pelos órgãos das freguesias associadas.

Artigo 7.º – *Órgãos da associação*

São órgãos da associação:

a) A assembleia interfreguesias;

b) O conselho de administração.

NOTAS

A Lei n.º 175/99, de 21 de setembro, tem 26 artigos.

O artigo 19.º trata da isenção de impostos, taxas, emolumentos e encargos de mais-valias previstos na lei para as autarquias locais.

Associações de imigrantes

A Lei n.º 115/99, de 3 de agosto, estabelece o regime jurídico das associações de imigrantes, de que destacamos (última atualização pela Lei n.º 36/2021, de 14 de junho):

Artigo 1.º – *Objeto*

1 – A presente lei estabelece o regime de constituição e os direitos e deveres das associações representativas dos imigrantes e seus descendentes.

2 – Em tudo o que não se encontre especialmente regulado na presente lei é aplicável às associações de imigrantes o regime legal das associações, de acordo com a sua natureza estatutária.

Artigo 2.º – *Definição*

1 – As associações de imigrantes são associações constituídas nos termos da lei geral, dotadas de personalidade jurídica, sem fins lucrativos, de âmbito nacional, regional ou local, e que inscrevam nos seus estatutos o objetivo de proteger os direitos e interesses específicos dos imigrantes e dos seus descendentes residentes em Portugal, visando nomeadamente:

a) Defender e promover os direitos e interesses dos imigrantes e seus descendentes em tudo quanto respeite à sua valorização, de modo a permitir a sua plena integração e inserção;

b) Desenvolver ações de apoio aos imigrantes e seus descendentes visando a melhoria das suas condições de vida;

c) Promover e estimular as capacidades próprias, culturais e sociais das comunidades de imigrantes ou dos seus descendentes como elemento fundamental da sociedade em que se inserem;

d) Propor ações necessárias à prevenção ou cessação de atos ou omissões de entidades públicas ou privadas que constituam discriminação racial;

e) Estabelecer intercâmbios com associações congéneres estrangeiras ou promover ações comuns de informação ou formação.

NOTAS

A Lei n.º 115/99, de 3 de agosto, tem 11 artigos.

Às associações de imigrantes equiparam-se as uniões e federações por elas criadas (art. 2.º, n.º 2).

Direitos das associações (art. 4.º): entre outros, os atribuídos às pessoas coletivas de utilidade pública, além de isenção de custas e preparos judiciais e de imposto de selo.

Associações de pessoas portadoras de deficiência

O estatuto das associações de pessoas portadoras de deficiência, adiante designadas "associações", é regulado pela Lei n.º 127/99, de 20 de agosto, destacando-se:

Artigo 2.º – *Natureza e fins*

1 – As associações são instituições sem fins lucrativos constituídas nos termos da lei geral, dotadas de personalidade jurídica, de âmbito nacional, regional ou local, e que prosseguem os seguintes fins:

a) A defesa e promoção dos direitos e interesses das pessoas portadoras de deficiência, em ordem à integração social e familiar dos seus membros, à respetiva valorização e realização pessoal, cívica e profissional;

b) A eliminação de todas as formas de discriminação contra as pessoas portadoras de deficiência;

c) A promoção da efetiva igualdade de tratamento entre as pessoas portadoras de deficiência e os demais cidadãos.

2 – Para efeitos da presente lei, equiparam-se às associações as uniões e federações por elas criadas.

(...)

Artigo 10.º – *Isenções e regalias*

As associações beneficiam:

a) Do regime de regalias e isenções fiscais legalmente atribuído às pessoas coletivas de utilidade pública;

b) Da isenção de emolumentos devidos no ato da constituição.

Associações promotoras de desporto

Reconhecidas as associações em epígrafe, pelo Decreto-Lei n.º 279/97, de 11 de outubro, no qual se destaca:

Artigo 1.º – *Definição*

Para efeitos do presente diploma são consideradas associações promotoras de desporto, doravante designadas por APD, os agrupamentos de clubes, de praticantes ou outras entidades que tenham por objeto exclusivo a promoção e organização de atividades físicas e desportivas, com finalidades lúdicas, formativas ou sociais, que não se compreendam na área de jurisdição própria das federações desportivas dotadas do estatuto de utilidade pública desportiva e que se constituam nos termos deste diploma.

Artigo 2.º – *Natureza*

As APD são pessoas coletivas de direito privado, sem fins lucrativos.

(...)

Artigo 4.º – *Denominação*

1 – As APD devem adotar a denominação da atividade física ou desportiva que promovem e organizam.

2 – A denominação a que se refere o número anterior não pode ser igual a qualquer outra existente ou que, pela sua semelhança, possa induzir em erro ou confusão.

3 – As entidades que se constituam nos termos do presente diploma devem concluir pela abreviatura «APD».

(...)

Artigo 6.º – *Constituição*

1 – As APD devem obedecer aos seguintes requisitos:

a) Promover e organizar atividades físicas e desportivas com finalidades exclusivamente lúdicas, formativas ou sociais;

b) Assegurar que o seu objeto não se encontre compreendido na área de jurisdição própria das federações desportivas dotadas de utilidade pública desportiva;

c) Dispor de incrementação local ou regional, assegurada pela filiação de praticantes;

d) Comprovar ter capacidade para assegurar o desenvolvimento e expansão das atividades físicas e desportivas que promovem.

2 – Compete ao Centro de Estudos e Formação Desportiva a verificação do preenchimento dos requisitos constantes das alíneas do número anterior, no âmbito do processo de registo a que se refere o artigo 8.º do presente diploma.

3 – O ato de constituição de uma APD, os estatutos e as suas alterações devem constar de escritura pública, aplicando-se, correspondentemente, o disposto no artigo 168.º do Código Civil.

Artigo 7.º – *Estatutos*

1 – As APD devem ter estatutos próprios, que prevejam um funcionamento interno democrático e os princípios da livre adesão, da não discriminação dos sócios e da autonomia em relação a qualquer organização.

2 – Os estatutos das APD devem especificar e regular, para além das exigidas pela lei geral, as seguintes matérias:

a) Órgãos e sua composição, competência e funcionamento;

b) Sistema eleitoral dos órgãos e modo de designação dos titulares dos órgãos;

c) Bens ou serviços com que os associados concorreram para o património social;

d) Direitos e obrigações dos associados;

e) Aquisição e perda da qualidade de associado;

f) Regime orçamental e prestação de contas;

g) Processo de alteração dos estatutos;

h) Causas de extinção, dissolução e consequente devolução do património.

3 – Os sócios serão sempre titulares do direito a eleger e ser eleitos e a votar nas assembleias gerais, correspondendo a cada sócio um voto.

4 – As normas estatutárias não podem permitir a delegação do direito de voto, devendo todas as votações ser realizadas por escrutínio secreto.

NOTAS

Este diploma tem 13 artigos, importando também o exame dos arts. 8.º e 9.º, sobre a inscrição no Registo Nacional de Clubes e Federações Desportivas, e do art. 13.º, que prevê a atribuição do estatuto de pessoa coletiva de utilidade pública, nos termos legais aplicáveis (Decreto-Lei n.º 467/77, de 7 de novembro).

Associações sem personalidade jurídica

I – À organização interna e administração das associações sem personalidade jurídica são aplicáveis as regras estabelecidas pelos associados e, na sua falta, as disposições legais relativas às associações, excetuadas as que pressupõem a personalidade destas (art. 195.º, n.º 1, do Código Civil).

II – Na falta de regras, isto é, de estatutos próprios, aplicam-se a estas associações, supletivamente, as disposições dos arts. 157.º a 184.º do Código Civil.

III – A qualidade e os poderes dos "diretores" da associação sem personalidade jurídica comprovam-se pelo teor das atas de reunião dos respetivos órgãos sociais, elaboradas de forma a que se depreenda do seu conteúdo o teor da deliberação tomada e as condições em que a deliberação se formou, a fim de que o intérprete possa formar sobre os títulos o necessário juízo de valor.

(Recomendação da DGRN, 2004, *BRN*, 5/04, p. 18)

Associações sindicais e associações de empregadores

1 – No âmbito das associações sindicais, entende-se por:

a) Sindicato, a associação permanente de trabalhadores para defesa e promoção dos seus interesses socioprofissionais; [...]

2 – No âmbito das associações de empregadores, entende-se por:

a) Associação de empregadores, a associação permanente de pessoas, singulares ou coletivas, de direito privado, titulares de uma empresa, que têm habitualmente trabalhadores ao seu serviço; [...]

(Art. 442.º da Lei n.º 7/2009, de 12 de fevereiro)

1 – Os trabalhadores têm o direito de constituir associações sindicais a todos os níveis para a defesa e promoção dos seus interesses socioprofissionais.

2 – Os empregadores têm o direito de constituir associações de empregadores a todos os níveis para defesa e promoção dos seus interesses empresariais.

3 – As associações sindicais abrangem sindicatos, federações, uniões e confederações.

4 – As associações de empregadores abrangem associações, federações, uniões e confederações.

5 – Os estatutos de federações, uniões e confederações podem admitir a representação direta de trabalhadores não representados por sindicatos, ou de empregadores não representados em associações de empregadores.

(Código do Trabalho – Lei n.º 7/2009, de 12 de fevereiro, art. 440.º)

Associativismo jovem

De acordo com a Lei n.º 23/2006, de 23 de junho, republicada pela Lei n.º 57/2019, de 7 de agosto, são associações jovens: as associações de jovens e grupos informais de jovens (art. 2.º); as associações juvenis (art. 3.º) e as associações de estudantes (art. 4.º). Dele destacamos:

Artigo 14.º – *Isenções e benefícios fiscais*

1 – As associações de jovens beneficiam:

a) Das prerrogativas conferidas pelo artigo 10.º do Decreto-Lei n.º 460/77, de 7 de novembro;

b) De isenção quanto aos emolumentos nos pedidos de certidões de não dívida à administração tributária e à segurança social;

c) Da isenção de imposto do selo prevista no artigo 6.º do Código do Imposto do Selo, aprovado pela Lei n.º 150/99, de 11 de setembro;

d) Isenção de taxas e emolumentos, incluindo as custas notariais, decorrentes da obtenção do certificado de admissibilidade de firma ou denominação de pessoa coletiva, da constituição, da inscrição no ficheiro central de pessoas coletivas e do registo de alteração de estatutos ou de sede;

e) Da isenção de Imposto Sobre Rendimento das Pessoas Coletivas (IRC).

2 – Nas transmissões de bens e na prestação de serviços que efetuem, todas as associações de jovens beneficiam de isenção de IVA.

3 – Aos donativos concedidos a todas as organizações pertencentes ao associativismo juvenil é aplicável o regime fiscal relativo ao mecenato previsto no artigo 61.º e seguintes do Estatuto dos Benefícios Fiscais (EBF), aprovado pelo Decreto-Lei n.º 215/89, de 1 de julho, quando se encontrem reunidos os respetivos requisitos.

4 – Caso não se encontrem reunidos os requisitos referidos no número anterior, os donativos concedidos às associações de jovens são considerados gastos ou perdas do período, até ao limite de 8/1000 do volume de vendas ou de serviços prestados, em valor correspondente a 120% do respetivo total para efeitos do IRC ou da categoria B do Imposto sobre o Rendimento das Pessoas Singulares (IRS), sendo aplicável o previsto no artigo 66.º do EBF.

5 – Uma quota equivalente a 0,5% do IRS, liquidado com base nas declarações anuais, pode ser destinada pelos sujeitos passivos de IRS a uma associação juvenil, de carácter juvenil ou de estudantes, mediante indicação dessa entidade na declaração de rendimentos, sendo igualmente aplicável, com as necessárias adaptações, o disposto no artigo 152.º do Código do IRS.

Comunicação

Após a alteração do Código Civil, levada a cabo pelo Decreto-Lei n.º 496/77, de 25 de novembro, e pela Lei n.º 40/2007, de 24 de agosto, adquirem personalidade jurídica as associações constituídas por escritura pública ou por outro meio legalmente admitido, desde que contenham as especificações referidas no n.º 1 do art. 167.º do Código Civil. No entanto, o ato de constituição, os estatutos e as suas alterações não produzem efeitos em relação a terceiros enquanto não forem publicados nos mesmos termos em que o são as sociedades comerciais – cf. arts. 158.º, n.º 1, 168.º, n.ºs 2 e 3, na redação atual.

Existem, no entanto, *exceções*, nomeadamente:

– as associações de pais, que adquirem personalidade jurídica a partir da data da publicação dos seus estatutos nos termos legalmente previstos para os atos das sociedades comerciais – art. 6.º do Decreto Lei n.º 372/90, de 27 de novembro, na redação do art. 20.º da referida Lei n.º 40/2007;

– os partidos políticos, em que a aquisição da personalidade deriva da inscrição no registo existente no Tribunal Constitucional, requerida por 7500 cidadãos eleitores no pleno gozo dos seus direitos políticos e civis – arts. 14.º e 15.º da Lei Orgânica n.º 2/2003, de 22 de agosto, alterada e republicada pela Lei n.º 2/2008, de 14 de maio.

Entre outras exceções, para melhor esclarecimento, consultar o *Manual de Direito Notarial*, 2.ª edição, Coimbra, Almedina, de Fernando Neto Ferreirinha, pp. 778 e 779.

Estatuto

1. A imperatividade do art. 175.º do Código Civil não é absoluta, mas simplesmente relativa, como se alcança do disposto no n.º 5: os estatutos não podem exigir um número de votos inferior ao fixado na lei, mas podem exigir um número superior.

2. A nulidade da cláusula ou disposição estatutária por infração de norma imperativa resultará do art. 294.º do Código Civil.

Uma coisa, porém, é o vício da cláusula (nulidade) e outra o vício da deliberação (anulabilidade) contrária à lei ou aos estatutos. De facto, são meramente anuláveis as deliberações da assembleia geral (e, salvo melhor opinião, de quaisquer outros órgãos da pessoa coletiva) que infrinjam a lei ou os estatutos, seja pelo seu objeto, seja por irregularidades da convocação ou do funcionamento (art. 177.º do Código Civil).

A anulabilidade pode ser arguida, no prazo de seis meses, pelo órgão da administração ou por qualquer associado que não tenha votado a deliberação; tratando-se de associado não convocado regularmente para a reunião, o prazo só começa a correr a partir da data em que ele teve conhecimento da deliberação (art. 178.º do Código Civil).

A anulação, porém, não prejudica os direitos que terceiro de boa-fé haja adquirido em execução das deliberações anuladas (art. 179.º do Código Civil).

A liberdade de associação constitui um direito, liberdade e garantia, situado no respetivo título da parte I (art. 46.º) da Constituição, beneficiando como tal do regime material específico que acresce ao regime geral dos direitos fundamentais (aplicação imediata da lei constitucional, vinculação das entidades públicas e privadas, reserva de lei, etc.).

A norma do art. 175.º, n.º 3, do Código Civil é inconstitucional, na medida em que vem afetar a liberdade de auto-organização e autorregulamentação das associações, condicionando a uma maioria qualificada muito elevada (3/4 do número de associados presentes) a possibilidade de qualquer associação, em cada momento, se dotar das normas estatutárias que os seus membros considerem mais ajustadas às circunstâncias e aos meios disponíveis.

Uma maioria legalmente definida superior a dois terços é inconstitucional, já que não pode haver maiorias mais graves para a revisão dos estatutos do que para a revisão constitucional.

O caminho mais seguro e o que se traduz, por um lado, em a lei consagrar o princípio da maioria qualificada para as deliberações sobre objeto estatutário e, por outro lado, em devolver para os estatutos a fixação específica e concreta da maioria.

A maioria qualificada que, em concreto, cada estatuto deverá estabelecer terá, por definição, uma baliza mínima: não poderá ser menor que a maioria absoluta dos associados. E terá, por imperativo constitucional, um limite máximo: não poderá exceder dois terços dos sócios na plenitude dos seus direitos.

(Jorge Miranda, "Liberdade de associação e alteração aos estatutos sindicais", *RDES*, ano XVIII, n.º 2 (abril-junho, 1986), pp. 161-89)

NOTAS

A doutrina aplica-se, ostensivamente e por igual, à norma do n.º 4 do mesmo art. 175.º do Código Civil, que exige uma maioria de 3/4 de todos os associados para as deliberações sobre a dissolução ou prorrogação.

Por implicarem aplicação dessa mesma norma, decidiu o Tribunal Constitucional julgar inconstitucionais os preceitos do art. 16.º do Decreto-Lei n.º 594/74, de 7 de novembro, e do art. 46.º do Decreto--Lei n.º 215-B/75, de 30 de abril, com base em violação do art. 56.º, n.º 2, al. c), e n.º 3, da Constituição (acórdão n.º 46/85, de 1985-03-13, *Diário da República*, II, n.º 120, de 1985-05-25.)

Jurisprudência relevante: acórdão do TC n.º 64/88, de 1988-03-22; acórdão do TC n.º 18/2006, de 2006-01-06; acórdão do TC n.º 386/2015, de 2015-08-12.

I – Os artigos 18.º, n.º 2, 46.º, n.º 1, e 56.º, n.º 2, al. c), da Constituição, são passíveis de regulamentação, de disciplina, contanto que isto não os restrinja ou limite, mas até os desenvolva, dentro dos seus limites e tendo presente que liberdades excessivas contendem com outras liberdades, também queridas pela Lei Fundamental, figurando entre elas – que poucos possam prejudicar muitos, ou seja, que, nas associações sindicais, possa ser prejudicada a participação ativa do maior número de trabalhadores em todos os aspetos da atividade sindical, por embargo de minorias mais ativas ou oportunas, o que não deixa de ser contrário à gestão democrática que o art. 56.º da Constituição pretende assegurar aos trabalhadores.

II – Nos termos do n.º 3 do art. 18.º da Constituição, quando são admissíveis as leis restritivas dos direitos, liberdades e garantias, estas têm de revestir carácter geral e abstrato, não podendo diminuir a extensão e alcance do conteúdo essencial dos preceitos constitucionais.

III – O art. 175.º do Código Civil e o artigo 46.º do Decreto-Lei n.º 215-B/75, de 30 de abril, o artigo 16.º do Decreto-Lei n.º 594/74, de 7 de novembro, e o artigo 17.º do referido Decreto-Lei n.º 215-B/75, não violam as disposições e princípios constitucionais atrás citados, visto que se situam dentro dos parâmetros dos ditos princípios, tornando-os operante e tendo o carácter de generalidade e abstração, imposta pelo n.º 3 do artigo 18.º da Constituição, sendo certo que os aludidos normativos visam dificultar a inviabilização da vida interna das associações sindicais por inoperância decisória dos seus órgãos diretivos e além disso, impedir que uma minoria de ocasião, formada adrede entre os sócios, possa decidir dos destinos de um sindicato.

(Acórdão do STJ, de 1986-07-29, *BMJ*, 359/329)

Dos estatutos das associações não têm de constar as condições de admissão, exoneração ou exclusão dos associados.

(Acórdão da Relação do Porto, de 1987--07-16, *Colectânea de Jurisprudência*, 12/4/207, e *Revista do Notariado*, 1988/2//293)

NOTAS

É o que resulta do art. 167.º, n.º 2, do Código Civil: os estatutos podem especificar ainda os direitos e obrigações dos associados, as condições da sua admissão, saída e exclusão, bem como os termos da extinção da pessoa coletiva e consequente devolução do seu património.

Esta norma atribui uma faculdade: indica-se o que pode constar dos estatutos, aliás, exemplificativamente (Pires de Lima e Antunes Varela, *Código Civil Anotado*, Coimbra, Coimbra Ed., 1987, p. 170).

I – A mudança de sede de uma associação implica alteração dos estatutos, sendo da exclusiva competência da assembleia geral.

II – É nula, por violar o disposto no art. 172.º do Código Civil, a norma estatutária que autoriza a direção da associação a mudar a sede provisória para outro local (mesmo que este seja indicado nos estatutos) quando a direção o entender.

(Acórdão da Relação de Coimbra, de 1989-03-14, *BMJ*, 385/616)

NOTAS

De acordo com o art. 172.º do Código Civil, à assembleia geral competem todas as deliberações não compreendidas nas atribuições legais ou estatutárias de outros órgãos da pessoa coletiva (n.º 1); são, necessariamente, da competência da assembleia geral a destituição dos titulares dos órgãos, a aprovação do balanço, a alteração dos estatutos, a extinção da associação e a autorização para esta demandar os administradores por atos praticados no exercício do cargo (n.º 2).

Menores

A Lei n.º 124/99, de 20 de agosto, regula o direito de associação de menores, de que se transcreve:

Artigo 2.º – *Direito de associação*

1 – Os menores com idade inferior a 14 anos têm o direito de aderir a associações, desde que previamente autorizados, por escrito, por quem detém o poder paternal.

2 – Os menores com idade igual ou superior a 14 anos têm o direito de aderir a associações ou constituir novas associações e a ser titulares dos respetivos órgãos, sem necessidade de qualquer autorização.

Artigo 3.º – *Associações*

As associações objeto do presente diploma devem ter personalidade jurídica, não podendo prosseguir fins contrários à Constituição, à lei ou ao desenvolvimento físico e social do menor, nem fins de carácter lucrativo.

Artigo 4.º – *Apoio do IPJ*

O Instituto Português da Juventude, através das suas delegações regionais, prestará o apoio técnico necessário à constituição de associações compostas maioritariamente por jovens.

Artigo 5.º – *Outros direitos de associação*

O disposto no presente diploma não obsta ao exercício de outros direitos de associação de menores consagrados em regimes especiais.

NOTAS

Este diploma tem 5 artigos.

Como se vê no art. 2.º, distingue-se visivelmente entre o ato de adesão a uma associação existente e o ato de constituição de uma nova associação, este último reservado a menores com idade igual ou superior a 14 anos, independentemente de autorização. Por outras palavras, com exclusão dos menores abaixo de 14 anos.

ONG do ambiente

A Lei n.º 35/98, de 18 de julho, define o estatuto das ONGA (organizações não governamentais do ambiente), de que se destaca:

Artigo 2.º – *Definição*

1 – Entende-se por ONGA, para efeitos da presente lei, as associações dotadas de personalidade jurídica e constituídas nos termos da lei geral que não prossigam fins lucrativos, para si ou para os seus associados, e visem, exclusivamente, a defesa e valorização do ambiente ou do património natural e construído, bem como a conservação da Natureza.

2 – Podem ser equiparados a ONGA, para efeitos dos artigos 5.º, 6.º, 13.º, 14.º e 15.º da presente lei, outras associações, nomeadamente socioprofissionais, culturais e científicas, que não prossigam fins partidários, sindicais ou lucrativos, para si ou para os seus associados, e tenham como área de intervenção principal o ambiente, o património natural e construído ou a conservação da Natureza.

3 – Cabe ao Instituto de Promoção Ambiental, adiante designado por IPAMB, proceder, no ato do registo, ao reconhecimento da equiparação prevista no número anterior.

4 – São ainda consideradas ONGA, para efeitos da presente lei, as associações dotadas de personalidade jurídica e constituídas nos termos da lei geral que não tenham fins lucrativos e resultem do agrupamento de várias ONGA, tal como definidas no n.º 1, ou destas com associações equiparadas.

Artigo 3.º – *Atribuição do estatuto*

O estatuto concedido às ONGA pela presente lei depende do respetivo registo, nos termos dos artigos 17.º e seguintes.

Artigo 4.º – *Utilidade pública*

1 – As ONGA, com efetiva e relevante atividade e registo ininterrupto junto do IPAMB há pelo menos cinco anos, têm direito ao reconhecimento como pessoas coletivas de utilidade pública, para todos os efeitos legais, desde que preencham os requisitos previstos no artigo 2.º do Decreto-Lei n.º 460/77, de 7 de novembro.

(...)

Artigo 11.º – *Isenção emolumentar*

1 – As ONGA estão isentas do pagamento dos emolumentos notariais devidos pelas respetivas escrituras de constituição ou de alteração de estatutos.

(...)

Publicação

1 – O ato de constituição da associação, os estatutos e as suas alterações devem constar de escritura pública, sem prejuízo do disposto em lei especial.

2 – O notário, a expensas da associação, promove de imediato a publicação da constituição e dos estatutos, bem como as alterações destes, nos termos legalmente previstos para os atos das sociedades comerciais.

3 – O ato de constituição, os estatutos e as suas alterações não produzem efeitos em relação a terceiros, enquanto não forem publicados os termos do número anterior.

(Código Civil, art. 168.º)

NOTAS

A publicação é feita no *site* https://justica.gov.pt/Servicos/Registar-associacao, e o registo é feito no *site* https://eportugal.gov.pt/.

ATOS NOTARIAIS

Cegos

Artigo 66.º, n.º 1, do Código do Notariado:

1. O outorgante que, por motivo de surdez, não puder ouvir a leitura do instrumento deve lê-lo em voz alta, e, se não souber ou não puder ler, tem a faculdade de designar uma pessoa que, na presença de todos os intervenientes, proceda a segunda leitura e lhe explique o conteúdo.

NOTAS

Ao contrário do que acontecia no art. 80.º, n.º 4, do Código do Notariado de 1967, o Código de 1995 não prevê um regime para os atos com intervenção de cegos. Ter-se-á o legislador esquecido destas pessoas? Não nos parece. É nosso entender que aos cegos se deverá aplicar o disposto no art. 66.º, n.º 1, que refere que o outorgante que não possa ler tem a faculdade de designar pessoa que proceda a segunda leitura. É de assinalar, contudo, a (in)congruência do legislador que, em situações análogas no âmbito do Processo Civil, parece "esquecer-se" novamente dos cegos (art. 135.º do Código de Processo Civil), para deles se "relembrar" no âmbito do Processo Penal (art. 64.º do Código de Processo Penal).

Relevará, neste âmbito, o entendimento sufragado pela Relação de Évora no acórdão de 1987-04-09 (*BMJ*, 367/590), a propósito do art. 80.º, n.º 4, do Código do Notariado de 1967: "I – O n.º 4 do art. 80.º do Código do Notariado é uma norma facultativa de natureza dispositiva. II – Não determina a nulidade do instrumento notarial a circunstância de, sendo o outorgante cego, não ter ficado a constar do mesmo que fora advertido de que podia designar pessoa que procedesse a segunda leitura, qual a sua atitude subsequente e a razão porque não tinha podido assinar."

O leitor deve prestar juramento legal ou compromisso de honra de bem desempenhar as suas funções, o que será consignado no respetivo contexto (art. 46.º, n.º 1, al. i), e art. 69.º).

Igualmente, terão de ser consignadas no texto dos atos as declarações correspondentes ao cumprimento das demais formalidades exigidas pela verificação do caso (art. 62.º, al. j).

A falta de declaração do cumprimento de tais formalidades constitui causa de nulidade do ato notarial por vício formal (art. 70.º, n.º 1, al. b); nulidade notarialmente sanável, desde que seja feita a prova de que as formalidades devidas foram cumpridas (art. 73.º, n.º 1, al. b).

Documento complementar

I – O modelo aprovado de livro de notas é aplicável aos livros formados por papel sem pauta: por "linhas" deverá entender-se "linhas de escrita".

II – Os motivos que determinaram a adoção de modelos para os livros são igualmente válidos quanto aos documentos complementares, que integram a escritura pública.

III – Daí que na sua escrita devam ser utilizados materiais que garantam a sua inalterabilidade e duração, e deva respeitar-se o número de linhas e as margens estabelecidas para os livros de notas.

IV – No entanto, porque o documento complementar se caracteriza por não ser lavrado em livro e poder ser apresentado pelas partes, ao notário cabe apreciar se estão satisfeitos os requisitos, nomeadamente de segurança, previstos por lei para todo o ato notarial, apreciar se estão reunidas todas as condições para integração no arquivo notarial, e decidir se deve ou não aceitá-lo.

(Despacho da DGRN, de 1997-08-16, *BRN*, 10/97, p. 17)

Escrita

Sobre esta matéria, ver o disposto no art. 40.º do Código do Notariado.

NOTAS

Atualmente já não se levanta o problema que surgia com o anterior Código do Notariado quanto a saber se o n.º 3 do art. 56.º permitia a utilização de algarismos e de abreviaturas na indicação da residência dos intervenientes e interessados, uma vez que o legislador veio permiti-lo expressamente no art. 40.º, n.º 3, al. b), do Código de 1995.

Impressões digitais

A falta de aposição da impressão digital do outorgante. que não sabe ou não pode assinar, não determina a nulidade da escritura pública na qual essa menção se faça, uma vez que é taxativa a enumeração dos vícios de forma constante do art. 70.º do Código do Notariado.

(Despacho da DGRN, de 1998-02-05, *BRN*, 5/98, p. 21)

– Numa escritura pública de compra e venda, estando o outorgante vendedor incapacitado de assinar por motivo de ter as mãos a tremer, fruto de lesão craniana sofrida em acidente, deve apor a sua impressão digital, sendo perfeitamente lícito que o notário segure a mão desse outorgante e prima o seu dedo no local indicado da folha para aí apor a impressão digital.

– A impossibilidade a que alude o n.º 3 do art. 51.º do Código do Notariado é a de apor a própria impressão digital (não ter mãos ou dedos, ter os dedos queimados não podendo deixar impressão digital, etc.) e não a de ter de ser auxiliado para poder colocar o dedo na folha correspondente da escritura e aí apor a sua impressão digital.

(Acórdão da Relação de Lisboa, de 2017-01-12, disponível em *Acórdãos do Tribunal da Relação de Lisboa* (dgsi.pt))

NOTAS

Este acórdão da Relação de Lisboa foi confirmado em recurso de revista pelo STJ no acórdão de 2017-06-08 (disponível em *Acórdãos do Supremo Tribunal de Justiça* (dgsi.pt))

A exigência referida pelo despacho resulta do art. 51.º, n.º 1, do Código do Notariado, e apenas é aplicável a instrumentos notariais. Em documentos particulares, a assinatura deve ser feita a rogo (ver arts. 152.º; 154.º; 106.º, n.º 1; 108.º, n.º 2, al. b), todos do Código do Notariado, e art. 373.º do Código Civil), embora nada impeça a aposiçao da impressão digital do rogante.

Matriz

I – O duplicado da declaração para inscrição de um prédio na matriz, bem como a certidão comprovativa de aquela não ter ainda produzido os seus efeitos, tem a validade de um ano, nos termos e para os efeitos do disposto no art. 32.º, n.º 1, do Código do Registo Predial.

II – Independentemente do decurso daquele prazo, os documentos referidos na conclusão anterior perdem a sua validade sempre que, comprovadamente, o prédio já tiver inscrição matricial, situação em que deve ser feita a prova do teor da mesma, nos termos do art. 31.º, n.º 1, do mesmo diploma.

(Despacho da DGRN, de 1998-02-02, *BRN*, 4/98, p. 23)

NOTAS

A doutrina sumariada é invocável, identicamente, no setor notarial, face ao disposto no art. 57.º do Código do Notariado. Daí que a registemos neste lugar, a benefício do leitor e do seu próprio juízo.

O art. 32.º do Código de Registo Predial foi revogado pelo Decreto-Lei n.º 116/2008, de 4 de julho. Já o art. 31.º, n.º 1, foi sucessivamente alterado quer pelo Decreto-Lei n.º 533/99, de 11 de dezembro, quer pelo Decreto-Lei n.º 116/2008, de 4 de julho, de onde resulta a sua atual redação.

Redação

1. Os atos notariais são escritos em língua portuguesa, devendo ser redigidos com a necessária correção, em termos claros e precisos.

2. A terminologia a utilizar pelo notário na redação dos atos é aquela que, em linguagem jurídica, melhor traduza a vontade das partes, manifestada nas suas instruções dadas verbalmente ou através de apontamentos escritos, devendo evitar-se a inserção nos documentos de menções supérfluas ou redundantes.

3. A mera reprodução de normas contidas em preceitos legais vigentes ou que deles resultem diretamente, feita pelo notário no contexto dos atos e por indicação expressa das partes, não deve ser considerada supérflua se for alegado que tais estipulações são essenciais ao melhor esclarecimento da sua vontade negocial.

(Art. 42.º do Código do Notariado)

NOTAS

1. A propósito do art. 58.º, n.º 2, do Código de 1967, norma que corresponde ao atual art. 42.º, n.º 2, parece relevar, neste âmbito, o disposto no *Boletim da APN*, n.º 2/2, cujo excerto transcrevemos:

"O art. 58.º, n.º 2 [...] trata-se, a nosso ver, apenas de uma orientação geral [...], de uma tendência proposta aos notários para se conseguir a aceleração dos serviços, tendência que poderá sofrer os ajustamentos que as circunstâncias de cada caso aconselhem.

Se o processamento de uma escritura está a dificultar-se porque as partes não aceitam [...] a eliminação de uma cláusula destas no seu contrato, então é preferível inseri-la [...] para que a simplificação não redunde em empecilho. [...] É perigoso adotar entendimentos demasiado rígidos a este respeito [da eliminação de expressões supérfluas ou redundantes], *maxime* nas disposições testamentárias. Se nos compete, sempre, dar a maior clareza e segurança aos atos que celebramos, ainda que à custa de alguma repetição, esses cuidados redobrarão na redação dos testamentos."

A este propósito, Albino de Matos refere:

"Demasiadas vezes se tem confundido simplicidade com simplismo, vendo-se no preceito aquilo que lá não está nem poderia estar. Pensamos, em resumo, que é de apoiar sem reservas a doutrina sumariada [no referido *Boletim da APN*] e que poderia, mesmo, porventura, ir-se mais longe; assim, p. ex., sobre a conveniência das cláusulas de confirmação de normas legais dispositivas, não imperativas, cf. F. E. Romaní y de Olano, "Las clausulas instrumentales confirmatoriais, derogatorias o modificativas de las normas de derecho dispositivo", estudo inserto em *Centenario de la Ley del Notariado, Estudios*, vol. I, pp. 113 e ss., Madrid, 1962.

No mesmo sentido, ainda, a propósito da necessidade de as partes se premunirem contra eventuais alterações legislativas, ver I. Galvão Teles, *Dos contratos em geral*, 2.ª ed., Coimbra Editora, 1962, p. 210."

2. Também importante será a seguinte recomendação dos Serviços de Inspeção da DGRN, a propósito igualmente do art. 58.º, n.º 2, do anterior Código:

"Nos termos do n.º 2 do art. 58.º do Código do Notariado, deve deixar de se inserir no texto dos atos as menções consideradas inúteis ou supérfluas, tais como: a) Nos trespasses e nas cessões de exploração de estabelecimento o nome do cônjuge dos tomadores e dos cessionários e, bem assim, o regime de bens do seu casamento, em virtude de estes atos se não encontrarem sujeitos a registo; b) Nos averbamentos de óbito aos testamentos, a requerimento dos interessados, referir que «foi exibida certidão passada em ... na Conservatória de ...", dado que não é aplicável aos averbamentos o disposto na al. e) do n.º 1 do art. 62.º do Código do Notariado; c) Mencionar que é «vitalício» o usufruto a que o testador quis atribuir esse efeito, dado o que se dispõe no art. 2258.º do Código Civil."

Albino de Matos critica esta recomendação, alegando que: "[...] denota claramente um entendimento já várias vezes denunciado do art. 58.º, n.º 2, de rigorismo excessivo e purismo porventura impróprio. Mal do notariado quando se tenha de recorrer a juristas para apreender o essencial ou elementar de qualquer instrumento notarial, por ignorar o seu leitor o disposto a respeito na lei e que, por isso mesmo, o ato omita. A leitura do texto do ato serviria muito pouco e teria de ser complementada com o conhecimento das respetivas disposições legais supletivas. Daqui se conclui, em resumo, que *a reprodução no instrumento do sentido imperativo ou supletivo dos preceitos legais atinentes não tem, em princípio, nada a ver com a inutilidade ou superfluidade a que se refere o art. 58.º*. As presentes considerações cabem à douta recomendação sob análise, descontando o apontamento anódino da sua [da recomendação] alínea b). Quanto à alínea c), deveriam aditar-se as justas observações da nota do *Boletim da APN*, n.º 2/2. Quanto à alínea a), porque não (ou como não?) citar o regime de bens e, no seu caso, o nome do cônjuge, atento o disposto no art. 1682.º-A do Código Civil, para esclarecer os pressupostos da intervenção do cônjuge ou para justificar a sua não intervenção?"

O gerente, os simples sócios ou qualquer pessoa estranha à sociedade só respondem para um terceiro pelas obrigações contraídas por esta, se se responsabilizarem individualmente.

Não é, pois, de exarar numa escritura de cessão de quotas, *por descabida, a cláusula ditada pelos representantes da sociedade, de que o cedente deixa de ter quaisquer responsabilidades a partir de determinada data pelas obrigações assumidas por aquela.*

(Recomendações dos Serviços de Inspeção da DGRN)

Ressalvas

1. As palavras emendadas, escritas sobre rasura ou entrelinhadas devem ser expressamente ressalvadas.

2. A eliminação de palavras escritas deve ser feita por meio de traços que as cortem e de forma que as palavras traçadas permaneçam legíveis, sendo aplicável à respetiva ressalva o disposto no número anterior.

3. As ressalvas são feitas antes da assinatura dos atos de cujo texto constem e, tratando-se de atos lavrados em livros de notas, dos respetivos documentos complementares ou de instrumentos de procuração, devem ser manuscritas pelo funcionário que os assina.

4. As palavras emendadas, escritas sobre rasuras ou entrelinhadas que não forem ressalvadas consideram-se não escritas, sem prejuízo do disposto no n.º 2 do artigo 371.º do Código Civil.

5. As palavras traçadas, mas legíveis, que não forem ressalvadas consideram-se não eliminadas.

(Art. 41.º do Código do Notariado)

NOTAS

Será de atender, neste âmbito, ao disposto no *Boletim da APN*, n.º 51/3, a propósito do art. 57.º do Código de 1967, norma que corresponde ao atual art. 41.º, cujos excertos transcrevemos:

"[...] As palavras assim eliminadas têm de ser expressamente ressalvadas antes da assinatura do ato e, tratando-se de instrumentos lavrados nas notas ou fora delas (alguns instrumentos fora de notas, como os de substabelecimento, de aprovação e de abertura de testamentos, não estão explicitamente incluídos no preceito, mas têm de ser admitidos nele, por analogia), a ressalva será manuscrita pelo funcionário que assina o ato [...]. O cumprimento destas prescrições é muito importante, porque a eliminação irregular de palavras pode, por vício de forma, implicar a nulidade do ato, que só em juízo será então revalidável (arts. 84.º, n.º 1, al. b), e 87.º, n.º 1, al. c) [estas referências legislativas correspondem aos atuais arts. 70.º, n.º 1, al. b), e 73.º, al. c), do Código do Notariado, devendo ser lidas tendo em conta as alterações que ocorreram desde a publicação do *Boletim*]). [...] Mas as disposições citadas não impedem que, eliminadas por raspagem, no decorrer do ato, certas palavras devidamente escritas, se aproveite em seguida o espaço rasurado para aí escrever o texto correto. Tal procedimento é aceite no n.º 1 do art. 57.º [atual art. 41.º, n.º 1], quando diz que as palavra escritas sobre rasura devem ser expressamente ressalvadas. O que se torna então necessário é ter cuidado em que o novo texto ocupe integralmente o espaço rasurado."

A este propósito é de referir, também, o Despacho da DGRN, de 1968-11-23, que determina que: "As palavras emendadas, rasuradas ou entrelinhadas contidas no texto de um instrumento de procuração que hajam sido ressalvadas fora do lugar próprio, isto é, depois da assinatura dos outorgantes, ainda que antes da do notário, devem ser consideradas, pelo funcionário perante quem essa procuração venha a ser apresentada, como não escritas."

1.º As palavras emendadas, escritas sobre rasura ou entrelinhadas, contidas em escritura pública e que não forem ressalvadas, consideram-se não escritas.

2.º Só o tribunal pode, apesar disso, determinar livremente a medida em que tais vícios excluem ou reduzem a força probatória do documento.

3.º O conservador, esse, deve lavrar provisoriamente por dúvidas o registo baseado na escritura viciada, recusando-o se as deficiências acarretarem a nulidade do ato.

(Parecer, de 1986-12-19, do Conselho Técnico dos Registos e do Notariado, relator Rocheta Gomes, P. 48/86, RP3, *Bol. Reg. Not.*, 22/4, e *Revista do Notariado*, 1987/3/468)

A falta de ressalva, no termo de autenticação, das emendas contidas no documento particular, e que neste não estejam devidamente ressalvadas (art. 151.º/1/b) do Código do Notariado), não prejudica a validade do documento particular autenticado, determinando "apenas" a consideração das palavras emendadas por não escritas, sem prejuízo de – que não é o caso de a omissão de ressalva respeitar à numeração das folhas do referido documento – poder excluir ou reduzir a sua força probatória (art. 41.º/4 do Código do Notariado, art. 371.º/2 e art. 377.º do Código Civil).

(Parecer do Conselho Consultivo do IRN, homologado em 2014-04-14, relator Luís Manuel Nunes Martins, disponível em Microsoft Word - 24_R P 10-2014 SJC--CC (mj.pt))

NOTAS

Sobre o parecer de 1986-12-19, Albino Matos considera que: "É bastante duvidosa a doutrina, tal como a solução do parecer, visto que a lei notarial se subordina explicitamente à lei civil. [...] O que mais importa, de todo o modo, é salientar que o termo «julgador» [referido pelo art. 371.º, n.º 2, do Código Civil] não vale no texto legal exatamente por «tribunal». Ao tribunal [*Gericht*], sim, se referia a fonte alemã [o § 419.º do Código de Processo Civil Alemão (ZPO), no qual se terá inspirado o legislador português na elaboração desta norma do Código Civil], bem como o nosso próprio Código Civil em outras disposições, p. ex. no art. 366.º. Mas o art. 371.º serve-se antes de um outro vocábulo, *julgador*, o que não pode deixar de ter um preciso significado: *julgador* não é, no contexto, igual a tribunal, compreendendo, pois, toda e qualquer autoridade a quem caiba julgar (i. e. formular juízo sobre) o documento dentro dos limites das respetivas atribuições. O conservador, portanto, é esse julgador, como o é o notário e, evidentemente, o juiz, entre muitos outros órgãos, da profissão jurídica e não só. Aliás, como diferentes autores já fizeram notar, mesmo quando a lei faz apelo ao tribunal ou a expressões equivalentes, mesmo então, as respetivas alusões devem entender-se em termos hábeis e a doutrina legal deve alargar-se, sempre que possível ou necessário, em direção aos titulares de outras funções não jurisdicionais, a cujo exercício interesse aquela mesma doutrina. Na dúvida, as referidas alusões são de atribuir à comodidade de expressão do pensamento legislativo, bem como ao facto de as leis que as contêm visarem primacialmente a aplicação do direito na sua face patológica."

AUTARQUIAS LOCAIS

Áreas urbanas de génese ilegal

1. Em inícios dos anos 60 do século XX, houve uma grande necessidade por parte dos habitantes em obterem habitação própria e, para tal, estes fizeram construções em solos impróprios, com escassez de infraestruturas básicas, espaços para equipamentos e zonas verdes.

No sentido de se evitar esta ocupação ilegal do solo, dando um novo impulso às reconversões em curso e permitindo estabelecer regras comuns e normas de procedimentos adaptáveis às realidades concretas de cada área de reconversão, em 1995 surge um regime jurídico excecional para a reconversão urbanística do solo e legalização das construções integradas em Áreas Urbanas de Génese Ilegal (AUGI) - Lei n.º 91/95, de 2 de setembro.

Jurisprudência relevante: acórdão do STJ, de 27 de setembro de 2018.

2. "Os prédios em compropriedade que integrem a AUGI podem ser divididos, em conformidade com o alvará de loteamento ou a planta de implantação do plano de pormenor, por acordo de uso, sem prejuízo do recurso à divisão por escritura pública ou por decisão judicial." (Art. 36.º, n.º 1, da Lei n.º 91/95, de 2 de setembro)

"A divisão por acordo de uso só é possível quando conste do alvará ou da deliberação municipal que aprove o plano de pormenor de reconversão a que o loteamento corresponde, na sua essência, à situação evidenciada na alínea d) do n.º 1 do artigo 18.º." (Art. 37.º, n.º 1, da Lei n.º 91/95, de 2 de setembro)

Caso assim não seja, deverá instaurar-se uma ação especial de divisão de coisa comum, podendo o juiz adjudicar os lotes de acordo com critérios de equidade (arts. 40.º e seguintes).

Esta divisão por acordo de uso está sujeita a escritura, realizada no cartório notarial ou no notário privativo da câmara municipal, sob pena de nulidade (art. 38.º).

A deliberação da assembleia e a escritura podem ter lugar antes de efetuada a inscrição do alvará de loteamento no registo, ficando a definição da situação registral dos lotes integrados na AUGI, dependente da prévia inscrição de tal ato (art. 39.º).

3. De forma a dar eficácia ao diploma das AUGI, e como medida preventiva, são nulos os negócios jurídicos entre vivos de que resultem ou possam vir a resultar a constituição de compropriedade ou a ampliação do número de compartes de prédios rústicos, quando tais atos visem ou deles resulte parcelamento físico em violação ao regime legal dos loteamentos urbanos (art. 54.º da Lei n.º 91/95, de 2 de setembro)

AUTORIZAÇÃO

Disposições para depois da morte

Como resulta do art. 1685.º, n.ºs 2 e 3, do Código Civil, a autorização de um dos cônjuges para o outro dispor, por morte, de bens comuns do casal, dada por documento autêntico ou no próprio testamento, não deve ser genérica, mas antes especificar ou concretizar os bens de que o cônjuge testador irá dispor.

(Recomendações dos Serviços de Inspeção da DGRN)

NOTAS

Segundo o art. 1685.º, n.ºs 2 e 3, do Código Civil, a disposição que tenha por objeto coisa certa e determinada do património comum apenas dá ao contemplado o direito de exigir o respetivo valor em dinheiro. Pode, porém, ser exigida a coisa em espécie: se esta, por qualquer título, se tiver tornado propriedade exclusiva do disponente à data da sua morte; se a disposição tiver sido previamente autorizada pelo outro cônjuge por forma autêntica ou no próprio testamento; se a disposição tiver sido feita por um dos cônjuges em benefício do outro.

Importa aproximar esta disciplina do disposto no art. 2252.º do mesmo Código:

"1. Se o testador legar uma coisa que não lhe pertença por inteiro, o legado vale apenas em relação à parte que lhe pertencer, salvo se do testamento resultar que o testador sabia não lhe pertencer a totalidade da coisa, pois, nesse caso, observar-se-á, quanto ao restante, o preceituado no artigo anterior.

2. As regras do número anterior não prejudicam o disposto no artigo 1685.º quanto à deixa de coisa certa e determinada do património comum dos cônjuges."

Tem interesse, por último, a transcrição do segundo ponto do sumário do Acórdão do Supremo Tribunal de Justiça, de 28 de junho de 1974: "A disposição que incide sobre bens certos e determinados pertencentes à comunhão e sempre válida quanto ao valor e, em princípio, nula quanto à substância; por isso, nos termos do artigo 1685.º, n.º 2, do Código Civil, o contemplado com o legado, feito pelo viúvo, de usufruto do recheio de uma casa que faz parte do casal comum pode sempre exigir o respetivo valor em dinheiro." (*BMJ*, 238/236)

AVERBAMENTOS

1 – São averbados aos instrumentos a que respeitam:

a) O falecimento do testador e do doador;

b) Os instrumentos de revogação e de renúncia de procuração;

c) As comunicações e publicações previstas nos artigos 87.º, 100.º e 101.º;

d) As decisões judiciais de declaração de nulidade e de anulação de atos notariais, as decisões notariais de revalidação dos mesmos atos e ainda as decisões judiciais proferidas nas ações a que se referem os artigos 87.º e 101.º, bem como a menção de ter sido sanado qualquer vício de que o ato enferma;

e) As decisões dos recursos interpostos nos processos de revalidação notarial;

f) A restituição de testamento depositado;

g) Os atos notariais que envolvam aceitação, ratificação, retificação, aditamento ou revogação de ato anterior.

2 – O averbamento do falecimento do doador só se realiza no caso de a doação haver sido feita com encargos a favor da alma ou de interesse público, que devam ser cumpridos após a morte do doador.

(Artigo 131.º do Código do Notariado)

Partilha

Quando a escritura de habilitação de herdeiros seja lavrada em data anterior à da partilha a que aquela respeita, esta deve ser averbada àquela.

(Recomendações dos Serviços de Inspeção da DGRN, 1981, *Registos e Notariado*, ano II, n.º 22)

NOTAS

Serão averbadas no instrumento a que respeitem:

"g) Os atos notariais que envolvam aceitação, ratificação, retificação, aditamento ou revogação de ato anterior."

Sendo a habilitação um ato preparatório da partilha, deverá a mesma ser averbada àquela, sempre que não constem do ato, e que a partilha e a habilitação fundadas em sucessão testamentária devem ser averbadas ao testamento em que se baseiam (art. 131.º, n.º 1, do Código do Notariado).

Retificação

Só podem retificar-se por esta via as inexatidões devidas a lapso manifesto e quando não haja dúvida sobre a identidade dos prédios a que o ato respeita.

O art. 132.º, do Código do Notariado, nunca é aplicável à retificação dos preços ou valores atribuídos aos prédios pelas partes, ainda que tenham sido fixados por correspondência aos valores matriciais e estes sejam agora retificados.

A retificação não é feita oficiosamente, isto é, por iniciativa do notário, mas pode ser pedida verbalmente por qualquer pessoa interessada, que não necessita de assinar o averbamento.

Os lapsos a corrigir têm de ser comprovados por documentos (onde perfeitamente se identifiquem os prédios) e que, em maço anual privativo, ficarão arquivados no cartório, exceto quando, pela sua natureza, devam ser restituídos aos interessados (v. g. cadernetas prediais).

À face dos documentos apresentados, o notário decidirá se há ou não lugar a pagamento prévio de Imposto Municipal sobre as Transmissões Onerosas de Imóveis.

(Parecer, de 1972-07-10, do Conselho Técnico da DGRN, *Boletim da DGRN*, ano I, n.º 1, pp. 41 e ss.)

É irregular fazer-se por averbamento a retificação consistente em se declarar desmembrado de certo prédio um lote de terreno, que na escritura retificada se disse «a desmembrar» de outro prédio (ainda que ao mesmo tempo se corrijam os números da descrição predial e da inscrição matricial), visto que o lapso na denominação dos prédios não cabe no âmbito do artigo 132.º do Código do Notariado.

(Parecer, de 1972-03-04, do Conselho Técnico da DGRN, *Boletim da DGRN*, ano I, n.º 1, pp. 41 e ss.)

A falta de indicação do artigo matricial de um prédio (só se indicou o valor respetivo) é retificável pela via de averbamento do art. 132.º, n.os 1 e 2, al. d), do Código do Notariado?

Parece que sim. O termo inexatidão *– utilizado no preceito – não deve ser tornado de per si, mas antes fixar-se o seu sentido com referência ao outro termo nuclear de* retificação *também utilizado na lei. Retifica-se o que não é (cor)reto, sendo que o não ser reto pode derivar de ação (não reta) ou de omissão.*

Aliás, o mesmo vício pode configurar, simultaneamente, uma omissão e uma inexatidão. Pense-se no caso de um prédio com dois artigos de que só um é indicado na escritura. Temos então, como se vê, uma omissão (não se indicou um artigo); mas que é também uma inexatidão (o prédio não está inscrito sob o artigo tal, mas sob os artigos tal e tal).

Ainda no mesmo sentido depõe o art. 132.º, onde se permite suprir certas omissões pela via do averbamento.

Conclui-se, pois, in extenso*: em princípio, são retificáveis por averbamento os vícios atinentes às indicações e menções aludidas no art. 132.º, n.º 2, quer consistam em indicação incorreta (inexatidão), quer consistam em falta de indicação (omissão).*

(*Boletim da APN*, n.º 66/3 – A. Matos)

NOTAS

Relativamente ao averbamento de edificação à descrição, importa ver Proc. n.º R.P. 31/2001 DSJ-CT.

I – Nos termos do n.º 2, al. e) do art. 132.º do Código do Notariado são retificáveis por averbamento as inexatidões que respeitem ao regime matrimonial de bens dos intervenientes nos atos lavrados nos livros de notas.

II – Porém, quando estas retificações determinem uma alteração no conteúdo do ato notarial, designadamente por provocarem uma mudança da titularidade do bem objeto do mesmo – repercutindo-se na esfera patrimonial dos intervenientes e seus cônjuges – só poderão ser efetuadas com recurso às formalidades e à solenidade do ato retificando.

(Despacho da DGRN, de 1996-02-01, sobre parecer de Olga Gomes, *BRN*, 2/96, p. 16)

1. O averbamento de retificação, nos termos previstos no n.º 2 do art. 132.º do Código do Notariado, tem carácter excecional e não pode pôr em causa a identidade do objeto e dos intervenientes.

2. O sentido e alcance da expressão "inscrições matriciais", prevista na alí-

nea d) do n.º 2 do mesmo preceito, terá de ser coincidente com o que se encontra plasmado no n.º 1 do art. 57.º do referido Código.

3. Em consequência, a área do prédio, quando inexatamente consignada no texto do ato lavrado no livro de notas, só pode ser retificada por escritura pública, por se tratar de elemento caracterizador da identidade do objeto.

(Despacho da DGRN, de 1996-11-04, sobre parecer de Joana Lencastre, 1, 12/96, p. 26)

Verificado lapso, em escritura pública, na indicação do regime de bens convencionado para o casamento de um dos intervenientes, basta retificá-la, por averbamento, não sendo necessária uma nova escritura, de retificação.

(Acórdão da Relação de Lisboa, de 1998-12-17, *Colectânea de Jurisprudência*, 23/5/130)

NOTAS

A doutrina sumariada decorre, bem claramente, do art. 132.º, n.º 2, al. e), do Código do Notariado.

O Conselho Técnico da antiga Direção-Geral dos Registos e do Notariado, em parece de 2004-11-30, publicado no II caderno do *BRN*, n.º 10/2004, a pp. 49 e ss., relativamente à retificação de inexatidões que respeitem ao regime matrimonial de bens, concluiu que o "averbamento retificativo previsto no n.º 2, al. e), do art. 132.º do Código do Notariado visa apenas conformar a escritura com a verdade material e será de efetuar quando respeite à identificação e regime de bens dos intervenientes no ato, estando incluídos nessa previsão quaisquer dos regimes de bens do casamento".

I – A falta de menção do preço da venda deve entender-se no contexto como lapso manifesto do notário, aliás confessado pelo próprio, sendo, por conseguinte, o vício retificável oficiosamente por averbamento, nos termos do art. 132.º do Código do Notariado, combinado com o art. 667.º do Código de Processo Civil, aplicável por analogia.

II – Ainda que assim não se entenda, e posto que no direito notarial vigora o princípio da tipicidade das causas de nulidade, o averbamento não pode ser tido como nulo ou de nenhum valor, por falta de norma que o autorize, apresentando-se, quando muito, como meramente irregular, mas produzindo como tal o efeito que lhe é próprio de integração da omissão da escritura.

III – Mesmo que se entendesse diversamente, a falta de menção do preço da venda não poderia originar a nulidade do negócio, mas apenas a necessidade de determinação do preço, conforme o previsto no art. 883.º do Código Civil.

(Albino Matos, "Escritura de venda sem preço e averbamento de retificação", *Revista da Ordem dos Advogados*, 1999/111753-67, disponível em {74c96d09-e48a-4532-bdad-a35022a6c0a6}.pdf (oa.pt))

I – Não pode ser retificada a escritura em que não haja divergência entre a vontade e a declaração exarada no ato retificando ou em que não ocorra um lapso na composição deste.

II – Retificar é diferente de alterar e, portanto, não pode o notário deixar de exigir todos os elementos que lhe permitam concluir que se trata, inequivocamente, de um caso e não de outro.

III – Não pode ser retificada a conta de uma escritura de cessão de exploração por virtude de posterior alteração desta, ainda que incorretamente epigrafada de retificação, mesmo que o elemento que serviu de base ao cálculo do emolumento devido (prazo de duração do contrato) tenha sido modificado.

(Despacho da DGRN, de 1999-06-02, *BRN*, 1/2000, p. 27)

NOTAS

Jurisprudência: acórdão do Tribunal da Relação de Évora, de 2016-09-08.

I – As omissões ou inexatidões que respeitem a identificação do regime matrimonial de bens dos intervenientes em atos lavrados nos livros de notas, assim como os simples erros de cálculo ou de escrita revelados pelo contexto do ato, podem ser retificados por simples averbamento, de harmonia com o disposto nas alíneas e) e f) no n.º 2 do art. 132.º do Código do Notariado.

II – Não se acha, porém, abrangida por esta faculdade legal a retificação de escritura de partilha, com base nesses preceitos, relativamente ao regime de bens da autora de determinada herança e de seu ex-marido, no sentido de passar a constar que eram casados no regime de separação de bens e não no de comunhão geral – e que, consequentemente, não havendo lugar a meação deste viúvo, sendo o valor da herança totalmente dividido apenas entre os herdeiros.

III – Com efeito, tal alteração do regime matrimonial implica uma nova forma partilha, além do mais com alteração substancial dos cálculos efetuados, que não são "revelados pelo contexto do ato" e que, portanto, exigem a celebração de outra escritura (de retificação) com a necessária intervenção de todos os outorgantes – de harmonia, aliás, com o concluído no Proc. N.º 6/95. Not. 3. (publicado no Boletim dos Registos e do Notariado, *n.º 2/96, a pp. 16 e ss.).*

(Despacho da DGRN, de 2000-06-30, *BRN-CT*, 7/2000, p. 50)

I – O simples averbamento a uma escritura pública não é o meio próprio para se proceder ao suprimento de omissões ou retificação de inexatidões que respeitem a identidade do objeto ou a estrutura do ato.

II – Tal suprimento ou retificação só pode ser operada por escritura pública ou decisão judicial.

III – O ato de averbamento em que se amplia a identificação de um prédio é nulo, por vício de forma.

(Acórdão do STJ, de 2002-01-17, *Colectânea de Jurisprudência*, 10/1/44)

NOTAS

Em causa, na espécie, um ato de um notariado privativo municipal. Ver, atualmente, o art. 132.º do Código do Notariado.

Muito duvidosa a terceira máxima, que funda a nulidade no art. 220.º do Código Civil. É que só a lei notarial terá aplicação no caso e a mesma não contempla a nulidade em tal hipótese (assim: Albino Matos, "Escritura de venda sem preço e averbamento de retificação", *Revista da Ordem dos Advogados*, 1999/II/753-67).

I – As omissões ou inexatidões respeitantes à indicação dos números das descrições prediais, verificadas nas escrituras e devidas a erro comprovado documentalmente, podem ser supridas ou retificadas, a todo o tempo, por meio de averbamento, conforme resulta do disposto no art. 132.º, n.os 1 e 2, alínea b), do Código do Notariado.

II – Sem embargo, os erros sobre elementos de identificação do prédio de que os títulos enfermem podem, nos termos do disposto no n.º 2 do art. 46.º do Código do Registo Predial, ser retificados por declaração de todos os intervenientes no ato ou dos respetivos herdeiros devidamente habilitados.

III – Se a identificação dos prédios rústicos nos títulos, nas zonas onde vigore o cadastro geométrico, for feita, como a lei exige, de acordo com a inscrição matricial ou com o pedido da sua retificação ou alteração, advindo a contradição entre os elementos de identificação constantes da matriz e os incluídos no título de circunstâncias posteriores à sua celebração, o registo não será prejudicado, desde que os interessados esclareçam que essa divergência resultou de alteração superveniente e esta não ponha em causa a identidade do prédio.

IV – Para os efeitos previstos na parte final da anterior conclusão, são havidos por "interessados" o titular ou titulares do direito ou direitos a inscrever sobre o prédio, considerando que se não verifica, no caso, o pressuposto da aplicação do disposto no n.º 2 do citado art. 46.º, já que o título não enferma de erro relativo a inscrição matricial do prédio a que respeita, além de que é dispensada a harmonização quanto à área se a diferença entre a descrição e a inscrição matricial não exceder, em relação à área maior, 10% nos prédios rústicos (art. 28.º, n.º 3, do Código do Registo Predial).

(Despacho da DGRN, de 2004-03-01, *BRN-CT*, 3/04, p. 10)

I – A retificação de escritura pública que titula um contrato de compra e venda quanto à identificação do prédio dele objeto só é viável se as partes apresentarem ao notário o comprovativo dessa retificação no âmbito fiscal, ou através do novo conhecimento de sisa emitido, ou, se não houver lugar a liquidação adicional, através de certidão do averbamento efetuado no respetivo termo de declaração (cf. art. 48.º §2.º, do CIMSISSD).

II – O conservador do registo predial não pode presumir assegurado, por já ter decorrido o prazo de prescrição da obrigação contado da data do ato retificando, o pagamento do imposto devido pela transmissão só evidenciada através da retificação do título; a competência para, neste caso, conhecer da prescrição é reservada aos Serviços de Finanças.

(Despacho da DGRN, de 2004-06-26, *BRN-CT*, 7/04, p. 12)

NOTAS

A doutrina, se bem se ajuíza, embora emanada no domínio da sisa, é transponível para a legislação reguladora do IMT.

O averbamento retificativo previsto no n.º 2, al. e), do art. 132.º do Código do Notariado – relativo à identificação e regime matrimonial de bens dos intervenientes nos atos, ou habilitados – visa apenas conformar a escritura com a verdade material e será de efetuar quando respeite a identificação ou regime de bens, estando incluídos na previsão quaisquer dos regimes de bens do casamento.

(Parecer, de 2004-11-30, do Conselho Técnico do IRN, relatora Olga Gomes, *BRN-CT*, 10/04, p. 50)

Sociedades

"O averbamento é a anotação sucinta do último ato ao primeiro, nela se com-

preendendo a menção do ato averbado e a identificação do respetivo título" (Código do Notariado, art. 133.º).

Remodelado integralmente um pacto social, a remodelação deve ser averbada escritura de constituição, ficando com isso extintos todos os efeitos desta derivados.

Os atos posteriores devem ser averbados a escritura de remodelação do pacto, a qual funcionará com relação a eles como o primeiro ato.

(*Boletim da APN*, n.º 138/4 – Fonseca e Silva)

B

BILHETES DE IDENTIDADE

Guarda Nacional Republicana

O Decreto-Lei n.º 172/78, de 7 de julho, cria o bilhete de identidade do pessoal militar da GNR, destinado a oficiais, sargentos e praças, nas situações de ativo, reserva ou reforma (art. 1.º).

O bilhete de identidade é emitido pelo Comando-Geral da GNR e autenticado por selo branco, aposto no canto inferior direito da fotografia (art. 5.º).

O bilhete de identidade referido no art. 1.º substitui, para todos os efeitos legais, o bilhete de identidade ou qualquer outra forma de identificação estabelecida pela lei civil, para o que conterá todos os dados essenciais de identificação (art. 6.º).

O bilhete de identidade de que trata o presente diploma renovado em termos idênticos aos estabelecidos na lei para o bilhete de identidade civil (art. 7.º, n.º 1).

Polícia de Segurança Pública

O Decreto-Lei n.º 171 /78, de 7 de julho, cria o bilhete de identidade do pessoal militarizado da Polícia de Segurança Pública, que substitui, para todos os efeitos legais, o bilhete de identidade ou qualquer outra forma de identificação estabelecida pela lei civil, para o que conterá todos os dados essenciais de identificação (art. 1.º).

O bilhete de identidade é emitido pelo Comando-Geral da Polícia de Segurança Pública e autenticado com o selo branco aposto no canto inferior direito da fotografia (art. 5.º).

O bilhete de identidade de que trata o presente diploma renovado em termos idênticos aos estabelecidos na lei para o bilhete de identidade civil (art. 6.º, n.º 1).

BRANQUEAMENTO DE CAPITAIS

O branqueamento de capitais é a transformação, por via de atividades criminosas que visam a dissimulação de origem ou do proprietário real dos fundos, dos proventos resultantes de atividades ilícitas, em capitais reutilizáveis nos termos de lei, dando-lhes uma aparência de legalidade.

A Lei n.º 83/2017, de 18 de agosto, estabelece as medidas de combate ao branqueamento de capitais e ao financiamento do terrorismo, transpõe parcialmente as Diretivas 2015/849/ /EU, do Parlamento Europeu e do Conselho, de 20 de maio de 2015, e 2016/2258/EU, do Conselho, de 6 de dezembro de 2016, altera o Código Penal e o Código da Propriedade Industrial e revoga a Lei n.º 25/2008, de 5 de junho, e o Decreto-Lei n.º 125/ /2008, de 21 de julho.

O legislador pontuou o quadro normativo vigente com os seguintes diplomas: Lei n.º 83/2017, de 18 de agosto; Lei n.º 89/2017, de 21 de agosto; Lei n.º 92/2017, de 22 de agosto; Portaria n.º 233/2018, de 21 de agosto.

Formas de pagamento

Sempre que esteja em causa o pagamento de uma quantia, deve indicar-se o momento em que tal ocorre e o meio de pagamento utilizado.

"(...) De acordo com o n.º 6 do art. 47.º do Código do Notariado, caso o pagamento ocorra antes ou no momento da celebração do ato, deve ser consignado no instrumento:

a) Tratando-se de pagamento em numerário, a moeda utilizada;

b) Tratando-se de pagamento por cheque, o seu número e a entidade sacada;

c) Tratando-se de pagamento através da realização de uma transferência de fundos:

i) A identificação da conta do ordenante e da conta do beneficiário, mediante a menção dos respetivos números e prestadores de serviços de pagamento;

ii) Quando o ordenante ou o beneficiário não realize a transferência por intermédio de uma conta de pagamento, mediante a menção do identificador único da transação ou do número do instrumento de pagamento utilizado e do respetivo emitente."

Se o título for omisso ou imperfeito quantos às menções (indicação do momento e meio de pagamento de uma determinada quantia) agora exigidas pelo artigo 47.º do Código do Notariado, estão previstos, no artigo 173.º do mesmo Código, os casos de recusa da prática do ato pelo notário, sendo que, por força da alteração operada ao preceito pela Lei n.º 89/2017, de 21 de agosto, passou também a ser objeto de recusa da prática do ato pelo notário o não cumprimento pelas partes das obrigações declarativas e de retificação para efeitos do Registo Central do Beneficiário Efetivo (aditamento da al. e) ao art. 173.º do Código do Notariado).

Diversamente, a mencionada Lei não inseriu qualquer alínea relativa à recusa da prática do ato pelo facto de as partes não declararem os elementos necessários para o cumprimento do disposto no art. 47.º, n.os 5 e 6, do Código do Notariado.

Não existe, no entanto, previsão legal de um desvalor jurídico para o título, em caso de incumprimento do mencionado no art. 47.º, pelo que não estaremos aqui perante um problema de validade do ato.

Pagamento em numerário

O art. 63.º-E da Lei Geral Tributária, aditado pela Lei n.º 92/2017, de 22 de agosto, veio determinar que "é proibido pagar ou receber em numerário em transações de qualquer natureza que envolvam montante iguais ou superiores a € 3 000, ou o seu equivalente em moeda estrangeira" (n.º 1), sendo que este limite passa para "€ 10 000, ou o seu equivalente em moeda estrangeira, sempre que o pagamento seja realizado por pessoas singulares não residentes em território português e desde que não atuem na qualidade de empresários ou comerciantes" (n.º 3).

Na hipótese de atuarem nestas qualidades – sendo sujeitos passivos de IRC ou sujeitos passivos de IRS que disponham ou devam dispor de contabilidade organizada –, os pagamentos respeitantes a faturas ou documentos equivalentes têm como limite de pagamento em numerário um valor sempre inferior a € 1 000 (n.º 2).

O pagamento de impostos cujo montante exceda € 500 também não pode ser efetuado em numerário (n.º 5).

A realização de transações em numerário que excedam os limites legalmente previstos é punível com coima de € 180 a € 4 500, tal como previsto no art. 129.º do Regime Geral das Infrações Tributárias, na redação dada pela Lei n.º 92/2017, de 22 de agosto.

C

CADASTRO PREDIAL

O Decreto-Lei n.º 172/95, de 16 de julho, aprovou o Regulamento do Cadastro Predial, de que se destaca o seguinte:

Artigo 1.º – *Conceitos*

1 – Para efeitos do presente Regulamento, entende-se por:

a) Cadastro predial, adiante designado abreviadamente por cadastro, o conjunto dos dados que caracterizam e identificam os prédios existentes em território nacional;

b) Prédio, uma parte delimitada do solo juridicamente autónoma, abrangendo as águas, plantações, edifícios e construções de qualquer natureza nela existentes ou assentes com carácter de permanência, e, bem assim, cada fração autónoma no regime de propriedade horizontal; (...)

Artigo 6.º – *Identificação*

1 – Cada prédio cadastrado é identificado através de um código numérico unívoco, designado por número de identificação de prédio (NIP).

2 – A configuração do NIP é fixada por portaria conjunta dos Ministros das Finanças do Planeamento e da Administração do Território e da Justiça.

3 – A utilização no NIP é obrigatória em todos os documentos públicos como forma de identificação de prédios cadastrados.

Artigo 7.º – *Cartão de identificação*

1 – Por cada prédio cadastrado é emitido um cartão de identificação, do qual consta o respetivo NIP.

2 – O modelo do cartão de identificação é aprovado pela portaria a que se refere o n.º 2 do artigo anterior.

3 – A apresentação do cartão de identificação é obrigatória em todos os atos notariais e demais atos perante a Administração relativos a prédios localizados em área cadastrada.

4 – Não estão abrangidos pelo disposto no número anterior os atos que tenham interesse público reconhecido pelo ministro competente em função da matéria.

Artigo 30.º – *Atos notariais envolvendo alterações*

1 – Qualquer ato notarial relativo a prédios cadastrados que implique alteração do posicionamento das respetivas estremas exige a apresentação simultânea, em relação quer a esses prédios quer aos que resultem da alteração, de documento técnico, do qual conste:

a) A identificação, através do NIP;

b) A representação cartográfica em escala igual à da folha cadastral em que o prédio está incluído;

c) As coordenadas das estremas no sistema adotado;

d) As áreas;

e) A data de elaboração do documento;

f) Os nomes e as assinaturas do responsável pela elaboração do documento e do proprietário.

2 – O documento técnico a que se refere o número anterior pode ser produzido:

a) Por entidade autorizada para o exercício de atividades cadastrais nos termos do artigo 35.º,

b) Por técnico especialmente acreditado nos termos do artigo 36.º;

c) Pelo IPCC, em regime de prestação de serviços.

3 – O notário que intervenha nos atos previstos no n.º 1 adverte os outorgantes da necessidade de apresentação do documento técnico ao IPCC, no prazo de 30 dias contados a partir da data do ato notarial, nos termos das disposições aplicáveis no artigo 10.º, devendo constar da escritura menção expressa do cumprimento desta formalidade.

4 – Após o ato, o notário aporá no documento técnico indicação autenticada do cumprimento da formalidade descrita no número anterior.

Artigo 42.º – *Nulidades*

São nulas as alterações relativas a prédios inscritos no cadastro que impliquem modificação do posicionamento das respetivas estremas, feitas com desrespeito das normas do presente diploma que estabelecem as regras a observar na introdução das alterações mencionadas.

CAIXAS ECONÓMICAS

O Decreto-Lei n.º 190/2015, de 10 de setembro, regulamenta a atividade das caixas económicas, destacando-se:

Artigo 1.º – *Conceito*

As caixas económicas são instituições de crédito com personalidade jurídica, autonomia orgânica, administrativa e financeira, que têm por objeto uma atividade bancária delimitada nos termos do presente regime jurídico e dos respetivos estatutos.

Artigo 2.º – *Regime jurídico*

As caixas económicas regem-se pelas normas do presente regime jurídico e ainda, subsidiariamente, do Regime Geral das Instituições de Crédito e Sociedades Financeiras, aprovado pelo Decreto-Lei n.º 298/92, de 31 de dezembro, e respetiva legislação conexa.

Artigo 19.º – *Constituição*

1 – As caixas económicas bancárias são constituídas sob forma de sociedade anónima.

2 – As caixas económicas não podem ter um capital social inferior ao mínimo legal, previsto para os bancos, representado obrigatoriamente por ações nominativas.

3 – As caixas económicas bancárias devem incluir na sua firma a expressão «caixa económica bancária», ficando a inclusão da expressão reservada exclusivamente às firmas dessas entidades.

NOTAS

Jurisprudência relevante: acórdão do Supremo Tribunal Administrativo de 1992-03-04.

CERTIDÕES, FOTOCÓPIAS

Compete, em especial, ao notário, no âmbito do art. 4.º, n.º 2, als. d) a g) e j), do Código do Notariado:

(...)

d) Passar certificados de vida e de identidade e, bem assim, do desempenho de cargos públicos, de gerência ou de administração de pessoas coletivas;

e) Passar certificados de outros factos que tenha verificado;

f) Certificar, ou fazer e certificar, traduções de documentos;

g) Passar certidões de instrumentos públicos, de registos e de outros documentos arquivados, extrair públicas-formas de documentos que, para esse fim, lhe sejam presentes ou conferir com os respetivos originais e certificar as fotocópias extraídas pelos interessados;

(...)

j) Transmitir por telecópia, sob forma certificada, o teor dos instrumentos públicos, registos e outros documentos que se achem arquivados no cartório, a outros serviços públicos perante os quais tenham de fazer fé e receber os que lhe forem transmitidos, por esses serviços, nas mesmas condições;

(...)

NOTAS

Os certificados, certidões e documentos análogos expedidos pelo notário são considerados como documentos autênticos (art. 35.º, n.º 2).

O Decreto-Lei n.º 66/2005, de 15 de março, veio regular "a transmissão e receção por telecópia e por via eletrónica pelos serviços registrais, cartórios notariais e outros serviços, bem como a receção, pelas mesmas vias, por advogados e solicitadores, de documentos com valor de certidão respeitantes aos arquivos dos serviços registrais e cartórios notariais ou destinados à instrução de atos ou processos dos registos e do notariado ou a arquivo nos respetivos serviços" (art. 1.º).

Tal como determina o diploma, "os serviços registrais e os cartórios notarias podem transmitir entre si documentos constantes dos respetivos arquivos por meio de telecópia ou por via eletrónica nos mesmos termos em que deles podem extrair certidões, sendo reconhecida aos documentos emitidos a força probatória dos originais" (art. 2.º, n.º 2).

Os certificados, certidões e documentos análogos podem ser requisitados por autoridade ou serviço público (oficiosamente, com referência expressa ao fim a que se destinam, ou a solicitação dos interessados) ou pedidos diretamente pelos próprios interessados.

Certidão notarial permanente

A Portaria n.º 121/2021, de 9 de junho, regulamenta o arquivo eletrónico de documentos lavrados por notário e de outros documentos arquivados nos cartórios, a certidão notarial permanente e a participação de atos por via eletrónica à Conservatória dos Registos Centrais, de que destacamos o seu preâmbulo:

O Estatuto da Ordem dos Notários, aprovado pela Lei n.º 155/2015, de 15 de setembro, estabelece, como uma das atribuições da Ordem dos Notários, a adoção de medidas que promovam a reorganização dos sistemas de arquivo eletrónico de docu-

mentos notariais por forma a que possam, nos casos legalmente admitidos e de acordo com as obrigações legais aplicáveis, ser consultados através de uma certidão notarial permanente, cuja consulta dispensa a exibição do documento original, nos termos de portaria a aprovar pelo membro do Governo responsável pela área da justiça.

Paralelamente, o Código do Registo Predial prevê, no seu artigo 43.º-B, que os documentos que contenham factos sujeitos a registo são arquivados eletronicamente, nos termos a definir por portaria do membro do Governo responsável pela área da justiça, sendo a comprovação para efeitos de registo dos factos constantes de documentos que devam ser arquivados eletronicamente feita através da respetiva consulta eletrónica, dispensando-se a apresentação do respetivo suporte em papel perante o serviço de registo.

A presente portaria vem, assim, regulamentar o arquivo eletrónico de documentos lavrados por notários e de outros documentos arquivados nos cartórios e a respetiva disponibilização através de certidão notarial permanente, passando a comprovação, para efeitos de registo, dos factos constantes de documentos que devam ser arquivados eletronicamente, a ser feita através da consulta eletrónica desse documento, mediante a apresentação do código de acesso à certidão permanente.

Ao mesmo tempo, regulamenta-se a participação dos atos por via eletrónica, pelos notários, à Conservatória dos Registos Centrais, prevista no artigo 187.º do Código do Notariado, prevendo-se que, até à disponibilização de um sistema de informação da responsabilidade do Instituto dos Registos e do Notariado, I. P. (IRN, I. P.), que integre os índices gerais de títulos e que permita operar uma comunicação entre sistemas, a participação dos atos seja efetuada através do envio de ficheiro eletrónico à Conservatória dos Registos Centrais, nos termos definidos em protocolo celebrado entre a Ordem dos Notários e o IRN, I. P.

NOTAS

Esta portaria está em vigor desde o dia 1 de junho de 2022.

Nos termos do artigo 10.º, n.º 3, da Portaria n.º 121/2021, de 9 de junho, "a comprovação, para efeitos de registo predial, dos factos constantes de documentos sujeitos a arquivo eletrónico, nos termos da alínea a) do n.º 1 do artigo 2.º [...], é feita através da consulta eletrónica do documento, mediante a apresentação do código de acesso à certidão notarial permanente".

Também do artigo 43.º-B do Código do Registo Predial resulta que a consulta eletrónica dos títulos e dos documentos arquivados eletronicamente substitui, para todos os efeitos, a apresentação perante o serviço de registo do respetivo suporte em papel, devendo este, em caso de junção ao pedido de registo, ser devolvido ao apresentante.

No entanto, nos termos dos referidos diplomas, a disponibilização do código de acesso à certidão notarial permanente dispensa ou substitui, durante o seu prazo de validade, a exibição do documento original. Ou seja, como refere o legislador, a exibição do código dispensa, mas não afasta, a possibilidade de exibir o original.

Ora, sucede que a Portaria n.º 1535/ /2008, de 30 de dezembro, não sofreu qualquer alteração, pelo que continuará a permitir o *upload* ou carregamento dos documentos arquivados no cartório notarial, com o valor do original.

Assim, embora reconhecendo a obrigatoriedade do depósito eletrónico, cuja omissão implicará "tão-só" infração disciplinar para o notário, parece-nos que a submissão direta na plataforma dos registos de documento autêntico depositado em arquivo público (cartório notarial) é suficiente, e com o *plus* de não ter prazo de validade.

Por outro lado, em homenagem à hierarquia das normas, as portarias não devem prejudicar a aplicação da lei, pelo que não devemos olvidar a distinção entre documento autêntico e documento particular autenticado.

Por outras palavras: nem o depósito eletrónico transforma um DPA em documento autêntico, nem a obrigatoriedade de depósito eletrónico dos documentos autênticos, para efeitos de emissão de certidão predial permanente, desqualifica o Instrumento Público, transformando-o num "mero" escrito particular, ainda que autenticado.

Conferência de fotocópias

As fotocópias, extraídas por notário, de documentos que para esse efeito lhe sejam apresentados, cuja conformidade com o original ele ateste, têm a força probatória do respetivo original, se a parte contra a qual forem apresentadas não requerer a exibição deste.

(Parecer, de 1994-10-04, do Conselho Técnico dos Registos e do Notariado, *BRN*, 1/95, 10)

NOTAS

As conferências de fotocópia devem conter, em especial, a declaração de conformidade com o original (art. 171.º, n.º 2, do Código do Notariado).

O serviço de conferência de fotocópias de bilhete de identidade ou de passaporte não é permitido, quando o prazo de validade destes documentos se mostrar ultrapassado, ou se eles se encontrarem em mau estado de conservação (art. 171.º, n.º 4, do Código do Notariado).

Artigo 1.º

1 – Podem certificar a conformidade de fotocópias com os documentos originais que lhes sejam apresentados para esse fim as juntas de freguesia e os CTT – Correios de Portugal, S.A.

2 – Podem ainda as entidades referidas no número anterior proceder à extração de fotocópias dos originais que lhes sejam presentes para certificação.

3 – Querendo, podem as câmaras de comércio e indústria reconhecidas nos termos do Decreto-Lei n.º 244/92, de 29 de outubro, os advogados e os solicitadores praticar os atos previstos nos números anteriores.

4 – Em concretização das faculdades previstas nos números anteriores, é aposta ou inscrita no documento fotocopiado a declaração de conformidade com o original, o local e a data de realização do ato, o nome e assinatura do autor da certificação, bem como o carimbo profissional ou qualquer outra marca identificativa da entidade que procede à certificação.

5 – As fotocópias conferidas nos termos dos números anteriores têm o valor probatório dos originais.

Artigo 2.º

1 – As entidades referidas no artigo anterior fixam o preço que cobram pelos serviços de certificação de fotocópias que, constituindo sua receita própria, não pode exceder o preço resultante da tabela em vigor nos cartórios notariais.

2 – Nos locais de acolhimento e atendimento deve estar afixada, por forma bem visível, a tabela dos preços dos serviços de extração e certificação de fotocópias.

Artigo 3.º

O presente diploma entra em vigor a 1 de maio de 2000.

(Decreto-Lei n.º 28/2000, de 13 de março, sobre a certificação de fotocópias)

Conta não paga

I – O artigo 133.º do Decreto Regulamentar n.º 55/80, de 8 de outubro, só é aplicável às situações de conta não liquidada voluntariamente, encontrando-se pendente a execução.

II – Por isso, inexiste fundamento legal para a recusa do notário em emitir certidão de ato de cuja conta se reclame hierarquicamente, durante a pendência do respetivo processo, ainda que a mesma não tenha sido liquidada.

(Despacho da DGRN, de 1996-12-23, sobre parecer de Joana Lencastre, *BRN*, 2/97, p. 26)

NOTAS

A norma invocada diz, textualmente: "Enquanto estiver pendente a execução [por dívida de conta não paga] não podem ser emitidas certidões de ato cuja conta está por liquidar..."

De acordo com a DGRN, "o disposto no n.º 4 do artigo 133.º do Decreto Regulamentar n.º 55/80, de 8 de outubro, quando refere que 'enquanto estiver pendente de execução não podem ser emitidas certidões de ato cuja conta está por liquidar...', deve ser interpretado de forma restritiva, de molde a não vedar, genericamente, o acesso ao registo.

Assim, não devem ser emitidas certidões, nos termos do n.º 4 do referido artigo 133.º, de atos cuja conta está por liquidar, apenas e tão-só quando as mesmas sejam requisitadas pelo responsável, ou responsáveis, pelo pagamento em falta."

A interpretação proposta não frustrará a intenção normativa, atraiçoando, assim, o pensamento legislativo, além de anular o interesse prático da estatuição?

É que o devedor relapso pode sempre pedir a terceiro – o cônjuge, o filho, o amigo, o vizinho, etc. – que lhe obtenha a certidão que ele próprio não pode obter...

Fotocópias

Artigo 32.º – *Dispensa dos originais dos documentos*

1 – Para a instrução de procedimentos administrativos é suficiente a cópia simples, em suporte digital ou de papel, de documento autêntico ou autenticado, sem prejuízo do número seguinte.

2 – Pode ser exigida a exibição de original ou documento autenticado nos casos em que tal resulte a lei especial ou, para conferência, quando haja dúvidas fundadas acerca do conteúdo ou autenticidade da cópia simples, devendo para o efeito ser fixado um prazo razoável não inferior a cinco dias úteis.

3 – No caso previsto no número anterior, o trabalhador em funções públicas declara a sua conformidade com o original, mediante aposição da sua rubrica na cópia simples ou mediante declaração em documento autónomo.

4 – Se o documento autêntico ou autenticado constar de arquivo de serviço publico, a conformidade da respetiva cópia simples com o original decorre:

a) Automaticamente, de menção expressa no próprio documento, quando este seja originalmente digital; ou

b) De declaração de conformidade do dirigente competente do respetivo arquivo, através de assinatura na cópia simples, ou em documento autónomo.

5 – As cópias simples de documentos, reconhecidos nos termos dos números anteriores, não produzem fé pública.

(Decreto-Lei n.º 135/99, de 22 de abril, com a alteração do Decreto-Lei n.º 73/2014, de 13 de maio).

Artigo 1.º

1 – A instrução de atos e processos dos registos e do notariado pode ser efetuada com fotocópia de documento autêntico ou autenticado, desde que conferida com o original ou documento autenticado exibido perante o funcionário que o receba.

2 – O conservador, notário ou oficial dos registos e do notariado apõe a sua rubrica na fotocópia, declarando a conformidade com o original ou documento autenticado.

3 – Se o documento autêntico ou autenticado constar de arquivo de serviço público, o funcionário competente apõe a sua assinatura na respetiva fotocópia, declarando a sua conformidade com o original.

4 – As fotocópias conferidas nos termos do presente diploma são isentas de emolumentos.

Artigo 2.º

O presente diploma entra em vigor a 1 de maio de 2000.

(Decreto-Lei n.º 30/2000, de 13 de março)

I – A instrução de atos e processos dos registos e do notariado possa ser efetuada com fotocópia de documento autêntico ou autenticado, desde que conferida com o original ou documento autenticado exibido perante o funcionário que o receba – art. 1.º do Decreto-Lei n.º 30/2000, de 13 de março.

II – Resulta, assim, que a conferência de fotocópia nos termos do referido decreto-lei apenas pode ser efetuada mediante a apresentação simultânea da fotocópia e do documento autêntico ou autenticado do qual a mesma foi extraída.

III – A fotocópia e o documento deverão ser apresentados ao conservador ou oficial dos registos e do notariado da conservatória competente para a instrução do ato ou do processo, ou da conservatória que atuar na qualidade de intermediária.

IV – Não obstante, se o conservador assim o entender e numa ótica de colaboração com o utente, pode a fotocópia ser extraída na conservatória.

V – A conferência de fotocópia poderá ser efetuada por conservador ou oficial dos registos e do notariado, devendo a competência destes últimos ser aferida em função do disposto no art. 93.º, n.º 4, do Decreto Regulamentar n.º 55/80, de 8 de outubro.

VI – A fotocópia conferida destinada a instruir ato ou processo dos registos e do notariado deverá, naturalmente, ter sido extraída de documento idóneo para aquele fim, situação que forçosamente patenteará.

Deste modo, não é necessário que naquela seja indicado o fim a que se destina.

VII – Não devem ser requeridas, emitidas ou expedidas oficiosamente fotocópias conferidas, sem prejuízo da informação a prestar ao utente quanto às possibilidades decorrentes da aplicação do decreto-lei já identificado.

VIII – As conferências de fotocópias, bem como as fotocópias eventualmente extraídas nos termos da conclusão 4, estão isentas de emolumentos – art. 1.º, n.º 4, do Decreto-Lei n.º 30/2000, de 13 de março.

(Despacho da DGRN, de 2000-05-22, *BRN*, 6/2000, p. 16)

1 – No âmbito do Decreto-Lei n.º 28/ /2000, de 13 de março, é possível a certificação de fotocópias extraídas de documentos originais, devendo subsumir-se nesta previsão também a certificação da conformidade de fotocópias com certidões (arts. 384.º, do Código Civil, e 171.º, n.º 2, do Código do Notariado).

2 – Tendo as aludidas fotocópias extraídas ou conferidas nos termos do indicado Decreto-Lei n.º 28/2000 valor de pública--forma *(cf. arts. 386.º e 387.º, n.º 2, do Código Civil), deve entender-se que o n.º 5 do art. 1.º é igualmente aplicável aos serviços dos registos e do notariado.*

3 – Tal não significa que os conservadores e notários – e quaisquer funcionários que intervenham na prática de atos notariais ou de registo, incluindo de registo comercial – possam ser responsabilizados, a qualquer título, incluindo civilmente, pela real "inautenticidade" de qualquer fotocópia de documento que haja sido apresentada nos termos daquele diploma, porquanto isso representaria atribuir-se-lhes uma culpa que não é sua *e apenas resulta do cumprimento do que foi estatuído.*

4 Quanto ao estabelecido no Decreto--Lei n.º 29/2000, de 13 de março, consignando apenas uma alteração ao art. 32.º do Decreto-Lei n.º 135/99, de 22 de abril – respeitante à instrução de processos administrativos graciosos e limitando o seu campo de aplicação aos documentos a eles atinentes – não tem aplicabilidade aos atos típicos (bem como aos processos de impugnação) do foro registral e notarial que respeitam à titulação e ao registo de atos e de relações jurídicas do âmbito do direito privado, *que não administrativo.*

5 – As fotocópias que podem ser extraídas ou conferidas pelos serviços dos registos e do notariado no âmbito do disposto no n.º 1 do art. 1.º do Decreto-Lei n.º 30/2000 são não só as que respeitem a documentos autênticos ou autenticados, mas ainda as que respeitem a documentos particulares (não autenticados), bem como as cópias autênticas de uns e outros (certidões/fotocópias autenticadas) pois que, não obstante a literalidade do preceito, razões de coerência e de unidade do sistema jurídico o impõem – cf. art. 9.º, n.º 1, do Código Civil e art. 1.º, n.º 1, do Decreto-Lei n.º 28/2000.

6 – Quanto à força probatória das fotocópias a que alude o n.º 1 desse mesmo art. 1.º do Decreto-Lei n.º 30/2000, afigura-se que não poderá deixar de ser a de pública-forma quando se destinem à instrução de atos do foro notarial (art. 387.º, n.º 2, do Código Civil). Sendo extraídas ou conferidas nas conservatórias, a lógica do sistema impõe igual força probatória.

7 – Será aconselhável – porque mais fácil e seguro – que, quando apresentada em conservatória ou cartório notarial fotocópia para que se exare a conformidade com o original apresentado, sejam estes *serviços a extrair (internamente e de imediato) a respetiva fotocópia, nela apondo a aludida nota de conformidade.*

8 – Por idênticas razões de segurança, sempre que possível, deve o funcionário apor no documento fotocopiado a menção de ter extraído ou conferido fotocópia, com indicação da data em que o fez.

(Despacho da DGRN, de 2000-08-03 (of. 2214, de 2000-08-10), *BRN*, 8/2000, p. 3)

O art. 1.º, n.ºs 1 e 3, do Decreto-Lei n.º 28/2000, de 13 de março, confere aos senhores advogados competência para atestarem ou certificarem atos praticados por autoridades públicas, integrando-se nessa competência a certificação de fotocópia de certidão do registo predial.

(Acórdão da Relação de Lisboa, de 2002-06-20, *Colectânea de Jurisprudência*, 27/3/105)

NOTAS

No caso, o tribunal exigia a própria certidão do registo, não se contentando com a respetiva fotocópia certificada. Tal exigência seria certamente legítima se formulada nos termos e para os efeitos do disposto nos arts. 386.º e 387.º, n.º 2, do Código Civil.

Justificação

I – O teor da escritura de justificação prova-se por certidões, que podem ser requeridas por qualquer pessoa.

II – Mas as certidões só podem ser passadas decorridos 30 dias sobre a data da sua publicação, se dentro desse prazo não for recebida comunicação da pendência da impugnação. Tendo havido impugnação, as certidões só poderão ser passadas depois de averbada a decisão definitiva da ação.

III – Estas regras não prejudicam a passagem de certidão para efeito de impugnação, em que deve mencionar-se expressamente o fim a que se destina.

IV – Tratando-se de um ato público que se destina a suprir a falta de um título para registo do direito justificado, e que, por imposição legal, é objeto de publicação, as condições a que está sujeita a emissão de certidões da escritura de justificação não podem ser associadas a reserva, segredo profissional ou segredo de justiça: visam, sim, evitar que um título cuja validade é impugnada sirva de base a um registo e às presunções que dele decorrem.

V – Daí que, tal como pode ser passada certidão para efeito de impugnação, possa ser passada a certidão requisitada por tribunal, para instrução de processo judicial, desde que dela conste expressamente essa menção.

(Despacho da DGRN, de 1998-03-04, *BRN*, 4/98, p. 28)

Registo civil

O Código do Registo Civil não fixa, em termos gerais, um prazo de validade para as certidões extraídas dos atos de registo.

Assim, as referidas certidões apenas poderão ter um prazo de validade quando, em função do fim a que se destinem, exista lei que determine que devem ter sido emitidas há menos de um determinado período de tempo, como é o caso das certidões para fins de bilhete de identidade (cf. art. 15.º, n.º 2, da Lei n.º 33/99, de 18 de maio).

Tal não acontece, porém, sempre que as certidões se destinem a instruir atos notariais, bem como atos de registo predial ou comercial.

(Recomendação da DGRN (2004), *BRN*, 3/04, p. 17)

Registo predial

I – As certidões, incluindo as que se destinam a comprovar que determinado prédio não está descrito, não valem contra ou para além da própria realidade constante dos registos que visam certificar.

II – Consequentemente, apesar de ter sido emitida uma certidão referindo que determinado prédio não está descrito, se, no entanto, o conservador, ao qualificar o pedido de registo, verificar que está, é à face desta mesma realidade tabular que deve apreciar a viabilidade do pedido.

(Parecer, de 1996-12-20, do Conselho Técnico do IRN, relator Mouteira Guerreiro, P. 32/96-R. P. 4, *BRN*, 3/97, p. 14)

NOTAS

A doutrina do parecer é perturbante e dificilmente compaginável com o disposto na lei civil: arts. 370.º (documento autêntico), 371.º (prova plenamente) e 372.º (salvo falsidade) do Código Civil.

É curioso também que o facto comprovado pela certidão seja questionado pelo próprio serviço que a emitiu...

I – As certidões emitidas pelas conservatórias de registo predial, incluindo aquelas que se destinam a comprovar que determinado prédio não está descrito, não podem valer contra ou para além das presunções decorrentes dos registos efetuados.

II – Consequentemente, se, ao apreciar a viabilidade do pedido de registo de facto titulado no pressuposto – certificado por documento emitido pela conservatória competente – de que o prédio não está descrito, verificar que este já estava descrito, no momento em que foi passada a certidão, não pode o conservador deixar de qualificar esse registo em face da situação jurídica do prédio, tal como está refletida nas tábuas. (...)

(Parecer, de 2001-05-25, do Conselho Técnico do IRN, relatora Maria Ferraro, *BRN-CT*, 6/01, p. 21)

Independentemente de uma certidão do registo predial ou comercial se encontrar, ou não, dentro do seu prazo de validade, e na condição de os factos por ela certificados não terem sofrido qualquer alteração, pode esse prazo ser prorrogado pela conservatória competente para o efeito.

(Despacho da DGRN, de 2004-01-04, *BRN*, 1/04, p. 15)

NOTAS

A confirmação de certidões ou prorrogação do seu período de validade está prevista nos arts. 110.º, n.º 2, do Código de Registo Predial, e 75.º, n.º 2, do Código de Registo Comercial.

Título executivo

A ação executiva tanto pode ser instaurada com base no próprio título executivo como em fotocópia dele (na espécie, uma letra de câmbio).

(Acórdão da Relação de Évora, de 1987-02-26, *Colectânea de Jurisprudência*, 12/1/318, e *Revista do Notariado*, 1987/4/573)

NOTAS

Jurisprudência relevante: acórdão do STJ, de 24 de outubro de 2019.

CERTIFICAÇÃO ENERGÉTICA

De acordo com o artigo 1.º do Decreto-Lei n.º 101-D/2020, de 7 de dezembro, o diploma visa "assegurar e promover a melhoria do respetivo desempenho energético através do estabelecimento de requisitos aplicáveis à sua modernização e renovação" e "regula o Sistema de Certificação Energética dos Edifícios (SCE)".

O artigo 29.º do referido diploma, estipula o seguinte:

"1 – Constituem obrigações dos proprietários dos edifícios ou dos sistemas técnicos assegurar:

[...]

c) A entrega de cópia do certificado energético ou a disponibilização, por via digital, da informação relativa ao respetivo conteúdo ao comprador, locatário ou adquirente previamente à celebração de contrato-promessa de compra e venda, locação, dação em cumprimento e trespasse, secundada pela entrega da versão original, previamente à celebração do contrato definitivo."

De notar que o diploma que aprovou o Sistema de Certificação Energética dos Edifícios – Decreto-Lei n.º 118/2013, de 20 de agosto – impunha a obrigação mencionada supra somente aos proprietários, não impondo qualquer obrigação a notários ou às entidades com competência para autenticar contratos. Porém, com a entrada em vigor do Decreto-Lei n.º 101-D/ /2020, de 7 de dezembro, passou também a ser obrigação dos notários e das demais entidades com competência para a autenticação de documentos particulares, tal como consta no artigo 31.º, o qual se passa a citar: "Constitui obrigação dos notários e das demais entidades com competência para a autenticação de documentos particulares consignar o número do certificado energético nos suportes documentais dos autos de outorga, respetivamente da escritura pública e do termo de autenticação dos negócios jurídicos de transação de edifícios mencionados na alínea e) do n.º 1 do artigo 18.º." ["Os edifícios elegíveis para efeitos de acesso a benefícios fiscais, sempre que a certificação energética constitua requisito para o efeito"]

Ver parecer, de 2016-11-16, do Conselho Técnico do IRN, relator António Manuel Fernandes Lopes.

CESSÃO DE BENS AOS CREDORES

I – A declaração de "para que B, credor, obtenha mais facilmente a satisfação dos seus créditos [...] entregam-se-lhe, nos termos do art. 840.º do Código Civil, para serem por ele vendidos, total ou parcialmente, os seguintes prédios [...], "envolve uma datio pro solvendo.

II – A datio pro solutum importa a prestação de coisa diversa da que for devida, embora de valor superior, e, desde que consentida pelo credor, importa a extinção da obrigação.

III – Atuou com diligência o credor que fez tudo quanto era viável para vender os bens o melhor possível.

(Acórdão da Relação de Lisboa, de 1993-05-13, *Colectânea de Jurisprudência*, 18/3/102)

NOTAS

A convenção que se descreve no ponto I parece corresponder antes a uma figura distinta, a *cessão de bens aos credores*, que a lei define como contrato pelo qual o devedor encarrega o(s) credor(es) de liquidar(em) o seu património ou parte dele, aplicando o produto da liquidação na satisfação do(s) seu(s) crédito(s) – art. 831.º do Código Civil. Trata-se de uma figura esquecida na prática, mas que, todavia, bons serviços pode prestar, como alternativa à execução judicial e à falência. Daí que para ela chamemos por este modo a atenção dos juristas práticos.

Para uma distinção mais rigorosa entre dação em cumprimento e dação em função do cumprimento, ver, entre outros, os acórdãos do STJ de 2006-10-12 (relator Mota Miranda) e de 2003-11-06 (relator Salvador da Costa), disponíveis em *Acórdãos do Supremo Tribunal de Justiça* (dgsi.pt).

A cessão deve ser feita por escrito e está, além disso, sujeita à forma exigida para a transmissão dos bens nela compreendidos, bem como a registo, se for o caso (art. 832.º do Código Civil) – cf., a propósito: M. Tavarela Lobo, "Breves notas...", *RDES*, XIII, 1966, n.os 3-4, p. 287.

A sujeição a registo é confirmada pelo Código do Registo Predial (art. 2.º, n.º 1, al. g), devendo a inscrição mencionar as obrigações dos cessionários especificadas no título, a causa, o montante global dos créditos, assim como o prazo e o preço convencionados para a venda, se tiverem sido fixados (art. 95.º, n.º 1, al. j).

CESSÃO DE CRÉDITO

O credor pode ceder a terceiro uma parte ou a totalidade do crédito, independentemente do consentimento do devedor, em relação ao qual a cessão produz efeitos desde que lhe seja notificada, ainda que extrajudicialmente.

A cessão não constitui um negócio abstrato, ou com causa genérica, integrando-se concretamente em um qualquer dos negócios translativos típicos; os seus requisitos e efeitos, como diz o art. 578.º do Código Civil, definem-se em função do tipo de negócio que lhe serve de base: a título gratuito (doação, p. ex.) ou oneroso (compra e venda, troca, etc.).

A cessão de créditos hipotecários, quando não seja feita em testamento, deve necessariamente constar de escritura pública (arts. 578.º, n.º 2, do Código Civil, e 89.º, al. h), do Código do Notariado), estando sujeita a registo (art. 2.º, n.º 1, e 9.º do Código do Registo Predial).

(Albino Matos, "Cessão de crédito. Fiança", *Revista do Notariado*, ano IV, n.os 13-14 (jul. out. 1983), 49)

NOTAS

A cessão de créditos é regulada nos arts. 577.º e ss. do Código Civil.

De notar que as normas referidas neste excerto foram alteradas. Quanto ao art. 578.º, n.º 2, do Código Civil, sofreu modificações com a entrada em vigor do Decreto-Lei n.º 116/2008, de 4 de julho, passando a dispor: "Salvo o disposto em lei especial, a cessão de créditos hipotecários, quando não seja feita em testamento e a hipoteca recaia sobre bens imóveis, deve constar de escritura pública ou de documento particular autenticado". Já o art. 89.º, al. h), do Código do Notariado de 1967, encontrou, sucessivamente, paralelo nas als. g) e h) do art. 80.º do atual Código, tendo essa alínea, no entanto, desaparecido por força do Decreto-Lei n.º 116/2008, de 4 de julho.

Forma

Artigo 1.º

Os contratos de cessão de créditos hipotecários celebrados entre instituições de crédito, quando emergentes de operações bancárias anteriores a 31 de dezembro de 1986, poderão ser celebrados por escrito particular autenticado.

Artigo 2.º

Os atos de registo predial respeitantes aos contratos mencionados no artigo anterior ficam isentos de quaisquer emolumentos.

(Decreto-Lei n.º 145/88, de 27 de abril).

1) O contrato de cessão de créditos para efeitos de titularização pode ser celebrado por mero documento particular (art. 7.º, n.º 1, do Decreto-Lei n.º 453/99, de 5 de novembro).

2) Consequentemente, ainda que respeite a créditos hipotecários, tal cessão não carecerá de revestir a normal forma de escritura pública (Código Civil, art. 578.º, n.º 2; Código do Notariado, art. 80.º, n.º 2, al. h), satisfazendo-se a lei, em vista da feitura do correspondente averbamento ao registo de hipoteca, com o reconhecimento presencial das assinaturas apostas no escrito particular (art. 7.º, n.º 2).

(Parecer do Conselho Consultivo do IRN, homologado em 2007-06-04, disponível em RP44-07 (mj.pt))

NOTAS

Eis mais uma conta para o rosário de diplomas que nos últimos anos têm vindo a dispensar a escritura pública na formalização de determinados atos exigida pela lei geral (neste caso, pelo art. 578.º, n.º 2, do Código Civil). Aliás, contraditoriamente, na circunstância, posto que o legislador continua a exigir a intervenção do notário ou de outra entidade autenticadora nos atos visados. Ou seja, parafraseando o dito popular: querem comer a carne, mas não querem levar os ossos.

Repare-se, entretanto, em dois pontos. Primeiro, o de que a presente benesse, certamente reclamada pelas instituições de crédito e prontamente aceite, como é costume, pelo legislador, vale apenas para os atos emergentes de operações bancárias anteriores a 31 de dezembro de 1986. Segundo, a isenção emolumentar visa somente o registo predial; isto apesar de o preâmbulo do diploma também referir na parte final os emolumentos notariais, cuja dispensa alegadamente se justificaria do mesmo modo.

Hipoteca

I – Quando a hipoteca apenas se destina a garantir uma dívida de terceiro, que não o proprietário do prédio que a oferece, não há um débito autónomo deste último, mas sim uma fiança real à obrigação daquele.

II – Em tais circunstâncias, havendo uma cessão do crédito a que a fiança real respeita, esta transmite-se igualmente a favor do novo credor, por inerência, acompanhando o crédito que já garantia e que vai continuar a garantir.

(Parecer de Mouteira Guerreiro, *BRN*, 6/95, p. 8)

NOTAS

Vejam-se os arts. 577.º e ss. do Código Civil, sobre a cessão de créditos, em especial o art. 582.º: na falta de convenção em contrário, a cessão importa a transmissão, para o cessionário, das garantias e outros acessórios do direito transmitido, que não sejam inseparáveis da pessoa do cedente.

Criticável, se se permite o reparo, a expressão fiança real, infeliz e contraditória: a fiança é uma garantia pessoal; a garantia real de que se trata denomina-se hipoteca e toda a gente a conhece como tal.

Imposto do Selo

Seja qual for a expressão negocial por que se concretize, não está sujeita à incidência da verba 17.1 da TGIS [Tabela Geral do Imposto do Selo] *a cessão onerosa de créditos hipotecários de que não resulte a efetiva utilização de crédito (financiamento) que uma das partes disponibilize à outra, pelo que, em sede de registo da cessão, mostra-se impertinente impedir-lhe o registo definitivo com fundamento na não comprovação do pagamento do indicado imposto*

(Parecer do Conselho Consultivo do IRN, homologado em 2010-05-03, relator António Manuel Fernandes Lopes, disponível em ctprp205-205ª-2009.pdf)

CESSÃO DE QUINHÃO HEREDITÁRIO

A alienação de quinhão hereditário está sujeita às disposições reguladoras do negócio jurídico que lhe der causa (art. 2124.º do Código Civil) e terá de constar de escritura pública se existirem bens cuja alienação deva ser feita por essa forma (art. 2126.º). A cessão do quinhão de uma herança em que se compreendam bens imóveis obedece, portanto, à formalidade da escritura pública (art. 875.º do Código Civil, e art. 89º, al. d), do Código do Notariado).

Não é necessário que na escritura se especifiquem nem esses imóveis nem os demais bens da herança, mas podem as partes ter conveniência em relacioná-los, designadamente para os efeitos previstos no art. 2127.º do Código Civil.

O objeto da cessão é o quinhão hereditário, aquilo que se denominava (e ainda se denomina em alguns preceitos legais) o direito de ação à herança, e esta, sim, é que cumpre identificar devidamente, ao menos pela indicação do nome do «de cujus» e do lugar e data do seu falecimento.

A posição do cedente relativamente ao todo da herança, isto é, a quota parte hereditária em causa, é elemento indispensável para efeitos fiscais; e, não sendo imprescindível no texto da escritura, convirá no entanto que tal posição fique também só declarada, prevenindo ulteriores alterações, que afetariam os pressupostos e as expectativas dos contratantes e justificariam ou não a revisão do negócio.

No caso de haver já escritura de habilitação, será de boa técnica referi-la, devendo fazer-se então o respetivo averbamento (art. 142.º, al. j), do Código do Notariado).

(*Boletim da APN*, n.º 51/1)

NOTAS

Os arts. 875.º e 2126.º do Código Civil foram alterados pelo Decreto-Lei n.º 116/ /2008, de 4 de julho. O art. 89.º, al. d), do Código do Notariado de 1967 tinha paralelo no art. 80.º, n.º 2, al. d), do Código de 1995, na sua versão originária, tendo a parte da norma respeitante ao disposto no antigo art. 89.º, al. d), sido revogada pelo Decreto-Lei n.º 116/2008. Já o art. 142.º, al. j), do Código do Notariado de 1967 encontra paralelo no atual art. 131.º, n.º 1, al. g).

É nulo (embora em princípio convalidável) o ato de alienação do «direito de ação» a determinado prédio ou a uma sua fração, feito por contitular da herança indivisa, visto que este apenas tem legitimidade para dispor da quota ideal que lhe cabe na universalidade, e não de idêntica quota sobre o prédio que a integra ou que dela faz parte, enquanto tal direito se não concretizar, nomeadamente através da partilha. Se, porém, a situação for antes de compropriedade, é impróprio falar de «direito de ação». visto esta expressão apenas designar o direito a uma parte ideal de uma universalidade.

(Recomendações dos Serviços de Inspeção da DGRN, 1980, *Boletim da APN*, n.º 33, n.º 3, al. b))

COMPRA E VENDA

Cônjuges

A – Administração de empresa

a) Cada um dos cônjuges pode hoje exercer qualquer profissão ou atividade sem o consentimento do outro: artigo 1677.º-D do Código Civil. A autonomia reconhecida neste preceito a cada um dos cônjuges compreende não apenas a escolha de certa profissão ou atividade, como o exercício da profissão ou atividade escolhida.

b) A mera administração ou gestão normal de uma empresa abrange todos os atos, mesmo de disposição, necessários à prossecução do fim a que ela está votada.

c) Exercendo um dos cônjuges, como empresário, uma atividade que tem por objeto a construção de casas para venda, a alienação dos imóveis construídos é um ato de administração da empresa e, como tal, não carece do consentimento do outro cônjuge.

d) A mesma conclusão decorre do preceituado na alínea b) do n.º 1 do artigo 1682.º-A do Código Civil, onde apenas se exige o consentimento de ambos os cônjuges para a alienação, oneração ou locação de estabelecimento comercial – e não para a respetiva administração.

e) As razões de proteção da família que estão na base do disposto na alínea a) do n.º 1 do artigo 1682.º-A do Código Civil não concorrem quando a alienação do imóvel tenha lugar no exercício da atividade empresarial de um dos cônjuges: a empresa, e não o imóvel, é que constituirão então o elemento fundamental da economia familiar que o preceito visa justamente salvaguardar, e a necessidade do consentimento do outro cônjuge viria até prejudicar a empresa e, por conseguinte, a própria economia familiar.

f) O preceituado na alínea a) do n.º 1 do artigo 1682.º-A pressupõe que a alienação dos imóveis não requer uma decisão rápida; e é precisamente o contrário que sucede, quando, como no caso em análise, essa alienação se entrega na atividade que constitui o objeto de uma empresa.

(V. G. Lobo Xavier e M. Henrique Mesquita, "Sobre o art. 1682.º-A, n.º 1, al. a), do Código Civil", *RDES*, ano XXVI, 59).

NOTAS

Subscrevendo a mesma solução, ainda que com uma fundamentação distinta, ver Guilherme de Oliveira e Pereira Coelho, *Curso de Direito da Família*, vol. I, 5.ª edição, Coimbra, 2016, pp. 442 a 444.

I – Quando o estabelecimento mercantil é explorado por um dos cônjuges, o facto de ser um bem comum nem por isso legitima a interferência do consorte na gestão empresarial.

II – A alienação de imóveis que faça parte do objeto da empresa deve poder ser efetuada sem o consentimento do cônjuge do empresário.

III – Este regime deve ser fundamentado no art. 1678.º, n.º 2, al. e), do Código Civil.

(Guilherme de Oliveira, "Necessidade do consentimento do cônjuge do empresário para a alienação de imóveis que se integrem no objeto da empresa", *Colectânea de Jurisprudência*, 26/1/5-6)

NOTAS

Adita-se, agora, a referência de V. G. Lobo Xavier, "Se pode o cônjuge do empresário..." (*RDES*, 26/75).

Na linha da doutrina sumariada, como anotamos a seu tempo, é a jurisprudência dos Tribunais da Relação. Mas, em contrário, acórdão do STJ, de 1984-06-28 (*BMJ*, 338/409).

Sobre a não inconstitucionalidade deste último entendimento, i. e., da exigência de consentimento de ambos os cônjuges para a alienação de imóveis que façam parte do objeto do estabelecimento, ver acórdão 672/96, do Tribunal Constitucional, 1996-05-08 (*BMJ*, 457/80), disponível em TC > Jurisprudência > Acórdãos > Acórdão 672/1996 (tribunalconstitucional.pt).

Exercendo um dos cônjuges, como empresário, *uma atividade que tem por objeto a construção de* casas para venda, *a alienação dos imóveis construídos é um ato de administração de empresa e, como tal,* não carece de consentimento *do outro cônjuge.*

(Acórdão da Relação de Coimbra, de 1982-03-16, *Colectânea de Jurisprudência*, 7/2/82)

NOTAS

Em arestos publicados, o presente constitui a primeira aplicação da doutrina de Lobo Xavier e Henrique Mesquita ("Sobre o art. 1682.º-A, n.º 1, al. a), do Código Civil" trabalho publicado na *Revista de Direito e de Estudos Sociais*, ano XXVI, 1979, p. 59).

Não parece que tal doutrina suscite especiais problemas à prática notarial: bastará, julgamos, que na escritura se afirme por simples declaração da parte a existência da situação que dispensa o consentimento do cônjuge, a saber: que o alienante é empresário, que a sua atividade tem por objeto a construção de casas para venda, e que o imóvel alienado foi construído no exercício de tal atividade.

I – Quer haja, ou não, tradição da coisa para o promitente comprador, este pode pedir a execução específica do contrato ou o dobro do sinal que houver prestado. A tradição da coisa não é requisito necessário para que possa pedir a execução específica.

II – Possuindo o marido uma empresa de construção e venda de casas, *é-lhe lícito vendê-las a terceiros sem o* consentimento *da mulher, no desempenho dessa sua atividade comercial, ainda que se encontre casado sob o regime de comunhão geral de bens.*

(Acórdão da Relação de Coimbra, de 1985-11-12, *Colectânea de Jurisprudência*, 10/5/26, e *Revista do Notariado*, 1986/4/539)

NOTAS

A jurisprudência encontra-se dividida, os tribunais de apelação a um lado e o de revista a outro. Com o presente acórdão, a Relação de Coimbra, com o acórdão de 1982-03-16 (*Colectânea de Jurisprudência*, 7/2/82), e a Relação de Lisboa, com o acórdão de 1983-11-03 (*Colectânea de Jurisprudência*, 8/5/101). Contra, o STJ, com o acórdão de 1984-06-28 (*BMJ*, 338/409), revogando este último aresto.

Na doutrina, com o acórdão sumariado: V. G. Lobo Xavier e M. Henrique Mesquita, "Sobre o art. 1682.º-A, n.º 1, al. a), do Código Civil", *RDES*, ano XXVI, 1979, pp. 59-73; Guilherme de Oliveira e Pereira Coelho, *Curso de Direito da Família*, vol. I, 5.ª edição, Coimbra, 2016, pp. 442 a 444.

B – Alienação

Vender *não é o mesmo* que consentir. *Se o cônjuge do alienante deve consentir na venda, não se pode admiti-lo a declarar que também vende.*

Apesar disso, a DGRN produziu, em tempos, a máxima de que o cônjuge que vende, quando deveria ter apenas consentido, é isso mesmo que está a fazer: consentir e não vender.

(*Regesta*, 1982/133 P – A. Moreira Barbosa)

NOTAS

Cf. arts. 1682.º e ss. do Código Civil.

Nestes casos em que se exige consentimento de ambos os cônjuges, indubitavelmente, o cônjuge do alienante de bem próprio deve consentir e não vender. Um pouco de cuidado no notário evitará situações como as que motivaram o frenesi das notas sumariadas acima.

Simplesmente, se ambos os cônjuges declaram vender e um só deles é proprietário, não há então venda de coisa alheia, como parece pensar o autor, confundindo compropriedade e comunhão conjugal. O que temos então é uma venda, feita por quem é dono, à qual falta o consentimento expresso do outro cônjuge. Mas está lá, no ato, o consentimento devido, por *declaração tácita*, na forma necessária – art. 217.º, n.ºs 1 e 2, do Código Civil.

Sobre a possibilidade de declaração de vontade tácita nos negócios formais, cf. ainda Rui de Alarcão, "Declarações expressas...", (*BMJ*, 86/237), e Manuel de Andrade (*Teoria Geral da Relação Jurídica*, II, Coimbra, Almedina, 1966, p. 134, e *Teoria Geral das Obrigações*, Coimbra, Almedina, 1963, p. 401, nota).

I – Relativamente a imóveis comuns, a circunstância de, em caso de intervenção simultânea de ambos os cônjuges nos atos previstos no art. 1682.º-A do Código Civil, um dos cônjuges prestar a declaração negocial e o outro prestar o consentimento, não deve constituir fundamento para considerar o ato anulável por falta do consentimento legalmente exigido, relativamente ao cônjuge que se limitou a consentir (art. 1687.º, n.º 1, do Código Civil).

II – O mesmo se diga, concretamente em situação de constituição de hipoteca voluntária, para o caso em que os cônjuges se encontram representados pelo mesmo procurador – ao qual ambos conferiram poderes para hipotecar – e este declara constituir a hipoteca em nome de um e declara prestar o consentimento em nome do outro.

III – Na situação referida no ponto anterior não é admissível invocar-se a falta de poderes para prestar o consentimento (caso em que o ato seria anulável por falta de consentimento, por força da ineficácia prevista no art. 268.º do Código Civil), nem a forma como o procurador utilizou os poderes que lhe foram conferidos permite considerar que o título padece de erro, por desconformidade com a procuração.

IV – Constando da inscrição de aquisição (e do título) que os sujeitos passivos da hipoteca são casados segundo o regime da comunhão de adquiridos e constatando-se que os mesmos são de nacionalidade estrangeira, a circunstância de não constar do documento particular autenticado que a entidade autenticadora tenha acionado o Direito Internacional Privado (artigos 52.º e 53.º do Código Civil) constitui fundamento de qualificação do registo como provisório por dúvidas.

(Parecer do Conselho Consultivo do IRN, homologado em 2018-05-25, relator Luís Manuel Nunes Martins, disponível em RP31-2018-STJSR-CC.pdf (mj.pt))

C – Alienação/Anulabilidade

I – Na comunhão matrimonial de bens há um conjunto patrimonial unitário sobre o qual incide um só direito com dois titulares. Estes não são titulares de quotas, ainda que ideais, sobre o todo, durante a vida da comunhão, e muito menos sobre bens concretos inseridos na comunhão.

II – Um dos titulares do direito de propriedade incidente sobre aquela unidade patrimonial pode reivindicar, de terceiro, um bem abrangido por tal comunhão.

III – A venda de bem inserto na comunhão feita sem autorização de um dos contitulares da comunhão é ineficaz relativamente a este contitular.

(Acórdão da Relação de Évora, de 1986-07-10, *Colectânea de Jurisprudência*, 11/4/273)

[...] – Na comunhão conjugal existe um património coletivo, ou seja, um património com dois sujeitos que do mesmo são titulares e que globalmente lhes pertence, sendo um dos traços característicos de tal património autónomo o facto de nenhum dos seus membros poder pedir a sua divisão enquanto não cessar a causa determinante da sua constituição.

– Cada um dos cônjuges tem apenas direito a uma quota ideal do património do casal, pelo que só com a partilha subsequente ao divórcio se vai concretizar em bens certos e determinados.

– Apesar da fixação pelo tribunal da data da cessação da coabitação para a produção dos efeitos patrimoniais do divórcio, os bens comuns conservam esta sua característica, não passando a ser considerados bens em regime de compropriedade. [...]

(Acórdão do Supremo Tribunal de Justiça, de 2008-11-18, disponível em *Acórdãos do Supremo Tribunal de Justiça* (dgsi.pt))

I – A indivisão que permanece no período entre a dissolução da comunhão conjugal e a partilha dos bens comuns tem uma natureza e regime distintos da comunhão conjugal que a precede.

II – Com a dissolução do casamento deixa de haver um património comum com a natureza de património coletivo e passa a existir uma situação idêntica à indivisão, em que cada um dos ex-cônjuges pode dispor da sua meação e pedir a sua separação, através da partilha.

III – Assim sendo, nesse período de indivisão, por dívidas da sua exclusiva responsabilidade, é legalmente admissível o arresto do direito do ex-cônjuge devedor à meação nos bens comuns.

(Acórdão da Relação do Porto, de 2018-10-23, disponível em *Acórdãos do Tribunal da Relação do Porto* (dgsi.pt))

O ato de alienação de imóveis que integraram o património comum do casal, celebrado depois de decretado o divórcio, mas antes da partilha desses bens, apenas par uns dos ex-cônjuges, é nulo e não meramente anulável, conforme resulta da conjugação dos arts. 1688.º e 892.º do Código Civil.

(Parecer da DGRN, relator Carlos Vidigal, 1995, *BRN*, 11/95, 12)

NOTAS

A casou com *B* no regime de comunhão de adquiridos. Uma vez divorciados e não tendo sido feita a partilha, *B* vendeu a *C* um dos bens da comunhão sem consentimento de *A*.

Com mais pormenor ou menos pormenor, este era, no fundo, o caso em discussão, vindo o acórdão a pronunciar-se, no ponto III, pela ineficácia da dita venda.

A solução poderá ser acertada, mas o resultado não deixa de suscitar alguma perplexidade. Pois não é verdade que, se o casamento persistisse, a venda seria apenas anulável (art. 1687.º, do Código Civil), produzindo efeitos face ao outro cônjuge até à sua anulação? E que, considerando-se a venda ineficaz, resulta assim, aparentemente, mais protegida a situação do ex-cônjuge que a do cônjuge?

Acerca, ainda, do regime jurídico dos bens da comunhão, depois de extinto o casamento (acórdão da Relação de Évora, 1984-02-02, *Colectânea de Jurisprudência*, 9/1/288): extinto o casamento, aos bens comuns passam a ser aplicáveis as normas da compropriedade e, por isso, a estar sujeitos ao regime desta.

Já o parecer da DGRN especifica que o negócio é *ineficaz* relativamente ao ex-cônjuge não alienante, reiterando a doutrina prevista no acórdão da Relação de Évora de 1986-07-10.

Guilherme de Oliveira e Pereira Coelho referem, a este propósito, que "as ilegitimidades conjugais [...] cessam com o trânsito em julgado da sentença de divórcio. Se o regime de bens era de comunhão, deixa de haver um património comum como «património coletivo». A situação passa a ser idêntica à da herança indivisa [...]. Não quer isto dizer, porém, que, com o trânsito em julgado da sentença de divórcio, os bens comuns deixem de ser um «património comum» e cada um dos bens passe a pertencer aos ex-cônjuges em compropriedade, podendo, portanto, cada um deles dispor de metade de cada um desses bens em concreto, pois antes da partilha não se sabe com que bens virá a ser preenchida a meação de cada um dos ex-cônjuges" (*Curso de Direito da Família*, vol. I, 5.ª edição, Coimbra, 2016, p. 767). Resulta, assim, claramente do pensamento dos autores que, ao contrário do que refere o acórdão da Relação de Évora de 1984-02-02, não será de aplicar nestas hipóteses o regime da compropriedade.

Quanto a esta questão é também de particular interesse a leitura da intervenção de Rita Lobo Xavier nas III Jornadas de Direito da Família e das Crianças, disponível em Rita-Lobo-Xavier.pdf (crlisboa.org), "O divórcio, o regime de bens e a partilha do património conjugal".

D – Alienação/Consentimento

I – O sentido do n.º 1 do art. 1684.º do Código Civil, ao estatuir que o "consentimento conjugal, nos casos em que legalmente exigido, deve ser especial para cada um dos atos", é o de que, sempre que a lei exija o consentimento do outro cônjuge para a prática, por um deles, de algum ato jurídico, este último não pode valer-se de uma autorização genérica (mesmo que circunscrita à espécie de atos a que pertence o realizado), mas de um consentimento especial, referido àquele ato concreto.

II – Assim, não respeita tal comando a procuração outorgada por um dos cônjuges a favor do outro – casados em regime que não o da separação – através da qual lhe atribui poderes "para vender pelo preço e condições que entender todos e quaisquer bens e direitos que lhe pertençam ou ao casal e sejam situados em Portugal".

III – Daí que, ao abrigo do disposto nas disposições conjugadas dos arts. 1684.º, n.º 1, 1682.º-A e 1687.º, n.º 1, do Código Civil, se deva concluir ser anulável, por falta de poderes, a venda de um bem imóvel comum feita por um dos cônjuges munido apenas de uma procuração nos termos acima referidos.

(Acórdão do STJ, de 2000-05-04, *Colectânea de Jurisprudência S.*, 8/2/50)

NOTAS

Veja-se a lei indicada e, a propósito, com interesse, os acórdãos STJ de 1987-12-10 (*BMJ*, 364/8611) e de 1993-05-06 (*Colectânea de Jurisprudência S.*, 1/2/93)

O consentimento conjugal em que cuja redação se diz que o declarante autoriza "o seu cônjuge a vender a quem, pelo preço e sobre as condições que entender, quaisquer prédios, parte de prédios ou direitos prediais, mesmo quinhões hereditários que sejam seus bens próprios, designadamente nos concelhos de Vila Nova de Gaia e Gondomar", observa o requisito de especialidade previsto no n.º 1 do art. 1684.º do Código Civil.

(Acórdão do STJ, de 2006-03-28, *Acórdãos do Supremo Tribunal de Justiça* (dgsi.pt))

NOTAS

As razões dadas pelo tribunal para sufragar este entendimento transcrevem-se aqui: "Trata-se aqui de uma situação equivalente ao do mandato em geral e do mandato especial regulados nos arts. 1157.º e ss. do Código Civil, cabendo aqui as considerações feitas pela doutrina como determinantes da distinção entre aqueles tipos de mandatos. Desta forma, segundo Rodrigues Bastos, (*Dos Contratos em Especial*, vol. III, Lisboa, Petrony, 1974, p. 42), o mandato geral é aquele que "formulado em termos absolutamente genéricos confere os poderes para a prática de uma quantidade indeterminada de atos jurídicos de administração ordinária, relativamente a uma situação jurídica de que é sujeito o mandante". Por seu lado, o mandato em especial "é tradicionalmente definido como aquele que é conferido para a prática de um ou mais atos singulares determinados, precisando LUMINOS que tal mandato se caracteriza pela determinação do tipo (e não necessariamente do número) das operações gestórias programadas " - Menezes Cordeiro, *Direito das Obrigações*, III vol., Coimbra, Almedina, pp. 323 e ss. Ora, aplicando esta doutrina ao caso dos autos, vemos que o consentimento dado pelo marido da ré precisou o tipo de negócio a que se destinava: «compra e venda» em que a ré era a vendedora. Também especificou o objeto do negócio consentido: prédios ou partes de prédios ou direitos prediais, mesmo quinhões hereditários, tudo constituindo bens próprios da ré e situados nos concelhos de Gondomar e Vila Nova de Gaia. É de referir que, aquando da emissão da referida declaração de consentimento, a ré era co-herdeira de uma herança, a que pertencia o prédio objeto do contrato-promessa em causa. Muito embora o consentimento seja múltiplo, tem o grau de especificação bastante para o efeito exigido pelo n.º 1 do art. 1684.º do Código Civil.

[...] – O consentimento do cônjuge deve ser especial para cada ato em concreto (arts. 1684.º, n.º 1, do Código Civil), não podendo consistir em autorização de carácter genérico. O consentimento para a celebração de contratos de arrendamento incidentes sobre imóveis comuns do casal deve ser dado por escrito (art. 1684.º, n.º 2, 262.º n.º 2, e 1069.º do Código Civil).

– As exigências legais da especialidade do consentimento e da forma escrita são justificadas por razões relacionadas com a necessidade do cônjuge refletir e ponderar, em cada

caso, as concretas implicações patrimoniais que o ato de oneração irá determinar para os bens comuns do casal. As quais, não sendo verificadas determinam a invalidade do ato, por força da conjugação dos arts. 1682.º, n.º 1, al. a), 1684.º, n.º 1 e n.º 2, 262.º, n.º 2, 1069.º e 1687.º, n.º 1, do Código Civil.

– A alegada existência duma autorização genérica e verbal para que o outro cônjuge possa, se quiser, arrendar certo imóvel comum do casal a terceiros, não dispensa o posterior consentimento especial para o arrendamento que concretamente vier a ser realizado, nem a forma escrita desse consentimento, ficando a validade do contrato de arrendamento dependente da confirmação desse ato pelo cônjuge não outorgante ou da caducidade do direito de ação, sem prejuízo do ato poder ser confirmado pelo cônjuge não outorgante.

(Acórdão da Relação de Lisboa, de 2019-07-02, *Acórdãos do Tribunal da Relação de Lisboa* (dgsi.pt))

O consentimento *exigido pelo art. 1682.º-A do Código Civil pode ser prestado unilateralmente,* em instrumento avulso, *que preencha a forma exigida pelo art. 1684.º do mesmo Código, outorgado em momento posterior ao do respetivo contrato,* ainda que o consentinte tenha declarado naquele contrato que também vende o imóvel próprio do outro cônjuge.

(Parecer do Conselho Técnico da DGRN, relator F. Silva Costa, de 1982-12-22, *Regesta*, 1983, 188 P)

E – Aquisição de bens indivisos já pertencentes em parte a um dos cônjuges

I – A norma do art. 1727.º do Código Civil – que qualifica como próprios os bens aí referidos – contempla duas hipóteses: 1.ª – a de, sendo um dos cônjuges comproprietário de certa coisa indivisa, não pertencente à comunhão, vir a adquirir nela uma outra quota, além da que já lhe pertencia; 2.ª – a de a parte da coisa, adquirida pelo cônjuge que dela era comproprietário fora da comunhão, ser a resultante da divisão de coisa comum.

II – A compensação ao património comum pelas somas prestadas para a aquisição da quota e para a conversão do direito de compropriedade em direito de propriedade singular (quando haja excesso na concretização da quota) só será devida no momento da dissolução e partilha da comunhão, pelo que o registo daqueles factos dela não depende. (...)

(Parecer, de 2001-05-01, do Conselho Técnico da DGRN, relator João Bastos, *BRN-CT*, 6/01, p. 33)

NOTAS

Com a primeira máxima, Pires de Lima e Antunes Varela, *Código Civil Anotado*, vol. IV, Coimbra Editora, 1975, anot. art. 1727.º.

F – Casa de morada de família/ Verificação

Mesmo em regime de separação de bens, a alienação da casa de morada da família (como a oneração, arrendamento ou constituição de outros direitos pessoais de gozo) carece sempre do consentimento de ambos os cônjuges (art. 1682.º-A, n.º 2, do Código Civil).

Como a casa de morada da família corresponde à residência habitual e esta se verifica, com a identidade, por conhecimento pessoal do notário, por B. I. ou por abonação, o uso de qualquer destes meios poderá em princípio justificar que a casa a vender, desacompanhado do cônjuge, por sujeito casado em separação de bens, não é a da morada familiar.

Problemas podem surgir quando a identidade seja verificada por passaporte, ou sejam insuficientes, incompletas, inconclusivas ou virtualmente desatualizadas as indicações do B. I. quanto à residência. No primeiro caso, haverá que aceitar a declaração do interessado; no segundo, deverá recorrer-se a abonadores.

A circunstância de poder haver várias residências do mesmo casal não impede que só uma deva ser considerada como a casa de morada da família (a que consta do B. I.).

(*Boletim da APN*, n.º 57/2)

NOTAS

Apesar de a Lei n.º 7/2007, de 5 de fevereiro, ter instituído o Cartão de Cidadão, que veio substituir o Bilhete de Identidade (arts. 55.º, 56.º e 62.º da mesma lei), é nossa opinião que a doutrina aqui exposta, bem como a a anotação de Albino Matos, mantêm a sua relevância: "Parece, salvo o devido respeito, fortemente duvidoso, pelo menos: que o alienante haja de comprovar ao notário que a casa não é a morada da família; que não baste, em qualquer caso, a propósito, a sua simples declaração (aliás, de consignação não obrigatória); que a verificação da identidade implique forçosamente a comprovação da residência; que não possa existir em certas circunstâncias mais do que uma *casa de morada da família*".

G – Confirmação

A confirmação, *pelo marido, da venda de bens imobiliários efetuada pela mulher, sem autorização daquele, não tem de ser feita por escrito autêntico ou autenticado, podendo ser feita* tacitamente *e deduzindo-se do recebimento de parte do produto da venda.*

(Acórdão do STJ, de 1960-05-24, *BMJ*, 97/368)

NOTAS

Este aresto foi tirado na vigência do Código de Seabra e encontra-se publicado na *Rev. Leg. Jur.*, 94/168.2.

No Código Civil de 1966, a alienação de imóveis comuns carece do consentimento de ambos os cônjuges (art. 1682.º-A), sendo a falta de consentimento de qualquer deles causa de anulabilidade (art. 1687.º).

A anulabilidade é sanável mediante confirmação e esta compete à pessoa a quem pertencer o direito de anulação. A confirmação pode ser expressa ou tácita, *não depende de forma especial* e tem eficácia retroativa, mesmo em relação a terceiro.

Esta é a doutrina constante do art. 288.º.

A este propósito, ver "Trabalhos preparatórios", *BMJ*, 89/199-267 (Rui Alarcão). Ver, também do mesmo autor, *A confirmação dos negócios anuláveis*, vol. I, Coimbra, Atlântida Editora, 1971.

H – Contrato-promessa

Apesar de ser válido o contrato-promessa de venda de imóveis comuns efetuado só por um dos cônjuges, o promitente-comprador não pode obter execução específica (artigo 830.º do Código Civil) se o cônjuge do promitente-vendedor se recusa a outorgar na escritura de compra e venda. [...]

(Acórdão do STJ, de 1984-06-28, *BMJ*, 338/409)

NOTAS

Este acórdão revogou o acórdão da Relação de Lisboa de 1983-11-03 (*Colectânea de Jurisprudência*, 8/5/101).

O contrato-promessa constitui mera convenção de prestação de facto de natureza obrigacional, sem efeito constitutivo ou translativo da coisa, própria ou comum, sendo válido, pois, mesmo que outorgado por um dos cônjuges sem consentimento do outro. Trata-se de doutrina pacífica: cf. Abel Delgado, *Do contrato-promessa*, Lisboa, Petrony, 1974, p. 76, p. ex., acórdãos do STJ de 1972-05-12 (*BMJ*, 217/99), de 1975-02-04 (*BMJ*, 244/243), de 1975-02-07 (*Revista da Ordem dos Advogados*, ano 35, 1975, II, p. 239) e acórdão da Relação do Porto, de 1983-02-10 (*Colectânea de Jurisprudência*, 1/1/5).

I – Carece do consentimento do cônjuge, nos termos do art. 1682.º-A, n.º 1, do Código Civil, a atribuição do direito pessoal de gozo consubstanciado na autorização inserida em contrato-promessa pelo proprietário do imóvel para o promitente comprador passar a usar e fruir o prédio prometido vender.

II – Não tendo ocorrido tal consentimento (por apenas constar do contrato a assinatura do marido), pode o cônjuge do promitente vendedor requerer a anulação do ato, no prazo de seis meses desde o respetivo conhecimento, nos termos do art. 1687.º, n.º 2, do Código Civil e até ao limite de três anos após a celebração do contrato.

III – Decorrido o prazo limite estabelecido na lei, caduca o direito de anulação, sanando-se a invalidade que enferma o ato.

(Acórdão da Relação de Lisboa, de 2003-07-03, disponível em *Acórdãos do Tribunal da Relação de Lisboa* (mj.pt))

I – O contrato-promessa celebrado para a alienação de bens comuns do casal é válido, ainda que celebrado por apenas um dos cônjuges sem a intervenção do outro.

II – Segundo a mais aplaudida doutrina, tal contrato-promessa é válido, porquanto nele o promitente vendedor não emite uma declaração de alienação do bem, mas apenas se limita a prometer realizar, no futuro, o contrato-prometido, cabendo-lhe envidar os esforços para que na data da realização do ato negocial de compra e venda o outro cônjuge venha a prestar o seu consentimento.

III – É de referência o estudo dos Professores Antunes Varela e Henrique Mesquita, em anotação ao Acórdão do Supremo Tribunal de Justiça de 7 de outubro de 1993 (Revista de Legislação e Jurisprudência, n.º 3385, pp. 296 e ss.) em que aqueles Ilustres Civilistas assim consideram: "Nos casamentos cujo regime de bens seja a comunhão geral ou a comunhão de adquiridos, nenhum dos cônjuges pode alienar bens imóveis, próprios ou comuns, sem o consentimento do outro (art. 1682.º-A). Mas nada impede que qualquer dos cônjuges assuma, em contrato-promessa, a obrigação de alienar bens desta natureza – assim como nada obsta a que, por exemplo, um comproprietário assuma, sozinho, a obrigação de alienar a coisa comum ou parte especificada dela, ou que alguém assuma a obrigação de alienar coisa alheia."

IV – Porém, a execução específica do contrato-promessa de compra e venda não é possível se o cônjuge do promitente vendedor não se tiver obrigado conjuntamente com ele, ainda que este venha a falecer, pois tal execução seria uma violência contra a vontade e contra o livre exercício do direito de propriedade do cônjuge supérstite, violência inadmissível na ordem jurídica que nos rege.

(Acórdão do STJ, de 2011-11-03, disponível em *Acórdãos do Supremo Tribunal de Justiça* (dgsi.pt))

I – Oneração/Consentimento

I – A oneração de imóveis próprios carece do consentimento de ambos os cônjuges, nos precisos termos do disposto no art. 1682.º-A do Código Civil.

II – O cônjuge cujo consentimento é exigido para a hipoteca de bens próprios do outro não deve intervir a hipotecá-los, mas a autorizar que a garantia se constitua, valendo como tal autorização a declaração de hipoteca por tal cônjuge. *(...)*

(Parecer do Conselho Técnico da DGRN, relator Rocheta Gomes, de 1982-12-12, *Regesta*, 1983, 193 P)

NOTAS

A expressão escrita a redondo no parecer de 1982-12-12, foi por nós aditada.

A *Regesta* (1982/133 P) insere uma nota (que vale também para a anotação referida) terçando razões de natureza registral. Opomos-lhe a consideração de que minimiza porventura excessivamente o papel do Conservador, reduzindo-o aparentemente a puro autómato. Custaria, por outro lado, a compreender uma técnica registral que impedisse o acesso ao registo de um qualquer negócio substancialmente válido. O que vale em direito substantivo não há de valer em registo?

Cf., ainda, com relação ao parecer de 1982-12-12, a mesma *Regesta*, 1984, 27 P (A. Moreira Barbosa).

J – Sub-rogação real/Prova

Estando em causa apenas os interesses dos cônjuges, que não os de terceiros, a omissão no título aquisitivo das menções constantes do art. 1723.º, al. c), do Código Civil, não impede que o cônjuge, dono exclusivo dos meios utilizados na aquisição de outros bens na constância do casamento no regime supletivo da comunhão de adquiridos, e ainda que não tenha intervindo no documento aquisitivo, prove, por qualquer meio, que o bem adquirido o foi apenas com dinheiro ou seus bens próprios; feita essa prova, o bem adquirido é próprio, não integrando a comunhão conjugal.

(Acórdão de Uniformização de Jurisprudência n.º 12/2015 do STJ, de 2015-07-02, disponível em *Acórdãos do Supremo Tribunal de Justiça*, n.º 12/2015 – Supremo Tribunal de Justiça (dre.pt))

NOTAS

Com esta decisão (que, diga-se, foi objeto de votos de vencido), o STJ fixou a sua posição sobre uma questão fraturante na doutrina e na jurisprudência ao longo dos últimos anos: a de saber se, não estando em causa interesses de terceiros, poderiam os cônjuges, nestas hipóteses, provar a proveniência do dinheiro ou dos valores por qualquer meio, tendo-se concluído em sentido afirmativo.

O douto acórdão segue, assim, as decisões de outros arestos dos tribunais superiores (acórdãos do STJ de 1995-12-14, de 1996-09-24 e, mais recentemente, de 2010-01-07 e de 2010-07-13), bem como o pensamento de autores como Pereira Coelho e Guilherme de Oliveira (*Curso de Direito da Família*, vol. I, 5.ª ed., Coimbra, 2016, pp. 611-617).

Contra esta posição encontram-se Pires de Lima e Antunes Varela (*Código Civil Anotado*, vol. IV, Coimbra, Coimbra Editora, 1992, pp. 425 e ss.) e Rita Lobo Xavier (*Limites à Autonomia Privada na Disciplina das Relações Patrimoniais entre os Cônjuges*, Coimbra, Almedina, 2000, pp. 341 e ss.), assim como outras decisões judiciais (acórdãos do STJ de 1998-10-15 e de 2000--05-25).

– A posição tomada no Acórdão uniformizador do Supremo Tribunal de Justiça n.º 12/2015, ao delimitar como thema decidendum *o problema da qualificação do bem, em função da não observância do preceituado no art. 1723.º, al. c), do Código Civil, apenas com referência ao âmbito das relações internas (relações entre os cônjuges), e ao concluir que o cônjuge, dono exclusivo dos meios utilizados na aquisição, pode fazer prova, por qualquer meio, de que o bem adquirido o foi apenas com dinheiro ou bens próprios, considerando-se o mesmo como bem próprio deste cônjuge, tão-somente quando estejam em causa os interesses dos cônjuges, que não os de terceiros, deixa intocada a questão da qualificação do bem como bem comum do casal em face de terceiros.*

*– A ponderação dos argumentos aduzidos no dito Acórdão, que em nenhum passo se reportam à questão da viabilidade de a menção a que se refere o art. 1723.º, al. c), do Código Civil poder ingressar no documento de aquisição mediante novo título (de retificação), não justificam uma proposta de alteração da posição firmada no parecer e na deliberação tomados nos processos R.P. 174/2000 DSJ-CT e C.N. 29/2001 DSJ-CT (*BRN, *9/2001, II Caderno), respetivamente, e reiterada na deliberação emitida no processo R.P. 76/2009 SJC-CT.*

(Parecer do Conselho Consultivo do IRN, relatora Maria Madalena Rodrigues Teixeira, de 2017-06-29, disponível em "Retificação dos títulos elaborados no âmbito do procedimento especial de aquisição e registo de imóveis – suprimento da omissão da menção a que se refere o art. 1723.º, al. c), do Código Civil" (mj.pt))

NOTAS

Transcrevem-se aqui os sumários dos pareceres no âmbito dos processos C.N. 29/2001 DSJ-CT (disponível, entre outros, em file:///C|/Documents%20and%20Settings/Admin/Ambiente%20de%20trabalho/BRN_1995-2001/2001/par_2_2001.htm (mj.pt)) e R.P. 76/2009 SJC-CT (disponível em RP76-09 (mj.pt)), respetivamente:

"I – Sempre que ambos os cônjuges não esclareçam a proveniência do dinheiro ou dos valores aplicados, fazendo dessa proveniência expressa menção no documento que titule a aquisição, os bens adquiridos apenas com a intervenção de um deles ingressam, com carácter definitivo, no património comum do casal.

II – A inalterabilidade dessa qualificação, imposta pelo princípio da imutabilidade do regime supletivo ou convencional de bens que o nosso direito acolhe, impede que a falta daquela menção e/ou da intervenção do cônjuge do adquirente possa ser suprida por outro qualquer meio de prova.

III – A escritura, dita de retificação, que vise alegadamente facultar aos cônjuges a prestação da declaração sobre a efetiva proveniência do dinheiro ou valores utilizados no pagamento do preço, que não prestaram no ato de compra e venda de imóveis, consubstancia desse modo uma alteração na composição concreta das massas patrimoniais, que, por violação do disposto nos arts. 1714.º, n.os 1 e 2, 1723.º, n.º 1, c), e 1724.º, b), do Código Civil, está ferida de nulidade;

IV – Deve, por isso, ser recusado o averbamento, pedido com base em tal escritura, que vise publicitar uma pretensa natureza própria dos prédios assim adquiridos e cuja aquisição se mostra já registada nos precisos termos em que foi titulada (art. 69.º n.º 1, b), do CRP)."

"1. A escritura, dita de retificação, que vise alegadamente facultar aos cônjuges a prestação de declaração sobre a efetiva proveniência do dinheiro ou valores utilizados no pagamento do preço, que não prestaram no ato de compra e venda de imóveis, consubstancia desse modo uma alteração na composição concreta das massas patrimoniais, que, por violação do disposto nos arts. 1714.º, n.os 1 e 2, 1723.º, c), e 1724.º, b), do Código Civil, está ferida de nulidade.

2. Deve, por isso, ser recusado o averbamento pedido com base em tal escritura, que vise publicitar uma pretensa natureza própria dos prédios assim adquiridos e cuja aquisição se mostra já registada nos precisos termos em que foi titulada (art. 69.º, n.º 1, b) do CRP)."

Em relação ao parecer de 2001, Albino Matos escreveu a seguinte anotação: "O caso discutido no douto parecer satisfazia a exigência do texto legal: declaração da proveniência do dinheiro no documento de aquisição, ou pelo menos em documento equivalente, com intervenção de ambos os cônjuges. Não pode por isso concordar-se com o Conselho, que, em vez de limitar o absurdo na aplicação da lei existente, estimula e exagera esse mesmo absurdo para além dos limites da previsão legal. O absurdo está em que os cônjuges, proibidos pelo conselho de *dar-lhe na cabeça,* podem perfeitamente *na cabeça lhe dar,* distratando simplesmente o contrato de aquisição e celebrando novo contrato, satisfazendo neste as exigências ditadas pela doutrina rigorista do Conselho. Em suma, o sistema, na leitura rígida do Conselho, proíbe os cônjuges de entrarem pela porta, mas permite-lhes a entrada pela janela."

Decidindo pela nulidade da escritura de retificação, ainda que com um fundamento distinto, a *Deliberação,* de 2001-09-28, do Conselho Técnico (*BRN-CT,* 9/01, p. 60):

"I – Sem prejuízo da possibilidade de recurso à definição judicial do *melhor direito,* a questão da admissibilidade de escritura, dita de retificação, posteriormente celebrada com a intervenção do comprador e do seu cônjuge, prestando a declaração que no ato da aquisição não tinham prestado sobre a proveniência do dinheiro efetivamente utilizado na compra ou alterando aquela que então tenham prestado (dando o dito por não dito) com vista a obterem a requalificação dos bens adquiridos, a título oneroso, pelos cônjuges na constância do casamento quanto à sua natureza própria ou comum, em face do que dispõem os arts. 1723.º, al. c), e 1724.º, al. b), do Código Civil, não pode deixar de ser encarada e decidida segundo os critérios legalmente definidos para a segurança do comércio jurídico (imobiliário) ou – o que significa o mesmo – numa perspetiva de proteção de terceiros.

II – A escritura em questão consubstanciaria um negócio jurídico de alteração na composição concreta das massas patrimoniais dos cônjuges, que, por violar o disposto nos arts. 1714.º, n.os 1 e 2, 1723.º, c), e 1724.º, b), do Código Civil, está ferido de nulidade."

I – O título aquisitivo de um prédio que seja, em sub-rogação real indireta, bem próprio de um dos cônjuges, nos ter-

mos do art. 1723.º, al c), do Código Civil, deverá conter a declaração, subscrita por ambos os cônjuges, na qual se indique qual a origem ou proveniência do dinheiro ou valores utilizados pelo cônjuge comprador para essa aquisição.

II – É, para esse efeito, suficiente a menção feita no título de que a aquisição foi feita com dinheiro ou valores próprios desse cônjuge comprador, não exigindo a lei que se concretize mais detalhadamente a razão por que tal dinheiro ou tais valores são próprios do cônjuge comprador, devendo considerar-se que o facto de o cônjuge eventualmente prejudicado subscrever essa declaração a confirma e lhe dá plena validade.

(Parecer de 2004-01-29, do Conselho Técnico da DGRN, relator Luís Nobre, *BRN-CT*, 2/04, p. 11)

Direito de preferência

O Decreto-Lei n.º 89/2021, de 3 de novembro, regulamenta normas da Lei de Bases da Habitação relativas à garantia de alternativa habitacional, ao direito legal de preferência e à fiscalização de condições de habitabilidade, de que se destaca:

Artigo 7.º – *Exercício do direito de preferência pelo Instituto da Habitação e da Reabilitação Urbana, I. P.*

1 – O IHRU, I. P., de acordo com as suas disponibilidades orçamentais, pode preferir nos negócios jurídicos relativos a alienações onerosas de imóveis de uso habitacional, nos casos referidos no n.º 3 do artigo 37.º da Lei n.º 83/2019, de 3 de setembro, quando os imóveis objeto do direito de preferência se situem em área com carência habitacional, determinada pela carta municipal, ou nas zonas referidas nas alíneas a) e b) no n.º 1 do artigo anterior, desde que tal direito não tenha sido exercido pelos municípios ou pelas regiões autónomas.

2 – O direito de preferência previsto no presente capítulo é exercido pelas entidades públicas nos termos previstos no Decreto-Lei n.º 263-A/2007, de 23 de julho, na sua redação atual, dispondo estas de um prazo único de 10 dias para o efeito, sem prejuízo de, em caso de exercício plural desses direitos, prevalecer o da entidade melhor graduada de acordo com a ordem estabelecida no n.º 2 do artigo anterior.

Embarcações

O Decreto-Lei n.º 150/88, de 28 de abril, reviu o regime de aquisição e alienação de embarcações de comércio, rebocadores e navios auxiliares, de que se destaca:

Artigo 1.º

1 – Qualquer pessoa, singular ou coletiva, pode, observados os limites previstos na lei civil, ser titular do direito de propriedade de embarcações de comércio, de rebocadores e de embarcações auxiliares.

2 – Sem prejuízo do disposto no artigo 5.º, não dependem de autorização a aquisição, alienação ou modificação das embarcações, já construídas ou a construir, referidas no número anterior. [...]

Artigo 3.º

O contrato de compra e venda de embarcações de comércio, rebocadores ou navios auxiliares, nomeadamente a declaração de venda (bill of sale), está sujeito a forma escrita e ao reconhecimento presencial da assinatura do vendedor.

Artigo 4.º

No caso de aquisição de embarcação de comércio, de rebocador e de embarcação auxiliar já existente que se destine a ser embandeirado com a Bandeira Portuguesa, deve o adquirente comunicar à Inspeção-Geral de Navios a celebração do respetivo contrato no prazo de cinco dias úteis. [...]

Artigo 6.º

A aquisição ou a alienação e a construção ou a modificação de navios ou embarcações referidos neste diploma devem, em qualquer caso, ser comunicadas à Direção-Geral da Marinha de Comércio no prazo de cinco dias a contar, conforme os casos, da aprovação do projeto de construção ou modificação ou da celebração do contrato pelo qual se transfira a sua propriedade. [...]

NOTAS

O diploma possui 12 artigos, tendo sido alterado pela última vez com o Decreto-Lei n.º 119/95, de 30 de maio.

Para Albino Matos, há que destacar, neste ponto, a revogação, entre outras, da norma do art. 78.º, n.º 4, do Decreto-Lei n.º 265/72, de 31 de julho, que submetia a *escritura pública* a aquisição por negócio jurídico de embarcações de valor superior a 50 000$, revogação esta que, na sua visão, justifica duas palavras de comentário:

"Por um lado, para se apontar que manifestamente a revogação é apenas parcial, continuando sujeitos a escritura pública todos os atos de aquisição distintos da compra e venda (doação, troca, partilha, etc.). Será esta solução aceitável do ponto de vista do legislador?

Por outro lado, e agora na perspetiva da função notarial, para estranhar o critério legislativo que exige a intervenção do notário para o reconhecimento da assinatura, do mesmo passo que a dispensa para a documentação do negócio. O que isto na verdade representa é uma mutilação da função, com reduzir-se o papel do notário à mera *certificação* e anular-se o aspeto mais nobre e mais útil da missão notarial na *configuração* do negócio jurídico. É assim, pasme-se, que o legislador entende a valorização e significação da função do notário, a exemplo do que vem manifestando em tantos outros diplomas que nestas páginas se têm assinalado. *Quousque tandem?...*"

Relevam também, neste âmbito, os Decretos-Lei n.º 96/89, de 28 de março (cuja última alteração se deu com a Lei n.º 56/2020, de 27 de agosto), n.º 92/2018, de 13 de novembro, e n.º 73/2020, de 23 de setembro.

Empresas públicas (Pessoas coletivas de direito público)

O Decreto-Lei n.º 74/80, de 15 de abril, que dispunha sobre esta matéria, foi revogado pelo Decreto-Lei n.º 32/2018, de 8 de maio.

Estado

O Decreto-Lei n.º 280/2007, de 7 de agosto (com as alterações sucessivas até à Lei n.º 82-B/2014, de 31 de dezembro), trata do regime jurídico do património imobiliário público, de que destacamos:

Artigo 32.º – *Competência*

1 – Compete ao membro do Governo responsável pela área das finanças auto-

rizar a aquisição onerosa, para o Estado, do direito de propriedade ou de outros direitos reais de gozo sobre bens imóveis, quando o valor da aquisição seja inferior ao montante estabelecido no regime de realização de despesa pública para os ministros autorizarem despesa.

2 – Compete ao membro do Governo responsável pela área das finanças e ao membro do Governo responsável pela tutela autorizar a aquisição onerosa, para os institutos públicos, do direito de propriedade ou de outros direitos reais de gozo sobre bens imóveis, quando o valor da aquisição seja inferior ao montante estabelecido no regime de realização de despesa pública para os ministros autorizarem despesa.

3 – A autorização referida nos números anteriores compete ao Primeiro-Ministro quando o valor da aquisição seja igual ou superior ao montante estabelecido no regime de realização de despesa pública para os ministros autorizarem a despesa.

4 – Caso o valor da aquisição exceda o montante estabelecido no regime de realização de despesa pública para o Primeiro-Ministro autorizar despesa, a autorização da aquisição compete ao Conselho de Ministros.

[...]

Artigo 34.º – *Consulta ao mercado*

A aquisição onerosa do direito de propriedade ou de outros direitos reais de gozo sobre bens imóveis é precedida de uma consulta ao mercado imobiliário, realizada pelo serviço ou instituto público interessado.

[...]

Artigo 37.º – *Representação*

1 – Compete ao diretor-geral do Tesouro e Finanças ou a funcionário devidamente credenciado representar o Estado na celebração dos contratos de aquisição previstos na presente subsecção.

2 – Os institutos públicos são representados nos termos dos respetivos estatutos.

3 – No caso de aquisição por venda judicial, o Estado é representado pelo Ministério Público.

NOTAS

Este Decreto-Lei revoga, no seu art. 128.º, al. l), o Decreto-Lei n.º 27/79, de 22 de fevereiro.

Relativamente à autorização para a realização de despesa pública, dispõe o art. 17.º do Decreto-Lei n.º 197/99, de 8 de junho, cuja alteração mais recente se deu com o Decreto-Lei n.º 33/2018, de 15 de maio.

Estado (Arrematação)

Artigo 85.º-A – *Transmissão de propriedade*

1 – O direito de propriedade do imóvel transmite-se com a emissão do despacho de adjudicação definitiva, sendo o registo definitivo da aquisição a favor do adjudicatário promovido após a emissão do título de alienação, o qual é emitido após o pagamento integral do preço.

2 – O documento de notificação da adjudicação definitiva do imóvel constitui título bastante para o registo provisório da aquisição a favor do adjudicatário.

[...]

Artigo 92.º – *Adjudicação*

1 – Terminada a licitação nos termos do artigo anterior, a comissão adjudica provisoriamente o imóvel a quem tenha oferecido o preço mais elevado.

2 – O adjudicatário provisório deve, de imediato, efetuar o pagamento de 5 % do valor da adjudicação, ou de outro montante superior que haja sido fixado no anúncio público, e declarar se opta pela modalidade do pagamento em prestações, se admitida, indicando o plano de pagamentos pretendido, bem como se pretende que o imóvel seja para pessoa a designar, a qual deve ser identificada no prazo de cinco dias.

3 – No caso de o adjudicatário provisório ter apresentado proposta nos termos do artigo 89.º, tem de proceder ao pagamento apenas da diferença entre o valor a que se refere o número anterior e o valor do cheque que acompanhou a proposta, caso este seja inferior àquele.

4 – No final da praça, é elaborado o respetivo auto de arrematação, que deve ser assinado pelos membros da comissão e pelo adjudicatário provisório, se estiver presente.

5 – A decisão de adjudicação definitiva ou de não adjudicação compete ao diretor-geral do Tesouro e Finanças, no caso de imóveis do Estado, ou ao respetivo órgão de direção, no caso de imóveis dos institutos públicos, devendo dela ser notificado o interessado, no prazo de 30 dias a contar da adjudicação provisória.

(Decreto-Lei n.º 280/2007, de 7 de agosto)

NOTAS

Este diploma, no art. 128.º, al. q), revogou o Decreto-Lei n.º 115/2000, de 4 de julho.

Estrangeiro

I – É à luz da norma de conflitos do direito internacional privado português vigente à data da celebração do negócio jurídico que deve ser apreciada a questão de saber qual a lei reguladora da validade formal de um contrato de compra e venda de imóveis situados em Portugal, mas celebrado em país estrangeiro.

II – Tendo tal contrato sido celebrado (por documento lavrado por um public notary*) no ano de 1963 no Estado de New Jersey, Estados Unidos da América, é à lei desse Estado – de matriz anglo-saxónica – que cabe fixar as formalidades que então deveriam ter sido observadas para a validade do contrato – art. 24.º do Código Civil de 1867.*

III – Incumbe aos interessados no registo de aquisição emergente da compra e venda fazer a prova dessa lei quando o conservador a não conheça, mediante a apresentação de documento idóneo para tanto, sob pena de o registo ser efetuado como provisório por dúvidas.

(Parecer, de 2000-05-26, do Conselho Técnico da DGRN, relator Silva Pereira, *BRN-CT*, 7/2000, p. 28)

– Numa situação jurídica com elementos que pertencem a uma ordem normativa diversa da portuguesa, a dar, portanto, lugar a um conflito de leis internacionais, tal circunstância coloca um problema a solucionar pelas regras de conflito do direito internacional privado.

– Nos termos do artigo 36.º, n.º 1, do Código Civil – lei reguladora dos negócios jurídicos – embora a forma da declaração negocial seja regulada pela lei aplicável à substância do negócio é, porém, em princípio, suficiente a observância da lei em vigor no lugar em que é feita a declaração.

– Tendo as escrituras de compra e de venda sido celebradas nos Estado Unidos da América – Estado de Connecticut – relativas a imóveis aí situados, a forma de declaração negocial a observar é a que resulta da lei em vigor nesse Estado e não a existente

em Portugal, devendo tais documentos ser devidamente valorados para efeitos probatórios dos referidos atos jurídicos.

(Acórdão do Tribunal da Relação do Porto, de 2017-03-13, disponível em *Acórdãos do Tribunal da Relação do Porto* (dgsi.pt))

NOTAS

É de notar que em ambas as decisões, aqui expostas, se apele à norma de conflitos do Código Civil quando seriam já aplicáveis, no primeiro caso, a Convenção de Roma de 1980 sobre a lei aplicável às obrigações contratuais (em vigor em Portugal desde 1 de setembro de 1994) e, no segundo, o Regulamento (CE) n.º 593/2008 do Parlamento Europeu e do Conselho, de 17 de junho de 2008, sobre a lei aplicável às obrigações contratuais (Roma I), em vigor em Portugal desde 17 de dezembro de 2009, o que se clarificou com a Retificação publicada no *Jornal Oficial* L 309, de 2009-11-24, p. 87. As disposições da Convenção de Roma serão aplicáveis quando não se preencham o âmbito material, espacial ou temporal da do Regulamento Roma I. Quando não se preencham os requisitos de aplicação nem do Regulamento, nem da Convenção de Roma, serão de aplicar as normas do Código Civil.

Para mais desenvolvimentos sobre a lei aplicável às obrigações contratuais, ver, entre outros, a comunicação de Maria Helena Brito, no Colóquio o dedicado ao tema "Direito europeu: Análise dos regulamentos europeus relativos a competência internacional, responsabilidade contratual e extracontratual e direito sucessório", sob o título "Breves notas sobre o Regulamento relativo à lei aplicável às obrigações contratuais ("Roma I")" (disponível em Universidade Nova de Lisboa (mj.pt)), e o artigo "O Novo Regulamento sobre a lei aplicável às obrigações contratuais (Roma I)", de Luís Lima Pinheiro (disponível em {ecc8c284-43f7-449b-85da-d008ab992ec7}.pdf (oa.pt)

De destacar o acórdão n.º 209/2007 do Tribunal Constitucional, que "não julga inconstitucional a norma extraída dos artigos 36.º e 875.º do Código Civil, interpretados no sentido de que para a validade do contrato de compra e venda de bens imóveis sitos em Portugal não se exige que a escritura pública que o titula seja celebrada em cartório notarial português".

A reportar, com interesse: Salvatore Tondo, "Alfi esferi relativi a immobili in Italia", *Riv. Not.* 1993/31, pp. 489-503; Jose de Yanguas Messfa, "La regla locus regit actum", *Anales A. M. Not.*, XV, Madrid, 1967, pp. 479-497.

Habitação

1. O Decreto-Lei n.º 68/2004 de 25 de março, veio estabelecer um conjunto de mecanismos que visam reforçar os direitos dos consumidores à informação e à proteção dos seus interesses económicos no âmbito da aquisição de prédio urbano para habitação, bem como promover a transparência do mercado.

2. O modelo da ficha técnica da habitação foi aprovado pela Portaria n.º 817/2004, de 16 de julho.

Albino Matos considera que "o alcance do diploma, apesar da aparência em contrário, é algo limitado no que se prende com a função notarial. Por um lado, e a bem ver, a lei não tem aplicação nos contratos celebrados entre consumidores, como permite concluir a leitura do art. 18.º, Por outro lado, nos próprios contratos em que intervier o «promotor imobiliário» (art. 3.º, n.º 1), a fiscalização do notário é eficaz apenas com relação às pessoas coletivas, cuja natureza e objeto constam da documentação apresentada (registo comercial). Não sucedendo o mesmo quanto às pessoas singulares, temos que a lei não terá condições de aplicação em sede notarial, nos atos em que intervier um promotor imobiliário-pessoa singular."

3. Com interesse para a matéria:

– Parecer proferido no âmbito do processo R.P. 161/2006 DSJ-CT (sumário): "Compatibilização do regime legalmente previsto (Decreto-Lei n.º 68/04, de 25 de março) que exige a certificação pelo notário – na celebração de qualquer escritura pública que envolva a aquisição da propriedade de prédio ou fração autónoma destinados à habitação – da existência da ficha técnica de habitação, bem como da entrega da mesma ao adquirente, com o regime excecional (art. 2.º, n.º 1, Decreto-Lei n.º 281/99, de 26 de julho) que permite a realização de escrituras públicas de compra e venda, sob certos requisitos, apenas com a licença de construção."

– Parecer do Conselho Consultivo n.º 67/CC/2016 (sumário): "Ficha Técnica de Habitação (ou pré-certificado) SCE (sistema de certificação energética dos edifícios) – exigibilidade da sua própria existência aquando da celebração de negócios jurídicos vs. verificabilidade da sua existência, aquando dessa mesma celebração pela «entidade tituladora». Consequência da preterição da aludida obrigação de verificação vs. consequência da inexistência dos próprios documentos."

– https://www.irn.mj.pt/IRN/sections/irn/doutrina/pareceres/predial/2016/predial_56a70/downloadFile/attachedFile_11_f0/67_CC_2016-CN5-2016-STJ-CC.pdf?nocache=1488453297.4

Loteamento

Requisitos

Nos títulos de arrematação ou outros documentos judiciais, bem como nos instrumentos relativos a atos ou negócios jurídicos de que resulte, direta ou indiretamente, a constituição de lotes nos termos da alínea i) do artigo 2.º do Regime Jurídico da Urbanização e Edificação (Decreto-Lei n.º 555/99, de 16 de dezembro), sem prejuízo do disposto relativamente às operações isentas, obras de escassa relevância urbanística ou as operações urbanísticas promovidas pela Administração Pública; ou a transmissão de lotes legalmente constituídos, devem constar o número do alvará ou da comunicação prévia, a data de emissão do título, a data de caducidade e a certidão do registo predial.

Não podem ser realizados atos de primeira transmissão de imóveis construídos nos lotes ou de frações autónomas desses imóveis sem que seja exibida, perante o notário que celebre a escritura pública, certidão emitida pela câmara municipal, comprovativa da receção provisória das obras de urbanização, ou certidão, emitida pela câmara municipal, comprovativa de que a caução a que se refere o artigo 54.º do referido Regime Jurídico é suficiente para garantir a boa execução das obras de urbanização.

Caso as obras de urbanização sejam realizadas pela Câmara Municipal ou por terceiro, os referidos atos de transmissão podem ser efetuados mediante a exibição de certidão, emitida pela câmara municipal, comprovativa da conclusão de tais obras, devidamente executadas em conformidade com os projetos aprovados.

No entanto, a exibição das referidas certidões é dispensada sempre que o alvará de loteamento tenha sido emitido ao abrigo dos Decretos-Leis n.os 289/73, de 6 de junho, e 400/84, de 31 de dezembro.

NOTAS

Com interesse para a matéria:

1 – Parecer 31/2013 do Conselho Consultivo do IRN, disponível em https://www.irn.mj.pt/IRN/sections/irn/doutrina/pareceres/predial/2014/31-cc-2014-c-p-74-2013/downloadFile/file/31_CP_74-2013_STJ-CC.pdf?nocache= 1404823922.51

Sumário: "Transmissão de imóvel, construído em lote, no âmbito de processo de insolvência. Possibilidade de dispensa da exibição das certidões previstas no n.º 2 do artigo 49.º do Regime Jurídico da Urbanização e da Edificação. Poderes do administrador de insolvência relativamente a pedidos de averbamento à descrição de prédios integrados na massa insolvente."

2 – Também o parecer proferido no âmbito do processo 267/2004 DSJ-CT, disponível em https://www.irn.mj.pt/IRN/sections/irn/doutrina/pareceres/predial/2004/p-r-p-267-2004-dsj-ct/downloadFile/file/prp267-2004.pdf?nocache=1315930430.62

Sumário: "Licenciamento ou autorização da alteração das especificações do alvará de loteamento e efeito de transformação fundiária – Aditamento ao alvará de loteamento enquanto «permissão» para a prática dos atos jurídicos que produzem aquele efeito – Dispensabilidade de simultânea tradução tabular daquele aditamento e dos seus efeitos – Averbamento oficioso à inscrição de emissão de alvará de loteamento – Legitimidade para requerer o registo – Dever de conformação dos prédios à nova realidade imobiliária decorrente da aditamento e eficácia dos atos jurídicos que tenham por objeto os lotes com a configuração decorrente do licenciamento ou autorização iniciais – Interpretação do negócio jurídico – Descrição predial e parte de artigo matricial – Recurso hierárquico e alteração de decisão de improcedência em novo processo de registo do mesmo facto."

Não residentes

O Decreto-Lei n.º 38/86, de 4 de março, parece revogado pelo Decreto-Lei n.º 176/91, de 14 de maio (art. 19.º, n.º 1) – retificação D.AR. 19/6/91, que veio alterar o regime jurídico das transações e transferências relativas a operações de mercadorias, invisíveis correntes e de capitais entre Portugal e o estrangeiro.

O facto é em certa medida surpreendente, por isso se consignando aqui algo dubitativamente. Haja em vista que são completamente distintos os âmbitos de um e de outro diploma e que, por outro lado, a pretensa revogação contradiz o comando do art. 3.º, n.º 2, da lei revogatória, o qual mantém expressamente em vigor "as disposições de natureza não cambial aplicáveis às operações correntes e de capitais, designadamente a legislação aduaneira e a especial sobre investimento direto estrangeiro".

Afinal como é? Revogado ou não revogado? Mantido ou não mantido?

Objeto

I – Assente que autora e ré quiseram efetivamente em escritura pública, respetivamente, comprar e vender dois prédios rústicos pelo preço global nela mencionado, mas tendo manifestado tão-só a vontade de transacionarem um só, atuando incorretamente, há que concluir, prima facie, que estamos perante um erro de declaração, erro obstáculo ou obstativo.

II – Neste caso a divergência é entre a vontade real e a declarada: desvio na vontade de ação.

III – Nos negócios formais, o sentido objetivo correspondente à teoria da impressão do destinatário não pode valer se não tiver um mínimo de correspondência no texto do respetivo documento, ainda que imperfeitamente expresso – art. 238.º, n.º 1, do Código Civil.

IV – Sendo as declarações de vontade negocial «condutas comunicativas com pretensões de normatividade», justifica-se que a ordem jurídica tutele a confiança legítima baseada na conduta de outrem, positivamente, considerando o contrato nulo por falta de forma, como vinculante – art. 238.º, n.º 2, do Código Civil.

(Acórdão do STJ, de 1998-12-03, *BMJ*, 482/197, e disponível também em *Acórdãos do Supremo Tribunal de Justiça* (dgsi.pt))

– A validade dum ato jurídico formal só é posta em causa com a formação «ab initio» dum documento falso.

– Provada a falsidade e o conteúdo real da declaração feita, deve o ato valer com o conteúdo a esta correspondente.

– Esta solução geral tem como limite a consideração das razões pelas quais a lei impõe determinada forma para o tipo de ato jurídico em causa e que podem levar a rejeitar a solução da sua validade.

– Quando a lei imponha a forma de escritura pública por uma razão de certeza e publicidade, como acontece com a transmissão de bens imóveis, a validade do ato não será de admitir se estiver em causa a eficácia da transmissão ou a sua causa.

– Nos casos em que a falsidade incide sobre a identidade dos sujeitos ou do objeto do ato jurídico, a solução da validade do negócio jurídico deve ser afastada.

– Não estando em causa a eficácia da transmissão (o que ficou lavrado na escritura corresponde ao que os doadores declararam) nem a identidade dos sujeitos nem o objeto do ato jurídico, tudo isto sendo fielmente atestado de acordo com o declarado pelos outorgantes, a doação é válida.

(Acórdão do STJ, de 2003-01-16, disponível em *Acórdãos do Supremo Tribunal de Justiça* (dgsi.pt))

Património cultural

Aprovada a lei de bases do *património cultural*, pela Lei n.º 107/2001, de 8 de setembro, de que se destaca:

Artigo 36.º – *Dever de comunicação da transmissão*

1 – A alienação, a constituição de outro direito real de gozo ou a dação em pagamento de bens classificados nos termos do artigo 15.º da presente lei, ou em vias de classificação como tal, depende de prévia comunicação escrita ao serviço competente para a instrução do respetivo procedimento.

2 – A transmissão por herança ou legado de bens classificados nos termos do artigo 15.º da presente lei, ou em vias de classificação como tal, deverá ser comunicada pelo cabeça de casal ao serviço competente referido no número anterior, no prazo de três meses contados sobre a data de abertura da sucessão.

3 – O disposto no número anterior é aplicável aos bens situados nas zonas de proteção dos bens classificados nos termos do artigo 15.º da presente lei, ou em vias de classificação como tal.

Artigo 37.º – *Direito de preferência*

1 – Os comproprietários, o Estado, as Regiões Autónomas e os municípios gozam, pela ordem indicada, do direito de preferência em caso de venda ou dação em pagamento de bens classificados ou em vias de classificação ou dos bens situados na respetiva zona de proteção.

2 – É aplicável ao direito de preferência previsto neste artigo o disposto nos artigos 416.º a 418.º e 1410.º do Código Civil, com as necessárias adaptações.

3 – O disposto no presente artigo não prejudica os direitos de preferência concedidos à Administração Pública pela legislação avulsa.

Artigo 38.º – *Escrituras e registos*

1 – O incumprimento do dever de comunicação estabelecido nos artigos anteriores constituirá impedimento à celebração pelos notários das respetivas escrituras, bem como obstáculo a que os conservadores inscrevam os atos em causa nos competentes registos.

2 – Quando efetuadas contra o preceituado pelo artigo 35.º e pelo n.º 1 do artigo 36.º, a alienação, a constituição de outro direito real de gozo ou a dação em pagamento são anuláveis pelos tribunais sob iniciativa do membro da administração central, regional ou municipal competente, dentro de um ano a contar da data do conhecimento.

Artigo 39.º – *Registo predial*

1 – Os prédios classificados nos termos do artigo 15.º da presente lei, ou em vias de classificação como tal, devem ter esta qualidade inscrita gratuitamente no respetivo registo predial.

2 – O disposto no número anterior aplica-se aos prédios incluídos em conjuntos classificados ou em vias de classificação.

NOTAS

O art. 15.º, a que apelam várias normas do texto, estabelece o seguinte, relativo à classificação dos bens:

"1 – Os bens imóveis podem pertencer às categorias de monumento, conjunto ou sítio, nos termos em que tais categorias se encontram definidas no direito internacional, e os móveis, entre outras, às categorias indicadas no título VII.

2 – Os bens móveis e imóveis podem ser classificados como de interesse nacional, de interesse público ou de interesse municipal.

3 – Para os bens imóveis classificados como de interesse nacional, sejam eles monumentos, conjuntos ou sítios, adotar-se-á a designação «monumento nacional» e para os bens móveis classificados como de interesse nacional é criada a designação «tesouro nacional».

4 – Um bem considera-se de interesse nacional quando a respetiva proteção e valorização, no todo ou em parte, repre-

sente um valor cultural de significado para a Nação.

5 – Um bem considera-se de interesse público quando a respetiva proteção e valorização represente ainda um valor cultural de importância nacional, mas para o qual o regime de proteção inerente à classificação como de interesse nacional se mostre desproporcionado.

6 – Consideram-se de interesse municipal os bens cuja proteção e valorização, no todo ou em parte, representem um valor cultural de significado predominante para um determinado município.

7 – Os bens culturais imóveis incluídos na lista do património mundial integram, para todos os efeitos e na respetiva categoria, a lista dos bens classificados como de interesse nacional.

8 – A existência das categorias e designações referidas neste artigo não prejudica a eventual relevância de outras, designadamente quando previstas no direito internacional."

Com interesse para a matéria: o parecer proferido no âmbito do processo R. P. 87/2009, disponível em https://www.irn.mj.pt/IRN/sections/irn/doutrina/pareceres/predial/2009/p-r-p-87-2009-sjc-ct/downloadFile/file/CT.G.RP87-09.pdf?nocache=1317395012.49

Preço

O art. 885.°, n.° 1 [do Código Civil], *ao dizer que "o preço deve ser pago no momento e no lugar da entrega da coisa vendida", parece constituir um preceito imperativo, mas na realidade não é assim. [...] Quanto à liberdade de estipulação do tempo de pagamento do preço, basta ver o n.° 2 do mesmo art. 885.° que prevê a estipulação das partes ou a força dos usos pela qual o preço não tenha de ser pago no momento da entrega, embora a pretexto de modificar o lugar do pagamento, que nessa hipótese é o lugar do domicílio que o credor tiver ao tempo do cumprimento em vez do lugar da entrega da coisa vendida.*

Subsistem, contudo, dúvidas quanto ao lugar do pagamento – seja o lugar da entrega ou o lugar do domicílio do credor, conforme se aplique o n.° 1 ou o n.° 2 do art. 885.°; podem as convenções das partes e os usos derrogar esses dois preceitos, devendo, por força de umas ou de outras, o pagamento ser feito em lugar diferente daqueles? [...] Na verdade, não se vê motivo para negar à vontade das partes a faculdade de estabelecer o lugar do pagamento, quer isoladamente quer em conjunto com o respetivo tempo. Já quanto aos usos, idêntica solução é duvidosa, por causa do disposto no art. 3.°, n.° 1, que só concede valor jurídico aos usos quando a lei o determine, o que não sucede neste caso. [...] Tomando como ponto principal de referência o momento da celebração do contrato de compra e venda e procurando coordenar os momentos da entrega da coisa e do pagamento do preço, podem deparar-se várias hipóteses. A entrega da coisa pode ser imediata *ou pode ser* diferida, *relativamente à celebração do contrato; paralelamente, o pagamento do preço pode ser* imediato *ou* diferido, *também relativamente à celebração do contrato e isto quer a entrega seja imediata ou seja diferida; se tanto a entrega da coisa como o pagamento do preço são diferidos relativamente à celebração do contrato, o pagamento do preço pode ser, relativamente à entrega da coisa, ou anterior ou posterior ou simultâneo.*

(Raul Ventura, "O contrato de compra e venda no Código Civil", *Revista da Ordem dos Advogados*, ano 40 (1980), vol. III, pp.

627, 628 e 631, e disponível em {b1e8c0b3-04fe-4450-8cf2-5dcdfa0d3205}.pdf (oa.pt))

NOTAS

São de destacar as afirmações de que, por um lado, o art. 885.º, n.º 1, do Código Civil prevê uma norma de natureza não imperativa e de que, por outro, a entrega da coisa pode ser imediata ou diferida. Esta doutrina tem sido seguida pela prática notarial encontrando-se em escrituras de venda em que o preço fica em dívida, não obstante a entrega da coisa, e outras em que se submete a termo inicial ou suspensivo a obrigação de entrega da coisa vendida.

Reserva de propriedade

O averbamento do facto de se encontrar verificada a condição ínsita na cláusula de reserva de propriedade constante de inscrição de aquisição – nos termos do art. 409.º do Código Civil – é efetuado em face de documento autêntico, autenticado, ou com reconhecimento presencial de assinatura que comprove o cumprimento total ou parcial das obrigações a que a outra parte se vinculou, por força do disposto nos arts. 787.º e 375.º do mesmo diploma.

(Parecer, de 1998-02-27, do Conselho Técnico da DGRN, relatora Maria Ferraro, *BRN – Supl.*, 4/98, p. 21)

O documento idóneo para efetuar o averbamento de cancelamento da cláusula de reserva de propriedade inserta em contrato de compra e venda de imóvel – assim realizado sob condição suspensiva –, e aposta a determinada inscrição, deve consubstanciar documento autêntico, autenticado ou com reconhecimento presencial da(s) assinatura(s) da(s) pessoa(s) ou entidade(s) competente(s) para comprovar o cumprimento total ou parcial das obrigações assumidas pelo(s) adquirente(s) ou a verificação de qualquer outro evento a que, nos termos da referida condição, ficou subordinada a transferência da propriedade.

(Parecer do Conselho Técnico da DGRN, homologado em 2002-11-29, relatora Maria Eugénia Cruz Pires dos Reis Moreira, disponível em *BRN*, n.º 11 de dezembro de 2002 (mj.pt), pp. 14 e ss.)

1. A reserva de propriedade é uma figura atípica, de natureza mista, com elementos obrigacionais e reais, a qual, apesar da designação de "propriedade", não confere ao titular o poder de uso, fruição ou disposição de um verdadeiro proprietário, visando antes assegurar ao vendedor o pagamento do preço.

2. É válida a transferência da propriedade reservada do vendedor para o terceiro mutuante, como garantia do crédito concedido por este ao comprador.

(Acórdão do STJ, de 2014-09-30, relatora Maria Clara Sottomayor, disponível em *Acórdãos do Supremo Tribunal de Justiça* (dgsi.pt))

NOTAS

Deixam algumas dúvidas os pareceres anteriores. Na ausência de norma registral específica, e assente que a venda constava de escritura pública, afigura-se que idêntica forma urgia para a quitação do preço, isto por força do disposto no art. 787.º e também no art. 221.º, n.º 2, do Código Civil, com a consideração de que as obrigações constituídas em determinada forma só podem extinguir-se por essa mesma forma ou por outra mais solene.

A posição seguida pelo douto acórdão parece ser, de momento, minoritária na doutrina e na jurisprudência portuguesas, encontrando-se no mesmo sentido os acórdãos da Relação de Lisboa de 2014-02-18 e de 2015-02-10, e da Relação do Porto de 2011-02-24 e de 2013-12-18. Contra esta posição, encontram-se, nomeadamente, os acórdãos do STJ de 2008-09-16, de 2008-07-10, de 2011-03-21 e de 2011-07-12.

VENDA A FILHOS OU NETOS

A – Afins

A proibição da venda de pais a filhos, sem consentimento de outros filhos, abrange não apenas a venda feita a estes, mas também aos seus cônjuges, se casados sob o regime de comunhão geral de bens.

(Acórdão da Relação do Porto, de 1978-11-30, *Colectânea de Jurisprudência*, 3/5/1631)

I – Não se demonstrando simulação, não é anulável a venda feita a enteado, pelo padrasto com filhos, sem o consentimento destes.

II – Tal venda não se encontra abrangida pelo n.º 1 do art. 877.º do Código Civil, o qual exige inequivocamente a existência de laços de parentesco, e não de mera afinidade, entre o vendedor e o comprador ou, pelo menos, extensivamente, de outra ordem, mas com o seu cônjuge, sendo o casamento segundo o regime de comunhão geral de bens.

(Acórdão do STJ, de 1992-05-14, *BMJ*, 417/645)

I – Viola o alcance lógico do art. 877.º do Código Civil a transmissão onerosa de uma quota a favor de nora do transmitente, casada segundo regime que permite a comunhão conjugal, sem a concordância de uma filha do mesmo transmitente.

II – Contudo e tratando-se de caso de anulabilidade, o direito do lesado caduca se não for exercido no prazo de um ano a contar do conhecimento, tratando-se de pessoa capaz.

(Acórdão da Relação de Lisboa, de 1993-12-15, *Colectânea de Jurisprudência*, 18/5/157)

I – As vendas às noras ou genros sempre implicarão um prejuízo para os filhos não intervenientes nessas vendas, sendo indiferente, atenta a razão da lei, que também possam beneficiar um dos herdeiros.

II – A cessão de quotas em que é adquirente a nora de cedente necessita sempre da autorização dos filhos deste, não intervenientes no contrato.

(Acórdão do STJ, de 1997-07-08, *Colectânea de Jurisprudência S.*, 5/2/163)

O regime consagrado no artigo 877.º do Código Civil destina-se claramente a proteger a legítima dos descendentes que poderia ser posta em causa através de vendas simuladas, normalmente de difícil prova.

Não assumindo o enteado a qualidade de herdeiro do cônjuge do progenitor, nunca lhe poderá ser aplicável o regime estabelecido no artigo 877.º do Código Civil.

(Acórdão da Relação de Lisboa, de 2011-05-26, disponível em *Acórdãos do Tribunal da Relação de Lisboa* (dgsi.pt))

NOTAS

1. A doutrina presente no acórdão da Relação do Porto, de 1978-11-30, que se louva em considerações de *fraude à lei* e que deverá estender-se em princípio ao

regime da *comunhão de adquiridos,* foi confirmada por acórdão do STJ, de 1979-05-15 (*BMJ,* 287/275), com anotação concordante na *RLJ,* 112/304 (Vaz Serra).

2. Na venda a filhos ou netos. a lei exige o consentimento dos outros filhos ou netos; e quanto aos *cônjuges* destes outros filhos ou netos, será igualmente necessário o seu consentimento? Deverão intervir também na escritura? Parece que sim: assim, pelo menos, decidiu o acórdão do STJ de 1957-03-26 *(BMJ,* 65/498).

3. O aresto do STJ de 1992 ratifica a doutrina do parecer de Pinto Monteiro (*Colectânea de Jurisprudência,* 19/4/5) cujo excerto aqui reproduzimos: "O art. 877.º do Código Civil não exige, como requisito de validade da venda de padrasto a enteado, o consentimento prévio dos filhos daquele."

4. De relevar o acórdão do STJ de 1982-03-27 (*BMJ,* 315/256).

5. Quanto ao acórdão do STJ de 1997, a ideia de aplicar o art. 877.º à cessão *de quotas* tem vários precedentes: Relação do Porto, 1977-01-05 (*BMJ,* 265/284); STJ, 1977-7-7 (*BMJ,* 269/169, e também na *Revista de Legislação e de Jurisprudência* 111 /145, com anotação concordante de Vaz Serra); Relação de Lisboa, 1993-12-15 (*Colectânea de Jurisprudência,* 18/5/157).

B – Compropriedade

I – A venda de um imóvel feita por diversos comproprietários é anulável quando um daqueles comproprietários é pai do comprador, e tal negócio foi feito sem a autorização ou consentimento do cônjuge daquele e da outra filha do mesmo.

II – Todavia, para que tal vício afete todo o negócio, necessário se torna alegar e provar pelas autoras que a vontade hipotética de todos os intervenientes ia no sentido da invalidade do mesmo (sem a parte viciada).

III – Não o tendo feito, ou provando-se precisamente o contrário, tal venda mantém-se válida quanto aos restantes outorgantes-comproprietários, com exceção daquela parte em que outorgou aquele comproprietário, pai do comprador; reduzindo-se, assim, o negócio nesses precisos termos.

(Acórdão da Relação de Coimbra, de 1999-03-23, *Colectânea de Jurisprudência,* 24/2/24)

C – Confirmação – Forma

I – A venda de pais a filhos carece do consentimento dos outros filhos, sob pena de anulabilidade– cf. art. 877.º do Código Civil.

II –A inscrição de aquisição lavrada como provisória por natureza, por falta desse consentimento, converte-se se for sanada a anulabilidade ou se tiver caducado o direito de a arguir – cf. alínea e), do n.º 1, do art. 92.º do Código do Registo Predial.

III – A confirmação de negócio jurídico anulável registado nos termos da conclusão anterior não depende de forma especial, sem prejuízo das exigências de prova para efeitos de registo – cf. arts. 288.º, n.º 3, do Código Civil e 43.º, n.º 1, e 68.º do Código do Registo Predial.

IV – A caducidade do direito de arguir a anulabilidade só judicialmente pode ser verificada.

(Despacho da DGRN, de 1998-01-28, *BRN,* 5/98, p. 17)

NOTAS

O artigo 68.º do Código do Registo Predial foi alterado pelo Decreto-Lei n.º 116/ /2008, de 4 de Julho.

I – O consentimento dos outros filhos e netos, sem o qual os pais e avós não podem vender a filhos e netos sob a cominação da anulabilidade da venda (art. 877.º do Código Civil), não depende de forma especial.

II – O ato confirmatório, mediante o qual é sanada aquela anulabilidade, também não depende de forma especial, nos termos do disposto no n.º 3 do art. 288.º do Código Civil.

III – O documento escrito, com as assinaturas dos declarantes reconhecidas por semelhança, no qual os restantes filhos confirmam a venda feita por seus pais a outro filho (ou a nora casada no regime da comunhão geral de bens) e renunciam ao direito de a anular, é suficiente para a conversão em definitiva da inscrição de aquisição provisória por natureza por virtude da falta de prova daquele consentimento.

(Parecer, de 1989-09-13, do Conselho Técnico dos Registos e do Notariado, relator Marques Coelho, P. 81/89 – R. P. 3, *Revista do Notariado*, 1990/1/69)

O consentimento a que alude o art. 877.º do Código Civil pode ser prestado verbalmente.

(Acórdão do STJ, de 2012-05-29, disponível em *Acórdãos do Supremo Tribunal de Justiça* (dgsi.pt))

NOTAS

1. Conforme, quanto à primeira proposição: Raul Ventura ("Contrato de compra e venda no Código Civil", *Revista da Ordem dos Advogados*, 1983/11/261-318), argumentando que a forma do consentimento não é determinada pela forma legalmente exigida para a venda, posto que tal consentimento é um ato distinto, subjetiva e objetivamente, da venda (p. 273).

É impossível, no entanto, acompanhar tal doutrina, que começa desde logo por não acatar o sentido imediato da própria formulação da lei: "Os pais e avós não podem vender (...) se os outros filhos ou netos *não consentirem na venda...*" – (art. 877.º, n.º 1), como quem diz, na escritura pública, quando esta seja a forma legalmente requerida para a mesma venda.

Mas há mais:

a) Em primeiro lugar, sendo o consentimento um requisito absolutamente indispensável para a validade da alienação, não se vê como possa considerar-se o mesmo subtraído às exigências formais da própria alienação;

b) Em segundo lugar, é patente que as razões determinantes da exigência de forma quanto à venda impõem-se igualmente no tocante ao consentimento, nomeadamente a preocupação de defender as partes contra a sua própria precipitação e, principalmente, o propósito de pré-constituir, facilitar ou garantir a prova do negócio jurídico;

c) Em terceiro lugar, como poderia provar-se perante o notário ou perante o registo a prestação, por exemplo, do consentimento oral?

Repare-se, ainda, que também o consentimento conjugal (ou melhor, certo consentimento conjugal) é subjetiva e objetivamente distinto dos atos a que respeita e, todavia, a lei obriga tal consentimento à forma exigida para a procuração (art. 1684.º, n.º 2).

Justamente, é nesta norma que se recorta o *lugar paralelo* que vai permitir ao intérprete colmatar a lacuna de regulamentação detetada no art. 877.º, lacuna facilmente explicável pelo facto de este preceito ser pura criação pátria, sem paralelo em outros ordenamentos, e ter por fonte uma normativa imperfeita como a da Ordenação Filipina (liv. IV, tít. XII), por interposto Código de Seabra (art. 1565.º).

Em suma, o consentimento exigido pelo art. 877.º do Código Civil deve revestir *a forma exigida para a procuração*. Ou seja, sob pena de invalidade do próprio consentimento e da venda, tem de ser lavrado em *instrumento público* ou em *documento escrito e assinado pelo autor*, com *reconhecimento presencial da letra* e *assinatura* (arts. 1684.º, n.º 2, e 262.º, n.º 2, do Código Civil, combinados com o art. 116.º do Código do Notariado).

2. Apontado na doutrina, quanto à venda a filhos ou netos, em geral: M. Baptista Lopes, *Do contrato de compra e venda*, Coimbra, Almedina, 1971, pp. 51 e ss.; M. Tavarela Lobo, "Temas jurídicos", *RDES*, XVI (1969), 1-2, pp. 181 e ss.; Raul Ventura, *op. cit.*; I. Galvão Telles, "Venda a descendentes e o problema da superação da personalidade jurídica das sociedades", *Revista da Ordem dos Advogados*, 1979/111/513-62. Isto para além dos anotadores correntes – por todos: Pires de Lima e Antunes Varela, *Código Civil Anotado*, II, Coimbra Editora, 1986, p. 170, para o direito atual; Cunha Gonçalves, *Tratado de direito civil*, VIII, n.º 1199, Coimbra Editora, 1934, para o direito anterior.

3. A posição defendida no acórdão e no parecer é maioritária na jurisprudência, encontrando acolhimento nos seguintes acórdãos: acórdao do TRP, de 2011-09-27, relator Rodrigues Pires, Proc. 1424/09.3TBGDM.P1; acórdão do TRL, de 2007-05-08, relator Carlos Moreira, Proc. 288/2007/1; acórdão do STJ, de 2012-05-29, relator Salazar Casanova, Proc. 4146/07.6TVLSB.L1.S1; acórdão do TRL, de 2012-12-13, relator Vítor Amaral, Proc. 689/10.2TCFUN.L1-6, todos disponíveis em www.dgsi.pt.

D – Interposição de pessoas

I – Não é possível, mesmo alargando demasiadamente o significado das palavras insertas no n.º 2 do art. 579.º do Código Civil, incluir nelas a transmissão de bens feita a uma sociedade *pelo pai de alguns sócios, o que só poderia verificar-se por mera* analogia, *que é proibida pelo art. 11.º do mesmo Código, dada a natureza excecional do preceito.*

II – Também tal caso não pode considerar-se como sendo de fraude à lei, *que não tem autonomia sem a existência de um texto legal, e a fraude não poderia caracterizar-se através da figura da interposição, por a venda não ter sido feita a interposta pessoa, já que a transmissão não representa uma transferência imediata para as pessoas dos sócios, não partilhando estes entre si a parte residual do património social em resultado de sucederem à sociedade da liquidação, nem tão-pouco podem ser considerados, juridicamente, seus herdeiros presumidos, – pelo que o* artigo 877.º *do Código Civil não é aplicável à hipótese de venda de bens feita a uma sociedade personalizada pelo pai de alguns sócios.*

(Acórdão do STJ, de 1976-01-06, *BMJ*, 253/150)

I – A proibição legal da venda por pais a filhos sem consentimento dos restantes consta de uma norma excecional.

II – Por isso não pode ser estendida por analogia à transferência de um imóvel feita pelo pai a favor de uma sociedade civil por quotas constituída por ele e por alguns dos seus filhos.

(Acórdão da Relação de Lisboa, de 1997-05-20, *Colectânea de Jurisprudência*, 22/3/95)

– Constituída uma sociedade em que os pais sejam sócios conjuntamente com alguns dos seus filhos, a entrada daqueles para a realização da sua quota do capital social mediante a transferência de um imóvel não configura só por si uma fraude à disposição proibitiva da venda de pais a filhos.

– Não é legítimo retirar das normas remissivas do art. 984.º, em especial, e da do art. 939.º, genericamente, a ideia da aplicação direta da proibição do art. 877.º, ou seja, de que às entradas sociais por transferência de bens é aplicável o regime da venda de pais a filhos quando estes sejam também sócios da sociedade.

– É necessário demonstrar que, através do negócio formalizado, pretenderam as partes, em desvio da vontade que realmente declararam, transmitir os bens a alguns do filhos, com exclusão dos outros, prejudicando-os, impondo-se a prova direta da simulação.

(Acórdão do STJ, de 2007-12-13, disponível em *Acórdãos do Supremo Tribunal de Justiça* (dgsi.pt))

A razão de ser da proibição constante do n.º 1 do art. 877.º do Código Civil *foi a de obviar à prática de vendas simuladas em prejuízo das legítimas dos descendentes (filhos ou netos) nos casos em que a simulação seria mais difícil de provar; – Estando em causa a venda de imóveis pela mãe a uma sociedade de que é sócio maioritário um dos seus dois filhos, o outro filho só pode impugnar a validade desses mesmos negócios mediante a alegação e prova dos requisitos da simulação, nos termos previstos nos arts. 240.º e ss.* do Código Civil.

(Acórdão da Relação de Lisboa de 2018-04-10, disponível em *Acórdãos do Tribunal da Relação de Lisboa* (dgsi.pt))

NOTAS

O acórdão da Relação de Lisboa encontra-se publicado e anotado na *Revista dos Tribunais*, 94/266, e na *Rev. Leg. Jur.*, 110/26 (Vaz Serra). Dois pareceres do Prof. Galvão Teles, em sentido conforme ao decidido, figuram na *Revista da Ordem dos Advogados*, ano 39 (1979), vol. III, pp. 513 e ss.

Sobre a venda a filhos ou netos, com *interposição de pessoas*, cf. acórdão do STJ, de 1979-07-19 (*BMJ*, 289/271), assim como a *Rev. Leg. Jur.*, 110/27.

E – Partilha

I – Por se não verificar a transmissão de bens ou direitos entre os interessados na partilha nem a determinação do preço com referência a tal transmissão, a partilha da herança não pode ser considerada como uma compra e venda.

II – Assim é inaplicável, à partilha da herança extrajudicial, a regra do art. 877.º do Código Civil.

III – Aliás, este artigo reveste carácter excecional pelo que nunca pode ser aplicado por analogia e, portanto, a contrato que não for de compra e venda.

(Acórdão da Relação de Lisboa, de 1976-05-28, *Colectânea de Jurisprudência*, 1/2/531)

I – A partilha extrajudicial, ainda que qualquer dos interessados receba unicamente tornas, não reveste a natureza da compra e venda.

II – Assim, tal partilha não está sujeita ao regime legal do art. 877.º do Código Civil, que, sendo norma de carácter excecional, não é aplicável por analogia.

(Acórdão da Relação de Lisboa, de 1994-09-29, *Colectânea de Jurisprudência*, 19/4/97)

NOTAS

O primeiro acórdão foi sumariado também no *BMJ*, 259/261, e confirmado por acórdão do STJ, de 1977-02-15 (*BMJ*, 264/206), com anotação concordante na *Revista dos Tribunais*, 95/270. A doutrina respeitante ao seu ponto III é duvidosa: o art. 877.º será aplicável, p. ex., à *troca* (acórdão da Relação do Porto, de 1982-01-14, *Colectânea de Jurisprudência*, 7/1/259), a norma excecional, por outro lado, pode por sua vez conter ou revelar um princípio, mesmo restrito, que abranja no seu espírito outros casos e então será possível a sua aplicação por analogia a contratos afins: *sic*, Ac. cit.; Vaz Serra (*RLJ*, 93/164 e 98/219); Enneccerus-Nipperdey, *Tratado de Derecho Civil* (trad. espanhola), tomo I, 1.º, § 44, I, 2. Este acórdão foi confirmado pelo acórdão do STJ, de 1977-02-15 (*BMJ*, 264/ /206).

Já o segundo acórdão foi confirmado pelo acórdão do STJ de 1995-07-04 (*Colectânea de Jurisprudência S.*, 3/2/157), cujo sumário se transcreve: "I – Os herdeiros podem partilhar os bens deixados pelo defunto. II – Se um deles recebe tornas, aquela partilha não se converte em contrato de compra e venda. III – Não necessita assim a partilha de ser autorizada pelos filhos de outro casamento, não herdeiros naqueles bens."

F – Perfilhação

I – A proibição contida no artigo 1565.º do Código de Seabra ou artigo 877.º do atual Código Civil, assenta na presunção «juris et de jure» de que as vendas a filhos ou a netos sem consentimento dos restantes são simuladas.

II – Daí que essa proibição deva abranger tanto as vendas feitas por pais a filhos como a noras ou genros, e tanto as feitas a filhos de ambos os vendedores como a só de um deles, e quer oriundos do matrimónio, quer a ele estranhos.

III – A perfilhação, voluntária ou judicial, produz efeitos «ex-tunc», quer segundo o preceituado no artigo 54.º do Decreto n.º 2, de 25 de dezembro de 1910, quer em face do n.º 2 do artigo 1878.º correspondente ao n.º 2 do artigo 1797.º, introduzido pela reforma de 25 de novembro de 1977 – do atual Código Civil, pelo que o registo de nascimento e filiação tem natureza declarativa e não constitutiva.

IV – Assim, é anulável a venda feita a um filho quando à data da outorga da escritura já existia um outro filho do vendedor, fora do matrimónio, e que só foi registado e perfilhado posteriormente.

(Acórdão do STJ, de 1982-03-25, *BMJ*, 315/256)

G – Registo

I – A venda de avós a netos carece do consentimento dos filhos e/ou dos netos (em representação dos filhos pré-falecidos dos vendedores) sob pena de anulabilidade – art. 877.º do Código Civil.

II – A inscrição de aquisição deve ser lavrada como provisória por natureza se faltar esse consentimento – art. 92.º, n.º 1, alínea e), do Código de Registo Predial.

III – A inscrição referida na conclusão anterior só pode ser convertida se, entretanto, tiver sido sanada a anulabilidade ou tiver caducado o direito de a arguir – parte final da mesma disposição.

IV – A verificação da caducidade do direito (potestativo) de arguir a anulabilidade ocorre com: a) A prova de que o titular do direito tomou conhecimento da celebração do contrato, nomeadamente mediante notificação judicial avulsa; b) A prova de que tal titular não exerceu aquele direito no prazo legal, que poderá ser feita através de certidão passada pelo tribunal competente comprovativa de que não foi instaurada a respetiva ação de anulação.

(Parecer de 2001-01-26, do Conselho Técnico da DGRN, relatora Maria Ferraro, *BRN-CT*, 2/2001, p. 36)

NOTAS

De acordo com Albino Matos: "A questão é muito duvidosa, como aliás se reconhece no douto parecer, e o que se patenteia no caso é uma imperfeição do sistema legal. A lei deveria permitir o registo definitivo ou, quando menos, fixar o termo inicial por um critério objetivo, diferente do que consta no art. 877.º, n.º 2. De resto, a prova a que se alude em IV – b) é praticamente impossível, à uma por visar um facto negativo e à outra por o critério de competência do tribunal ser móvel, ligado como está ao domicílio do réu, não sendo para mais o vício de incompetência, no caso, de conhecimento oficioso. Em termos, portanto, de o processo de impugnação não existir em certo tribunal, no do domicílio do réu, mas poder existir em outro..."

Venda a retro

A segunda parte do artigo [930.º do Código Civil] *é menos clara; manda que, se a resolução respeitar a coisas imóveis, seja reduzida a escritura pública nos quinze dias imediatos, com ou sem intervenção do comprador, sob pena de caducidade do direito. Quinze dias* imediatos *não ao fim dos prazos legais nem ao requerimento da notificação, mas à data em que esta for efetuada. A redução a escritura pública é uma formalidade supérflua, homenagem descabida à regra de redução a escritura pública dos atos relativos a direitos sobre imóveis (Código do Notariado, art. 89.º, al. a)), pois a notificação judicial avulsa documenta com suficiente exatidão o exercício do direito de resolução. E formalidade que confunde o regime dessa resolução. Outorgante dessa escritura pode e deve ser apenas o vendedor, cuja vontade isolada produz a rescisão, mas o artigo prevê a intervenção do comprador; talvez tenho tido apenas a intenção de mostrar que o comprador não necessita de intervir, mas, ao admitir a intervenção, coloca o problema de saber o que vai o comprador fazer na escritura. Certamente não vai manifestar vontade alguma, pois isso não teria cabimento, nem vai receber a declaração do vendedor, pois isso foi efetuado pela notificação judicial avulsa. E em que consiste a redução a escritura? O vendedor não manifesta nova vontade de resolver o contrato e, portanto, limitar-se-á a relatar as circunstâncias da constituição e exercício do seu direito de resolução.*

(Raúl Ventura, "O contrato de compra e venda no Código Civil – Venda a retro", *Revista da Ordem dos Advogados*, ano 40 (1980), vol. III, p. 653, disponível em {b1e8c0b3-04fe-4450-8cf2-5dcdfa0d3205}.pdf (oa.pt))

NOTAS

O autor considera a regra da redução a escritura pública como formalidade supérflua (todavia, imperativa), que confunde o regime da resolução; e pergunta o que vai (facultativamente, embora) o comprador fazer na escritura. A este propósito, Albino Matos sugere que "[...] a intervenção do comprador não terá outro sentido útil que não seja o de documentar a oferta ou a efetivação do reembolso devido do preço e despesas, nos termos do art. 931.º".

O contrato onde se estipula que, não observadas certas condições, os terrenos vendidos reverterão à posse do vendedor, não é de venda a retro, mas de compra e venda sob condição resolutiva.

(Acórdão da Relação de Évora, de 1980-03-20, *Colectânea de Jurisprudência*, 5/2/90)

NOTAS

Ver arts. 927.º e ss. do Código Civil e o respetivo anteprojeto de Galvão Teles, "Contratos Civis", *BMJ*, 83/114 *(maxime* pp. 134 e 204). Especialmente sobre o art. 932.º (efeitos em relação a terceiros), cf. M. Tavarela Lobo, *RDES*, XIII, 284, e XVI, 183.

COMPROPRIEDADE

Divisão

1.º O único meio adequado e juridicamente possível para os comproprietários fazerem cessar a indivisão em que se encontram, é promover a divisão, *por escritura pública, ou nos termos da lei processual;*

2.º A permuta *apenas será viável no caso de haver interesse na troca de prédios registralmente distintos e autónomos, o que não acontecia no presente caso, em que os prédios, cujas frações foram permutadas, embora com individualidades matriciais distintas, integravam uma única descrição predial, da qual faziam parte e teriam de ser desanexados.*

(Parecer, de 1985-07-01, do Conselho Técnico dos Registos e do Notariado, relator Rodrigues Fontinha, P. 26/84, RP 3, *BRN*, 5/25)

I – O registo deve ser recusado quando for manifesto que o facto não está titulado nos documentos apresentados.

II – Não se subsume à hipótese prevista na conclusão anterior a aquisição através de escritura notarial em que se põe termo à compropriedade de diversos prédios – estabelecida separadamente em relação a cada um deles – usando, embora incorretamente, o processo de «divisão» do conjunto desses prédios (e não a troca, doação ou compra e venda).

(Parecer, de 1990-05-03, do Conselho Técnico dos Registos e do Notariado, relator Rocheta Gomes, P. 10/90 – R. P. 4, *Revista do Notariado*, 1990/3/391)

I – A comunhão hereditária termina com a partilha e a compropriedade finda com a divisão.

II – Numa situação em que se imponha ao mesmo tempo a divisão de coisa comum através da constituição da propriedade horizontal e a partilha entre os cotitulares de um direito indiviso sobre o prédio, deve proceder-se primeiramente à partilha deste direito e só depois à divisão.

(Parecer, de 1993-09-21, do Conselho Técnico dos Registos e do Notariado, relator M. Odete Miranda, P. 48/93 – R. P. 4, *Revista do Notariado*, 1993/277)

I – É legalmente admissível pôr termo, mediante divisão, à compropriedade existente sobre o conjunto dos vários prédios em que, por virtude do registo de uma autorização de loteamento – indispensável ao desmembramento legal de uma dada área em lotes para construção – se fracionou fundiariamente uma determinada descrição predial, desde que, em relação a cada um dos diversos lotes (descrições), se mantenha a compropriedade inicial sobre o "prédio-mãe" – os mesmos comproprietários, titulares das mesmas quotas –, considerando a função instrumental que essas variadas descrições revestem na perspetiva do objetivo visado de cessação da propriedade comum, contanto que seja essa a vontade manifestada dos respetivos consortes.

II – A falta de junção de documento comprovativo do pagamento do imposto municipal sobre transmissões onerosas de imóveis (IMT) constitui causa da provisoriedade por dúvidas do correspondente registo, nos precisos termos do artigo 50.º do Código do IMT.

(Parecer do Conselho Consultivo do IRN, homologado em 2006-06-12, disponível em prp315-2004 (mj.pt))

I – A divisão de coisa comum efetivada pela via extrajudicial consubstancia um ato de autonomia privada a que o Direito associa a modificação de uma situação jurídica, traduzindo-se, assim, num negócio jurídico que implica diversas pessoas e que, por isso, se pode qualificar de plural.

II – Quando essa divisão ocorra no âmbito de uma AUGI, por força de regime jurídico especial aplicável a tais áreas – estabelecido pela Lei n.º 91/95, de 2 de setembro, com as alterações introduzidas pelas Leis n.ºs 165/99, de 14 de setembro, e 64/03, de 23 de agosto –, os prédios nela abrangidos ficam submetidos a uma administração conjunta, administração que pertence, especificamente, a um dos seus órgãos, a comissão de administração, que, para o efeito, se obriga através das assinaturas dos respetivos presidente e tesoureiro, eleitos entre os seus membros [art. 8.º, n.º 2, art. 14.º, n.ºs 1 e 4, e art. 15.º, n.º 1, alínea f)]; o negócio plural referido na anterior conclusão corporiza-se neste domínio mediante uma deliberação, incumbindo ao notário competente a verificação dos respetivos poderes e qualidades, através das atas das assembleias gerais que deliberaram a divisão e a retificação, posteriormente acordada, e que, como documentos instrutórios que são das respetivas escrituras, ficam arquivadas no Cartório.

III – Tratando-se de um negócio jurídico, a divisão de que nos ocupamos é passível de ser afetada por vicissitudes diversas, entre as quais se salientam as que se prendem com a manifestação da vontade, determinando a viciação daquele por erros cometidos, ou na declaração (a vontade declarada não corresponde à vontade real do autor) – mais difícil de acontecer no caso em apreço, considerado o processo de formação da vontade –, ou sobre o objeto (a vontade declarada e a vontade real estão em conformidade, só que esta se formou em consequência de erro sobre aquele), previstos e tipificados nos artigos 247.º e 251.º, respetivamente, do Código Civil, e sujeitos ao mesmo regime jurídico da anulabilidade (parte final do art. 251.º cit.).

IV – Nos termos do disposto no artigo 13.º do Código do Registo Predial, os registos podem ser cancelados com base na extinção dos direitos, ónus ou encargos neles definidos ou em execução de decisão judicial transitada em julgado, podendo, na falta desta, valer para o efeito, como documento comprovativo da aludida extinção, o acordo celebrado acerca da invalidade do negócio pelas mesmas partes negociais e sob a mesma forma exigida para o negócio em crise, desde que não figurem nas tábuas terceiros inscritos.

V – No domínio de aplicação do regime jurídico das AUGI, é de considerar subjacente à escritura de retificação que se propõe corrigir o vício da vontade sobre o objeto do negócio (divisão), que o enferma, um acordo acerca da respetiva invalidade, ainda que essa retificação incida apenas sobre as adjudicações feitas a alguns dos comproprietários; ponto é que a mesma seja antecedida da deliberação da assembleia de comproprietários tomada nos termos normais e ali expressa pela comissão de administração. Essa retificação traduz, afinal, o reconhecimento da invalidade parcial da divisão e a sua reformulação, com efeitos retroativos.

VI – É de recusar, ao abrigo do disposto no artigo 69.º, n.º 1, alínea c), 1.º segmento, do Código do Registo Predial, o registo de aquisição de um lote que, com base no mesmo facto jurídico – divisão de coisa comum –, já se mostre efetuado a favor de pessoa diversa.

(Parecer do Conselho Consultivo do IRN, homologado em 2006-10-04, disponível em prp049-2005 (mj.pt))

NOTAS

1. A consulta do parecer de 1985 é, no caso, de especial utilidade, já por o parecer ser acompanhado de duas declarações de voto, de vencidos nos fundamentos, já pela circunstância não usual de o mesmo parecer haver sido tirado em reunião conjunta das secções de notariado e de registo predial.

Ver também o respetivo comentário de A. Moreira Barbosa, na *Regesta*, 1985, 221/P.

Cf., ainda, as circulares da DGRN n.os 77 e 86, de 1970-01-22 e 1976-07-03, respetivamente.

2. Já o segundo parecer (de 1990) teve voto de vencido, quanto à fundamentação, de Albino Matos, que diz não ver qualquer obrigatoriedade de as partes adotarem determinado esquema contratual, num contexto em precisamente a lei lhes reconhece a mais ampla autonomia (art. 405.º do Código Civil).

3. Segundo Albino Matos, o terceiro parecer (de 1993) "resolve afinal contra as conclusões que enuncia e faz bem. A partilha prévia, como diziam os reclamantes, não era necessária (ao contrário do que sugere a segunda conclusão); e a escritura consubstanciava a divisão como autêntica partilha. O recurso devia proceder; e procedeu."

4. Em relação ao último parecer (de 2006), importa ressalvar que quer o Código do Registo Predial quer a Lei n.º 91/95 sofreram as suas alterações mais recentes com a Lei n.º 89/2017, de 21 de agosto, e com a Lei n.º 70/2015, de 16 de julho, respetivamente. A propósito da matéria das áreas urbanas de génese ilegal, são de interesse os pareceres do Conselho Consultivo do IRN homologados em 2012-05-05 (disponível em P.ºs CP.93/2009 e RP 191/2009 SJC-CT (justica.gov.pt)) e em 2013-01-03 (disponível em P.º RP 84/2012 SJC-CT (justica.gov.pt).

Herança: direito e ação

I – Não devem confundir-se, por se reportarem a realidades diferentes, as expressões direito e ação *e* quota-parte indivisa.

II – A expressão direito e ação *pressupõe sempre a existência de* universalidade jurídica, *como são, por exemplo, a* herança *e o casal não partilhados.*

III – Tratando-se de universalidade de bens, *cada interessado não tem uma quota-parte em cada um deles: a sua quota refere-se à própria* universalidade, *ao conjunto de todos os bens que constituem a mesma universalidade.*

IV – Depois da partilha, já não pode falar-se de direito e ação.

V – Se um prédio pertencente a determinada universalidade é, por efeito da partilha, de que esta foi objeto, adjudicado em comum a diversos interessados, cada um ficará a ter nele uma quota-parte indivisa, *e não qualquer* direito e ação.

(Parecer, de 1951-05-02, do Conselho Técnico dos Registos e do Notariado, *BMJ*, 36/80)

Prédio rústico

I – São absolutamente nulos os atos ou negócios jurídicos entre vivos de que resulte ou possa vir a resultar a constituição da compropriedade ou a ampliação do número de compartes de prédios rústicos, cuja celebração não seja precedida da emissão de parecer favorável da câmara municipal do local da situação dos prédios ou da comprovação de que tal parecer foi requerido há mais de 45 dias e não foi emitido (cf. art. 54.º, n.ºs 1, 3 e 4, da Lei n.º 91/95, de 2 de setembro, na redação da Lei n.º 64/2003, de 23 de agosto).

II – Apesar de se tratar de uma nulidade absoluta, ela não é manifesta, pelo que o registo do facto deverá ser efetuado provisoriamente por dúvidas quando do título não constar a menção da emissão do parecer favorável ou da comprovação do requerimento do parecer e omissão da sua emissão, e estes documentos não forem juntos ao processo de registo com data de emissão anterior a titulação do facto (cf. arts. 68.º e 70.º do Código do Registo Predial).

III – A partilha extrajudicial da herança é um negócio jurídico entre vivos, pelo que a mesma está incluída na fatispecies *da citada norma do art. 54.º da Lei n.º 91/95.*

IV – Tendo a partilha sido realizada em processo de inventário, a sentença homologatória impõe-se ao conservador, pelo que este não terá que averiguar se foi ou não emitido parecer favorável à constituição da compropriedade ou à ampliação do número de compartes.

V – A norma do citado art. 54.º da Lei n.º 91/95 consagra uma medida que pretende prevenir o surgimento de realidades físicas análogas às AUGI, pelo que aquela norma é aplicável à constituição da compropriedade ou à ampliação do número de compartes de prédios rústicos, onde quer que estes se localizem.

VI – Decorre do anteriormente exposto que, em face do novo conteúdo da norma do citado art. 54.º da Lei n.º 91/95, se deve considerar desatualizado o entendimento firmado no P.º 59/96 R.P. 4, in *BRN n.º 5/97, p. 2.*

(Despacho da DGRN, de 2004-05-03, *BRN-CT*, 5/04, p. 14)

I – Não viola as regras sobre fracionamento de prédios rústicos o título que procede a uma divisão de coisa comum através da divisão do prédio em dois para adjudicação de um a cada comproprietário, com áreas inferiores à unidade de cultura, se resultar comprovada a divisão material do prédio por o mesmo ter sido atravessado por um caminho público.

II – A mera certificação de que um prédio é atravessado por um caminho destinado a utilização pelo público não é suficiente para comprovar a quebra de contiguidade prevista no artigo 1376.º do Código Civil.

(Parecer do Conselho Consultivo do IRN, relatora Blandina Soares, homologado em 2017-10-19, disponível em Documento particular autenticado, depositado eletronicamente, de divisão de coisa comum – Fracionamento de prédio rústico – Declaração de que o prédio foi atravessado por caminho público – Violação das regras sobre fracionamento de prédios rústicos (mj.pt))

NOTAS

De acordo com Albino Matos, é questionável a conformidade constitucional das normas referidas no primeiro parecer, sobretudo quando aplicadas fora da AUGI, como é duvidoso o carácter absoluto da nulidade (veja-se o art. 54.º, n.º 4, *in fine*). De referir que os arts. 68.º e 70.º do Código do Registo Predial foram alterados pelo Decreto-Lei n.º 116/2008, de 4 de julho.

Uso

A regulamentação convencional *do uso de coisa comum não constitui facto sujeito a registo; pode ser tácita ou expressa e, neste último caso, assumir forma verbal ou escrita, em documento particular ou autêntico.*

É lícito convencionar a atribuição do poder de uso em diversa medida *aos consortes, independentemente da proporção respetiva na comunhão; podem até alguns dos consortes prescindir totalmente do uso da coisa.*

O acordo dos comproprietários tem de ser unânime e, consoante a sua vontade, revestirá eficácia pessoal *ou* real, *vinculando apenas os sujeitos do acordo ou enformando os vários direitos singulares que a comunhão abrange, independentemente das pessoas dos seus titulares.*

(Albino Matos, "Convenção de uso", *Revista do Notariado,* ano I, n.º 5, pp. 18 e ss.)

I – Tem natureza supletiva a possibilidade do uso integral da coisa comum pelos diversos comproprietários.

II – Os condóminos podem pactuar e disciplinar no título constitutivo da compropriedade, ou por acordo posterior, o uso da coisa comum.

III – O acordo dos condóminos pode consistir na divisão material *do gozo da coisa, sem extinção da compropriedade, ou na* divisão temporal *ou por turnos desse mesmo gozo.*

(Acórdão da Relação do Porto, de 1982-06-17, *Colectânea de Jurisprudência,* 7/3/236)

I – A promessa de compra e venda em compropriedade, de uma parte indivisa de um prédio, pode ser acompanhada de um acordo acerca do uso da coisa comum.

II – É nula a promessa de constituição de um direito de habitação periódica por período inferior ao mínimo tolerado na regulamentação legal deste direito.

III – Tal promessa consolida-se com a subsequente alteração do regime legal que tolere o período nela ajustado.

IV – Há tradição da coisa, relevante para gerar direito de retenção, se os promitentes compradores habitaram o apartamento prometido vender de harmonia com o acordado acerca do uso da coisa comum.

(Acórdão da Relação de Lisboa, de 1989-11-14, *Colectânea de Jurisprudência,* 14/5/109)

I – Vigora no nosso ordenamento jurídico o princípio da tipicidade dos direitos reais, nos termos do qual não é permitida a constituição, com carácter real, de restrições ao direito de propriedade ou de figuras parcelares deste direito senão nos casos previstos na lei (art. 1306.º, n.º 1, do Código Civil).

II – Não obstante, os particulares, desde que não o desfigurem nos seus elementos essenciais, poderão aplicar a um determinado tipo de direito real regras de outro tipo, no âmbito da liberdade contratual consagrada no art. 405.º do Código Civil.

III – Existe propriedade comum, ou compropriedade, quando duas ou mais pessoas são simultaneamente titulares do direito de propriedade sobre a mesma coisa (cf. art. 1403.º, n.º 1, do Código Civil).

IV – No acordo sobre o uso da coisa comum, de conteúdo obrigacional, previsto no art. 1406.º, n.º 1, do Código Civil, estabelecido (embora na mesma escritura) após a transferência do direito real pela forma determinada no art. 408.º, n.º 1, do mesmo Código, os comproprietários podem socorrer-se da regulamentação do direito real de habitação periódica, limitando a períodos certos de tempo do ano o direito de cada um à ocupação exclusiva do imóvel.

V – Se determinada cláusula do acordo – concretamente, a que estipula que as regras que o enformam vinculam todo e qualquer futuro comproprietário do imóvel – não puder, por conversão legal, ter um conteúdo obrigacional, então deverá considerar-se nula por violação de norma imperativa (cf. arts. 280.°, 294.° e 1306.°, n.° 1, 2.° segmento, do Código Civil.

(Despacho da DGRN, de 2004-03-29, *BRN-CT*, 4/04, p. 34)

I – Em face do disposto no artigo 1407.° do Código Civil, é aplicável aos comproprietários, com as necessárias adaptações, o disposto no artigo 985.° do Código Civil, de onde resulta que, no âmbito da administração corrente ou da gestão normal da coisa comum, as deliberações dos comproprietários são tomadas por maioria, salvo convenção em contrário na qual se estipulem regras especiais de exercício dessa administração.

II – Ao permitir que, por convenção, se estabeleçam regras diversas de administração da coisa comum, a lei confere aos comproprietários a liberdade de conformar algum do conteúdo do seu direito, resultando, assim, do conjunto das disposições normativas que definem e compõem o tipo legal e da convenção dos interessados o estatuto real ou erga omnes *a que o mesmo se acha subordinado.*

III – Por conseguinte, à consecução dos fins do registo predial, destinado essencialmente a dar publicidade à situação jurídica dos prédios, tendo em vista a segurança do comércio jurídico imobiliário – artigo 1.° do Código do Registo Predial – e aos seus efeitos – artigos 5.° e 7.° do Código do Registo Predial –, convirá também a publicitação da existência do regulamento de administração da coisa comum, enquanto conteúdo da compropriedade e parte integrante do seu estatuto real, por menção no extrato da inscrição, quando o regulamento conste do título constitutivo da compropriedade, ou por averbamento à inscrição respetiva, quando a convenção tiver sido feita posteriormente.

IV– Não logrará, todavia, este desiderato o regulamento que não tenha sido aprovado por todos os comproprietários, pois das faculdades que integram este direito ou direitos de propriedade apenas podem "dispor", nos termos atrás referidos, aqueles, e todos aqueles, que são os seus titulares, que exceda, no seu conteúdo, o domínio de atuação do artigo 1407.° do Código Civil ou que contrarie disposições legais especiais.

(Parecer do Conselho Consultivo do IRN, relatora Maria João Rodrigues, homologado em 2008-03-31, disponível em F-RP307-07 (mj.pt))

NOTAS

1. Quanto ao acórdão da Relação do Porto (de 1982), Albino Matos considera que estabelece "doutrina razoável, rica de implicações para a prática notarial", seguindo a lição de Pires de Lima e Antunes Varela, *Código Civil Anotado*, 2.ª edição, vol. III, Coimbra, 1987, pp. 323 e ss., na esteira da doutrina de L. C. Pinto Coelho, *Da compropriedade no direito português*, II, Lisboa, 1943, refletida na *Revista do Notariado*, ano I, n.° 5, pp. 18 e ss. Essa *Revista* insere uma minuta anotada de uma convenção de uso, ilustrando doutrina de L. C. Pinto Coelho.

2. A propósito do acórdão da Relação de Lisboa (de 1989), Albino Matos refere que "as alusões ao d. h. p. *(item II)* provêm de uma interpretação manifestamente abusiva da primeira instância relativa ao contrato-promessa, interpretação que o acórdão afasta, pondo a questão nos seus devidos termos, de (promessa de) aquisição de uma quota do prédio, em regime, portanto de compropriedade".

3. Sobre a convenção de uso, anote-se, em particular, sobre os seus efeitos, um aresto italiano de 1981-12-04 *(Riv. Not.* 1982/5/862), afirmando tratar-se de um negócio de simples eficácia obrigacional e não real; contra, entre nós, L. C. Pinto Coelho, *Da compropriedade,* vol. II, Lisboa, 1943, pp. 87 e ss.

4. De realçar, ainda a este propósito, Albino Matos, "Convenção de uso de coisa comum", *Temas de direito notarial,* Coimbra, Almedina, 1992, pp. 451-6.

CONSIGNAÇÃO DE RENDIMENTOS

1. *Designação*
2. *Noção*
3. *Objeto*
4. *Espécies*
4.1. *Quanto ao fim*
4.2. *Quanto à posse ou detenção dos bens*
5. *Forma e registo*
6. *Duração*
7. *Extinção*
8. *Natureza jurídica*

(Eduardo dos Santos, "Consignação de rendimentos", *Regesta*, 5/1994/37-54)

NOTAS

Alguma explicação deve haver para o escasso uso, na prática jurídica, da figura em epígrafe; quiçá, em parte, por desconhecimento da mesma ou o seu olvido por banda dos operadores.

Daí o interesse do artigo sumariado, a que se juntam alguns elementos informativos para o aprofundamento da matéria.

Legislação: Código Civil, arts. 656.º a 665.º. Antecedentes: Código de Seabra, arts. 873.º e ss. Trabalhos preparatórios: *BMJ*, 65/263-316 (Vaz Serra, "Consignação de rendimentos").

Doutrina: Cunha Gonçalves, *Tratado de direito civil*, V, Coimbra Editora, n.ºs 675-80; Pires de Lima e Antunes Varela, *Código Civil Anotado*, 4.ª edição, vol. I, Coimbra, 1987 (anot. arts. 656.º e ss.); Guilherme Moreira, *Das obrigações*, 1925, pp. 340 e ss. Recentemente: A. Luís Gonçalves, "Consignação de rendimentos", *RDES*, XXXII, pp. 269-81. Na literatura estrangeira: M. Planiol, *Traité élémentaire de droit civil*, II, Paris, n.ºs 3613-28; Díez-Picazo y Gullón, *Sistema de derecho civil*, III, Madrid, n.º 45, pp. 621 e ss.; R. Ruggiero, *Instituciones de derecho civil* (trad. esp.), tomo II, vol. I, Madrid, Reus, pp. 514-18. Especificamente: Garcia-Granero, "Acerca de la naturaleza jurídica del Derecho de anticresis", *Rev. Crit. Der. Inmobiliario*, 1945, pp. 457-78.

Estando em causa unicamente a consignação de rendimentos, uma vez que se trata de uma garantia real, prevista no artigo 656.º do Código Civil, dispõe o n.º 1 do artigo 1.º do Código do Imposto do Selo que incide imposto do selo sobre todos os atos e factos previstos na Tabela Geral do Imposto do Selo [TGIS], sendo que na verba 10 podemos verificar a norma de incidência sobre as garantias das obrigações, aplicando-se, em função do prazo, e sobre o respetivo valor, a taxa respetiva.

No entanto, parece-nos também importante abordar a questão da consignação de rendimentos, da locação financeira e do imposto do selo. Haverá, ou não, lugar ao pagamento do imposto do selo se em causa estiver um contrato de locação financeira e uma consignação de rendimentos? Diz-nos a TGIS, na verba 10, que, no caso de estarmos perante uma garantia de obrigação materialmente acessória, este facto constitui uma exceção – "... salvo quando materialmente acessórias de contratos especialmente tributados na presente Tabela e sejam constituídas simultaneamente com a obrigação garantida, ainda que em instrumento ou título diferente...". Porém, a locação financeira não se encontra especialmente tributada na Tabela, e, assim sendo, o Imposto de Selo terá de ser tributado sobre a consignação de rendimentos.

Doutrina relevante: Bruno Santiago, *As garantias das obrigações e o imposto do selo,* Coimbra Editora, 2011.

Jurisprudência relevante: Acórdão do STJ, de 23 de abril de 2009.

CONSÓRCIO

O Decreto-Lei n.º 231/81, de 28 de julho, estabelece-se o regime jurídico do contrato de consórcio, de que se destacam, entre outras, as seguintes notas:

Artigo 1.º – *Noção*

"Consórcio é o contrato pelo qual duas ou mais pessoas, singulares ou coletivas, que exercem uma atividade económica se obrigam entre si a, de forma concertada, realizar certa atividade ou efetuar certa contribuição com o fim de prosseguir qualquer dos objetos referidos no artigo seguinte."

Artigo 2.º – *Objeto*

"[...] a) Realização de atos, materiais ou jurídicos, preparatórios quer de um determinado empreendimento, quer de uma atividade contínua;

b) Execução de determinado empreendimento;

c) Fornecimento a terceiros de bens. iguais ou complementares entre si, produzidos por cada um dos membros do consórcio;

d) Pesquisa ou exploração de recursos naturais;

f) Produção de bens que possam ser repartidos, em espécie, entre os membros do consórcio."

Forma: escrita; escritura pública, se houver entre os membros transmissão de imóveis (art. 3.º).

Modalidades: consórcio interno e consórcio externo, podendo existir, neste último, um conselho de orientação e fiscalização (arts. 5.º e 7.º).

Modificações do contrato: salvo convenção em contrário, por acordo unânime, não sendo o contrato afetado pelas mudanças de administração ou de sócios dos membros quando estes sejam pessoas coletivas (art. 6.º).

Denominação: a denominação do consórcio externo é feita simplesmente pela junção de todos os nomes dos membros do consórcio (nomes, firmas ou denominações sociais), precedidos de «consórcio de...» ou seguidos de «...em consórcio» (art. 15.º).

NOTAS

O diploma regula, ainda, os deveres e a exoneração dos membros do consórcio, a resolução do contrato (com justa causa), a extinção do consórcio, a figura do chefe e suas funções internas e externas, proibindo a constituição de fundos comuns e disciplinando as relações com terceiros, assim como a participação em lucros e perdas e a repartição dos valores recebidos ou do produto da atividade.

Em capítulo próprio, estabelece-se o regime jurídico do contrato de *associação* (ou conta) *em participação*, revogando as respetivas disposições do Código Comercial.

Jurisprudência relevante: acórdão do STJ, de 17 de junho de 2014.

CONTA

A operação que, aplicando a Tabela de Emolumentos do Notariado, apura os devidos pela celebração de uma escritura pública, é um ato de liquidação de receita tributária, imediatamente sindicável pelos tribunais tributários.

(Acórdão de 1996-03-05, *CTF*, 381/359)

A Lei n.º 15/2001, de 5 de junho, introduziu significativas alterações na tramitação do processo judicial tributário regulado no título III do Código de Procedimento e de Processo Tributário [CPPT], que demandam uma redefinição dos procedimentos que fixei pelo despacho n.º 9/ /2000, de 8 de maio, publicado no BRN n.º 5/2000, pp. 3/4 (cf. ainda as orientações insertas no BRN, *n.º 3/2001, p. 12).*

Assim, determino a observância dos seguintes procedimentos:

I – No caso de a petição – que agora pode ser diretamente apresentada no tribunal tributário competente (cf. art. 103.º, n.º 1, do CPPT) – ser apresentada na conservatória/cartório liquidador do emolumento cuja conta é objeto de impugnação, este procederá ao seu envio ao tribunal tributário competente no prazo de cinco dias após o pagamento da taxa de justiça inicial (cf. art.103.º, n.º 3, do CPPT);

II – A conservatória/cartório já não terá que proceder à organização do processo antes de ser enviado a juízo, mas tão-somente quando o representante da Fazenda Pública o solicitar ou quando o juiz do processo o ordenar (cf. arts. 103.º, n.º 1, 110.º, n.ºs 3 e 5, e 11.º, n.º 1, do CPPT);

III – [...] Não cabe recurso das decisões dos tribunais tributários de 1.ª instância proferidas em processo de impugnação judicial ou de execução fiscal quando o valor da causa não ultrapassar o valor da alçada fixada para os tribunais tributários de 1.ª instância (cf. art. 105.º da Lei Geral Tributária e art. 280.º, n.º 4, do CPPT), considerando ainda que em matéria cível a alçada dos tribunais judiciais de 1ª. instância está fixada no n.º 1 do art. 44.º da Lei de Organização do Sistema Judiciário (Lei n.º 62/2013, de 26 de agosto) – o conservador/notário poderá revogar, total ou parcialmente, o ato impugnado, nos termos previstos no art. 112.º do CPPT e dentro do prazo fixado no n.º 1 do art. 111.º deste Código, ou seja, no prazo de 30 dias a contar do pedido de organização do processo formulado pelo representante da Fazenda Pública, devendo comunicar à DSJ desta Direção-Geral e ao Instituto de Gestão Financeira e Patrimonial da Justiça a decisão revogatória; porém

IV – A revogação do ato impugnado com fundamento na não conformação das tabelas emolumentares ao disposto na Diretiva n.º 69/335/CEE, do Conselho, de 17 de julho, relativa aos impostos indiretos que incidem sobre as reuniões de capitais, ou na desconformidade com o princípio da proporcionalidade da taxa ao custo do serviço prestado, não será, em qualquer caso, de considerar pelo conservador/notário (cf. art. 10.º da Lei n.º 85/2001, de 4 de agosto).

V – Caso o valor do processo exceda o quíntuplo da alçada do tribunal tributário de 1.ª instância, o conservador/notário, uma vez completa a instrução, remete-o para a DSJ desta Direção-Geral no prazo fixado no n.º 1 do art. 111.º do CPPT (cf. art. 112.º, n.º 2, do mesmo diploma);

VI – Na parte não alterada, mantém-se o meu despacho n.º 9/2000.

(Despacho da DGRN, de 2001-10-10, *BRN*, 9/01, p. 3)

NOTAS

Jurisprudência relevante: acórdão do Tribunal Central Administrativo do Norte, de 8 de fevereiro de 2018.

I – O ato de liquidação de emolumentos é verticalmente definitivo, pelo que pode ser impugnado diretamente junto do tribunal competente – o Tribunal Tributário de 1.ª Instância.

II – A Fazenda Pública tem legitimidade para representar a entidade liquidadora na impugnação do ato referido em I.

III – Decidindo o Tribunal de Justiça da Comunidade Europeia, em reenvio prejudicial, que determinado tributo constitui imposição, na aceção da Diretiva n.º 69/335/CEE, do Conselho, de 17 de julho, proibida pelo seu artigo 10.º, e, portanto, violadora do direito comunitário, fica o juiz nacional, destinatário de tal resposta, vinculado por essa decisão, que igualmente se impõe a outros órgãos jurisdicionais nacionais aos quais seja submetida uma questão substancialmente idêntica à que já foi objeto de decisão prejudicial.

(Acórdão do Tribunal Central Administrativo, de 2000-02-15, *BMJ*, 494/416)

NOTAS

Jurisprudência relevante: acórdão do Supremo Tribunal Administrativo, de 26 de abril de 2007.

I – O modo de atacar a liquidação de emolumentos do notariado e o processo judicial de impugnação, com previsão nos artigos 120.º e seguintes do Código de Processo Tributário.

II – O ato do Ministro da Justiça que indeferiu recurso hierárquico do despacho do diretor-geral dos Registos e do Notariado, respeitante a emolumentos notariais liquidados nos termos do artigo 5.º da Tabela de Emolumentos do Notariado, não é um ato lesivo, sendo assim de rejeitar o recurso contencioso interposto do mesmo ato.

(Acórdão do Supremo Tribunal Administrativo, de 2000-06-28, *BMJ*, 498/261)

Impugnação

I – O meio processual idóneo para reagir contenciosamente contra a liquidação dos emolumentos notariais é a impugnação judicial a que se referem os artigos 120.º e seguintes do Código de Processo Tributário, da competência dos tribunais tributários de 1ª. instância, nos termos do artigo 62.º, n.º 1, alínea a), do Estatuto dos Tribunais Administrativos e Fiscais, estando nessa medida revogados pelo artigo 121.º do mesmo diploma os artigos 69.º do Decreto-Lei n.º 519-F2/79 e 139.º e 140.º do Regime dos Serviços dos Registos e do Notariado, conforme o confirma o artigo 110.º do Código do Registo Comercial, aprovado pelo Decreto-Lei n.º 403/86, de 3 de dezembro, ao não remeter para o artigo 104.º, que trata do recurso contencioso, a regulamentação atinente a impugnação da conta dos atos de registo, que se apresenta como lugar paralelo relativamente à conta por emolumentos devidos aos notários.

II – Os artigos 92.º, n.º 2, e 100.º, n.º 2, do Código de Processo Tributário, são aplicáveis somente à reclamação graciosa pre-

vista no próprio Código (artigos 95.º a 101.º), que não a meios de impugnação específicos, alheios àquele meio, como é o caso da impugnação das decisões do notário.

III – Consequentemente, o ato ministerial na parte em que indeferia recurso hierárquico do despacho do diretor-geral dos Registos e do Notariado, respeitante a liquidação de emolumentos notariais, não define qualquer situação jurídica, que é, antes, definida na respetiva matéria, pela referida liquidação, não sendo, de tal modo, ato lesivo, o que leva à rejeição do recurso contencioso do mesmo despacho interposto, nos termos do artigo 57.º, § 4.º, do Regulamento do Supremo Tribunal Administrativo.

(Acórdão do Supremo Tribunal Administrativo, de 2000-09-20, *BMJ*, 499/365)

Pagamento

Artigo 3.º – *Pagamento de emolumentos, taxas e encargos*

1 – Pelos atos praticados nos serviços de registo são liquidados e cobrados os emolumentos, taxas e encargos, nos termos do Regulamento Emolumentar dos Registos e do Notariado, aprovado pelo Decreto-Lei n.º 322-A/2001, de 14 de dezembro, e da demais regulamentação própria.

2 – Quem solicita a prática do ato deve efetuar o pagamento, em euros, dos emolumentos e taxas devidas, incluindo as quantias relativas ao cumprimento tardio da obrigação de registar.

3 – A comprovação do pagamento das quantias solicitadas pelos serviços de registo é condição de admissibilidade do respetivo pedido ou apresentação no diário.

4 – O pagamento de emolumentos e taxas após o pedido apenas pode ser admitido nos casos previstos na lei ou outra regulamentação própria.

5 – O pagamento das despesas com a obtenção de documentos, a requerimento dos interessados, junto de entidades ou serviços da Administração Pública destinados a suprir deficiências de atos e processos de registo é condição de solicitação desses documentos.

Artigo 4.º – *Meios de pagamento*

1 – O pagamento das quantias a cobrar pelos serviços de registo é efetuado através dos meios eletrónicos disponíveis, designadamente, nos terminais de pagamento automático existentes nos referidos serviços ou através da emissão de uma referência para o efeito.

2 – É ainda admitido o pagamento em numerário, através de notas de crédito sobre o IRN, I. P., por cheque visado ou bancário de entidade com representação em Portugal, bem como através de vale postal, em moeda em curso em Portugal.

3 – O pagamento de quantias superiores a € 2000 é obrigatoriamente efetuado através dos meios eletrónicos disponíveis ou por cheque visado ou bancário.

4 – O Estado, as Regiões Autónomas, as autarquias locais, os fundos e serviços autónomos e as entidades que integrem o setor empresarial do Estado, das Regiões Autónomas e das autarquias locais, e demais pessoas coletivas públicas podem efetuar pagamentos em cheque não visado.

5 – Os cheques a que se referem os números anteriores apenas são admitidos para pagamento se forem sacados sobre contas domiciliadas em Portugal.

6 – O pagamento através de referência eletrónica considera-se efetuado no momento da receção pelos sistemas de registo da comunicação remetida pelo sistema interbancário.

7 – A admissibilidade do pagamento através de notas de crédito e cartão de crédito fica dependente de deliberação do conselho diretivo do IRN, I. P., publicada na 2.ª série do Diário da República, que pode fixar uma sobretaxa destinada a fazer face aos custos de utilização do cartão de crédito.

8 – Mediante protocolo com o IRN, I. P., podem ser estabelecidos outros meios de pagamento, nomeadamente o recurso à transferência bancária.

9 – Enquanto não estiverem reunidas as condições técnicas para que todos os serviços online disponibilizem referência para pagamento eletrónico dos complementos de preparo, o conselho diretivo do IRN, I. P., pode deliberar a afetação de uma ou mais contas bancárias ao pagamento por transferência bancária.

(Decreto-Lei n.º 201/2015, de 17 de setembro)

CONTRATO-PROMESSA

A disciplina introduzida pelo Decreto-Lei n.º 236/80, de 18 de julho, é de aplicação genérica *– e não restrita (a não ser quando isso mesmo resulte do texto) aos contratos-promessa de compra e venda de prédios urbanos ou frações destes.*

O art. 830.º, n.º 1, do Código Civil não veda as convenções que excluam a execução específica *do contrato-promessa.*

O direito de exigir o valor da coisa *(art. 442.º, n.º 2, 2.ª parte) não deve ser entendido literalmente.*

O montante pecuniário a haver pelo promitente comprador é a diferença entre o valor da coisa e o preço, acrescida da quantia entregue como sinal.

Se não se verificou a tradição e a contraparte não cumpriu, o promitente comprador que constituiu o sinal pode optar entre a restituição do sinal em dobro *e a* execução específica, *muito embora esta opção não seja mencionada no art. 442.º.*

(Vasco da Gama Lobo Xavier, "Contrato-promessa: algumas notas...", *RDES*, ano XXVII, 1980, pp. 21-43)

O direito do promissário no contrato-promessa é um direito de crédito *e tem efeitos externos em termos de* oponibilidade, *exceto no caso do subtipo de promessa sem eficácia real, nem execução específica.*

No subtipo dominante (contrato-promessa sem eficácia real, mas com execução específica), o direito do promissário é de crédito e oponível. No subtipo do art. 413.º (contrato-promessa com eficácia real), o direito do promissário é oponível e de crédito.

O dogma da relatividade da obrigação, nascido do método abstrator isolante do concetualismo positivista formal, veio cindir e atribuir naturezas diferentes e irredutíveis a duas realidades que comungam da mesma substância.

(P. Paes de Vasconcelos, "O efeito externo da obrigação no contrato-promessa", *Scientia Iuridica*, tomo XXXII, 1983, n.os 181-183, pp. 103-123)

Doação

I. O contrato-promessa de doação é admissível e válido em face da nossa ordem jurídica, até por casualmente justificável, não se confundindo com a própria doação, por não pressupor a imediata entrega do bem ao donatário;

II. Mas, atenta a natureza específica do contrato prometido, traduzida pela generosidade ou espontaneidade da entrega, a promessa de doação não é suscetível de execução específica, justificando-se que as partes conservem a possibilidade de desistir do mesmo até à sua celebração;

III. Execução específica também inexequível por a doação não se realizar apenas através de uma declaração de vontade, capaz de ser suprida pelo tribunal, antes se consubstanciando no efetivo benefício do donatário, pela entrega da coisa prometida, pela afetação do direito ou pelo pagamento da dívida.

IV. A promessa de doação de depósitos bancários e de ouro que venham a existir à data do decesso do promitente-doador é uma promessa de doação de bens futuros e por morte, que a lei não admite e, em todo o caso, é uma promessa insuscetível de execução específica.

(Acórdão do Tribunal de Relação de Lisboa, de 25 de junho de 2009)

NOTAS

1. Será admissível um contrato-promessa de doação (*pactum de donando*)?

Para o presente douto acórdão, sim, e no mesmo sentido foi o acórdão do STJ de 1 de outubro de 1996 e o acórdão do STJ de 21 de novembro de 2006.

Na doutrina, em sentido contrário, podem citar-se Baptista Lopes (*Das doações*, Coimbra, Almedina, 1970, p. 28) – que não vê forma de aceitar o contrato-promessa de doação, por as disposições dos arts. 410.º e ss., do Código Civil colidirem com muitas das que regem o contrato de doação; para quem a promessa de doação seria uma proposta de doação e essa já é doação – e, bem assim, Cunha Gonçalves: não é possível, ou não tem qualquer valor uma promessa de doar; a doação, ou existe, ou não existe; sendo um favor, ela não pode ser *exigida*, sob pena de se ter uma *doação forçada*, à qual faltaria o necessário carácter de expontaneidade.

2. A generalidade da doutrina, porém, é a favor da admissibilidade. Assim, Enneccerus e Lehmann, *Derecho de obligaciones* (trad. esp.), II, 1.º, § 125, Bosch, 1966; Manuel de Andrade, *Scientia Iuridica*, V, (n.º 26), 498; Antunes Varela, *Noções fundamentais de direito civil*, 6.ª edição, I, Coimbra Editora, p. 513, nota, e *Das obrigações em geral*, 2.ª edição, Almedina, p. 258; e Vaz Serra – "Contrato-promessa" (*BMJ*, 76/86), assim como na *Rev. Leg. Jur.* (ano 110, pp. 207 e ss.), a merecer especial destaque pela resenha que faz da questão e pela solução que propõe: a promessa de doação, se for espontânea, não afeta a espontaneidade da doação; da promessa resulta a obrigação de doar e a constituição desta obrigação é ela própria já uma doação, visto que assim diminui gratuitamente o património de uma das partes e aumenta o da outra, sendo-lhe por isso diretamente aplicável a norma do art. 947.º, n.º 2, do Código Civil; por conseguinte, o contrato-promessa de doação é admissível, mas para a sua validade exige-se sempre e em qualquer caso documento escrito.

EFICÁCIA REAL

I – O contrato-promessa de compra e venda de bens imóveis a que as partes atribuam eficácia real deve constar de escritura pública (cf. arts. 413.º, n.º 2, e 875.º, do Código Civil).

II – São razões justificativas da exigência desta forma especial a imprescindibilidade da «declaração expressa» de atribuição de eficácia real à promessa, como parte integrante do «conteúdo» do negócio, e a necessidade de explicar às partes o que é a «eficácia real», ideia que ainda hoje não faz parte do património cultural comum.

III – O distrate ou contrarius consensus *de uma promessa com eficácia real celebrada, por exigência legal, por escritura pública é uma estipulação posterior a este documento, caindo no âmbito de aplicação do n.º 2 do art. 221.º do Código Civil.*

IV – As razões justificativas da exigência de forma especial na «constituição» da promessa com eficácia real de bens imóveis não se aplicam ao distrate deste negócio, que importa a exclusão das obrigações assumidas pelas partes, sendo certo que inexiste norma legal que exija a observância de forma especial.

V – Regra geral, a matéria da prova dos factos sujeitos a registo é objeto da lei substantiva, e não da lei do registo, devendo averiguar-se, caso por caso, qual é o título que legalmente constitui ou autoriza o ato que se pretende registar.

VI – À face da lei substantiva, o documento particular em que o texto do acordo revogatório da promessa com eficácia real é subscrito conjuntamente pelas partes será bastante para comprovar o distrate, e se estiverem reconhecidas presencialmente as assinaturas do documento, estas ter-se-ão por verdadeiras (cf. art. 375.º, n.º 1, do Código Civil).

VII – Decorrentemente, este documento particular é título suficiente para o cancelamento do registo da promessa (cf. art. 13.º, 1.º segmento, do Código de Registo Predial).

(Parecer, de 2000-12-14, do Conselho Técnico da DGRN, relator João Bastos, *BRN-CT*, 1/2001, p. 54)

CONVENÇÃO ANTENUPCIAL

Autorização

A autorização dada ao nubente menor para celebrar, desde logo e validamente, escritura de convenção antenupcial, deve ser concedida por ambos os pais, *uma vez que a ambos eles compete o exercício do pátrio poder.*

No caso de tal autorização ser concedida apenas por um dos progenitores, deverá o autorizante declarar as circunstâncias concretas que, nos termos do art. 1903.º do Código Civil, lhe cometem o exercício do poder paternal unicamente a ele.

(Recomendações do Serviço de Inspeção da DGRN, 1980)

NOTAS

Quem tem capacidade para contrair casamento, também a tem para celebrar convenção. Importa fazer uma ressalva quanto ao Maior Acompanhado, que vem estabelecer, na Lei n.º 49/2018, de 14 de agosto, mais concretamente no artigo 147.º, que o exercício pelo acompanhado de direitos pessoais e a celebração de negócios da vida corrente são livres, salvo disposição da lei ou decisão judicial em contrário. O direito de casar, sendo um direito pessoal, enquadra-se neste artigo (n.º 2 do mesmo artigo).

No caso dos menores, a representação cabe aos pais como titulares das responsabilidade parentais: a ambos (art. 1901.º), especialmente quanto à convenção antenupcial, ato decerto de "particular importância" (art. 1902.º); salvas, naturalmente, as hipóteses de ausência, incapacidade ou outro impedimento de um dos pais (art. 1903.º).

A falta de autorização, absoluta ou relativa, é causa de anulabilidade (art. 1709.º) e, por isso, não legitima a recusa do ato: o notário, simplesmente, deve advertir as partes da existência do vício, consignando a advertência no instrumento (art. 174.º do Código do Notariado).

Imutabilidade

A alteração, por revogação ou mudança, do regime de bens do casamento, só é proibida na constância do matrimónio.

A substituição de um regime por outro, em virtude do preenchimento de uma condição, *também não constitui mudança vedada por lei (art. 1713.º do Código Civil).*

A regra da imutabilidade sofre as exceções do art. 1715.º do Código Civil.

Se a convenção antenupcial contiver a constituição de herdeiro ou nomeação de legatário, nos termos do art. 1700.º, n.º 1, a única alteração possível, após o casamento, é a revogação *pura e simples dessas disposições e não a sua modificação.*

(*Regesta*, 1981/40 C, C. Ferreira das Neves)

NOTAS

1. Quanto ao último parágrafo, a doutrina é duvidosa.

Diz a lei (art. 1715.º) que "são admitidas alterações ao regime de bens: pela revogação das disposições mencionadas no art. 1700.º (...)". Decerto, o preceito é excecional, insuscetível de aplicação analógica. Mas, por interpretação extensiva (legal, contra o que pensa a A.) ou mesmo declarativa lata, bem poderia sustentar-se a doutrina contrária: aliás, não se vê que a alteração seja mais lesiva da imutabilidade do que a simples revogação.

A doutrina sumariada mereceu a confirmação de Parecer do Conselho Técnico da DGRN, homologado por despacho de 1980-12-23.

2. O princípio da imutabilidade, consagrado no art. 1714.º, foi importado do direito francês, onde aliás atualmente já não está em vigor. As razões invocadas para o mesmo não colhem de todo (ver C. Gonçalves. *Tratado*, vol. 6, n.º 821); talvez por isso, o princípio está em crise ao nível do direito comparado, desconhecendo-o os direitos suíço, alemão, espanhol, italiano, dos países escandinavos, etc.

Liberdade de convenção

– *A liberdade de escolha dos nubentes, consagrada no art. 1698.º do Código Civil, pode cingir-se à opção por um dos regimes típicos propostos pela lei.*

Para além disso, os cônjuges podem escolher um tipo de regime diferente e introduzir modificações nos chamados regimes-base.

Distingue-se, neste ponto, entre a convenção matrimonial "global" (estipulação de um regime de bens de forma global) e a convenção matrimonial "especial" (em que os nubentes se limitam a convencionar algumas especialidades dentro de um certo "regime-tipo" fixado na lei).

– *Quanto a* convenção matrimonial "global":

É possível a opção por um regime antigo, do direito histórico, ou por um modelo estrangeiro, contanto que não se viole o estatuto imperativo de base e a opção não se limite à simples referência nominal do regime escolhido, o qual tem de ser transcrito na convenção.

A criação dos chamados "regimes mistos" ou de "fantasia" é igualmente permitida.

– *Quanto à* convenção matrimonial "especial":

a) Cláusulas de adaptação dos regimes de comunhão: *Podem recair sobre a composição do ativo comum, para o restringir ou ampliar, ou sobre a liquidação e partilha desse ativo.*

1. Cláusulas sobre a composição do ativo comum: *Que incluam na comunhão certos bens próprios pelo "regime base", ou que façam o inverso, excluindo da comunhão certos bens que, de acordo com o regime base, fariam parte do património comum (por exemplo, os bens e rendimentos da exploração de um certo estabelecimento comercial; os bens que constituam instrumentos de trabalho de um dos cônjuges; ou qualificar como próprios um estabelecimento criado por um dos cônjuges após o casamento ou as participações sociais adquiridas por apenas um dos cônjuges; ou ainda estabelecer presunções do carácter próprio ou comum de certo tipo de bens, por exemplo, que todos os livros jurídicos serão havidos como próprios do cônjuge que exerce uma profissão jurídica).*

2. Cláusulas sobre a liquidação e partilha do património comum: *É lícito prever a adjudicação preferencial de certos bens a um dos cônjuges (por exemplo, dando prioridade a cada um na adjudicação dos bens que entraram para a comunhão pelo seu lado), bem como estabelecer que certos bens serão incluídos na meação do cônjuge sobrevivo.*

b) Cláusulas de adaptação do regime de separação: *A lei admite expressamente cláusulas de presunção de propriedade dos bens móveis – art. 1736.º (por exemplo, que considerem pertencer ao primeiro titular os valores depositados em contas bancárias conjuntas). Parece mesmo, por outro lado, que o regime de separação compatível com cláusulas de comunhão (por exemplo, que serão comuns a casa de morada, ou os rendimentos de determinado estabelecimento próprio, ou os valores depositados em certa conta bancária), não apenas com cláusulas que prevejam a compropriedade de certos bens.*

(Rita Lobo Xavier, *Limites à autonomia privada na disciplina das relações patrimoniais entre os cônjuges*, Coimbra, Almedina, 2000, pp. 510-516-529-543)

NOTAS

Tese de doutoramento da Faculdade de Direito de Coimbra, de muito proveitosa leitura, embora sirva uma visão pouco progressiva do direito. Condena, é certo, o princípio da imutabilidade dos regimes, *de jure condendo*, mas isso nota-se pouco no contexto de uma obra que se afadiga a justificar esse mesmo princípio, no plano do direito constituído, extensa e nem sempre razoavelmente. Sem questionar, que se visse, a imutabilidade do ponto de vista das normas e princípios constitucionais. Sem alentar, tão-pouco, na escassa consistência prática do princípio da imutabilidade, atualmente bem fácil de ultrapassar com os processos consensuais de separação de pessoas e bens – seguida de reconciliação – ou mesmo de divórcio, seguido de novo casamento.

Com as soluções apontadas, bem se pode dizer que o legislador deixa entrar pela janela (aliás, pelas janelas) aquilo mesmo que proíbe entrar pela porta...

Nubentes com filhos

O art. 1699.º, n.º 2, do Código Civil aplica-se a quem tenha filhos *ou* outros descendentes sucessíveis, *cuja filiação ou descendência esteja legalmente estabelecida à data.*

O referido preceito não *abrange os nubentes que tenham* os mesmos descendentes, *um e outro, a não ser que todos ou algum(ns) desses descendentes não sejam herdeiros ou sucessíveis do respetivo ascendente.*

Se apenas um dos nubentes *tiver descendentes, o preceito não impede a estipulação da comunicabilidade dos bens (considerados próprios no regime da comunhão de adquiridos) pertencentes ao outro nubente.*

Mesmo tendo descendentes sucessíveis à data do casamento, podem os nubentes convencionar a comunhão geral ou a comunicabilidade dos bens que são próprios na comunhão de adquiridos, contanto que o façam condicionalmente, *sob condição da* posterior inexistência de descendentes sucessíveis.

(Albino Matos, "Interpretação do art. 1699.º, n.º 2, do Código Civil", *Revista do Notariado*, ano I, n.º 3, p. 3)

NOTAS

Se o casamento for celebrado por quem tenha filhos – reza o preceito em questão –, ainda que maiores ou emancipados, não poderá ser convencionado o regime da comunhão geral nem estipulada a comunicabilidade dos bens referidos no n.º 1 do art. 1722.º – ou seja, dos bens imperativamente considerados próprios no regime da comunhão de adquiridos.

Se algum dos nubentes ou ambos tiverem filhos, ainda que sejam um do outro, *funciona, quanto à celebração das escrituras antenupciais, a limitação legal expressa no n.º 2 do artigo 1699.º do Código Civil.*

(Parecer dos Serviços Técnicos da DGRN, *Boletim da DGRN*, ano I, n.º 1, p. 303)

NOTAS

Com surpreendente ligeireza, o parecer arruma a questão em duas linhas, com base tão-só em que a lei não distingue e, por isso, o intérprete também não deve distinguir, havendo de cingir-se à letra do preceito. Não sendo original, a argumentação em causa é todavia ilegal, à face do art. 9.º do Código Civil.

Os Serviços Técnicos – que lamentável seria confundir com o Conselho Técnico da DGRN – não se abonam com a emissão do parecer sumariado, ao qual os notários, evidentemente, não devem obediência.

Contra o parecer, que há notícia de não vir sendo seguido na prática notarial, ver *Revista do Notariado*, ano I, n.º 3, p. 3, e n.º 5, p. 6. A *ratio legis* (proteção dos descendentes dos nubentes) cessa ou perde sentido no caso de os descendentes de um dos nubentes serem os do outro, isto é, no caso de ambos os nubentes terem os mesmos descendentes; e *cessante ratione legis, cessat ejus dispositio.*

O casamento celebrado por quern tenha filhos pode ser celebrado sob o regime da comunhão de adquiridos (incomunicabilidade parcial) ou sob o regime da separação (incomunicabilidade total).

Qualquer que seja a incomunicabilidade por que optem os nubentes naquelas condições, ela será sempre recíproca.

(Francisco Clamote, "Interpretação do n.º 2 do art. 1699.º do Código Civil", *Revista do Notariado*, ano I, n.º 5, p. 6)

NOTAS

O A. rebate a afirmação de que, não obstante o disposto na lei, se um só dos nubentes tiver descendentes, pode ser estipulada a comunicabilidade dos bens considerados próprios na comunhão de adquiridos, pertencentes ao nubente que não tem descendentes (*Revista do Notariado*, ano I, n.º 3, p. 9).

A sua argumentação, salvo o devido respeito, não convence. Na matéria, pensamos, o Código de 1966 está(va) tão longe do Código de Seabra como a reforma de 1977 está do Código de 1966. Quer dizer: na matéria, após a reforma, o Código de 1966 não é o mesmo, mas outro diferente, com outra filosofia. Daí que nos pareça abusivo argumentar com o Código de 1966 que, digamos, na matéria, está morto e enterrado.

Assim, por exemplo, na restrição à liberdade de convenção, não se trata hoje, após a reforma, de proteger o interesse do cônjuge, mas apenas o interesse dos descendentes atuais, dos *existentes.*

A doutrina do A., cremos, vai além do escopo legal, pretendendo proteger o interesse dos descendentes *futuros* e incertos, potenciais, meramente virtuais. Quanto ao cônjuge sem filhos, não seria estranho conferir-lhe uma proteção que o próprio manifesta não desejar, quando pretende a estipulação da comunicabilidade dos seus bens próprios?

I – Inexiste fundamento legal para a proibição prevista no n.º 2 do art. 1699.º do Código Civil, na redação do Decreto--Lei n.º 496/77, de 25 de novembro, se os nubentes, seja em primeiras, seja em segundas núpcias, apenas tiveram filhos comuns;

II – Consequentemente, os nubentes podem convencionar o regime da comunhão geral de bens se apenas tiverem filhos comuns.

(Parecer n.º 55/94, de 1994-11-10, PGR, *DR*, II, 18/4/95, e *BRN*, 2/95, 12)

I – Na celebração do casamento, a restrição ao princípio da liberdade contratual, prevista no n.º 2 do art. 1699.º do Código Civil, apenas vincula o nubente que tenha filhos, ainda que maiores ou emancipados.

II – Em consequência, o nubente que não tenha filhos pode estipular a comunicabilidade dos bens referidos no n.º 1 do art. 1722.º do mesmo diploma.

III – É válida, e deve ser registada no assento de casamento, a escritura de convenção antenupcial em que tenha sido estipulado o disposto no número anterior.

(Parecer de 2004-05-27, do Conselho Técnico da DGRN, relatora Filomena Mocica, *BRN-CT*, 6/04, p. 20)

NOTAS

1. Se o casamento for celebrado por quem tenha filhos, ainda que maiores ou emancipados, não poderá ser convencionado o regime da comunhão geral nem estipulada a comunicabilidade dos bens referidos no n.º 1 do art. 1722.º (art. 1699.º, n.º 2, do Código Civil) – i. e., dos bens imperativamente considerados próprios no regime da comunhão de adquiridos.

2. De acordo com o douto parecer e por citação do mesmo: Albino Matos, "Interpretação do art. 1699.º, n.º 2, do Código Civil", *Revista do Notariado*, ano I, n.º 3, p. 3; Eduardo dos Santos, *Direito da família*, Coimbra, Almedina, 1985, p. 319; Antunes Varela, *Direito da família*, Lisboa, Petrony, 1987, p. 416.

Em contrário: Francisco Clamote, "Interpretação do n.º 2 do art. 1699.º do Código Civil", *Revista do Notariado*, ano I, n.º 5, p. 6.

Nulidade

A solução de nulidade vem fundada principalmente na infração de princípios de interesse e ordem pública, na inadmissibilidade da renúncia a direitos originários, nomeadamente o direito de aquisição.

A liberdade de convenção sofre, entre nós, restrições especiais que muito seriamente a limitam. Basta dizer-se que bom número de cláusulas consagradas na prática notarial estrangeira (ver, para a França, p. ex., Michel de Juglart, *Cours de droit civil – Droit privé notarial*, II, 3.ª ed., Paris, 1980, p. 83) são entre nós impossíveis, por não respeitarem as restrições fixadas pelo art. 1699.º do Código Civil.

O não acatamento dessas restrições determinará a nulidade da cláusula.

O negócio de convenção, porém, mantém-se, a menos que se mostre que não teria sido concluído sem a cláusula viciada (art. 292.º).

A cláusula nula, por outro lado, é suscetível de conversão em estipulação de conteúdo ou tipo diferente, nos termos do art. 293.º: será o caso da cláusula que altere as regras sobre a administração dos bens do casal (atribuindo-a, p. ex., em exclusivo a um dos cônjuges), aproveitável como mandato e, enquanto mandato, revogável *ad nutum*.

Pactos sucessórios: caducidade

1. *A instituição e o legado contratuais em favor de qualquer dos esposados caducam não só nos casos previstos no artigo 1760.º, mas ainda no caso de o donatário falecer antes do doador.*

2. *Se, porém,* a doação por morte for feita por terceiro, *não caduca pelo predecesso do donatário, quando ao doador sobrevivam descendentes legítimos daquele, nascidos do casamento, os quais serão chamados a suceder nos bens doados, em lugar do donatário.*

(Código Civil, art. 1703.º)

NOTAS

Representará a disposição transcrita (n.º 2) uma discriminação dos filhos nascidos fora do casamento, excrescência do Código de 1966 que tenha escapado à atenção do legislador na reforma de 1977? Aparentemente contrário ao disposto na Constituição (art. 36.º, n.º 4), estará o preceito em vigor?

Responde-se: o preceito está em vigor e não contradiz o normativo constitucional, atendendo-se simplesmente à vontade presumida do autor da doação. O terceiro que faz uma doação aos esposados fá-la tendo em vista o casamento, aquele casamento, e, portanto, os descendentes que dele surjam. Natural é, pois, que esses descendentes, e só esses, gozem do direito de representação. Aliás, os próprios descendentes legítimos do donatário, mas derivados de outro casamento, não podem suceder por representação, o que mostra a inexistência, no caso, de discriminação em relação a filhos ilegítimos – *sic*, Oliveira Ascensão, *Direito Civil. Sucessões*, Coimbra Editora, 1981, p. 188.

Regime imperativo

As circunstâncias previstas no n.º 1 do art. 1720.º do Código Civil só atuam, de modo efetivo, como determinantes da ineficácia ou nulidade da convenção outorgada pelos futuros esposos quando concorrem no ato da celebração do casamento.

Os nubentes só podem convencionar contra a disposição imperativa da lei desde que o façam explicitamente sob a forma condicional, *ou seja, sob a condição de, à data da celebração do seu casamento, ter deixado de subsistir a circunstância que coloca o casamento projetado na alçada do disposto no art. 1720.º*

(Despacho, de 1970-11-15, da DGRN, *Boletim da DGRN*, ano I, n.º 1, p. 117)

NOTAS

Após a reforma de 1977, a doutrina sumariada é pertinente ainda no caso da *imperatividade relativa* do art. 1699.º, n.º 2, do Código Civil.

Regime da renúncia à condição de herdeiro

A publicação, em 14 de agosto de 2018, da Lei n.º 48/2018, que veio permitir a celebração de contratos sucessórios renunciativos entre nubentes, a acrescer aos contratos designativos que já eram permitidos, na convenção antenupcial e em exceção do disposto no artigo 2028.º, trouxe à ribalta a questão do estatuto sucessório do cônjuge sobrevivo. No Projeto de Lei 781/XIII, que está na origem da Lei, os proponentes dizem que o regime da sucessão legitimária no direito civil português tem uma configuração que não foi alterada, no essencial, desde a sua introdução no Código Civil de 1966, e que se carateriza pela relativa limitação da disposição que cada pessoa pode fazer da sua própria herança, com o objetivo de assegurar a continuidade dos patrimónios na mesma família consanguínea.

O regime aplicável a esta renúncia consta do novo art. 1707.º-A do Código Civil, do qual resulta, em primeira linha, que os esposados podem condicionar a renúncia à sobrevivência, ou não, de sucessíveis de qualquer classe, ou de outras pessoas, nos termos do art. 1713.º do Código Civil, sem que a condição tenha de ser recíproca.

O propósito de tal regime será evitar que pais que tenham o intuito de voltar a casar e de forma a acautelar a situação sucessória dos filhos que já tenham, uma vez que, ainda que casem no regime da separação de bens, o cônjuge viúvo tem, por imposição legal, uma posição sucessória. Todavia, a existência de filhos de uma anterior relação não é requisito para que os esposados afastem os direitos legitimários viduais: apenas se exige que o regime de bens do casamento, convencional ou imperativo, seja o da separação de bens; que a renúncia seja recíproca; e que tenha lugar em sede de convenção antenupcial [art. 1700.º, n.º 1, al. c), e n.º 3 do Código Civil].

COOPERATIVAS

Caixas de crédito agrícola mútuo

O Decreto-Lei n.º 24/91, de 11 de janeiro, define o regime jurídico do crédito agrícola mútuo e das cooperativas de crédito agrícola, de que destacamos:

Artigo 1.º – *Natureza o objeto*

As caixas de crédito agrícola mútuo são instituições de crédito, sob a forma cooperativa, cujo objeto é o exercício de funções de crédito agrícola em favor dos seus associados, bem como a prática dos demais atos inerentes à atividade bancária, nos termos do presente diploma.

Artigo 2.º – *Direito subsidiário*

Em tudo o que não estiver previsto no presente diploma, as caixas agrícolas regem-se, consoante a matéria, pelo Regime Geral das Instituições de Crédito e Sociedades Financeiras e outras normas que disciplinam as instituições de crédito e pelo Código Cooperativo e demais legislação aplicável às cooperativas em geral.

Artigo 3.º – *Forma de constituição*

As caixas agrícolas constituem-se sob a forma de cooperativas de responsabilidade limitada e a sua constituição deve ser reduzida a escrito, salvo se forma mais solene for exigida para a transmissão dos bens que representem o seu capital social inicial.

Artigo 4.º – *Autorização prévia*

1 – A constituição e o funcionamento das caixas agrícolas dependem da autorização prévia do Banco de Portugal, precedida de parecer da Caixa Central de Crédito Agrícola Mútuo (Caixa Central) e da Federação Nacional das Caixas de Crédito Agrícola Mútuo (Federação Nacional).

2 – Para além do disposto no Regime Geral das Instituições de Crédito e Sociedades Financeiras em matéria de alterações estatutárias, está também sujeita a autorização prévia do Banco de Portugal, nos termos do número anterior, a alteração dos estatutos das caixas agrícolas relativamente à sua área de ação.

[...]

Artigo 14.º – *Capital social*

O capital social das caixas agrícolas é variável, não podendo ser inferior a um mínimo fixado por portaria do Ministro das Finanças.

Artigo 15.º – *Subscrição de capital*

Sem prejuízo de os estatutos poderem prever importância superior, o montante mínimo de capital que cada novo associado deve subscrever e realizar integralmente na data de admissão é de € 500.

Artigo 16.º – *Aumento de capital social*

1 – O capital social das caixas agrícolas pode ser aumentado com a admissão de associados, com o aumento da participação de um associado, por sua iniciativa, e, quando a assembleia geral o delibere, mediante novas entradas em dinheiro ou mediante incorporação de reservas disponíveis para o efeito.

2 – A aceitação da proposta de aumento da participação de um associado compete ao órgão da caixa agrícola ao qual caiba, consoante o disposto nos estatutos, a aceitação da admissão de novos associados.

3 – O valor de subscrição dos títulos de capital nos casos de admissão de novos associados e de aumento de participação de um associado será fixado pelo órgão competente nos termos do número anterior, com base em critérios de apuramento previstos nos estatutos.

4 – A assembleia geral que deliberar um aumento de capital social fixará o valor de subscrição dos títulos de capital.

5 – Os títulos de capital que forem emitidos em representação do capital social resultante da incorporação de reservas poderão ser atribuídos apenas à caixa agrícola ou a esta e aos associados proporcionalmente ao capital detido antes da incorporação.

[...]

Artigo 18.º – *Número mínimo de associados*

Nenhuma caixa agrícola se pode constituir com menos de 50 associados, não podendo manter-se em funcionamento com número inferior por período superior a seis meses, sob pena de dissolução.

[...]

Artigo 44.º – *Reservas*

1 – Sem prejuízo de outras que forem previstas nos estatutos ou que a assembleia geral deliberar criar, as caixas agrícolas constituirão obrigatoriamente as seguintes reservas:

a) Reserva legal destinada a cobrir eventuais perdas;

b) Reserva especial, para reforço da situação líquida, no caso de caixas agrícolas que tenham sido objeto de procedimentos de recuperação ou saneamento;

c) Reserva para cobrir despesas com a educação e formação cultural e técnica dos associados;

d) Reserva para mutualismo, destinada a custear ações de entreajuda e auxílio mútuo de que careçam os associados ou os empregados das caixas agrícolas.

2 – Dos excedentes anuais líquidos serão afetados:

a) 20%, no mínimo, à reserva legal, até que esta atinja montante igual ao capital social;

b) 20%, no mínimo, à reserva especial, até que esta atinja montante igual aos benefícios auferidos com os procedimentos de recuperação ou saneamento;

c) 5%, no máximo, às reservas para formação e educação cooperativa e para mutualismo, de acordo com o que for decidido pela assembleia geral, sob proposta do órgão de administração.

3 – No caso de exoneração ou exclusão, a caixa agrícola associada da Caixa Central deverá reembolsar esta ou o Fundo de Garantia do Crédito Agrícola Mútuo ou ambos, se for o caso, na data em que se verificar a eficácia da exoneração ou exclusão, do montante dos benefícios auferidos com os procedimentos de recuperação ou saneamento.

4 – A reserva legal pode ainda ser utilizada para incorporação no capital social, devendo os títulos de capital que forem emitidos em representação do aumento ser atribuídos exclusivamente à caixa agrícola.

[...]

Artigo 67.º – *Conteúdo obrigatório dos estatutos das caixas agrícolas*

Para além das demais menções obrigatórias, os estatutos das caixas agrícolas associadas da Caixa Central deverão prever:

a) A responsabilidade dos associados limitada ao capital social por eles subscrito;

b) O capital social mínimo obrigatório;

c) A declaração expressa de adesão à Caixa Central;

d) O reconhecimento e aceitação da competência da Caixa Central em matéria de orientação, fiscalização e poderes de intervenção e do regime relativo à exoneração e exclusão das caixas agrícolas suas associadas;

e) A aceitação do regime de responsabilidade previsto nos artigos 78.º a 80.º.

NOTAS

O diploma a que se refere o art. 14.º do Decreto-Lei é a Portaria n.º 95/94, de 9 de fevereiro, alterada pela Portaria n.º 362/2015, de 15 de outubro.

Código Cooperativo

A Lei n.º 119/2015, de 31 de agosto, aprovou o Código Cooperativo em vigor, de que destacamos:

Artigo 1.º – *Aprovação e âmbito*

A presente lei aprova o Código Cooperativo e aplica-se às cooperativas de todos os graus e às organizações afins, cuja legislação especial para ele expressamente remeta.

[...]

Artigo 10.º – *Forma de constituição*

A constituição das cooperativas deve ser reduzida a escrito, salvo se forma mais solene for exigida para a transmissão dos bens que representem o capital social com que os cooperadores entram para a cooperativa.

[...]

Artigo 119.º – *Aplicação do Código Cooperativo às cooperativas existentes*

1 – As cláusulas estatutárias que regem as cooperativas constituídas ao abrigo da legislação anterior à entrada em vigor das alterações ao Código Cooperativo e que tenham deixado por elas de vigorar consideram-se automaticamente substituídas pelas novas disposições do Código Cooperativo aplicáveis, sem prejuízo das alterações que vierem a ser deliberadas pelos membros.

2 – As denominações em vigor dos órgãos sociais cooperativos não necessitam obrigatoriamente de ser alteradas para efeitos do presente Código

[...]

Artigo 122.º – *Revogação e entrada em vigor*

1 – É revogado o Código Cooperativo, aprovado pela Lei n.º 51/96, de 7 de setembro, alterada pelos Decretos-Leis n.ºs 343/98, de 6 de novembro, 131/99, de 21 de abril, 108/2001, de 6 de abril, 204/2004, de 19 de agosto, 76-A/2006, de 29 de março e 282/2009, de 7 de outubro; bem como toda a legislação vigente que contrarie o disposto na presente lei.

2 – A presente lei entra em vigor no trigésimo dia após a sua publicação.

Cooperativas agrícolas

O Decreto-Lei n.º 355/99, de 20 de agosto, estabelece o regime jurídico aplicável às cooperativas agrícolas, alterado pelo Decreto-Lei n.º 23/2001, de 30 de janeiro, de que destacamos:

Artigo 2.º – *Objeto*

São cooperativas agrícolas as que tenham por objeto principal, designadamente:

a) A produção agrícola, agropecuária e florestal;

b) A recolha, a concentração, a transformação, a conservação, a armazenagem e o escoamento de bens e produtos provenientes das explorações dos seus membros;

c) A produção, a aquisição, a preparação e o acondicionamento de fatores de produção e de produtos e a aquisição de animais destinados às explorações dos seus membros ou à sua própria atividade;

d) A instalação e a prestação de serviços às explorações dos seus membros, nomeadamente de índole organizativa, técnica, tecnológica, económica, financeira, comercial, administrativa e associativa;

e) A gestão e a utilização da água de rega, a administração, a exploração e a conservação das respetivas obras e equipamentos de rega, que a lei preveja poderem ser administradas ou geridas por cooperativas.

Artigo 3.º – *Instrumentos*

Para a realização dos seus fins, podem as cooperativas agrícolas, nomeadamente:

a) Adquirir a propriedade ou outros direitos que assegurem o uso e a fruição de prédios destinados à exploração agrícola, à instalação de unidades fabris, à armazenagem, à conservação ou a atividades auxiliares ou complementares;

b) Utilizar e permitir a utilização, no todo ou em parte, dos edifícios, das instalações, dos equipamentos ou dos serviços, de ou por outras cooperativas, em espírito de entreajuda e complemento de meios e operações;

c) Ajustar com quaisquer pessoas jurídicas, singulares ou coletivas, contratos, acordos ou convenções;

d) Filiar-se em cooperativas, nomeadamente de grau superior, e caixas de crédito agrícola mútuo e ainda participar em associações e formas societárias, nos termos legais;

e) Contrair empréstimos e realizar outras operações financeiras;

f) Realizar operações com terceiros, mantendo a prioridade para os cooperadores inscritos na cooperativa.

Artigo 4.º – *Desenvolvimento rural*

1 – Em conformidade com os 6.º e 7.º princípios cooperativos, definidos no artigo 3.º do Código Cooperativo, e com vista à inserção das cooperativas agrícolas no desenvolvimento das comunidades rurais e à intercooperação com estruturas locais, regionais, nacionais e internacionais, as cooperativas agrícolas podem ainda realizar outras atividades complementares ou conexas.

2 – Como atividades complementares ou conexas das atividades agrícolas, definidas no artigo 2.º, podem as cooperativas agrícolas realizar atividades de apoio às explorações agrícolas, ao desenvolvimento de produtos de qualidade, ao desenvolvimento sustentável das florestas, ao desenvolvimento tecnológico e experimentação agroflorestal, ao desenvolvimento de serviços agrorrurais, à requalificação ambiental e à valorização do ambiente e do património rural e à promoção de ações e projetos integrados de desenvolvimento agrícola e rural.

3 – Para a realização das atividades constantes do número anterior, podem as cooperativas agrícolas participar em programas de intercooperação e estabelecer parcerias com organismos públicos ou particulares de economia social, nomeadamente cooperativas, ou com organismos autárquicos, para o que podem criar ou integrar-se em estruturas locais, regio-

nais, nacionais ou internacionais que potenciem ou executem ações de desenvolvimento sustentável das suas comunidades, constantes de políticas aprovadas pelos seus membros.

[...]

Artigo 6.º – *Capital social*

1 – O capital social mínimo de cada cooperativa deve ser definido nos estatutos e não pode ser inferior a 5000 euros.

2 – Os estatutos devem definir o critério para o cálculo da entrada mínima de cada cooperador no capital social, que poderá ser proporcional à sua atividade na cooperativa e terá um valor mínimo de 100 euros.

3 – Nas cooperativas polivalentes o membro é obrigado a subscrever tantas entradas mínimas de capital quantas as secções em que pretenda inscrever-se.

Cooperativas culturais

O Decreto-Lei n.º 313/81, de 19 de novembro, regulamenta as cooperativas culturais, de que destacamos:

Artigo 1.º – *Âmbito*

As cooperativas culturais e suas organizações de grau superior regem-se pelas disposições do presente diploma e, nas suas omissões, pelas do Código Cooperativo.

Artigo 2.º – *Noção*

1 – São cooperativas culturais as que tenham por objeto principal o exercício de uma atividade no âmbito de áreas de ação cultural.

2 – Consideram-se áreas de ação cultural, entre outras, a criatividade, a difusão, a informação, a dinamização e a animação.

3 – A utilização da forma cooperativa não isenta da obrigatoriedade da conformidade do exercício da sua atividade com a lei, da obtenção de autorizações e licenças e de outras formalidades exigíveis nos termos legais, devendo as entidades de quem dependem as referidas autorizações e licenças ter em conta a especial natureza e função social das cooperativas.

[...]

Artigo 5.º – *Admissão de membros*

Podem ser membros das cooperativas culturais as pessoas singulares ou coletivas que nelas desenvolvam atividades produtivas.

Artigo 6.º – *Entradas mínimas de capital*

Nas cooperativas culturais as entradas mínimas de capital não poderão ser inferiores ao equivalente a 3 títulos de capital.

Artigo 7.º – *Operações com terceiros*

Nas cooperativas culturais são consideradas operações com terceiros as realizadas, a título complementar, pelos produtores não admitidos como membros.

Artigo 8.º – *Distribuição de excedentes*

1 – A distribuição de excedentes anuais gerados pelos produtores membros é proporcional ao trabalho de cada membro, segundo critérios definidos nos estatutos e ou regulamentos internos da cooperativa, nos termos do artigo 71.º do Código Cooperativo, deduzindo-se após a sua determinação os levantamentos dos membros recebidos por conta dos mesmos.

2 – Os excedentes anuais gerados por produtores não membros (terceiros) são insuscetíveis de repartição, revertendo integralmente para reservas obrigatórias.

3 – Os excedentes anuais líquidos gerados pelos produtores não membros são proporcionais ao valor da sua produção, como se de membros se tratasse, para efeitos do cálculo dos excedentes anuais.

Cooperativas de artesanato

O Decreto-Lei n.º 303/81, de 12 de novembro, regulamenta as cooperativas de artesanato, de que destacamos:

Artigo 2.º – *Noção*

1 – São cooperativas de artesanato as que tenham por objeto principal a organização do trabalho de artesãos que, em unidades de produção, transformem matérias-primas ou produzam ou reparem bens.

2 – Para o efeito do disposto no número anterior, consideram-se artesãos os que utilizem fundamentalmente a criatividade e a perícia manual no processo produtivo.

3 – A utilização de forma cooperativa não isenta da obrigatoriedade da conformidade do exercício da sua atividade com a lei, da obtenção de autorizações e licenças e de outras formalidades exigíveis nos termos legais, devendo as entidades de quem dependam as referidas autorizações e licenças ter em conta a especial natureza e função social das cooperativas.

Artigo 3.º – *Membros individuais*

1 – Poderão ser membros de uma cooperativa de artesanato de 1.º grau os menores de idade igual ou superior a 14 anos.

2 – O suprimento da incapacidade dos membros referidos no número anterior efetua-se nos termos do artigo 124.º do Código Civil.

Artigo 4.º – *Entradas mínimas de capital*

Nas cooperativas de artesanato as entradas mínimas de capital não poderão ser inferiores ao equivalente a 3 títulos de capital.

Cooperativas de comercialização

O Decreto-Lei n.º 523/99, de 10 de dezembro, estabelece o regime jurídico das cooperativas do ramo da comercialização, de que destacamos:

Artigo 1.º – *Âmbito*

As cooperativas de comercialização e suas organizações de grau superior regem-se pelas disposições do presente diploma e, em tudo o que não estiver especialmente regulado, pelas do Código Cooperativo.

Artigo 2.º – *Noção e objeto*

1 – São cooperativas de comercialização as que tenham por objeto principal:

a) Adquirir, armazenar e fornecer aos membros os bens e serviços necessários à sua atividade;

b) Colocar no mercado os bens produzidos ou transformados pelos membros;

c) Desenvolver simultaneamente as atividades referidas nas alíneas anteriores.

2 – A utilização da forma cooperativa não isenta da obrigatoriedade da conformidade do exercício da atividade com a lei, da obtenção de autorizações e licenças e de outras formalidades exigíveis nos termos legais, devendo as entidades de quem dependam as referidas autorizações e licenças ter em conta a especial natureza e função social das cooperativas.

[...]

Artigo 4.º – *Cooperativas multissetoriais*

1 – Uma cooperativa de comercialização pode assumir a natureza de cooperativa multissetorial desde que, de acordo com os respetivos estatutos, desenvolva atividades próprias de outros ramos do setor cooperativo.

2 – As cooperativas multissetoriais devem funcionar com secções autónomas correspondentes às várias atividades desenvolvidas e sujeitas aos regimes legais específicos.

3 – Os benefícios especificamente concedidos às cooperativas de comercialização não são extensivos às atividades alheias a este ramo.

Artigo 5.º – *Forma de constituição*

A constituição das cooperativas de comercialização deve ser reduzida a escrito, salvo se forma mais solene for exigida para a transmissão dos bens que representem o capital social inicial da cooperativa.

Artigo 6.º – *Membros*

Os membros das cooperativas de comercialização de 1.º grau podem ser pessoas singulares, maiores, ou pessoas coletivas.

[...]

Artigo 8.º – *Entradas mínimas de capital*

Sem prejuízo do disposto no n.º 2 do artigo 18.º do Código Cooperativo, as entradas mínimas de capital a subscrever pelo membro das cooperativas de comercialização não podem ser inferiores a € 100, podendo os estatutos definir um montante superior.

Cooperativas de construção e habitação

O Decreto-Lei n.º 502/99, de 19 de novembro, aprovou o regime jurídico das cooperativas de habitação e construção, de que destacamos:

Artigo 1.º – *Âmbito*

As cooperativas de habitação e construção e as suas organizações de grau superior regem-se pelas disposições do presente diploma e, nas suas omissões, pelo Código Cooperativo.

Artigo 2.º – *Noção*

1 – São cooperativas de habitação e construção as que tenham por objeto principal a promoção, construção ou aquisição de fogos para habitação dos seus membros, bem como a sua manutenção, reparação ou remodelação.

2 – Constitui igualmente objetivo das cooperativas de habitação e construção contribuir para a melhoria da qualidade habitacional dos espaços em que se integram, promovendo o tratamento das áreas envolventes dos empreendimentos por que são responsáveis, incluindo as zonas de lazer, e assegurando a manutenção permanente das boas condições de habitabilidade dos edifícios.

3 – A utilização da forma cooperativa não isenta da obrigação da conformidade do exercício da atividade com a lei e os regulamentos ou da obtenção da autorização e licenças exigíveis nos termos legais e regulamentares, devendo as entidades de quem dependa a concessão dessas autorizações e licenças ter em conta a especial natureza e função social das cooperativas.

Artigo 3.º – *Forma de constituição*

A constituição das cooperativas de habitação e construção deve ser reduzida a escrito, salvo se forma mais solene for exigida para a transmissão dos bens que representem o capital social inicial da cooperativa.

Artigo 4.º – *Cooperativas multissetoriais*

1 – Uma cooperativa de habitação e construção pode assumir a natureza de cooperativa multissetorial desde que, de acordo com os respetivos estatutos, desenvolva atividades próprias de outros ramos do setor cooperativo.
2 – As cooperativas multissetoriais devem funcionar com secções autónomas, correspondentes às várias atividades desenvolvidas e sujeitas aos regimes legais específicos.
3 – Os benefícios especificamente concedidos às cooperativas de habitação e construção não são extensivos às atividades alheias a este ramo.

Artigo 5.º– *Registo*

É isento de emolumentos o registo de aquisição de prédios ou frações autónomas a favor das cooperativas de habitação e construção, no regime de propriedade individual, bem como o registo de constituição da propriedade horizontal, qualquer que seja o regime de propriedade dos fogos.

Artigo 6.º – *Entradas mínimas de capital*

Sem prejuízo do disposto no n.º 2 do artigo 19.º do Código Cooperativo, as entradas de capital a subscrever pelos membros das cooperativas de habitação e construção não podem ser inferiores a € 100, podendo os estatutos definir um montante superior.

Cooperativas de consumo

O Decreto-Lei n.º 522/99, de 10 de dezembro, estabelece o regime jurídico das cooperativas de consumo, de que destacamos:

Artigo 1.º – *Âmbito*

As cooperativas de consumo e as suas organizações de grau superior regem-se pelas disposições do presente diploma e, em tudo o que não estiver especialmente regulado, pelas do Código Cooperativo.

Artigo 2.º – *Noção e objeto*

1 – São cooperativas de consumo as que tenham por objeto principal fornecer aos seus membros e respetivo agregado familiar, nas melhores condições de qualidade e preço, bens ou serviços destinados ao seu consumo ou uso direto.
2 – No exercício da sua atividade as cooperativas de consumo respeitam e promovem a salvaguarda dos direitos do consumidor e do meio ambiente.
3 – A utilização de forma cooperativa não isenta da obrigatoriedade da conformidade do exercício da sua atividade com a lei, da obtenção de autorizações e de outras formalidades exigíveis nos termos legais, devendo as entidades de que dependam as referidas autorizações e licenças ter em conta a especial natureza e função social das cooperativas.

Artigo 3.º – *Cooperativas multissetoriais*

1 – Uma cooperativa de consumo pode assumir a natureza de cooperativa multissetorial desde que, de acordo com os respe-

tivos estatutos, desenvolva atividades próprias de outros ramos do setor cooperativo.

2 – As cooperativas multissetoriais devem funcionar com secções autónomas correspondentes às várias atividades desenvolvidas e sujeitas aos regimes legais específicos.

3 – Os benefícios especificamente concedidos às cooperativas de consumo não são extensivos às atividades alheias a este ramo.

Artigo 4.º – *Membros*

1 – Podem ser membros de uma cooperativa de consumo de 1.º grau pessoas com idade igual ou superior a 14 anos e pessoas coletivas.

2 – O suprimento da incapacidade dos membros que sejam menores de idade efetua-se nos termos do artigo 124.º do Código Civil.

[...]

Artigo 6.º – *Entradas mínimas de capital*

Nas cooperativas de consumo as entradas mínimas de capital a subscrever pelos seus membros individuais não poderão ser inferiores ao equivalente a três títulos de capital, salvo se os estatutos definirem um montante superior.

Cooperativas de ensino

O Decreto-Lei n.º 441-A/82, de 6 de novembro, estabelece as disposições relativas às cooperativas de ensino, de que destacamos:

Artigo 2.º – *Noção*

1 – São cooperativas de ensino as que tenham por objeto principal a manutenção de um estabelecimento de ensino.

2 – A utilização da forma cooperativa não isenta da obrigatoriedade da conformidade do exercício da sua atividade com a lei, da obtenção de autorizações e licenças e de outras formalidades exigíveis nos termos legais, devendo as entidades de quem dependam as referidas autorizações e licenças ter em conta a especial natureza e função social das cooperativas.

Artigo 3.º – *Classificação*

1 – As cooperativas de ensino classificam-se quanto ao objeto e quanto aos cooperadores.

2 – Quanto ao objeto dividem-se em:

a) Cooperativas de educação escolar;

b) Cooperativas de educação especial e integração;

c) Cooperativas de formação técnica ou profissional;

d) Cooperativas de educação permanente;

e) Cooperativas polivalentes.

3 – Quanto aos cooperadores, dividem-se em:

a) Cooperativas de utentes;

b) Cooperativas de prestação de serviços;

c) Cooperativas mistas.

[...]

Artigo 12.º – *Membros*

1 – Nas cooperativas de ensino poderão existir as seguintes categorias de membros:

a) Membros efetivos;

b) Membros beneméritos ou honorários.

2 – a) São membros efetivos os referidos nos artigos 9.º e 10.º deste decreto-lei;

b) São membros beneméritos ou honorários as pessoas que direta ou indireta-

mente promovam ou contribuam para o desenvolvimento da cooperativa.

3 – Os membros beneméritos ou honorários têm direito a participar nas assembleias gerais, sem direito a voto.

[...]

Artigo 16.º – *Forma de constituição*

A constituição das cooperativas de ensino deve ser reduzida a escrito, salvo se forma mais solene for exigida para a transmissão dos bens que representem o capital social inicial da cooperativa.

Artigo 17.º – *Capital social*

1 – O capital social das cooperativas de ensino não pode ser inferior a 50 000$00, exceto as de ensino superior, cujo mínimo será de 1 milhão de escudos.

2 – Aos membros admitidos posteriormente à constituição da cooperativa poderá ser exigida a realização de uma joia, de montante a fixar nos estatutos, nos termos do Código Cooperativo.

Artigo 18.º – *Prerrogativas, isenção e subsídios*

As cooperativas de ensino que funcionem nos termos do Código Cooperativo e se enquadrem nos objetivos do sistema educativo gozam dos apoios previstos no n.º 1 do artigo 8.º e no artigo 9.º do Decreto-Lei n.º 553/80 e beneficiam das isenções fiscais fixadas no artigo 9.º do mesmo diploma, sem prejuízo do disposto no Decreto-Lei n.º 456/80.

Artigo 19.º – *Reserva para integração profissional*

1 – As cooperativas de educação especial e integração criarão obrigatoriamente uma reserva destinada à integração profissional dos educandos.

2 – Reverterão para esta reserva:

a) Um mínimo de 2,5% dos excedentes anuais líquidos;

b) Os subsídios e donativos que forem especialmente destinados às finalidades desta reserva;

c) Uma contribuição especial, cujo montante será fixado pelos estatutos, a cobrar aos cooperadores.

Cooperativas de pesca

O Decreto-Lei n.º 312/81, de 18 de novembro, regulamenta as cooperativas de pesca, de que destacamos:

Artigo 2.º – *Noção*

1 – São cooperativas de pesca as que tenham por objeto principal a exploração dos recursos vivos do mar, designadamente:

a) A captura, a apanha, a cultura, a conservação, a transformação, a carga, o transporte, a descarga e a venda dos produtos de pesca e demais recursos vivos do mar, neste se incluindo o fundo do mar e as áreas sob jurisdição marítima;

b) A extração, o tratamento e a venda do sal marinho.

2 – A utilização da forma cooperativa não isenta da obrigatoriedade da conformidade do exercício da atividade com a lei, da obtenção de autorizações e de licenças e de outras formalidades exigíveis nos termos legais, devendo as entidades de quem dependam as referidas autorizações e licenças ter em conta a especial natureza e função social das cooperativas.

[...]

Artigo 4.º – *Condições de elegibilidade*

Só são elegíveis para os órgãos das cooperativas de pesca, bem como para a mesa da assembleia geral, os membros de maior idade.

Artigo 5.º – *Admissão de trabalhadores*

Poderão ser admitidas como membros das cooperativas de pesca as pessoas que, em regime de contrato de trabalho, desenvolvam há mais de um ano a sua atividade ao serviço de cooperativa, podendo os estatutos prever, neste caso, a sua inelegibilidade para os órgãos sociais.

Artigo 6.º – *Entradas mínimas de capital*

Nas cooperativas de pesca, as entradas mínimas de capital não poderão ser inferiores ao equivalente a três títulos de capital.

Artigo 7.º – *Deliberações da assembleia geral*

1 – Nas cooperativas de pesca, a assembleia geral poderá reunir e deliberar validamente, ainda que não convocada nos termos prescritos no artigo 44.º do Código Cooperativo, se à reunião estiver presente a totalidade dos seus membros.

2 – Não é aplicável o disposto no número anterior às deliberações que importem alteração dos estatutos da cooperativa ou a dissolução desta.

[...]

Artigo 13.º – *Adaptação a outras cooperativas de pesca*

O presente diploma é aplicável, com as devidas adaptações, às cooperativas de pesca que tenham por objeto principal a exploração de recursos vivos de águas não marítimas.

Cooperativas de produção

O Decreto-Lei n.º 309/81, de 16 de novembro, regulamenta as cooperativas de produção operária, de que destacamos:

Artigo 2.º – *Noção*

1 – São cooperativas de produção as que tenham por objeto principal a extração, bem como a produção e a transformação, de bens no setor industrial.

2 – A utilização da forma cooperativa não isenta da obrigatoriedade da conformidade do exercício da sua atividade com a lei, da obtenção de autorizações e licenças e de outras formalidades exigíveis nos termos legais, devendo as entidades de quem dependem as referidas autorizações e licenças ter em conta a especial natureza e função social das cooperativas.

[...]

Artigo 4.º – *Membros individuais*

1 – Poderão ser membros de uma cooperativa de produção de 1.º grau os menores de idade igual ou superior a 14 anos.

2 – O suprimento da incapacidade dos menores referidos no número anterior efetua-se nos termos do artigo 124.º do Código Civil.

Artigo 5.º – *Entradas mínimas de capital*

As entradas mínimas de capital numa cooperativa de produção não poderão ser inferiores ao equivalente a três títulos de capital.

Artigo 6.º – *Operações com terceiros*

Nas cooperativas de produção só são considerados terceiros os produtores não admitidos como membros.

Artigo 7.º – *Contribuição de capital e de trabalho*

1 – A aquisição e a manutenção da qualidade de cooperador dependem obrigatoriamente da sua contribuição para a cooperativa com capital e trabalho, salvo, quanto a este, o caso dos membros que, posteriormente à admissão, se incapacitem para o trabalho por razões de acidente, de doença ou de idade.

2 – A contribuição de capital será prestada nos termos dos artigos 23.º e seguintes do Código Cooperativo, por ela se definindo o limite da responsabilidade dos cooperadores perante a cooperativa e terceiros.

3 – A contribuição de trabalho consiste na prestação, segundo regras definidas pela assembleia geral ou pela direção, da atividade profissional dos cooperadores ao serviço da cooperativa.

4 – Nenhum membro individual ou coletivo poderá, numa cooperativa de produção de 1.º grau, ter capital superior a 10% do total do capital social.

[...]

Artigo 9.º – *Distribuição de excedentes*

1 – A distribuição de excedentes anuais gerados pelos produtores membros é proporcional aos trabalhos de cada membro, segundo critérios definidos nos estatutos e ou regulamentos internos da cooperativa, deduzindo-se após a sua determinação os levantamentos dos membros recebidos por conta dos mesmos.

2 – Os excedentes anuais gerados por produtores não membros (terceiros) são insuscetíveis de repartição, revertendo integralmente para reservas obrigatórias.

3 – Os excedentes anuais líquidos gerados pelos produtores não membros são proporcionais ao valor da sua produção, como se de membros se tratasse, para efeitos do cálculo dos excedentes anuais.

Cooperativas de serviços

O Decreto-Lei n.º 323/81, de 4 de dezembro, regulamenta as cooperativas de prestação de serviços, de que destacamos:

Artigo 2.º – *Noção*

1 – São cooperativas de serviços as que tenham por objeto principal a prestação de serviços, excetuados aqueles que se encontram expressamente abrangidos por legislação aplicável a outro ramo do setor cooperativo.

2 – A prestação de serviços caracteriza-se pelo fornecimento pela cooperativa, aos seus membros ou a terceiros, com ou sem remuneração, de certos resultados de trabalho, intelectual ou manual, através de contrato de prestação de serviços ou de quaisquer outros instrumentos jurídicos que possam servir a mesma finalidade.

3 – A utilização da forma cooperativa não isenta da obrigatoriedade de conformidade do exercício da sua atividade com a lei, da obtenção de autorizações e licenças e de outras formalidades exigíveis nos termos legais, devendo as entidades de quem dependem as referidas autorizações e licenças ter em conta a especial natureza e função social das cooperativas.

Artigo 3.º – *Classificação*

1 – As cooperativas de serviços classificam-se quanto ao objeto e quanto aos membros.

2 – Quanto ao objetivo podem, entre outras, desenvolver atividades nas seguintes áreas:

a) Transportes;

b) Aluguer de máquinas e equipamentos;

c) Assistência técnica;

d) Distribuição;

e) Comunicações;

f) Exploração de estabelecimentos turísticos, hoteleiros e similares;

g) Seguros;

h) Solidariedade social.

3 – Quanto aos membros dividem-se em:

a) Cooperativas de produtores de serviços;

b) Cooperativas de utentes de serviços.

4 – Para efeito do cumprimento do disposto na alínea b) do artigo 15.º do Código Cooperativo, os estatutos das cooperativas de serviços deverão especificar qual a sua natureza quanto aos membros classificados nos termos do número anterior.

Artigo 4.º – *Organizações de grau superior*

As cooperativas que se caracterizem por desenvolver atividades da mesma zona específica, integradas neste ramo do setor cooperativo, poderão constituir uniões e federações nacionais, nos termos previstos no Código Cooperativo.

Artigo 5.º – *Membros individuais*

1 – Poderão ser membros de uma cooperativa de serviços de 1.º grau os menores de idade igual ou superior a 14 anos.

2 – O suprimento de incapacidade dos menores referidos no número anterior efetua-se nos termos do artigo 124.º do Código Civil.

Artigo 6.º – *Operações com terceiros*

1 – Nas cooperativas de produtores de serviços são consideradas operações com terceiros as realizadas a título complementar por produtores não admitidos como membros.

2 – Nas cooperativas de utentes de serviços são considerados operações com terceiros os serviços fornecidos a título complementar aos utentes não admitidos como membros.

Artigo 7.º – *Contribuição de capital e trabalho*

1 – Nas cooperativas de produtores de serviços a aquisição e manutenção da qualidade de membro da cooperativa dependem obrigatoriamente, e para todos os cooperadores, da sua contribuição para a cooperativa com capital e trabalho, salvo, quanto a este, o caso dos membros que posteriormente à admissão se incapacitem para o trabalho por razão de acidente, de doença ou de idade.

2 – A contribuição de capital será prestada nos termos dos artigos 23.º e seguintes do Código Cooperativo, por ela se definindo o limite da responsabilidade dos cooperadores perante a cooperativa e terceiros.

3 – A contribuição de trabalho consiste na prestação, segundo as regras definidas pela assembleia geral ou pela direção, da atividade profissional dos cooperadores.

4 – Nenhum membro individual ou coletivo poderá, numa cooperativa de serviços de 1.º grau, ter capital superior a 10% do total do capital social.

Artigo 8.º – *Admissão de cooperadores*

1 – Nas cooperativas de produtores de serviços a admissão de cooperadores não pode ser recusada senão com fundamento na patente inaptidão do interessado para o desenvolvimento da sua atividade profissional ou na desnecessidade de momento dessa atividade para prosseguimento dos fins da cooperativa.

2 – A admissão não poderá, em caso algum, ser recusada, com qualquer dos fundamentos enunciados no número anterior, às pessoas que, em regime de contrato de trabalho, o prestem há mais de 2 anos ao serviço da cooperativa.

3 – Nas cooperativas de produtores de serviços serão admitidos obrigatoriamente como membros pelo menos três quartos dos trabalhadores que, direta e permanentemente, exerçam atividade profissional remunerada.

Artigo 9.º – *Distribuição de excedentes*

1 – A distribuição de excedentes anuais gerados pelas cooperativas de produtores de serviços far-se-á:

a) Proporcionalmente ao trabalho de cada membro, segundo critérios definidos nos estatutos e ou regulamentos internos da cooperativa, nos termos do artigo 71.º do Código Cooperativo, deduzindo-se, após a sua determinação, os levantamentos dos membros recebidos por conta dos mesmos;

b) Os excedentes anuais líquidos gerados pelos produtores de serviços não membros (terceiros) são insuscetíveis de repartição, revertendo integralmente para reservas obrigatórias;

c) Os excedentes anuais líquidos gerados por produtores de serviços não membros são proporcionais ao valor dos serviços por eles produzidos, como se de membros se tratasse, para efeito de cálculo dos excedentes anuais.

2 – A distribuição dos excedentes anuais gerados pelas cooperativas de utentes de serviços far-se-á:

a) Proporcionalmente ao valor dos serviços consumidos por cada membro, nos termos do artigo 71.º do Código Cooperativo;

b) Os excedentes anuais líquidos gerados pelos utentes de serviços não membros (terceiros) são insuscetíveis de repartição, revertendo integralmente para reservas obrigatórias;

c) Os excedentes anuais líquidos gerados por utentes de serviços não membros são proporcionais ao valor dos serviços por eles consumidos, como se de membros se tratasse, para efeito do cálculo dos excedentes anuais.

Cooperativas de solidariedade social

O Decreto-Lei n.º 7/98, de 15 de janeiro, regulamenta o regime jurídico das cooperativas de solidariedade social, de que destacamos:

Artigo 1.º – *Âmbito*

As cooperativas de solidariedade social e as suas organizações de grau superior regem-se pelas disposições do presente diploma e nas suas omissões pelas do Código Cooperativo.

Artigo 2.º – *Noção*

1 – São cooperativas de solidariedade social as que através da cooperação e entreajuda dos seus membros, em obediência aos princípios cooperativos, visem, sem fins lucrativos, a satisfação das respetivas necessidades sociais e a sua promoção e integração, nomeadamente nos seguintes domínios:

a) Apoio a grupos vulneráveis, em especial a crianças e jovens, pessoas com deficiência e idosos;

b) Apoio a famílias e comunidades socialmente desfavorecidas com vista à melhoria da sua qualidade de vida e inserção socioeconómica;

c) Apoio a cidadãos portugueses residentes no estrangeiro, durante a sua permanência fora do território nacional e após o seu regresso, em situação de carência económica;

d) Desenvolvimento de programas de apoio direcionados para grupos-alvo, designadamente em situações de doença, velhice, deficiência e carências económicas graves;

e) Promoção do acesso à educação, formação e integração profissional de grupos socialmente desfavorecidos.

2 – Além dos enumerados no número anterior, as cooperativas de solidariedade social podem desenvolver outras ações que apresentem uma identidade de objeto com as previstas no número anterior e, nos limites do Código Cooperativo, prestar serviços a terceiros.

3 – A utilização da forma cooperativa não isenta da obtenção de autorização e licenças e de outras formalidades exigíveis nos termos legais, devendo as entidades de quem dependam as referidas autorizações e licenças ter em conta a especial natureza e função social das cooperativas.

[...]

Artigo 6.º – *Conselho geral*

1 – Os estatutos podem prever a constituição de um conselho geral onde estejam reunidos todos os membros honorários e bem assim todos os titulares dos órgãos sociais da cooperativa.

2 – O conselho geral será um órgão consultivo que poderá formular sugestões ou recomendações e terá a competência que lhe for fixada nos termos do regulamento de funcionamento aprovado pela assembleia geral.

3 – Pode ser eleito pelo conselho geral, de entre os membros honorários, um representante junto da cooperativa com direito a assistir às reuniões do conselho fiscal, sendo-lhe facultadas todas as informações a que têm direito os membros desse órgão.

[...]

Artigo 10.º – *Aplicação deste diploma a cooperativas já existentes*

1 – O presente diploma aplica-se às cooperativas de educação especial, nomeadamente às CERCIS – cooperativas de educação e reabilitação das crianças inadaptadas.

2 – As cooperativas referidas no número anterior dispõem do prazo de um ano para efetuarem a adaptação dos seus estatutos ao disposto neste diploma.

3 – Caso não procedam à alteração dos estatutos no prazo indicado não serão consideradas cooperativas de solidariedade social.

Isenções fiscais

O art. 66.º-A do Estatuto dos Benefícios Fiscais (Decreto-Lei n.º 215/89, de 1 de julho, e aditado pelo Decreto-Lei n.º 64-B/2011, de 30 de dezembro) enumera os benefícios fiscais das cooperativas:

Artigo 66.º-A – *Cooperativas*

1 – Estão isentas de IRC, com exceção dos resultados provenientes de operações com terceiros e de atividades alheias aos próprios fins:

a) As cooperativas agrícolas;

b) As cooperativas culturais;

c) As cooperativas de consumo;

d) As cooperativas de habitação e construção;

e) As cooperativas de solidariedade social.

2 – Estão ainda isentas de IRC as cooperativas, dos demais ramos do setor cooperativo, desde que, cumulativamente:

a) 75% das pessoas que nelas aufiram rendimentos do trabalho dependente sejam membros da cooperativa;

b) 75% dos membros da cooperativa nela prestem serviço efetivo.

3 – Nas cooperativas mistas do ramo do ensino não entram para o cômputo previsto na alínea b) do número anterior os alunos e respetivos encarregados de educação.

4 – A isenção prevista no n.º 1 não abrange os rendimentos sujeitos a IRC por retenção na fonte, a qual tem carácter definitivo no caso de a cooperativa não ter outros rendimentos sujeitos a imposto, aplicando-se as taxas que lhe correspondam.

5 – As cooperativas isentas nos termos dos números anteriores podem renunciar à isenção, com efeitos a partir do período de tributação seguinte àquele a que respeita a declaração periódica de rendimentos em que manifestarem essa intenção, aplicando-se então o regime geral de tributação em IRC durante, pelo menos, cinco períodos de tributação.

6 – São isentos de IRC:

a) Os apoios e subsídios financeiros ou de qualquer outra natureza atribuídos pelo Estado, nos termos da lei às cooperativas de primeiro grau, de grau superior ou às régies cooperativas como compensação pelo exercício de funções de interesse e utilidade públicas delegados pelo Estado;

b) Os rendimentos resultantes das quotas pagas pelas cooperativas associadas e cooperativas de grau superior.

7 – As despesas realizadas em aplicação da reserva para educação e formação cooperativas, prevista no artigo 70.º e com observância do disposto no artigo 3.º – 5.º princípio, ambos do Código Cooperativo, podem ser consideradas como gasto para efeitos da determinação do lucro tributável em IRC, no período de tributação em que sejam suportadas, em valor correspondente a 120% do respetivo total.

8 – As cooperativas estão isentas de imposto municipal sobre as transmissões onerosas de imóveis na aquisição de quaisquer direitos sobre imóveis destinados à sede e ao exercício das atividades que constituam o respetivo objeto social.

9 – As cooperativas estão igualmente isentas de imposto municipal sobre imóveis relativamente aos imóveis referidos no número anterior.

10 – Aos prédios urbanos habitacionais, propriedade de cooperativas de habitação e construção ou associações de moradores e por estas cedidas aos seus membros em regime de propriedade coletiva, qualquer que seja a respetiva modalidade desde que destinados à habitação própria e permanente destes, aplicam-se as isenções previstas no artigo 11.º-A do Código do Imposto Municipal sobre Imóveis e no artigo 46.º do presente diploma, nos termos e condições aí estabelecidos.

11 – As isenções previstas no número anterior dependem de requerimento, a apresentar anualmente à Autoridade Tributária e Aduaneira, durante o mês de janeiro, pelas cooperativas de habitação e construção ou as associações de moradores, que identifique os cooperantes ou associados a quem os prédios estavam cedidos em 31 de dezembro do ano anterior.

12 – A usufruição dos benefícios previstos nos n.os 8 e 9 só pode ser revogada, ou a sua medida alterada, por deliberação das assembleias municipais em cuja circunscrição estejam situados os respetivos prédios.

13 – As cooperativas estão isentas de imposto do selo sobre os atos, contratos, documentos, títulos e outros factos, incluindo as transmissões gratuitas de bens, quando este imposto constitua seu encargo.

14 – As isenções e demais benefícios previstos neste artigo aplicam-se às cooperativas de primeiro grau, de grau superior e às régies cooperativas, desde que constituídas, registadas e funcionando nos termos do Código Cooperativo e demais legislação aplicável.

15 – [Revogado pelo art. 227.º da Lei n.º 42/2016, de 28 de dezembro.]

Mútuas de seguros

A Lei n.º 147/2015, de 9 de setembro (alterada pelo Decreto-Lei n.º 84/2020, de 12 de outubro), nos seus arts. 58.º e 59.º, trata das condições de acesso à atividade das mútuas de seguros:

Artigo 58.º – *Forma e regime aplicável*

As mútuas de seguros ou de resseguros revestem a forma de cooperativa de responsabilidade limitada, constituída por documento particular, salvo se forma mais solene for exigida para a transmissão dos bens que representam o seu capital inicial, regendo-se pelo disposto no presente regime e, subsidiariamente, pelo disposto no Código Cooperativo e demais legislação complementar em tudo o que não contrarie o presente regime ou outras disposições específicas da atividade seguradora ou resseguradora.

Artigo 59.º – *Constituição e transformação*

1 – À constituição das mútuas de seguros aplica-se, sem prejuízo do disposto no número seguinte, o previsto no n.º 2 do artigo 50.º, no artigo 51.º, nas alíneas b) a l) do artigo 52.º e nos artigos 53.º a 57.º, com as necessárias adaptações.

2 – Para efeito de constituição de mútuas de seguros, o disposto na alínea c) do n.º 1 do artigo 53.º apenas é obrigatório em relação aos 10 membros fundadores que irão subscrever o maior número de títulos de capital.

3 – As mútuas de seguros ou de resseguros, desde que autorizadas pela ASF, podem transformar-se em sociedades anónimas e ceder ou ser cessionárias em transferências de carteiras nos termos do presente regime.

Régies cooperativas

O Decreto-Lei n.º 31/84, de 21 de janeiro, institui o regime das régies cooperativas, de que destacamos:

Artigo 1.º – Noção

1 – As régies cooperativas, ou cooperativas de interesse público, são pessoas em que, para a prossecução dos seus fins, se associam o Estado ou outras pessoas coletivas de direito público e cooperativas ou utentes dos bens e serviços produzidos ou pessoas coletivas de direito privado, sem fins lucrativos.

2 – Para efeitos do presente diploma, todas as empresas públicas são consi-

deradas pessoas coletivas de direito público.

3 – São, entre outras, indicativas de fins de interesse público as situações em que a prossecução do objeto da cooperativa dependa da utilização, nos termos permitidos pela lei, de bens do domínio público, ou do domínio privado indisponível do Estado, ou se traduza no exercício de uma atividade que a Constituição ou a lei vedem à iniciativa privada.

[...]

Artigo 3.º – *Título de constituição e registo*

1 – A constituição das cooperativas de interesse público deve ser reduzida a escrito, salvo se forma mais solene for exigida para a transmissão dos bens que representem o capital social inicial da cooperativa.

2 – As cooperativas de interesse público constituem-se sob uma das formas previstas no artigo seguinte, dependendo de prévia decisão administrativa de que conste, nomeadamente:

a) A definição do seu objeto e a sua duração, se for constituída por tempo determinado;

b) O capital mínimo;

c) O capital a subscrever pela parte pública, bem como outros meios financeiros e patrimoniais que esta afete à cooperativa e o título desta afetação;

d) As condições de aumento ou alienação do capital da parte pública;

e) As condições de exoneração da parte pública;

f) A criação de outras reservas, para além das previstas nos artigos 69.º e 70.º do Código Cooperativo, que devam ser consideradas obrigatórias;

g) As normas de distribuição dos excedentes e as reversões para reservas obrigatórias.

D

DAÇÃO EM CUMPRIMENTO

Numa escritura de dação em cumprimento, A transmitiu à sua filha B certos imóveis para cumprimento de uma obrigação resultante de um emprés-timo *do montante de 52 contos «que esta lhe emprestou verbal e gratuitamente em vinte de outubro findo».*

O aludido contrato de empréstimo está ferido de nulidade, nos termos dos arts. 1143.º e 220.º do Código Civil.

Tratando-se de uma nulidade absoluta, *nos termos da distinção clássica de nulidades, esse ato «não produz efeitos jurídicos alguns», é «nulo* ipso facto e ipso jure» *desde o princípio, sendo útil a leitura a este propósito do douto acórdão da Relação do Porto de 80-03-20.*

Assim, não podem as partes basear-se num ato que, na verdade, é inexistente [...] para, a partir dele, concretizarem outro negócio jurídico.

(Recomendações dos Serviços de Inspeção da DGRN, 1985, *Boletim da APN*, n.º 131/3)

NOTAS

1. A *nulidade* não pode confundir-se com a *inexistência*; desde logo, porque, constituindo a primeira uma forma de invalidade, é impossível reconduzir a inexistência jurídica à noção de invalidade, já que só um negócio existente pode ser válido ou inválido (Santoro-Passarelli, *Teoria geral do direito civil*, Coimbra, Atlântida, 1967, p. 201; Planiol e Ripert, *Traité etementaire de Droit Civil*, I, Paris, 1946, p. 147).

O negócio inexistente não produz, em princípio, qualquer efeito jurídico (assim, p. ex., art. 1630.º do Código Civil), enquanto o negócio nulo, embora não produza todos os efeitos típicos a que tendia, produz, não obstante, alguns efeitos, pelo menos certos efeitos laterais ou secundários (M. Andrade, *Teoria geral da relação jurídica*, II, Coimbra, Almedina, 1966, p. 415).

A inexistência como categoria autónoma é discutida por certa doutrina (por ex. Galvão Teles, *Dos contratos em geral*, Lisboa, 1962, p. 330), mas a opinião predominante aceita-a: S. Passarelli, M. Andrade, Planiol (obras atrás citadas); E. Betti (*Teoria geral do negócio jurídico*, III, Coimbra Editora, 1970, p. 17); P. Lima (*BMJ*, 89/171); Rui Alarcão ("Invalidade dos negócios jurídicos", *BMJ*, 89/199, *e A confirmação dos negócios anuláveis*, Coimbra, Atlântida, 1971, p. 33), entre outros.

Trata-se, de qualquer forma, de uma categoria indubitavelmente reconhecida pela lei: para além do exemplo clássico em matéria de casamento (Código Civil, art. 1628.º), ver o Código do Registo Predial de 1984 (arts. 14.º e ss.), bem como o Decreto-Lei n.º 280/85, de 22 de julho (art. 5.º).

2. A douta recomendação claudica, pois, ao assimilar o negócio nulo ao negócio inexistente.

Alias, o vício formal sana-se, aparentemente, pela confissão de dívida ínsita na escritura de dação em cumprimento. De todo o modo, a obrigação de restituição da soma recebida resultaria sempre, ou bem da validade do contrato, ou bem da sua invalidade (art. 289.º, n.º 1, do Código Civil): em qualquer dos casos, a sua extinção era viável por dação em cumprimento.

Vale isto por dizer que a dação em cumprimento era legítima, quer se tivesse o negócio de mútuo por válido, quer se o tivesse por nulo.

3. A *dação em cumprimento* representa um meio de extinção das obrigações diverso do cumprimento: em lugar da prestação devida, o devedor realiza uma prestação diferente que extingue imediatamente a obrigação, se o credor der o seu assentimento.

Lei: Código Civil, arts. 837.º-840.º. Trabalhos preparatórios: *BMJ*, 39/25-57 (Vaz Serra, "Dação em função do cumprimento e dação em cumprimento").

Doutrina: Guilherme Moreira, *Das obrigações*, Coimbra Editora, 1925, p. 258; Cunha Gonçalves, *Tratado de direito civil*, IV, Coimbra Editora, n.º 576; Enneccerus e Lehmann, *Derecho de obligaciones*, Barcelona, 1954, § 65 (§ 288); Vaz Serra, "Algumas questões sobre dação em cumprimento", *RLJ*, 99 (1966), p. 81 (início); Antunes Varela, *Das obrigações em geral*, II, Coimbra, Almedina, 1978, p. 134.

Jurisprudência: acórdão do STJ, de 1979-05-15 (*BMJ*, 287/275), sobre dação a um genro em cumprimento de restituição por mútuo verbal, num símile perfeito do exemplo do sumário: anotação conforme na *Rev. Leg. Jur.*, 112/304 (Vaz Serra).

Como corolário do carácter acessório da hipoteca em relação ao direito de crédito, determina o art. 730.º, al. b), do Código Civil que a mesma se extingue "pela extinção da obrigação a que serve de garantia". A dação em cumprimento realizada em execução de processo especial de revitalização não produz os efeitos do artigo 824.º do Código Civil, pelo que o registo respetivo não suscita a aplicação do artigo 101.º, n.º 5, do Código do Registo Predial.

No caso da dação em cumprimento a extinção da obrigação resulta da satisfação do direito do credor mediante "prestação de coisa diversa da que for devida" (art. 837.º do Código Civil).

Sendo o objeto da dação em cumprimento constituído por frações autónomas hipotecadas a favor do credor, mas não resultando do título que a dação tenha tido por fim extinguir a obrigação garantida por essa hipoteca, verifica-se a reunião na mesma pessoa das qualidades de credor e de proprietário das mesmas frações autónomas, prevista no art. 871.º, n.º 4, do Código Civil.

Não determinando a reunião referida no número anterior a automática extinção da hipoteca, não está o credor/proprietário impedido de à mesma renunciar, extinguindo-a nos termos do art. 730.º, al. d), do Código Civil.

Mostrando-se a declaração de renúncia seguida de outra declaração do renunciante (no título da dação em cumprimento celebrado nos termos do n.º 3 desta deliberação), no sentido de "ter justificado interesse na manutenção da hipoteca" e de que "a mesma se manterá em vigor, em toda a sua plenitude, ao abrigo do disposto no artigo 871.º, do Código Civil", deve ser recusado o cancelamento da correspondente inscrição hipotecária, dado que o averbamento de cancelamento não pode, pela sua natureza, ser lavrado provisoriamente, e existe incerteza quanto à extinção da hipoteca.

(Parecer do Conselho Consultivo do IRN, relator Luís Manuel Nunes Martins, homologado em 2012-05-03, disponível em Pº R.P.122/2012.SJC-CT (mj.pt))

I – De acordo com o art. 26.º do Decreto-Lei n.º 73/2009, de 31 de março, o direito de preferência aí previsto – a ser exercido perante qualquer modalidade de alienação ou na dação em cumprimento – pressupõe que o prédio do proprietário preferente e o prédio alienado ou dado em cumprimento estejam integrados na RAN e que os mesmos sejam rústicos ou mistos (na definição do art. 3.º, al. j), do mesmo diploma).

II – Posto que os réus não eram, à data da aquisição do prédio misto pelo autor, proprietários de um terreno confinante com aquele, é de concluir que não estão reunidos os pressupostos referidos em I.

III – Resultando da fatualidade provada que a autora é proprietária de um prédio misto parcialmente inserido na RAN é incontroverso que beneficia do direito de preferência referido em I, tanto mais que, não tendo os réus alegado ou demonstrado a possibilidade de autonomização da parte rústica da parte urbana, tal não pode ser invocado para afastar a qualificação do seu prédio como misto ou para reduzir a preferência à parte urbana daquele.

IV – O facto de o prédio dos réus não se destinar em exclusivo à exploração agrícola é irrelevante, se tivermos em conta que, por intermédio da RAN, se pretendem selecionar solos numa perspetiva dinâmica e abrangente que, sem descurar o seu aproveitamento agrícola – nele se incluindo a exploração florestal –, concilie esse objetivo com outros, como o lazer, a manutenção do ciclo da água, o carbono e a paisagem.

V – O instituto do abuso do direito, bem como os princípios da boa-fé e da lealdade negocial, são meios de que os tribunais devem lançar mão para obtemperar a situações em que alguém, a coberto da invocação duma norma tuteladora dos seus direitos, ou do exercício da ação, o faz de uma maneira que – objetivamente – e atenta a especificidade do caso, conduz a um resultado que viola o sentimento de Justiça, prevalecente na comunidade, que, por isso, repudia tal procedimento, que apenas formalmente respeita o Direito, mas que, em concreto, o atraiçoa.

VI – A invocação de que a autora pretende ocultar da RAN a intenção de realizar novas construções no seu prédio não prefigura qualquer abuso do direito de preferência, sendo certo que não são opostas às finalidades que a RAN prossegue, a preservação da paisagem ou o lazer, e que o revestimento vegetal que a impetrante pretender manter (composto, em parte significativa, por sobreiros, espécie protegida de grande importância nacional) aporta um maior sentido ao emparcelamento que se pretende efetuar.

(Acórdão do STJ, de 2015-02-11, disponível em *Acórdãos do Supremo Tribunal de Justiça* (dgsi.pt))

NOTAS

A al. j) do art. 3.º do Decreto-Lei n.º 73/ /2009, de 31 de março, citada corresponde, atualmente, à al. k).

I – A hipoteca extingue-se pela extinção da obrigação a que serve de garantia, nos termos da alínea a) do artigo 730.º do Código Civil, pelo que a dação em cumprimento pode servir de título para cancelamento da respetiva inscrição hipotecária, caso se comprove que a hipoteca registada garante a obrigação extinta.

II – O documento que contenha deficiências quanto à identificação do prédio não obsta ao cancelamento do registo de hipoteca desde que tais deficiências não levantem dúvidas quanto à identidade do objeto da hipoteca.

(Parecer do Conselho Consultivo do IRN, relatora Blandina Maria da Silva Soares, de 2016-05-19, disponível em 29_CC_2016-RP_36_2016_STJ_CC (mj.pt))

I – Diversamente do que sucede no sistema jurídico alemão, o registo assume, no nosso sistema, "apesar das fragilidades e críticas pertinentes dirigidas ao princípio da consensualidade", uma natureza declarativa.

II – Tal como no caso da dação «pro solvendo», a dação em cumprimento é uma causa extintiva das obrigações além do cumprimento: enquanto, através da primeira – dação em função do cumprimento – o devedor pretende facilitar ao credor a realização do seu direito de crédito, realizando uma prestação diversa da devida, tendente a esse fim, na dação em cumprimento, o devedor tem a intenção de extinguir, mediante a entrega de coisa diversa da prestação da que se tinha obrigado, de forma imediata, a sua obrigação.

III – Mediante este mecanismo de extinção das obrigações, o devedor, tendo obtido o assentimento ou concordância do credor, extingue o crédito que tinha contraído perante este, embora utilizando, ou conferindo, uma prestação diversa da prestação inicialmente convencionada.

IV – Tratando-se de uma convenção, ou acordo, neste caso destinado ao cumprimento de uma obrigação, e necessitando, pour cause, *de uma produção de declarações de vontade recíprocas e consonantes, a dação em cumprimento adquire a estrutura típica de um negócio jurídico bilateral, sujeito à livre autonomia das vontades que nele se expressam.*

V – A aceitação expressa de que através da dação fica cumprida a prestação correspondente à dívida que os dadores tinham contraído perante o banco credor, produziu a extinção da obrigação, empossando, ipso facto, *o credor na titularidade do bem transmitido para a sua esfera jurídico-patrimonial.*

VI – Numa integração sistémica (de direito) da normação de insolvência (arts. 17.º-F, n.º 5, e 202.º, n.º 2, do CIRE) com a de registo predial (art. 101.º, n.º 5, do CRP) e do direito civil (art. 824.º, n.º 2, do Código Civil), o cancelamento de ónus e encargos que recaiam sobre bens que hajam sido dados em cumprimento num plano de revitalização, desde que homologado judicialmente, deve ser oficioso.

(Acórdão do STJ, de 2017-02-22, disponível em *Acórdãos do Supremo Tribunal de Justiça* (dgsi.pt))

DIREITO DE AUTOR

A transmissão e a oneração do direito de autor são atos formais: a transmissão e oneração parciais do direito devem constar de documento escrito autenticado (art. 43.º, n.º 2, do Código do Direito de Autor e dos Direitos Conexos); a transmissão total deve ser reduzida a escritura pública (art. 44.º). A inobservância da forma legalmente exigida determina, como é de regra, a nulidade dos atos.

(Alberto de Sá e Mello, *Manual de Direito de Autor e Direitos Conexos*, 4.ª ed., Coimbra, Almedina, 2020, pp. 181 e 182)

NOTAS

A doutrina aqui presente, refere-se ao disposto nos arts. 43.º e 44.º do Código do Direito de Autor e dos Direitos Conexos – CDADC (Decreto-Lei n.º 63/85, de 14 de março, alterado mais recentemente pela Lei n.º 9/2021, de 29 de janeiro).

Sendo a redação destas normas anterior à entrada em vigor do Decreto-Lei n.º 116/2008, de 4 de julho, pode questionar-se, tendo em conta o disposto no art. 23.º deste diploma, se as transmissões de direitos de autor continuam a exigir intervenção notarial em absoluto, ou se será admitido o recurso ao documento particular autenticado. A verdade é que, em nenhuma norma do Decreto-Lei, o legislador se refere aos direitos de autor. Para além disso, no próprio CDADC encontram-se outras incoerências, apontadas por Alberto de Sá e Mello, como o facto de a lei não exigir forma especial para outros atos que também implicam a alienação de todo o conjunto do direito patrimonial de autor, como quando se atribui a totalidade do direito patrimonial à entidade que encomenda a obra ou para quem essa é criada em execução do contrato (art. 14.º do Código).

[…] A nulidade prevista no n.º 2 do artigo 43.º do Código de Direito de Autor e dos Direitos Conexos (CDADC) – que exige a forma escrita, com reconhecimento notarial das assinaturas, para os contratos de transmissão ou oneração parciais do direito de Autor – contempla apenas a falta de forma escrita e já não a falta do reconhecimento das assinaturas. […].

(Acórdão da Relação de Lisboa, de 1998-03-26)

I – O direito de autor pertence ao criador intelectual da obra, salvo disposição expressa em contrário, sendo certo que a transmissão total e definitiva do conteúdo patrimonial do direito de autor só pode efetuar-se por escritura pública, com a identificação da obra e indicação do preço, sob pena de nulidade – cf. arts. 11.º e 44.º do CDADC.

II – Em conformidade, pertence-lhe o direito exclusivo de fruir e utilizar a sua obra, no todo ou em parte, no que se compreendem, nomeadamente, as faculdades de a divulgar, publicar e explorar economicamente por qualquer forma, direta ou indiretamente, assistindo-lhe, por isso, o direito exclusivo de fazer e autorizar a sua execução pública – cf. arts. 67.º, n.ºs 1 e 2, e 68.º, n.º 2, al. b), do CDADC. […]

(Acórdão do STJ, de 2010-03 09, disponível em *Acórdãos do Supremo Tribunal de Justiça* (dgsi.pt))

DIREITO DE HABITAÇÃO PERIÓDICA

Hipoteca

São nulas as hipotecas de d. h. p. [direito de habitação periódica] *constituídas no âmbito do Decreto-Lei n.º 355/81, de 31 de dezembro, e do Decreto-Lei n.º 275/93, de 5 de agosto; são válidas as hipotecas constituídas no período intermédio que correspondeu ao Decreto-Lei n.º 130/89, de 18 de abril.*

(M. J. Almeida Costa, "A hipoteca do direito real de habitação periódica", *Rev. Leg. Jur.*, 1994, 127/9-14)

NOTAS

1. A hipoteca do direito de habitação periódica, diz-nos o autor, depara com o obstáculo da enumeração taxativa do art. 688.º do Código Civil: a alternativa do *penhor*, que se acolhe à previsão expressa da oneração do direito, depende de se aceitar a possibilidade de se empenharem, como coisas móveis, os próprios certificados prediais que titulam e incorporam esses direitos. A admitir-se tal solução, os referidos certificados devem ser acompanhados do documento complementar agora previsto (arts. 13.º e 14.º do Decreto-Lei n.º 275/93, de 5 de agosto). Os artigos 13.º e 14.º foram alterados pelo Decreto-Lei n.º 37/2011, de 10 de março.

2. A admissibilidade da hipoteca em causa foi proclamada, perante a lei de 1981, por parecer do Conselho Técnico da DGRN, de 1998-01-15 (*Regesta*, 1988/1/24).

3. A última alteração ao Decreto-Lei n.º 275/93, de 5 de agosto, resulta do Decreto-Lei n.º 9/2021, de 29 de janeiro.

Propriedade horizontal

I – O imóvel ou conjunto imobiliário, para os efeitos da aplicação do Decreto-Lei n.º 355/81, de 31 de dezembro, que criou o direito de habitação periódica, não pode pertencer a mais de uma pessoa individual ou coletiva, ainda que já tenha sido submetido ao regime de propriedade horizontal.

II – As duas situações são independentes, podendo o direito de habitação periódica incidir sobre determinadas frações autónomas, sem que isso implique a constituição da propriedade horizontal; para a constituição do direito de habitação periódica, nos casos em que aquela já tenha tido lugar, as frações autónomas não podem pertencer a proprietários diversos.

III – Em aplicação da doutrina constante das precedentes conclusões, na vigência dos direitos de habitação periódica sobre frações autónomas, não pode a propriedade de qualquer destas ser alienada, mas apenas aqueles mesmos direitos ou a propriedade do imóvel ou conjunto imobiliário.

(Parecer do Conselho Técnico da DGRN, *Regesta*, 1983, 65 P)

NOTAS

À luz do regime atual, a doutrina deste parecer continua pertinente, destacando-se, mais precisamente, o art. 4.º do Regime Jurídico da Habitação Periódica (Decreto-Lei n.º 275/93, de 5 de agosto, alterado mais recentemente pelo Decreto-Lei n.º 9/2021, de 29 de janeiro).

Registo predial

I – É nulo, por força do art. 280.º, n.º 1, do Código Civil, o negócio jurídico que tenha por efeito a transmissão da proprie-

dade de imóveis integrados num conjunto imobiliário (empreendimento turístico), do qual fazem parte como parcelas habitacionais (unidades de alojamento), por ser contrário à norma imperativa do art. 5.º, n.º 1, alínea c), do Decreto-Lei n.º 275/93, de 5 de agosto – que consagra o princípio da unicidade na titularidade do empreendimento e a regra da indivisibilidade jurídica deste –, e, como tal, não pode ser submetido a registo se já estiver inscrito o título constitutivo do direito real de habitação periódica (que determina a abertura de uma só descrição dos imóveis abrangidos pelo empreendimento – cf. art. 9.º, n.ºs 1 e 2, do Decreto-Lei n.º 275/93).

II – O registo de ação de execução específica de contrato-promessa de compra e venda que tenha por objeto imóveis que, entretanto, foram abrangidos num conjunto imobiliário (empreendimento turístico) submetido ao regime de habitação periódica não pode ser recusado com fundamento na alínea d) do n.º 1 do art. 69.º do Código do Registo Predial (manifesta nulidade do facto).

III – O que deve ser oposta a este registo de ação (que deverá ser lavrado provisoriamente por natureza e por dúvidas) é a omissão, no articulado, dos factos revelados pelas tábuas que podem influir no julgamento da pretensão deduzida pelo autor, ou levar este a introduzir na instância modificações subjetivas ou alteração ou ampliação do pedido e da causa de pedir que tenham em conta a realidade tabular, ou ainda a (nos termos do art. 8.º do CRP) impugnar os factos inscritos com o pedido simultâneo do cancelamento dos respetivos registos.

(Parecer, de 1997-07-25, do Conselho Técnico da DGRN, relator João Bastos, RP 28/97 DSJ-CT, *BRN-Supl.*, 11/97, p. 11)

I – O regime jurídico da habitação periódica, resultante do regime jurídico constante dos Decretos-Lei n.ºs 275/93, de 5 de agosto, 180/99, de 22 de maio, e 37/2011, de 10 de março, inclui não só os direitos reais de habitação periódica como também os direitos obrigacionais de habitação turística.

II – Enquadra-se no seu âmbito de aplicação a atividade da ré, cujo objeto social é "a emissão e gestão de descontos em estabelecimentos comerciais, hoteleiros e similares, bem como a gestão e exploração de estabelecimentos dessa natureza e organização de férias organizadas".

III – A finalidade da ação inibitória é a de garantir, preventivamente, uma tutela complementar do aderente, proibindo, para o futuro e independentemente da sua inclusão em contratos singulares, o uso de cláusulas contratuais gerais violadoras do princípio da boa-fé ou que ponham em causa o equilíbrio das prestações.

IV – Nos contratos INTERPASS CLUB para venda de alojamento em unidades hoteleiras – em que as cláusulas, na sua quase totalidade, estão consignadas por escrito – são nulas, por afrontamento do princípio da boa-fé e violação do dever de informação, causador de desequilíbrio desproporcionado, aquelas em que "a informação sobre as unidades hoteleiras, seu custo e datas para efetivação de reservas é comunicado anualmente, por email *ou outro meio que aquela considere adequado", sem conter um mínimo de concretização das unidades hoteleiras que serão objeto da oferta do proponente, ou da sua localização.*

(Acórdão do STJ, de 2014-04-10, disponível em *Acórdãos do Supremo Tribunal de Justiça* (dgsi.pt))

DIREITO DE PREFERÊNCIA

O direito legal de preferência faz parte do conteúdo ou estatuto do próprio direito real, constituindo um elemento do conteúdo normativo desse direito.

Decorre do princípio da tipicidade ou numerus clausus *dos direitos reais, acolhido no art. 1306.º, n.º 1, do Código Civil, consubstanciado na proibição da constituição de direitos reais que não caibam nos tipos previstos na lei ou atribuição de conteúdo diferente do que corresponde à formatação legal, estar vedado, no campo desses direitos, o recurso à aplicação da analogia.*

O direito de preferência conferido pelo art. 1535.º, n.º 1, do Código Civil ao proprietário do solo é faculdade privativa de situações em que haja um direito de superfície válida e efetivamente constituído, não aplicável a outros substratos de facto mediante recurso à analogia.

(Acórdão do STJ, de 2011-09-27, disponível em *Acórdãos do Supremo Tribunal de Justiça* (dgsi.pt))

Pessoa coletiva de direito público

I – O direito de superfície, definido no art. 1524.º do Código Civil, pode assumir carácter perpétuo ou temporário, permitindo ao superficiário um aproveitamento integral das utilidades da obra ou plantação.

II – Tal direito convive, no entanto, necessariamente, com o direito de propriedade sobre o terreno, o direito do fundeiro, direito maior, como evidencia o facto de a lei lhe reconhecer, sem reciprocidade, direito de preferência na alienação ou na dação em cumprimento daquele (art. 1535.º do Código Civil), caso em que se consolida a propriedade através da reunião na sua pessoa dos dois direitos, com a consequente extinção do direito de superfície (art. 1536.º, n.º 1, al. d), do Código Civil).

III – A expressa consagração no art. 1534.º do Código Civil da transmissibilidade, por ato entre vivos ou por morte, quer do direito de superfície, quer do direito de propriedade do solo, mostra que o primeiro é, por princípio, passível de ser penhorado e judicialmente vendido no âmbito da ação executiva movida contra o superficiário.

IV – Porém, o direito de superfície administrativa sobre um bem do domínio privado de uma pessoa coletiva pública (no caso, o Município embargante) está sujeito às limitações decorrentes do regime especial a que se mostra submetido (Lei dos Solos, aprovada pelo Decreto-Lei n.º 794/76, de 5 de outubro, em vigor à data da sua constituição – art. 12.º do Código Civil) e ao consignado na escritura pública da sua constituição.

V – Traduzindo-se a penhora na apreensão judicial de bens do executado com vista à sua ulterior venda (art. 824.º do Código Civil), deve entender-se que as coisas ou direitos cuja venda esteja dependente da anuência de outrem (que não o executado ou o exequente) não podem ser objeto de penhora, dado que não tem sentido permitir a prática de um ato preparatório da transmissão do bem ou direito em causa, sem o consentimento de que depende a sua posterior alienação.

VI – Tendo as partes consagrado, na escritura pública de constituição do direito de superfície, outorgada em 1982-08-30, a proibição de venda desse direito sem a autorização do Município (proprietário do solo), não pode a sua transmissão ser concretizada, sem esse consentimento, pela via da venda judicial.

(Acórdão do STJ, de 2018-07-12, disponível em *Acórdãos do Supremo Tribunal de Justiça* (dgsi.pt))

NOTAS

O Decreto-Lei n.º 794/76 foi revogado pela nova Lei de Bases Gerais da Política Pública de Solos, de Ordenamento do Território e de Urbanismo – Lei n.º 31/2014, de 30 de maio.

Propriedade horizontal

I – Não pode considerar-se constituída a propriedade horizontal na escritura constitutiva do direito de construir sobre edifício alheio – devendo por isso o registo daquele facto pedido com base nessa escritura ser recusado por falta de título – quando o alienante e o superficiário, em vez de declararem constituir então, condicionalmente embora, o regime de propriedade horizontal sobre esse edifício (apresentando ou exibindo para tanto documento comprovativo de que as frações autónomas satisfazem os requisitos legais), se limitam a reconhecer que o direito de superfície em causa fica sujeito às limitações impostas por lei à constituição da propriedade horizontal, passando o superficiário a ser condómino das partes do imóvel consideradas comuns.

II – Em tal caso, a propriedade superficiária fica condicionada (conditio juris) *à constituição do regime de propriedade horizontal.*

(Parecer, de 2000-09-26, do Conselho Técnico da DGRN, relator Silva Pereira, *BRN-CT*, 9/2000, p. 34)

NOTAS

Estava em causa, no parecer, a interpretação do disposto no art. 1526.º do Código Civil.

I – Se o proprietário pleno das frações de um prédio em propriedade horizontal alienar as frações, mas reservando para si o direito de construir sobre elas, ele deixa de ser proprietário das frações alienadas, mas passa a ser titular de um direito de superfície sobre elas.

II – Se do registo não constar a constituição deste direito de superfície, o respetivo direito não se impõe a terceiros de boa-fé, porque não registado, mas é suscetível de ser contra eles provado.

III – Feita a prova da sua existência, a posterior alienação da fração, sem qualquer reserva na parte em que aliena a faculdade de construir, constitui alienação de coisa alheia, como tal ineficaz quanto ao superficiário.

(Acórdão do STJ, de 2000-10-04, *Colectânea de Jurisprudência S.*, 8/3/62)

I – A faculdade de construir uma obra em terreno ou em parte de terreno alheio, consignada nos artigos 1524.º e 1525.º do Código Civil, constitui o cerne do direito de superfície.

II – Constituirá um problema de interpretação do negócio jurídico a determinação do sentido e alcance da cláusula inserida no estatuto do condomínio, nos termos da qual a determinada fração autónoma fica afeto o direito de superfície de parcela de terreno de logradouro comum.

III – Tal cláusula comporta, em tese, três sentidos:

1) Atribuição do direito de ampliação do objeto da fração autónoma;

2) Constituição do direito de superfície inserido no estatuto da propriedade horizontal e ao qual se aplicaria o regime da sobre-elevação, com a criação de nova fração autónoma;

3) Constituição de um direito de superfície perfeitamente autónomo e coexistente com o direito de propriedade horizontal.

IV – Não sendo possível com os parcos elementos que constam dos títulos apresentados eleger um dos três sentidos possíveis, haverá que clarificar a natureza jurídica do direito em causa, com intervenção de todos os condóminos.

V – Se a clarificação a que se refere a conclusão anterior for no sentido de que estamos na presença de um direito de superfície autónomo, o facto terá de ser objeto de registo próprio, não bastando a menção do direito no extrato da inscrição de constituição da propriedade horizontal.

(Parecer, de 2002-04-04, do Conselho Técnico da DGRN, relatora Emília Pereira, *BRN-CT*, 4/02, p. 19)

1. Da constituição do regime da propriedade horizontal sobre edifício construído em terreno alheio no exercício de direito de superfície, resulta um afastamento do regime regra constante dos artigos 1420.º e 1421.º, n.º 1, al. a), e n.º 2, al. b), do Código Civil, na medida em que o solo fica excluído do estatuto resultante do regime da propriedade horizontal, quer como objeto do direito de compropriedade das partes comuns, quer como objeto do direito de propriedade exclusivo de cada condómino.

2. Daquela situação jurídica do prédio – traduzida na coexistência do direito de propriedade do solo e dos direitos de propriedade superficiária das frações autónomas –, conjugada com a transmissibilidade desses direitos (art. 1534.º do Código Civil), decorre a existência de uma diversidade de objetos no plano das eventuais futuras relações jurídicas, à qual deverá corresponder uma adequada formulação dos respetivos pedidos de registo, com referência à ficha genérica ou às fichas subordinadas, respetivamente.

3. Adquirida a propriedade do solo pelos condóminos, o registo do facto aquisitivo deve ser efetuado na ficha genérica do prédio, numa única inscrição, nos termos do art. 99.º, n.º 1, al. a), do Código de Registo Predial.

4. Aquela reunião na mesma pessoa do direito de superfície e do direito de propriedade (art. 1536.º, n.º 1, al. d), do Código Civil) constitui causa da extinção daquele direito.

(Parecer do Conselho Consultivo do IRN, relator Luís Manuel Nunes Martins, homologado em 2013-10-31, disponível em CP59-2013_STJ-CC (mj.pt))

Subsuperfície

I – O direito de superfície, como simples faculdade de construir e manter obra em terreno alheio, esta, em princípio, limitado pelo prazo e demais condições fixadas licitamente aquando da sua constituição.

II – Deste modo, o superficiário apenas poderá transmitir o direito que detém, pelo prazo e com as restrições que lhe sejam inerentes.

(Parecer, de 1988-12-20, do Conselho Técnico dos Registos e do Notariado, relator Mouteira Guerreiro, P. 68/88 – R. P. 3, *Revista do Notariado*, 1989/3/415)

NOTAS

A solução impunha-se, no caso da espécie, em face das limitações que concretamente definiam o direito de superfície do alienante, já que, por outro lado, ninguém pode vender mais do que aquilo que tem.

Mas, independentemente de tais limitações, a própria figura da subsuperfície, ou seja, a «superfície de superfície», também chamada «superfície de segundo grau» – é objeto de grandes dúvidas.

No nosso país, como lembra o douto parecer, temos, também pela negativa, Menezes Cordeiro, *Direitos reais*, n.º 323, *in fine*, na *CTF*, 244-6/299, e em sentido favorável, ainda que muito de passagem, Pires de Lima e Antunes Varela, *Código Civil Anotado*, 2.ª ed., vol. III, Coimbra Editora, 1987, anot. do art. 1526.º.

TRANSMISSÃO

Uma vez constituído – com carácter perpétuo ou temporário, por contrato, testamento ou usucapião – o direito de superfície é transmissível por ato entre vivos ou por morte (cf. arts. 1524.º, 1528.º e 1534.º do Código Civil), estando a correspondente aquisição sujeita a registo, de acordo com o disposto no art. 2.º, n.º 1, al. a), do Código de Registo Predial (CRP).

Tendo o atual superficiário inscrito adquirido o seu direito de anterior superficiário por meio de contrato, a (im)possibilidade legal de transmissão do mesmo direito por efeito de contrato de cessão da sua posição contratual, tem que ser apurada no quadro do princípio da liberdade contratual, o qual a própria lei enquadra "dentro dos limites da lei" (cf. art. 405.º do Código Civil), levando sobretudo em conta o disposto no art. 424.º do mesmo Código, que exige que o contrato base seja de prestações recíprocas e que a cessão seja consentida pelo anterior superficiário.

Não consta da lei qualquer limite ao princípio da liberdade contratual (cf. supra "dentro dos limites da lei") no sentido de restringir o âmbito de aplicação da "cessão da posição contratual" aos casos em que o contrato base não tenha tido por efeito a transmissão de um direito real.

O facto do art. 101.º, n.º 1, ter carácter excecional relativamente à regra de que os factos são registados por inscrição, não significa dar por inadmissível a sua interpretação extensiva, nem mesmo, dada a especial natureza deste regime – excecional por referência às inscrições e especial no âmbito dos averbamentos (a epígrafe do art.101.º é, "Averbamentos especiais") –, a sua aplicação analógica.

Ora, o carácter instrumental do contrato de cessão da posição contratual, relativamente ao "ingresso" do sujeito ativo na relação contratual constituída pelo contrato que baseou o registo a favor do cedente, manifesta uma especialidade que torna claramente adequada a feitura do registo da transmissão por averbamento à inscrição em que o direito de superfície se mostre registado a favor do cedente da posição contratual, ainda que a interpretação extensiva ou aplicação analógica, consoante a que for considerada juridicamente mais acertada, se não possam rigorosamente aferir numa concreta alínea do artigo 101.º, n.º 1.

(Parecer do Conselho Consultivo do IRN, relator Luís Manuel Nunes Martins, homologado em 2011-08-04, disponível em RP193-2010 (mj.pt))

USUCAPIÃO

Se na base da implementação de uma obra em solo alheio esteve um ato de per-

missão ou de autorização do respetivo dono, estamos perante um simples aproveitamento da tolerância do titular do direito, que leva a uma situação de detenção ou posse precária, e não de posse efetiva à imagem do direito de superfície.

Não tendo o detentor alegado e provado factos que mostrem que inverteu, entretanto, o título da posse, não se pode concluir que é possuidor e que se constituiu a seu favor um direito de superfície por usucapião.

(Acórdão do STJ, de 2021-01-12, disponível em *Acórdãos do Supremo Tribunal de Justiça* (dgsi.pt))

Usufruto

I – O superficiário, podendo transmitir por ato entre vivos ou por morte o seu direito – artigo 1534.º do Código Civil –, poderá também onerá-lo e, designadamente, sobre ele constituir um usufruto, a extinguir pelo decurso do prazo do direito de superfície – artigos 1539.º e 1541.º do Código Civil – se antes não se extinguir por outra razão – artigos 1443.º e 1476.º do Código Civil.

II – Incidindo o usufruto apenas sobre parte do direito de superfície, por referência a parte da obra, neste caso, a um dos edifícios que integram o conjunto imobiliário construído no exercício do direito de superfície, importará demonstrar que a referida parte reúne a autonomia funcional capaz de assegurar o gozo pleno das utilidades da coisa que, concretamente, lhe estão associadas.

III – A tradução tabular do direito real de usufruto assim constituído não implica a abertura de uma nova descrição, posto não estar em causa um desmembramento físico do objeto material do direito de superfície, e, por isso, o registo de usufruto deve ser efetuado na ficha correspondente ao prédio sobre o qual incide o direito de superfície, explicitando-se, todavia, na inscrição respetiva o conteúdo do direito e, concretamente, a parte da obra considerada.

(Parecer do Conselho Consultivo do IRN, relatora Maria Madalena Rodrigues, homologado em 2008-03-31, disponível em D-RP183-07 (justica.gov.pt))

DIREITO DE SUPERFÍCIE

I – Uma vez que o direito de superfície pode ter por objeto a construção de uma obra tanto sobre como sob o solo, a possibilidade de fazer ou manter plantações e mesmo a faculdade de construir sobre edifício alheio, dever-se-á considerar que se trata de um tipo compreensivo de direito real, maleável, e portanto suscetível de assumir diversos contornos.

II – Não há, assim, qualquer óbice teórico à interpretação ampla do conteúdo deste tipo de direito real, inclusivamente no que toca à fixação de uma volumetria quanto ao seu objeto, sendo também certo que as disposições do Código Civil – no n.º 1 do art. 1525.º quanto à superfície e no art. 1526.º quanto à altura, confirmam a possibilidade legal daquela fixação.

III – O direito de superfície, incluindo nos casos em que respeita a construção no subsolo, é compatível com o simultâneo regime da propriedade horizontal na edificação que o proprietário do solo venha a levantar.

IV – É admissível convencionar como obrigação real – e, por isso, sujeita à possibilidade do estatuto do direito de superfície – que as obras que venham a ser feitas pelo superficiário devem ter determinada estrutura, incluindo a necessária ao suporte das cargas correspondentes ao edifício a construir pelo proprietário do solo.

V – Constituído o direito de superfície – tanto no caso de apenas abranger o subsolo, como este e alguma parte sobre o solo, como só acima do solo – é necessário o consentimento do superficiário para que sobre a obra deste possa ser implantado edifício pelo proprietário do solo.

(Parecer, de 1997-09-26, do Conselho Técnico da DGRN, relator Mouteira Guerreiro, *BRN-Supl.*, 12/97, p. 2)

Deve entender-se que se está em presença de um único e unitário direito de superfície aquele que nas tábuas se acoberte sob uma única inscrição cujos termos o caracterizem como incidindo sobre um conjunto de edifícios devidamente especificados.

Dentro dos limites de conformação consentidos pelo princípio da tipicidade que rege o ramo dos direitos reais (cf. art. 1306.º do Código Civil), está na disponibilidade dos sujeitos da relação jurídico-real complexa por que a atuação daquele direito se desenvolve submetê-la aos ajustamentos que melhor sirvam a satisfação dos respetivos interesses, o que pode manifestar-se na negocial redução objectiva da área de incidência do direito superficiário.

Quando assim aconteça, por isso que não está em causa a extinção do direito de superfície, o qual permanecerá vigente sobre a extensão do seu objeto não atingida pela redução, a forma correta de tabularmente repercutir a vicissitude consistirá na feitura de averbamento, não de cancelamento, ainda que parcial (cf. art. 13.º), mas de mera atualização do registo do direito de superfície, no sentido de nele passar a constar que deixou de abranger esta ou aquela construção (cf. art. 100.º).

Tendo o direito de superfície ingressado na esfera jurídica da sociedade sua titular por conta da realização de entrada no seu capital social, não fica por isso a regularidade de ulterior ato negocial que se traduza, seja na privação total desse direito, seja na simples diminuição do valor que no momento da entrada se lhe atribuíra, dependente de prévia ou concomitante redução do capital social.

(Parecer do Conselho Consultivo do IRN, relator António Manuel Fernandes Lopes, homologado em 2009-09-29)

A escritura pública de transmissão de direito de superfície, que incide sobre a obra superficiária, na qual o titular do direito de superfície temporário, constituído pelo prazo de 50 anos, com início em 1986-12-29, cede o identificado direito de superfície, mas por todo o tempo que mediar entre as zero horas do dia de amanhã e o dia 30 de junho de 2017, viola o princípio do numerus clausus, *considerando o disposto no artigo 1307.º, n.º 2, do Código Civil, pelo que a criação deste direito real estará ferida de nulidade (artigos 1306.º, n.º 1, e 294.º do Código Civil) e o registo assim peticionado será a recusar por força do artigo 69.º, n.º 1, al. d), do Código do Registo Predial, por ser manifesta a nulidade do facto.*

(Parecer do Conselho Consultivo do IRN, relatora Blandina Maria da Silva Soares, homologado em 2016-04-22, disponível em 20_CC_2016-RP-10-2016-STJ-CC (justica.gov.pt))

DIREITO REAL DE HABITAÇÃO DURADOURA (DHD)

O Decreto-Lei n.º 1/2020, de 9 de janeiro, criou o direito real de habitação duradoura, de que destacamos:

Artigo 2.º – *Conceito*

O DHD faculta a uma ou a mais pessoas singulares o gozo de uma habitação alheia como sua residência permanente por um período vitalício, mediante o pagamento ao respetivo proprietário de uma caução pecuniária e de contrapartidas periódicas.

[...]

Artigo 5.º – *Constituição do direito real de habitação duradoura*

1 – O DHD é constituído pelo proprietário de uma habitação a favor de uma ou mais pessoas singulares, que adquirem a qualidade de moradores.

2 – A habitação deve ser entregue pelo proprietário ao morador com um nível de conservação, no mínimo, médio e livre de pessoas, ónus e encargos, incluindo outros direitos ou garantias reais, designadamente a hipoteca.

3 – O contrato é celebrado por escritura pública ou por documento particular no qual as assinaturas das partes são presencialmente reconhecidas.

4 – O DHD está sujeito a inscrição no registo predial, a requerer pelo morador no prazo de 30 dias a contar da data de celebração do contrato.

5 – O contrato de constituição do DHD, além da menção à aplicação do regime do presente decreto-lei, deve conter:

a) O montante da caução prestada e os valores das contrapartidas a que se refere o n.º 1 do artigo 7.º;

b) A declaração do morador a aceitar o estado de conservação da habitação, determinado de acordo com a ficha de avaliação referida no artigo anterior, que consta como documento complementar do contrato;

c) O endereço postal e, se as partes assim o pretenderem, o endereço eletrónico que cada uma delas se compromete a utilizar para efeito de todas as comunicações a realizar no âmbito do DHD, sem prejuízo do disposto no n.º 9.

6 – Após a celebração do contrato, qualquer alteração do endereço de uma das partes deve ser comunicada à contraparte no prazo máximo de 20 dias, sob pena de aquela não poder invocar a falta de receção de comunicações.

7 – No ato de celebração do contrato são pagas pelo morador as quantias relativas à caução e à primeira prestação mensal, esta pelo valor proporcional ao número de dias de vigência do DHD no mês de celebração do contrato, cabendo à entidade que faz o reconhecimento das assinaturas verificar que o montante da caução respeita os limites estabelecidos no n.º 1 do artigo seguinte.

8 – A forma estabelecida no n.º 3 é aplicável ao ato ou ao contrato que determine a aquisição da propriedade pelo morador ou a transferência dos direitos deste para o proprietário, com exceção da resolução.

9 – As comunicações das partes relativas à cessação do contrato, nomeadamente relativas a atos de resolução ou de renúncia, são efetuadas por carta registada com aviso de receção, considerando-se a comunicação recebida com a assina-

tura do aviso pelo seu destinatário ou com a recusa deste em recebê-la.

10 – No caso das comunicações referidas no número anterior, quando não seja conseguida a respetiva entrega em virtude de omissão ou de ato do seu destinatário, é efetuado novo envio da comunicação por carta registada com aviso de receção, considerando-se esta recebida no 15.º dia a contar da data do registo do envio.

DIVISÃO

AUGI

1. A data a partir da qual se inicia a contagem do prazo para promoção obrigatória do registo é, em regra, aquela "em que tiverem sido titulados os factos" (art. 8.º-C, n.º 1, do Código do Registo Predial), a qual, no caso de aquisição por divisão amigável de coisa comum levada a cabo por meio de escritura pública (art. 1413.º do Código Civil), corresponde à data da sua celebração.

2. O mesmo se diga da titulação da aquisição por "divisão por acordo de uso" levada a cabo no âmbito de reconversão urbanística de uma Área Urbana de Génese Ilegal (AUGI), com referência à data da escritura pública outorgada ao abrigo do disposto no art. 38.º, n.º 4, da Lei n.º 91/95, de 2 de setembro. A data da titulação não deixa de ser a da celebração da escritura, só porque, como aconteceu in casu *– em que a reconversão urbanística se refere a uma AUGI formada por vários prédios – essa escritura foi retificada por outra, no sentido de lhe suprir a omissão da menção de proveniência de cada um dos novos prédios, relativamente àqueles.*

(Parecer do Conselho Consultivo do IRN, relator Luís Manuel Nunes Martins, homologado em 2009-07-02, disponível em intraR.P._1_e_2__de_2009.13.pdf (mj.pt))

Conceito

Expresso, em processo de inspeção, o entendimento de que "a divisão pressupõe o fracionamento material do prédio objeto da mesma", no processo Código do Notariado 55/2001 DSJ foi firmado o entendimento de que tal opinião não tem fundamento na lei, sendo certo que, se a coisa não puder dividir-se em substância ou se for essa a vontade dos interessados, os comproprietários podem pôr termo à compropriedade adjudicando a coisa a alguns deles.

(Recomendação da DGRN, 2003, *BRN*, 8/03, p. 15)

NOTAS

A doutrina parece razoável, podendo talvez invocar-se o lugar paralelo de um outro ato divisório, a *partilha*. Se um tal ato mantém a sua própria natureza, a despeito do quinhão de um ou mais partilhantes ser composto em dinheiro, o mesmo tem de aceitar-se quanto à *divisão*.

Loteamento ilegal

I – A Lei n.º 91/95, de 2 de setembro, estabeleceu um regime especial de divisão de coisa comum, aplicável às áreas urbanas de génese ilegal, *como tal se considerando os prédios ou conjunto de prédios indicados nos números 2 e 3 do art. 1.º.*

II – O projeto do acordo de divisão carece de ser previamente aprovado pela assembleia de proprietários ou comproprietários, nos termos do art. 10.º, n.º 2, al. h), na redação da Lei n.º 165/99, de 14 de setembro.

III – O número 1 do art. 9.º da citada Lei n.º 91/95 preceitua que têm assento na assembleia de proprietários ou comproprietários cujo direito esteja inscrito no registo, embora os titulares inscritos sejam preteridos pelos interessados indicados no número 2 desse artigo.

IV – Decorre daqui que o loteador – a que o art. 45.º chama ilegal –, sendo titular inscrito, pode assistir e participar na discussão do assunto indicado na ordem dos trabalhos, pese embora o facto de o número 4 do art. 13.º não lhe conceder direito de voto.

V – As deliberações devem, em princípio, ser publicadas mediante aviso a afixar na sede da junta de freguesia e por anúncio no jornal onde foi publicado o aviso convocatório da assembleia, sempre que nesta não tenham estado presentes ou representadas todas as pessoas que aí podem ter assento – cf. número 5 do art. 12.º na redação da Lei n.º 165/99.

VI – No caso em apreço constata-se que o loteador e comproprietário inscrito não estava presente nem representado na aludida assembleia.

VII – Assim, não se mostra preenchida a exigência imposta pelo art. 12.º, n.º 5, da Lei n.º 91/95 – formalidade indispensável, no caso, para a outorga da escritura.

(Deliberação do Conselho Técnico da DGRN, de 2000-02-27, *BRN-CT*, 9/2000, p. 2)

NOTAS

Remete-se para a legislação indicada, assim como para o voto de vencido do vogal Neto Ferreirinha.

A Lei n.º 91/95 foi alterada mais recentemente pela Lei n.º 70/2015, de 16 julho, e pela Lei n.º 71/2021, de 4 de novembro. Desde a entrada em vigor da Lei n.º 10/2008 que o n.º 5 referido na deliberação corresponde ao n.º 6 do art. 12.º da Lei.

Prédio rústico

I – Não viola as regras sobre fracionamento de prédios rústicos o título que procede a uma divisão de coisa comum através da divisão do prédio em dois para adjudicação de um a cada comproprietário, com áreas inferiores à unidade de cultura, se resultar comprovada a divisão material do prédio por o mesmo ter sido atravessado por um caminho público.

II – A mera certificação de que um prédio é atravessado por um caminho destinado a utilização pelo público não é suficiente para comprovar a quebra de contiguidade prevista no artigo 1376.º do Código Civil.

(Parecer do Conselho Consultivo do IRN, relatora Blandina Maria da Silva Soares, homologado em 2017-10-19, disponível em "Documento particular autenticado, depositado eletronicamente, de divisão de coisa comum – Fracionamento de prédio rústico – Declaração de que o prédio foi atravessado por caminho público – Violação das regras sobre fracionamento de prédios rústicos" (justica.gov.pt))

DOAÇÃO

ACEITAÇÃO

Uma doação pressupõe, como requisitos essenciais, uma proposta de doação, por parte do doador, e a consequente aceitação por parte do donatário.

(Acórdão da Relação de Lisboa, de 1981-02-13, *Colectânea de Jurisprudência*, 6/1/233)

Numa escritura de aceitação de doação de bens imobiliários, cuja doação teve lugar em 1967 e foi aceite só em 1969, deve comprovar-se o valor fiscal dos bens doados ao tempo da aceitação, *para a liquidação do selo do art. 85.º da Tabela. O valor a ter em conta será o maior entre o fiscal e o declarado na doação.*

(Recomendações dos Serviços de Inspeção da DGRN, 1972)

NOTAS

1. A proposta de doação caduca se não for aceite em vida do doador, devendo a aceitação, quanto a bens imóveis, ser formalizada em escritura pública/documento particular autenticado e declarada ao doador (art. 945.º do Código Civil), declaração que pode ser feita por qualquer dos meios admitidos para a declaração negocial (*sic*, P. Lima e A. Varela, *Código Civil Anotado*, II, Coimbra Editora, p. 190).

Admite a lei, como se vê, para as doações, o outorgamento sucessivo, não exigindo a unidade de ato. Para a doutrina notarial, fica a questão de saber se se trata de exceção ou, pelo contrário, de afloramento de um princípio geral.

2. Quanto ao segundo sumário: pressupõe, muito justamente, que o selo da doação é cobrado no ato da aceitação. No entanto, na versão atual do Código do Imposto do Selo (Lei n.º 150/99, de 11 de setembro, mais recentemente alterado pela Lei n.º 12/2022, de 27 de junho), a taxa aplicável às doações de imóveis consta da conjugação dos pontos 1.1. e 1.2. da Tabela Geral.

3. Deve ainda notar-se que a aceitação é averbada no instrumento da proposta de doação (art. 131.º, n.º 1, al. g), do Código do Notariado).

CLÁUSULA DE REVERSÃO

I – Dizendo-se, na doação, que a doadora a faz com transferência, para o donatário, do direito e ação que, até então, tinha à porção doada dos seus bens e que reserva para si o usufruto vitalício da metade, deve concluir-se pela existência de uma doação «inter vivos».

II – A cláusula contratual, inserta na doação e consistente na afirmação de que "o doador reserva para si o usufruto vitalício da doada metade dos seus bens, dos quais para si *estabelece a reversão se, porventura, o donatário lhe não sobreviver com descendência legítima", é uma verdadeira* cláusula de reversão.

III – O art. 1172.º do Código de Seabra só era aplicável às doações de parte alíquota ou da totalidade da herança.

IV – É da essência da reversão estabelecida a favor do doador a sobrevivência deste.

(Acórdão da Relação do Porto, de 1985-05-02, *Colectânea de Jurisprudência*, 10/3/234)

NOTAS

1. A cláusula de reversão encontra-se prevista no art. 960.º do Código Civil e os seus efeitos regulados no art. 961.º.

Só a reversão para o doador constitui a verdadeira e própria reversão (art. 960.º); quando estipulada a favor de terceiro, a figura assume a natureza de substituição fideicomissária: cf. acórdão da Relação do Porto, de 1983-07-05 (*Colectânea de Jurisprudência*, 8/4/220).

2. Sobre o ponto I do sumário, ver também o acórdão da Relação do Porto, 1981-07-16 (*Colectânea de Jurisprudência*, 6/4/187).

I – A reversão de bens doados não tem natureza de condição resolutiva, não estando pois sujeita ao regime desta.

II – A reversão é um fenómeno de pura origem convencional, não prevendo a lei casos de reversão legal.

III – A reversão de bens imóveis está sujeita a registo.

IV – Terceiros, para efeitos de registo, são todos aqueles que, não intervindo nem participando em determinado facto jurídico, têm, relativamente ao seu objeto, direito oposto ou incompatível com o daqueles que no mesmo facto intervieram ou participaram.

(Acórdão da Relação de Coimbra, de 1986-07-22, *Colectânea de Jurisprudência*, 11/4/70, e *Revista do Notariado*, 1987/2/267)

1. Apesar de sistematicamente colocada no âmbito do direito das sucessões e de a terminologia escolhida o não manifestar, a definição legal de «partilha em vida» coloca na doação – «doação entre vivos», por contraposição com a doação «por morte», que a lei só excecionalmente admite (art. 946.º, n.º 1, do Código Civil) por constituir contrato sucessório – o efeito transmissivo dos bens que constituam o seu objeto.

2. A particularidade desta doação entre vivos reside no facto de ser feita a algum ou alguns dos presumidos herdeiros legitimários do doador e de ser prestado o consentimento pelos outros, pagando os donatários, ou obrigando-se a pagar, a estes o valor das partes que proporcionalmente lhes caberiam nos bens doados, refletindo a designação legal ("partilha") a existência desses dois pressupostos.

3. Não existe qualquer disposição legal que proíba que na partilha em vida seja estipulada a reversão prevista no art. 960.º do Código Civil para a doação "comum", nem da sua própria natureza (complexa) resulta qualquer incompatibilidade com esse condicionamento resolutivo, estando assim essa matéria na completa disponibilidade das partes (art. 405.º, n.º 1, do Código Civil

(Parecer do Conselho Técnico do IRN, relator Luís Manuel Nunes Martins, homologado em 2009-12-22, disponível em Pº R.P.135 e 136/2009 SJC-CT – "(Im)possibilidade legal de incluir a cláusula de reversão dos bens doados em contrato de partilha em vida – excesso de quota parte que pertence ao donatário – IMT – falta de prova de pagamento – obstáculo ao registo definitivo de aquisição a seu favor" (justica.gov.pt))

Coisa móvel

I – Um posto emissor de radiodifusão com a respetiva licença, pessoal e intransmissível, e seus elementos materiais ou técnicos, constitui uma universalidade de facto, a qual, porém, cessa logo que cesse a licença de emissão.

II – A simples coisa componente de uma universalidade pode, independentemente do todo, ser objeto de um contrato de doação, e tratando-se de coisa móvel, tal doação é válida, mesmo quando feita apenas verbalmente, desde que tenha havido aceitação do donatário e tenha sido acompanhada de tradição.

(Acórdão do STJ, de 1974-02-15, *BMJ*, 234/224)

NOTAS

A tradição para o donatário, em qualquer momento, da coisa móvel doada, ou do seu título representativo, é havida coma aceitação – art. 945.º, n.º 2, do Código Civil.

A doação de coisas móveis não depende de formalidade alguma externa, quando acompanhada de tradição; se não for acompanhada da tradição, só pode ser feita por escrito – art. 947.º, n.º 2, do mesmo Código.

Nos termos do art. 206.º, ainda do Código Civil, é havida como coisa composta ou universalidade de facto a pluralidade de coisas móveis que, pertencendo à mesma pessoa, têm um destino unitário; as coisas singulares que constituem a universalidade podem ser objeto de relações jurídicas próprias.

Colação

A

I – São contraditórios os termos da doação de prédio com reserva de usufruto, feita simultaneamente por conta da legítima *e* por conta da quota disponível, *isto é, com dispensa de colação.*

II – Por isso, é legal a recusa do Conservador do Registo Predial, não só de inscrever a doação e o usufruto, mas também de registar o ónus de colação.

(Acórdão da Relação de Évora, de 1980-05-22, *Colectânea de Jurisprudência*, 5/3/26)

NOTAS

1. Doutrina óbvia, aceitando-se como bom o relatório do douto acórdão. De acordo com Albino Matos, "sendo a escritura de doação contraditória, a solução estaria em eliminar a contradição por meio de escritura de retificação".

2. A obrigação de colação tem de presumir-se nas doações a herdeiros legitimários: ver art. 2110.º, n.º 1, do Código Civil, *BMJ*, 163/307, e M. Baptista Lopes, *Das doações*, Almedina, 1970, p. 205.

3. Alguns apontamentos em tema de colação:

Legislação: Código do Civil, arts. 2104.º-2118.º.

Doutrina, para além de manuais e obras gerais: A. J. Sousa Pereira, "Para uma tentativa de clarificação da natureza e efeitos do ónus real da colação", *RDES*, ano II (1946), n.º 4, pp. 237-49; A. Marin Monroy, "La colación: Historia e crítica de los problemas de valoración", *Anales A. M. Not.*, tomo IV, Madrid, Reus, 1948, pp. 131-279; F. L. Simões Feria, "Casos de inaplicabilidade da colação de bens", *Revista da Ordem dos Advogados*, 1951/3-4/135-74; A. J. Sousa Pereira, "Nota sobre um dos efeitos do ónus real da colação", *RDES*, ano VII (1954), n.º 2, pp. 105-113; M. Tavarela Lobo, "Temas jurídicos", *RDES*, ano XVI (1969), n.ºs 3-4, pp. 355 e ss.; Jorge Leite, *Algumas notas sobre a colação*, Coimbra, 1972/1977 (dact.); C. P. Corte-Real, "As liberalidades em vida e o fenómeno sucessório: Breves notas em matéria de imputação e colação", *Ciência e Técnica Fiscal*, n.ºs 307-309 (jul.-set. 1984), pp. 393-428.

I – Na colação, a restituição dos bens doados é meramente ideal ou contabilística.

II – A obrigação de colação e a redução da liberalidade são coisas distintas. No que toca à primeira, a colação destina-se à igualação da partilha, no concernente à legítima. No que se refere à segunda, se ponderados os valores da colação, em confronto com os restantes, tudo somado, se concluir que há ofensa da legítima de qualquer herdeiro legitimário, então existe inoficiosidade e é necessário reduzir a liberalidade até ao limite de inexistir tal ofensa.

III – Sem que, no competente processo de inventário, se apure da existência ou inexistência de inoficiosidade, não é possível obter, em ação de reivindicação, a entrega de uma casa doada a filhos do falecido doador e em que este vive com a demandada sua mulher que pretende ser encabeçada no direito de habitação daquela casa.

IV – Há casos em que a redução da liberalidade se faz em espécie.

(Acórdão da Relação de Coimbra, de 1987-11-17, *Colectânea de Jurisprudência*, 12/5/37, e *Revista do Notariado*, 1988/3/448)

I – Em princípio, nada obsta a que os donatários de bens móveis, possuindo realmente esses bens, hajam adquirido, em comum, a propriedade desses mesmos bens, verificados os requisitos legais para que a mera posse se transforme em posse usucapiativa.

II – Verificado in casu *que os donatários exercem essa posse, sobre os bens doados, com* animus sibi habendi, *de forma pacífica, pública e sem oposição, pelo prazo preceituado na lei, passaram a ser proprietários, em comum, desses bens.*

III – Ainda que esses bens doados fizessem parte de herança indivisa, de que os donatários são também herdeiros, não estão obrigados à colação, pois a usucapião extingue os direitos que sejam incompatíveis com a aquisição da propriedade sobre esses bens, operada por aquele modo originário de aquisição do direito de propriedade.

IV – Agravos de decisões que, mesmo a procederem, não influenciariam na decisão da causa, não podem ser providos.

(Acórdão da Relação de Évora, de 1989-12-07, *Colectânea de Jurisprudência*, 14/5/266)

Em obediência ao princípio de que a escritura deve conter todos os elementos indispensáveis à sua compreensão, nas doações de avós a netos deve referir-se, não só o parentesco entre doadores e donatários, mas ainda se estes são ou não presuntivos herdeiros legitimários à data da celebração da escritura.

(Recomendação da DGRN, 2000, *BRN*, 8/2000, p. 15)

NOTAS

Para Albino Matos, "a doutrina recomendada traduz uma boa prática, que deve por isso mesmo ser assumida numa base espontânea, voluntária e de convencimento racional". Só que "enquanto injunção de carácter imperativo, a recomendação é porventura excessiva. À uma, não existe norma, que se saiba, a obrigar à indicação do parentesco. À outra, o recomendado não tem nada a ver com a compreensão do ato. Na falta de indicação específica no texto do instrumento, ou bem que o donatário é à data presuntivo herdeiro legitimário do doador, ou bem que não. Se é, a doação fica sujeita a colação (art. 2105.º do Código Civil). Se não é, a doação não fica sujeita a colação. Tão simples como isto e, já agora, de bem fácil... compreensão".

I – Se os bens doados o foram por conta da legítima, mas na parte eventualmente excedente a essa quota, por conta da quota disponível, tais doações ficam sujeitas às regras gerais da colação do art. 2108.º do Código Civil.

II – Em tal caso, devem ser conferidos, nos termos do art. 2111.º do Código Civil, os respetivos frutos percebidos desde a data da abertura da sucessão até à data da partilha global; mas não os frutos percebidos entre a data da doação e a data da abertura da sucessão, por essas doações serem presuntivamente mera antecipação da quota hereditária.

III – O art. 2109.º, n.º 2, do Código Civil, reporta-se ao valor dos bens doados e não ao valor dos frutos desses bens.

IV – A eventual redução das doações sujeitas a colação constitui um ónus real especial, que se traduz num estado de vinculação dos bens doados para garantia real de uma obrigação futura e eventual, e que por isso se transmite a qualquer posterior adquirente.

V – No caso de transmissão (v.g. por doação) a outrem de bens doados sujeitos a colação, não há transmissão do dever de colação, mas sim transmissão do ónus real de garantia (art. 2118.º do Código Civil): a responsabilidade do segundo donatário é subsidiária da do donatário conferente e admite direito de regresso.

VI – Os bens doados respondem, específica e prioritariamente, pela eventual redução da doação, mesmo que posteriormente venham a ser transmitidos a outrem, gratuita ou onerosamente.

(R. Capelo de Sousa, "Partilha da herança e colação" (parecer), 1999, *Colectânea de Jurisprudência S.*, 9/3/15-20)

1. Falecido o doador, o direito a exigir a colação é livremente renunciável pelos respetivos beneficiários, importando a renúncia à concomitante extinção do ónus a que se refere o art. 2118.º do Código Civil.

2. Quando, porém, a doação, respeitando a bens comuns, seja feita por ambos os cônjuges, a colação far-se-á por metade à morte de cada um deles (Código Civil, art. 2117.º) – a significar que o ónus de colação registado estará nesse caso subordinado a duas distintas sucessões, no quadro das quais podem não ser os mesmos os sujeitos beneficiários (da colação e do ónus), e cuja identidade, aliás, só após o decesso de cada doador em definitivo se determinará.

3. Por consequência, ainda que à colação validamente renunciem todos os seus beneficiários no quadro da sucessão do cônjuge doador que primeiro faleça, uma tal renúncia não prejudicará a sujeição a colação da doação na metade respeitante ao cônjuge doador sobrevivo, pelo que inexistirá título, em tais circunstâncias, para se efetuar o cancelamento do referido ónus.

4. Intervindo porém no ato de renúncia o próprio cônjuge sobrevivo doador a declarar unitariamente com todos os demais legitimários, donatários e não donatários, "renunciar à colação e, consequentemente, autorizar o cancelamento" dos ónus, de uma tal declaração, na parte em que por aquele sujeito é emitida, deverá outrossim retirar-se a expressão da sua vontade, aceite pelos donatários, de dispensar a colação quanto à metade que lhe respeita, pelo que, em tais circunstâncias, já título haverá para aquele cancelamento.

(Parecer do Conselho Técnico do IRN, relator António Manuel Fernandes Lopes, homologado em 2010-01-08, disponível em RP218-09 (mj.pt))

1.ª A realização da colação ou conferência dos bens doados, antes ou depois da abertura da sucessão do autor da liberalidade, só pode ter lugar em ato que conte com a intervenção de todos os legitimários (presumidos ou habilitados), posto que é deles o direito à igualação da partilha que justifica o instituto.

2.ª Em conformidade, não poderá considerar-se a colação realizada, nem o direito dos colegitimários à apontada igualação acautelado, através da doação que do bem a ela sujeito o descendente beneficiado venha a fazer ao ascendente (futuro de cujus*) doador ("retrodoação").*

3.ª Consequentemente, não titulando uma tal ulterior doação a realização da conferência, também não titulará a extinção do "ónus de colação" que impenda sobre os bens doados, devendo por isso recusar-se o cancelamento que com base nela se peticione do registo do encargo.

(Parecer do Conselho Técnico da DGRN, relator António Manuel Fernandes Lopes, homologado em 2011-09-26, disponível em Pº R.P. 26/2011 SJC-CT (mj.pt))

I – Salvaguardado o preceituado nos arts. 2110.º, n.º 2, e 2113.º, n.ºs 1 e 3, ambos do Código Civil, está sujeito a colação tudo quanto o falecido tiver despendido gratuitamente em proveito dos descendentes.

II – Não consubstancia sonegação de bens a ocultação dolosa, por parte do donatário, de doações feitas em vida pelo doador.

(Acórdão do STJ, de 2011-11-23, disponível em *Acórdãos do Supremo Tribunal de Justiça* (dgsi.pt))

B – Necessidade de aceitação da dispensa por parte do donatário

Sempre que o doador haja imposto ao presuntivo herdeiro legitimário a obrigação de colação e mais tarde decida ou resolva dispensá-lo de tal obrigação, não há necessidade de deturpar a genuína declaração de vontade inicialmente prestada, dizendo, falsamente, que ela não traduziu a real vontade do doador e que, por isso mesmo, a retificam *no sentido de a doação passar a ser feita com* dispensa de colação.

Basta e é suficiente, muito mais simples e traduz a realidade autêntica, que o doador, mesmo unilateralmente, *dispense o donatário de tal obrigação, conforme o permite o art. 2113.º do Código Civil.*

(Recomendações dos Serviços de Inspeção da DGRN, 1981, *Registos e Notariado*, ano II, n.º 22).

I – O contrato de doação só pode ser modificado por mútuo consentimento dos contraentes.

II – A lei não admite, genericamente, a declaração unilateral de vontade como fonte da dispensa da colação.

III – Por isso, na dispensa da colação concedida por ato entre vivos, em separado da doação, é necessária a aceitação do donatário.

(Parecer de 1996-07-26, do Conselho Técnico da DGRN, relator Castilho e Cunha, P. 4/96 – Not. 3, *BRN*, 6/97, p. 2)

NOTAS

Não se estranhe a possibilidade de o doador, *unilateralmente*, dispensar o donatário da colação, independentemente da aceitação dessa dispensa pelo donatário, assim se alterando unilateralmente um contrato, uma convenção bilateral. É, afinal, a própria lei a autorizar a dispensa em ato unilateral, em testamento (art. 2113.º, n.º 2, do Código Civil).

Evidentemente, segundo os princípios gerais, no caso inverso – doação com dispensa de colação, mas em que afinal o doador pretende a colação – a alteração só é possível em *ato bilateral*, com mútuo consenso das partes, doador e donatário.

Neto Ferreirinha votou de vencido no parecer de 1996. Albino Matos também não adere à posição desse parecer, considerando que ela contraria a melhor doutrina (R. Capelo de Sousa, *Lições de Direito das Sucessões*, II, Coimbra Editora, 1980-82, p. 270, n.º 1016; Guido Capozzi, *Successioni e donazioni*, II, Milano, Giuffrè, pp. 740 e ss.).

Para Albino Matos, "o douto parecer desvaloriza o significado do art. 2113.º, n.º 2, do Código Civil, e, em vez de trilhar a via do negócio jurídico unilateral ali aberta com suficiente clareza, prefere partir dos conceitos para as soluções, sem cuidar dos valores ou interesses subjacentes.

Dizer-se, de resto, que a dispensa da colação exige a aceitação do donatário não significa que tal aceitação haja de ser contextual ou imediata, podendo, pelo contrário, ter lugar posteriormente, mesmo depois da morte do doador, como sucede na dispensa testamentária (assim: Cunha Gonçalves, *Tratado de Direito Civil*, X, Coimbra Editora, n.º 1602). Tão-pouco se exige uma aceitação expressa, segundo os termos gerais (art. 217.º do Código Civil).

Isto ponderado, temos de concluir quem, na prática, jamais se prescinde da vontade do donatário, seja quando ele recusa a dispensa e se submete à colação no ato da partilha, seja quando ele beneficia da mesma dispensa e portanto a aceita, em qualquer dos casos expressa ou tacitamente.

Donde, na prática, o parecer não vem adiantar nada."

C – Caducidade do ónus de redução

O ónus de eventual redução das doações sujeitas a colação, previsto no artigo 2118.º do Código Civil, fica abrangido pelo regime de extinção de direitos decorrente da venda em execução estatuído no artigo 824.º, n.º 2, também do Código Civil; consequentemente, com a venda, caducará o ónus, cancelando-se oficiosamente o respetivo registo, quando o seu registo seja posterior ao de qualquer direito real de garantia ("arresto, penhora ou garantia", na fórmula legal) cujo titular tenha reclamado o seu crédito (na execução em que se opera a venda); inversamente, subsistirá o ónus, bem como o registo respetivo, quando o seu registo seja anterior ao de qualquer direito real de garantia cujo titular tenha reclamado o seu crédito.

(Parecer do Conselho Consultivo do IRN, relator António Manuel Fernandes Lopes, homologado em 2015-02-27, disponível em 20_2015_CP__93-2014_STJ-CC.pdf (mj.pt))

Cônjuges

A doação de prédio comum do casal, feita apenas por um cônjuge, é ato sujeito a mera anulabilidade, de acordo com o estabelecido no n.º 1 do art. 1687.º do Código Civil.

(Parecer, de 1988-04-28, do Conselho Técnico dos Registos e do Notariado, relator Mouteira Guerreiro, P. 5/88 – R. P. 3, *Revista do Notariado*, 1988/3/471)

NOTAS

Albino de Matos questiona: "Não será realmente absurda, além de pouco coerente com os princípios, a solução do art. 1687.º, quando aplicada à disposição de bens comuns efetuada por um só dos cônjuges?" Imagine-se, *in extremis*, que um dos cônjuges se dirige ao cartório para vender/

doar sozinho todos os bens do património comum do casal e que durante 3 anos impede o outro cônjuge de exercer o seu direito de anulação do negócio? O que fazer quando o decurso do prazo extinguiu já o direito de anulação?

Acrescente-se que o problema, se não é privativo da nossa lei, recebe em outros ordenamentos soluções mais adequadas, quer quanto ao prazo de caducidade, quer ao nível da própria sanção. Assim, por exemplo, no direito comum espanhol, embora se comine em geral a sanção de anulabilidade, já todavia se fere de *nulidade* a disposição a *título gratuito* sobre bens comuns, quando falte o consentimento do outro cônjuge (art. 1322.º); por outro lado, nos casos de anulação, o prazo de quatro anos é contado a partir da dissolução da sociedade conjugal ou do matrimónio – art. 1301.º (cf., a este respeito, Tomás Giménez Duarte, "La organización económica del matrimonio tras la reforma de 13 de mayo de 1981", *Rev. Der. Not.* 113/114/73-122, pp. 108 e ss.; e, anteriormente, F. Escrivà de Romani, "Atos dispositivos realizados en contravención del artículo 1413.º del Código civil", *Anales A. M. Not.*, Tomo XVI, pp. 557-91.)

---

1. A doação entre casados tem como pressuposto (conditio iuris) *a livre revogabilidade, a todo o tempo da vida do doador, sendo a faculdade de revogação irrenunciável (art. 1765.º do Código Civil).*

2. A existência daquele pressuposto e aquele regime de revogabilidade conferem à doação entre casados a natureza de negócio jurídico sujeito a condição resolutiva (legal), o que afasta a aplicação subsidiária (genericamente prevista no art. 1761.º do Código Civil) do regime da revogação de doação entre não casados, por ingratidão, previsto nos artigos 978.º e 979.º do Código Civil, e torna aplicável o regime dos arts. 274.º a 276.º do Código Civil.

3. A sujeição àquele regime legal da doação entre casados é registralmente manifestada pela conjugação da causa da aquisição com a identificação dos respetivos sujeitos como casados um com o outro.

4. Cabe na previsão do n.º 1 do art. 97.º do Código do Registo Predial a extinção da aquisição a favor de terceiro, decorrente do registo de cancelamento da inscrição de aquisição a favor do donatário, efetuado com base na revogação da doação entre casados.

(Parecer do Conselho Técnico do IRN, relator Luís Manuel Nunes Martins, homologado em 2013-01-08, disponível em Pº R.P.70/2012 SJC-CT (mj.pt))

1. As doações entre casados não são admitidas sem reservas, sendo-lhes opostas, no fundo, razões idênticas às que justificam que não seja permitido alterar livremente o regime de bens.

2. Para combater as causas de suspeição destas doações constante matrimónio, está prevista a livre revogabilidade destas: a todo o tempo, sem que seja lícito renunciar a este direito – art. 1765.º, n.º 1, do Código Civil.

3. Este regime não abrange, porém, as doações feitas por um cônjuge ao outro, depois de separados de pessoas e bens, uma vez que, com esta separação, cessam as referidas causas de suspeição destas doações.

4. O art. 1765.º, n.º 1, deve, pois, ser interpretado restritivamente, no sentido de que aí estão previstas apenas as doações entre casados não separados judicialmente de pessoas e bens.

5. Não beneficiando as doações entre cônjuges, separados de pessoas e bens, do regime especial das doações entre casados, não lhes é também aplicável o regime da caducidade, previsto no art. 1766.º, n.º 1, al. c), do Código Civil.

6. De todo o modo, não faria sentido que, nesse caso, a doação caducasse com o divórcio, uma vez que a referida separação já constituía, em pé de igualdade com o divórcio, causa de caducidade da doação entre casados.

7. Por outro lado, tendo em conta que o "benefício" há de ser recebido "em vista do casamento ou em consideração do estado de casado" – "apenas porque a razão dos benefícios era a constância do casamento" – não será a igualmente aplicável a tal doação o regime do art. 1791.º do Código Civil (onde poderiam também caber as doações entre casados).

(Acórdão do STJ, de 2017-09-19, disponível em *Acórdãos do Supremo Tribunal de Justiça* (dgsi.pt))

Doação por morte

1. É proibida a doação por morte, salvo nos casos especialmente previstos na lei.

2. Será, porém, havida como disposição testamentária a doação que houver de produzir os seus efeitos por morte do doador, se tiverem sido observadas as formalidades dos testamentos.

(Código Civil, art. 946.º)

NOTAS

Quais são as formalidades dos testamentos? Escreve-se, a este respeito: «Era impossível que a lei exigisse todas as formalidades comuns ou especiais dos testamentos: só um testamento as poderia reunir. Pensamos que esta exigência se satisfaz desde que a doação tenha sido feita por escritura pública» (Oliveira Ascensão, *Direito Civil. Sucessões*, Coimbra Editora, 1981, p. 102).

Discordamos. Além da celebração por escritura pública, exige-se a intervenção de *duas testemunhas* instrumentárias, dispensáveis, contudo, em caso de urgência e dificuldade que o ato fará menção expressa (art. 67.º do Código do Notariado). Neste sentido, Baptista Lopes (*Das doações*, Almedina, 1970, p. 37) e P. Lima e A. Varela (*Código Civil Anotado*, 2.ª ed., vol. II, Coimbra Editora, 1981, p. 191), para quem irreleva a falta da menção exigida pelo n.º 4 do art. 47.º do mesmo código (nomes completos dos pais dos doadores), por não implicar a nulidade do ato (art. 70.º).

O n.º 1 do art. 946.º do Código Civil proíbe as doações sob condição suspensiva *da pré-morte ou a* termo incerto; *vai, pois, além do campo de aplicação do art. 2028.º do mesmo Código.*

É doação por morte *a cláusula constante de uma escritura notarial com o seguinte teor: «dou a F... 350 000$00, que ela deve receber após a morte dele, doador»; está abrangida na regra do citado n.º 1 do art. 946.º.*

Como doação nula, *por força do n.º 2 do falado art. 946.º, é convertível em* testamento, *se tiverem sido observadas as formalidades dos testamentos; uma dessas formalidades é a intervenção, na parte relativa à doação, de* duas testemunhas.

(Acórdão da Relação de Évora, de 1978-04-06, *Colectânea da Jurisprudência*, 3/2/571)

NOTAS

Confirmado por acórdão do STJ, de 1979-01-11 (*BMJ*, 283/205), traduz, cremos, a boa doutrina.

A doação com reserva de usufruto *para o doador enquanto viver* não *é uma doação «mortis causa», ferida de nulidade. É, antes, uma doação «inter vivos», a que foi aposta uma cláusula modal.*

(Acórdão da Relação do Porto, 1981-07--16, *Colectânea de Jurisprudência*, 6/4/187)

NOTAS

1. Evidentemente, o art. 946.º do Código Civil, que proíbe a doação por morte, não proíbe a doação com reserva de usufruto, aliás expressamente prevista no art. 958.º.

Que alguém, como a ré na ação, possa sustentar o contrário, ou pretender, como o douto acórdão relata, que a reserva consignada na escritura não corresponde tecnicamente à verdadeira reserva feita pela doadora ré – que, evidentemente, outorgou, ouviu ler e explicar a escritura e a assinou – eis o que não pode deixar de se considerar motivo de espanto; redobrado espanto, por sair a ré indemne de qualquer sanção por má-fé.

2. O sumário do acórdão necessita de ser precisado: a *reserva de usufruto não constitui cláusula modal*; a cláusula modal é um encargo com que o doador pode onerar a doação (art. 963.º), como acontecia no caso concreto, cometendo a doadora ao donatário a obrigação de mandar rezar uma missa por mês.

ENCARGO

A obrigação imposta pelo doador ao donatário de lhe dar uma terça parte da fruta, vinho e azeite que os bens doados produzissem anualmente e bem assim certa quantidade de colmeiros, milho e feijão dos respetivos rendimentos não constitui um encargo da doação que deva ser abatido ao valor dos bens doados, mas sim uma reserva a favor do doador de parte do rendimento dos mesmos bens.

(Acórdão do STJ, de 1968-02-06, *BMJ*, 174/190)

I – A doação de um imóvel a uma pessoa, com reserva de rendas vitalícias *a outra, não é doação com cláusula modal.*

II – Trata-se de doação pura, *que produz efeitos independentemente de aceitação, em tudo que aproveita a donatário incapaz.*

(Acórdão da Relação de Lisboa, de 1987-03-05, *Colectânea de Jurisprudência*, 12/2/132, e *Revista do Notariado*, 1988/1/107, confirmado pelo acordo do STJ de 1988-03--03, *BMJ*, 375/375)

NOTAS

Eis alguns elementos de jurisprudência averbados na rubrica da doação com encargos (art. 963.º, do Código Civil).

– Acórdão do STJ de 1968-02-06 (*BMJ*, 174/190):

"A obrigação imposta pelo doador ao donatário de lhe dar uma terça parte da fruta, vinho e azeite que os bens doados produzissem anualmente e bem assim certa quantidade de colmeiros, milho e feijão dos respetivos rendimentos não constitui um encargo da doação que deva ser abatido ao valor dos bens doados, mas sim uma reserva a favor do doador de parte do rendimento dos mesmos bens."

(Também na *Rev. Leg. Jur.*, 102/36, com anotação contrária de Antunes Varela.)

– Acórdão da Relação do Porto, 1970-06-11 (*BMJ*, 199/272):

"Constitui doação modal o contrato pelo qual os pais transferem para o filho a exploração de todas as suas propriedades com o encargo de cuidar deles até ao fim da sua vida."

– Acórdão do Tribunal da Relação de Guimarães, de 2015-09-24:

"O contrato pelo qual uma parte se obriga a prestar a outra serviços, assistência e tratamento médicos, como contrapartida da transferência de um imóvel, deve qualificar-se como contrato inominado sujeito a disciplina ordinária da resolução por incumprimento."

– Acórdão do Tribunal da Relação de Guimarães, de 2011-03-22:

"Enquanto na doação submetida a condição o facto futuro e incerto, a cuja verificação se subordina a eficácia e a resolução do contrato, não constitui objeto de obrigação pela incerteza objetiva da realização do evento previsto como condição, na doação modal o encargo imposto ao donatário representa uma obrigação verdadeira e própria, com a consequência de que a falta do seu cumprimento, quando imputável ao donatário, pode ser causa de resolução da doação se tal resolução estiver prevista na doação."

I – Num contrato de doação em que se impõe ao donatário o encargo de construir uma casa para habitação dos doadores, sem que se lhe tenha fixado prazo, deve a obrigação cumprir-se em tempo razoável, de acordo com o princípio da boa-fé negocial.

II – A mora implica o incumprimento da obrigação se, em apreciação objetiva, é de concluir que o credor perdeu o interesse na prestação.

(Acórdão do Tribunal da Relação do Porto, de 1990-01-09, *Colectânea de Jurisprudência*, 15/1/217)

Numa doação onerada, o doador só tem o direito a ver resolvido o contrato, por incumprimento culposo dos encargos, no caso desse direito lhe ter sido conferido no próprio contrato.

(Acórdão do Tribunal da Relação de Lisboa, de 2016-05-10)

NOTAS

Com a doutrina do segundo aresto, entre outros: Pires de Lima e Antunes, *Código Civil Anotado*, 2.ª ed., vol. II, Coimbra Editora, 1981, anot. art. 966.º; Vaz Serra, *Rev. Leg. Jur.* 112/84; Baptista Lopes, *Das doações*, Coimbra, Almedina, 1970, p. 122.

A solução resulta do art. 966.º do Código Civil.

É doação com encargos, não integrando a constituição de usufruto, nem de renda vitalícia, aquela pela qual o doador de um imóvel estipula que o donatário entregue a terceiro, enquanto este for vivo, o rendimento do imóvel.

(Acórdão da Relação de Lisboa, de 1990-05-15, *Colectânea de Jurisprudência*, 15/3/123)

NOTAS

O presente douto acórdão parece traduzir a boa doutrina, extraindo o corolário de que, sendo a donatária menor, era necessária a autorização do tribunal para a aceitação e, por outro lado, não tendo havido aceitação em vida do doador, caducou a proposta de doação.

Num caso idêntico (e, ao que parece, conexo), mas em sentido contrário, acórdão da Relação de Lisboa, de 1987-03-05 (*Colectânea de Jurisprudência*, 12/2/132).

I – Imposta ao donatário, na escritura de doação, a prestação à doadora de serviços pessoais e domésticos e fornecimento de alimentação e vestuário, além de outros, reservando ela o direito de pedir a resolução com base no não cumprimento dos encargos, se o donatário não pode cumprir por falta de colaboração da doadora, existe, em regra, uma impossibilidade temporária da prestação, que implica, em tal caso, que o donatário não possa ser dela exonerado a título definitivo.

II – Socorrendo-se o donatário de outra pessoa para cumprimento dos encargos, não existe cumprimento por terceiro, mas pelo próprio obrigado, embora por intermédio de um auxiliar ou representante.

(Acórdão da Relação do Porto, de 1991-03-07, *Colectânea de Jurisprudência*, 16/2/237)

I – A resolução da doação por não cumprimento dos encargos não opera ipso jure.

II – Os herdeiros do doador podem exercer o direito de resolução previsto no art. 966.º do Código Civil, mesmo que no contrato esse direito tenha sido conferido expressamente tão-só àquele.

(Acórdão da Relação Lisboa, de 1998-03-26, *Colectânea de Jurisprudência*, 23/2/113)

I – A revogação da doação implica a destruição da relação contratual, podendo ocorrer por vontade do doador dada a ingratidão do donatário; a resolução também consiste na destruição do contrato, fundada num facto posterior à sua celebração por incumprimento de cláusulas modais.

II – Sendo o contrato formal, as cláusulas modais têm de ser expressas no contrato para fundamentarem a resolução.

III – Com fundamento para a revogação por ingratidão por recusa de alimentos, torna-se necessária a obrigação de prestá-los por acordo ou decisão judicial.

IV – Invocada só nas alegações para a Relação a anulabilidade da doação, esta não é cognoscível.

(Acórdão da Relação de Coimbra, de 1998-03-31, *Colectânea de Jurisprudência*, 23/2/38)

I – A cláusula modal é uma cláusula acessória típica dos negócios gratuitos, divergindo o seu regime consoante seja estabelecida em testamento ou doação.

II – A doação modal é uma modalidade de doação que se caracteriza pela imposição ao donatário de uma obrigação ou de um ónus, acessório da liberalidade e que, sem ter a natureza de contraprestação, limita o seu valor.

III – Sendo a doação modal, a aceitação que a lei exige em regra nas doações há de abranger não só a liberalidade como também o próprio encargo que a limita, para que o donatário possa ficar a saber ao que se obriga. E tal só pode acontecer se do contrato constarem os titulares do direito de resolução por incumprimento dos encargos.

IV – Nada constando do contrato de onde se possa retirar que o doador tenha querido atribuir aos seus herdeiros tal direito de resolução, não assiste a estes o direito de pedi-la.

(Acórdão do STJ, de 1999-02-09, *Colectânea de Jurisprudência S.*, 7 /1/94)

NOTAS

Aparentemente, o Supremo decidiu mal, embora a redação da escritura também o não ajudasse muito ("ele, doador, reserva o direito de pedir a resolução da doação, se estes encargos não forem cumpridos").

Ora, à luz do disposto no art. 966.º do Código Civil, devidamente interpretado, parece que a simples previsão do direito de resolução legitima para tal quer o doador, quer os herdeiros.

Como resulta do art. 793.º do código italiano, que inspirou aquela norma: a resolução por incumprimento do encargo, se prevista no título de doação, pode ser pedida pelo doador ou pelos seus herdeiros.

INCAPAZ

Nas doações puras a incapazes a lei presume a aceitação por parte dos seus representantes legais.

(Acórdão da Relação do Porto, de 1993-02-01, *Colectânea de Jurisprudência*, 18/1/219)

NOTAS

1. Ver o art. 951.º, n.º 2, do Código Civil: "as doações puras feitas a tais pessoas [que não têm capacidade para contratar] produzem efeitos independentemente de aceitação em tudo o que aproveite aos donatários".

2. O douto acórdão aproveita, extrapolando-a, a lição de P. Lima e A. Varela, *Código Civil Anotado*, II, anot. art. 951.º: a solução legal é juridicamente anómala, na medida em que permite a celebração dum contrato unilateralmente; tudo se passa como presumindo a lei a aceitação por parte dos representantes legais dos incapazes. (Vale por dizer, em claro, que a lei não presume, é como se presumisse; daí a extrapolação do aresto sumariado...)

E tal lição aproveita-a igualmente Baptista Lopes (*Das doações*, Coimbra, Almedina, 1970, p. 63) com dupla extrapolação, que o sublinhado a seguir denuncia: "não há falta de vontade do donatário, pois a lei presume-a: o contrato celebra-se, portanto, bilateralmente, dum lado a vontade do doador, do outro a vontade presumida do *donatário*".

3. Discordamos desta doutrina, tal como do acórdão. Não faria sentido presumir a vontade do *donatário*, de quem justamente, por definição, não tem vontade (é incapaz). E é pouco apropriado imputar-se à lei a presunção de aceitação por parte do representante legal, quando a mesma lei não abre qualquer possibilidade à manifestação de vontade desse representante, nem considera a sua eventual vontade contrária à aceitação. Isto para além de a própria lei estabelecer *expressis verbis* que a doação produz efeitos (ou seja, existe e vale) *independentemente de aceitação* (i. e., sem aceitação).

O que mostra que a questão é antes de regime (substantivo), não de prova (presunção); e que a lei dispensa a aceitação, contra o que diz o acórdão em passo infeliz.

Em resumo, na hipótese em análise não teremos um contrato, mas sim um *negócio jurídico unilateral*.

INDISPONIBILIDADE RELATIVA

Uma entidade personalizada de solidariedade social, designadamente uma fundação de natureza duradoura e que prossegue fins sociais, que se propõe prestar assistência ou tratamento a carentes deles e a fim de lhes assegurar condições de sobrevivência condignas, não é de equiparar a médico, a enfermeiros e sacerdotes para exclusão da capacidade de receber deles bens, por testamento ou doação.

(Acórdão do STJ, de 1995-03-21, *Colectânea de Jurisprudência S.*, 3/1/130)

NOTAS

O art. 953.º do Código Civil estabelece que é aplicável às doações, devidamente adaptado, o disposto nos arts. 2192.º a 2198.º.

Vejam-se estes preceitos e, a seu propósito, aqui: "**Testamento – Indisponibilidade relativa**".

O presente douto acórdão tem as referidas normas como excecionais e, por aí, insuscetíveis de aplicação analógica (art. 11.º do Código Civil).

I. O disposto no art. 2194.º do Código Civil tem natureza excecional, não sendo por isso suscetível a sua aplicação por analogia.

II. Assim, não é nula a doação feita a uma Fundação se esta aceitar o encargo proposto pelo doador de suportar as despesas com o seu internamento em hospital pertencente àquela, e bem assim todas as despesas decorrentes da doença e ainda os gastos com o seu funeral.

(Acórdão da Relação de Lisboa, de 1994-07-07, *BMJ*, 439/642)

Relativamente aos casos de indisponibilidade relativa, importa fazer referência ao atual regime do maior acompanhado. E diz-nos o artigo 2192.º do Código Civil, nos n.os 1 e 2:

"1. É nula a disposição feita por maior acompanhado a favor de acompanhante ou administrador legal de bens do disponente, ainda que estejam aprovadas as respetivas contas.

2. É, porém, válida a disposição a favor das mesmas pessoas, quando se trate de descendentes, ascendentes, colaterais até ao terceiro grau, cônjuge do testador ou pessoa com quem este viva em união de facto."

(Acórdão do Tribunal da Relação de Lisboa, de 2019-12-11)

Recheio da casa

I – É de aplicar às doações, dada a identidade de razões e a unidade do sistema jurídico, o conceito de recheio de uma casa fornecido pelo art. 2263.º do Código Civil [atualmente artigo 2103.º-C do Código Civil].

II – Por recheio de uma casa se compreende tudo o que está dentro dela (móveis, adornos, utensílios, joias, dinheiro, moedas, selos, pinturas e o mais que nela existir corporalmente), excluindo-se apenas os créditos, mesmo que os títulos respetivos se encontrem dentro dela.

(Acórdão da Relação de Coimbra, de 1987-06-30, *Colectânea de Jurisprudência*, 12/3/48)

Reserva de usufruto

Não está ferida de nulidade a cláusula da escritura de doação, em que os doadores, reservando para si o usufruto do prédio doado, concedem à donatária o direito de habitar o prédio em conjunto com os doadores.

(Acórdão da Relação do Porto, de 1988-03-03, *BMJ*, 375/445)

I – A doação, feita por marido e mulher a um filho de ambos, de um imóvel pertencente aos bens comuns do casal, "com reserva de usufruto vitalício somente a favor da doadora", significa, por parte do marido, que este quis, além de beneficiar o filho, renunciar ao seu direito sobre o usufruto reservado, com a intenção de o doar à mulher.

II – A doação, à mulher, do direito do marido sobre o usufruto é nula, porque, nas doações entre casados, "só podem ser doados bens próprios do doador" (art. 1764.º do Código Civil, aplicável, por força do disposto no n.º 1 do art. 16.º do diploma preambular, aos casamentos celebrados até 31 de maio de 1967).

III – Esta nulidade tem como consequência que o usufruto reservado ficou a fazer parte dos bens comuns do casal.

(Acórdão da Relação do Porto, de 1995-06-08, *Rev. Leg. Jur.*, 129/369)

NOTAS

Tem anotações favoráveis, no que aqui interessa, de Antunes Varelas e Henrique Mesquita.

A solução não seria a mesma no domínio do atual Código Civil, posto que o artigo 1733.º, n.º 1, excetua da comunhão o direito de usufruto (al. c)).

De modo que o autor andou com bem pouca sorte, escapando, por questão de dias, à aplicação dessa norma e beneficiando, curiosamente, não obstante, da aplicação do artigo 1764.º referido no sumário.

I – Tratando-se de bem próprio, o cônjuge proprietário pode doar a nua propriedade e reservar para si e para o consorte o usufruto (cf. art. 958.º, n.º 1, do Código Civil).

II – Constando da escritura que o usufruto foi reservado por ambos os cônjuges (simultânea e sucessivamente) – no pressuposto de que o bem era comum – admite-se a retificação (aclaração) do título no sentido de que o usufruto é reservado pelo cônjuge doador para si e para o seu consorte, com aceitação da doação por parte deste (art. 945.º do Código Civil); – enquanto o título não for retificado o registo do usufruto (a favor de ambos os cônjuges) terá de ser efetuado provisoriamente por dúvidas.

(Parecer, de 2000-06-30, do Conselho Técnico da DGRN, relator João Bastos, *BRN-CT*, 8/2000, p. 26)

NOTAS

1. A reserva de usufruto para terceiro constitui uma segunda doação, ao lado da que é feita ao beneficiário da propriedade, necessitando de ser aceite em vida do doador, segundo a regra geral do art. 945.º, n.º 1 (Pires de Lima e Antunes Varela, *Código Civil Anotado*, 3.ª ed., vol. II, Coimbra, anot. art. 958.º).

2. Aceitando, é claro, o douto parecer, dedicam-se-lhe dois reparos de ordem terminológica.

Quem reserva o usufruto da coisa doada é a coisa mesma que doa, não exatamente a raiz ou nua propriedade (eis o que resulta, e bem, do art. 958.º, n.º 1).

No que toca ao usufruto, em princípio, o mesmo é simultâneo ou sucessivo (ou, sublinha-se, conforme o texto do art. 958.º, n.º 2). Simultâneo, quando pertence a várias pessoas, ao mesmo tempo. Sucessivo, quando pertence a várias pessoas, sucessivamente, primeiro a uma e depois a outra. Donde, no caso, o usufruto era simultâneo, sucessivo não.

---

1 – Dá-se o usufruto simultâneo quando dois ou mais beneficiários adquirem ao mesmo tempo a titularidade do direito, com discriminação das respetivas quotas; neste caso, o usufruto ir-se-á consolidando com a propriedade pela morte de cada usufrutuário, na medida da sua quota.

2 – O usufruto conjunto (simultâneo e sucessivo), ou seja, o usufruto constituído a favor de várias pessoas conjuntamente (ao mesmo tempo e sem discriminação de quotas), salvo estipulação em contrário, só se consolida com a propriedade por morte da última que sobreviver (cf. art. 1442.º do Código Civil).

3 – No usufruto constituído por testamento, salvo estipulação em contrário, há direito de acrescer entre os legatários, seja ou não conjunta a nomeação (cf. arts. 1442.º, 2302.º e 2305.º do Código Civil).

4 – O art. 1442.º do Código Civil admite o direito de acrescer entre os usufrutuários no usufruto conjunto com base numa presunção de vontade.

5 – À reserva do usufruto para terceiros ou para o alienante e terceiro (que pode ser o cônjuge do doador) estipulada em contrato de transmissão da nua propriedade é aplicável o disposto no art. 1442.º do Código Civil (cf. art. 958.º, n.º 2, do Código Civil).

6 – Reservando os alienantes (os cônjuges, tratando-se de bens comuns, os comproprietários ou os co-herdeiros) para si o usufruto, o art. 1442.º do Código Civil só será aplicável se os reservantes tiverem feito entre si doações recíprocas dos usufrutos das suas quotas – doações essas que aliás são permitidas entre cônjuges pelo n.º 3 do art. 1763.º do Código Civil –, com aceitação, ainda que tácita, pelos donatários.

7 – A complexidade da matéria e a equivocidade das situações aconselham vivamente a que dos contratos constem explicitamente os termos da constituição do usufruto, devendo ser mencionado no registo o que constar do contrato.

8 – Pelas mesmas razões, o que não constar do contrato não deverá ser levado ao registo. Concretamente, sendo o contrato omisso, nem deverá constar do registo que com a morte de cada usufrutuário o usufruto se consolida com a propriedade na medida da sua quota, nem do registo deverá constar que o usufruto se extinguirá, no todo, à morte do último que sobreviver.

(Pº C.P. de 2004-11, da DSJ-CT)

Revogação

Se para a perfeição de uma doação é suficiente a aceitação do donatário A, casado no regime de comunhão de adquiridos (ou em qualquer outro) – art. 1683.º – e a coisa doada considerada um bem próprio dele – art. 1722.º, n.º 1, al. b) –, para a revogação que, por mútuo acordo, se venha a fazer da mesma doação, já é necessário o consentimento da sua esposa, dado na forma de autorização e não na de outorga, nos termos do art. 1682.º-A, n.º 1, al. a), do Código Civil, salvo se entre eles vigorar o regime da separação de bens.

(Recomendações dos Serviços de Inspeção da DGRN, 1981, *Boletim da APN*, n.º 68/5/b))

Substituição fideicomissária

I – Numa doação, a cláusula de reversão a favor de terceiro *tem a natureza de fideicomisso.*

II – Por isso, não fica sem efeito pelo facto do predecesso do doador.

(Acórdão da Relação do Porto, de 1983-07-05, *Colectânea de Jurisprudência*, 8/4/220)

NOTAS

1. O doador pode estipular a reversão da coisa doada: para si mesmo, nos termos do art. 960.º do Código Civil, ou para terceiro, nos termos do art. 962.º. A reversão para terceiro não assume autonomia conceitual, tratando-a a lei simplesmente como substituição fideicomissória (P. Lima e A. Varela, *Código Civil Anotado*, 3.ª ed., vol. II, Coimbra, anot. arts. 960.º e 962.º).

2. A reversão era já admitida pelo art. 1473.º do Código de Seabra, datando da reforma de 1930 a equiparação da reversão para terceiro a substituição fideicomis-

sória (F. Aguiar Branco, *Dos fideicomissos*, Fundação Eng. António de Almeida, 2000, pp. 75 e ss.). Cunha Gonçalves (*Tratado de Direito Civil*, VIII, Coimbra Editora, 1934), porém, não deixa de sublinhar que foi um erro tal equiparação. E Costa Faro ("Substituições fideicomissórias", *Revista da Ordem dos Advogados*, ano 8, 1948, n.os 3-4, pp. 111 e ss.) recusa mesmo a assimilação conceitual das duas figuras.

A reversão é uma cláusula resolutiva (M. Tavarela Lobo, "Breves Notas", *RDES*, ano XIII, 1966, n.os 3-4, p. 288), ou, talvez melhor, uma espécie de condição resolutiva (género); e atua *ipso iure*, em princípio (Baptista Lopes, *Das doações*, Coimbra, Almedina, 1970, p. 100).

3. À substituição fideicomissária, nas doações, são aplicáveis os arts. 2286.º e ss. do Código Civil com as necessárias correções. A aceitação da doação, p. ex., diz-se (P. Lima e A. Varela, *ob. cit.*), está sujeita à regra do art. 2294.º, que se afasta do princípio geral de que as doações têm de ser aceites em vida do doador (art. 945.º, n.º 1).

Seja como for, na reversão fideicomissória há duas liberalidades: uma a favor do onerado, fiduciário, e outra a favor do chamado à reversão, fideicomissório (Aguiar Branco, *ob. cit.*, p. 76). Ambas, já se vê, têm de ser aceites (ressalvados os casos em que a doação produz efeitos independentemente de aceitação): a do fiduciário, em vida do doador; a do fideicomissário, por hipótese, após a morte do fiduciário. Quer num caso, quer noutro, parece evidente que a aceitação deve obedecer à forma prescrita no art. 947.º, *ex vi* art. 945.º, n.º 3 (ver, a propósito, Baptista Lopes, *ob. cit.*, p. 107).

I – A obrigação imposta ao donatário de conservar a coisa doada, para que reverta por sua morte a favor de terceiro, consagra uma substituição fideicomissária.

II – A reserva de usufruto a favor do doador é compatível com a substituição fideicomissária.

(Acórdão da Relação de Évora, de 1985-07-11, *Colectânea de Jurisprudência*, 10/4/287, e *Revista do Notariado*, 1986/3/368)

NOTAS

Ver também acórdão do Tribunal da Relação do Porto, de 2014-01-14.

I – O Código Civil de 1867 admitia já as substituições fideicomissárias, considerando-as como cláusulas de reversão em benefício de terceiros, doutrina que ainda hoje se deve ver consolidada, em face da noção de fideicomisso do artigo 2286.º do Código vigente.

II – O artigo 2290.º do Código Civil tem de ser interpretado em conjunto com os artigos 958.º, 962.º e 2286.º e seguintes, não resultando dessa interpretação qualquer incompatibilidade entre eles.

III – Se o legislador pretendesse afastar o artigo 958.º sempre que se tivesse feito uso do artigo 962.º e vice-versa, tê-lo-ia expressamente regulamentado pelo que, não o tendo feito, temos que nos servir do espírito da lei e da unidade do sistema.

IV – Da análise dos artigos 958.º, 962.º e 2290.º, todos do Código Civil, não resulta que, todas as vezes que numa doação se estabeleça uma cláusula de substituição fideicomissária, *fica impedida a constituição de uma* reserva de usufruto

V – Ninguém pode exercer um direito em contradição com o seu anterior procedimento se este, considerado objetivamente, justificar a ilação de que não mais fará valer o direito se o exercício posterior

for, por causa da conduta anterior do titular, contrário aos bens costumes ou boa fé.

(Acórdão do STJ, de 1986-06-17, *BMJ*, 358/509)

I – Na doação fideicomissária, espécie de substituição fideicomissária, o doador impõe ao donatário (fiduciário) o encargo de conservar os bens doados para que eles revertam, por sua morte, a favor de outra pessoa (fideicomissário).

II – Aplicando-se à doação fideicomissária o regime estabelecido nos arts. 2286.º e seguintes do Código Civil (relativo a substituição fideicomissária em matéria sucessória), ela pode, independentemente da vontade do fideicomissário, ser revogada por acordo entre doador e donatário.

III – Antes da reversão o fideicomissário e, em virtude do exposto titular de uma mera expectativa jurídica, e não de um direito paralelo ou interesse igual ao do donatário.

(Acórdão do STJ, de 1996-11-21, *BMJ*, 461/372)

NOTAS

Ver art. 962.º do Código Civil.

Ver também acórdão do Tribunal da Relação do Porto, de 1991-04-15.

I – A reversão implica que a doação seja tratada como se tivesse sido feito um testamento com instituição de uma substituição fideicomissária, substituição que é proibida, se for em mais de um grau.

II – Graus de substituição *são a concretização, por parte do testador, de quem há de ser o fideicomissário, na perspetiva de que, por morte do fiduciário, admitida apenas uma nomeação de fideicomissário a suceder ao testador, não sendo admitido estabelecer pessoa ou pessoas a suceder ao testador, verificada que venha a ser a morte do fideicomissário.*

Haverá, pois, um só grau de substituição fideicomissária, se for beneficiado como fideicomissário quem, em relação ao testador, não seja parente em 1.º grau.

Não é admitido estabelecer que, por morte do fideicomissário, passe outrem a ser fideicomissário porque, então, haveria mais de um grau de substituição.

(Acórdão do STJ, de 1997-06-26, *BMJ*, 468/416)

NOTAS

Vejam-se os arts. 960.º a 962.º e 2286.º e ss. do atual Código Civil, aliás não aplicável na espécie discutida, posto que ao tempo vigorava o Código de Seabra.

DOCUMENTO AUTÊNTICO

Falsidade

I – Há pedido expresso de declaração de falsidade da escritura de compra e venda se a autora pede que se declare que nunca fez as declarações que lhe são atribuídas no texto dessa escritura, nem perante o ajudante do cartório notarial em exercício, nem perante qualquer outra pessoa.

II – A ação devia também ser proposta contra o ajudante do cartório notarial.

III – Não tendo os réus deduzido a sua ilegitimidade e declarando o saneador, que transitou em julgado, que as partes eram legítimas, tal declaração tornou-se definitiva.

IV – É admissível provar a falsidade da escritura através de prova testemunhal.

(Acórdão do STJ, de 1996-06-04, *Colectânea de Jurisprudência S.*, 4/2/108)

NOTAS

Sobre a falsidade, ver art. 372.º do Código Civil.

O douto acórdão encontra-se também na *Rev. Leg. Jur.*, 129/342, com anotação concordante de M. J. Almeida Costa.

I – Tendo-se provado que a doadora não esteve presente no Cartório Notarial, no ato constante de uma escritura pública de doação e, consequentemente, que a mesma não foi lida nem foi explicado o seu conteúdo em voz alta, na presença de todos os intervenientes como dela consta e tendo sido dois os doadores outorgantes na dita escritura, esta é falsa.

II – A declaração da falsidade da escritura, na parte respeitante à doação feita pela doadora, determina a ineficácia stricto sensu *dessa doação; subsiste, todavia, por conversão, o ato de doar por parte do outro doador, marido daquela, por conta da sua meação, visto o disposto nos arts. 293.º e 1730.º, n.º 2, do Código Civil.*

(Acórdão da Relação de Coimbra, de 2003-01-26, *Colectânea de Jurisprudência*, 28/1/75)

NOTAS

1. O art. 293.º, n.º 2, do Código Civil, regula a conversão do negócio jurídico e o art. 1730.º, n.º 2, no regime da comunhão de adquiridos, refere-se à participação dos cônjuges por metade no ativo e no passivo da comunhão (n.º 1), estipulando que tal não impede cada um dos cônjuges de fazer doações ou deixas a terceiro por conta da sua meação nos bens comuns.

2. Precedente, num caso de falsidade parcial, o acórdão do STJ, de 1974-07-02 (*BMJ*, 239/143):

"I – A falsidade parcial dos documentos autênticos é suscetível de, por si só, em certos casos, ilidir toda a respetiva força probatória. Tal o que se passa quando, por exemplo, houver relação de inteira dependência entre o conteúdo verdadeiro de certo documento e a parte falsificada, de modo que esse documento – por força da falsificação – fique sem sentido ou represente o lógico corolário da mesma. Assim, se se falsificar a assinatura das partes, se estas forem supostas ou se houver suposição de factos essenciais ao negócio documentado, a falsidade estende-se a todo o documento, ficando, pois, ilidida toda a sua força probatória.

II – Porém, a simples menção de facto não declarado pelas partes – que, no entanto, se procura fazer passar como tal

– sem força para enfermar o negócio atinente e que apenas poderá constituir um meio destinado a esclarecer ou interpretar melhor o mesmo negócio, não vicia – como falsidade parcial que também é – todo o documento."

Força probatória

O valor probatório pleno do documento autêntico respeita somente aos factos que se referem praticados pela autoridade ou oficial público, isto é: o documento faz prova plena da formação da vontade, *não da sua validade ou eficácia jurídica.*

Na medida em que o documento não faz prova plena, pode ser impugnado por testemunhas *ou por qualquer outro meio de prova.*

(Acórdão da Relação de Évora, de 1977-11-10, *Colectânea de Jurisprudência*, 2/5/1265)

NOTAS

Cf. o art. 371.º do Código Civil. Os meros juízos pessoais do documentador só valem como elementos sujeitos à livre apreciação do julgador.

O Supremo decidiu, em acórdão de 1980-03-10 (*BMJ*, 295/345): "A força probatória dum documento limita-se à veracidade das declarações dele constantes, não excluindo que elas possam ser simuladas."

Advirta-se, por último, quanto ao segundo inciso do sumário, para o disposto nos arts. 393.º e 394.º do Código Civil (inadmissibilidade de prova testemunhal).

A força probatória dos documentos autênticos assegura a veracidade dos factos que neles se referem como praticados pela autoridade ou oficial público respetivo, bem como dos factos que neles são atestados com base nas perceções da entidade documentadora (Código Civil, art. 371.º), mas não exclui que as declarações, desse modo documentadas, não sejam simuladas, *feitas* sob reserva mental, *afetadas por* vícios de consentimento, *ou produzidas em circunstâncias que afetem a sua eficácia jurídica.*

(Acórdão do STJ, de 1979-01-11, *BMJ*, 283/234)

NOTAS

Reproduz o douto acórdão, quase textualmente, a lição de Vaz Serra (*BMJ*, 111/136), que todavia adverte, em nota, da eventual inadmissibilidade da prova testemunhal (cf. arts. 393.º e 394.º do Código Civil).

O Supremo, em acórdão de 1978-01-17 (*BMJ*, 273/195), decidiu: "O notário ou qualquer funcionário provido de fé pública atestam aquilo que lhes é transmitido; não jurisdicionalizam, não decidem questões controvertidas."

E, em acórdão de 1978-05-04, do mesmo Alto Tribunal (*BMJ*, 277/276): "deve distinguir-se entre a força probatória plena dos documentos autênticos e a dos documentos particulares cuja veracidade esteja reconhecida; enquanto aqueles provam plenamente *erga omnes*, estes só provam *inter partes*."

I – A escritura pública faz prova plena *das declarações de vontade prestadas ante o notário, mas não da isenção de* vícios da vontade.

II – A escritura de partilhas *pode ser anulada desde que se prove: divergências entre o acordo dos outorgantes e as declarações exaradas; que os RR., sabiam ou não deviam ignorar que os AA. não outor-*

gariam na partilha, se soubessem que lhes eram adjudicados, os bens mencionados, e não aqueles que, no acordo verbal, lhes tinham sido aformulados.

III – Para a procedência da anulação, não é essencial o reconhecimento ou reconhecibilidade do erro, bastando que seja reconhecível a essencialidade do elemento (ajudicação de bens) sobre que incidiu, ainda que não tenha suscitado aos RR. qualquer suspeita ou dúvida acerca da correspondência entre a vontade real e a declarada.

IV – O prazo de propositura da ação de anulação por erro é de um ano a contar da data do conhecimento do vício.

(Acórdão da Relação de Coimbra, de 1983-01-04, *Colectânea de Jurisprudência*, 8/1/15)

NOTAS

Quanto ao ponto I, cf. art. 371.º do Código Civil e Vaz Serra (*RLJ*,111/302, e *BMJ*, n.ºs 110, 111 e 112).

Quanto ao ponto II, mesmo que se aceitassem os termos da doutrina sumariada, não poderia objetar-se-lhe com o disposto nos arts. 393.º e 394.º do Código citado? Por um lado, havendo a declaração negocial de ser reduzida a escrito, por força da lei, não é admitida prova testemunhal. Por outro lado, entre as próprias partes, a prova testemunhal é ainda inadmissível quando tenha por objeto quaisquer convenções contrárias ou adicionais ao conteúdo do documento.

Uma escritura pública *não garante nem pode garantir a veracidade das declarações dos outorgantes ao notário, apenas garantindo que essas declarações se fizeram.*

(Acórdão da Relação de Coimbra, de 1983-01-19, *Colectânea de Jurisprudência*, 8/2/27)

Nos documentos autênticos, de modo algum, a autoridade ou oficial público respetivo garante que sejam verdadeiras, sinceras *ou* eficazes *as afirmações que lhes foram feitas, pelo que, quanto a elas, é admissível* a prova testemunhal.

(Acórdão da Relação do Porto, de 1983-10-18, *Colectânea de Jurisprudência*, 8/4/256)

NOTAS

A doutrina dos presentes doutos arestos mereceria alguns comentários, aliás impostos por certas confusões ou imprecisões que se podem notar, à vista desarmada em outros pronunciamentos judiciais relativos à teoria da prova e do documento. De todo o modo, o comentário é inviável, aqui e agora.

I – Se na escritura de mútuo o mutuário declara ter recebido nesse ato a quantia mutuada, tal não envolve prova plena desse recebimento por não ser certificado como abrangido pela perceção do notário.

II – Por isso deve rejeitar-se o incidente de falsidade deduzido com esse fundamento.

(Acórdão da Relação de Lisboa, de 1985-03-26, *Colectânea de Jurisprudência*, 10/2/113, e *Revista do Notariado*, 1986/1/113)

NOTAS

Remete-se para a anotação da *Revista do Notariado*, que conclui (p. 122):

"1.º Os documentos autênticos fazem prova plena dos factos que referem como praticados pelo seu autor, bem como dos factos neles atestados com base nas perceções do documentador (art. 377.º do Código Civil).

2.º Os factos que constem de declarações imputadas às partes, mas ocorram, de harmonia com essas declarações, no ato da outorga ou na presença do notário, devem presumir-se atestados pelo próprio notário e cobertos pela autenticidade do documento.

3.º A confissão extrajudicial, feita em documento autêntico à parte contrária ou a quem a represente, tem o mesmo valor da confissão judicial.

4.º Aquela confissão tem força probatória plena, constituindo uma prova plenissima, já que não admite contraprova, nem prova do contrário, podendo apenas ser declarada nula ou anulada por falta ou vícios da vontade, nos termos gerais (art. 359.º)."

I – O documento autêntico só faz prova plena dos factos praticados pelo documentador (v. g., o notário), dos que se passam na sua presença e dos que ele atesta com base nas suas próprias perceções – artigo 371.º do Código Civil.

II – Assim, o documento autêntico, no qual se ateste ter sido redigida e assinada, na presença do notário, uma declaração referindo determinados factos e a reafirmação de que a mesma exprime a vontade do declarante, não constitui prova plena da sinceridade desta, nem da veracidade daqueles factos, dado que disso não podia o documentador certificar-se com os seus sentidos.

(Acórdão do STJ, de 1987-02-05, *BMJ*, 364/796)

I – O documento com a aparência de documento autêntico regular, ou seja, com os sinais externos exigidos no n.º 1 do art. 370.º do Código Civil, faz prova da sua genuinidade, por força da presunção estabelecida nesse preceito.

II – Relativamente a documento autêntico destituído dessa aparência, pode ainda o tribunal concluir pela sua genuinidade recorrendo a outros elementos de facto, designadamente a partir de presunção de facto tida por suficiente.

III – Assente, por uma ou outra dessas formas, a genuinidade do documento autêntico, este goza da força probatória material decorrente do n.º 1 do art. 371.º do Código Civil.

IV – O documento nessas circunstâncias só faz prova plena dos factos nele referidos como praticados pela autoridade ou oficial público respetivo, assim como dos factos nele atestados com base nas perceções da entidade documentadora.

V – Não goza dessa força probatória material o documento cuja genuinidade não está estabelecida por qualquer dos modos referidos em I e II.

(Acórdão do STA (Pleno-1.ª), de 1988-01-21, *Acórdãos Doutrinais*, 319/957, e *Revista do Notariado* 1988/3/455)

A força probatória de uma escritura de compra e venda em que certa pessoa outorgou como compradora não obsta a que possa provar-se que ela agia como mandatária sem representação de outrem.

(Acórdão da Relação de Coimbra, de 1988-11-29, *BMJ*, 381/759)

O valor probatório pleno de uma escritura pública exarada por notário concerne unicamente aos factos que foram praticados pelo notário e àqueles que são mencionados no documento, baseados nas perceções do próprio notário; relativamente às afirmações feitas pelos outorgantes fica efetivamente provado, de forma plena, que elas foram produzidas.

Outra questão é, porém, a sua veracidade, isto é, algo que ultrapassa a perceção da entidade documentadora, nada impe-

dindo a admissibilidade da prova testemunhal para infirmar o que se declarou.

(Acórdão da Relação de Coimbra, de 1991-03-12, *Colectânea de Jurisprudência*, 16/2/77)

É admissível prova por testemunhas, em contrário do declarado em escritura pública de trespasse, de ter sido pago o preço.

(Acórdão da Relação de Coimbra, de 1991-09-17, *Colectânea de Jurisprudência*, 16/4/98)

NOTAS

A Relação julgou, segundo parece, muito mal. Vejamos.

A prova testemunhal não é admitida, quando o facto estiver plenamente provado por documento ou por outro meio com força probatória plena (Código Civil, art. 393.º, n.º 2).

No caso presente estava, por confissão (art. 352.º), feita em documento autêntico e à parte contrária; por conseguinte, confissão extrajudicial com força probatória plena (art. 358.º).

Trigo limpo, digamos, que a Relação infelizmente não colheu, preferindo-lhe o joio da ilegalidade!

As escrituras, como documentos autênticos, fazem prova plena dos factos nelas referidos como praticados pela autoridade e quanto aos factos mencionados com base nas perceções da entidade documentadora, mas essa força probatória não abrange o conteúdo das declarações dos outorgantes (se o terreno é de cultura ou para construção, se o preço consignado é ou não real, qual a área do prédio, etc.).

(Acórdão da Relação de Coimbra, de 1993-02-02, *BMJ*, 424/746)

I – Constando a confissão de um documento autêntico e tendo sido feita à parte contrária, o facto confessado não admite contraprova nem prova do contrário, podendo apenas aquela ser declarada nula ou anulada pelo próprio confitente, dentro do condicionalismo do art. 359.º do Código Civil.

II – A força probatória conferida por lei aos documentos autênticos (art. 371.º do Código Civil), não exclui que as declarações neles incorporadas, imputadas às partes, estejam afetadas por vícios de consentimento, sejam simuladas, ou tenham sido produzidas em circunstâncias que afetem a sua eficácia jurídica.

(Acórdão da Relação de Coimbra, de 1993-10-12, *Colectânea de Jurisprudência*, 18/4/57)

I – A força probatória plena duma escritura pública apenas se circunscreve a factos praticados pelo notário e àqueles outros que nela são atestados com base nas perceções do mesmo.

II – Consignando-se numa escritura que as partes declararam determinado preço para o negócio ali titulado e que o vendedor o havia já recebido, o documento apenas prova plenamente que essa declaração foi feita, mas não que ela é conforme à realidade.

III – Provando-se que o preço acordado para esse negócio foi diferente do que ficou a constar da escritura e que o comprador o não pagou integralmente, deve o mesmo ser condenado a pagá-lo na medida do que ainda não pagou.

(Acórdão da Relação do Porto, de 1994-04-28, *BMJ*, 436/440)

NOTAS

A segunda máxima ignora o disposto no art. 358.º do Código Civil (força probatória de confissão); veja-se Albino Matos, "Da prova por documento à prova por confissão", *Temas de direito notarial*, I, Coimbra, Almedina, 1992, p. 381.

Quanto à terceira máxima, recorde-se que, por força do art. 394.º, n.º 2, do Código Civil, a contraprova está, na prática, limitada à confissão e a documento autêntico (*contre-lettre*)...

A escritura pública de compra e venda de um imóvel só prova plenamente o pagamento do preço se o notário nela certificar que o preço foi satisfeito na sua presença, no próprio ato de celebração da escritura.

(Acórdão da Relação de Coimbra, de 1995-01-17, *BMJ*, 443/456)

NOTAS

Quanto ao pagamento do preço, rever o que falamos no ponto "**Branqueamento de capitais**; Lei n.º 83/2017, de 18 de agosto".

I – A afirmação, em escritura pública de compra e venda, de que os vendedores disseram, naquele ato, já haverem recebido o preço, faz prova plena desta declaração, já que a realidade da mesma cabe nas perceções do notário.

II – Embora a entrega do preço pelo comprador ao vendedor seja um facto suscetível de ser apreendido pelo notário, a força probatória material do documento só cobre este ato se o mesmo for praticado na presença do notário e por ele atestado na escritura pública.

III – Ainda que a prova da realidade do pagamento não seja feita pela escritura pública, resulta ela, com força plena, da declaração confessória, aí documentada, feita à parte contrária.

IV – O vendedor é admitido a destruir a força da confissão de haver recebido o preço, mediante a prova da realidade do facto contrário àquele que a confissão estabeleceu, mas não pode usar da prova testemunhal, desde que não seja arguida a falsidade da escritura pública ou a nulidade ou anulabilidade da confissão, por falta ou vícios da vontade.

(Acórdão do STJ, de 1999-06-03, *Colectânea de Jurisprudência S.*, 7/2/136)

NOTAS

O Supremo poderá ter decidido bem (a publicação, truncada, não permite o juízo...), mas fundamentou mal, salvo o devido respeito. Dado o passo, certo, de reconhecer a *confissão*, na terceira máxima, faltou-lhe dar outro, o de assumir que a confissão extrajudicial, feita em documento autêntico à parte contrária, tem o mesmo valor da confissão judicial, revestindo força probatória plena e constituindo uma prova pleníssima, já que não admite contraprova nem prova do contrário, podendo apenas ser declarada nula ou anulada por falta ou vícios da vontade, nos termos gerais (art. 359.º).

Nesta linha, com a devida justificação ver Albino Matos, "Da prova por documento à prova por confissão", em *Temas de direito notarial*, Coimbra, Almedina, 1992, p. 384.

DOCUMENTO PARTICULAR

ASSINATURA

I – Admite-se que os documentos particulares sejam assinados por outrem, a rogo do seu autor, quando o rogante não possa ou não saiba assinar.

O rogo, todavia, deve ser dado ou, pelo menos, confirmado perante notário, depois de lido o documento ao rogante (arts. 373.º a 379.º do Código Civil).

II – Se o rogo não foi prestado na presença do notário, nem perante ele confirmado, o escrito que titula o contrato-promessa não tem valia como documento particular para os efeitos do art. 410.º, n.º 2, do Código Civil.

(Acórdão da Relação do Porto, de 1983-03-24, *Colectânea de Jurisprudência*, 8/2/244)

A emergência de saúde pública determinada pela doença COVID-19 impulsionou a utilização de meios de comunicação à distância, quer no setor público quer no privado, tendo sido desenvolvidos e disponibilizados ao longo deste período novos serviços públicos eletrónicos.

Em face da evolução da situação epidemiológica em Portugal, mantém-se a conveniência em adotar medidas que possam contribuir para minimizar as interações sociais, correspondendo ao mesmo tempo à crescente procura de serviços online. *Assim, afigura-se oportuno criar condições que permitam a prática à distância de atos autênticos, termos de autenticação de documentos particulares e reconhecimentos que exigem a presença dos interessados no ato perante o profissional que os lavra.*

Nesse sentido, o presente decreto-lei estabelece um regime inovador e temporário que possibilita a realização de atos através de videoconferência, colocando uma nova e relevante ferramenta de prestação de serviços, com elevado impacto no comércio jurídico, à disposição de cidadãos, empresas e profissionais. Inova-se na forma como este tipo de atos podem ser praticados pelos profissionais, no estrito respeito das suas competências, sem se prescindir, no entanto, da observância das formalidades legalmente impostas para a prática dos atos e oferecendo idênticas garantias de segurança e autenticidade.

O presente decreto-lei tem uma vigência de dois anos, findos os quais deverá ser objeto de avaliação pelo Governo, com ponderação do seu nível de implementação, do seu âmbito de aplicação, do modelo tecnológico de suporte à realização dos atos e respetiva sustentabilidade financeira, com vista à sua eventual consolidação definitiva na ordem jurídica.

(Decreto-lei n.º 126/2021, de 30 de dezembro, introdução)

NOTAS

1. O Decreto-Lei n.º 126/2021, de 30 de dezembro, estabelece o regime jurídico temporário aplicável à realização, através de videoconferência, de atos autênticos, termos de autenticação de documentos particulares e reconhecimentos.

2. Sobre a realização de atos autênticos através de videoconferência chama-se a atenção para a obra do notário Isidoro Calvo Vidal, *Digitalização da função notarial e intervenção à distância*, Lisboa, Wolters Kluwer Portugal, 2021, da qual se extrai o seguinte excerto: "[E]stou inclinado a afirmar que, para além de limi-

tações ou reservas rígidas, deve ser o notário que, de acordo com os seus critérios prudentes e tendo em conta e avaliando as circunstâncias de cada caso específico, deve decidir se a execução em questão pode ser efetuada na presença das partes através de meios eletrónicos de comunicação à distância ou se, pelo contrário, deve exigir a presença física dos intervenientes."

E

EMOLUMENTOS

Os atos notariais praticados nos serviços de registos estão sujeitos a tributação emolumentar, nos termos fixados pela tabela anexa ao Regulamento Emolumentar dos Registos e do Notariado (RERN), aprovado pelo Decreto-Lei n.º 322-A/2001, de 14 de dezembro, que foi sofrendo diversas alterações, sendo que a mais recente foi introduzida pela Lei n.º 109-D/ /2021, de 9 de dezembro.

Todos os atos praticados nos serviços de registo estão sujeitos a tributação emolumentar, nos termos fixados na respetiva tabela, incluindo aqueles em que intervenham pessoas singulares, bem como pessoas coletivas, independentemente da natureza ou forma jurídica que revistam, com exceção, naturalmente, dos casos de gratuitidade (art. 12.º do RERN; art. 8.º, n.os 1 e 6, do Decreto-Lei n.º 322-A/ /2001; e o art. 24.º da Lei n.º 78/2017, de 17 de agosto); isenção (art. 2.º, n.os 2 e 3, do Decreto Lei n.º 322-A/2001, de 14 de agosto; e art. 28.º, n.os 18 e 31 do RERN), ou redução (art. 2.º, n.º 3, al. a) do Decreto-Lei n.º 322-A/2001, de 14 de agosto; art. 20.º, pontos 1.3, 7.1 e 7.2, e art. 28.º, n.os 1, 4 a 8, todos do RERN).

Honorários

A Portaria n.º 385/2004, de 16 de abril, institui a tabela de honorários e encargos da atividade notarial. Esta Portaria foi alterada pelas Portarias n.os 1416-A/2006, de 19 de dezembro, e 574/2008, de 4 de julho.

Pelos atos praticados pelos notários são cobrados os honorários e encargos constantes dessa tabela, acrescidos do imposto sobre o valor acrescentado e do imposto do selo, nos temos do artigo 1.º da referida portaria.

A tabela de preços dos atos será obrigatoriamente afixada no cartório notarial em local a que o público tenha acesso, tal como prevê o artigo 17.º.

Importa também referir que a obrigação de pagamento dos custos dos atos notariais recai sobre quem tiver requerido a prestação de serviços ao notário, sendo solidariamente responsáveis todos os outros interessados no ato. O notário pode, no entanto, exigir, a título de preparo, o pagamento antecipado do custo provável dos atos, bem como as despesas que deve fazer em nome do interessado, necessárias à outorga do ato, tal como estipula o artigo 9.º. Ainda no artigo 9.º faz-se referência que são gratuitas as retificações resultantes de erros imputáveis ao notário, sendo também gratuita a sanação e a revalidação de atos notariais.

Nos artigos 10.º e 12.º, n.ºs 1 e 2 da tabela, estão fixados honorários máximos para os atos ali descritos, não sendo possível exceder-se o montante máximo estipulado em cada ato. Os atos são:

- procurações conferidas também no interesse de procurador ou de terceiro;
- testamentos públicos e internacionais, instrumentos de aprovação, depósito e abertura de testamento cerrado e revogação de testamento;
- os protestos e outros instrumentos avulsos, com exceção das atas de reunião de organismo social e assistência a ela;
- as certidões e documentos análogos;
- os averbamentos apostos em ato descrito na tabela; e
- os registos lavrados no livro a que se refere a alínea f) do n.º 1 do artigo 7.º do Código do Notariado.

Os demais atos ou serviços praticados pelos notários, no âmbito da sua competência, são de custo livre, devendo estes proceder com moderação, atendendo a fatores como o tempo gasto, a dificuldade do assunto, a importância do serviço prestado e o contexto socioeconómico dos interessados.

ESCRITURAS PÚBLICAS

DISPENSA

I – O valor probatório dos documentos.
II – A segurança jurídica associada à exigência de escritura pública.
III – A "reforma" e a ação executiva.
IV – Um equívoco da "reforma".
V – Apreciação final.

(Carlos Soares, "A 'reforma do notariado' e a prática judiciária. Breve reflexão", *Revista da Ordem dos Advogados*, 2001/1/431-43)

NOTAS

Devem especialmente celebrar-se por escritura pública: as justificações notariais; os atos que importem revogação, retificação ou alteração de negócios que, por força da lei ou por vontade das partes, tenham sido celebrados por escritura pública; as habilitações de herdeiros e os atos de constituição de associações e fundações, bem como os respetivos estatutos, suas alterações e revogações. É o que resulta do art. 80.º do Código do Notariado, com a redação dada pelo Decreto-Lei n.º 116/2008, de 4 de julho.

O Código do Notariado prevê que, excecionalmente, poderão desempenhar funções notariais as entidades referidas nas alíneas a) a d) do n.º 1 do art. 3.º, sendo que estabelece na alínea d) "as entidades a quem a lei atribua, em relação a certos atos, a competência dos notários". O n.º 3 do art. 3.º acrescenta que "os órgãos especiais da função notarial devem obedecer ao preceituado neste Código, na parte que lhes for aplicável".

O Decreto-Lei n.º 28/2000, de 13 de março, veio atribuir a outras entidades a competência para certificar a conformidade de fotocópias com os documentos originais e, ainda, proceder à extração de fotocópias dos originais, adquirindo essas fotocópias o valor probatório dos originais – cf. n.os 1, 2, 3 e 5 do art. 1.º.

O Decreto-Lei n.º 237/2001, de 30 de agosto, veio possibilitar a outras entidades poderem "fazer reconhecimentos com menções especiais, por semelhança", e ainda "certificar, ou fazer e certificar, traduções de documentos" – cf. art. 5.º.

O Decreto-Lei n.º 76-A/2006, de 29 de março, estipula, no art. 38.º, n.º 1, que outras entidades passam a ter competência para "fazer reconhecimentos simples e com menções especiais, presenciais e por semelhança, autenticar documentos particulares, certificar, ou fazer e certificar, traduções de documentos, nos termos previstos na lei notarial, bem como certificar a conformidade das fotocópias com os documentos originais e tirar fotocópias dos originais que lhes sejam presentes para certificação, nos termos do Decreto-Lei 28/2000, de 13 de março". Os reconhecimentos, as autenticações e as certificações efetuados nos termos do referido n.º 1 do art. 38.º "conferem ao documento a mesma força probatória que teria se tais atos tivessem sido realizados com intervenção notarial", tal como estipula o n.º 2 do mesmo artigo.

O Decreto-Lei n.º 125/2006, de 29 de junho, veio criar um regime de constituição *online*, em certas condições, de sociedades comerciais e civis sob forma comercial do tipo por quotas e anónima.

O Decreto-Lei n.º 116/2008, de 4 de julho, veio permitir a formalização, por outras entidades, por "documento particular autenticado", da generalidade dos negócios jurídicos relativos a bens imóveis.

Como se vê, o legislador transformou a exceção em regra e a regra em exceção.

No entanto, o órgão próprio da função notarial é o notário. E só o notário, por enquanto, terá competência para realizar escrituras públicas.

[R]eservar atividades relacionadas com a autenticação de documentos relativos à constituição ou transmissão de direitos sobre bens imóveis a uma determinada categoria de profissionais, que gozam da confiança do público e sobre os quais o Estado-Membro em causa exerce um controlo especial, constitui uma medida adequada para atingir os objetivos do bom funcionamento do sistema do registo predial e da legalidade e da segurança jurídica dos atos celebrados entre particulares. Além disso, cabe salientar que a atividade dos advogados que consiste em certificar a autenticidade de assinaturas apostas em documentos não é comparável à atividade de autenticação efetuada pelos notários e que as disposições que regulam o regime das autenticações são mais estritas. Nestas circunstâncias, o facto de se renunciar, de um modo geral, por motivos relacionados com a livre prestação de serviços dos advogados, a funções de fiscalização estatal e a uma garantia efetiva da fiscalização das inscrições no registo predial causaria perturbações ao bom funcionamento do sistema do registo predial e à legalidade e à segurança jurídica dos atos celebrados entre particulares.

(Acórdão do Tribunal de Justiça (Quinta Secção), de 2017-03-09 – Processo C-342/15 (pedido de decisão prejudicial do Oberster Gerichtshof – Áustria) – Leopoldine Gertraud Piringer)

Reenvio prejudicial – Livre prestação de serviços pelos advogados – Possibilidade de os Estados-Membros reservarem para determinadas categorias de advogados a competência para a elaboração de documentos autênticos que digam respeito à constituição ou à transmissão de direitos reais sobre bens imóveis – Legislação de um Estado-Membro que exige que a autenticidade da assinatura de um pedido de inscrição no registo predial seja certificada por um notário.

(https://eur-lex.europa.eu/legal-content/PT/TXT/?uri=CELEX%3A62015CA0342)

Exequibilidade

I – De harmonia com os arts. 45.º, n.º 1, e 50.º, n.º 2, do Código de Processo Civil, uma escritura pública na qual se convencionem prestações futuras *só pode servir à execução quando da escritura dos documentos posteriormente passados resulte, por forma completa e transparente, que uma e outros constituem uma unidade negocial cumprida através das prestações realizadas.*

II – E que, posteriormente à elaboração da escritura, podem ter sido celebrados entre os seus intervenientes outros negócios jurídicos que, com aquela, não tenham qualquer ligação e evidente se torna que os documentos relativos a esses negócios não titulam prestações realizadas em cumprimento do inicialmente convencionado.

(Acórdão do STJ, de 1981-05-12, *BMJ*, 307/205)

NOTAS

Atualmente, o artigo 707.º (ex.-art. 50.º) do Código do Processo Civil diz:

"Os documentos exarados ou autenticados, por notário ou por outras entidades ou profissionais com competência para tal, em que se convencionem prestações futuras ou se preveja a constituição de obrigações futuras podem servir de base à execução, desde que se prove, por documento passado em conformidade com as cláusulas deles constantes ou, sendo aqueles omissos, revestido de força executiva própria, que alguma prestação foi realizada para conclusão do negócio ou que alguma obrigação foi constituída na sequência da previsão das partes."

O acórdão do Tribunal da Relação do Porto, de 2018-11-08, refere: "No art. 707.º do Código de Processo Civil, o legislador admite que alguns elementos da obrigação exequenda possam não constar do documento que serve de título executivo, mas de outro documento ou com força executiva própria ou emitido em conformidade com o documento autêntico ou autenticado apresentado como título executivo, considerando que tal constitui garantia suficiente da existência da dívida."

---

1 – Uma escritura pública na qual se constitua em simultâneo um contrato de mútuo e uma hipoteca como garantia desse mútuo, mais ainda sendo tal mútuo destinado à aquisição de habitação própria permanente e concedido por uma instituição de crédito autorizada a conceder crédito à habitação, como o é a aqui exequente, constitui título executivo à luz da al. b) do art. 703.º do Código de Processo Civil, porque importa a constituição e o reconhecimento de obrigação.

2 – E sem necessidade da complementação a que se refere o art. 707.º do Código de Processo Civil – que se refere à exequibilidade dos documentos autênticos ou autenticados – visto que a dívida em causa não vem configurada nessas escrituras, como resultante de obrigação futura ou condicional.

3 – Trata-se esse título executivo de um título extrajudicial de obrigação pecuniária garantida por hipoteca.

4 – Os documentos juntos com o requerimento executivo, em que avulta, para este efeito, uma livrança com vencimento à vista, e a invocação pela exequente de que, tendo esta sido apresentada a pagamento aos executados, não foi paga, bem como a junção ao requerimento executivo das cartas de interpelação e da "Declaração" a que se reporta o ponto 11 da matéria de facto, de que resulta que o montante da dívida corresponde ao inscrito naquela livrança, permitem, ao abrigo do disposto no art 715.º – também aplicável à exigibilidade – que se conclua para efeitos liminares na execução que aquela obrigação pecuniária garantida por hipoteca se mostra vencida. De todo o modo, se o juiz assim o não entendesse, deveria ter potenciado o suprimento pelo exequente dessa insuficiência probatória, mediante outros meios probatórios, e não indeferir liminarmente a prossecução da execução com base na escritura pública.

5 – A exequente dispõe como base para a execução, para além da livrança, também do título previsto na al. c) do n.º 2 do art. 550.º do Código de Processo Civil, pelo que esta deverá correr na forma sumária.

(Acórdão do Tribunal da Relação de Coimbra, de 2018-11-13)

F

FIANÇA

FIANÇA "OMNIBUS"

I – Se o representante legal duma firma, sem poderes para tanto, der o aval da firma numa livrança, a falta de autorização necessária (que era a assembleia geral) não pode ser oposta ao autor da ação.

II – Prestada fiança ordinária no sentido de que os fiadores se obrigam por todas as responsabilidades que a devedora venha a ter perante o credor, seja qual for a proveniência ou o título, tal fiança é válida.

(Acórdão da Relação de Coimbra, de 1987-03-17, *Colectânea de Jurisprudência*, 12/2/76, e *Revista do Notariado*, 1988/1/112)

NOTAS

A fiança *omnibus*, ou seja, aquela que se destina a garantir todas as obrigações presentes e futuras do devedor face a determinado credor, é de validade francamente duvidosa; isto porque, como escreve Vaz Serra ("Fiança e figuras análogas", *BMJ*, 71/19-330), "no momento da fiança, deve ser determinado o título donde a obrigação futura poderá ou deverá resultar, ou ao menos saber-se como há de ele ser determinado, sem o que o objeto da fiança seria indeterminado e indeterminável", com a consequência legal da nulidade da garantia, ex-art. 280.º, n.º 1, do Código Civil, acrescente-se.

Veja-se, a propósito, o acórdão do STJ, de 2006-12-19.

Tendo-se os RR. obrigado solidariamente como fiadores e principais pagadores de todas as importâncias que o R. deva ou venha a dever, seja por que origem for, e comprometendo-se a embolsar o credor em certo prazo, tal declaração é válida.

(Acórdão da Relação de Coimbra, de 1989-03-14, *Colectânea de Jurisprudência*, 14/2/45)

NOTAS

A indeterminabilidade do objeto da fiança, aferida pela não limitação da garantia a determinado montante ou a um dado período, gera a nulidade do próprio negócio (contrato) de fiança (art. 280.º do Código Civil).

I – É admissível a fiança por débitos futuros. Porém, tais débitos deverão ser determináveis por um critério objetivo sob pena de nulidade (art. 280.º, n.º 1 do Código Civil).

II – Assim, é nula a fiança, quando uma pessoa se declara fiadora por todos os débitos que terceiro tenha ou possa vir a ter perante certa instituição bancária, uma vez que o fiador ficaria, limitadamente, nas mãos do credor e de terceiros, para mais, sem qualquer contrapartida.

(Parecer de Menezes Cordeiro, 1990, *Colectânea de Jurisprudência*, 17/3/55-64)

I – A fiança resulta sempre de um negócio jurídico, seja unilateral ou contratual.

II – A fiança pode ser prestada para garantia de obrigações futuras ou mencionadas genericamente; essencial é que se estabeleça o título de que podem resultar ou, pelo menos, como poderá ser determinado.

III – A circunstância de, na fiança, não estar fixado o limite temporal da sua vigência não conduz a que seja perpétua – o que a tornaria inválida – pois o fiador poderá liberar-se da garantia quando ocorra o condicionalismo previsto no artigo 654.º do Código Civil.

IV – Pela mesma razão, também a não fixação do limite quantitativo da obrigação garantida não determina a nulidade da fiança.

V – A fiança prestada por gerentes de uma sociedade comercial não caduca com a cessação de tais funções, a não ser que isso tenha sido expressamente convencionado ou com a aceitação do credor.

(Acórdão da Relação de Lisboa, de 1992-10-01, *Colectânea de Jurisprudência*, 17/4/163)

É nula, por o seu objeto ser indeterminável, a fiança em que os fiadores se responsabilizam por todas e quaisquer responsabilidades a assumir por sociedade comercial perante um Banco, provenientes de toda e qualquer operação em direito permitida, feita com aquela sociedade ou em que ela fosse, por qualquer forma, responsável.

(Acórdão do STJ, de 1993-01-21, *Colectânea de Jurisprudência S.*, 1/1/71)

NOTAS

Ressalta-se, do primeiro aresto (de 1992-10-01), o item IV, que afirma a validade da fiança *omnibus*, negada pelo Supremo no segundo acórdão (de 1993-01-21).

I – O contrato de fiança tem que revestir a forma que é assumida pela obrigação principal.

II – No momento da celebração da fiança, havendo prestações futuras, estas devem estar determinadas ou estabelecido o critério para a sua determinação.

(Acórdão do STJ, de 1993-05-11, *Colectânea de Jurisprudência S.*, 1/2/98)

É válida a fiança visando obrigações futuras quando no contrato respetivo se estabelece o limite máximo do montante a garantir e o prazo de validade da mesma.

(Acórdão do STJ, de 1994-05-10, *Colectânea de Jurisprudência S.*, 2/2/93)

NOTAS

O Supremo, como se vê, parece firmar-se num entendimento pouco propício à prosperidade da fiança *omnibus*.

I – O objeto do negócio jurídico só será indeterminável quando não puder ser concretizado pelo menos com recurso ao critério supletivo dos "juízos de equidade" – cf. os arts. 280.º, n.º 1, e 400.º, n.º 1, do Código Civil.

II – A fiança relativa obrigações futuras pode respeitar a obrigações resultantes de uma multiplicidade de negócios entre o devedor principal e o credor, sem necessidade da sua individualização – cf. o art. 628.º, n.º 2, do Código Civil.

III – A prestação de fiança para obrigações futuras contraídas por sociedade comercial perante uma instituição bancária tem implícita a cláusula de restrição – critério limitativo – às obrigações relacionadas com a atividade comercial da sociedade ou necessárias para esse efeito e como tal deve, em princípio, ser interpretada – cf. art. 236.º, n.º 1, do Código Civil.

IV – O objeto de prestação de fiança para obrigações futuras, mesmo abrangendo quaisquer dívidas da sociedade comercial para com a instituição bancária, não deve ter-se como indeterminável, por ser possível fixar o conteúdo da obrigação do fiador, pelo menos com recurso aos juízos de equidade – "critério supletivo" – àquela cláusula implícita de restrição – "critério limitativo".

(Acórdão do STJ, de 1995-11-22, *BMJ*, 451/406)

NOTAS

Ver, também, acórdão do Tribunal da Relação de Coimbra, de 2011-03-29.

Forma

I – A fiança só está sujeita a escrito se a lei exigir escrito para a obrigação principal.

II – Impondo o artigo 628.º, n.º 1, que a vontade de prestar fiança seja expressa, deverá atender-se, quer à definição de declaração expressa, contida no artigo 217.º, n.º 1, do Código Civil, quer à opinião de que, de um modo geral, quando não haja elementos que indiquem ter sido outro o propósito da lei, esta quis referir-se a uma declaração tanto quanto possível inequívoca.

III – Para interpretar declarações que, por força da lei, devam ser expressas, é admissível a produção de quaisquer meios de prova e, mesmo no que toca aos negócios formais, o artigo 393.º, n.º 3, do Código Civil admite prova testemunhal para interpretar o contexto do documento, embora, neste último caso, deva ser observado o artigo 238.º do Código Civil.

IV – Na fiança de negócios formais, a manifestação expressa da vontade de prestar fiança há de forçosamente constar do teor do documento.

(Acórdão da Relação de Lisboa, de 1978--01-31, *Colectânea de Jurisprudência*, 3/1/64)

NOTAS

A vontade de prestar fiança deve ser expressamente declarada pela forma exigida para obrigação principal (art. 628.º, n.º 1, do Código Civil).

Na constituição de fiança só a declaração do fiador carece de ser prestada por escrito, e não a do credor a favor de quem ela é prestada. Esta pode manifestar-se tacitamente.

(Acórdão do STJ, de 2002-10-17)

NOTAS

A lei requer que a vontade de prestar fiança seja expressamente declarada pela forma prescrita para a obrigação principal (art. 628.º, n.º 1, do Código Civil), mas não formula idêntico requisito para a aceitação da fiança, o que aliás se não justificaria (Vaz Serra, "Fiança e figuras análogas", *BMJ*, 71/51).

Noção

Tem a natureza de fiança o contrato pelo qual alguém acorda com um cre-

dor de terceiro em pagar-lhe dívida desse terceiro, comprometendo-se para tanto a aceitar letras de câmbio que veio a aceitar e cujo montante posteriormente reclamou na falência desse terceiro com o fundamento em que fora responsabilizado pelo credor, em consequência da sua intervenção no contrato por parte do falido, pelo pagamento de tal dívida.

(Acórdão do STJ, de 1972-11-28, *BMJ*, 221/212)

NOTAS

Cf. arts. 627.º e ss. do Código Civil.

FORMALIDADES

Assinatura

Não diz o Código do Notariado o que deve entender-se por assinatura.

A doutrina define-a, em termos genéricos, como o nome do respetivo autor escrito no fim do documento com a sua própria letra, por um modo característicos e invariável, incluindo os rabiscos finais, que tão singularmente distinguem quase todas as assinaturas.

A assinatura não é, necessariamente, a reprodução do nome integral, *atribuído ao seu autor no assento de nascimento.*

Deve ser o nome na forma habitual com que a pessoa se identifica na sua vida social e jurídica.

Encarado à luz deste conceito, o autógrafo que se apresenta como simples rubrica, sem configuração de conjunto de nomes ou sequer letras, não será assinatura.

A verdade, porém, é que há assinaturas ilegíveis, e não repugna aceitá-las como tais desde que se revelem formadas por uma reunião de nomes, embora não se compreenda quais sejam.

Na prática notarial corrente dá-se à palavra assinatura um sentido particularmente lato, admitindo-se na abertura de sinal o nome completo e, simultaneamente, abreviado, bem como se aceita, como assinatura, autógrafos ilegíveis, que apenas como rubrica se podem enquadrar.

Aliás, não existe qualquer preceito legal que expressamente exija que a assinatura, para que tenha relevância, deva conter nomes expressos por forma legível, deixando-se liberdade aos indivíduos para as escrever como quiserem.

(Despacho da DGRN, de 1955-03-22 – P.22 – N. 9)

Nada obsta a que o notário assine o termo de reconhecimento com o nome abreviado, ou seja, constituído por um número de elementos inferior ao que corresponde ao seu nome completo.

(Despacho da DGRN, de 1967-11-17 – P. 77)

A rubrica *está a ser usada muito frequentemente como sinal de identificação do seu autor, em vez de assinatura propriamente dita. Tal facto leva-nos a transcrever a opinião de dois comentadores:*

"(...) a rubrica, diga-se desde já, não é mais do que uma assinatura abreviada, em princípio tão apta para identificar o seu autor e este com o documento, como uma verdadeira e própria assinatura. Em muitos casos a assinatura propriamente chamada é um sinal ilegível, onde se divisam raras letras identificáveis ou até nenhuma, o que não pode deixar de considerar-se como nome incompleto, como nome incompleto é, afinal, a rubrica." (A. Luís Gonçalves, *Revista de Direito e de Estatutos Sociais*, ano XXIII, p. 185).

"Parece (...) que a assinatura não tem forçosamente de ser completa, isto é, conter o nome próprio e o cognome do subscritor, podendo tratar-se de um nome abreviado que o subscritor habitualmente utilize nos seus negócios e que, por isso, seja suficiente para o identificar." (Prof. Vaz Serra, *Rev. Leg. Jur.*, ano 110, p. 250.)

(Boletim da APN, n.º 3/4 – Tavares Cadete)

NOTAS

1. O instrumento notarial deve conter (art. 46.º, n.º 1): "a indicação dos outorgantes que não assinem e a declaração, que cada um deles faça, de que não assina

por não saber ou por não poder fazê-lo" (al. m), e "as assinaturas, em seguida ao contexto, dos outorgantes que possam e saibam assinar, bem como de todos os outros intervenientes, e a assinatura do funcionário, que será a última do instrumento" (al. n).

"Os outorgantes que não saibam ou não possam assinar devem apor, à margem do instrumento, segundo a ordem por que nele foram mencionados, a impressão digital do indicador da mão direita" (art. 51.º, n.º 1).

2. A lei não prescreve a *ordem* por que devem assinar os outorgantes e demais intervenientes; é, porém, naturalmente aconselhável que o façam segundo a ordem por que tenham sido mencionados no instrumento, à semelhança, aliás, do que está expressamente determinado para a aposição das impressões digitais (art. 51.º, n.º 1).

A falta de assinatura de qualquer dos outorgantes que saiba ou possa assinar constitui causa de nulidade (art. 70.º, n.º 1, al. e)); o mesmo vale para a falta de assinatura de abonador, perito ou testemunha (art. 70, n.º 1, al. d)). Tais nulidades podem ser sanadas nos termos do artigo 70.º, n.º 2, mais concretamente "se os intervenientes acidentais, cujas assinaturas faltam, se encontrarem devidamente identificados no ato e declararem, por forma autêntica, ter assistido à sua leitura, explicação e outorga e que não se recusaram a assiná-lo" (art. 70.º, n.º 2, al. c)); e "se os outorgantes, cujas assinaturas faltam, declararem, por forma autêntica, que estiveram presentes à leitura e explicação do ato, que este representa a sua vontade e que não se recusaram a assiná-lo" (art. 70.º, n.º 2, al. d)).

ASSINATURA – DOCUMENTO COMPLEMENTAR

Nas escrituras com mais de um ato e nomeadamente nas escrituras de compra e venda e mútuo com hipoteca e com documento complementar, enquanto alguns entendem ser necessária a assinatura daquele documento por todos os outorgantes *e* demais intervenientes, *consideram outros ser suficiente a assinatura dos outorgantes do contrato de mútuo e outros intervenientes com eles relacionados.*

Dispõe o n.º 3 do art. 64.º do Código do Notariado que os referidos documentos devem ser "assinados pelos outorgantes a quem diretamente respeitem, que possam e saibam fazê-lo, e pelo notário, sem prejuízo do disposto do art. 51.º".

Face à letra da lei, parece que a solução correta será a apontada em primeiro lugar, uma vez que nas citadas normas se não faz qualquer distinção entre os outorgantes.

(*Boletim da APN*, n.º 65/1 – F. Clamote)

NOTAS

A questão é duvidosa, como o sumário deixa entender.

Em sentido contrário, ver *Boletim da APN*, n.º 66/2 (Prado e Castro), n.º 68/3 (A. Silva Graça) e n.º 69/3 (Marques Montargil).

Sem deixar de reconhecer as razões dos contraditores, preferimos, na prática, a doutrina sumariada, apenas por uma questão de cautela, em atenção à *sanção da (eventual) falta de assinatura do documento complementar: nulidade* (art. 70.º), que, dada a incindibilidade do documento e do ato, não poderá deixar de afetar a validade (ao menos) do ato respetivo.

Procuração

Obviamente que se deve verificar se os procuradores ou representantes de pessoas singulares ou coletivas têm ou não os necessários poderes para a outorga do ato em que, nessa qualidade, intervêm.

Todavia, não deve constar do ato qualquer alusão à verificação de tais poderes, mas tão-só a da qualidade (art. 46.º, n.º 1, al. e), do Código do Notariado).

(Recomendações dos Serviços de Inspeção da DGRN, 1986, *Boletim da APN*, n.º 147/8/b)

NOTAS

Ver acórdão do Tribunal da Relação de Guimarães, de 2018-01-25.

Representação orgânica

Não determina a nulidade do ato notarial a falta de menção quer dos documentos que justificam a representação orgânica, quer da verificação de poderes por parte do notário.

(Parecer, de 1990-11-07, do Conselho Técnico dos Registos e do Notariado, relator Mouteira Guerreiro)

NOTAS

A legislação requer, no instrumento notarial, a menção das procurações e dos documentos que justifiquem a qualidade de procurador e de representante, mencionando-se, nos casos de representação legal e orgânica, terem sido verificados os poderes necessários para o ato; exige-se, mais, a menção de todos os documentos que fiquem arquivados, mediante a referência a esta circunstância, acompanhada da indicação da natureza do documento (Código do Notariado, art. 46.º, n.º 1, al. e)).

Todavia, a omissão de tais menções não desencadeia a nulidade do ato (art. 70.º), pelo que constitui simples irregularidade.

Aliás, sendo o ato lavrado em livro de notas e omitindo-se a menção em documentos arquivados, pode a falta ser suprida por meio de averbamento (art. 132.º, n.º 6), a rubricar pelo próprio notário (n.º 8). Não valerá a mesma doutrina para a falta de alusão? Parece que sim, por analogia.

Representação: sociedades

Como fazer a prova da qualidade e poderes dos administradores, diretores e gerentes?

Não basta a prova resultante do pacto. Se o notário não afirmar o seu conhecimento pessoal, deve exigir a pública-forma da respetiva ata da assembleia geral ou a competente certidão do registo comercial.

(A. Assis Ferreira, "Prova dos poderes de representação das sociedades", *Revista do Notariado*, ano II, n.º 6, outubro, 1981, pp. 12 e ss.)

NOTAS

Estão sujeitas a registo comercial a nomeação, recondução e exoneração de gerentes, administradores, governadores, diretores, representantes e liquidatários das sociedades.

Por outro lado, oponível a terceiros é tudo quanto consta do registo e só aquilo que consta do registo (art. 7.º do Código de Registo Predial).

Assim, o meio natural de prova da representação das sociedades comerciais será a certidão do registo comercial (art. 75.º do Código de Registo Comercial).

FRACIONAMENTO

Terrenos aptos para cultura

1 – Os terrenos aptos para cultura não podem fracionar-se em parcelas de área inferior a determinada superfície mínima, correspondente à unidade de cultura fixada para cada zona do País; importa fracionamento, para este efeito, a constituição de usufruto sobre uma parcela do terreno.

2 – Também não é admitido o fracionamento, quando dele possa resultar o encrave de qualquer das parcelas, ainda que seja respeitada a área fixada para a unidade de cultura.

3 – O preceituado neste artigo abrange todo o terreno contíguo pertencente ao mesmo proprietário, embora seja composto por prédios distintos.

(Artigo 1376.º do Código Civil – Fracionamento)

"1. As normas jurídicas previstas no direito administrativo relativas ao ordenamento do território, por defenderem o interesse público, proíbem fracionamentos e destaques ilegais enquanto resultado, pelo que também proíbem necessariamente todos os meios adequados para o atingir.

2. Se dúvidas houvesse quanto à prevalência do regime previsto no art.º 1376.º e 1379.º do C. Civil sobre o fracionamento e aquisição, por usucapião, verificados os respetivos pressupostos, de parcela de terreno de área inferior a superfície correspondente à unidade de cultura, deixaram de subsistir perante a atual redação do n.º 1 do art. 1379.º do C. Civil, na versão dada pela Lei n.º 111/2015, de 27 de agosto, ao sancionar expressamente com a nulidade todos os atos de fracionamento ou troca contrários ao disposto nos arts. 1376.º e 1378.º."

(http://www.dgsi.pt/jtre.nsf/-/D10025CF5F8DF0B08025813900378 83B)

As disposições conjugadas dos arts. 1376.º, n.º 1, e 1379.º, n.º 1, do Código Civil, na redação dada pela Lei n.º 111/ /2015, de 27 de agosto, não podem deixar de pesar em matéria de aquisição por usucapião, contudo, a impossibilidade legal de constituição de prédios rústicos autónomos com área inferior à unidade de cultura, que agora se extrai das ditas normas, só assume relevância quando a posse tenha sido iniciada após a entrada em vigor daquela Lei.

(https://www.irn.mj.pt/IRN/sections/irn/doutrina/pareceres/predial/2019/parecer-1-15/downloadFile/attachedFile_9_f0/CP1-2019-STJSR-CC.pdf?nocache=1559738411.58)

FRANCHISING

1. *Autonomia privada e tipos negociais*
2. *O contrato de franquia; modalidades*
3. *As figuras afins*
4. *O regime; o problema da concorrência*
5. *Constituição, vicissitudes e extinção*

(A. Menezes Cordeiro, "Do contrato de franquia ("franchising"): Autonomia privada *versus* tipicidade negocial", *Revista da Ordem dos Advogados*, 1988/I/63-84)

NOTAS

O autor propõe a seguinte definição do contrato de *franquia* ("franchising"): aquele pelo qual uma pessoa (*franquiador*) concede a outra (*franquiado*) a utilização, dentro de certa área e cumulativamente ou não, de marcas, nomes, insígnias comerciais, processos de fabrico e técnicas empresariais e comerciais, mediante contrapartidas.

Ver o Acórdão do Tribunal da Relação de Lisboa, de 2008-12-16.

FUNDAÇÕES

Estatutos

I – Não são nulas as cláusulas estatutárias que disponham que os bens afetos pelo fundador ficarão sujeitos ao encargo expresso da beneficiária (Fundação) prover à habitação, sustento, educação saúde e demais despesas, encargos e alimentos do fundador, seu cônjuge e descendentes e, no caso de extinção antes da morte do fundador ou do último dos seus descendentes, os bens afetos ou os que estejam no lugar deles reverterão para o mesmo fundador ou seus descendentes.

II – É nula a disposição estatutária que disponha que "o fundador reserva para si o direito de dispor por morte ou ato entre vivos, dos bens que afetar à Fundação".

(Acórdão do STJ, de 1996-10-24, *Colectânea de Jurisprudência S.*, 4/3/76)

1 – A Fundação para a Prevenção e Segurança, instituída por escritura pública lavrada em 5 de maio de 1999, no 3.º Cartório Notarial de Lisboa, com reconhecimento outorgado pela Portaria n.º 736/99 (2.ª série), de 23 de julho, do Secretário de Estado da Administração Interna, deve, considerando o ato de instituição e os estatutos que constam do referido instrumento notarial, ser qualificada juridicamente como fundação de interesse social, de direito privado, subordinada em especial ao regime definido nos arts. 185.º e seguintes do Código Civil.

2 – Segundo os elementos de análise disponíveis, o ato de instituição e os estatutos da Fundação apresentam-se em conformidade com a lei que a rege, sem prejuízo das conclusões 3, 4 e 5.

3 – Com efeito, os n.os 4 e 9 do art. 13.º dos estatutos, possibilitando ao conselho de administração, numa certa interpretação – muito difícil, aliás, de imputar à intenção dos fundadores –, dispor do património da Fundação ou transferir o domínio de quaisquer bens desse património para outros entes, envolveriam no limite a transformação ou extinção da Fundação e a desconsideração do escopo fundacional, em usurpação dos poderes legais da entidade competente para o reconhecimento, violando, nessa interpretação, nomeadamente os arts. 190.º, 192.º e 193.º do Código Civil.

4 – Também o art. 19.º dos Estatutos, ao conferir a competência de alteração estatutária à Assembleia de fundadores, quando esta competência é confiada pelo art. 189.º do Código Civil imperativamente à autoridade competente para o reconhecimento, colide inelutavelmente com aquele preceito, sendo consequentemente nulo.

5 – As cláusulas estatutárias aludidas nas anteriores conclusões 3 e 4 podem ser expurgadas das ilegalidades, ou eliminadas, em oportuna alteração dos estatutos, e, na falta dela, mediante sentença judicial que as declare nulas na medida pertinente, subsistindo em qualquer caso a Fundação, escorada na interpretação conforme e na disciplina legal imperativa (cf. o art. 292.º do Código Civil), tanto mais que os aludidos vícios não afetam o substrato da pessoa jurídica na veste do negócio fundacional, nem contaminam o ato de reconhecimento. (...)

(Parecer n.º 611/2000, da Procuradoria-Geral da República, de 2001-01-11, DR, 2.ª série, de 2001-03-06)

1 – As fundações podem ser instituídas mortis causa, *por testamento, ou por ato entre vivos, mediante a celebração de escritura pública, devendo, em qualquer dos casos, constar do título o fim e a especificação dos bens que lhes são destinados – artigos 185.º, n.ºs 1 e 3, e 186.º, n.º 1, ambos do Código Civil, e artigo 80.º, n.º 1, al. g), do Código do Notariado.*

2 – O reconhecimento poderá ser negado em determinadas circunstâncias, designadamente, quando os bens afetados à fundação não se mostrem suficientes para a prossecução do fim por ela visado e não haja fundadas expectativas do seu suprimento, por força do que prescreve o n.º 2 do artigo 188.º do citado Código Civil.

3 – A Fundação [...] foi reconhecida pela autoridade administrativa competente, isto é, pelo Ministério da Administração Interna, em [...] de [...] de [...], pelo que, além da idoneidade do objeto, o património foi considerado suficiente.

4 – A expressão «afetação» de bens à fundação deverá ser interpretada no sentido de transmissão, pelo que respeitando a imóveis devem os mesmos ser submetidos a registo predial em face do que se encontra preceituado nos artigos 2.º, n.º 1, al. a), e 8.º-A, do Código do Registo Predial.

5 – Nestes termos, constando do texto da escritura pública em apreço nos autos que o prédio descrito sob o n.º [...] é afetado pela instituidora "[...]", titular inscrita, ao património da Fundação [...], deve tal declaração negocial ser interpretada no sentido de que o prédio foi transmitido para a titularidade da referida Fundação – cf. o disposto nos artigos 236.º e 238.º do Código Civil.

6 – A necessidade de comprovação da ratificação dos poderes de gestão não reveste pertinência para a qualificação do peticionado registo de aquisição quando o gestido não disponha do imóvel sobre o qual versa o aludido pedido de registo.

(Proc.º n.º R. P. 72/2010, do SJC-CT)

H

HABILITAÇÃO

Numa escritura de habilitação, a menção do estado *dos habilitandos, prescrita no art. 63.º, n.º 3, do Código do Notariado e, bem assim, a indicação do nome do respetivo* cônjuge *e respetivo* regime matrimonial *de bens, devem reportar-se ao momento da abertura da sucessão, devendo, contudo, indicar-se alguma alteração posterior desses elementos.*

(Recomendações dos Serviços de Inspeção da DGRN, 1982, *Boletim da APN*, n.º 93/3/a)

NOTAS

Ver algumas considerações, muito pertinentes, de crítica à disciplina legal da habilitação notarial, no *Boletim*, n.os 84/1 (Alves Ferreira) e 94/2 (C.C.). Nesta última nota sugere-se que o procedimento correto nas habilitaçoes deveria consistir na afirmação dos factos pelos *outorgantes* e na aplicação do direito pelo *notário*, a quem cumpriria, em última análise, fazer a declaração de quem é herdeiro. Também *jure condendo* defende-se, na primeira nota, que os outorgantes dessas escrituras deveriam ser os próprios herdeiros (ou interessados, sugerimos nós: a par dos três declarantes, que confirmassem o dito pelos interessados e a notoriedade dos factos pelos mesmos declarados).

CONCEPTUROS

É admissível a habilitação notarial de legatários *instituídos genericamente, quando designados por filhos de determinada pessoa viva e com possibilidade de ter outros filhos além dos existentes no momento da habilitação.*

(L. António Fernandes, *Revista do Notariado*, ano I, n.º 5, pp. 13 e ss.)

NOTAS

1. A questão é duvidosa, estando contra o parecer, de 1973-02-23, do Conselho Técnico da DGRN (ver *Código do Notariado*, ed. DGRN, 1973, p. 132).

Inclinamo-nos para a doutrina sumariada. Ela cabe na letra da lei (cf. art. 83.º, aplicável *ex vi* art. 88.º, do Código do Notariado; a habilitação corporiza uma dupla declaração: de que os habilitandos são legatários e *não há* quem lhes prefira ou concorra; no caso, pode haver, mas não há).

Por outro lado, sendo a habilitação, como é, um ato de notoriedade, não se vê porque não possa retratar essa mesma notoriedade, a que resulta do testamento:

que os legatários *são* estes, embora *possam vir a ser* mais.

Pensamos, assim, que a habilitação proposta é possível, mas que o seu texto deve ou reproduzir a disposição testamentária ou, de outro modo, deixar a claro a possibilidade de surgirem novos legatários.

2. Se, em vez de legatários, se tratar de habilitar *herdeiros*, então já a habilitação deve ter-se por inadmissível (art. 83.º, n.º 1, do Código do Notariado), por haver nesse caso lugar a *inventário obrigatório*, segundo a melhor doutrina (Lopes Cardoso, *Partilhas Judiciais*, I, Coimbra, Almedina, 1969, pp. 79 e ss.; R. Capelo de Sousa, *Lições de Direito das Sucessões*, I, Coimbra, 1980, pp. 228 e 232, notas).

3. O problema posto da habilitação de legatários concepturos colocar-se-á, na prática, muito raramente. Tenha-se em vista o disposto no art. 2226.º do Código Civil, que importa aproximar da regra do art. 2033.º, n.º 2, al. a), e que nos parece ter estado ausente da cogitação do A. como do Conselho Técnico: quando outra se não mostre inequivocamente ter sido a vontade do testador, não deverá entender-se que os legatários instituídos são apenas os existentes à data da abertura da sucessão, ou seja, à morte do testador?

Cônjuges

Nos termos do art. 2133.º, n.º 3, do Código Civil, o cônjuge não é chamado à herança se à data da morte do autor da sucessão se encontrar divorciado ou separado judicialmente de pessoas e bens.

Assim, não perde a qualidade de herdeiro o cônjuge apenas separado judicialmente de bens, *nos termos dos arts. 1767.º a 1772.º do Código Civil.*

Em consequência desta forma limitada de separação, o regime matrimonial passa a ser o da separação, podendo proceder-se à partilha do património comum como se o casamento tivesse sido dissolvido (art. 1770.º do Código Civil).

A simples separação não produz, porém, relativamente aos bens, todos os efeitos que resultariam da dissolução do casamento, ao contrário do que acontece com a separação judicial de pessoas e bens (art. 1795.º-A do Código Civil).

(*Boletim da APN*, n.º 15/1)

NOTAS

O cônjuge não é chamado à herança se à data da morte do autor da sucessão se encontrar divorciado ou separado judicialmente de pessoas e bens, por sentença que tenha já transitado ou venha a transitar em julgado, ou ainda se a sentença de divórcio ou separação vier a ser proferida posteriormente àquela data, nos termos do n.º 3 do art. 1785.º (art. 2133.º, n.º 3, do Código Civil).

Como é evidente, este preceito implica dificuldade de monta no campo notarial, já que a emissão da sentença ou o seu trânsito em julgado *após a data da abertura da sucessão* podem vir a infirmar a escritura de habilitação entretanto celebrada, em que o cônjuge tenha sido habilitado; esta simples possibilidade, parece-nos, deverá conduzir o notário à recusa do ato até ao momento em que se tornar certo o chamamento (ou não) do cônjuge à herança; importará talvez, por isso mesmo, que à margem do ato o notário colha informação dos declarantes ou interessados sobre a eventual pendência de divórcio, isto sempre que o cônjuge se conte entre os herdeiros a habilitar.

Direito de representação

Constituem pressupostos *do direito de representação:*

- *na* sucessão legal*: a pré-morte (real ou presumida), a incapacidade por indignidade, a deserdação, a ausência e o repúdio;*
- *na* sucessão testamentária*: pré--morte (real ou presumida), o repúdio e a ausência; no caso de incapacidade, não há lugar a direito de representação, solução que resulta* a contrario *do art. 2037.º, n.º 2, e se tem como mais conforme à vontade hipotética do testador.*

(Pereira Coelho, *Direito das Sucessões*, Coimbra, 1968, pp. 202 e ss.)

NOTAS

1. Quanto à *ausência*, na sucessão testamentária, vai no sentido do texto o disposto no art. 120.º do Código Civil e, no mesmo, sentido, Oliveira Ascensão, *Direito Civil. Sucessões*, Coimbra Editora, 1981, p. 191. Contra: R. Capelo de Sousa, *Lições de Direito da Sucessões*, I, Coimbra, 2013, p. 304; *nuancé*, agora, Pereira Coelho, *Direito das Sucessões*, II, Coimbra, 1974, pp. 77 e ss. e 129 (*apud* R. Capelo de Sousa, *ob. cit.*).

2. Repercussões, no notariado, dos pressupostos ou causas do direito de representação, quanto, por exemplo, à escritura de habilitação? Será mister distinguir consoante a natureza da causa, segundo esta opere automaticamente ou *ipso iure*, ou mediante uma decisão judicial.

Assim, no caso de pré-morte real não há dificuldade: C habilita-se como herdeiro de A se B, seu pai e filho de A, faleceu antes deste.

Já a *pré-morte presumida* (art. 114.º do Código Civil) e a ausência (art. 99.º) só operam mediante decisão judicial; bem como o *repúdio* opera pela declaração do repudiante (em escritura, se a herança tem bem imóveis ou equiparados – arts. 2063.º e 2126.º) e a *deserdação* pela declaração do autor da sucessão em testamento (art. 2166.º). Em qualquer destes casos, o texto da habilitação haverá de citar ou a escritura (repúdio) ou o testamento (deserdação) ou a decisão judicial (morte presumida e ausência) – e seu trânsito – que corporizam as respetivas causas do direito de representação.

Duvidoso é o caso da *incapacidade por indignidade*, opinando uns no sentido da sua atuação automática e outro no sentido de que é necessária a ação judicial para a sua declaração. Contudo, para efeitos notariais, não deverá sufragar-se a doutrina da atuação automática. Sendo a habilitação um «ato de notoriedade», de afirmação de factos conhecidos, certos, incontroversos, como admitir C a habilitar-se por herdeiro de A, com fundamento, por exemplo, em que B, filho de A, induziu este por dolo ou coação a fazer ou modificar testamento? Pormenorizando, poderá aceitar-se a habilitação para os casos das als. a) e b) do art. 2034.º, mas nunca para os das als. c) e d). Assim, a habilitação, nos casos das als. a) e b), deverá citar as respetivas decisões judiciais de condenação.

3. Na hipótese de *pré-morte* real (ver exemplo supra), os documentos da habilitação são a certidão de óbito de A e certidões de nascimento de B e C. Não se instrui o ato com certidão de óbito de B, comprovativa da sua pré-morte, conforme prática notarial pacífica, uniforme e justificada.

E em todos os outros casos apontados juntar-se-á certidão da escritura (repúdio), do testamento (deserdação), da decisão judicial, (morte presumida, ausência, indignidade)? Parece que não; por uma questão de uniformidade de critério e, ainda, pela superfluidade que traduziria a junção: documentos devidamente referenciados no texto da habilitação (e que o notário não deixará de conferir), provando eles plenamente os factos que atestam, farão em conjunto com aquela a respetiva prova, quando for necessária.

Do casamento de Palmira com António não houve descendência, mas Palmira tinha um filho, Manuel, de anterior casamento. Palmira faleceu em 1964, sucedendo-lhe como único herdeiro o filho Manuel. António faleceu em 1980, no estado de viúvo de Palmira, sem descendentes nem ascendentes, mas com dois irmãos e testamento datado de 1963, no qual instituía a mulher, Palmira, a única herdeira. A quem pertence a herança de António?

Também na sucessão testamentária *existe hoje o direito de representação (art. 2041.º do Código Civil), de onde resulta que, falecida Palmira à data da abertura da herança de António, é o seu filho, Manuel, que a representa e recebe os bens de António. Na verdade, embora a instituída herdeira tivesse falecido antes do testador, a disposição testamentária não caducou, posto que havia representação sucessória (art. 2317.º do Código Civil).*

(*Boletim da APN*, n.º 51/4)

NOTAS

Ver artigos citados.

Cf. o acórdão da Relação do Porto, de 1970-10-14 (*BMJ*, 207/233): "Embora tenha falecido o herdeiro instituído em data anterior à vigência do novo Código Civil, não terá caducado o testamento nos termos (do art. 1759.º, n.º 3) do Código de Seabra, se o testador faleceu em data posterior, por, à morte deste, vigorar o novo Código Civil, que admite o direito de representação a favor dos descendentes legítimos, de quem, sendo herdeiro testamentário, haja falecido antes do testador (arts. 2040.º e 2041.º)."

---

1 – O problema e as soluções dadas pela doutrina.

2 – Interesse prático em resolvê-lo.

3 – A solução que mais se harmoniza com a natureza e com o fundamento da sucessão representativa.

4 – O problema em face do direito português.

(Pires de Lima, "Direito de representação e unidade de estirpe", *Rev. Leg. Jur.*, ano 71, pp. 356-366)

NOTAS

1. O que se discutia então, no domínio ainda do Código de Seabra, era se o direito de representação tinha lugar também no caso de existir uma estirpe única, com um ou com vários sucessores. E o A. pronunciava-se afirmativamente, no trabalho sumariado, contra a doutrina, que cita, de Dias Ferreira, Abranches Ferrão e Cunha Gonçalves, entre outros.

2. A questão foi resolvida explicitamente no Código Civil de 1966 (art. 2045.º): "a representação tem lugar, ainda que (...) exista uma só estirpe" – preceito que corresponde ao art. 2095.º do Projeto (*BMJ*, 129/21) e ao art. 18.º do Anteprojeto Galvão Teles (*BMJ*, 54/28) – cf. também *RDES*, ano XIII, n.os 3-4, pp. 240 (O. Ascensão).

3. Sobre a matéria podem confrontar-se Galvão Teles, *Direito de representação,*

substituição vulgar e direito de crescer, 1943, p. 92; Pereira Coelho, *Direito das Sucessões*, Coimbra, 1968, p. 212; Oliveira Ascensão, *Direito Civil. Sucessões*, Coimbra Editora, 1981, p. 200; e R. Capelo de Sousa, *Lições de Direito das Sucessões*, I, Coimbra, 1980, p. 316.

Doações

Não há necessidade de, em escritura de habilitação de herdeiros, se referir qualquer doação que em vida o "de cujus", porventura, haja feito, já que a habilitação visa apenas demostrar e precisar, pela declaração de três pessoas idóneas (art. 83.º do Código do Notariado) e com os documentos focados no art. 85.º do mesmo diploma, quais são os herdeiros daquele.

(Recomendações dos Serviços de Inspeção da DGRN)

NOTAS

Qualquer doação que o "de cujus" haja feito só tem interesse para a partilha da sua herança, nunca para a habilitação dos respetivos herdeiros. Não deverá esquecer-se que a habilitação notarial é somente a declaração de quem são os herdeiros do falecido e de que não há quem lhes prefira ou com eles concorra (Código do Notariado, art. 83.º).

Como assim é, não só não há necessidade, como nem sequer se compreende, a referência a doações "inter vivos" que o falecido haja feito. Trata-se de uma menção sem qualquer ligação com o ato "habilitação", claramente supérflua e que por isso mesmo não é de fazer.

Documentos

1. *Na habilitação em que o único herdeiro é um* sobrinho *do "de cujus", instituído no respetivo testamento, não é preciso arquivar qualquer certidão de nascimento do aludido sobrinho. A sucessão fundamenta-se em vocação testamentária e não legítima.*

2. *Na falta de ascendentes e descendentes, o* cônjuge *é chamado à totalidade da herança, a título de sucessor legítimo, como prescreve o art. 2144.º do Código Civil.*

Nestes casos, mesmo que haja testamento *a favor do cônjuge, instituindo-o universal herdeiro, este não produz efeitos jurídicos, por desnecessário, não sendo de exigir certidão comprovativa do pagamento do imposto do selo do testamento; torna-se, porém, indispensável arquivar certidão do casamento do autor da sucessão.*

(Recomendações dos Serviços de Inspeção da DGRN, 1983, *Boletim da APN*, n.º 99/6/a/b)

NOTAS

1. Nos termos do art. 85.º, n.º 1, al. c), do Código do Notariado, quando a sucessão se funda, no todo ou em parte, em testamento, a escritura de habilitação deve ser instruída com certidão de testamento. Portanto, a existência, só por si, de testamento não é determinante da junção da certidão. É necessário que a sucessão dos herdeiros se baseie nele.

Assim, não há que instruir a escritura com certidão do testamento em que apenas foram feitos legados; ou com certidão do testamento em que o cônjuge foi instituído único herdeiro, quando o "de cujus" não deixa descendentes nem ascendentes e a abertura da herança é posterior a 1978-04-01, data da entrada em vigor das alterações à hierarquia dos sucessíveis, por virtude das quais o cônjuge passou a gozar de posição privilegiada na herança (arts. 2133.º e 2144.º do Código Civil).

Tanto num como noutro caso, o chamamento dos herdeiros não se funda em testamento, é deferido pela lei, que tem primado sobre os outros títulos de vocação sucessória. Por isso, estas escrituras devem ser instruídas com documentos justificativos da sucessão legítima (certidão de casamento, no caso de cônjuge herdeiro), não com o testamento. Na hipótese das habilitações a que se refere o art. 88.º do Código do Notariado, é claro que haverá necessidade de se juntar certidão de testamento, ainda que nele apenas se façam legados, posto que, nesse caso, a sucessão dos legatários se baseia nas disposições testamentárias.

Quando o autor da herança deixa testamento, mas, pelas razões indicadas, não se torna necessário instruir a habilitação com a respetiva certidão, convém, mesmo assim, referir sumariamente na escritura a existência do testamento, de modo a harmonizá-lo com a correspondente certidão de óbito. Bastará em tal caso mencionar "Que o autor da herança faleceu com testamento, lavrado a fls... do livro... do Cartório... no qual apenas fez vários legados" ou "...no qual apenas instituiu o cônjuge seu único herdeiro". O testamento não produz aqui efeito jurídico e por isso não tem de se fazer prova de pagamento do selo a que se refere o art. 162.º da Tabela [já não está em vigor, substituída pela Lei n.º 150/99, de 11 de setembro] (*Boletim da APN*, n.º 9/1).

3. "A escritura (...) em que foram habilitados os irmãos do autor da herança não foi instruída com a certidão de nascimento deste e por isso não ficou provada a relação de parentesco entre o autor da herança e os declarados herdeiros, já que a certidão de óbito daquele não é, para tal, título idóneo" (*Boletim da APN*, n.º 24/3/c).

Em face da redação atual do art. 85.º, n.º 1, alínea c), do Código do Notariado é inequívoco que, sempre que o "de cujus" morra com testamento, a escritura de habilitação tem de ser instruída com ele e, consequentemente, deve ser dado cumprimento ao art. 162.º da Tabela Geral do Imposto de Selo [já não está em vigor, substituída pela Lei n.º 150/99, de 11 de setembro].

(Despacho da DGRN, de 1996-05-03, *BRN*, 5/96, p. 23)

NOTAS

Conforme a indicada norma da lei notarial, a escritura de habilitação deve ser instruída, entre outros documentos, com certidão de teor do testamento ou da escritura de doação por morte, *mesmo que a sucessão não se funde em alguns desses atos*.

Daí que se justifique a exigência da prova do pagamento do selo do art. 162.º da Tabela, quanto aos testamentos, *quando tenham de produzir efeito jurídico*.

Eficácia

I – A sucessão regra é a legítima. Esta só deixará de funcionar se a disposição testamentária o impedir.

II – A prova do facto futuro e incerto de que ficou dependente a eficácia de disposição testamentária incumbe ao herdeiro testamentário, seja este autor ou réu.

III – A habilitação notarial de herdeiro não vincula aqueles que não intervieram no ato.

IV – A falta de impugnação *da correspondente escritura pública não a torna válida e eficaz em relação a terceiros.*

(Acórdão da Relação de Évora, de 1985-03-14, *Colectânea de Jurisprudência*, 10/2/277, e *Revista do Notariado*, 1986/1/122)

NOTAS

1. Diz o Código do Notariado, no art. 86.º (Efeitos da habilitação), no seu n.º 1:

"A habilitação notarial tem os mesmos efeitos da habilitação judicial e é título bastante para que se possam fazer em comum, a favor de todos os herdeiros e do cônjuge meeiro, os seguintes atos:

a) Registos nas conservatórias do registo predial;

b) Registos nas conservatórias do registo comercial e da propriedade automóvel;

c) Averbamentos de títulos de crédito;

d) Averbamentos da transmissão de direitos de propriedade literária, científica, artística ou industrial;

e) Levantamentos de dinheiro ou de outros valores."

2. A habilitação notarial é um documento narrativo ou testemunhal, contendo declarações de ciência ou de verdade.

Consiste na declaração, feita em escritura pública por três pessoas que o notário considere dignas de crédito, de que os habilitandos são herdeiros do falecido e não há quem lhes prefira ou concorra na sucessão (art. 83.º do Código do Notariado).

A habilitação constitui um documento de notoriedade (cf. Vaz Serra, "Provas", n.º 129, *BMJ*, 112/170-172; Fausto Navarro Azpeitia, "Atas de notoriedade", *Anales de Academia Matritense del Notariado*, I, pp. 49-94); mas não vincula aqueles que a não promoveram ou não aceitaram e, por isso, pode por eles ser impugnada por todos os meios legais (assim: acórdão do STJ, de 1966-04-12, *BMJ*, 156/315, e *Rev. Leg. Jur.*, 100/120).

3. A habilitação notarial, como se vê, serve de legitimação para os registos, nomeadamente, e para o tráfico jurídico: pode ser impugnada, mas enquanto não for não deixa de surtir os seus efeitos próprios, não podendo ser ignorada por quaisquer indivíduos ou entidades particulares ou públicas a quem seja apresentada.

A prova resultante da habilitação notarial (ou da judicial, porque os efeitos são os mesmos) não é uma prova livre, como parece pensar o acórdão anotando, sujeita à livre apreciação do tribunal; é antes uma prova legal, segundo se afigura, na espécie de *prova bastante*, cedendo apenas perante contraprova e invertendo, portanto, o ónus da prova. Eis o que parece decorrer do art. 353.º do Código do Processo Civil, principalmente do n.º 3; os habilitandos não têm de produzir outra prova senão a do documento e essa prevalecerá se não for produzida prova contrária. Dentro do mesmo pensamento, Fausto Navarro, *ob. cit.*, p. 64.

Quer dizer: a impugnação, mesmo judicial, da escritura de habilitação não basta só por si para afastar a prova de habilitação. A escritura é eficaz enquanto não se decidir em contrário. De todo o modo, o herdeiro habilitado não terá de provar que é herdeiro; o impugnante é que terá de provar que não, ou então que há outros herdeiros além dos que constam da escritura.

Ver também o acórdão do Tribunal da Relação de Lisboa de 2009-10-22.

I – São havidas como fideicomissárias as disposições pelas quais o testador chame alguém ao que restar da herança por morte do herdeiro.

II – Não está neste caso a disposição pela qual a testadora deixa à irmã todos os seus bens ou a parte que deles restar, se o marido, a quem os bens são desde logo entregues ao título de usufrutuário, não vier, entretanto, a precisar de os alienar para satisfação de quaisquer "necessidades legítimas".

III – Trata-se de uma instituição de herdeiro sob condição resolutiva na pessoa da irmã, sendo usufrutuário o marido; e sob condição suspensiva na pessoa deste, para os bens que precisar de alienar – como tudo deve constar do registo.

IV – À morte da irmã, depois da testadora, mas antes do cônjuge sobrevivo, são chamados à herança os seus sucessores, nas mesmas condições.

V – Não pode servir de base ao registo a escritura de habilitação que não teve em conta o circunstancialismo apontado, por ser manifesta a sua nulidade.

(Parecer, de 1991-03-14, do Conselho Técnico dos Registos e do Notariado, relator Rocheta Gomes, P. 24/90 - R. P. 4, *Revista do Notariado*, 1991/3/432, e *Regesta*, 1991/3/31)

NOTAS

O Conselho resolveu mal, diz a nota de A. M. que acompanha a publicação do douto parecer, sustentando, em síntese, que a escritura de habilitação não pode, em princípio, ser posta em causa, fora do contexto de impugnação, e divergindo, por outro lado, do parecer na interpretação e qualificação das disposições testamentárias em discussão: o marido, diz a nota, é herdeiro sim, sob condição, mas resolutiva, não suspensiva, como conclui o parecer.

Ver também o acórdão do Tribunal da Relação do Porto de 2010-11-30.

Estado civil

I – Competindo à lei portuguesa, como lei pessoal, regular e definir o estado civil dos nacionais portugueses, é contraditório nos seus próprios termos declarar que estes são "desquitados nos termos da lei brasileira".

II – Para que possam ser lavrados no registo civil, os averbamentos devidos pela alteração produzida, necessário se torna que previamente seja revista e confirmada, pelos nossos tribunais, a decisão que decretou o desquite, reconhecendo-o como separação judicial de pessoas e bens.

III – Quando se notifique o despacho de recusa ou de provisoriedade por dúvidas, deve enviar-se ou entregar-se ao notificando cópia ou fotocópia legível da decisão e dos seus motivos (art. 253.º do Código de Processo Civil).

(Parecer, de 1991-07-10, do Conselho Técnico dos Registos e do Notariado, relator Silva Pereira, P. 92/90-R. P. 4, *Revista do Notariado*, 1992/1/107)

NOTAS

O parecer, tirado em sessão conjunta do notariado e do registo predial, diz respeito a uma escritura de habilitação, sem menção nas conclusões.

Os membros da secção notarial, segundo declaração, concordam apenas com as conclusões.

As certidões de nascimento que instruem escritura de habilitação, nos termos da al. b) do n.º 1 do art. 85.º do Código do Notariado, destinam-se a provar o vínculo de parentesco existente entre o habilitando e o autor da sucessão.

Por essa razão, ainda que não estejam atualizadas quanto ao estado civil dos habilitandos, *podem as referidas certidões ser aceites, uma vez que aos declarantes, ou ao cabeça de casal, cabe fornecer os elementos de identificação que àqueles respeitam (cf. art. 83.º do mesmo Código).*

(Recomendação da DGRN, 1999, *BRN*, 10/99, p. 19)

NOTAS

A doutrina sumariada merece algumas sérias reservas.

Desde logo, há o problema da credibilidade que se pode (ou deve) ou não pode (ou não deve) atribuir à declaração verbal contra o que resulta do documento escrito (autêntico).

Depois, há as normas do Código do Registo Civil (arts. 2.º a 4.º): os factos sujeitos a registo só podem invocar-se após o registo e não podem provar-se senão pelo registo.

Por último, o caminho de facilidade que a recomendação propõe não se compagina com o rigor que a segurança jurídica pressupõe.

Estrangeiro

Se um estrangeiro deixar bens em Portugal, a habilitação dos herdeiros, para o efeito de receberem os bens aqui existentes, tem de ser feita perante tribunal *ou* perante notário português, *de nada valendo a habilitação feita perante notário estrangeiro.*

Pouco importa que o autor da herança faleça fora de Portugal e que os herdeiros sejam estrangeiros e estejam domiciliados em país estrangeiro.

(*Rev. Leg. Jur.*, ano 85, 83/374)

NOTAS

1. Anotam-se as seguintes resoluções da Direção-Geral dos Registos e do Notariado recenseadas no *Código do Notariado*, Lisboa, ed. DGRN, 1973 (pp. 131-132):

- "Nada obsta a que seja lavrada em Portugal escritura de habilitação referente a uma herança aberta por óbito de um indivíduo de nacionalidade estrangeira, ocorrido no estrangeiro, da qual fazem parte bens imóveis sitos em Portugal" (Despachos de 1970-10-07 e 1970-12-29).
- "Segundo o art. 62.º do Código Civil, a sucessão é regulada pela lei pessoal do autor da herança ao tempo do falecimento. Assim, se o *de cujus* era cidadão dos EUA, será a lei americana a reguladora da sucessão. Ora, em face desta lei não existe sucessão legal legitimária, pelo que o autor da herança pode sempre dispor, por testamento, da totalidade dos seus bens" (Despacho de 1970-12-29).

2. Desde 17 de agosto de 2015, com a entrada em vigor do Regulamento UE) n.º 650/2012 do Parlamento Europeu e do Conselho, de 4 de julho de 2012, relativo à competência, à lei aplicável, ao reconhecimento e execução das decisões, e à aceitação e execução dos atos autênticos em matéria de sucessões e à criação de um Certificado Sucessório Europeu, a lei aplicável ao conjunto da sucessão é a lei do Estado onde o falecido tinha residência habitual no momento do óbito. No entanto, caso, a título excecional, resulte claramente do conjunto das circunstâncias do caso que, no momento do óbito, o falecido tinha uma relação manifestamente mais estreita com um Estado diferente do Estado onde o falecido tinha residência habitual no momento do óbito, é aplicável à sucessão a lei

desse outro Estado. É o regime que resulta do artigo 21.º do Regulamento das Sucessões.

I – As escrituras públicas exaradas em país estrangeiro, na conformidade das leis desse país, produzem efeitos em Portugal, independentemente de confirmação.

II – Não fazem exceção a esta regra as habilitações de herdeiros feitas perante notário estrangeiro.

(Parecer, de 1989-03-08, do Conselho Técnico dos Registos e do Notariado, relator Rocheta Gomes, P. 13/89 – R.P. 3, *Regesta*, 1989/3/48, e *Revista do Notariado*, 1990/3/414)

NOTAS

1. O que o parecer quer dizer, como diz na substância, sumariando, porém, mal a sua doutrina, é que a habilitação notarial estrangeira tem eficácia em Portugal, mesmo que o falecido aqui tenha deixado bens.

Em contrário, ver *Rev. Leg. Jur.*, ano 85, 83/374:

"Se um estrangeiro deixar bens em Portugal, a habilitação dos herdeiros, para o efeito de receberem os bens aqui existentes, tem de ser feita perante tribunal ou perante notário português, de nada valendo a habilitação feita perante notário estrangeiro.

Pouco importa que o autor da herança faleça fora de Portugal e que os herdeiros sejam estrangeiros e estejam domiciliados em país estrangeiro."

2. A razão está do lado da revista decana, podendo a sua doutrina confortar-se com novos argumentos, à luz da evolução legislativa posterior.

Irmãos

Nas escrituras de habilitação de herdeiros, quando ao "de cujus" sucedem irmãos, deve particularizar-se se os habilitandos são germanos *ou* unilaterais, *pois tal menção é indispensável para o cálculo dos quinhões na partilha, já que o quinhão dos germanos é igual ao dobro do quinhão dos consanguíneos e dos uterinos.*

(Recomendações dos Serviços de Inspeção da DGRN, 1979, *Boletim da APN*, n.º 22/3/a)

NOTAS

Irmãos germanos são os que são filhos do mesmo pai e da mesma mãe; consanguíneos, os que são filhos do mesmo pai; e uterinos, os da mesma mãe. O quinhão de cada um dos irmãos germanos, ou dos *descendentes que o representem,* é igual ao dobro do quinhão de cada um dos outros (art. 2146.º do Código Civil).

Como se vê da expressão sublinhada, aliás desnecessária em face das normas sobre o direito de representação, a doutrina sumariada é extensiva ao caso de se habilitarem, por direito de representação, os descendentes de irmão(s) do autor da sucessão.

Legatários

1.º Quando o testador declara deixar certa e determinada coisa àquele sobrinho que o assistir nos fins da sua vida, deve considerar-se que a disposição é feita a favor de pessoa incerta *e* indeterminada.

2.º Para o registo do prédio legado, nestas condições, além do testamento, será necessário juntar a habilitação de legatário, nos termos dos arts. 88.º do Código do Notariado e 2185.º do Código Civil.

3.º Oferecendo-se somente o testamento é manifesto que o facto requisitado não está titulado nos documentos apresentados, pelo que, ao abrigo do art. 69.º, n.º 1, al. b), do Código do Registo Predial, deve ser recusado. (...)

(Parecer, de 1985-09-23, do Conselho Técnico dos Registos e do Notariado, relator Rodrigues Fontinha, P. 24/85, RP3, *Bol. Reg. Not.*, 6/4)

NOTAS

1. O disposto na lei notarial relativamente à habilitação de herdeiro "é aplicável, com as necessárias adaptações, à habilitação de legatários, quando estes forem indeterminados ou instituídos genericamente ou quando a herança for distribuída em legados" (art. 88.º do Código do Notariado).

É nula a disposição feita a favor da pessoa incerta que por algum modo se não possa tornar certa (art. 2185.º do Código Civil).

2. Foi no Código de 1960 que pela primeira vez se regulou a habilitação de legatários. No entanto, já anteriormente, a prática aplicava por analogia a regulamentação da habilitação de herdeiros.

Morte presumida

O notário não pode habilitar notarialmente os herdeiros do indivíduo cuja morte foi declarada presumida judicialmente, pois ainda que o fizesse tal título seria, no caso concreto, inútil.

A propositura da ação de morte presumida já implica de certo modo uma habilitação, habilitação provisória por assim dizer, já que, quando o processo entrar na 2.ª fase, as pessoas que inicialmente propuseram a ação podem vir a ser afastadas.

Colocado o problema perante as disposições da lei notarial, a solução é a mesma, mas ainda mais marcadamente evidente.

(*Boletim da DGRN*, ano I, n.º 1, p. 27)

NOTAS

Questão diversa da equacionada será a questão de saber se, declarada judicialmente a morte presumida, podem os interessados realizar extrajudicialmente a partilha, ou se apenas o podem fazer judicialmente, por inventário.

Com reserva, embora, inclinamo-nos para o primeiro sentido, à vista do art. 886.º do Código do Processo Civil, que manda aplicar no caso de morte presumida os arts. 881.º a 885.º, quando são exatamente os que a estes se seguem a regular o processo de inventário; donde parece dever concluir-se que o inventário não é forçoso ou necessário, após declaração da morte presumida.

Nascituros

Além do Estado e das pessoas nascidas, gozam em geral de capacidade sucessória *os* nascituros concebidos *no tempo da abertura da sucessão, quer na sucessão legal (legítima ou legitimária), quer na sucessão testamentária ou contratual.*

Os nascituros não concebidos, *desde que filhos de pessoa determinada e viva ao tempo da abertura da sucessão, gozam de capacidade na sucessão testamentária e na contratual, mas não na sucessão legal (legítima ou legitimária) – art. 2033.º do Código Civil.*

(R. Capelo de Sousa, *Lições de Direito das Sucessões*, I, Coimbra, 1980, p. 230)

NOTAS

1. O A. aponta, em nota, que a admissibilidade da sucessão de concepturos na

sucessão testamentária e contratual é um tributo ao princípio da liberdade negocial e testamentária e visa satisfazer eventuais motivações do autor da sucessão, no âmbito dos seus poderes de disposição, v. g., o desejo do testador de não instituir ou afastar certas pessoas da sucessão por razões pessoais que não valham para os filhos deles ou de evitar desigualdades entre filhos nascidos e concebidos, por um lado, e concepturos, por outro, quando estes últimos sejam prováveis e o testador pretenda beneficiar todos os filhos de certa pessoa.

2. Evidentemente, *não é possível a habilitação notarial (nem partilha) referente a herdeiros nascituros concebidos ou concepturos*, enquanto tal; aliás, o inventário é obrigatório (cf. Lopes Cardoso, *Partilhas Judiciais*, I, Coimbra, Almedina, 1969, pp. 79 e ss., e R. Capelo de Sousa, *Lições de Direito das Sucessões*, I, Coimbra, 1980, pp. 228 e 232, notas).

A partilha da herança deixada a nascituros não concebidos antes de haver a certeza de que não nascem mais filhos implica uma ponderação do interesse dos filhos que eventualmente venham a nascer depois da partilha que está para além do regime de representação gizado no artigo 2240.º do Código Civil e que impede o consenso a que se refere o artigo 2102.º do mesmo Código. Donde, não podendo a partilha fazer-se por via extrajudicial, afastada fica a possibilidade de instauração do procedimento simplificado de partilha da herança a que possam ter direito nascituros não concebidos.

(P.º C.N. 35/2012, *SJC-CT*)

Partilha

Questionável é saber se a escritura notarial de partilha terá ou não de ser precedida ou acompanhada de escritura de habilitação notarial de herdeiros ou de título judicial idêntico.

Pronunciaram-se pela afirmativa, no regime anterior ao Código Civil de 1966, v. g. a Revista do Notariado e Registo Predial, *vol. IV, p. 167, e Tavares de Carvalho,* Atos dos Notários, *1932, p. 179, parecendo-nos ser essa a prática notarial.*

E julgamos ser essa a orientação mais aconselhável, sobretudo após o novo Código Civil.

(R. Capelo de Sousa, *Lições de Direito das Sucessões*, II, Coimbra, 1980/82, p. 150)

NOTAS

1. A prática notarial é, de facto, no sentido de a habilitação preceder ou acompanhar a partilha extrajudicial; se tal prática é, como todos reconhecem, aconselhável, não é, porém, obrigatória, conforme entendimento pacífico há muitos anos.

A título de exemplo, diz o despacho da DGRN, de 1961-12-03, P. 160-N. 14, *Código do Notariado*, ed. DGRN, 1973, p. 136):

"Na vigência do Código do Notariado de 1932 era aceite como indiscutível a doutrina de que a partilha podia preceder a habilitação notarial.

O Código de 1960 não contrariou este entendimento, pelo que não é de pôr em dúvida a subsistência da doutrina anteriormente assente."

Neste mesmo sentido, pareceres da DGRN, *Revista do Notariado e Registo Predial*, vols. 5/133 e 9/196, e Borges de Araújo, *Serviços do Notariado* (Habilitação – Sua não obrigatoriedade...).

2. O novo Código Civil, salvo o devido respeito, não veio introduzir novos dados na questão. O art. 2102.º, n.º 1, exige, é certo, o acordo de todos os interessados, para a partilha extrajudicial; e o notário,

por outro lado, tem o dever de recusar a prática de atos nulos; mas nada de menos certo do que a exclusão de algum interessado implicar a nulidade da partilha (ver Cunha Gonçalves, *Tratado de Direito Civil em Comentário ao Código Civil Português*, vol. X, Coimbra, Coimbra Editora, 1936); a partilha seria simplesmente afetada de ineficácia, não produzindo qualquer efeito com relação ao interessado excluído. (Ver acórdão do Tribunal da Relação de Lisboa de 2021-03-25.)

Não há que exigir, para a partilha, a prova da legitimidade das partes, para proteção dos interesses de outros eventuais herdeiros, porque a sua exclusão não prejudica nem pode prejudicar esses interesses. Acresce que, em direito notarial, como princípio, e bem assim em qualquer contrato, a legitimidade presume-se ou prova-se por declaração das próprias partes; com boa razão, porque o contrato, como tal, só vale entre tais partes, se as mesmas possuírem legitimidade. A prova de legitimidade para a partilha não é menos falível quando declarada pelos próprios interessados do que quando declarada por três estranhos, em habilitação; os interessados não arriscam menos do que os três declarantes; e arriscam mais, a validade (ou, melhor, a eficácia) do ato da partilha.

3. Podem deparar-se aos herdeiros, por razões várias, dificuldades ou delongas na obtenção dos documentos necessários para a habilitação; e, sabedor cada um, e todos, dos seus respetivos direitos, podem eles ter interesse em vincular-se desde logo por contrato, procedendo à partilha extrajudicial. Não há motivo, legal ou de outra ordem, que obste à satisfação desse interesse.

Substituição fideicomissária

Tendo sido instituído fideicomisso, a habilitação do fiduciário pode fazer-se por via notarial, se este aceitar a herança e, quanto a ele, se verificarem as circunstâncias referidas no artigo 83.º do Código do Notariado, mesmo que assim não aconteça em relação ao fideicomissário, já que este só poderá aceitar a herança quando ela lhe seja devolvida (arts. 2293.º e 2294.º do Código Civil).

Na habilitação far-se-á referência expressa à existência do fideicomisso.

(*Boletim da APN*, n.º 12/3 – Martins Soares)

NOTAS

1. Tem voto de conformidade no mesmo *Boletim*, n.º 14/2 (Pena de Andrade): o fiduciário é um verdadeiro proprietário (neste sentido, exatamente, o acórdão da Relação do Porto, de 1974-06-14, *BMJ*, 238/283), embora o seu direito se ache fortemente restringido; a herança, desde que o fiduciário a aceite, só se devolve ao fideicomissário com a morte daquele, não existindo até então mais do que uma expectativa do fideicomissário, ainda que juridicamente tutelada.

2. A hipótese focada era a de um testamento com instituição de herdeiro universal, dispondo o testador que o que restasse da herança, após o falecimento do herdeiro, seria aplicado a favor de uma fundação.

A habilitação da fundação fideicomissária teria de ser feita em inventário obrigatório (art. 2053.º, n.º 1, do Código Civil), mas só depois da devolução, isto é, depois da morte do fiduciário (art. 2293.º, n.º 1), por isso, antes desse momento a fideicomissária não poderia aceitar ou repudiar a herança (art. 2294.º).

Ver P.º n.º R.P. 42/2010 SJC-CT.

– Em caso de substituição fideicomissária, é possível a habilitação de herdeiros mesmo em vida do fiduciário e do fideicomissário.

A habilitação destina-se a demonstrar a qualidade de herdeiro e o fiduciário é um herdeiro, embora com limitações.

Essas limitações devem ser reveladas na escritura, mas não podem impedir a celebração dela.

De resto, há um argumento de direito positivo a legitimar esta posição: o art. 94.º, al. b), do Código do Registo Predial, que manda inserir as cláusulas fideicomissárias no extrato da inscrição.

(José da Fonseca e Silva, "Fideicomissos. Algumas interrogações", *Revista do Notariado*, 1993/137-59)

HIPOTECA

Acessórios de crédito

A garantia hipotecária não cobre os juros superiores a três anos, sem nova hipoteca, ainda que a execução tenha demorado anormalmente mais tempo, pois o preceituado no artigo 693.º, n.º 3, do Código Civil, destina-se a evitar a acumulação de juros garantidos sem conhecimento de terceiros, sendo até esse o seu campo de aplicação por excelência, sabido que em regra os credores não deixam acumular juros durante três anos sem recorrerem aos meios judiciais.

(Acórdão do STJ, de 1980-11-05, *BMJ*, 301/395)

I – A hipoteca não garante senão os juros dos últimos três anos, limite que é fixado no art. 693.º, n.º 2, do Código Civil tendo em vista, além de afastar muitas dúvidas que se suscitam noutros países (v. g. a de saber se estão garantidos por hipoteca os juros vencidos durante a execução), a vantagem de estimular, para além deste limite, a diligência do credor exequente e ainda proteger o interesse de terceiros.

II – Este entendimento não é contrariado pelo artigo 710.º do mesmo Código, pois que este artigo se encontra, por sua vez, limitado por aquele artigo 693.º, n.º 2, inserto como está nas "Disposições gerais" relativas à hipoteca.

(Acórdão da Relação de Lisboa, de 1974-03-22, *BMJ*, 235/346)

NOTAS

Diz o artigo 693.º do Código Civil (Acessórios do crédito):

"1. A hipoteca assegura os acessórios do crédito que constem do registo.

2. Tratando-se de juros, a hipoteca nunca abrange, não obstante convenção em contrário, mais do que os relativos a três anos.

3. O disposto no número anterior não impede o registo de nova hipoteca em relação a juros em dívida."

Ver, ainda, o acórdão da Relação de Lisboa, de 1979-12-11 (*Colectânea de Jurisprudência*, 4/5/1618); e A. Vaz Serra, "A hipoteca e os acessórios do crédito", *Rev. Leg. Jur.*, 80/225.

1.º A cláusula penal fixada para os casos de mora nos contratos de mútuo tem a natureza de acessório do crédito.

2.º A cláusula penal assim estabelecida pode sê-lo em percentagem do capital mutuado e pelo tempo da mora, correspondendo a juros para os efeitos do disposto no art. 639.º do Código Civil.

3.º As instituições de crédito e parabancárias poderão fazer inserir, nos contratos dos empréstimos que concedem, uma cláusula penal devida pela mora que não exceda 4%, a acrescer às taxas de juros remuneratórios estabelecidos no Decreto-Lei n.º 204/87, de 16 de maio, considerando-se reduzida a este limite na parte excedente.

4.º Tal cláusula penal, como acessório do crédito, deve constar da inscrição de hipoteca, por constituir menção especial obrigatória, nos termos do disposto no artigo 96.º, n.º 1, al. a), do Código do Registo Predial.

5.º A hipoteca não pode garantir a indemnização de qualquer outra despesa que o credor haja de fazer em consequência da mora para além do limite estabelecido para a cláusula penal.

(Parecer, de 1988-05-11, do Conselho Técnico dos Registos e do Notariado, relator Marques Coelho, P. 12/88 – R. P. 3, *Revista do Notariado*, 1989/1/140)

NOTAS

1. O douto parecer é esclarecido por parecer do Conselho Técnico, de 1988-10-20, com o mesmo relator e publicado na *Revista do Notariado*, 1989/2, aditando-se um ponto 6.º às conclusões: "Não se compreende na restrição constante da precedente conclusão o montante convencionado pelas partes para despesas emergentes do contrato que, no entanto, não estejam relacionadas com a mora do devedor."

2. Algumas notas sobre a hipoteca e os acessórios do crédito.

Lei (art. 693.º do Código Civil):

"1 – A hipoteca assegura os acessórios do crédito que constem do registo.

2 – Tratando-se de juros, a hipoteca nunca abrange, não obstante convenção em contrário, mais do que os relativos a três anos."

Doutrina: A. Vaz Serra, "A hipoteca e os acessórios do crédito", *Rev. Leg. Jur.*, 80/225.

Jurisprudência:

– Acórdão da Relação de Lisboa, de 1974-03-22, *BMJ*, 235/346:

"I – A hipoteca não garante senão os juros dos últimos três anos, limite que é fixado no art. 693.º, n.º 2, do Código Civil tendo em vista, além de afastar muitas dúvidas que se suscitam noutros países (v. g. a de saber se estão garantidos por hipoteca os juros vencidos durante a execução), a vantagem de estimular, para além deste limite, a diligência do credor exequente e ainda proteger o interesse de terceiros.

II – Este entendimento não é contrariado pelo artigo 710.º do mesmo Código, pois que este artigo se encontra, por sua vez, limitado por aquele artigo 693.º, n.º 2, inserto como está nas "Disposições gerais" relativas à hipoteca."

– Acórdão da Relação de Lisboa, de 1979-12-11, *Colectânea de Jurisprudência*, 4/5/1618:

"O art. 693.º do Código Civil não proíbe que se executem juros de mais de três anos: apenas os exclui da garantia hipotecária, a menos que concretamente sobre eles se venha a registar nova hipoteca; questão distinta é a excessividade dos juros convencionais, regulada no art. 1146.º do mesmo diploma."

– Acórdão do STJ, de 1980-11-05, *BMJ*, 301/395:

"A garantia hipotecária não cobre os juros superiores a três anos, sem nova hipoteca, ainda que a execução tenha demorado anormalmente mais tempo, pois o preceituado no artigo 693.º, n.º 3, do Código Civil, destina-se a evitar a acumulação de juros garantidos sem conhecimento de terceiros, sendo até esse o seu campo de aplicação por excelência, sabido que em regra os credores não deixam acumular juros durante três anos sem recorrerem aos meios judiciais."

– Acórdão da Relação do Porto, de 1988-03-08, *Colectânea de Jurisprudência*, 13/2/192:

"I – O disposto no art. 60.º do Decreto-Lei n.º 48953 [de 5 de abril de 1969 – este Decreto-Lei foi revogado pelo Decreto-Lei n.º 287/93, de 20 de agosto, só ficando alguns arts. Referentes à CGD] não pode ser interpretado em relação a terceiros, no sentido de permitir a cobrança de juros a taxa superior à mencionada em inscrição de hipoteca.

II – A cláusula contratual sobre a extensão de garantia hipotecária, quanto à taxa máxima de juros, é oponível por terceiro a qualquer das partes.

III – A garantia hipotecária constituída a favor da reclamante (a Caixa Geral de Depósitos) apenas abrange, quanto aos juros, a taxa de 18,75%, fixada no contrato e mencionada no registo.

IV – Pela mesma razão não é incluída nessa garantia a sobretaxa prevista no art. 7.º do Decreto-Lei n.º 344/78."

3. Sobre a inscrição hipotecária.

– Acórdão do STJ, de 1979-11-27, *BMJ*, 291/488:

"I – A alínea a) do n.º 1 do art. 183.º do Código do Registo Predial (de 1967) apenas manda mencionar, no extrato de inscrição hipotecária, o montante máximo do crédito assegurado e dos seus acessórios e o fundamento da hipoteca.

II – As cláusulas cuja menção não seja obrigatória no registo vinculam o adquirente do prédio independentemente de qualquer formalidade, sob pena de não ficarem assegurados os direitos do credor inscrito."

I – Para efeito do registo de hipoteca, as verbas correspondentes aos acessórios do crédito devem ser fixadas ou em taxa percentual ou em quantia determinada.

II – Tendo-se estipulado, a título de cláusula penal, uma quantia certa por cada dia de mora, essa verba é redutível a uma taxa de juro.

III – Se tal exceder o máximo legalmente permitido, dever-se-á considerar reduzida a esse máximo.

(Parecer, de 1990-05-25, do Conselho Técnico dos Registos e do Notariado, relator Mouteira Guerreiro, P. 1/90 – R.P. 4, *Revista do Notariado*, 1991/1/129)

NOTAS

1. A doutrina do parecer, segundo se crê, tem a lei do seu lado (art. 1146.º, n.os 2 e 3, do Código Civil).

A cláusula penal, podendo revestir outras modalidades, traduz-se, geralmente numa quantia certa, em juros especiais, ou numa quantia por cada dia de mora (Pires de Lima e Antunes Varela, *Código Civil Anotado*, II, Coimbra Editora, 1968, nota 2 ao art. 810.º).

Os limites da cláusula penal, indicados no art. 1146.º, não dizem respeito apenas às convenções de juros moratórios. A pena, embora tenha outra natureza, não deixa de estar sujeita àqueles mesmos limites. Assim, por exemplo, se num empréstimo de 1000 se estabelece a pena de 500 pelo não cumprimento da obrigação, esta pena terá de ser reduzida aos limites fixados na lei, tendo-se em atenção o tempo da mora (*ob. cit.*, nota 5 ao art. 1146.º).

2. O Decreto-Lei n.º 58/2013, de 8 de maio, consagrou um regime uniforme, mais claro e transparente, sendo apenas aplicáveis, em caso de mora do cliente bancário, juros moratórios. Afasta-se, dessa forma, a fixação de cláusulas penais moratórias, o que não invalida, naturalmente, que as partes possam, nos termos gerais de direito, convencionar entre si a existência de cláusulas penais indemnizatórias, aplicáveis pelo incumprimento definitivo do contrato.

I – A hipoteca só assegura os juros relativos a três anos, independentemente do tempo decorrido para cobrança judicial do crédito (art. 693.º, n.º 2, do Código Civil).

II – O imposto do selo a que se refere o art. 120.º-A da Tabela Geral [já não está em vigor, substituída pela Lei n.º 150/99, de 11 de setembro] não é acessório do crédito para efeito da inscrição registral da hipoteca (art. 96.°, n.° 1, al. a), do Código Registo Predial).

III – Não obstante, porque tal imposto acresce, "ex vi legis", ao crédito de juros, a sua não inscrição no registo não o exclui da garantia hipotecária.

(Acórdão da Relação do Porto, de 1991-10-08, *Colectânea de Jurisprudência*, 16/4/261)

A garantia da hipoteca abrange, para além do capital inicialmente mutuado, a elevação desta resultante da capitalização de juros não pagos que haja sido legalmente feita.

(Acórdão da Relação de Lisboa, de 1994-01-13, *Colectânea de Jurisprudência*, 19/1/92, e acórdão do STJ, de 2000-06-06)

I – É válida a hipoteca que garanta obrigações futuras e indeterminadas, desde que o respetivo contrato contenha um critério objetivo para a sua determinação – arts. 280.°, n.° 1, e 686.°, n.° 2, do Código Civil.

II – Pode estar nestas condições a hipoteca constituída a favor de instituição de crédito e titulada por contrato de que emerjam apenas obrigações de natureza bancária, exclusivamente relacionadas com o comércio bancário do credor.

III – É de lavrar como provisória por dúvidas, por infringir o princípio da especialidade, a inscrição de hipoteca em cujo título constitutivo foi acordada a garantia de despesas, sem indicação do seu valor, não sendo ainda possível determinar o valor do crédito garantido – arts. 693.°, n.° 1, do Código Civil e 96.°, n.° 1, al. a), do Código de Registo Predial.

(Parecer, de 1998-05-27, do Conselho Técnico dos Registos e do Notariado, relator Maria Ferraro, *BRN – Supl.*, 7/98, p. 18)

I – O crédito bancário dispõe de regras específicas que afastam o regime previsto nos artigos 559.°-A e 1146.° do Código Civil, para os juros civis, e no artigo 102.° do Código Comercial, para os juros comerciais, e que, salvo disposição legal em contrário, permitem às instituições bancárias fixar livremente as taxas de juro das suas operações.

II – O princípio da especialidade demanda que no registo figure a taxa de juro remuneratório garantida pela hipoteca (artigo 96.° do Código do Registo Predial), a qual pode corresponder ao limite máximo do juro variável convencionado pelas partes, de harmonia com o princípio geral da autonomia privada e dentro dos condicionalismos legalmente previstos.

(https://www.irn.mj.pt/IRN/sections/irn/doutrina/pareceres/predial/2011/p-r-p-156-2011-sjc-ct/downloadFile/file/RP156-2011.pdf?nocache=1327426982.49)

NOTAS

As primeiras conclusões do parecer de 1998-05-27 caucionam a legalidade da chamada hipoteca-teto, objeto da escritura apreciada no processo.

A última conclusão, essa não merece concordância, pelos motivos que invocava o recorrente vencido nos autos:

– A menção dos acessórios na inscrição (juros + despesas) apenas é exigida legalmente se tais elementos constarem do título (art. 96.°, n.° 1, al. a), do Código do Registo Predial);

– Se não constarem, não têm de figurar no registo e então o máximo que se pode entender é que a hipoteca não garante os acessórios (art. 693.° de Código Civil);

– No caso da *hipoteca-teto*, a discriminação dos acessórios não faz sentido nem corresponde a qualquer interesse jurídico atendível.

Com efeito, definido o limite (ou teto) da garantia, o montante máximo assegurado, é inútil discriminar o crédito e os acessórios, pois está satisfeito o interesse do tráfico, dos terceiros interessados, em saber até que ponto poderão responder, no futuro, os bens onerados.

Expurgação

I – Por força da indivisibilidade *da hipoteca o credor hipotecário pode, quando ela tenha sido constituída sobre várias coisas ou partes autónomas de coisas, ou quando ela se tenha formado sobre uma coisa posteriormente dividida em várias coisas novas ou partes automatizadas de coisa, executá-la, por inteiro, sobre qualquer delas, à sua escolha.*

II – Ainda por força da indivisibilidade, *havendo créditos hipotecários divididos, qualquer dos credores pode executar a hipoteca, na totalidade, para satisfação do remanescente.*

III – Por estar em causa um interesse privado disponível *a indivisibilidade pode ser afastada por cláusula em contrário.*

IV – A hipoteca sobre um terreno *alarga-se ao* edifício, *quando haja, depois, uma construção; ocorrendo uma posterior constituição do regime de* propriedade horizontal *a hipoteca onera cada um dos direitos daí resultantes, pela totalidade do débito garantido.*

V – Quando a hipoteca tenha sido constituída sobre o prédio global antes de ter sido colocado em propriedade horizontal, a expurgação *só pode ser levada a cabo por algum ou alguns dos condóminos quando – ressalvada a hipótese de acordo prévio ou superveniente, em contrário – seja satisfeita a totalidade do crédito hipotecário ou quando eles ofereçam o próprio valor dos seus direitos.*

(J. Oliveira Ascensão e A. Menezes Cordeiro, "Expurgação de hipoteca", *Colectânea de Jurisprudência*, 11/5/35-47)

NOTAS

Quanto à expurgação da hipoteca, ver arts. 721.º e ss.; sobre a indivisibilidade, art. 696.º; e sobre a extensão da hipoteca, ver art. 691.º, todos do Código Civil.

Ver também o acórdão do STJ, de 1997-04-22, e o acórdão do Tribunal da Relação do Porto, de 2018-10-23.

Extensão

I – Quer em face do art. 891.º do Código Civil de 1867, quer perante o art. 691.º do Código vigente, a hipoteca, constituída sobre um terreno, estende-se "ipso jure" aos edifícios nele posteriormente incorporados.

II – Por identidade ou maioria de razão, a hipoteca abrange igualmente as construções urbanas em terreno obtido por demolição de outras e os novos andares assentes nos que já existiam à data da constituição da garantia.

(Parecer da PGR n.º 34/67, de 1967-11-23, *BMJ*, 177/97)

NOTAS

No mesmo sentido do parecer sumariado, ver o acórdão do STJ, de 1967-12-09, *BMJ*, 172/242.

O art. 691.º do Código Civil foi alterado pelo Decreto-Lei n.º 225/84, de 6 de julho, ficando com a seguinte redação:

Artigo 691.º – *Extensão*

1 – A hipoteca abrange:

a) As coisas imóveis referidas nas alíneas c) a e) do n.º 1 do art. 204.º;

b) As acessões naturais;

c) As benfeitorias, salvo o direito de terceiros.

2 – Na hipoteca de fábricas, consideram-se abrangidos pela garantia os maquinismos e demais móveis inventariados no título constitutivo, mesmo que não sejam parte integrante dos respetivos imóveis.

3 – Os donos e possuidores de maquinismos, móveis e utensílios destinados à exploração de fábricas, abrangidos no registo de hipoteca dos respetivos imóveis, não os podem alienar ou retirar sem consentimento escrito do credor e incorrem na responsabilidade própria dos fiéis depositários.

NOTAS

O diploma adita ao preceito os n.os 2 e 3, importando a disposição do n.º 2 do art. 2.º, n.º 4, do Código do Registo Predial, aprovado pelo Decreto-Lei n.º 47611, de 28 de março de 1967.

Extinção

I – É a natureza do seu objeto que caracteriza a hipoteca em face de outras garantias reais (como, por exemplo, o penhor e a consignação de rendimentos) e que explica a importância prática extraordinária que ela reveste em todas as operações de crédito, e justifica solução excecional de a eficácia da mesma depender do seu registo mesmo em relação às partes, consagrada no art. 687.º do Código Civil, ficando assim o registo a ter uma verdadeira eficácia constitutiva.

II – As causas de extinção da hipoteca constantes do art. 730.º do Código Civil são meramente exemplificativas, existindo outras para além delas, como é o caso do decurso do prazo fixado para a sua duração, o qual não faz parte da menção obrigatória do registo.

III – Se por escritura pública for confessada uma dívida, a ser paga em 30 prestações quinzenais e seguidas, sendo a primeira em 15 de dezembro de 1993 e a última no final de fevereiro de 1995, sendo que a falta de pagamento de duas prestações implica o vencimento das restantes e para o pagamento da mesma os devedores constituírem a favor do credor hipoteca voluntária sobre prédio urbano pelo prazo de 14 meses, tal significa que este prazo só pode ser entendido no sentido de que começa a correr termo a partir da data da última prestação.

(Acórdão do STJ, de 1997-10-28, *BMJ*, 470/597)

NOTAS

1. A hipoteca extingue-se (art. 730.º do Código Civil): "a) Pela extinção da obrigação a que serve de garantia; b) Por prescrição, a favor de terceiro adquirente do prédio hipotecado, decorridos vinte anos sobre o registo da aquisição e cinco sobre o vencimento da obrigação; c) Pelo perecimento da coisa hipotecada, sem prejuízo do disposto nos artigos 692.º e 701.º; d) Pela renúncia do credor."

2. Conforme, quanto ao ponto II, Pires de Lima e Antunes Varela, *Código Civil Anotado*, I, Coimbra Editora, 1967, anot. art. 730.º.

Quanto ao ponto III, refira-se que é impossível concordar com o douto acórdão, devendo contar-se o prazo desde a data do contrato, não como diz o aresto.

(...) VI – O art. 13.º do Código do Registo Predial dispõe que os registos são cancelados com base na extinção dos direitos, ónus ou encargos neles definidos, pelo que o registo de hipoteca poderá também ser cancelado com base em documento comprovativo da sua extinção, sendo que, entre as causas determinantes desta, se incluem, entre outras, a extinção da obrigação a que serve de garantia e a renúncia do credor (art. 730.º, alíneas a) e d), respetivamente), causas pelas quais pode igualmente cessar o direito de penhor, face à remissão efetuada pelo art. 677.º do Código Civil.

VII – Se a obrigação garantida pela hipoteca residir no pagamento de uma dívida, satisfeita esta, extingue-se a obrigação, e, como direito acessório que é, extingue-se aquela garantia; porém, no caso de incidir um penhor sobre o crédito respetivo, o pagamento tem de ser feito conjuntamente ao credor pignoratício e ao credor hipotecário (art. 685.º, n.º 2, do Código Civil). Do mesmo modo, o titular do crédito empenhado só pode receber a respetiva prestação com o consentimento do credor pignoratício, extinguindo-se, assim, também, o penhor.

VIII – Relativamente à renúncia – que deve ser expressa e exarada em documento autenticado (art. 731.º, n.º 1, do Código Civil) como causa extintiva da hipoteca ou do penhor, não carece de ser aceite pelo devedor ou pelo autor da hipoteca.

IX – O cancelamento da hipoteca que garanta um crédito sobre o qual se mostre constituído e registado um penhor poderá ser efetuado, nos termos previstos no art. 56.º do Código do Registo Predial, com base em documento autêntico ou autenticado de que conste o consentimento dos credores pignoratício e hipotecário.

(Despacho da DGRN, de 2004-06-25, *BRN-CT*, 7/04, p. 8)

Forma

I – O Código Civil de 1966 eliminou a hipoteca legal que o Código Civil de 1867 atribuía formalmente aos estabelecimentos de crédito predial.

II – Este facto não implica que o legislador tenha querido abolir também as hipotecas voluntárias a favor desses estabelecimentos, uma vez que se previu apenas a revogação da legislação civil e não também a legislação comercial.

III – Está em vigor o Decreto de 7 de janeiro de 1876 – que permite a constituição da hipoteca voluntária a favor dos estabelecimentos de crédito predial, mediante simples instrumento particular, já que o legislador, ao adaptar a legislação notarial, em 1967, às novas disposições do Código Civil de 1966, expressamente ressalvou a legislação especial relativa aos atos praticados pelos estabelecimentos do crédito predial devidamente autorizados.

(Antunes Varela, "Constituição de hipoteca a favor de bancos prediais" (parecer), *Colectânea de Jurisprudência*, 16/3/47-54)

NOTAS

No mesmo sentido, *ibidem*, pp. 57-69, o parecer de Menezes Cordeiro (1989).

Conforme, também, o acórdão da Relação de Lisboa, de 1989-04-20 (*BMJ*, 386/498).

A exigência de escritura pública (ou testamento) para a hipoteca voluntária que recaia sobre bens imóveis consta do art. 714.º do Código Civil.

Ver P.º n.º R.P. 171/2010, SJC-CT, e o acórdão do STJ, de 1995-01-24.

I – Os documentos que titulam os contratos de mútuos dados à execução pelo B..., S.A., e assinados pelo devedor, constituem títulos executivos, nos termos da Lei de 16 de abril de 1874, regulamentada pelo Decreto de 7 de Janeiro de 1876, e mantida em vigor pelo Decreto-Lei n.º 272/90, de 7 de setembro.

II – O artigo 703.º do Código de Processo Civil, articulado com o artigo 6.º, n.º 3, da Lei n.º 41/3013, de 26 de julho, não é aplicável aos documentos constitutivos de obrigações, assinados pelo devedor antes de 2013-08-31, e que à data da sua criação dispunham de força executiva.

(Acórdão da Relação do Porto, de 2015-11-30)

Fundamento

I – Sendo o fundamento da hipoteca um elemento essencial desta, ele não é, no entanto, alterado pelo facto de a obrigação casual haver sido contraída por ambos os cônjuges ou apenas por um deles com consentimento do outro.

II – Consequentemente, verificando-se existir uma tal divergência entre o título e o registo provisório, isso não constitui motivo impeditivo da conversão deste.

(Parecer, de 1988-11-17, do Conselho Técnico dos Registos e do Notariado, relator Mouteira Guerreiro, P. 64/88 R.P. 3, *Revista do Notariado*, 1989/2/245)

I – Não é manifestamente nula por indeterminabilidade do seu objeto a hipoteca voluntária constituída pelo devedor ou por terceiro para garantia de todas as responsabilidades assumidas ou a assumir pelo devedor até determinado montante.

II – Decorrentemente, o registo do facto não deverá ser recusado nos termos do art. 69.º, n.º 1, do Código do Registo Predial.

(Parecer, de 2003-09-30, do Conselho Técnico dos Registos e do Notariado, relator João Bastos, *BRN-CT*, 9/03, p. 27)

NOTAS

Na mesma linha do presente douto parecer, ver CT 27/5/98 (*BRN-CT*, 7/98, p. 9):

"I – É válida a hipoteca que garanta obrigações futuras e indeterminadas, desde que o respetivo contrato contenha um critério para a sua determinação – artigos 280.º, n.º 1, e 686.º, n.º 2, do Código Civil.

II – Pode estar nestas condições a hipoteca constituída a favor de instituição de crédito e titulada por contrato de que emerjam apenas obrigações de natureza bancária, exclusivamente relacionadas com o comércio bancário do credor."

Pacto comissório

A outorga de uma procuração irrevogável, "com plenos poderes para vender ou prometer vender a quem entender, incluindo à própria mandatária, pelo preço e demais condições que entender", os identificados prédios, sobre os quais foi constituída uma hipoteca pelo mandante a favor dessa mesma mandatária, consubstancia a camuflagem, em fraude à lei, de um verdadeiro pacto comissório.

(Acórdão da Relação do Porto, de 2004-06-07, *Colectânea de Jurisprudência*, 29/3/186)

NOTAS

O pacto comissório é proibido formalmente pelo art. 694.º do Código Civil: "É nula, mesmo que seja anterior ou posterior à constituição da hipoteca, a convenção pela qual o credor fará sua a coisa onerada no caso de o devedor não cumprir."

SUB-ROGAÇÃO

I – Efetuada a sub-rogação por um Banco, dum crédito que tinha sobre um devedor, por pessoa sem poderes para praticar o ato, pode o mesmo ser ratificado ou confirmado.

II – Um crédito garantido por hipoteca sobre um imóvel, para ser sub-rogado, não tem que o ser por escritura pública.

(Acórdão do STJ, de 1994-02-17, *Colectânea de Jurisprudência S.*, 2/1/107)

NOTAS

A segunda máxima é muita duvidosa, por um lado porque a lei sujeita a escritura pública a cessão de crédito hipotecário sempre que a garantia recaia sobre imóvel e, por outro, porque a mesma lei estende as regras da cessão à transferência legal ou judicial de créditos (Código Civil, arts. 578.º e 588.º).

Aliás, a sub-rogação é havida no nosso direito como uma forma de transmissão do crédito e não como uma forma de extinção da obrigação (P. Lima e A. Varela, *Código Civil Anotado*, I, Coimbra Editora, 1967, anot. ao art. 589.º).

Daí dever aplicar-se-lhe a norma relativa à forma da cessão (art. 578.º), até porque a diferença de tratamento não se justificaria no plano de interesses.

I – Nem o Código Civil nem o Código do Notariado exigem documento autêntico para a sub-rogação em crédito hipotecário.

II – O Código Civil exige documento particular para a sub-rogação em qualquer tipo de crédito ao abrigo do art. 591.º do Código Civil.

III – O n.º 3 do art. 2.º do Decreto-Lei n.º 255/93 não interpretou autenticamente o art. 591.º do Código Civil, mas deve entender-se como mera confirmação da aplicabilidade da figura de sub-rogação aos créditos bancários por mútuos para habitação própria.

IV – O registo de transferência da hipoteca ao abrigo dos arts. 591.º e 582.º do Código Civil, faz-se por averbamento, nos termos do art. 101.º do Código do Registo Predial, com base no documento particular do novo empréstimo e no documento (também particular) de quitação emitido pelo credor inicial.

(Parecer de Mouteira Guerreiro, P. 126 – R. P. 94, *Bol. Reg. Not.*, 9/95, p. 9)

NOTAS

Com a primeira máxima, ver o acórdão do STJ, de 1994-02-17 (*Colectânea de Jurisprudência S.*, 2/1/107), atrás citado.

A segunda proposição extrapola ilegitimamente o que dispõe o art. 591.º, apenas para a sub-rogação em consequência de empréstimo feito ao devedor. Os requisitos exigidos nesse caso diferem dos exigidos para as duas modalidades previstas nos artigos anteriores, a sub-rogação pelo credor (art. 589.º) e a sub-rogação pelo devedor (art. 590.º) – assim, Pires de Lima e Antunes Varela, *Código Civil Anotado*, I, Coimbra Editora, 1967, anot. ao art. 591.º.

I

IMI

Código

São de salientar os seguintes artigos do Código do IMI (Imposto Municipal sobre Imóveis – Decreto-Lei n.º 287/ /2003, de 12 de novembro, mais recentemente alterado pela Lei n.º 24-D/ /2022, de 30 de dezembro).

Artigo 124.º – *Entidades públicas*

1 – As entidades públicas, ou que desempenhem funções públicas, que intervenham em atos relativos à constituição, transmissão, registo ou litígio de direitos sobre prédios, devem exigir a exibição de documento comprovativo da inscrição do prédio na matriz ou, sendo omisso, de que foi apresentada a declaração para inscrição.

2 – Sempre que o cumprimento do disposto no número anterior se mostre impossível, faz-se expressa menção do facto e das razões dessa impossibilidade, devendo comunicar-se tal facto ao serviço de finanças da área da situação dos prédios.

Artigo 112.º – *Taxas*

1 – As taxas do imposto municipal sobre imóveis são as seguintes:

a) Prédios rústicos: 0,8%;

b) (Revogada.)

c) Prédios urbanos – de 0,3% a 0,45%.

2 – Tratando-se de prédios constituídos por parte rústica e urbana, aplica-se ao valor patrimonial tributário de cada parte a respetiva taxa.

3 – Salvo quanto aos prédios abrangidos pela alínea b) do n.º 2 do artigo 11.º, as taxas previstas nas alíneas b) e c) do n.º 1 são elevadas, anualmente, ao triplo nos casos:

a) De prédios urbanos que se encontrem devolutos há mais de um ano, ou prédios em ruínas, como tal definidos em diploma próprio, cujo estado de conservação não tenha sido motivado por desastre natural ou calamidade;

b) Prédios urbanos parcialmente devolutos, incidindo o agravamento da taxa, no caso dos prédios não constituídos em propriedade horizontal, apenas sobre a parte do valor patrimonial tributário correspondente às partes devolutas.

4 – A taxa do imposto é de 7,5% para os prédios de sujeitos passivos que:

a) Tenham domicílio fiscal em país, território ou região sujeito a um regime fiscal mais favorável, constante de lista aprovada por portaria do Ministro das Finanças;

b) Sejam, nos termos previstos no n.º 8 do artigo 17.º do Código do IMT, uma entidade dominada ou controlada, direta ou indiretamente, por entidade que tenha domicílio fiscal em país, território ou região sujeito a um regime fiscal mais favorável, constante de lista aprovada por portaria do Ministro das Finanças.

5 – Os municípios, mediante deliberação da assembleia municipal, fixam a taxa a aplicar em cada ano, dentro dos intervalos previstos na alínea c) do n.º 1, podendo esta ser fixada por freguesia.

6 – Os municípios, mediante deliberação da assembleia municipal, podem definir áreas territoriais, correspondentes a freguesias ou zonas delimitadas de freguesias, que sejam objeto de operações de reabilitação urbana ou combate à desertificação, e majorar ou minorar até 30% a taxa que vigorar para o ano a que respeita o imposto.

7 – Os municípios, mediante deliberação da assembleia municipal, podem definir áreas territoriais correspondentes a freguesias ou zonas delimitadas de freguesias e fixar uma redução até 20% da taxa que vigorar no ano a que respeita o imposto a aplicar aos prédios urbanos arrendados, que pode ser cumulativa com a definida no número anterior.

8 – Os municípios, mediante deliberação da assembleia municipal, podem majorar até 30% a taxa aplicável a prédios urbanos degradados, considerando-se como tais os que, face ao seu estado de conservação, não cumpram satisfatoriamente a sua função ou façam perigar a segurança de pessoas e bens, exceto quando tal seja motivado por desastre natural ou calamidade.

9 – Os municípios, mediante deliberação da assembleia municipal, podem majorar até ao dobro a taxa aplicável aos prédios rústicos com áreas florestais que se encontrem em situação de abandono, não podendo da aplicação desta majoração resultar uma coleta de imposto inferior a € 20 por cada prédio abrangido.

10 – Consideram-se prédios rústicos com áreas florestais em situação de abandono aqueles que integrem terrenos ocupados com arvoredos florestais, com uso silvo-pastoril ou incultos de longa duração, e em que se verifiquem, cumulativamente, as seguintes condições:

a) Não estarem incluídos em zonas de intervenção florestal (ZIF), nos termos do disposto no Decreto-Lei n.º 127/2005, de 5 de agosto;

b) A sua exploração não estar submetida a plano de gestão florestal elaborado, aprovado e executado nos termos da legislação aplicável;

c) Não terem sido neles praticadas as operações silvícolas mínimas necessárias para reduzir a continuidade vertical e horizontal da carga combustível, de forma a limitar os riscos de ignição e propagação de incêndios no seu interior e nos prédios confinantes.

11 – Constitui competência dos municípios proceder ao levantamento dos prédios rústicos com áreas florestais em situação de abandono e à identificação dos respetivos proprietários, até 30 de março de cada ano, para posterior comunicação à Direção-Geral dos Impostos.

12 – Os municípios, mediante deliberação da assembleia municipal, podem fixar uma redução até 50 % da taxa que vigorar no ano a que respeita o imposto a aplicar aos prédios classificados como de interesse público, de valor municipal ou património cultural, nos termos da respetiva legislação em vigor, desde que estes prédios não se encontrem abrangidos pela alínea n) do n.º 1 do artigo 44.º do Estatuto dos Benefícios Fiscais.

13 – (Revogado.)

14 – As deliberações da assembleia municipal referidas no presente artigo devem ser comunicadas à Autoridade Tributária e Aduaneira, por transmissão eletrónica de dados, para vigorarem no ano seguinte, aplicando-se a taxa mínima referida na alínea c) do n.º 1, caso as comunicações não sejam recebidas até 31 de dezembro.

15 – No caso de as deliberações compreenderem zonas delimitadas de freguesias ou prédios individualmente considerados, das comunicações referidas no número anterior deve constar a indicação dos artigos matriciais dos prédios abrangidos, bem como o número de identificação fiscal dos respetivos titulares.

16 – A identificação dos prédios ou frações autónomas devolutos, os prédios em ruínas e os terrenos para construção referidos no artigo 112.º-B deve ser comunicada pelos municípios à Autoridade Tributária e Aduaneira, por transmissão eletrónica de dados, nos termos e prazos referidos no n.º 14 e divulgada por estes no respetivo sítio na Internet, bem como no boletim municipal, quando este exista.

17 – O disposto no n.º 4 não se aplica aos prédios que sejam propriedade de pessoas singulares.

18 – Os municípios abrangidos por programa de apoio à economia local, ao abrigo da Lei n.º 43/2012, de 28 de agosto, ou programa de ajustamento municipal, ao abrigo da Lei n.º 53/2014, de 25 de agosto, alterada pela Lei n.º 69/2015, de 16 de julho, podem determinar que a taxa máxima do imposto municipal prevista na alínea c) do n.º 1, seja de 0,5%, com fundamento na sua indispensabilidade para cumprir os objetivos definidos nos respetivos planos ou programas.

19 – Os municípios, mediante deliberação da assembleia municipal, podem definir uma majoração da taxa que vigorar no ano a que respeita o imposto a aplicar aos prédios ou partes do prédio em zonas de pressão urbanística, como tal definidas em diploma próprio, nos seguintes termos:

a) Até 100 % nos casos em que estejam afetos a alojamento local;

b) Até 25 % nos casos em que, tendo por destino a habitação, não se encontrem arrendados para habitação ou afetos a habitação própria e permanente do sujeito passivo.

20 – A majoração prevista no número anterior é elevada a 50 % sempre que o sujeito passivo do imposto seja uma pessoa coletiva ou outra entidade fiscalmente equiparada.

IMPOSTO DE CAPITAIS

CÓDIGO (ALTERAÇÕES)

Os arts. 5.º e 123.º do Código do IRS (Decreto-Lei n.º 442-A/88, de 30 de novembro) com as últimas alterações da Lei n.º 12/2022, de 27 de junho:

Artigo 5.º – *Rendimentos da categoria E*

1. Consideram-se rendimentos de capitais os frutos e demais vantagens económicas, qualquer que seja a sua natureza ou denominação, sejam pecuniários ou em espécie, procedentes, direta ou indiretamente, de elementos patrimoniais, bens, direitos ou situações jurídicas, de natureza mobiliária, bem como da respetiva modificação, transmissão ou cessação, com exceção dos ganhos e outros rendimentos tributados noutras categorias.

(...)

Artigo 123.º – *Notários, conservadores, secretários judiciais, secretários técnicos de justiça e entidades e profissionais com competência para autenticar documentos particulares*

Os notários, conservadores, secretários judiciais, secretários técnicos de justiça e entidades e profissionais com competência para autenticar documentos particulares que titulem atos ou contratos sujeitos a registo predial ou que intervenham nas operações previstas nas alíneas b), e), f) e g) do n.º 1 do artigo 10.º são obrigados a enviar à Autoridade Tributária e Aduaneira, por via eletrónica, até ao dia 15 de cada mês, relação dos atos por si praticados e das decisões transitadas em julgado no mês anterior dos processos a seu cargo que sejam suscetíveis de produzir rendimentos sujeitos a IRS, através de declaração de modelo oficial, aprovada por portaria do membro do Governo responsável pela área das finanças.

NOTAS

A propósito do art. 123.º do CIRS, ver o disposto no art. 186.º do Código do Notariado.

IMPOSTO DE MAIS-VALIAS

Acórdãos do STA

I – Para efeitos de avaliação de imóveis o CIMI não consagra qualquer critério relativo a património artístico existente ou incorporado no mesmo imóvel.

II – Por isso mesmo, tendo as partes atribuído valor separado ao património artístico existente no imóvel, sendo este constituído por bens móveis que ali foram sendo colocados ao longo do tempo e que dele podem ser separados sem dano para o imóvel ou para os bens móveis retirados, este valor não pode ser considerado para efeitos de mais-valias resultantes da venda do imóvel.

(Acórdão do STA, de 2014-02-12, disponível em *Acórdãos do Supremo Tribunal Administrativo* (dgsi.pt))

I – De acordo com o art. 10.º, n.º 1, alínea a), do CIRS "Constituem mais-valias os ganhos obtidos que, não sendo considerados rendimentos empresariais e profissionais, de capitais ou prediais, resultem de: a) Alienação onerosa de direitos reais sobre bens imóveis" [alterado pela Lei n.º 75-B/2020, de 31 de dezembro].

II – "Para a determinação dos ganhos sujeitos a IRS, considera-se valor de realização: a) No caso de troca, o valor atribuído no contrato aos bens ou direitos recebidos, ou o valor de mercado, quando aquele não exista ou este for superior, acrescidos ou diminuídos, um ou outro, da importância em dinheiro a receber ou a pagar; (...) f) Nos demais casos, o valor da respetiva contraprestação" (art. 44.º do mesmo diploma).

III – Por sua vez, o valor de aquisição, de acordo com os arts. 45.º e 46.º, ainda do CIRS, no caso de bens ou direitos adquiridos a título oneroso, considera-se valor de aquisição o que tiver servido para efeitos de liquidação da sisa.

IV – No caso dos autos, tratando-se de permuta, existe uma regra bem distinta da que vigora para efeitos de tributação em sede de IMT, em que o valor tributável é dado pela diferença declarada de valores (do imóvel adquirido e do imóvel alienado) ou a diferença entre os valores patrimoniais tributários (desses imóveis) quando superior, não havendo que confundir a tributação do rendimento com a tributação do património.

V – Para apuramento de mais-valias pelos ganhos obtidos por um determinado alienante, releva o valor que em procedimento de avaliação venha a ser atribuído ao bem por si cedido na permuta, o qual poderá relevar para efeitos de apuramento de mais-valias na esfera patrimonial do outro permutante, aqui não impugnante.

VI – A lei não só não impõe a comparação dos valores dos dois bens, como não prevê a avaliação dos mesmos para efeitos de apuramento do valor de realização.

VII – O n.º 2 do art. 44º do CIRS não obriga a avaliar os bens ou a comparar valores dos bens recebidos com os dos cedidos, fazendo exclusivamente referência aos bens recebidos por não relevar para quantificar a contraprestação. E as normas do IMT apenas relevarão para a definição do valor que nos termos do n.º 2 do art. 44.º do CIRS deve ser comparado com o da alínea a) do seu n.º 1, para apurar qual vai prevalecer sempre em relação ao bem recebido na permuta.

(Acórdão do STA, de 2019-11-21, disponível em *Acórdãos do Supremo Tribunal Administrativo* (dgsi.pt))

A operação da partilha do património conjugal em caso de divórcio, que se traduza na adjudicação a um dos ex-cônjuges do imóvel e na renúncia do outro ex-cônjuge ao direito a receber as tornas, não constitui «alienação onerosa de direitos reais sobre imóveis» para efeitos da alínea a) do n.º 1 do artigo 10.º do CIRS.

(Acórdão do STA, de 2020-02-12, disponível em *Acórdãos do Supremo Tribunal Administrativo* (dgsi.pt))

I – Os bens apreendidos e vendidos em processo de insolvência continuam a ser propriedade do insolvente até à venda.

II – A diferença entre o valor de aquisição e de venda dos bens imóveis, ainda que esta se faça em processo de insolvência e o respetivo produto fique afeto à satisfação dos credores da insolvência, não deixa de ser um rendimento obtido pelo insolvente.

III – Sendo certo que o CIRE, no n.º 1 do seu art. 268.º, na redação aplicável, previa a isenção das mais-valias resultantes da dação em cumprimento ou cessão de bens do insolvente aos credores no âmbito do processo de insolvência, já não previa idêntica isenção no caso da venda, nada fazendo crer (designadamente para efeitos da aplicação extensiva da norma a esta última situação) que o legislador tenha dito menos do que pretendia.

IV – Em sede de impugnação judicial da liquidação de um imposto apenas pode conhecer-se da legalidade desse ato e já não da responsabilidade pelo pagamento da correspondente dívida.

(Acórdão do STA, de 2020-05-06, disponível em *Acórdãos do Supremo Tribunal Administrativo* (dgsi.pt))

I – No n.º 3 (corpo) do art. 10.º do CIRS não se prevê uma presunção quanto ao momento da prática dos atos previstos no n.º 1.

II – Quanto o previsto neste n.º 1, na alínea a), a "alienação onerosa" trata-se de um conceito indeterminado, que, no caso de vir a ser realizada escritura de compra e venda de imóvel, é preenchido com a mesma e a entrega ("traditio") do imóvel, salvo se quanto a esta resultar o contrário.

III – Não resultando este o caso, o momento a considerar para efeitos do dito n.º 3 é o da data dessa escritura, ainda que na mesma se preveja pagamento parcial do preço em prestações diferidas para o ano seguinte e os respetivos rendimentos tenham sido recebidos ainda nesse ano.

(Acórdão do STA, de 2020-09-30, disponível em *Acórdãos do Supremo Tribunal Administrativo* (dgsi.pt))

I – Para efeitos de determinação das mais-valias sujeitas a imposto, ao valor de aquisição acrescem os encargos com a valorização dos bens, comprovadamente realizados nos últimos 5 anos, e as despesas necessárias e efetivamente praticadas, inerentes à aquisição e alienação, nas situações previstas no art. 10.º, n.º 1, al. a), do CIRS – art. 51.º, al. a), do mesmo diploma legal.

II – Despesas inerentes à alienação são aquelas que são inseparáveis da alienação, que com esta têm uma relação intrínseca, que não meramente extrínseca e que dela são indissociáveis.

III – Não se pode considerar como despesa necessária inerente à alienação as despesas suportadas com a extinção e pagamento de penhoras, pois que não são dedutíveis na determinação do rendimento coletável (mais-valias) em IRS, na medida em que estas despesas só foram necessárias para libertar os bens dos encargos que sobre eles recaiam.

IV – O caso das comissões imobiliárias é diferente das despesas em causa, pois que, se o interessado opta pela venda do imóvel através da mediação imobiliária, como pode fazer, estas despesas estão, inequivocamente, conexas com a transação concreta na origem das mais-valias, são-lhe inerentes, o que já não acontece, como vimos, com os encargos com a desoneração do imóvel alienado.

(Acórdão do STA, de 2020-11-18, disponível em *Acórdãos do Supremo Tribunal Administrativo* (dgsi.pt))

O n.º 2 do art. 43.º do CIRS, na redação aplicável, ao prever uma limitação da tributação a 50% das mais-valias realizadas apenas para os residentes em Portugal, e não para os não residentes, constitui uma restrição aos movimentos de capitais, incompatível com o art. 63.º do TJUE, não tendo essa discriminação negativa dos não residentes sido ultrapassada pelo regime opcional introduzido no art. 72.º do CIRS pela Lei n.º 67-A/2007, de 31 de dezembro, previsto, aliás, apenas para os residentes noutro Estado-membro da UE ou na EEE e não para os residentes em Países terceiros.

(Acórdão de Uniformização de Jurisprudência do STA, de 2020-09-12, disponível em *Acórdãos do Supremo Tribunal Administrativo* (dgsi.pt))

I – O conceito de reinvestimento subjacente ao n.º 5 do artigo 10.º é um "conceito económico" e, por isso, o que é essencial é provar que "o produto da alienação obtido na transmissão onerosa de imóvel destinado à habitação do sujeito passivo ou do seu agregado familiar seja reinvestido na aquisição de outro imóvel destinado ao mesmo fim".

II – Admitindo a lei expressamente que o reinvestimento possa consistir na aquisição "de terreno para construção de imóvel e ou respetiva construção" e que esta aquisição e construção "seja efetuada entre os 24 meses anteriores e os 36 meses posteriores contados da data da realização", é lógico e razoável que durante o período que medeia a alienação do "imóvel de partida" e a obtenção (aquisição do terreno e construção) do "imóvel de chegada" o agregado familiar tenha que residir em outra habitação, seja arrendada, seja própria.

III – A necessária residência intercalada não consubstancia uma interrupção do nexo de ligação-causalidade entre o "imóvel de partida" e o "imóvel de chegada" que impeça o preenchimento da previsão normativa da isenção prevista no n.º 5 do artigo 10.º do CIRS, sempre que a fatualidade seja reconduzível a uma razoável e plausível situação da vida, apreciada casuisticamente.

(Acórdão do STA, de 2021-02-27, disponível em *Acórdãos do Supremo Tribunal Administrativo* (dgsi.pt))

Na aplicação do regime transitório, da categoria G, do IRS, previsto no art. 5.º do Decreto-Lei n.º 442-A/88, de 30 de novembro, nos casos de ganhos (mais-valias) decorrentes da alienação, a título oneroso, de prédios urbanos, rústicos e/ou mistos, o momento que releva, como o da aquisição dos bens ou direitos envolvidos, incluindo na parte em que, eventualmente, exceda o(s) quinhão(ões) hereditário(s), é o dia e hora da morte do(s) *de cuius*.

(Acórdão do STA, de 2021-02-24, disponível em *Acórdãos do Supremo Tribunal Administrativo* (dgsi.pt))

I – A lei prevê expressa e inequivocamente a exclusão de tributação das mais-valias na alienação do direito de usufruto sobre um imóvel afeto a habitação própria e permanente do usufrutuário, desde que verificadas as restantes condições previstas no n.º 5 do artigo 10.º do CIRS, mormente o reinvestimento à aquisição da propriedade plena de outro imóvel exclusivamente destinado a habitação própria e permanente do sujeito passivo ou do seu agregado familiar, o que é o caso.

II – Tal solução consente que se eliminem obstáculos fiscais à mudança de habitação, em casa própria, efetivando o direito fundamental à habitação do particular, objetivos que norteiam a norma de exclusão de tributação prevista no art. 10.º, n.º 5, do CIRS.

III – Levando em conta que a vontade do legislador foi a de não dificultar a aquisição de habitação própria e permanente às famílias e seus agregados, é impositivo concluir que no caso posto o impugnante alienou o bem – direito de usufruto – que era a sua habitação própria e permanente e adquiriu um imóvel de raiz para sua habitação própria e permanente, tendo plena justificação a exclusão de tributação da parte das mais-valias.

(Acórdão do STA, de 2021-05-12, disponível em *Acórdãos do Supremo Tribunal Administrativo* (dgsi.pt))

Código

Os arts. 9.º e 10.º do Código do IRS (Decreto-Lei n.º 442-A/88, de 30 de novembro) com as alterações correspondentes até à Lei n.º 12/2022, de 27 de junho):

Artigo 9.º – *Rendimentos da categoria G*

1 – Constituem incrementos patrimoniais, desde que não considerados rendimentos de outras categorias:

a) As mais-valias, tal como definidas no artigo seguinte;

b) As indemnizações que visem a reparação de danos não patrimoniais, excetuadas as fixadas por decisão judicial ou arbitral ou resultantes de acordo homologado judicialmente, de danos emergentes não comprovados e de lucros cessantes, considerando-se neste último caso como tais apenas as que se destinem a ressarcir os benefícios líquidos deixados de obter em consequência da lesão;

c) As importâncias auferidas em virtude da assunção de obrigações de não concorrência, independentemente da respetiva fonte ou título;

d) Os acréscimos patrimoniais não justificados, determinados nos termos dos artigos 87.º, 88.º ou 89.º-A da lei geral tributária;

e) As indemnizações devidas por renúncia onerosa a posições contratuais ou outros direitos inerentes a contratos relativos a bens imóveis, com exceção das indemnizações legalmente devidas pela denúncia de contratos de arrendamento sem termo, relativos a imóveis que constituam habitação permanente do sujeito passivo, nos casos previstos no artigo 1101.º do Código Civil.

(...)

Artigo 10.º – *Mais-valias*

1 – Constituem mais-valias os ganhos obtidos que, não sendo considerados rendimentos empresariais e profissionais, de capitais ou prediais, resultem de:

a) Alienação onerosa de direitos reais sobre bens imóveis;

b) Alienação onerosa de partes sociais e de outros valores mobiliários, incluindo:

1) A remição e amortização com redução de capital de partes sociais;

2) A extinção ou entrega de partes sociais das sociedades fundidas, cindidas ou adquiridas no âmbito de operações de fusão, cisão ou permuta de partes sociais;

3) O valor atribuído em resultado da partilha, bem como em resultado da liquidação, revogação ou extinção de estruturas fiduciárias aos sujeitos passivos que as constituíram, nos termos dos artigos 81.º e 82.º do Código do IRC;

4) O reembolso de obrigações e outros títulos de dívida;

5) O resgate de unidades de participação em fundos de investimento e a liquidação destes fundos;

c) Alienação onerosa da propriedade intelectual ou industrial ou de experiência adquirida no setor comercial, industrial ou científico, quando o transmitente não seja o seu titular originário;

d) Cessão onerosa de posições contratuais ou outros direitos inerentes a contratos relativos a bens imóveis;

e) Operações relativas a instrumentos financeiros derivados, com exceção dos ganhos previstos na alínea q) do n.º 2 do artigo 5.º;

f) Operações relativas a warrants autónomos, quer o warrant seja objeto de negócio de disposição anteriormente ao exercício ou quer seja exercido, neste último caso independentemente da forma de liquidação;

g) Operações relativas a certificados que atribuam ao titular o direito a receber um valor de determinado ativo subjacente, com exceção das remunerações previstas na alínea r) do n.º 2 do artigo 5.º;

h) Cessão onerosa de créditos, prestações acessórias e prestações suplementares.

i) Afetação de quaisquer bens do património particular, com exceção dos bens imóveis, a atividade empresarial e profissional exercida em nome individual pelo seu proprietário;

j) Cessão onerosa de direitos sobre estruturas fiduciárias, incluindo a cessão onerosa da posição de beneficiário.

2 – (Revogado.)

3 – Os ganhos consideram-se obtidos no momento da prática dos atos previstos no n.º 1, sem prejuízo do disposto nas alíneas seguintes:

a) Nos casos de promessa de compra e venda ou de troca, presume-se que o ganho é obtido logo que verificada a tradição ou posse dos bens ou direitos objeto do contrato;

b) Nos casos de afetação de quaisquer bens do património particular a atividade empresarial e profissional exercida pelo seu proprietário, prevista na alínea i) do n.º 1, o ganho só se considera obtido no momento da ulterior alienação onerosa dos bens em causa ou da ocorrência de outro facto que determine o apuramento de resultados em condições análogas;

c) Nos contratos de permuta de bens presentes por bens futuros, a tributação apenas ocorre no momento da celebração do contrato que formaliza a aquisição do bem futuro, ou no momento da sua tradição, se anterior.

TERRENO PARA CONSTRUÇÃO

I – A alínea b) do n.º 5 do artigo 10.º do Código do Imposto sobre o Rendimento das Pessoas Singulares apenas contempla a "aquisição a que se refere a alínea ante-

rior" – seja, a da "propriedade de outro imóvel" ou "de terreno para construção" –, que não a "construção, ampliação ou melhoramento de outro imóvel".

II – Não está, assim, excluído da tributação o produto da alienação de imóvel, efetuada posteriormente à construção de outro, ambos para residência permanente do sujeito passivo (ou do seu agregado familiar), alegadamente custeada com tal produto.

(Acórdão do STA, de 2008-02-13, disponível em *Acórdãos do Supremo Tribunal Administrativo* (dgsi.pt))

O disposto no artigo 5.º do Decreto-Lei n.º 442-A/88, de 30 de novembro, impede que sejam tributados em sede de IRS os ganhos obtidos com a transmissão onerosa de prédios não qualificados como "terrenos para construção", adquiridos antes da entrada em vigor do Código do IRS e que conservavam essa natureza no momento da entrada em vigor desse Código, ainda que posteriormente possam ter adquirido essa qualidade e venham a ser alienados como tal.

(Acórdão do STA, de 2020-11-18, disponível em *Acórdãos do Supremo Tribunal Administrativo* (dgsi.pt))

IMT

Acórdãos do Supremo Tribunal Administrativo

Para efeitos de caducidade da isenção de imposto municipal sobre as transmissões onerosas de imóveis (IMT) que decorre da conjugação das normas contidas nos arts. 7.º e 11.º, n.º 5, do CIMT (isenção pela aquisição de prédios para revenda), não importa se o imóvel adquirido é ou não revendido no preciso estado em que foi adquirido; o que importa é que não haja uma metamorfose ou alteração substancial do bem adquirido para revenda. Pelo que se o imóvel adquirido é constituído por um terreno com um edifício habitacional já em construção ou remodelação mediante projeto aprovado (seja em tosco, seja em adiantada fase de construção/remodelação), a expressão para revenda não exige que o imóvel seja alienado tal como existia no momento da aquisição, admitindo, antes, a possibilidade de realização de todas as obras necessárias à ultimação dessa construção, por forma a acabá-lo, licenciá-lo para o referido destino, constituir a propriedade horizontal e alienar as respetivas fações autónomas.

(Acórdão de Uniformização de Jurisprudência do STA n.º 2/2015, disponível em *Acórdãos do Supremo Tribunal Administrativo – Supremo Tribunal Administrativo* (dre.pt))

Tendo caducado a isenção de IMT por o prédio não haver sido revendido nos três anos que se sucederam à sua aquisição por uma entidade que exerce normal e habitualmente a atividade de comprador de prédios para revenda, e, entretanto, haver o prédio sofrido alteração na sua natureza, visto que foi sobre ele constituída a propriedade horizontal, aquele imposto será liquidado, tendo em conta o disposto no art. 18.º, n.º 3, do CIMT, com base nas taxas e valores vigentes à data da transmissão para o adquirente que beneficiou dessa isenção.

(Acórdão do STA, de 2015-09-09, disponível em *Acórdãos do Supremo Tribunal Administrativo* (dgsi.pt))

I – Sendo o prédio composto por duas partes com utilizações distintas mas que não se encontravam constituídas como frações autónomas, não poderá ser aplicada a isenção prevista no artigo 9.º do Código do IMT ao caso vertente, uma vez que este preceito impõe a existência de uma unidade predial e matricial exclusivamente destinada a habitação.

II – Esta conclusão em sede de IMT não é inquinada pelo facto de ter sido concedida uma isenção de IMI à parte do prédio destinada à habitação, pois que a norma que prevê a isenção de IMI para os prédios destinados a habitação permite, por força da sua redação, a aplicação da isenção apenas a partes de prédios destinados a habitação, ainda que essa parte não constitua uma fração autónoma no sentido técnico-jurídico do termo, o que não sucede com a norma de isenção de IMT.

(Acórdão do STA, de 2017-11-29, disponível em *Acórdãos do Supremo Tribunal Administrativo* (dgsi.pt))

I – As normas que regulam a isenção de imposto, na medida em que contrariam os princípios da generalidade e da igualdade da tributação, são insuscetíveis de aplicação a casos que não tenham sido expressamente contemplados no benefício concedido, devendo ser objeto de interpretação estrita ou declarativa.

II – Para efeitos da isenção prevista no art. 7.º, n.º 1, do CIMT não assume qualquer relevo a troca ou permuta de bens, sendo apenas de considerar a revenda no seu sentido técnico-jurídico.

(Acórdão do STA, de 2017-09-13, disponível em *Acórdãos do Supremo Tribunal Administrativo* (dgsi.pt))

I – Quer o art. 269.º quer o art. 270.º do CIRE fazem um elenco detalhado dos atos que beneficiam de isenção de imposto de selo, quando devido, e de Imposto Municipal sobre as Transmissões Onerosas de Imóveis, indicando que tais atos, para beneficiarem das ditas isenções, têm que cumprir um único requisito: estarem previstos ou praticados no âmbito da liquidação da massa insolvente (atos) ou integrados (transmissões) em planos de insolvência, de pagamentos ou de recuperação.

II – Trata-se de atos e transações profundamente escrutinados pelo Tribunal onde corre termos o processo de insolvência, pelos administradores de insolvência, pelos credores da insolvência, pelo Magistrado do Ministério Público afeto ao processo, e, mais tarde, pelos notários onde serão celebradas as escrituras públicas correspondentes. A prova de que as operações em questão se desenrolam num processo de insolvência é, diríamos, esmagadora.

III – O legislador não conferiu à Administração Tributária qualquer poder vinculado ou discricionário relativamente à concessão desta isenção.

IV – O artigo 10.º, n.º 8, al. d), prevê que são de reconhecimento automático as isenções de reconhecimento automático constantes de legislação extravagante ao presente código, como é o CIRE.

(Acórdão do STA, de 2018-03-14, disponível em *Acórdãos do Supremo Tribunal Administrativo* (dgsi.pt))

A norma de incidência do imposto municipal sobre as transmissões onerosas de imóveis (IMT) tem por objeto as transmissões, a título oneroso, do direito de propriedade ou de figuras parcelares do direito (incluindo direito de superfície), sobre bens imóveis situados no território nacional.

(Acórdão do STA, de 2018-09-12, disponível em *Acórdãos do Supremo Tribunal Administrativo* (dgsi.pt))

Se em escritura de compra e venda outorgada em 2010-03-19 foi declarado imóvel como destinado a habitação, e foi pago o respetivo IMT, de acordo com o previsto nos artigos 19.º, n.º 1, 22.º e 36.º do CIMT, mas veio a ser celebrada escritura de retificação em 2010-06-17 quanto àquele destino, em termos de ser "habitação permanente", a restituição de imposto pago a mais, de acordo com as tabelas previstas no art. 17.º do CIMT, depende do que se apurar quanto à real motivação do declarante quanto à habitação própria e permanente do mesmo e do seu agregado familiar.

(Acórdão do STA, de 2019-12-17, disponível em *Acórdãos do Supremo Tribunal Administrativo* (dgsi.pt))

I – A tributação está sujeita ao princípio da legalidade (cf. art. 103.º, n.º 2, da CRP e art. 8.º, n.º 1, da LGT), que na sua vertente da tipicidade significa que não é admissível tributar factos que não este-

jam expressamente previstos em norma de incidência.

II – As transmissões de imóveis em cumprimento da entrega de prestações acessórias, efetuadas a título gratuito, não se incluem na previsão do art. 2.º, n.º 5, alínea e), do CIMT, desde logo porque o elemento literal do preceito o não permite (cf. art. 9.º, n.º 2, do Código Civil).

(Acórdão do STA, de 2021-02-03, disponível em *Acórdãos do Supremo Tribunal Administrativo* (dgsi.pt))

"Acórdãos do Supremo Tribunal Administrativo

Para efeitos de caducidade da isenção de imposto municipal sobre as transmissões onerosas de imóveis (IMT) que decorre da conjugação das normas contidas nos arts. 7º e 11º, nº 5 do CIMT (isenção pela aquisição de prédios para revenda) ..."

A mais recente alteração relativa ao Imposto municipal sobre as transmissões onerosas de imóveis, é no sentido de que o sujeito passivo que exerce normal e habitualmente a atividade quando comprove o seu exercício nos dois anos anteriores mediante certidão passada pelo serviço de finanças competente, quando daquela certidão constar que, em cada um dos dois anos anteriores, foram revendidos prédios antes adquiridos para esse fim, tal como prevê o artigo 7º do IMT.

Código

Salientam-se os seguintes artigos do Código do IMT (Imposto Municipal sobre as Transações Onerosas de Imóveis – Decreto-Lei n.º 287/2003, de 12 de novembro mais recentemente atualizado pela Lei n.º 24-D/2022, de 30 de dezembro).

Artigo 49.º – *Obrigações de cooperação dos notários e de outras entidades*

1 – Quando seja devido IMT, os notários e outros funcionários ou entidades que desempenhem funções notariais, bem como as entidades e profissionais com competência para autenticar documentos particulares ou reconhecer assinaturas em documentos particulares que titulem atos ou contratos sujeitos a registo predial, não podem lavrar as escrituras, quaisquer outros instrumentos notariais ou documentos particulares ou autenticar documentos particulares que operem transmissões de bens imóveis nem proceder ao reconhecimento de assinaturas nos contratos previstos nas alíneas a) e b) do n.º 3 do artigo 2.º, sem que lhes seja apresentado o extrato da declaração referida no artigo 19.º acompanhada do correspondente comprovativo da cobrança, que arquivarão, disso fazendo menção no documento a que respeitam, sempre que a liquidação deva preceder a transmissão.

2 – Caso se alegue extravio, os referidos documentos podem ser substituídos, conforme os casos, por certidão ou fotocópia autenticada, passada pelos serviços emitentes dos documentos originais.

3 – Havendo lugar a isenção, as entidades referidas no n.º 1 devem averbar a isenção e exigir o documento comprovativo que arquivam.

4 – As entidades referidas no n.º 1 devem submeter, até ao dia 15 de cada mês, à Direção-Geral dos Impostos, em suporte eletrónico, os seguintes elementos:

a) Uma relação dos atos ou contratos sujeitos a IMT, ou dele isentos, efetuados no mês antecedente, contendo, relativamente a cada um desses atos, o número, data e importância dos documentos de cobrança ou os motivos da isenção, nomes dos contratantes, artigos matriciais e respetivas freguesias, ou menção dos prédios omissos;

b) Cópia das procurações que confiram poderes de alienação de bens imóveis em que por renúncia ao direito de revogação ou cláusula de natureza semelhante o representado deixe de poder revogar a procuração, bem como dos respetivos substabelecimentos, referentes ao mês anterior;

c) Cópia das escrituras ou documentos particulares autenticados de divisões de coisa comum e de partilhas de que façam parte bens imóveis.

5 – A obrigação a que se refere o número anterior compete também às entidades e profissionais que autentiquem documentos particulares, ou qualquer outro título, quando essa forma seja admitida em alternativa à escritura pública, ou reconheçam as assinaturas neles apostas.

6 – São solidariamente responsáveis com o sujeito passivo pelo pagamento do imposto os notários que celebrem escrituras públicas e as pessoas que, por qualquer outra forma, intervenham nos documentos particulares autenticados, ou qualquer outro título, quando essa forma seja admitida em alternativa à escritura pública, desde que tenham colaborado na falta de liquidação ou arrecadação do imposto ou, na data daquela intervenção, receção ou utilização, não tenham exigido o documento comprovativo do pagamento ou da isenção, se for caso disso.

Artigo 50.º – *Atos relativos a bens imóveis sujeitos a registo*

Nenhum facto, ato ou negócio jurídico relativo a bens imóveis sujeitos a registo pode ser definitivamente registado sem que se mostre pago o IMT que seja devido.

Artigo 9.º – *Isenção pela aquisição de prédios destinados exclusivamente a habitação*

São isentas do IMT as aquisições de prédio urbano ou de fração autónoma de prédio urbano destinado exclusivamente a habitação própria e permanente cujo valor que serviria de base à liquidação não exceda o valor máximo do 1.º escalão a que se refere a alínea a) do n.º 1 do art. 17.º.

Artigo 17.º – *Taxas*

1 – As taxas do IMT são as seguintes:

a) Aquisição de prédio urbano ou de fração autónoma de prédio urbano destinado exclusivamente a habitação própria e permanente:

Valor sobre que incide o IMT (em euros)	Taxas percentuais	
	Marginal	Média (*)
Até 97 064	0	0
De mais de 97 064 e até 132 774	2	0,5379
De mais de 132 774 e até 181 034	5	1,7274
De mais de 181 034 e até 301 688	7	3,8361
De mais de 301 688 e até 603 269	8	-
Superior a 603 269 e até 1 150 400	6 (taxa única)	
Superior a 1 150 400	7,5 (taxa única)	

(*) No limite superior do escalão

b) Aquisição de prédio urbano ou de fração autónoma de prédio urbano destinado exclusivamente a habitação, não abrangidas pela alínea anterior:

Valor sobre que incide o IMT (em euros)	Taxas percentuais	
	Marginal	Média (*)
Até 97 064	1	1
De mais de 97 064 e até 132 774	2	1,2689
De mais de 132 774 e até 181 034	5	2,2636
De mais de 181 034 e até 301 688	7	4,1578
De mais de 301 688 e até 578 598	8	-
Superior a 578 598 e até 1 150 400	6 (taxa única)	
Superior a 1 150 400	7,5 (taxa única)	

(*) No limite superior do escalão.

c) Aquisição de prédios rústicos – 5%;

d) Aquisição de outros prédios urbanos e outras aquisições onerosas – 6,5%

2 – À aquisição onerosa de figuras parcelares do direito de propriedade aplica-se a taxa referida no número anterior correspondente à natureza dos bens sobre que incide o direito adquirido, sendo aplicável a taxa referida na alínea a) do número anterior apenas quando estiver em causa a transmissão do usufruto, uso e habitação, direito de superfície ou direito real de habitação duradoura, que incidam sobre prédio urbano ou fração autónoma de prédio urbano destinado exclusivamente a habitação própria e permanente.

3 – Quando, relativamente às aquisições a que se referem as alíneas a) e b) do n.º 1, o valor sobre que incide o imposto for superior ao limite do 1.º escalão, é dividido em duas partes, sendo uma igual ao limite do maior dos escalões que nela couber, à qual se aplica a taxa média correspondente a este escalão, e outra, igual ao excedente, a que se aplica a taxa marginal respeitante ao escalão imediatamente superior.

4 – A taxa é sempre de 10%, não se aplicando qualquer isenção ou redução sempre que o adquirente:

a) Tenha domicílio fiscal em país, território ou região sujeito a um regime fiscal mais favorável, constante de lista aprovada por portaria do Ministro das Finanças, sem prejuízo da isenção prevista no artigo 7.º do Decreto-Lei n.º 540/76, de 9 de julho;

b) Seja uma entidade dominada ou controlada, direta ou indiretamente, por entidade que tenha domicílio fiscal em país, território ou região sujeito a um regime fiscal mais favorável, constante de lista aprovada por portaria do Ministro das Finanças.

5 – Nos casos previstos nas alíneas a) e b) do n.º 3 do artigo 2.º, a taxa aplicável aos montantes referidos na regra 18.ª do n.º 4 do artigo 12.º é a que corresponder à totalidade do preço acordado no contrato, não lhe sendo aplicável a taxa referida na alínea a) do n.º 1.

6 – Para efeitos das alíneas a) e b) do n.º 1, na transmissão de partes de prédio, de figuras parcelares do direito de propriedade e da propriedade separada dessas figuras elencadas no artigo 13.º, aplicam-se as seguintes regras:

a) Se no mesmo ato se transmitir a totalidade do prédio, a cada valor aplica-se a taxa correspondente à totalidade da transmissão;

b) Se no ato não se transmitir a totalidade do prédio, ou se se transmitirem figuras parcelares do direito de propriedade, ou da propriedade separada dessa figuras parcelares, ao valor tributável aplica-se a taxa correspondente ao valor global do prédio tendo em consideração a parte transmitida.

7 – O disposto no n.º 4 não se aplica quando o adquirente seja pessoa singular.

8 – Para efeitos da alínea b) do n.º 4, considera-se haver uma situação de domí-

nio ou controlo quando se verifique uma relação de domínio nos termos estabelecidos no artigo 486.º do Código das Sociedades Comerciais, aprovado pelo Decreto-Lei n.º 262/86, de 2 de setembro.

9 – Para efeitos do disposto nas alíneas a) e b) do n.º 1, nas permutas de imóveis é aplicável, com as devidas adaptações, o disposto na alínea b) do n.º 6.

Contrato-promessa

Enquadra-se na previsão da alínea e) do n.º 3 do art. 2.º do CIMT a situação resultante de um promitente comprador que não planeara ceder a sua posição contratual, e que, por esse motivo, não fizera incluir tal cláusula no seu contrato-promessa, mas por razões supervenientes vem ceder a sua posição a terceiro.

Aplicar-se-á, então, o disposto na alínea g) do artigo 4.º do CIMT, e o IMT, se devido, será liquidado e pago posteriormente, nos termos do n.º 9, do artigo 36.º do CIMT.

(Recomendação da DGRN, 2004, *BRN*, 8/04, p. 11)

NOTAS

Refere Albino Matos: "Útil pela remissão do segundo parágrafo, a douta recomendação exibe no primeiro, se bem o lemos, um verdadeiro truísmo. É claro que se verifica a previsão da al. e), se ... se verificar a previsão da al. e). É o que traduz o princípio da identidade: o que é, é. Ficamos assim, neste ponto, com o texto legal: há transmissão onerosa se houver cessão de posição contratual ou ajuste de revenda, por parte do promitente adquirente, vindo o contrato prometido a ser celebrado entre o primitivo promitente alienante e o terceiro cessionário."

Valor tributável

Se sobre o imóvel incidir hipoteca e o comprador assumir a dívida que aquela garante, esta assunção da dívida representa preço, ou parte dele, conforme seja o caso, não constituindo ato autónomo.

Assim, se pela aquisição de um imóvel hipotecado o comprador pagar (em dinheiro) 250,00 €, e ainda assumir a dívida do vendedor, que aquela hipoteca garante, no montante de 250,00 €, o prego pago pelo imóvel terá sido de 500,00 €.

(Recomendação da DGRN, 2004, *BRN*, 8/04, p. 11)

NOTAS

A douta recomendação, reportando-se decerto ao art. 12.º, n.º 5, al. h), do Código do IMT (integram o valor tributável "quaisquer encargos a que o comprador ficar legal ou contratualmente obrigado"), não esclarece cabalmente a questão que neste domínio se põe: posto que pela dívida garantida respondem os bens hipotecados, independentemente do titular, não podendo aliás agredir-se outros bens do devedor antes de verificada na execução a insuficiência dos bens hipotecados, não é verdade que, em certo sentido, o comprador fica sempre legalmente obrigado ao pagamento da dívida em apreço?

INSTITUIÇÕES PARTICULARES DE SOLIDARIEDADE SOCIAL

Decreto-Lei n.º 172-A/2014, de 14 de novembro – O presente decreto-lei altera o Estatuto das Instituições Particulares de Solidariedade Social, aprovado em anexo ao Decreto-Lei n.º 119/83, de 25 de fevereiro, alterado pelos Decretos-Leis n.os 9/85, de 9 de janeiro, 89/85, de 1 de abril, 402/85, de 11 de outubro, e 29/86, de 19 de fevereiro.

NOÇÃO:

Artigo 1.º

1 – São instituições particulares de solidariedade social, adiante designadas apenas por instituições, as pessoas coletivas, sem finalidade lucrativa, constituídas exclusivamente por iniciativa de particulares, com o propósito de dar expressão organizada ao dever moral de justiça e de solidariedade, contribuindo para a efetivação dos direitos sociais dos cidadãos, desde que não sejam administradas pelo Estado ou por outro organismo público.

2 – A atuação das instituições pauta-se pelos princípios orientadores da economia social, definidos na Lei n.º 30/2013, de 8 de maio, bem como pelo regime previsto no presente Estatuto.

Os objetivos das Instituições Particulares de Solidariedade Social (IPSS) concretizam-se mediante a concessão de bens, prestação de serviços e de outras iniciativas de promoção do bem-estar e qualidade de vida das pessoas, famílias e comunidades, nomeadamente nos seguintes domínios:

a) Apoio à infância e juventude, incluindo as crianças e jovens em perigo;

b) Apoio à família;

c) Apoio às pessoas idosas;

d) Apoio às pessoas com deficiência e incapacidade;

e) Apoio à integração social e comunitária;

f) Proteção social dos cidadãos nas eventualidades da doença, velhice, invalidez e morte, bem como em todas as situações de falta ou diminuição de meios de subsistência ou de capacidade para o trabalho;

g) Prevenção, promoção e proteção da saúde, nomeadamente através da prestação de cuidados de medicina preventiva, curativa e de reabilitação e assistência medicamentosa;

h) Educação e formação profissional dos cidadãos;

i) Resolução dos problemas habitacionais das populações;

j) Outras respostas sociais não incluídas nas alíneas anteriores, desde que contribuam param a efetivação dos direitos sociais dos cidadãos.

Formas: associações de solidariedade social; cooperativas de solidariedade social, credenciadas nos termos do artigo 9.º do Decreto-Lei n.º 7/98, de 15 de janeiro, associações mutualistas ou de socorros mútuos; fundações de solidariedade social; irmandades da misericórdia (art. 2º, nº 1).

As instituições podem agrupar-se em uniões, federações e confederações (art. 2º, nº 4).

Estatutos das instituições (art. 10º, n.º 2), conterão obrigatoriamente:

a) A denominação, que não pode confundir-se com denominação de instituições já existentes;

b) A forma jurídica adotada;

c) A sede e âmbito de ação;

d) Os fins e atividades da instituição;

e) A denominação dos órgãos, a sua composição e forma de designar os respetivos membros;

f) As competências e regras de funcionamento dos órgãos;

g) O regime financeiro.

Órgãos (art. 12º): Em cada instituição há, pelo menos, um órgão colegial de administração e outro com funções de fiscalização, ambos constituídos por um número ímpar de titulares, dos quais um é o presidente (n.º 1). Nas instituições de forma associativa há sempre uma assembleia geral de associados (n.º 2).

Vinculação: a instituição obriga-se, casos os estatutos sejam omissos, a instituição fica obrigada com as assinaturas conjuntas de quaisquer 3 membros do órgão de administração ou com as assinaturas conjuntas do presidente e do tesoureiro, salvo quanto aos atos de mero expediente, em que basta a assinatura de um membro do órgão de administração ou de gestão corrente (art. 19º).

Associações de Solidariedade Social

Constituição: por escritura pública ou ato equivalente (art. 53º, n.º 2), que especificará:

a) As quotas, donativos ou serviços com que os associados concorrem para o património social;

b) A denominação, fim e sede da pessoa coletiva;

c) A forma do seu funcionamento;

d) A duração, quando a associação se não constitua por tempo indeterminado.

Personalidade Jurídica: adquirem-na no ato de constituição (art.53º, n.º 1).

Estatutos: deverão constar as condições de admissão e saída, os seus direitos e obrigações e as sanções pelo não cumprimento dessas obrigações (art. 54º).

Associações Mutualistas – Legislação aplicável

Regime específico: As associações mutualistas regem-se pelas disposições constantes de legislação especial (Decreto-Lei nº 59/2018 de 2 de agosto) e, subsidiariamente, pelas disposições do Estatuto das Instituições Particulares de Solidariedade Social (art. 76º).

Isenções

Nos termos do art. 10.º, n.º 1, do CIRC, estão isentas de IRC "as pessoas coletivas de utilidade pública administrativa" [al. a)], "as instituições particulares de solidariedade social (IPSS)" e entidades anexas, "bem como as pessoas coletivas àquelas legalmente equiparadas" [al. b)], e "as pessoas coletivas de mera utilidade pública que prossigam, exclusiva ou predominantemente, fins científicos ou culturais, de caridade, assistência, beneficência, solidariedade social ou defesa do meio ambiente e interprofissionalismo agroalimentar" [al. c)].

INTERVENIENTES ACIDENTAIS

1. Introdução
2. Intérprete
2.1. Língua
2.2. Surdos
2.3. Mudos
2.4. Surdos-Mudos
3. Leitor
3.1. Dispensa de leitor
3.2. Intervenção do leitor
4. Testemunhas
4.1. Intervenção necessária
4.2. Intervenção facultativa
5. Peritos médicos
5.1. A pedido das partes
5.2. A pedido do notário

(Firmino Ruivo de Sousa, "Intervenientes acidentais", *Revista do Notariado*, 1992/2/213-30)

NOTAS

Estudo de índole prática e formulária, muito útil, sem dúvida, mas a encarar com certa reserva em uma ou outra posição (por exemplo, na tese de que os abonadores não são intervenientes acidentais).

INABILIDADE

Uma das causas de inabilidade dos intervenientes acidentais é o facto de, por efeito do ato, eles adquirirem alguma vantagem patrimonial (art. 68.º, n.º 1, al. g), do Código do Notariado). Temos entendido esta expressão vantagem patrimonial *no sentido amplo de qualquer interesse material, embora indireto, longínquo ou acessório. O que a lei pretende é assegurar-se da completa isenção do interveniente acidental e de que será aceite no ato, em tal qualidade, apenas quem se mostre inteiramente alheio às vantagens ou interesses materiais em causa, ainda que eventuais e aleatórios.*

(*Boletim da APN*, n.º 36/3)

NOTAS

Por isso, escreve-se (*loc. cit.*), não é de admitir numa escritura de constituição de sociedade, como abonador da identidade dos outorgantes, pessoa a respeito da qual fica reconhecido no pacto o direito de um dos sócios lhe ceder livremente a sua quota, com dispensa da autorização exigida para os estranhos. Embora esta situação represente para o interessado uma vantagem patrimonial aleatória, que pode vir a ser extinta pelos sócios sem a sua audição, o certo é que, no momento da celebração do ato, essa pessoa fica claramente ligada no texto da escritura como eventual beneficiária de uma situação que reveste carácter patrimonial.

Ainda que considere o caso duvidoso, atendendo às graves consequências da inabilidade do abonador (art. 68.º, n.º 4, do Código do Notariado), cumpre ao notário tomar a atitude mais prudente e recusar a intervenção.

PERITOS

Ocorrendo dúvidas sobre a sanidade mental *do outorgante, a intervenção dos* peritos médicos *é suscitada pelo notário, de modo que o ato não se celebrará sem a presença desses peritos.*

Não havendo tais dúvidas, a intervenção dos peritos só pode ser suscitada pelo próprio interessado e não deixará então de ser aceite pelo notário.

(*Boletim da APN*, n.º 144/4 – C. Chagas)

NOTAS

A capacidade do outorgante pode suscitar no notário uma atitude de dúvida, ou uma atitude de certeza positiva, ou uma atitude de certeza negativa. A primeira pode ser afastada com a intervenção de dois peritos médicos que garantam a sanidade mental do outorgante (art. 173.º, n.º 2). No segundo caso, a intervenção dos peritos é facultativa para as partes e, em princípio, para o próprio notário, não devendo este, porém, em regra, opor-se-lhe (art. 67.º, n.º 4), já que essa intervenção pode ser de grande utilidade na formulação do juízo póstumo sobre a validade do ato (*quod abundat non nocet*, bem se poderia dizer). A terceira atitude conduzirá inapelavelmente à recusa da prática do ato, nada podendo contra essa recusa a intervenção dos peritos médicos e a sua afirmação da integridade das faculdades mentais do outorgante; isto decorre do princípio de que cabe na competência do notário o juízo do juízo pericial. Um afloramento de tal princípio pode ser encontrado nos n.ºs 3 e 4 do art. 68.º do Código do Notariado, segundo os quais compete ao oficial público verificar a idoneidade dos intervenientes acidentais e recusar mesmo a intervenção daqueles que não considere dignos de crédito, ainda que não abrangidos por causa legal de incapacidade ou inabilidade.

TRADUTOR

I – Sob pena de nulidade, não pode intervir como tradutor aquele a quem o documento traduzido respeita, ou ao seu cônjuge, ou aos outros familiares referidos na al. e) do n.º 1 do art. 68.º do Código do Notariado por ser inábil (epígrafe e corpo do mesmo art. 68.º).

II – A verificação da idoneidade do tradutor compete ao notário (citado art. 68.º, n.º 3).

III – O conservador perante quem foi apresentado o documento e respetiva tradução deve recusá-los e dar conhecimento da situação ao tribunal competente.

(Parecer, de 2003-04-30, do Conselho Técnico da DGRN, relator Álvaro Sampaio, *BRN-CT*, 6/03, p. 35)

J

JUSTIFICAÇÃO

O Código do Registo Predial, aprovado pelo Decreto-Lei n.º 224/84, de 6 de julho, mais recentemente alterado pela Lei n.º 89/2017, de 21 de agosto, nos arts. 116.º e 117.º, determina:

Artigo 116.º – *Justificação relativa ao trato sucessivo*

1 – O adquirente que não disponha de documento para a prova do seu direito pode obter a primeira inscrição mediante escritura de justificação notarial ou decisão proferida no âmbito do processo de justificação previsto neste capítulo.

2 – Caso exista inscrição de aquisição, reconhecimento ou mera posse, a falta de intervenção do respetivo titular, exigida pela regra do n.º 2 do artigo 34.º, pode ser suprida mediante escritura de justificação notarial ou decisão proferida no âmbito do processo de justificação previsto neste capítulo.

3 – Na hipótese prevista no número anterior, a usucapião implica novo trato sucessivo a partir do titular do direito assim justificado.

Artigo 117.º – *Regularidade fiscal*

1 – No caso de justificação para primeira inscrição, presume-se a observância das obrigações fiscais por parte do justificante, se o direito estiver inscrito em seu nome na matriz.

2 – Tratando-se do reatamento do trato sucessivo, a impossibilidade de comprovar os impostos referentes às transmissões justificadas, quando certificada pela repartição de finanças, dispensa a apreciação da regularidade fiscal das mesmas transmissões.

NOTAS

O princípio do trato sucessivo é consagrado pelo art. 34.º do Código do Registo Predial, nos seus dois aspetos ou modalidades de *primeira ou prévia inscrição* (n.ºs 1 e 2) e *trato sucessivo propriamente dito* (n.º 4).

A inscrição intermédia em nome dos titulares de bens ou direitos que façam parte de herança indivisa é dispensada (art. 35.º).

I – Não viola o princípio da unidade da inscrição o registo de aquisição de metade de um prédio, a favor dos justificantes do direito de propriedade sobre a totalidade desse prédio, que tem como modo de aquisição a usucapião se os contitulares do direito já beneficiam do registo de aquisição da outra metade, causada por sucessão por morte, e declararam na respetiva escritura pública que a invocação daquele modo de aquisição visa o registo daquela quota parte do prédio.

II – Para que a publicidade tabular traduza com fidelidade a realidade jurídica plasmada no título – ou seja, para que fique claro ao nível das tábuas que não foi uma situação de composse que gerou a aquisição que o registo publicita – deverá constar da inscrição de aquisição a menção de que os justificantes invocaram a seu favor a usucapião da totalidade do prédio, para titularem a aquisição de metade.

III – A norma do art. 89.º, n.º 2, *do Código do Notariado, na parte em que exige a menção expressa das circunstâncias de facto que determinaram o início da posse, visa confrontar os justificantes que invocam uma posse não titulada com o dever de ponderarem a veracidade das declarações prestadas, desincentivando-os à produção de declarações falsas ou inexatas com vista à obtenção de um título para registo.*

IV – Preenche este requisito – exigido pelo citado art. 89.º, n.º 2, ex vi *do art. 91.º, n.º 2, do Código do Notariado – a alegação pelos justificantes de que: a) – a titular inscrita de metade do prédio faleceu no início do século, desconhecendo-se se deixou descendência, e "como sua herdeira conhecida" ficou sua irmã, trisavó dos justificantes; b) – os trisavós dos justificantes doaram a outra metade do prédio ao filho no ano de 1917; c) – este e sua mulher, bisavós dos justificantes, e os seus sucessores, desde há muito mais de vinte anos têm estado na posse da totalidade do prédio.*

V – A justificação notarial da aquisição de um direito por usucapião baseada em posse adquirida por inversão do título (art. 1263.º, n.º 1, al. d), do Código Civil) não exige a prova da contraditio *(art. 1265.º do Código Civil), dado que a justificação, mesmo quando processada em juízo, não constitui título de usucapião, mas apenas título bastante para registo.*

VI – Não tendo sido notificado judicialmente o titular inscrito – ou os seus herdeiros, independentemente de habilitação, no caso do seu falecimento – de acordo com a norma do art. 99.º do Código do Notariado, a escritura de justificação notarial é título manifestamente insuficiente para a prova legal do facto a registar, pelo que o registo deverá ser recusado nos termos do disposto no art. 69.º, n.º 1, al. b), do Código do Registo Predial.

VII – Não basta, assim, a prova de ter sido pedida a notificação edital dos herdeiros incertos do titular inscrito, o que bem se compreende, dado que a notificação se insere no processo de afastamento da presunção derivada do registo (art. 7.º do Código do Registo Predial), visando dar a conhecer ao notificando a pretensão dos justificantes para que aquele, querendo, a ela venha deduzir impugnação.

(Parecer, de 1999-06-25, do Conselho Técnico da DGRN, relator João Bastos, disponível em *Pareceres do Conselho Técnico* (mj.pt))

NOTAS

Desde a entrada em vigor do Decreto-Lei n.º 273/2001, de 13 de outubro, que a notificação exigida pelo art. 99.º do Código do Notariado deixou de ser judicial e passou a ser notarial.

I – A segurança do comércio jurídico imobiliário que se pretende atingir com a publicidade da situação jurídica dos prédios demanda que na escritura de justificação notarial em que seja invocada a usucapião de direitos reais sobre bens do casal intervenham ambos os cônjuges casados sob o regime de comunhão de adquiridos, quer se trate de bens comuns quer se trate de bens próprios de cada um deles, devendo no título ficar assente a qual das massas patrimoniais esses bens pertencem.

II – Para a determinação da natureza – comum ou própria de um dos cônjuges – dos bens objeto do direito justificado com base na usucapião é essencial o conhecimento das datas do início da posse e do matrimónio dos justificantes [cf. arts. 1288.º, 1317.º, al. c), e 1722.º, n.º 1, al. c), e n.º 2, al. b), do Código Civil].

III – Em sede de justificação notarial, terá que ser comprovado o licenciamento (ou a dispensa do licenciamento) das operações de loteamento urbano, ainda que seja invocada como causa aquisitiva a usucapião.

IV – Havendo um jornal do concelho da situação do prédio, será nesse jornal que deverá ser feita a publicação do extrato da escritura de justificação (cf. art. 100.º, n.º 2, do Código do Notariado).

V – A remoção de dúvidas consubstancia um ato de registo sujeito ao princípio da instância e a realizar por meio de averbamento à inscrição do facto (cf. arts. 41.º e 101.º, n.º 2, al. c) [atual al. d)], *do Código do Registo Predial).*

(Parecer de 2000-09-28, do Conselho Técnico do IRN, relator João Bastos, disponível em file:///C|/Documents%20and%20Settings/Admin/Ambiente%20de%20trabalho/BRN_1995-2001/2001/par_11_2001.htm (mj.pt), pp. 1 a 6)

NOTAS

Para Albino Matos, "é impossível concordar com a doutrina da primeira proposição, caso se trate de bem próprio. Não pode assentir-se, tão-pouco, a ideia da terceira conclusão, que não tem qualquer apoio legal, nem o parecer o invoca. Desconsidera-se, neste ponto, o significado jurídico e prático da usucapião, que já alguém chamou, e bem, a bomba atómica do Direito. Pois, se a usucapião transforma o ladrão em proprietário, como não haveria de sanar o ilícito administrativo ou urbanístico? Isto, descontado o pormaior de a escritura de justificação, por definição, não consubstanciar qualquer operação de loteamento. Enfim, *dicant paduani...*".

I – A escritura de justificação notarial para estabelecimento do trato sucessivo tem lugar relativamente a prédios não descritos ou descritos mas sobre os quais não incida inscrição de aquisição, de domínio ou de mera posse, e é instruída por certidão comprovativa da omissão dos prédios no registo ou, estando descritos, certidão de teor da respetiva descrição e de todas as inscrições em vigor e certidão de teor da inscrição matricial correspondente (arts. 89.º e 98.º, n.º 1, alíneas a) e b), do Código do Notariado).

II – A inscrição na matriz do prédio objeto da escritura é pressuposto essencial da sua admissibilidade, na medida em que constitui presunção da existência material do prédio justificando, enquanto que a titularidade do assento matricial não se apresenta como condição ou requisito de legitimidade para outorgar esse título, na qualidade de justificante (art. 92.º, n.ºs 1 e 2, respetivamente, do citado Código).

III – A escritura de justificação lavrada nos termos prescritos nas duas conclusões precedentes e da qual conste a alegação e a especificação dos factos materiais que consubstanciam a posse conducente à usuca-

pião não padece, em princípio, de qualquer vício que corporize algum dos fundamentos legais de recusa elencados no art. 69.º do Código do Registo Predial.

IV – A função qualificadora do Conservador tem de se desenvolver no estrito cumprimento do princípio da legalidade (art. 68.º do Código do Registo Predial), o que lhe veda a utilização, para o efeito, de documentos não apresentados para a instrução do respetivo pedido de registo – designadamente, os obtidos, em data posterior à da apresentação, por intermédio de outros serviços.

V – O despacho de anulação da inscrição matricial de um prédio, por parte da Administração Fiscal, deverá ter tradução nas tábuas, ao nível da descrição predial.

VI – Pode o conservador, no desempenho da sua função qualificadora, ao apreciar a viabilidade do pedido de registo, detectar conexões entre o prédio titulado como omisso – face à certidão negativa da conservatória que instruiu a escritura – e um prédio já descrito no momento da passagem dessa certidão, o que o condiciona a qualificar o registo face à situação jurídica desse prédio espelhada nas tábuas.

VII – Na sequência do exposto na conclusão anterior, existindo motivos – designadamente, a existência de uma inscrição de aquisição em que são comproprietários o justificante e o confinante do prédio objeto da justificação – que legitimem o estado de dúvida sobre se o prédio objeto da justificação está integrado num outro prédio descrito, o registo do facto aquisitivo (usucapião) deverá ser efetuado provisoriamente por dúvidas.

VIII – Já a identificação do prédio como uma parcela de terreno inscrita na matriz urbana, associada ao facto da respetiva inscrição matricial se reportar ao ano de 2002, capaz de suscitar, na questão "sub judice" a necessidade de comprovação do licenciamento das operações de loteamento urbano, se mostra arredada pela alegação, inserta na escritura, de que a posse sobre o prédio "já dividido e demarcado", remonta a data anterior ao Decreto-Lei 289/73, de 6 de junho.

(Despacho da DGRN, de 2004-12-03, *BRN-CT*, 10/2004, de novembro – Pareceres do Conselho Técnico – II Caderno (mj.pt), pp. 44 e ss.)

Resulta da norma imperativa do n.º 1 do art. 92.º do Código do Notariado que a licitude do recurso à escritura pública de justificação para os efeitos do n.º 1 do art. 116.º do CRP pressupõe a efetiva inscrição na matriz do prédio em relação ao qual a titularidade do direito justificando se afirme.

A outorga de escritura de justificação em que se invoque a usucapião como título aquisitivo de prédio que se declare inscrito sob "parte de artigo" pré-existente, constituindo manifesta violação da referida norma imperativa, acarreta a nulidade do ato jurídico dessa invocação e, consequentemente, retira a tal escritura a idoneidade para servir de título (formal) à inscrição em vista de cuja feitura se lavrou.

(Parecer do Conselho Técnico do IRN, relator António Manuel Fernandes Lopes, homologado em 2011-01-03, disponível em ctrp108-2010 (justica.gov.pt))

Comprovando-se, em sede de qualificação do pedido de averbamento à descrição, que o edifício a averbar já estava implantado no solo quando foi outorgada a escritura de justificação notarial em que foi invocada a usucapião do direito de pro-

priedade, é legítimo questionar a natureza do implante, ou seja, se estamos perante uma benfeitoria ou uma acessão, devendo ser recusado o averbamento de construção, nos termos do disposto no art. 69.º, n.º 2, do Código Do Registo Predial, se tal questão não estiver esclarecida no processo registal.

(Parecer do Conselho Técnico do IRN, relator João Guimarães Gomes de Bastos, homologado em 2011-03-09, disponível em ctrp119-2010 (justica.gov.pt))

A escritura de justificação em que o justificante declare ter comprado aos respetivos titulares inscritos, por escritura de compra e venda celebrada em cartório indeterminado de certa localidade, em indeterminada data de certo ano, determinado prédio descrito, a qual escritura de compra, apesar das buscas efetuadas, não foi possível localizar, e em que, isso declarado, seguidamente declare o justificante que desde a data de tal escritura se encontra na posse do identificado prédio em termos tais que lhe permitem invocar, como efetivamente invoca, a aquisição do bem por usucapião com vista ao estabelecimento de novo trato sucessivo, valerá, sem embargo desta expressa invocação e desta expressa assumida finalidade, não como título de justificação para estabelecimento de novo trato, mas, antes, como título de justificação para reatamento do trato sucessivo pré-estabelecido; consequentemente, o registo da aquisição assim justificada será um registo de aquisição derivada, tendo por causa a compra, e não um registo de aquisição originária, tendo por causa a usucapião.

Constando da descrição que o prédio se situa em determinada freguesia, sem concretização da sua localização precisa, e do título submetido a registo que ele se situa nos limites dessa mesma freguesia, mas com suplementar concretização do lugar dessa situação, não só entre este e aquela inexiste divergência alguma que demande comprovação documental da efetiva situação (cf. art. 33.º), como antes o conhecimento assim obtido da mais precisa localização deverá fundamentar a realização oficiosa do correspondente averbamento à descrição (cf. art. 90.º, n.º 1, al. c).

A exigência legal de harmonização quanto à medida da área entre o registo, a matriz e o título, no que toca aos prédios de natureza mista, processar-se-á de maneira diferente consoante estejam ou não situados em zona onde vigore o cadastro geométrico: na primeira hipótese, não se atenderá, por via de regra, à área discriminadamente atribuída à parte urbana, uma vez que a mesma se compreende na área total inscrita na matriz cadastral, valendo por conseguinte a margem de variação, em relação à área maior, de 5% (art. 28.º-A, al. b); na segunda hipótese (zona "não cadastrada"), inexistindo conciliação de áreas entre a matriz rústica e a matriz urbana, aplicar-se-á simultânea e paralelamente a margem de 20% à parte rústica (art. 28.º-A, al. a) e a margem de 10% à parte urbana (art. 28.º-A, al. c).

(Parecer do Conselho Técnico do IRN, relator António Manuel Fernandes Lopes, homologado em 2011-12-21, disponível em RP125-2011 (justica.gov.pt))

I – Na escritura de justificação em que se invoque a usucapião baseada em posse não titulada, devem indicar-se os factos materiais que caraterizem a posse, mencionando-se expressamente as circunstâncias de facto que determinaram o seu início, bem como as que consubstanciam e caraterizam a posse geradora da usucapião, por força do disposto no n.º 2 do artigo 89.º do Código do Notariado.

II – Numa situação de composse, os justificantes devem declarar na respetiva escritura quais são as restantes quotas-partes e proceder à identificação dos respetivos titulares, além de que, havendo acessão de posses, é necessário proceder à invocação desta, caso dela se pretenda beneficiar para perfazer o prazo legal para a usucapião.

III – Contudo, verificando a cessação da composse e, consequentemente, a alteração de um dos elementos componentes da posse, designadamente do animus domini, *por inversão do título* [cf. alínea d) do n.º 1 do artigo 1263.º do Código Civil], *o novo prazo a considerar para efeitos de usucapião começa a correr a partir do momento da verificação desse evento.*

(Parecer do Conselho Técnico do IRN, relatora Isabel Ferreira Quelhas Geraldes, homologado em 2013-01-09, disponível em Pº R. P. 60/2012 SJC-CT (justica.gov.pt))

Deve entender-se que não integra o conceito de "jornal", para efeitos do disposto no artigo 100.º, n.º2, do Código do Notariado, não sendo por conseguinte "válida" a publicação do extrato da escritura de justificação que nele porventura se faça, o sítio da Internet dedicado à divulgação de conteúdos de carácter "jornalístico" (ou "noticioso", ou "informativo") de âmbito concelhio (ou regional, ou outro), ainda quando nesse sítio porventura se encontre sediada publicação eletrónica inscrita no registo de publicações estabelecido na Lei de Imprensa.

(Parecer do Conselho Consultivo do IRN, relator António Manuel Fernandes Lopes, homologado em 2015-06-01, disponível em 40_CN_2-2015_STJ-CC.pdf (justica.gov.pt))

Baldios

1. Em concordância com o âmbito objetivo do caso julgado, nem a causa de pedir constitui requisito do registo de ação, nem os fundamentos constituem requisitos do registo da decisão judicial ficando, assim, apenas o pedido e a parte dispositiva da decisão judicial cobertos pela presunção registral e pela oponibilidade a terceiros (arts. 5.º, n.º 1, 7.º e 95.º, n.º 1, al. g), do Código do Registo Predial).

2. Tendo a natureza de baldios integrado a fundamentação de facto da decisão judicial de procedência de justificação notarial, em vigor sobre os prédios submetidos a registo, não pode essa circunstância, em si mesma, constituir fundamento de qualificação desfavorável de novo pedido de registo, traduzido na exigência de que se comprove que esses prédios integram o setor privado da propriedade.

(Parecer do Conselho Consultivo do IRN, relator Luís Manuel Nunes Martins, homologado em 2015-10-22, disponível em 62_2015-RP64-2015-STJ-CC (justica.gov.pt))

Cabeça de casal

Sendo a justificação uma forma de titular direitos suprindo a falta ou insuficiência de títulos normais, o cabeça de casal tem legitimidade e pode, por si só, justificar a favor e em benefício de todos os titulares, a propriedade de bens a integrar a massa patrimonial hereditária.

(Sentença, de 2004-02-16, do Tribunal de Círculo do Funchal, *BRN*, 4/04, p. 14)

NOTAS

Segundo Albino Matos: "A questão é discutida e deve manter-se em aberto, já que é notoriamente insuficiente a fundamentação invocada pela decisão. Resolvendo contra o despacho do director-geral, aduz-se apenas que o cabeça de casal pode demandar e ser demandado, em representação da herança, desacompanhado dos demais herdeiros (art. 2088.º do Código Civil). Sobre não ser exatamente o que decorre do preceito, esquece-se o art 2091.º, segundo o qual, em geral, os direitos relativos à herança só podem ser exercidos conjuntamente por todos os herdeiros ou contra todos os herdeiros. Vamos, de resto, supor que o caso não era de estabelecimento do trato sucessivo (primeira inscrição) – a sentença não esclarece. Se fosse, a justificação nem sequer teria cabimento legal, à vista do disposto no art. 49.º do Código do Registo Predial; bastaria a habilitação e a declaração a identificar os bens."

Causa da aquisição

A – Acessão

I – A aquisição por acessão industrial imobiliária prevista no artigo 1340.º do Código Civil é originária e decorre do exercício de um direito potestativo.

II – A escritura de justificação celebrada pelo construtor da obra para comprovar aquela aquisição – sem intervenção, por conseguinte, do titular do direito de propriedade do solo – sendo o meio inadequado para esse fim, é nula por contrariar o que dispõem os artigos 116.º do Código do Registo Predial e 1340.º do Código Civil – cf. artigos 294.º e 295.º deste último diploma.

III – O registo lavrado com base nessa escritura é também nulo em face do disposto no artigo 16.º, n.º 1, alínea b), do Código do Registo Predial e, por isso, deve ser retificado nos termos previstos no artigo 123.º, n.º 1, do mesmo Código.

(Despacho da DGRN, de 1995-11-16, *BRN*, 4/96, p. 15.)

NOTAS

Em contrário, com minuta, sustentando como legítimo o recurso à justificação notarial no caso de acessão, Borges de Araújo (*Prática notarial*, 2.ª ed., Coimbra, Almedina, 1993, pp. 394-5), que Albino Matos acompanha, considerando que "visivelmente, não tem razão o parecer nem o despacho que o cobre".

I – O adquirente que careça de título para prova do seu direito sobre parte delimitada de prédio relativamente ao qual exista inscrição de aquisição ou equivalente pode socorrer-se, para tal efeito, de uma escritura de justificação notarial em que invoque a usucapião como causa de aquisição do seu direito, determinando, assim, o estabelecimento de novo trato sucessivo quanto ao prédio justificando.

II – Sendo a usucapião uma forma de aquisição originária, quando invocada como título de aquisição do direito de propriedade, conduz ao reconhecimento deste, contanto que se mostrem provados os factos que a integram, entre os quais avulta o do lapso de tempo pelo qual a posse se manteve, prazo que, sendo função da boa ou má-fé do possuidor, se acha fixado pela lei, quanto aos imóveis, em 15 e 20 anos, respetivamente.

III – Presume-se de má-fé a posse não titulada (art. 1260.º, n.º 2, do Código Civil), sendo havida como tal a que não se baseie em qualquer modo legítimo de adquirir, independentemente quer do direito do transmitente, quer da vali-

dade substancial do negócio jurídico (art. 1259.º, n.º 1, do Código Civil). Trata-se de uma presunção "iuris tantum", que, por isso, pode ser ilidida mediante prova em contrário, a qual, todavia, não poderá ser produzida em sede de escritura de justificação notarial.

IV – Não configura o predito modo legítimo de aquisição o contrato de compra e venda verbal que, não tendo observado a forma da escritura pública – ao tempo, único meio formal admitido –, está ferido de nulidade. Obstáculo este que impede, por seu turno, o possuidor de recorrer, em escritura de justificação notarial, mormente atenta a ausência de contraditório, ao instituto da acessão na posse (art. 1256.º do Código Civil) adicionando à sua própria posse a do antepossuidor, já que, não relevando, para o efeito, como título legítimo de aquisição, um ato nulo, ele só pode invocar a posse que, pessoalmente, exerceu.

V – Assim, não tendo decorrido o prazo legalmente necessário para a aquisição da propriedade por usucapião, continua o interessado a não dispor de título para registo, já que a escritura de justificação notarial – que, todavia, não constitui o próprio título aquisitivo, mas antes o instrumento criado para suprir a falta deste – refere uma posse que não é titulada com uma duração inferior à legal (arts. 1260.º, n.º 2, e 1296.º do Código Civil), o que conduz à respetiva nulidade e consequente impossibilidade para comprovar a aquisição do direito, justificando a recusa do registo com fundamento na alínea b) do n.º 1 do artigo 69.º do Código do Registo Predial.

VI – Acresce que, invocada a usucapião, porque a aquisição do direito de propriedade se reporta ao momento do início da posse, quando aquela respeite a um lote de terreno para construção ou à edificação nele implantada, devem constar do título as menções sobre loteamentos urbanos exigidas pela lei em vigor no momento em que a posse se iniciou e, portanto, a usucapião se verificou. Do mesmo modo, quando o título comprovativo da justificação disser respeito a um prédio urbano, funciona como mais um dos requisitos de admissibilidade do mesmo, a comprovação da existência da correspondente licença de utilização.

VII – No âmbito do processo de suprimento de deficiências, o recurso ao expediente previsto no n.º 2 do artigo 73.º do Código do Registo Predial assenta no pressuposto de que ainda é possível, mediante a colaboração dos peticionários do registo, "salvar" o respetivo processo de uma qualificação minguante, pelo que, não se entrevendo essa possibilidade, deixa de ter sentido o uso de tal expediente cujo alcance passaria, então, a ser meramente dilatório, não pragmático e adverso à intenção do legislador.

(Parecer do Conselho Técnico do IRN, relatora Maria Eugénia Cruz Pires dos Reis Moreira, homologado em 2010-09-29, disponível em P.º R. P. 34/2010 (justica.gov.pt))

B – Aquisição verbal

I – Até à entrada em vigor do Código do Notariado de 1960, era legal basear-se uma justificação notarial num contrato verbal de compra de imóveis, visto entender-se que a expressão causa de aquisição foi empregada em sentido lato, nela cabendo qualquer título.

II – Posteriormente ao Código do Notariado de 1960, não é legal basear uma jus-

tificação notarial num contrato verbal de compra de imóveis, visto a lei, ao exigir a causa de aquisição, pressupor, sempre, a existência dum título válido translativo do direito, destinando-se tal escritura, unicamente, a suprir a falta do correspondente título formal.

(J. M. Torres Garrido, "O contrato verbal de compra como causa de aquisição na escritura de justificação", *Scientia Iuridica*, XI, 58/267)

NOTAS

No mesmo sentido, os pareceres, de 1970-02-20 e 1972-07-19, do Conselho Técnico da DGRN: "Embora se deva dar um entendimento maleável, tanto quanto possível lato, à regra que prevê e autoriza as escrituras de justificação, sob pena de ser destruído o objetivo que com elas se pretendeu atingir, não se deverá, no entanto, no caminho das facilidades, admitir a aceitação por parte dos serviços notariais de afirmações declaradamente contrariadas pelos princípios jurídicos.

Assim, nos termos do disposto nos artigos 204.º do Código do Registo Predial e 100.º, n.º 1, do Código do Notariado [atuais arts. 116.º, n.º 1, e 89.º, n.º 1, respetivamente], não pode, na escritura de justificação notarial, invocar se como causa da aquisição do direito de propriedade justificando urna compra verbal, por esta não ser título translativo desse direito" (*Código do Notariado*, ed. DGRN, 1973, p. 146).

Em sentido contrário, a doutrina antecedente da DGRN, *apud* A. Lucena e Vale e L. M. Campos Ferreira (*Formulário dos Atos Notariais*, Coimbra, Almedina, 1963, p. 126); Borges de Araújo (*Serviços do Notariado*, Braga, 1962, e *Justificação Notarial e Registo Obrigatório*, Braga, Petrony, 1958, p. 38) e J. Marques de Almeida, (*Justificações Notariais*, Coimbra Editora, 1963, p. 59).

C – Usucapião

É possível justificar, através de escritura notarial, o direito de propriedade não titulado, para efeitos de registo, invocando-se como causa de aquisição a usucapião, subordinada esta aos elementos e características da lei civil.

(Parecer, de 1969-07-12, do Conselho Técnico da DGRN, *Código do Notariado*, ed. DGRN, 1973, p. 147)

O recurso à justificação notarial com base na usucapião tanto pode ter lugar estando o prédio omisso no registo ou descrito sem que sobre ele exista inscrita de transmissão, domínio ou posse, como quando essa inscrição exista.

(Despacho da DGRN, de 1973-02-14, *Código do Notariado*, ed. DGRN, 1973)

NOTAS

Quanto ao primeiro sumário, no mesmo sentido, unânime: a prática notarial conhecida e atual, e Borges de Araújo (*Justificação Notarial e Registo Obrigatório*, Braga, 1958, Petrony, p. 38, e *Prática Notarial*, Coimbra, Almedina, pp. 488 e ss.); contra: J. Marques de Almeida (*Justificações Notariais*, Coimbra Editora, 1963, pp. 63 e ss.) e A. Catarino Nunes (*Revista do Notariado e do Registo Predial*, ano 29, pp. 145 e ss.).

Quanto ao segundo sumário, em sentido contrário, ainda, Borges de Araújo, *Justificação Notarial e Registo Obrigatório*, Braga, Petrony, 1958, p. 39.

Nas escrituras de justificação notarial para fins de registo predial de imóveis (primeira inscrição ou trato sucessivo), com base em usucapião, não basta afirmar que se é possuidor há mais de 30 anos do imóvel em causa, com exclusão de outrem e que essa posse é pública, pacífica, contínua, de boa-fé, etc., tornando-se ainda necessário, a nosso ver, afirmar e levar à escritura, embora resumidamente, os factos que revelam o início concreto da invocada posse e aqueles que integram os seus caracteres, visto estes serem meros conceitos de direito.

(Recomendações dos Serviços de Inspeção da DGRN, 1984, *Boletim da APN*, n.º 127/7)

NOTAS

Notar, a propósito, que, segundo o disposto no n.º 2 do art. 89.º do atual Código do Notariado (justificação notarial para primeira inscrição ou estabelecimento do trato sucessivo), "quando for alegada a usucapião baseada em posse não titulada devem mencionar-se expressamente as circunstâncias" que permitem a sua invocação.

Na opinião de Albino Matos, "não se veem razões (antes pelo contrário) que excluam a aplicabilidade deste preceito às demais figuras de justificação (reatamento ou estabelecimento de novo trato sucessivo)".

Recorda-se, ainda, que a usucapião invocada na justificação notarial para reatamento do trato sucessivo "implica novo trato sucessivo a partir do titular do direito assim justificado" (art. 116.º, n.º 3, do Código do Registo Predial).

1.º A justificação notarial ou judicial com base na usucapião, mesmo que sobre o prédio descrito exista em vigor inscrição de aquisição, *é título suficiente para que o usucapiente requeira a seu favor o respetivo registo;*

2.º Apenas se exige que, da escritura de justificação, constem bem definidos e caracterizados os requisitos da posse *que o justificante se arroga, nos precisos termos do disposto nos arts. 1258.º a 1262.º do Código Civil;*

3.º A reclamante apresentou, na Conservatória, a fotocópia de uma escritura, na qual eram observados os condicionalismos citados.

(Parecer, de 1985-04-22, do Conselho Técnico dos Registos e do Notariado, relator R. Fontinha, P. 23/84. RP3, *BRN*, 2/4)

NOTAS

A possibilidade de invocação da usucapião foi discutida, quer na justificação notarial da primeira inscrição, quer na justificação notarial do trato sucessivo, como recorda o douto parecer, estabelecendo-se a doutrina da sua admissibilidade, respetivamente, no parecer de 1969-07-12 e no despacho de 1973-02-14 (ver *Código do Notariado*, ed. DGRN, 1973, p. 174).

Hoje, a referida possibilidade é indiscutível (arts. 116.º, n.º 3, do Código do Registo Predial e 89.º do Código do Notariado); para a história da questão, ultimamente, J. Fonseca e Silva, "A nova política registal: Incidências no notariado", *Revista do Notariado*, 1985/1/37-4, máx.

1.º A usucapião constitui por si só uma causa de aquisição do direito de propriedade ou de outros direitos reais de gozo.

2.º As circunstâncias a que se refere o n.º 2 do art. 100.º do Código do Notariado, identificam-se em termos absolutos, com os caracteres da posse *não titulada definidos no art. 1258.º e ss. do Código Civil, e com o decurso de 30 anos, no Código de 1867, reduzido para 20, no Código vigente.*

3.º A escritura de justificação e de compra e venda junta ao processo contém os requisitos legais necessários para que o registo de aquisição a favor da sociedade reclamante seja efetuado com carácter definitivo.

(Parecer, de 1986-02-03, do Conselho Técnico dos Registos e do Notariado, relator Rodrigues Fontinha, P. 47/85. RP3, *BRN*, 10/6, e *Revista do Notariado*, 1986/3/373)

NOTAS

No mesmo sentido do sumário (ponto 2.º), aparentemente, parecer do Conselho Técnico, de 1985-04-22 (*BRN*, 2/4), bem como J. Fonseca e Silva, ("A nova política registal: Incidências no notariado", *Revista do Notariado*, 1985/1/17-45): as circunstâncias aludidas no n.º 2 do art. 100.º são aqueles factos que, uma vez invocados, permitam ao notário concluir que são suficientes para integrarem a usucapião (p. 37). O art. 100.º corresponde, como já se disse, ao atual art. 89.º do Código do Notariado.

Com interesse na epígrafe, ver ainda J. Fonseca e Silva, "Justificação para fins de registo predial. Algumas questões", *Revista do Notariado*, 1986/2/185-218, especialmente o item II: "Justificação com base em usucapião".

I – O interessado que não disponha de documento para a prova do seu direito, pode obter a primeira inscrição através de escritura de justificação notarial, na qual invoque a usucapião como causa da aquisição (cf. artigos 1287.º do Código Civil e 116.º, n.º 1, do Código do Registo Predial).

II – A usucapião é uma forma legítima de aquisição de coisas ou direitos através da posse que, não sendo titulada, se presume de má fé, caso em que só se dá no termo de 20 anos – cf. artigos 1287.º, 1260.º, n.º 2, e 1296.º do Código Civil.

III – A escritura pública de justificação lavrada nas circunstâncias previstas na conclusão anterior, que mencione uma posse geradora de usucapião por prazo inferior ao referido, é nula e não comprova a aquisição do direito, pelo que não pode ser admitida a registo – cf. artigos 294.º do Código Civil e 69.º, n.º 1, alínea d), do Código do Registo Predial.

(Despacho da DGRN, de 1996-03-12, *BRN*, 4/96, p. 21)

NOTAS

A questão, que não se revela nas conclusões do sumário, punha-se assim: para a notária, autora da escritura, esta continha a alegacão e a prova de que a posse, embora não titulada, era de boa-fé e, portanto, o prazo de usucapião era de 15 anos (arts. 1260.º a 1296.º do Código Civil); para o registo e para o parecer, apesar de reconhecerem que a presunção do art. 1260.º de má-fé da posse não titulada, admite prova em contrário, o ato notarial – dizem – não é o lugar certo para a produção dessa prova.

Albino Matos segue a posição defendida aqui pela notária, "julgando que a opinião do registo traduz um mero preconceito, por outras palavras, um entendimento restritivo do sentido e alcance da justificação notarial, que não se fundamenta em qual quer norma jurídica".

I – A aquisição do direito de propriedade baseada na usucapião é originária, também no sentido de que não deriva, do direito de qualquer titular inscrito.

II – Todavia, gozando este da presunção decorrente do registo a seu favor, a lei condiciona a celebração da escritura de justificação, fundada na usucapião por parte do justificante, à prévia notificação avulsa desse titular inscrito ou dos seus herdeiros.

III – No caso de morte do possuidor a posse continua, com todas as suas características e para todos os efeitos, nos seus sucessores – que, assim, adquirem em comum e sem determinação de parte o direito sobre o prédio em causa.

(Parecer, de 96-07-16, do Conselho Técnico do IRN, relator Mouteira Guerreiro, P. 5/96 – R. P. 4, *BRN*, 9/96, p. 21)

I – *A justificação notarial é, em princípio, meio próprio para suprir no registo predial a intervenção do titular inscrito, e iniciar um novo trato sucessivo a partir do titular do direito assim justificado.*

II – Poderá ser estabelecido um novo trato sucessivo apenas quanto a parte, desanexada, do prédio relativamente ao qual estava inscrito um trato sucessivo anterior, que a usucapião, invocada pela via da justificação notarial, visa interromper, quanto à parte desanexada.

III – A aquisição por usucapião do direito de propriedade sobre um lote de terreno, com destino imediato ou subsequente a construção, verifica-se no momento do início da posse desse lote, que pode coincidir com os atos materiais através dos quais se procedeu à sua demarcação ou autonomização e, consequentemente, à concretização da operação de loteamento.

IV – No título – nomeadamente, a escritura de justificação notarial –, em que é invocada a aquisição por usucapião do direito de propriedade sobre um lote de terreno para construção, deverão constar as menções sobre loteamentos urbanos exigidas pela lei em vigor no momento em que se verificou a aquisição, ou seja, no momento do início da posse.

V – O normativo do artigo 108.º do Código do Notariado (artigo 99.º do Código aprovado pelo Decreto-Lei n.º 207/95, de 14 de agosto) insere-se no processo de afastamento da presunção que deriva do registo, por força do artigo 7.º do Código do Registo Predial, exigindo a notificação judicial avulsa dos titulares inscritos – ou dos seus herdeiros, independentemente de habilitação, para o caso de se verificar a sua ausência ou falecimento –, para que estes se oponham, querendo, à pretensão do justificante.

VI – Titulares inscritos, para efeitos do citado normativo, serão ambos os cônjuges – que figurem no registo, mesmo que só um deles assuma a posição de sujeito ativo na relação jurídico-registral –, quando o registo tenha por objeto bens que só por ambos possam ser alienados, ou direitos que também só por ambos possam ser exercidos.

VII – Não tendo sido notificados judicialmente todos os titulares inscritos – ou os seus herdeiros, independentemente de habilitação, para o caso de se verificar a sua ausência ou falecimento – a escritura de justificação notarial é título manifestamente insuficiente para a prova legal do facto a registar, pelo que o registo deverá ser recusado nos termos do disposto no artigo 69.º, n.º 1, alínea b), do Código do Registo Predial.

(Parecer, de 1996-07-26, do Conselho Técnico dos Registos e do Notariado, relator João Bastos, P. 17/96-R. P. 4, *BRN*, 12/96, p. 14)

NOTAS

De acordo com Albino Matos, este parecer será ilegal por vício de procedimento, na medida em que a secção notarial do IRN não foi ouvida.

Como já se referiu, desde 2001 que a notificação prévia deixou de ser judicial e passou a ser notarial.

---

1 – Satisfaz as exigências da legislação sobre loteamentos urbanos a escritura de justificação em que é invocada a usucapião enquanto modo de aquisição do direito de propriedade de lote de terreno para construção urbana, se dela constar o número do lote e do alvará e a exibição de certidão da respetiva câmara municipal comprovativa de que foi emitido esse alvará e o lote objeto da justificação dele faz parte.

2 – Constando do título a declaração de que o lote de terreno foi desconexionado de determinada descrição predial – onde não chegou a ser efetuado o registo do licenciamento da operação de loteamento, por à época não ser exigível –, o conservador, no âmbito do princípio da legalidade consagrado no art. 68.º do Código do Registo Predial, terá legitimidade para duvidar de tal declaração se razões sérias e objetivas, que radiquem na descrição predial desanexanda, nas descrições prediais desanexadas, nos documentos apresentados e nos registos anteriores, a tal posição conduzirem.

3 – Não cabe manifestamente na factispécie da conclusão anterior a hipótese de o lote de terreno objeto da justificação notarial ter sido, de acordo com o título, desconexionado de um prédio cuja descrição predial atualmente apresenta dezenas de desanexações, se os fundamentos do conservador se reconduzirem aos factos de a) uma das desanexações respeitar a um prédio que veio a ser registado a favor de pessoa que na escritura de justificação figura como adquirente do prédio objeto do loteamento, mas com uma área superior à que consta da descrição desanexada, e de b) ter conhecimento pessoal de que o alvará de loteamento incide sobre aquela descrição desanexada e não sobre a descrição que, de acordo com os justificantes, sofreu a desconexão.

(Parecer do Conselho Técnico do IRN, relator João Guimarães Gomes Bastos, homologado em 2008-03-31, disponível em C-RP80-07 (justica.gov.pt))

I – Não tendo sido notificado judicialmente o titular inscrito de prédio de que faz parte o terreno, em que está implantado um edifício, cuja aquisição por usucapião se pretende justificar, a escritura de justificação notarial é título manifestamente insuficiente para a prova legal do facto a registar, pelo que o registo deverá ser recusado nos termos do disposto no artigo 69.º, n.º 1, alínea b), do mesmo Código.

II – De igual modo, e com idêntico fundamento legal, deve ser recusado o registo de aquisição por usucapião, com base em escritura de justificação notarial que não concretize os atos materiais praticados pelos justificantes, reveladores dos elementos da posse em seu próprio nome – só contendo conceitos de direito relativos às características da posse –, nem consigne o momento do início da posse.

III – Deve também ser recusado – nos termos do artigo 69.º, n.º 1, alínea d), do referido Código – o registo de aquisição por usucapião de terreno (com ou sem construção), a desanexar de outro já descrito, com base em escritura de justificação notarial que não contenha o número e data do alvará de loteamento que titule o fracionamento, nem dela resulte que este se verificou antes da entrada em vigor do Decreto-Lei n.º 289/73, de 6 de junho.

(Parecer, de 1998-12-18, do Conselho Técnico do IRN, relatora Maria Ferraro, *BRN-Supl.*, 2/99, p. 12)

1 – A certidão extraída de processo judicial que comprove que, anteriormente à outorga da escritura de justificação notarial, a) os justificantes demandaram os titulares inscritos com pedido de condenação destes no reconhecimento do direito que veio ulteriormente a ser justificado, b) os titulares inscritos contestaram, alegando que os AA não tinham interesse em agir, já que inexistia qualquer conflito, uma vez que eles RR sempre reconheceram os AA como donos do imóvel em causa, e c) o Mmo. Juiz absolveu os RR da instância com fundamento na falta de interesse em agir dos AA, constitui, para efeitos do disposto no n.º 1 do art. 99.º do Código do Notariado, «título em que tenha intervindo o titular inscrito», o qual reprova a exigência da notificação prévia prevista nesta norma de direito notarial.

2 – As dúvidas, não removidas no processo de registo, sobre a identidade do prédio objeto mediato do registo peticionado, designadamente sobre se o mesmo esgota a descrição predial mencionada no título, devem determinar a feitura do registo como provisório por dúvidas, nos termos do disposto no art. 70.º do Código do Registo Predial.

(Parecer do Conselho Técnico do IRN, relator João Guimarães Gomes de Bastos, homologado em 2011-12-02, disponível em RP136-2011 (justica.gov.pt))

O justificante que em escritura de justificação invoque a usucapião como geradora de aquisição originária, deve alegar os factos materiais que concretizam a posse e mencionar as circunstâncias de facto que determinam o seu início, sendo insuficiente o título que não contenha tais elementos, e devendo, consequentemente, ser recusado o registo de aquisição baseado nesse documento (cf. art. 69.º, n.º 1, al. b), do Código do Registo Predial).

(Parecer, de 2002-04-04, do Conselho Técnico do IRN, relator António Luís, *BRN-CT*, 4/02, p. 10)

I – Em sede de escritura de justificação para estabelecimento de novo trato sucessivo, o justificante poderá esclarecer que não lhe é possível obter os títulos porque eles não foram formalmente lavrados, mas que se verificou a "traditio" do prédio, por acordo verbal; caberá ao notário, nos termos do art. 95.º do Código do Notariado, aferir da verosimilhança de tais declarações, aceitando-as ou não.

II – A concretização dos atos materiais reveladores dos elementos da posse deve ser apreciada tendo em consideração a utilidade que, em cada caso, da coisa possuída advém para o possuidor, não sendo exigível, para definição do conceito de continuidade da posse, que o possuidor a exerça ininterruptamente, mas que pratique, ao longo dos anos, com a regularidade adequada, os atos materiais ajustados à natureza da coisa e ao direito que se pretende manifestar.

III – Decorrentemente, a escritura de justificação deve traduzir a manifestação desses atos materiais de forma clara e precisa, tendo em atenção os referidos condicionalismos.

(Parecer, de 2004-02-27, do Conselho Técnico do IRN, relator Luís Nobre, *BRN-CT*, 3/04, p. 4.)

A usucapião, que só ocorre depois de decorrido o prazo legalmente previsto para a concreta situação possessória, não opera ipso iure, *dependendo do exercício da faculdade de invocação legalmente atribuída, nomeadamente em escritura de justificação notarial (cf. artigos 1287.º do Código Civil (CC), 116.º, n.ºs 1e 3, do Código de Registo Predial (CRP) e artigos 89.º a 91.º do Código do Notariado.*

A possibilidade legal de invocação da usucapião em sede do referido ato notarial, tem carácter excecional, não se traduzindo na instituição desse ato em título aquisitivo, mas num expediente técnico simplificado de suprir a falta de título, exclusivamente destinado a permitir o acesso do facto aquisitivo ao registo.

No caso de posse não titulada – v.g., como sucedeu no caso dos presentes autos, em que seja invocada como causa de aquisição uma doação verbal – o prazo de 15 anos previsto para a posse de boa-fé (art. 1296.º do CC) só pode aproveitar ao possuidor se for ilidida a presunção legal de má-fé prevista no art. 1260.º, n.º 2, do CC.

Em face do âmbito probatório material da escritura pública em geral – os documentos autênticos fazem prova plena dos factos que referem como praticados pela autoridade ou oficial público respetivo, assim como dos factos que neles são atestados com base nas perceções da entidade documentadora (art. 371.º, n.º 1, do CC) – e da finalidade a que se destina a escritura pública de justificação notarial, é de dar por afastada a possibilidade de, nesta última, ser ilidida a referida presunção legal de má-fé.

Ainda que fosse de se entender o contrário, não poderia essa prova dar-se por efetuada com base na mera caracterização da posse como sendo de boa-fé, objeto da declaração dos justificantes e confirmada pelos declarantes, como in casu *se verifica.*

Em face da referida impossibilidade de invocação da usucapião em sede de escritura de justificação notarial, não é sequer equacionável a possibilidade de extrair da ausência da impugnação prevista no art.101.º do Código de Notariado o efeito da revelia previsto no art. 567.º, n.º 1, do Código de Processo Civil, ou seja, considerarem-se confessados (pelos interessados na impugnação) os factos declarados por quem invocou a usucapião, como é defendido pela recorrente.

(Parecer do Conselho Consultivo do IRN, relator Luís Manuel Nunes Martins, homologado em 2018-10-26, disponível em "(Im)possibilidade de invocação, em escritura de justificação notarial, de usucapião fundada em posse não titulada, antes de decorrido o prazo de 20 anos previsto no art. 1296.º do Código Civil, em face da presunção de má-fé estabelecida no n.º 2 do art. 1260.º do mesmo Código. Prova da ilisão da referida presunção" (justica.gov.pt))

Certidões

Da escritura de justificação só podem ser passadas certidões decorridos trinta dias sobre a data em que o extrato for publicado, *se dentro desse prazo não for recebida comunicação da pendência da impugnação (art. 109.º, n.º 2, do Código do Notariado).*

Põe-se a dúvida sobre se já se conta o dia da publicação, se de escritura pública a 15-08 pode extrair-se certidão a 14-09.

Deve entender-se que não: o dia da publicação não se conta. *Resulta da lei (... «decorridos trinta dias» ...): o 1.º dia decorre ou é decorrido a 16-08, na hipótese vertente, e o 30.º dia, a 14-09. A certidão passar-se-á, por conseguinte, a 15-09.*

Se dúvida houvesse ainda, seria debelada com o disposto nos arts. 296.º e 279.º, alínea b), do Código Civil: na contagem de qualquer prazo não se inclui o dia em que ocorrer o evento a partir do qual o prazo começa a correr. A mesma solução, portanto.

(*Boletim da APN*, n.º 70/3 – A. M.)

NOTAS

O referido art. 109.º, n.º 2, do Código do Notariado de 1967 corresponde, hoje, ao art. 101.º, n.º 2.

Havendo impugnação, "as certidões só podem ser passadas depois de averbada a decisão definitiva da ação" (art. 101.º, n.º 4, do Código do Notariado).

De acordo com o art. 100.º, n.º 1, do Código do Notariado, "a escritura de justificação é publicada por meio de extrato do seu conteúdo, a passar no prazo de cinco dias a contar da sua celebração". A publicação consta do averbamento (art. 131.º, n.º 1, al. c), do Código do Notariado).

Compropriedade

I – A justificação notarial é uma das providências legislativas tendentes ao suprimento do registo.

II – Na escritura de justificação de posse que conduziu à usucapião têm que ser considerados todos os elementos característicos da lei civil.

III – Tratando-se, em especial, de usucapião de um direito indiviso sobre determinado prédio, a justificação para o registo desse direito não pode deixar de basear-se na situação de composse verificada.

(Parecer de 1988-10-18, do Conselho Técnico dos Registos e do Notariado, relator Rocheta Gomes. P. 52/88 – R. P. 3, *Revista do Notariado*, 1989/2/251)

NOTAS

Refere Albino Matos: "O douto parecer não descarta a possibilidade de justificação, mesmo que baseada em usucapião, com relação a um direito indiviso sobre determinado prédio, possibilidade que, na verdade, não poderia razoavelmente negar-se. Talvez por isso mesmo, não são conhecidos precedentes na questão."

Sobre a justificação notarial, cf. em geral: L. F. Aviz de Brito, "Aspetos técnico-jurídicos da nova escritura de declaração de posse, propriedade ou domínio para efeitos de registo predial", sep. da *Rev. Trib.* (1956), n.ºs 1702-3; A. M. Borges de Araújo e J. Mota Campos, *Justificação notarial e registo obrigatório*, Braga, Petrony, 1958; A. M. Borges de Araújo, *Prática notarial*, Braga, 1961, pp. 459 e ss.; J. Marques de Almeida, *Justificações notariais*, Coimbra, Coimbra Ed., 1963; Albino Matos "Justificação notarial", *Revista do Notariado*, ano III, n.º 12 (Abril, 1983), pp. 31-34; "Justificação Notarial e Registo Predial (Peças de um processo)", *Revista do Notariado*, ano V, n.º 17 (Julho, 1984), pp. 27-45; J. Fonseca e Silva, "Justificação para fins de registo predial. Algumas questões", *Revista do Notariado*, 1986/2/185-218.

I – Em face do disposto no artigo 116.º do Código do Registo Predial, a escritura de justificação notarial constitui um meio de suprimento da falta de título para registo, não sendo, por isso, admissível para outros fins, como seja o de obter a retificação da descrição quanto à área do prédio.

II – Os herdeiros que tenham sucedido na posse (artigo 1255.º do Código Civil) podem obter inscrição de aquisição a seu favor com base em escritura de justificação notarial na qual invoquem a usucapião, devendo especificar-se, no título e no registo, a identificação do antepossuidor e a natureza coletiva do direito, ou seja, que a aquisição é em comum e sem determinação de parte ou direito por usucapião com sucessão na posse de determinada pessoa.

(Parecer do Conselho Técnico nº 153/2010 SJC-CT Justificação de direitos. Retificação de registo, disponível em https://docs.google.com/viewer?a=v&pid=sites&srcid=ZGVmYXVsdGRvbWFpbnxzaXRpb2Rvc3JlZ2lzdG9zfGd4OjY4NWJmNWUwYjRjZmZmNmU)

1 – Quando em causa esteja um bem comum do casal, intervindo na escritura de justificação como justificante apenas um dos cônjuges, ele não pode afirmar-se, com exclusão de outrem, titular do direito que se arroga, e não pode invocar a usucapião apenas a seu favor, mormente se o início da posse ocorreu após o casamento, devendo, neste caso, o registo do facto ser efetuado provisoriamente por dúvidas (cf. art. 68.º do Código do Registo Predial).

2 – O conservador deve diligenciar pelo conhecimento de sentença proferida em ação referida pelo justificante, aliás parte na causa, em escritura de justificação em que foi invocada a usucapião, e, se verificar que existe contradição entre a factualidade em que assentou a decisão judicial e a factualidade declarada pelo justificante, em termos de poder concluir que existe litígio sobre o direito de propriedade justificado, deve recusar o registo peticionado, nos termos do disposto no art. 69.º, n.º 1, al. b), do Código do Registo Predial.

3 – Sendo a escritura de justificação omissa sobre os direitos de penhora que, de acordo com a ficha de registo, incidem sobre o imóvel objeto de invocação da usucapião, resta a dúvida sobre se foi invocada a usucapião do direito de propriedade onerado com os direitos de penhora ou se foi invocada a usucapião do pleno domínio, devendo, assim, o registo do facto ser efetuado provisoriamente por dúvidas (cf. art. 68.º do Código do Registo Predial).

(Parecer do Conselho Técnico dos Registos e do Notariado, relator João Guimarães Gomes Bastos, homologado em 2011-03-21, disponível em ctrp167-2010 (justica.gov.pt))

A quota-parte ou uma quota ideal de um prédio é usucapível, devendo, contudo, os justificantes declarar na escritura de justificação em que se invoque a usucapião fundada em composse, além de tudo o mais, quais são as restantes quotas-partes e proceder à identificação dos respetivos titulares – cf. o disposto nos artigos 1251.º, 1286.º, 1287.º, 1291.º e 1403.º e ss., todos do Código Civil.

(Parecer do Conselho Consultivo do IRN, relatora Isabel Ferreira Quelhas Geraldes, homologado em 2013-02-26, disponível em Pº R.P. 92/2012 SJC-CT (justica.gov.pt))

I – É admissível a interposição de um único processo de recurso hierárquico que vise o conjunto das decisões que versem sobre os pedidos de registo formulados pela apresentante respeitantes ao mesmo prédio, ainda que titulados por documentos diversos e em momentos distintos, dado que, para efeitos do prescrito no n.º 1 do artigo 140.º do Código do Registo Predial, o que estará em causa será uma só «resolução», composta embora pelo conjunto das decisões correspondentes à globalidade dos pedidos de registo formulados.

II – A quota-parte ou uma quota ideal de um prédio é usucapível, devendo, contudo, os justificantes declarar na escritura de justificação em que invoquem a usucapião, para além das circunstâncias de facto que determinaram o início da posse, bem como as que consubstanciam e caracterizam essa posse, quais são as restantes quotas-partes do prédio e proceder à identificação dos respetivos titulares – cf. o disposto nos artigos 89.º, n.º 2, do Código do Notariado, e nos artigos 1251.º, 1286.º, 1287.º, 1291.º e 1403.º e ss., todos do Código Civil.

III – Considerando, porém, que os registos de aquisição das quotas ideais em apreço nos autos respeitam a prédio integrado numa AUGI, para a sua conversão em definitivo bastará que sejam apresentadas as indispensáveis escrituras de retificação no que concerne ao estado civil e ao regime de bens dos justificantes, reportado ao início da posse, bem como o documento emitido por um dos órgãos de administração dessa AUGI que certifique a listagem dos possuidores já legitimados em relação a cada uma das parcelas em que se subdividiu o loteamento ilegal, de molde a permitir a conclusão de que os titulares daquelas quotas ainda não estão legitimados no processo de reconversão urbanística em curso.

(Parecer do Conselho Consultivo do IRN, relatora Isabel Ferreira Quelhas Geraldes, homologado em 2013-05-27, disponível em Pº R.P. 31/2013 STJ-CC (justica.gov.pt))

I. Recorrendo-se a escritura de justificação para o fim de se obter título que permita estabelecer novo trato sucessivo relativamente à titularidade de determinada quota-parte ou quota ideal de prédio, exige-se do justificante, na caracterização da composse em que se funda a usucapião que invoca, que concretize (que declare na escritura) as restantes quotas e bem assim a identidade dos compossuidores.

II. O cônjuge meeiro e herdeiro único do pré-falecido cônjuge sucede na posse in solidum *que este consigo exercesse sobre a quota ideal do prédio, podendo ele prevalecer-se de todo o prazo dessa mesma posse para efeitos de invocação, a seu favor, da usucapião de tal quota.*

III. Visando o ato de justificação estabelecer um novo trato sucessivo em relação a uma quota ideal do prédio de que o justificante e usucapiente se arroga único atual proprietário, deverá o registo de aquisição inaugural desse novo trato ser requerido e efetuado a favor deste mesmo sujeito, e não, mau grado o carácter retroativo da usucapião, a favor de quem concretamente iniciou a posse em que se fundou a invocação deste modo originário de aquisição do direito.

(Parecer do Conselho Consultivo do IRN, relator António Manuel Fernandes Lopes, homologado em 2013-08-06, disponível em Pº RP 46/2013 (justica.gov.pt))

Declarantes

Como resulta dos arts. 100.º, n.º 1, e 104.º, n.º 2, do Código do Notariado [de 1967], *nas escrituras de justificação devem intervir três pessoas que o notário considere dignas de crédito.*

Assim, nas escrituras desta espécie, a verificação da identidade *dos declarantes não deve fazer-se por declarações dos abonadores, mas sim por* conhecimento pessoal *do notário, pois só conhecendo os declarantes o notário sabe se são dignos de crédito.*

(Recomendações dos Serviços de Inspeção da DGRN, 1983, *Boletim da APN*, n.º 113-7/BJ)

NOTAS

Aos arts. 100.º e 104.º do Código do Notariado de 1967 corresponde, hoje, o art. 96.º, que remete para o art. 84.º do Código do Notariado de 1995. Do art. 68.º do Código do Notariado, no âmbito da subsecção respeitante aos intervenientes acidentais, resulta, e em particular do seu n.º 4, que "o notário pode recusar a intervenção do abonador, intérprete, perito, tradutor, leitor ou testemunha que não considere digno de crédito, ainda que ele não esteja abrangido pelas proibições do n.º 1".

Contra a douta recomendação, ver *Boletim da APN*, n.º 113/2 (A. Graça), argumentando com a frequente impraticabilidade da exigência do conhecimento pessoal e com a falta de apoio legal da mesma exigência.

Albino Matos considera que "não [se] pode realmente concordar com a doutrina sumariada. A verificação da identidade há de ser feita por qualquer um dos modos estabelecidos no art. 64.º [atual art. 48.º], que não consagra nenhuma exceção. Uma coisa é o juízo de identidade e outra o juízo de idoneidade: o primeiro é vinculado, e o segundo livre, remetido ao foro pessoal do notário. Vale isto para dizer que o problema se situa fora do campo da matéria recomendável. Manifestamente, aliás, pode não se conhecer pessoalmente uma pessoa e, não obstante. atribuir-se-lhe credibilidade (que seria do juiz se assim não fosse?)."

I – É imperativo o preceito que impõe que, em escrituras de justificação para fins de registo predial, os declarantes residam na freguesia de situação do prédio.

II – A violação deste comando produz a nulidade do ato.

III – Esta nulidade não é sanável pelo decurso do prazo de 30 dias ou outro.

(Acórdão da Relação do Porto, de 1990-04-03, *Colectânea de Jurisprudência*, 15/2/2021, e *Revista do Notariado*, 1991/2/266)

NOTAS

A exigência prevista no art. 105.º, n.º 2, do Código do Notariado de 1967, de os declarantes residirem na freguesia da situação dos prédios, foi eliminada pelo Decreto-Lei n.º 67/90, de 1 de março, não estando também prevista no atual Código.

Aplicando, porém, a lei vigente ao tempo da prática do ato, o douto acórdão baseia a nulidade no n.º 2 do art. 85.º do Código de 1967.

Simplesmente, como refere Albino Matos: "os declarantes não são *intervenientes acidentais*, como tal se considerando na lei exclusivamente os abonadores, intérpretes, peritos, tradutores, leitores e testemunhas (art. 82.º [correspondente ao atual art. 68.º]), o que não quer dizer, todavia, que não possam aplicar-se-lhes, em princípio, as regras estabelecidas para os intervenientes acidentais (p. ex., art. 82.º [atual art. 68.º]) e, nomeadamente, o princípio do art. 85.º, n.º 2 [atual art. 71.º, n.º 2]."

Em nota a este acórdão, Albino Matos conclui o seguinte:

"– O sistema de nulidades da lei notarial rege-se por um princípio de taxatividade das causas determinantes de invalidade, o que exclui, nesta matéria, o recurso à analogia;

– Os declarantes da escritura de justificação não são intervenientes acidentais, mas deve aplicar-se-lhes o art. 85.º [atual art. 71.º], n.º 2, do Código do Notariado, por interpretação extensiva;

– Deste modo, a incapacidade ou inabilidade de algum declarante determina a nulidade do ato, na medida em que resultar de fator que o iniba de servir como testemunha instrumentária."

Destacamento

I – O adquirente que não disponha de documento para a prova do seu direito pode obter a primeira inscrição por meio de escritura de justificação notarial.

II – Na justificação da aquisição de um prédio que foi desanexado de outro deve ter-se em consideração o condicionalismo legal do destaque na altura em que se verificou este facto e o início da posse, e não na da consumação da usucapião.

(Parecer, de 1994-02-03, do Conselho Técnico dos Registos e do Notariado, *BRN*, 4/94. p. 11)

Estabelecimento do trato sucessivo

É de justificação para estabelecimento do trato sucessivo (primeira inscrição), a escritura em que se justifica o direito de propriedade sobre o prédio omisso no registo predial, comprado depois de 1984-01-01, quando o vendedor não possuísse título de aquisição legalmente válido. [...] A justificação notarial traduz a prática de um ato de mera administração, seja qual for o critério usado para definir os atos desta natureza. [...] O dono de um prédio omisso na matriz pode justificar o seu direito, bastando para o efeito que tenha apresentado a participação para inscrição [...]. O n.º 1 do art. 108.º do Código do Notariado [atual art. 99.º, n.º 1] *deve ser objeto de interpretação extensiva, entendendo-se a expressão «falta de título» – ali utilizada no Sentido de abranger três hipóteses possíveis: a de o título haver sido lavrado mas, posteriormente, não se encontrar ou ter sido destruído; a de o negócio não ter sido devidamente formalizado (compra e venda, doação, troca ou partilha verbais); e a de a transmissão se ter operado sem qualquer concurso do transmitente (usucapião) [...]. O notário deve certificar-se da realização da notificação judicial prévia do titular inscrito a que alude o art. 108.º* [atual art. 99.º], *arquivando por cautela o respetivo documento. [...] Na impugnação judicial da escritura de justificação, o ónus da prova compete ao impugnante, do mesmo modo que relativamente à escritura de habilitação.*

(José da Fonseca e Silva, "Justificação para fins de registo predial. Algumas questões", *Revista do Notariado*, 1986/2/185-218 (excertos), *apud* Albino Matos, *Dicionário do Notariado*)

I – A primeira inscrição *no registo predial, na ausência de documento necessário para prova da aquisição do direito sobre prédio não descrito, ou descrito sem inscrição de transmissão, domínio ou mera posse, pode fazer-se por meio de ação de justificação judicial ou escritura de justificação notarial.*

II – O adquirente de um prédio por escritura de compra e venda *pode recorrer à escritura de justificação notarial para, com base na aquisição por* usucapião, *proceder à primeira inscrição de prédio não descrito.*

(Acórdão da Relação de Coimbra, de 1983-02-22, *Revista do Notariado*, ano V, n.º

17 (julho, 1984), pp. 13-20, e *Colectânea de Jurisprudência*, 8/1/50)

NOTAS

1. A *Revista* publica no mesmo número, com a minuta (pp. 25-49), algumas peças do processo a que o douto acórdão sumariado pôs termo, no domínio da vigência do Código de Registo Predial de 1967, com as seguintes conclusões, entre outras relativas ao registo predial.

Em matéria de justificações, compete exclusivamente ao notário o juízo sobre a alegada impossibilidade de comprovação do direito pelos meios extrajudiciais normais, pelo que o conservador exorbita da sua competência ao recusar o registo com fundamento em não ser caso de justificação, por supostamente dispor o interessado de título bastante para prova do direito e para a realização do registo.

A escritura de justificação notarial consiste, fundamentalmente, na afirmação de um direito próprio, atual e exclusivo do justificante, pelo que não é possível ou legal justificar-se o direito alheio – seja na justificação notarial para primeira inscrição, seja na justificação notarial para reatamento do trato sucessivo.

Tendo surgido como processo anormal de titular atos ou factos sujeitos a registo. a justificação notarial tem visto sucessivamente alargado o seu campo de aplicação.

A justificação notarial para primeira inscrição constitui exceção apenas ao n.º 1 do art. 13.º do Código do Registo Predial, ao princípio de primeira ou prévia inscrição; e a justificação notarial para reatamento do trato sucessivo constitui exceção apenas ao n.º 2 do mesmo preceito, ao princípio do trato sucessivo propriamente dito.

Como exceção (ao que se deixa apontado), a escritura de justificação é praticável nos precisos termos e pressupostos da previsão legal, sendo problema de política legislativa, e não de interpretação, o de saber se tais termos são amplos em demasia ou se implicam o fim do trato sucessivo.

2. Atualmente, haveria, no caso concreto, que atender, a propósito, ao disposto no n.º 2 do art. 89.º do Código do Notariado.

I – No ato de justificação notarial para reatamento do trato sucessivo, o direito que se justifica é um direito de propriedade titulado, no sentido de que a sequência das aquisições derivadas (transmissões intermédias) se não interrompe desde o proprietário inscrito até ao atual proprietário (justificante), acontecendo porém que, relativamente a alguma ou algumas dessas transmissões, não dispõem os interessados do respetivo documento que as permita comprovar (ou porque se extraviou ou foi destruído ou por outro qualquer motivo atendível) – cf. arts. 116.º, n.º 2, do CRP, e 90.º, n.ºs 2 e 3, do Código do Notariado.

II – Tal realidade deverá refletir-se no registo predial com a inscrição, separada e autónoma, dos factos aquisitivos que compõem essa cadeia, a efetuar mediante a necessária instância do interessado com a apresentação dos documentos que legalmente comprovem cada um desses factos, a qual, relativamente àqueles de que não disponha de documento titulador nos termos sobreditos, será substituída pela apresentação da escritura de justificação.

III – Já a justificação para estabelecimento de novo trato sucessivo visa contemplar aquelas situações em que se verifique uma quebra na cadeia das aquisições derivadas por abandono do proprietário (quer o inscrito quer outro subsequente a ele), tornando por isso necessário que o justificante invoque a posse conducente à usucapião, enquanto causa originária, que é, da aquisição – cf. citados arts. 116.º, n.º 3, do CRP, e 91.º do Código do Notariado.

IV – Neste último caso, será de lavrar unicamente o registo dessa aquisição originária com base na escritura de justificação que a comprove.

V – Daí que sejam distintos e diferenciados os pressupostos de admissibilidade de uma e de outra das referidas justificações, projetando-se a possibilidade de estabelecer um novo trato sucessivo no preciso momento em que se verifique (por abandono do proprietário, nos termos sobreditos) impossibilidade de reatar aquele que as tábuas já estabelecem, pelo que tais justificações não são cumuláveis na mesma situação.

VI – Considerar-se-á, por isso, como unicamente titulada a justificação para reatamento do trato sucessivo, com todas as implicações que ela tem no registo predial, quando o justificante, depois de ter reconstituído toda a cadeia de aquisições tituladas necessárias ao reatamento, invoque também a posse conducente à usucapião para afirmar a aquisição originária do seu direito.

VII – Deve assim ser recusado, nos termos do art. 69.º, n.º 1, al. b), do CRP (por não estar titulado o facto nos documentos apresentados), o registo de aquisição a favor da pessoa do justificante com base unicamente nessa escritura, quando nela se invoque como causa dessa aquisição um contrato de compra e venda celebrado por determinada (outra) escritura pública, que, podendo e devendo fazê-lo, não apresentaram para registo.

(Parecer, de 2001-02-21, do Conselho Técnico da DGRN, relator Silva Pereira, disponível em file:///C|/Documents%20and%20Settings/Admin/Ambiente%20de%20trabalho/BRN_1995-2001/2001/par_3_2001.htm (mj.pt), pp. 4 e ss.))

*I – Nos termos da previsão contida no artigo 116.º do Código do Registo Predial, quando o adquirente não disponha de documento para a prova do seu direito, e com o objetivo de estabelecer (*ab initio*), reatar ou estabelecer novo trato sucessivo, é-lhe permitido recorrer, para o efeito, a uma escritura de justificação notarial.*

II – Quando tal escritura vise o reatamento do trato sucessivo (n.º 2 do art. cit.), a justificação tem por objeto a dedução daquele trato a partir do titular da última inscrição, por meio de declarações prestadas pelo justificante, devendo reconstituir-se na escritura as sucessivas transmissões, com especificação das suas causas e respetivos sujeitos, indicando, relativamente àquelas em que o interessado afirme não lhe ser possível obter o título, as razões da invocada impossibilidade (cf. art. 90.º do Código do Notariado).

III – Quando o propósito a que a justificação vai endereçada seja o do estabelecimento de novo trato sucessivo, deve o interessado indicar as circunstâncias em que se baseia a aquisição originária, bem como as transmissões que a tenham antecedido e as subsequentes, sendo que, em caso de invocação da usucapião, fundada em posse não titulada, como causa da aquisição, devem ser mencionadas expressamente as circunstâncias de facto, determinantes do exercício da posse, bem como as que consubstanciam e caracterizam a posse geradora da usucapião (cf. arts. 91.º e 89.º, n.º 2, do Código do Notariado).

IV – Ainda que a invocação, por parte do justificante, da posse conducente à usucapião, para sustentar a aquisição originária do seu direito, possa ocorrer em ambas as modalidades de justificação – referidas nos anteriores pontos II e III –, o certo é que são distintos os respetivos pressupostos de admissibilidade, uma vez que, enquanto a primeira supõe que, no percurso das aquisições derivadas, o trato sucessivo se desenrolou sem incidentes, verificando-se apenas a falta do título translativo de uma ou várias, na segunda o dito percurso foi cortado pelo abandono do direito, iniciando-se um novo trato, a partir do momento em que se mostra irrealizável o reatamento daquele que as tábuas revelam.

V – Acontece que, na situação dos autos, as tábuas publicitam uma situação jurídica de compropriedade incidente sobre as duas descrições prediais – com registo apenas, quanto ao prédio descrito sob o n.º 8, das quotas-partes pertencentes a dois dos comproprietários (outorgantes da apresentada escritura de constituição de propriedade horizontal) e no respeitante ao prédio descrito sob o n.º 6, de iguais quotas dos mesmos consortes e ainda de outra quota-parte de diverso comproprietário, nunca correspondendo, porém, em ambos os casos, à totalidade do prédio – das quais, por desanexação de determinada área de cada um delas e subsequente anexação, terá resultado o terreno, no qual foi edificado o prédio, objeto do peticionado registo de constituição de propriedade horizontal. Não obstante, tudo se passa nesta escritura como se os dois referidos comproprietários fossem donos, ao menos no que ao prédio urbano edificado concerne, da totalidade.

VI – Ora, é irrecusável a asserção de que o prédio urbano assenta numa dada fração do solo, de tal modo que, legalmente, a viabilidade da dissociação entre a propriedade daquele e toda e qualquer construção que no dito seja erguida é limitada ao âmbito do direito de superfície, que, como se sabe, pode ser constituído, por contrato, testamento ou usucapião (art. 1528.º do Código Civil).

VII – Não foi este, como claramente resulta do respetivo conteúdo, o objetivo que presidiu à celebração da questionada escritura de justificação notarial, mas antes, ao que supomos, o de conseguir titular, por este meio, o direito de propriedade "singular" de ambos os referenciados comproprietários sobre uma parte especificada dos prédios descritos, deste modo estabelecendo um novo trato relativamente a essa delimitada parte do prédio sobre que estava inscrito o trato anterior, assim interrompido pela alegada usucapião, para cujo efeito o justificante, não podendo juntar o título – por não ter sido formalmente lavrado – sempre pode invocar, como início da posse, que se pretende ver reconhecida, uma transmissão não titulada, como, "in casu", sucedeu com a "divisão verbal".

VIII – O que não é, todavia, suficiente, porquanto, sendo os interessados nesta justificação comproprietários do prédio-mãe, só a sua posse exclusiva daquela parcela, traduzida no respetivo controlo material, com oposição aos demais comproprietários – aos quais, porém, nem sequer se faz referência – e acompanhada da intenção de a possuírem como proprietários únicos, poderá consubstanciar a posse geradora da usucapião, capaz de suprir a falta do título comprovativo da divisão de coisa comum.

IX – Acresce que na escritura de justificação notarial em que é invocada a aquisição por usucapião do direito de propriedade sobre um lote de terreno para construção – ainda que, "in casu", a invocação da posse àquela conducente se tenha limitado à fração autónoma designada pela letra B –, devem constar as menções sobre loteamentos urbanos impostas pela lei em vigor no momento em que se verificou a aquisição, ou seja, no início da posse, o qual pode coincidir com os atos materiais através dos quais se procedeu à demarcação do lote – o que, nos termos do consignado na escritura, aconteceu em 1986 –, prescrição esta a que se não deu cumprimento na escritura em causa.

X – Por último, na escritura de justificação apresentada, as características da posse, suscetíveis de conduzir à aquisição por usucapião, aparecem afirmadas relativamente à fração B do referido edifício, como meio de justificar o direito sobre a mesma do comproprietário justificante "...dado a forma de aquisição verbal não poder ser comprovada por qualquer outro título formal extrajudicial", quando, na escritura de constituição de propriedade horizontal, também apresentada como título, lhe havia sido adjudicada, em divisão da coisa comum entre os mesmos comproprietários, a referida fração.

XI – Mais não se afigura ser necessário dizer para pôr em evidência as deficiências, omissões e imprecisões de vária natureza reveladas pela escritura de justificação notarial apresentada – quer decorrentes do seu contexto, quer de outros elementos juntos aos autos –, de si bastantes para porem em causa a respetiva admissibilidade, enquanto título comprovativo do facto sujeito a registo.

XII – De referir ainda que, implicando o requerido registo a desanexação de parcelas integrantes dos prédios descritos sob os números 6 e 8, e não constando do respetivo título a composição do prédio que, formado pela anexação das ditas, constituiu o terreno de implantação da propriedade horizontal em causa, face à ilegitimidade do requisitante para suprir essa lacuna mediante declaração complementar – que, de resto, também não se mostra efetuada – deverá proceder-se à abertura da respetiva descrição, com os elementos disponíveis, em ordem a dar cumprimento à previsão contida no n.º 2 do art. 80.º do Código do Registo Predial.

(Parecer do Conselho Técnico dos Registos e do Notariado, relatora Maria Eugénia Cruz Pires dos Reis Moreira, homologado em 2008-12-19, disponível em D RP169-08 (justica.gov.pt))

I – Deve ser recusado, por insuficiência do título (artigos 68.º e 69.º do Código do Registo Predial), o registo de aquisição por usucapião, com base em escritura de justificação notarial que não indique o momento do início da posse, nem concretize os atos materiais correspondentes ao exercício do direito de propriedade (artigo 89.º, n.º 2, do Código do Notariado).

II – Considerando o disposto nos artigos 1721.º, 1722.º, n.º 2, al. b), 1732.º e 1733.º, todos do Código Civil, deve ser efetuado como provisório por dúvidas o registo de aquisição por usucapião, com base em escritura de justificação notarial que identifique o possuidor como viúvo sem indicar o estado civil à data do início da posse e, sendo casado, o nome do cônjuge e o regime de bens do casamento.

III – A exigência estabelecida no artigo 4.º do Decreto-Lei n.º 281/99, de 26 de julho, aplica-se a todas as modalidades de justificação previstas no artigo 116.º do Código do Registo Predial, porquanto o preceito legal não distingue consoante se trate do reatamento do trato sucessivo ou do seu estabelecimento.

(Parecer do Conselho Técnico dos Registos e do Notariado, relatora Maria Madalena Rodrigues Teixeira, homologado em 2011-07-04, disponível em RP39-2011 (justica.gov.pt))

Imposto do selo

I – Ao considerar como transmissões gratuitas, dizer que para efeitos da verba 1.2 da Tabela Geral, as que tenham por objeto a aquisição por usucapião, o legislador não ignorava que a usucapião não consubstancia uma aquisição translativa da propriedade, nem quis alterar a sua natureza, visando apenas alargar a base de incidência, equiparando a usucapião às transmissões gratuitas, o que equivale a uma ficção legal para efeitos fiscais (art.1.º, n.º 3, al. a), do Código do Imposto do Selo)

II – É irrelevante o momento da aquisição do direito de propriedade para efeito do nascimento da obrigação tributária, pois esta constitui-se com a transmissão gratuita operada por via da escritura de justificação notarial (art. 5.º, al. r), do Código do Imposto do Selo).

III – Ao isentar de imposto de selo o cônjuge ou unido de facto, descendentes e ascendentes, as transmissões gratuitas sujeitas à verba 1.2 da Tabela Geral de que são beneficiários, uma mera interpretação declarativa da norma constante do art. 6.º, al. e), do Código do Imposto do Selo permite incluir a usucapião no âmbito das transmissões gratuitas para efeitos da isenção.

(Acórdão do STA, Processo 0121/16.8BE MDL)

NOTAS

Ver também o acórdão do Tribunal Central Administrativo Sul, de 14 de março de 2019.

Relativamente ao Imposto do Selo, importa ainda mencionar a mais recente alteração do Artigo 242º, que passa a ter a seguinte redação:

"1 – Estão isentas de imposto do selo, relativamente aos mútuos constituídos no âmbito do regime legal do crédito à habitação e até ao montante do capital em dívida, as seguintes operações:

a) Alteração do prazo da qual resulte imposto a pagar, em função do diferencial da taxa aplicável;

b) Prorrogação do prazo;

c) A celebração de um novo contrato de crédito, no âmbito do regime legal do crédito à habitação para refinanciamento da dívida.

2 – A isenção prevista no número anterior abrange as garantias prestadas que sejam destinadas às operações previstas na alínea c) do número anterior e na alínea j) do n.º 1 do artigo 7º do Código do Imposto do Selo, quando, em qualquer dos casos, o imposto do selo constitua encargo dos respetivos mutuários.

3 – As isenções previstas nos números anteriores aplicam-se aos factos tributários ocorridos entre 1 de novembro de 2022 e 31 de dezembro de 2023."

Impugnação

I – A impugnação de justificação notarial é uma ação de simples apreciação negativa: pretende-se a declaração de que o réu não tem o direito que foi objeto da escritura de justificação notarial.

II – Assim, o pedido formulado nessa ação de que, em consequência, se julgue procedente a impugnação da justificação notarial é um corolário daquele pedido principal.

III – Por isso, na ação de impugnação, é ao réu que compete provar os factos constitutivos do seu direito, por si alegados – aquisição por usucapião. (...)

IV – Se, após a justificação e na pendência da ação para a sua impugnação, o prédio vem a ser registado em favor de um terceiro, este registo, enquanto não for declarado nulo por sentença transitada e, consequentemente, cancelado, é oponível e prevalece sobre o anterior, tornando a impugnação inútil.

V – Para conseguir a ilusão da presunção legal derivada do registo, há que provar (e, para isso, alegar) os factos demonstrativos de que a titularidade da propriedade inscrita não corresponde à verdade – e tal ónus incumbe ao impugnante do registo.

(Acórdão da Relação do Porto, de 1987-04-02, *Colectânea de Jurisprudência*, 12/2/227, e *Revista do Notariado*, 1988/1 /118)

NOTAS

Albino Matos discorda da decisão do STJ, quer porque considera que é ao impugnante que cabe o ónus da prova (e não ao justificante), quer porque, independentemente de a escritura ser ou não alvo de impugnação, havendo registo definitivo é aplicável a presunção do art. 7.º do Código do Registo Predial.

A justificação notarial, para efeito de obter a inscrição predial de um prédio que alguém reivindica, exige, quando impugnada, que o interessado no registo apresente melhor prova do direito que invoca do que aquela que consta da respetiva escritura de justificação.

(Acórdão da Relação do Porto, de 1993-06-17, *Colectânea de Jurisprudência*, 18/3/231)

I – É de simples apreciação negativa a ação em que a autora pede que se considere sem efeito a escritura de justificação notarial por os réus não serem donos do terreno a que aludem.

II – Com tal pedido a autora pretende atingir o direito de propriedade que os réus invocam e não a própria escritura.

III – Cabe aos réus o ónus da alegação e prova dos factos conducentes à aquisição desse direito por usucapião.

(Acórdão do STJ, de 1994-04-26, *Colectânea de Jurisprudência S.*, 2/2/68)

Resultando da matéria de facto que os outorgantes em escritura pública, onde, invocando usucapião, se declaravam proprietários de certo prédio rústico, não lograram provar que a posse desse prédio era em nome próprio e com animus sibi habendi, *a consequência é proceder a impugnação judicial feita àquela escritura e, logo, não se verificar a invocada prescrição aquisitiva.*

(Acórdão da Relação de Évora, de 1997-04-17, *Colectânea de Jurisprudência*, 22/2/261)

I – A impugnabilidade em juízo de um facto justificado por escritura notarial não está limitada pelo prazo de 30 dias a que alude o art. 109.º-A, n.º 2, do Código do Notariado.

II – Se algum interessado propuser a ação de impugnação já depois de feito o registo desse facto, terá de pedir simultaneamente o cancelamento de tal registo, como se determina no art. 8.º do Código do Registo Predial.

(Acórdão da Relação do Porto, de 1993-02-23, *Colectânea de Jurisprudência*, 18/2/183, e *BMJ*, 424/735)

I – Os arts. 109.º e 109.º-A [hoje, arts. 100.º e 101.º] *do Código do Notariado não fixam qualquer prazo para a propositura da ação de impugnação do facto justifi-*

cado; o primeiro refere-se à publicidade a dar à escritura de justificação notarial e o segundo ao prazo para poderem ser extraídas certidões do seu conteúdo.

II – É impugnável o facto comprovado pelo registo da escritura de justificação, nos termos gerais previstos no art. 8.º, n.º 1, do Código de Registo Predial.

(Acórdão do STJ, de 1994-06-15, *Colectânea de Jurisprudência S.*, 2/2/140)

I – O direito de impugnação do facto justificado não tem que ser exercido no prazo de 30 dias estabelecido no n.º 2 do art. 109.º-A [hoje, art. 101.º] *do Código do Notariado.*

II – O decurso desse prazo é apenas necessário para que possa ser passada certidão da escritura de justificação.

III – Impugnada a justificação notarial, o interessado no registo terá de apresentar melhor prova do seu direito do que a que invocou na escritura.

(Acórdão da Relação do Porto, de 1994-02-10, *Colectânea de Jurisprudência*, 19/1/232.

I – É de apreciação negativa a ação de impugnação de justificação notarial, cabendo por isso ao justificante, réu na ação, o ónus da prova dos factos que justifiquem o direito.

II – Se o justificante tiver, entretanto, procedido ao registo da aquisição de tal direito, o ónus da prova dos factos contrários aos que o registo presume é do impugnante da justificação.

III – Neste caso, o impugnante terá simultaneamente de pedir o cancelamento do registo, tendo que alegar a respetiva causa de pedir, que consistirá em factos demonstrativos de que a titularidade do direito real inscrito não corresponde à verdade.

(Acórdão da Relação de Lisboa, de 1997-05-15, *Colectânea de Jurisprudência*, 22/3/85)

NOTAS

Vejam-se, no Código do Notariado de 1995, os arts. 100.º e 101.º, correspondentes aos arts. 109.º e 109.º-A do código anterior.

Albino Matos revela a sua discordância com a jurisprudência citada, uma vez que considera que o ónus da prova na ação de impugnação deve caber ao impugnante e não ao justificante (ver notas ao acórdão de 1997-04-02 in *Rev. Not.* 1988/1/118).

Quanto ao acórdão da Relação de Évora, de 1997-04-17, Albino Matos verifica que contém o erro de atribuir ao justificante o ónus de provar o *animus*, quando tal elemento da posse se presume nos termos do art. 1252.º, n.º 2, do Código Civil quando se prove a existência de um *corpus*.

Sobre o acórdão da Relação de Lisboa de 1997-05-15, Albino Matos considera que "o registo não acrescenta o valor da escritura e, por isso, a solução deve ser a mesma, independentemente de haver registo ou não".

O registo predial feito com base em escritura de justificação judicial não constitui presunção de que o direito existe na impugnação judicial feita posteriormente a esse registo, cabendo o ónus da prova ao justificante.

(Acórdão da Relação de Coimbra, de 2000-06-27, *Colectânea de Jurisprudência*, 25/3/35)

I – Na ação de impugnação de justificação notarial, cabe ao R. justificante a prova dos factos em que baseia a invocação do direito real registando.

II – O direito de impugnação do facto justificando não tem que ser exercido no prazo de 30 dias, estabelecido no n.º 2 do art. 109.º-A [hoje, art. 101.º] *do Código do Notariado; o decurso desse prazo é apenas condição para a emissão da certidão da escritura de justificação.*

III – No caso de a ação de impugnação ser proposta depois de decorrido aquele prazo de 30 dias, o autor terá de se precaver contra a possibilidade de ter sido promovida a inscrição no registo predial, fundada na escritura de justificação, impugnando o facto justificado e simultaneamente requerendo o cancelamento do registo.

(Acórdão da Relação de Coimbra, de 1998-03-17, *Colectânea de Jurisprudência*, 23/2/229)

I – *Em ação de impugnação de justificação notarial, não tendo os AA. impugnado o facto justificado nos 30 dias após a publicação do extrato da escritura (isto é, não é tendo impedido a passagem de certidão da escritura de justificação), uma vez efetuado o registo e mesmo tratando-se de ação de apreciação negativa, inverte-se o ónus da prova.*

II – Assim, em tal hipótese, cabe aos AA. fazer a prova de que não se verificou a causa de aquisição constante da escritura de justificação (e depois levada ao registo), isto é, cabe aos AA. fazer a prova de que não se verificou a usucapião a favor dos RR, formulando, a final, o pedido de reconhecimento judicial da inexistência do direito da propriedade registado na Conservatória do Registo Predial em nome dos RR.

(Acórdão da Relação de Coimbra, de 1997-11-25, *Colectânea de Jurisprudência*, 22/5/23)

I – Adquirida por escritura pública parte da água de uma mina localizada em prédio rústico do vendedor, para irrigar um prédio do comprador da mesma, há servidão de águas e não propriedade.

II – Tendo o seu comprador vendido o prédio por elas irrigado, não pode prevalecer-se da servidão, por esta ter de ser gozada através desse prédio (prédio dominante), do qual não pode separar-se.

III – Assim, carece de legitimidade para a ação de impugnação da escritura de justificação notarial outorgada pelo dono do prédio, onde nasce a água (prédio serviente), com vista ao registo de tal prédio na respetiva conservatória, por não ser nem titular do direito objeto de justificação notarial, nem já da relação de servidão, na qual fundamenta, também, a ação.

(Acórdão da Relação do Porto, de 1997-11-13, *Colectânea de Jurisprudência*, 22/5/181)

I – Tendo sido a ré quem afirmou na escritura de justificação notarial a aquisição por usucapião do seu direito de propriedade, cabe-lhe a prova dos factos constitutivos desse direito.

II – E não beneficia da presunção do registo lavrado com base em tal escritura pois esta é precisamente o objeto da impugnação.

(Acórdão do STJ, de 1998-03-03, *Colectânea de Jurisprudência S.*, 6/1/114)

É de simples apreciação negativa a ação em que se pretende infirmar o direito de propriedade e a sua aquisição por usucapião, cuja declaração consta de escritura de justificação notarial para efeitos registrais, devendo na formulação do pedido requerer-se que se declare a inexistência do direito que o réu se arroga na dita escritura.

(Acórdão da Relação de Évora, de 1998-07-02, *BMJ*, 479/738)

I – Compete ao réu na ação de declaração negativa a prova dos factos constitutivos do seu direito.

II – Proposta ação de impugnação da escritura de justificação notarial em que o Conselho Diretivo de Baldio pede a ineficácia da escritura em que o Estado se arroga dono duma casa e logradouro construídos na área dum baldio, ao Estado cumpria provar a usucapião.

(Acórdão do STJ, de 2000-11-21, *Colectânea de Jurisprudência S.*, 8/3/125)

I – É de apreciação negativa a ação de impugnação de justificação notarial.

II – Nestas ações, se propostas anteriormente ao registo do facto justificado, cabe ao réu o ónus de alegar e provar os factos integrantes da usucapião que refere.

III – Propostas, porém, posteriormente a tal registo, já o justificante goza da presunção legal imposta pelo artigo 7.º do Código de Registo Predial e daí a inversão do ónus da prova.

(Acórdão da Relação do Porto, de 2000-03-16, *BMJ*, 495/363)

NOTAS

Na visão de Albino Matos, as conclusões deste acórdão padecem de incoerência, na medida em que a doutrina do ponto III do sumário "condena como absurda" a doutrina do ponto II, questionando: "[...] se o registo nada acrescenta à escritura, porque haveria esta de valer menos sem o registo, tendo o justificante num caso o ónus da prova e não o tendo no outro?"

Contra a conclusão do ponto III, ver o acórdão da Relação de Coimbra de 2000-06-27.

I – O registo lavrado com base na escritura de justificação e esta, com as declarações nela contidas, apenas vale para efeitos de descrição na Conservatória do Registo Predial se não vier a ser impugnada, não beneficiando o justificante da presunção do art. 7.º do Código do Registo Predial, sempre que o direito seja posto em crise.

II – A ação de impugnação de justificação notarial é uma ação de simples apreciação negativa, porque proposta para obtenção da declaração da inexistência de um direito.

III – Desta forma, na referida ação de impugnação, cabe à ré justificante fazer prova de que é titular do direito impugnado, isto é, cabe-lhe a prova dos factos constitutivos do seu direito, sob pena de, não o fazendo, proceder a ação, sendo ordenado o cancelamento do registo; por outra banda, tendo os autores alegado serem os titulares desse mesmo direito, cabe-lhes fazer prova dos factos constitutivos do direito que se arrogam, sob pena de, não o fazendo, não proceder o pedido de declaração do seu direito de propriedade.

IV – Não tendo nem a ré justificante feita a prova que lhe competia, nem os autores logrado provar o que alegaram, e porque não funciona qualquer presunção a favor da ré, nenhum dos litigantes pode obter com a ação o pretendido direito declarado nem pode ser o registo mantido.

(Acórdão da Relação de Coimbra, de 2000-06-06, *BMJ*, 498/284)

I – É de simples apreciação negativa a ação de impugnação do facto justificado pela escritura de justificação notarial.

II – Sendo a ação de impugnação deduzida dentro dos trinta dias sobre a data da publicação da escritura num jornal, cabe ao réu, nos termos do art. 343.º, n.º 1, do Código Civil, o ónus da prova dos factos constitutivos do direito afirmado no instrumento notarial.

III – Se a impugnação é deduzida extemporaneamente, isto é, já após o decurso daquele prazo e mesmo depois de feita a inscrição no registo da escritura de justificação, presume-se que o direito existe e pertence ao titular inscrito, cabendo ao A. o encargo da prova, por inversão do respetivo ónus.

(Acórdão do STJ, de 2002-03-19, *Coletânea de Jurisprudência S.*, 10/1/148)

NOTAS

Apesar de concordar com o ponto III, Albino Matos discorda do ponto II do sumário deste acórdão.

Deve ser julgada procedente no saneador a ação de impugnção de escritura de justificação notarial, se na contestação o réu não tiver alegado os factos constitutivos do direito de propriedade que se arrogava na dita escritura.

(Acórdão da Relação de Lisboa, de 2003-04-03, *Colectânea de Jurisprudência*, 28/2/107)

NOTAS

O douto acórdão traduz uma perspetiva rigorista, incompatível acaso com a justiça. e não conforme talvez com o direito.

A jurisprudência, com efeito, admite a contestação com mera junção de documentos. Daí que, instruídos os autos com a escritura impugnada, os factos constitutivos do direito ficam por definição alegados, pois constam da referida escritura.

I – A ação de impugnação da escritura de justificação notarial é de simples apreciação negativa, cabendo ao réu o ónus da prova.

II – O registo predial efetuado com base naquela escritura não constitui presunção da propriedade quando haja impugnação.

III – Justificando-se a aquisição duma parte do prédio adquirido em compropriedade, a parcela que se pretende autonomizar só se torna propriedade plena se houver inversão do título de posse, mediante oposição do justificante ao outro com a prática dos atos de posse, negando-se o direito do outro comproprietário.

(Acórdão da Relação de Coimbra, de 2004-07-07, *Colectânea de Jurisprudência*, 29/3/36)

JUSTIFICAÇÃO ADMINISTRATIVA

I – A iniciativa de organização do processo especial de suprimento da prova do registo, previsto e regulado no Decreto-Lei n.º 312/90, de 2 de outubro, cabe exclusivamente ao conservador, a requerimento verbal do interessado.

II – A decisão do conservador que recuse a organização do processo é inimpugnável, quer pelas vias admitidas no Código do Procedimento Administrativo, quer pela via da impugnação das decisões do conservador prevista no título VII do Código do Registo Predial.

III – A impugnação prevista no título VII do Código do Registo Predial só é admissível relativamente ao despacho final do conservador, proferido no processo instaurado, que conclua acerca da possibilidade ou da impossibilidade do reatamento do trato sucessivo, do estabelecimento de novo trato sucessivo, ou do estabelecimento do trato sucessivo quanto a prédios não descritos mas inscritos na matriz predial.

(Parecer, de 1996-04-30, do Conselho Técnico do IRN, relator João Bastos, P. 12/96-R. P. 4, *BRN*, 5/96, p. 17)

NOTAS

1. Precedente, na matéria, CT 29/9/92 (*Regesta*, 1992/3/50):

"I – O processo previsto nos arts. 3.º e 2.º do Decreto-Lei n.º 312/90, de 2 de outubro, pode ser organizado pelas conservatórias, a pedido dos interessados, sem prejuízo dos demais serviços.

II – O referido processo é apenas uma alternativa à ação de justificação ou à escritura de justificação notarial."

A consultar: J. A. Mouteira Guerreiro, *Noções de direito registral*, Coimbra Editora, 1993, pp. 255 e ss.; José Gama e Lourenço Mendonça, "Processo especial de suprimento da prova de registo", *Regesta*, 1991/4/39.

2. É estranha, no mínimo, a doutrina dos dois pareceres, de que a lei prevê uma faculdade, mas não qualquer obrigação, para os serviços de organização do respetivo processo e de que, por outro lado, a recusa dos serviços é insindicável.

Atente-se, com efeito, que os poderes da administração são verdadeiros poderes-deveres, logo vinculados, não meras faculdades; e que a Constituição garante, de per si, o direito ao recurso contencioso (art. 268.º, n.º 4), bem como o acesso ao direito e aos Tribunais (art. 20.º), para não falar dos postulados básicos do Estado de direito (art. 2.º).

Licença de utilização

A justificação (notarial, judicial e, atualmente, parajudicial) visa a obtenção de um documento comprovativo do direito (justificado) para efeitos de registo.

No nosso sistema registral o registo assume uma função confirmativa ou consolidativa do direito real (ou equiparado).

Nesta perspetiva, o legislador é soberano no estabelecimento dos requisitos de admissibilidade e de legitimidade para o acesso dos factos a registo através da justificação.

A nosso ver, com a citada norma (art. 4.º do Decreto-Lei n.º 281/99) o legislador – por motivações que ao caso não importa aprofundar, mas que se prendem basicamente com a defesa do consumidor – quis condicionar a justificação (notarial ou parajudicial) de direitos sobre prédios urbanos à comprovação da existência da correspondente licença de utilização, criando assim um novo requisito de admissibilidade.

(Despacho da DGRN, de 2002-05-23, *BRN-CT*, 6/02, p. 6)

NOTAS

1. Tem voto contrário do vogal Joaquim Botelho, que acompanhamos, transcrevendo:

"[...] Estão excluídas de exigência da apresentação da prova da existência do alvará de licença de utilização as escrituras de justificação notarial de prédios urbanos, que sejam alicerçadas com base em usucapião, uma vez que se está perante uma situação de aquisição originária e, por isso, incompatível com qualquer ideia de transmissão.

[...] Só nas escrituras de justificação para reatamento do trato sucessivo, em que se mostre necessário proceder à reconstituição de títulos intermédios que envolvam a transmissão, *inter vivos*, de prédios urbanos, para fazer a necessária aglutinação com as inscrições constantes do registo predial, é que será necessário fazer a prova a que alude a conclusão n.º 1 ou, eventualmente, a prova da sua dispensabilidade, nos termos consentidos por lei."

2. Está em causa o art. 4.º do Decreto-Lei n.º 281/99, de 26 de julho (relativo a licença de utilização), segundo o qual "a justificação para os efeitos do artigo 116.º do Código do Registo Predial que tiver por objeto prédios urbanos fica sujeita

à disciplina deste diploma, na parte que lhe for aplicável".

I – O art. 4.º do Decreto-Lei n.º 281/99, quando estipula "a justificação ao abrigo do 116.º do CRP fica sujeita à disciplina deste diploma, na parte que lhe for aplicável"*, está a limitar a sua aplicação às situações em que tal justificação confirme uma transmissão.*

II – Ao exigir que na justificação para primeira inscrição seja exibida a licença de utilização está-se a ultrapassar o âmbito previsto no diploma, cuja finalidade é a de salvaguardar quem adquire, e tal exigência só se verifica aquando da transmissão do prédio.

III – Aliás nos termos da lei dos licenciamentos urbanos, para obterem licença de utilização, os justificantes têm que demonstrar que são proprietários. Ora, é o recurso à justificação notarial e posterior inscrição do prédio na CRP que lhes vai permitir requerer a correspondente licença de utilização.

IV – Por isso, exigir a licença de utilização para a justificação notarial para primeira inscrição significa, em termos práticos, inviabilizar a sua realização e, por outro lado, impedir a obtenção da licença.

V – Concluindo, só nas escrituras de justificação para reatamento de trato sucessivo em que se mostre necessário proceder à reconstituição de títulos intermédios que envolvam a transmissão de prédios urbanos será necessário fazer a prova da licença de utilização.

(Acórdão da Relação de Guimarães, de 2003-04-23, P. 220/03)

NOTAS

No mesmo sentido: Borges de Araújo, *Prática Notarial*, 4.ª ed., Coimbra, Almedina, 2003, pp. 358-9.

Em contrário: Despacho da DGRN, de 2002-05-23, *BRN-CT*, 6/02, p. 6, com voto contrário do vogal do Conselho Técnico Joaquim Botelho.

Não pode ser registada definitivamente a aquisição de imóvel urbano por justificação notarial, se da escritura não constar a licença de utilização do prédio.

(Acórdão da Relação de Coimbra, de 2004-03-16, *Colectânea de Jurisprudência*, 29/02/14)

NOTAS

Em causa, a aplicação do Decreto-Lei n.º 281/99, de 26 de julho (art. 4.º), que comporta outra interpretação mais restritiva (a licença de utilização é exigível apenas na justificação para reatamento do trato sucessivo em que seja necessário proceder à reconstituição de títulos intermédios envolvendo transmissão) - assim, acórdãos da Relação de Guimarães, de 2003-04-23 e 1918-01-18.

I – A escritura de justificação notarial para efeitos de registo, hoje disciplinada nos artigos 89.º a 101.º do Código do Notariado, é um título de natureza excecional, permitindo-se assim por este meio: obter a primeira inscrição, ou seja, estabelecer o trato sucessivo, estando em causa prédios omissos ou descritos conquanto, neste caso, sem inscrição de aquisição ou equivalente; reatar ou estabelecer um novo trato sucessivo, tratando-se de prédios descritos com inscrição de aquisição, reconhecimento ou mera posse, com vista ao suprimento da ausência de intervenção do respetivo titular, imposta pela regra do n.º 2 do artigo 34.º do Código do Registo Predial.

II – A escritura de justificação para fins do registo predial é instruída com certidão comprovativa da omissão dos prédios no registo predial ou, estando descritos, certidão de teor da respetiva descrição e de todas as inscrições em vigor e certidão de teor da correspondente inscrição matricial.

III – A impugnação da escritura de justificação corresponde a uma típica ação de simples apreciação negativa, incumbindo aos RR. "a prova dos factos constitutivos do seu direito, sem poderem beneficiar da presunção do registo decorrente do artigo 7.º do Código do Registo Predial" (Acórdão de Uniformização da Jurisprudência n.º 1/2008, de 4 de dezembro de 2007, in DR *I, 31 de março de 2008).*

IV – É nula a escritura de justificação notarial instruída com documento comprovativo do pedido de inscrição na matriz e, nos casos em que esteja invocada a aquisição por usucapião do direito de propriedade sobre um lote de terreno para construção, a omissão sobre loteamentos urbanos exigidas pela lei em vigor no momento em que se iniciou a posse e, portanto, se verificou a aquisição.

V – A indemnização por facto ilícito, decorrente da violação dos deveres cometidos ao notário enquanto oficial público e da falsidade das declarações do justificante, não se confunde com a indemnização por litigância de má-fé, ou com a ressarcibilidade das custas de parte, pela parte vencedora.

(Acórdão da Relação de Lisboa, de 2018-04-19)

Matriz

I – A apreciação (pelo conservador) e a reapreciação (pelo Diretor-Geral dos Registos e do Notariado, em processo de recurso hierárquico) da viabilidade do pedido de registo devem ser efetuadas em face das disposição legais aplicáveis, dos documentos apresentados e dos registos anteriores.

II – Ao conservador não assistem poderes instrutórios que lhe permitam promover a investigação de factos, de modo a obter de outros serviços informações que considere suscetíveis de lhe confirmarem suspeitas de falsidade nas declarações prestadas nos títulos submetidos a registo.

III – As alterações nas menções matriciais relativas aos títulos dos rendimentos não interferem na eficácia das declarações de vontade efetuadas pelas partes perante o notário, na escritura de justificação e não constituem defeitos determinantes de provisoriedade por não conduzirem à indeterminação do direito a inscrever.

(Parecer, de 2003-07-31, do Conselho Técnico dos Registos e do Notariado, relatora Raquel Alexandre, *BRN-CT*, 8/03, p. 7)

NOTAS

O douto parecer é modelar e por isso de proveitosa leitura.

Afirma, por exemplo, isto, que se transcreve: "Competindo ao notário decidir acerca das razões invocadas pelos interessados quanto à impossibilidade de comprovar pelos meios extrajudiciais normais os factos que pretendem justificar (art. 95.º do Código do Notariado), não deve o conservador questionar a exatidão dos factos consignados na escritura."

1 – A escritura de justificação notarial para estabelecimento do trato sucessivo tem lugar relativamente a prédios não descritos, ou descritos, mas sobre os quais não incida inscrição de aquisição, de domínio ou de mera posse, e é instruída com certidão comprovativa da omissão dos prédios no registo ou, estando descritos, certidão de teor da respetiva descrição e de todas as inscrições em vigor, bem como certidão de teor da inscrição matricial correspondentes (arts. 89.º e 98.º, n.º 1, als. a) e b), do Código do Notariado).

2 – A inscrição na matriz do prédio objeto da escritura é pressuposto essencial da sua admissibilidade, na medida em que constitui presunção da existência material do prédio justificando, enquanto a titularidade do assento matricial não se apresenta como condição ou requisito de legitimidade do justificante (art. 92.º, n.ºs 1 e 2, do Código do Notariado).

(Despacho da DGRN, de 2004-12-03, *BRN-CT*, 10/04, p. 46)

Mista

É admissível a justificação notarial do direito de propriedade daquele que, por aquisição titulada, recebe certo prédio *descrito no registo predial fazendo parte de certo número, estando este número inscrito a favor de terceiro.*

Dispondo o alienante do prédio *de título de aquisição de uma* quota indivisa *de tal número, a escritura consistirá na demonstração de que tal prédio corresponde a tal quota indivisa.*

A justificação não se apresenta, no caso, como justificação notarial para primeira inscrição (ou estabelecimento do trato sucessivo, na terminologia do novo Código do Registo Predial), nem como justificação notarial para reatamento do trato sucessivo; reúne, todavia, características e pressupostos de uma e de outra, assumindo uma natureza mista e configurando-se como um tertium genus *em relação às figuras conhecidas.*

(Albino Matos, "Justificação notarial", *Revista do Notariado*, ano III, n.º 12 (abril, 1983), pp. 31-34)

NOTAS

A *Revista* insere uma minuta da escritura, ilustrando o caso concreto, acompanhada de algumas notas justificativas para as quais se remete o leitor interessado.

I – Na escritura de justificação para divisão de coisa comum não têm que intervir os consortes do justificante.

II – Tratando-se, porém, de titular inscrito, quando se verificar a falta de título em que o mesmo tenha intervindo, a escritura não pode ser lavrada sem a sua prévia notificação.

III – Celebrada a escritura sem obediência aos requisitos que a lei prescreve, não pode o registo ser lavrado como definitivo.

(Parecer, de 1988-11-17, do Conselho Técnico dos Registos e do Notariado, relator Rocheta Gomes, P. 69/88 – R. P. 3, *Revista do Notariado*, 1990/1/91)

NOTAS

Tratava-se, na espécie, como o parecer deixa entender, de uma divisão real de um prédio, consolidada por usucapião, vindo um dos ex-comproprietários justificar o seu direito com relação a um prédio novo, resultante da falada divisão.

Aqui, diz o parecer, o outro ex-comproprietário não tem que intervir na justificação, mas como titular registral da metade indivisa do antigo prédio deve ser notificado, nos termos do art. 108.º [atual art. 99.º] do Código do Notariado.

A justificação em causa, diz ainda o parecer, reveste uma natureza *sui generis*, podendo considerar-se, até certo ponto, como estabelecimento do trato (enquanto se refere a um prédio novo), mas que comunga das características do reatamento ou estabelecimento de novo trato (no que diz respeito a um prédio já descrito).

Ver também o parecer de 2008-12-19, do Conselho Técnico dos Registos e do Notariado, relatora Maria Eugénia Cruz Pires dos Reis Moreira.

Notificação prévia

I – No caso de estabelecimento de trato sucessivo ou de reatamento, torna-se desnecessária – deixando então de constituir requisito de admissibilidade legal da justificação notarial – a prévia notificação judicial do titular inscrito sempre que, tendo este já falecido, se verifique a intervenção de todos os seus herdeiros em título de transmissão anterior ou posterior ao facto justificado.

II – Não decorrendo a prova dessa qualidade do próprio título em causa, não basta, porém, alegá-la na escritura de justificação, devendo antes esta ser instruída com os documentos que comprovem a habilitação daqueles intervenientes como herdeiros únicos do titular inscrito.

III – Se, no caso considerado na conclusão anterior, a escritura for celebrada sem a prova daquela habilitação, a justificação notarial só será nula por falta de prévia notificação judicial do titular inscrito nos termos previstos na lei, quando tal prova não seja possível obter ou porque outros, que não os intervenientes no título, sejam os herdeiros do titular inscrito ou porque outros herdeiros haja para além dos intervenientes.

IV – Daí que não deva ser recusado o registo do facto justificado pedido com base nessa escritura – sendo antes caso para o lavrar como provisório por dúvidas – se dos documentos apresentados não resultar também comprovada a impossibilidade de obter a prova de os indicados intervenientes serem os (únicos) herdeiros do titular inscrito, visto não ser certa a nulidade da justificação.

V – Aliás, nada impede que a prova da habilitação exigida e, consequentemente, da dispensa do referido requisito de admissibilidade legal da justificação notarial venha a ser feita perante o registo, devendo então também considerar-se suprida a deficiência de instrução da escritura em causa.

(Parecer, de 1999-10-27, do Conselho Técnico dos Registos e do Notariado, relator Silva Pereira, *BRN-CT*, 1/2000, p. 52)

[...] III – Não tendo sido efetuada a prévia notificação judicial avulsa do proprietário inscrito do prédio de que faz parte a parcela de terreno objeto da pretensa aquisição (por usucapião) a favor do justificante, a justificação notarial enferma de irregularidade por omissão de formalidade essencial, ferindo-a de nulidade e, consequente, ineptidão do título para registo e também enquanto meio legitimador de negócio jurídico de disposição (pelo justificante) simultaneamente celebrado.

IV – Quando assim suceda, deve o registo de aquisição pedido com base nesse negócio jurídico ser lavrado provisoriamente por dúvidas face à violação do princípio do trato sucessivo, ficando a aguardar que se inscreva a aquisição a favor do disponente do direito transmitido.

V – Igual tratamento tabular será de dar ao mesmo registo caso a justificação legitimadora do negócio jurídico em questão seja nula por violação de normas imperativas do regime de loteamento urbano, aplicável ao facto aquisitivo invocado para justificar o direito do justificante.

VI – Todavia, se a nulidade não for manifesta – ou porque os títulos sejam imprecisos quanto à data do início da posse conducente à usucapião geradora de aquisição ou porque não seja suficientemente certo que a parcela de terreno objeto de aquisição integra mesmo o prédio já descrito – a conversão do registo de aquisição lavrado provisoriamente por dúvidas (então por possível violação do princípio do trato sucessivo) poderá ter lugar, consoante os casos, mediante escritura de retificação da justificação notarial, que precise a data do início da posse por forma a patentear que no caso não terá havido violação de regras imperativas de loteamento urbano, e/ou comprovação pelos interessados de que não existe relação entre a parcela transmitida e aquele prédio (cf. arts. 112.º, n.º 1, e 153.º, n.º 2, do Código do Registo Predial).

(Parecer, de 2001-01-25, do Conselho Técnico dos Registos e do Notariado, relatora Maria Ferraro, *BRN-CT*, 6/01, p. 21)

NOTAS

O douto parecer, que se veja, não tem no texto fundamentos que sirvam de suporte à máxima III, não indicando tão-pouco a norma jurídica em que se fundaria a invocada nulidade.

[...] *VI – A justificação notarial da aquisição de direito que incida sobre prédio descrito – isto é, sobre prédio relativamente ao qual subsista em vigor registo de aquisição ou equivalente – ou sobre parte dele, só poderá ser celebrada depois de notificados judicialmente os titulares inscritos, ou os seus herdeiros, nos temos do art. 99.º, n.º 1, do Código do Notariado.*

VII – Não pode, por isso, deixar de se considerar nula e, consequentemente, título insuficiente para registo a justificação notarial efetuada para estabelecimento do trato sucessivo no registo predial (art. 116.º, n.º 1, do respetivo Código) – isto é, sem prévia notificação judicial avulsa de quaisquer titulares inscritos – quando se verifique que, afinal, o direito justificado incide sobre parte de prédio já descrito, não obstante ter a justificação sido instruída com certidão negativa passada pela Conservatória competente.

VIII – O registo de aquisição que tenha sido lavrado com base nessa justificação notarial – ainda antes de tal constatação – está, também ele, ferido de nulidade (art. 16.º, al. b), do CRP), sendo porém retificável, por cancelamento, nos termos do art. 123.º, n.º 1, do mesmo Código, mediante o consentimento de todos os interessados. (...)

(Parecer, de 2001-09-28, do Conselho Técnico dos Registos e do Notariado, relator Silva Pereira, *BRN-CT*, 10/2001, p. 17)

NOTAS

A notificação *de qua* cabe, atualmente, ao próprio notário, segundo o art. 99.º do Código do Notariado, na redação do Decreto-Lei n.º 273/01, de 13 de outubro.

I – O ato jurídico titulado por escritura pública em contravenção com o art. 99.º, n.º 1, do Código do Notariado, é nulo.

II – Decorrentemente, a escritura pública referida na conclusão anterior não poderá ser retificada, quer por averbamento, quer por nova escritura, para suprir aquela nulidade, no sentido de que o prédio objeto da justificação afinal está descrito e tem inscrição de aquisição em vigor a favor de pessoa que não teve intervenção no respetivo processo. (...)

(Parecer, de 2003-01-30, do Conselho Técnico dos Registos e do Notariado, relator Luís Carlos Nobre, *BRN-CT*, 2/03, p. 8)

NOTAS

O art. 99.º, n.º 1, exige a notificação prévia do titular inscrito, nos casos de reatamento do trato sucessivo e estabelecimento de novo trato, quando não haja título que o mesmo tenha intervindo.

O problema, na escritura discutida, é que o registo passou certidão a dizer que o prédio estava omisso e depois descobriu que o mesmo estava descrito.

Procuração

Por isso que não se trata de direito pessoal e que só pessoalmente possa ser exercido – como é o direito de testar, no exemplo clássico – o direito de outorgar como justificante *numa escritura de justificação notarial pode ser exercido por intermédio de* procurador com poderes especiais.

Os declarantes (confirmantes) *têm sempre de intervir pessoalmente, não sendo admissível que algum deles se faça representar por procurador.*

Porque a outorga de uma escritura de justificação notarial não parece que possa considerar-se um negócio urgente ou de natureza a não poder aguardar a resolução do interessado e a sua comparência pessoal perante o notário ou a vinda de procuração sua com poderes especiais, não é lícito admitir a intervenção dum gestor de negócios *em tal escritura.*

(J. Marques de Almeida, *Justificações Notariais*, Coimbra Editora, 1963, pp. 46 e 47)

O procurador a quem foram conferidos poderes para justificar tem poderes para retificar a escritura de justificação que outorgou.

(Despacho da DGRN, de 2001-03-22, *BRN*, 4/2001, p. 17)

Publicação

1.º Segundo o art. 108.º [hoje, art. 100.º] *do Código do Notariado, na redação anterior ao Decreto-Lei n.º 286/84, de 23 de agosto, a publicação da escritura de justificação era feita num dos jornais mais lidos do concelho ou da região.*

2.º A alteração, introduzida nesse preceito pelo art. 1.º do Decreto-Lei n.º 513-F/ /79, de 24 de dezembro, mostra que, havendo um jornal da região, não pode aceitar-se qualquer outro que aí se possa ler, vindo de outras regiões.

3.º No entanto, a falta da publicação, ou a publicação irregular, não torna nulo o ato notarial *e, consequentemente, não conduz à recusa; apenas impede o registo definitivo do facto justificado.*

(Parecer, de 1915/2/85, do Conselho Técnico dos Registos e do Notariado, relator Rocheta Gomes, P. 40/84, RP3, *BRN*, 1/6)

Reatamento do trato sucessivo

A justificação, na hipótese de subsistir inscrição de transmissão, domínio ou mera posse, é admissível, ainda que o justificante não disponha de documento bastante para a prova da transmissão para ele efetuada.

(J. Marques de Almeida, *Justificações Notariais*, Coimbra Editora, 1963, pp. 75 e ss.)

NOTAS

Aceitamos a doutrina sumariada na pressuposição de que o justificante especifique na escritura as circunstâncias que impossibilitam a prova da transmissão pelos meios extrajudiciais normais, isto é, supondo que as suas declarações supram razoavelmente a falta do documento de transmissão.

Neste mesmo sentido, se bem julgamos, a doutrina do despacho de 1934-03-10 (da DGRN, citado no *Código do Notariado*, ed. DGRN, 1973, p. 145 e Borges de Araújo (*Justificação Notarial e Registo Obrigatório*, Petrony, Braga, 1958, p. 37), que, todavia, parece ter mudado de orientação (ver *Prática Notarial*, 4.ª ed., Coimbra, Almedina, 2003) a fiar nas transcrições feitas pelo acórdão sumariado (p. 77).

Registo Comercial

Do Código do Registo Comercial aprovado pelo Decreto-Lei n.º 403/86, de 3 de dezembro, interessa a esta rubrica o artigo 79.º-A, aditado pelo Decreto-Lei n.º 76-A/2006, de 29 de março:

Artigo 79.º-A – *Procedimento simplificado de justificação*

1 – A justificação das situações de dissolução imediata de sociedades a que se refere o n.º 2 do artigo 141.º do Código das Sociedades Comerciais pode ser declarada em procedimento simplificado de justificação.

2 – O procedimento inicia-se mediante requerimento escrito dos interessados com alegação da situação que fundamenta a dissolução imediata e confirmação do facto por três declarantes que o conservador considere dignos de crédito.

3 – Quando o pedido seja efetuado presencialmente perante funcionário competente, esse pedido é sempre verbal e reduzido a auto, não havendo lugar a qualquer requerimento escrito.

4 – Verificando-se o disposto nos números anteriores, o conservador profere decisão pela qual declara justificada a dissolução da sociedade, lavra o registo da dissolução e promove as comunicações previstas no regime jurídico do procedimento administrativo de dissolução de entidades comerciais.

Retificação

I – Na justificação notarial, a intervenção de três declarantes a confirmar as declarações do justificante prestadas com vista à comprovação dos factos conducentes à aquisição do direito (real) cuja titularidade este se arroga é requisito necessário à regularidade formal do ato, não sendo, em situação alguma, legalmente dispensável (art. 96.º, n.º 1, do Código do Notariado).

II – Tal preceito é assim aplicável à própria escritura de retificação dessas declarações, não podendo por isso as declarações retificativas das anteriores deixar de ser confirmadas por três declarantes, sob pena de a retificação não conseguir o seu escopo.

III – Mas não será já exigível, no plano de admissibilidade legal da retificação, a intervenção em tal ato dos mesmos declarantes que confirmaram as declarações retificadas, embora não seja despiciendo, do ponto de vista da fiabilidade indispensável à comprovação dos factos a justificar, fazê-los intervir também, sempre que possível, na escritura de retificação.

IV – Não deve ser celebrada escritura conquanto pretensamente retificativa de justificação notarial, por carência manifesta do seu pressuposto lógico que é o erro, sempre que os próprios termos da retificação que os justificantes se propõem fazer denunciem terem eles prestado, naquele ato, falsas declarações tendentes a justificarem o direito, que se arrogaram, invocando, em desconformidade com a realidade, a prática de factos pessoais, cuja falsidade não podiam coerentemente ignorar.

V – Está nessa situação a invocação feita pelo justificante de ter adquirido o direito em causa de terceiro por compra do imóvel titulada por escritura pública, vindo posteriormente o mesmo justificante a reconhecer não ser verdadeiro tal facto, alegando então, fundadamente ou não, uma causa de aquisição totalmente diversa daquela. (...)

(Parecer, de 2001-09-28, do Conselho Técnico dos Registos e do Notariado, relator Silva Pereira, *BRN-CT*, 10/2001, p. 17)

NOTAS

Especialmente duvidosa é a doutrina da terceira conclusão. Ao contrário do que diz o douto parecer, os declarantes são parte formal da escritura de justificação, ao mesmo nível, de resto, dos próprios justificantes. Deste modo, a legitimidade na escritura de retificação depende de nela intervirem as mesmas pessoas que intervieram na escritura de justificação, os mesmos justificantes e, obviamente, os mesmo declarantes.

Retificação de Área

I – A escritura de justificação não é meio idóneo para retificar a área de um prédio erradamente declarada no título que serviu de base ao registo.

II – Essa retificação pode verificar-se por declaração complementar de todos os intervenientes na escritura habilitados em seu lugar.

III – Verificado que o prédio registado tem uma área superior à que consta do registo, não pode neste ser retificada essa área mediante a prova obtida por uma escritura de justificação.

(Acórdão do STJ, de 1997-01-14, *Colectânea de Jurisprudência S.*, 5/1/40.)

I – A diferença de áreas entre a escritura pública de aquisição e a descrição predial pode ser suprida por meio de escritura de justificação notarial para efeitos de aquisição por usucapião.

II – Mas esta escritura não pode ser lavrada sem prévia notificação judicial avulsa do titular inscrito, devendo tal menção constar da escritura.

(Acórdão da Relação de Évora, de 1997-06-19, *Colectânea de Jurisprudência*, 22/3/277)

A escritura de justificação notarial não é o meio próprio para, através dela, se proceder à correção ou retificação de um elemento de identificação de um prédio, e, nomeadamente, da sua área.

(Acórdão do STJ, de 2003-01-11, *Colectânea de Jurisprudência S.*, 11/3/141)

Revogação

A «revogação» de justificação notarial titulada por escritura pública em que os justificantes, com a confirmação de três declarantes, declararam destruir os efeitos do ato jurídico da invocação da usucapião da propriedade do imóvel dela objeto, por a declaração de ciência relativa aos factos integradores dessa forma de aquisição enfermar de erro é, em princípio, título suficiente para o cancelamento do registo de aquisição efetuado a favor dos justificantes – cf. o disposto nos artigos 89.º e ss. do Código do Notariado, 1287.º e ss. do Código Civil e 13.º do Código de Registo Predial.

(P.º n.º R. P. 188/2008 SJC-CT)

L

LEI ORGÂNICA DO IRN, I. P.

O Instituto dos Registos e do Notariado, I. P., encontra a sua orgânica regulada no Decreto-Lei n.º 148/2012, de 12 de julho, mais recentemente alterado pela Lei n.º 89/2017, de 21 de agosto.

Os estatutos do IRN são regulados pela Portaria n.º 387/2012, de 29 de novembro, emitida pelos Ministérios das Finanças e da Justiça. Já a orgânica dos serviços centrais encontra-se prevista na Deliberação n.º 819/2020, de 21 de agosto, emitida pelo IRN, tendo sido mais recentemente alterada pela Deliberação n.º 237/2021, de 5 de março.

LICENÇA ADMINISTRATIVA

As normas respeitantes à matéria do licenciamento de loteamentos, de obras de urbanização e de obras particulares encontram-se no Decreto-Lei n.º 555/99, de 16 de dezembro, mais recentemente alterado pela Lei n.º 118/ /2019, de 17 de setembro – Regime Jurídico da Urbanização e Edificação (RJEU).

O art. 4.º deste diploma elenca as operações urbanísticas sujeitas a mera comunicação prévia (n.º 4), a licença administrativa (n.º 2) e a autorização de utilização (n.º 5), como forma de controlo prévio das operações urbanísticas.

O art. 6.º elenca as operações urbanísticas que se encontram isentas de controlo prévio.

De acordo com Decreto-Lei n.º 281/99, de 26 de julho, mais recentemente atualizado pelo Decreto-Lei n.º 116/2008, de 4 de julho, não podem ser realizados atos "que envolvam a transmissão da propriedade de prédios urbanos ou de suas frações autónomas sem que se faça prova da existência da correspondente autorização de utilização, perante a entidade que celebrar a escritura ou autenticar o documento particular" (art. 1.º, n.º 1). No entanto, "a apresentação de autorização de utilização (...) é dispensada se a existência desta estiver anotada no registo predial e o prédio não tiver sofrido alterações" (art. 1.º, n.º 4).

I – Na vigência do art. 44.º, n.º 1, da Lei n.º 46/85 [foi revogada pelo Decreto-Lei 321-B/90, de 15 de outubro], *de 20 de setembro, a falta de comprovação da licença de utilização de prédios urbanos já concluídos, ou de suas frações autónomas, determinava a provisoriedade por dúvidas do registo de transmissão da propriedade desses bens, ou, para o caso do facto ter sido objeto de inscrição pré-contratual (aquisição provisória por natureza – art. 92.º, n.º 1, al. g), do Código do Registo Predial), a recusa da conversão do registo (cf. arts. 69.º, n.º 2, e 101.º, n.º 3,* a contrario, *do Código do Registo Predial).*

II – No domínio do Decreto-Lei n.º 281/ /99, de 26 de julho, as escrituras públicas que envolvam a transmissão da propriedade de prédios urbanos já concluídos, ou a primeira transmissão da propriedade de frações autónomas de prédios constituídos em regime de propriedade horizontal, podem ser celebradas se o transmitente fizer prova de que está requerida a licença de utilização e prestar as declarações previstas na alínea b) do n.º 1 do art. 2.º, devendo o notário advertir o autor das declarações de que este se constitui responsável pelos danos causados ao adquirente ou a terceiros em virtude da declaração emitida em desconformidade com a verdade.

III – Relativamente às escrituras públicas celebradas no domínio da lei antiga, o registo (inscrição ou averbamento de conversão) daqueles factos requisitado após o início de vigência da lei nova, na falta de comprovação da licença de utilização, poderá ser efetuado se o interessado fizer prova de que está requerida a licença de utilização e apresentar declaração do transmitente, prestada perante notário, com o conteúdo referido na alínea b) do n.º 1 do art. 2.º do Decreto-Lei n.º 281/99, devendo constar do respetivo instrumento notarial a advertência a que alude o art. 3.º deste diploma.

(Parecer, de 1999-11-26, do Conselho Técnico do IRN, relator João Bastos, *BRN-CT*, 2/2000, p. 47, e disponível em *Pareceres do Conselho Técnico dos Registos e do Notariado* (mj.pt))

I – O Decreto-Lei n.º 255/93, de 15 de julho, visou regular, como estabelece o artigo 1.º, a compra e venda e mútuo, com ou sem hipoteca, "referente a prédio urbano destinado a habitação, ou fração autónoma para o mesmo fim, desde que o mutuante seja uma instituição de crédito autorizada a conceder crédito à habitação".

II – Por seu turno, o Decreto-Lei n.º 281/ /99, de 26 de julho, visando dar novo enquadramento legal ao que se achava estatuído no art. 44.º da Lei n.º 46/85, de 20 de setembro [foi revogada pelo Decreto-Lei n.º 321-B/90 de 15 de outubro], *considerou no seu próprio preâmbulo ser "necessário pôr cobro à incerteza em que se encontram numerosos adquirentes de frações autónomas transmitidas apenas mediante licença de construção", com a salvaguarda dos "limites razoáveis de segurança do comércio jurídico".*

III – Este Decreto-Lei n.º 281/99 é, pois, uma lei especial que, provendo para os casos de "transmissão da propriedade de prédios urbanos ou de suas frações autónomas", contempla a necessidade de apresentação das licenças de utilização ou de construção nas condições que pormenorizadamente prevê.

IV – Embora os documentos particulares a que se refere o citado Decreto-Lei n.º 255/93, de 15 de julho (e em conformidade com o que este Conselho concluiu no Proc. n.º 22/96-RP4), sejam simples impressos – e não escrituras públicas, documentos autênticos ou instrumentos notariais, sendo aliás inquestionável que quem os preenche também não está a exercer uma função notarial –, no entanto, o efeito *pretendido pelo legislador através do preenchimento desses impressos é, como decorre do disposto no art. 3.º, a "transferência da propriedade" daqueles imóveis.*

V – Consequentemente, são-lhe aplicáveis todas as disposições contidas na lei especial que, naquele âmbito das licenças de utilização e de construção, constitui o citado Decreto-Lei n.º 281/99, pelo que é na parte "D" desses impressos que, como aí está previsto, se hão de identificar as aludidas licenças, aos quais deverão ser anexados:

a) O documento comprovativo de ter sido requerida a licença de utilização (art. 2.º, n.º 1, al. a));

b) Declaração do transmitente prestada perante notário em instrumento público avulso com intervenção do adquirente e com o conteúdo referido na alínea b) do n.º 1 ou no n.º 2 daquele art. 2.º, bem como advertência a que se refere o art. 3.º (cf. Proc. RP 104/99 DSJ-CT – publicado no BRN, *n.º 2/2000, II, pp. 42 a 47).*

(Deliberação, de 2000-03-16, do Conselho Técnico dos Registos e do Notariado, *BRN-CT*, 6/2000, p. 14, e disponível em *Pareceres do Conselho Técnico dos Registos do Notariado* (mj.pt)

I – O artigo 44.º da Lei n.º 46/85 [já revogada pelo Decreto-Lei n.º 321-B/ /90, de 15 de outubro], *de 20 de setembro, na redação do Decreto-Lei n.º 74/86, de 23 de abril, que estabelece que não podem ser celebradas escrituras públicas que envolvam transmissão da propriedade de prédios urbanos sem que se faça perante o notário prova da existência da correspondente licença de utilização, uma norma de interesse e ordem pública e de natureza imperativa.*

II – É nulo o contrato de compra e venda de imóvel sujeito a licença de utilização quando na escritura é feita menção expressa de que tal licença não foi exibida.

III – Embora a nulidade seja de conhecimento oficioso do tribunal, é possível a prova, na ação onde se conhece da nulidade, de que a referida licença existia à data do contrato ou foi, entretanto, adquirida, com a consequente sanação ou convalidação do negócio.

(Acórdão da Relação do Porto, de 1999-11-25, *BMJ*, 491/326)

NOTAS

Como refere Albino Matos, apesar de a lei ter mudado (hoje, o Decreto-Lei n.º 281/99, de 26 de julho, mais recentemente atualizado pelo Decreto-Lei n.º 116/2008, de 4 de julho), a doutrina deste acórdão continua a ser aplicável atualmente.

I – O Decreto-Lei n.º 281/99, de 26 de julho, ao exigir a exibição da respetiva licença de utilização perante o notário como requisito necessário à celebração dos negócios jurídicos translativos da propriedade de prédios urbanos ou de suas frações autónomas (art. 1.º), tem em vista prevenir, dentro dos limites razoáveis de segurança do comércio jurídico, *os adquirentes contra eventuais mas previsíveis situações de insuportável vulnerabilidade propiciadoras e sugestivas da celebração de negócios desfavoráveis se não mesmo inadequados aos fins em vista dos quais aqueles se propuseram adquirir, dadas as insuficiências ou defeitos ou, até mesmo, a clandestinidade da construção.*

II – Assenta tal proteção na circunstância de que a licença de utilização – cuja apresentação pode ainda assim, no caso de ter sido já requerida mas não emitida, ser substituída pela exibição da licença de construção mas apenas quando cumpridas as formalidades e prestadas as declarações de compromisso do transmitente a que se referem os n.ºs 1 e 2 do art. 2.º (cf. também os arts. 5.º e 6.º) – representa garantia administrativa de cabal conformidade da construção concluída *com o projeto aprovado e suas eventuais alterações, com as condições do licenciamento e com o uso previsto na licença de construção (cf. arts. 26.º a 30.º do Decreto-Lei n.º 445/91* [revogado pelo Decreto-Lei n.º 177/2009, de 4 de junho], *de 20 de novembro, na redação dada pelo Decreto-Lei n.º 250/94, de 15 de outubro).*

III – Assumindo, pois, a exigência legal foros de interesse eminentemente público de combate à construção clandestina e de proteção dos adquirentes – extensiva, sem qualquer restrição ou especificação de situações, a todos e quaisquer negócios jurídicos, sejam eles onerosos ou gratuitos e seja qual for o destino dos prédios (mesmo que assumam a natureza de prédios mistos) ou frações objeto de transmissão –, não poderão as partes, em caso algum, afastar aquele requisito, não sendo sequer lícito que os adquirentes renunciem à proteção que a lei lhes dispensa.

IV – Tal exigência deixará, porém, de ter lugar sempre que o edifício que constitui objeto de transmissão tenha sido construído anteriormente a 7 de agosto de 1951 (data a partir da qual passou a ser exigível a licença de utilização) e perderá justificação quando a obra existente na parcela de terreno a transmitir, por se encontrar em ruínas, não encerra já qualquer aptidão ou funcionalidade própria de um edifício (art. 204.º, n.º 2 – última parte, do Código Civil).

V – Todavia, para que a escritura possa ser lavrada com dispensa da licença de utilização não basta que os interessados invoquem qualquer uma dessas circunstâncias, devendo antes fazê-la instruir com documento comprovativo da circunstância invocada, pois o contrário seria tornar incontrolável a violação de normas que se pretendem estritamente imperativas na defesa de direitos que se têm por fundamentais.

VI – Tratando-se de «edifício» em ruínas, a prova desse facto, quando não resulte ainda do registo, deve fazer-se mediante certidão emitida pela câmara municipal da área da situação do prédio, enquanto entidade competente para fiscalizar as construções urbanas.

VII – A escritura que não tenha sido instruída com a necessária prova documental de dispensa de licença de utilização enferma de irregularidade que, não afetando a validade do facto nela titulado, pode ser sanada mediante a apresentação de tal prova para qualificação do registo desse facto (art. 68.º do Código do Registo Predial).

VIII – Enquanto isso, o registo de aquisição pedido com base em escritura de doação de parcela de terreno destinada a cultura arvense e casa de rés-do-chão (com suas dependências e logradouro), alegadamente em ruínas e que a descrição predial menciona destinar-se a habitação, deve ser lavrado como provisório por dúvidas (art. 70.º do mesmo Código).

(Despacho da DGRN, de 2001-04-24, *BRN-CT*, 5/2001, p. 18)

I – A falta de certificação pelo notário da existência de licença de construção ou de utilização de prédio urbano objeto de compra e venda é uma nulidade atípica, que não é de conhecimento oficioso, nem pode ser invocada por terceiros.

II – É uma nulidade suscetível de sanação ou confirmação, quer pela ulterior legalização da construção, quer pela posterior exibição da licença de construção ou de habitabilidade.

III – Se a licença de construção não existia no momento da outorga dos contratos-promessa, mas veio a ser emitida antes da instauração da ação em que se pede a nulidade desses contratos, tal nulidade deve considerar-se sanada, visto não se mostrarem afetados os interesses de terceiros, nem o interesse público geral de combate à construção clandestina.

(Acórdão do Supremo Tribunal de Justiça, de 2008-02-28, disponível em *Acórdãos do Supremo Tribunal de Justiça* (dgsi.pt))

1 – Não podem ser celebradas escrituras públicas que envolvam a transmissão da propriedade de prédios urbanos ou das suas frações autónomas sem que se faça perante o notário prova da existência da correspondente licença de utilização, do que se fará menção expressa na escritura, por força do prescrito no n.º 1 do artigo 1.º do Decreto-Lei n.º 281/99, de 26 de julho. Tratando-se de prédios submetidos ao regime de propriedade horizontal, aquela menção deve ainda especificar se a licença de utilização foi atribuída ao prédio na sua totalidade ou apenas à fração autónoma objeto da transmissão – n.º 2 do citado artigo 1.º.

2 – A apresentação da licença de utilização tem um carácter imperativo, sendo a sua exigência ditada por razões de inte-

resse eminentemente público, embora vise também proteger interesses privados, pelo que não tendo sido exibida no momento da celebração da escritura de transmissão da propriedade das frações autónomas, esta enferma de irregularidade que, por não afetar a validade do ato nela consignado, pode ser sanada posteriormente mediante a junção daquela licença ao pedido de registo correspondente.

3 – A apresentação do alvará de licença de utilização, no caso de já ter sido requerido e não emitido, pode ser substituída pela exibição do alvará da licença de construção do imóvel, independentemente do respetivo prazo de validade, desde que se verifiquem as condições previstas nas alíneas a) e b) do n.º 1 do artigo 2.º do citado diploma.

4 – Neste caso, o notário deve ainda consignar na escritura o número e a data de emissão da licença de construção e o respetivo prazo de validade, bem como a advertência aos outorgantes sobre o teor dos artigos 2.º, n.os 2 e 3, e 3.º do Decreto-Lei n.º 281/99.

5 – A omissão na escritura pode, contudo, ser suprida mediante a junção ao pedido de registo de instrumento público avulso com intervenção do transmitente e do adquirente, que contenha as prescrições referidas nas duas anteriores conclusões.

6 – É admissível a celebração de contratos de permuta de bens presentes por bens futuros ainda que estes respeitem a frações autónomas de edifício em construção ou a construir – artigos 211.º, 408.º, n.º 2, 880.º, n.º 1, e 939.º, todos do Código Civil.

7 – O registo de aquisição das referidas frações autónomas a favor do cedente do terreno, sem que tenha sido apresentada a licença de utilização ou, em sua substituição, a de construção, nos termos supra equacionados, só pode ser lavrado como provisório por dúvidas e natureza, ao abrigo do disposto nos artigos 70.º e 92.º, n.º 1, alínea c), do Código do Registo Predial.

(Parecer do Conselho Técnico do IRN, relatora Isabel Ferreira Quelhas Geraldes, homologado em 2007-12-21, disponível em RP125-07 (justica.gov.pt))

NOTAS

O referido n.º 2 do art. 1.º do Decreto-Lei n.º 281/99 corresponde, atualmente, ao n.º 3.

I – A declaração de caducidade da licença ou da admissão de comunicação prévia determina a cassação do respetivo alvará ou da admissão da comunicação prévia pelo presidente da câmara municipal nos termos do disposto nos n.º 1, 4 e 5 do artigo 79.º do Regime Jurídico da Urbanização e da Edificação, aprovado pelo Decreto-Lei n.º 555/99, de 16 de Dezembro, na redação introduzida pelo Decreto-Lei n.º 26/2010, de 30 de março.

II – A cassação do alvará ou a da admissão de comunicação prévia efetuada pela câmara municipal é comunicada pelo respetivo presidente à conservatória do registo predial competente, para efeitos de anotação à descrição ou de cancelamento do correspondente registo, nos termos do disposto no n.º 2 do artigo 79.º do referido Regime Jurídico da Urbanização e da Edificação.

III – A anotação da referida cassação é efetuada às descrições dos lotes que se encontrem na situação prevista no n.º 7 do artigo 71.º do Regime Jurídico da Urbanização e da Edificação, isto é, aos lotes para os quais já tenha sido aprovado pedido de licenciamento para obras de edificação ou já tenha sido apresentada comunicação prévia da realização dessas obras.

IV – Quanto aos restantes lotes, que foram abrangidos pela caducidade, o facto a registar é o cancelamento da inscrição da operação de transformação fundiária resultante do loteamento [alínea g) do n.º 2 do artigo 101.º do Código do Registo Predial], sendo, com a aludida comunicação, requerido pelo presidente do respetivo município e instruído com a declaração de caducidade e a indicação das descrições a manter, como decorre do prescrito no n.º 3 do artigo 79.º do Regime Jurídico da Urbanização e da Edificação.

V – Tanto a cassação como o cancelamento referidos são factos obrigatoriamente sujeitos a registo predial, como decorre da análise conjugada do disposto no n.º 1 do artigo 2.º [parte final da norma da alínea u) e proémio da norma da alínea x), respetivamente] e na alínea a) do n.º 1 do artigo 8.º-A, ambos do Código do Registo Predial.

VI – Impende sobre o presidente da câmara municipal o dever de promover oficiosamente a anotação à descrição predial e o cancelamento do registo da operação de transformação fundiária resultante de loteamento mas a tal obrigação não está associado qualquer prazo para cumprimento, nem, naturalmente, qualquer sanção pecuniária, visto que aquela não decorre do preceituado no artigo 8.º-B do Código do Registo Predial, mas do regime especial consagrado no direito do urbanismo, concretamente do prescrito no n.º 2 do artigo 79.º do Regime Jurídico da Urbanização e da Edificação.

VII – Os atos praticados nos serviços de registo estão sujeitos a tributação emolumentar, salvo os casos de isenção, gratuitidade ou redução previstos na lei – cf. o disposto no artigo 1.º do Regulamento Emolumentar dos Registos e do Notariado, aprovado pelo Decreto-Lei n.º 322-A/ /2001, de 14 de dezembro, e no n.º 1 do artigo 151.º do Código do Registo Predial.

VIII – Os averbamentos de cancelamento da inscrição referidos na alínea g) do n.º 2 do artigo 102.º do Código do Registo Predial são tributados nos termos do n.º 3.2.1 do citado artigo 21.º do Regulamento Emolumentar dos Registos e do Notariado.

IX – Contudo, o dever de colaboração entre os serviços do Estado para garantia do interesse público, urbanístico e ambiental, justifica a exclusão do averbamento de cancelamento da inscrição de operações de transformação fundiária, efetuado oficiosamente na sequência de requerimento do presidente da câmara municipal nos termos dos n.ºs 2 e 3 do artigo 79.º do Regime Jurídico da Urbanização e da Edificação, do âmbito de aplicação do n.º 3.2.1 do artigo 21.º, do Regulamento Emolumentar dos Registos e do Notariado.

(Parecer do Conselho Técnico do IRN, relatora Isabel Ferreira Quelhas Geraldes, homologado em 2011-05-10, disponível em ctcp83-2010 (justica.gov.pt).

NOTAS

O RJUE foi mais recentemente alterado pela Lei n.º 118/2019, de 17 de setembro, e o Código do Registo Predial foi mais recentemente alterado pela Lei n.º 89/2017, de 21 de agosto. As als. u) e x) do n.º 1 do art. 2.º do Código correspondem, atualmente, às als. v) e z).

I – Para a prática de atos que envolvam a transmissão da propriedade de prédios urbanos ou das suas frações autóno-

mas é necessário que se prove, perante a entidade que celebrar a escritura, autenticar o documento particular ou efetuar o procedimento especial de transmissão, oneração e registo imediato, a existência da respetiva autorização de utilização, do que se fará menção expressa no título, por força do prescrito nos n.os 1 e 2 do artigo 1.º do Decreto-Lei n.º 281/99, de 26 de julho.

II – A apresentação do alvará de autorização de utilização, no caso de já ter sido requerido e não emitido, pode, todavia, ser substituído pela exibição do alvará de autorização de construção independentemente do respetivo prazo de validade, desde que se verifiquem cumulativamente os requisitos previstos nas alíneas a) e b) do n.º 1 do artigo 2.º do Decreto-Lei n.º 281/99.

III – A aludida regra sofre, porém, os desvios permitidos pelo n.º 6 do artigo 833.º do Código de Processo Civil no que respeita à venda de imóvel em que tenha sido, ou esteja sendo, feita construção urbana, ou de fração dele, já que pode efetuar-se no estado em que se encontre, com dispensa da licença de utilização ou de construção, cuja falta de apresentação a entidade competente fará consignar no título, constituindo ónus do adquirente a respetiva legalização.

IV – A exceção patenteada na conclusão anterior é também aplicável à venda de imóveis, ou de suas frações, em que tenha sido feita, ou esteja em curso de edificação, uma construção urbana, não só quando a mesma tenha lugar por negociação particular, mas também quando assuma a modalidade de venda direta, por força da remissão consignada no n.º 6 do artigo 164.º do Código da Insolvência e da Recuperação das Empresas.

V – A primeira transmissão de imóveis, construídos em lotes, ou de frações autónomas daqueles, não poderá, em princípio, ser titulada sem que seja exibida, perante as entidades competentes, certidão comprovativa da receção provisória das obras de urbanização, ou certidão comprovativa de que a caução a que se refere o artigo 54.º é suficiente para garantir a boa execução das obras de urbanização, emitidas pela câmara municipal, por força do disposto no n.º 2 do artigo 49.º do Regime Jurídico da Urbanização e da Edificação, aprovado pelo Decreto-Lei n.º 555/99, de 16 de dezembro, na redação introduzida pelo Decreto-Lei n.º 26/2010, de 30 de março [última alteração pela Lei n.º 118/2019, de 17 de setembro].

VI – Todavia, a exceção consignada no n.º 6 do artigo 833.º do Código de Processo Civil é extensivamente aplicável, atenta a finalidade da norma, à dispensa de exibição das referidas certidões camarárias nos casos de transmissão de imóvel, em que tenha sido, ou esteja sendo, feita construção urbana, ou de fração dele, uma vez que o referido normativo prevê que a venda do bem se pode efetuar no estado em que se encontre, passando a legalização das obras de urbanização a constituir ónus do adquirente.

VII – Os poderes do administrador de insolvência para liquidar os bens integrantes da massa insolvente compreendem também todos os atos cuja prática se mostre indispensável para o sucesso da operação, entre os quais podem figurar, designadamente, os pedidos de averbamento à descrição dos prédios que componham a massa insolvente, visto que se traduzem, afinal, em atos instrumentais da liquidação em causa.

(Parecer do Conselho Consultivo do IRN, relatora Isabel Ferreira Quelhas Geraldes, homologado em 2014-06-02, disponível em 31_CP_74-2013_STJ-CC.pdf (justica.gov.pt)

NOTAS

Este parecer foi emitido com declaração de voto de Luís Manuel Nunes Martins.

1) Estão dispensados de autorização de utilização os prédios urbanos (e suas frações autónomas) cuja construção seja promovida pelos municípios ou entidades públicas, nos termos previstos nas als. a) e c) do n.º 1 do art. 7.º do Decreto-Lei n.º 555/99, de 16 de dezembro (RJUE), pelo que não será aplicável à titulação da transmissão de tais prédios o regime imperativo que resulta do disposto no art. 1.º do Decreto-Lei n.º 281/99, de 26 de julho.

2) A desaplicação do disposto no art. 1.º do Decreto-Lei n.º 281/99, relativamente aos imóveis referidos na conclusão anterior, estende-se às transmissões posteriores à transmissão que deles façam os municípios e entidades públicas.

(Parecer do Conselho Consultivo do IRN, relator António Manuel Fernandes Lopes, homologado em 2020-02-14, disponível em 01_CC_2020_CN_13_2015 STJSR_CC.pdf (justica.gov.pt))

I – Sendo meramente externo ou acidental o vínculo que se constitui – em resultado da unidade do título (mesmo Documento Particular Autenticado) – entre a constituição da propriedade horizontal de um prédio, as doações das frações autónomas e o acordo, celebrado pelos donatários, de "divisão de uso" de partes comuns, deve este último facto dar-se por excluído do âmbito da formação do juízo de (in)viabilidade do pedido de registo daquela constituição de propriedade horizontal (princípio da legalidade – art. 68.º do Código do Registo Predial).

II – A circunstância de constar daquele título a declaração de que a atual identificação do edifício resultou de obras realizadas no mesmo, seguida da menção de uma licença de utilização anteriormente emitida, não consente que se duvide da existência de identidade entre os respetivos edifícios e se exija prova de que à data da emissão da licença aquelas obras já haviam sido realizadas, se a certidão camarária comprovativa de que as frações autónomas satisfazem os requisitos legais (art. 59.º, n.º 1, do Código do Notariado) incluir a menção de que o edifício em causa é o mesmo que foi objeto da autorização de utilização a que respeita àquela licença.

(Parecer do Conselho Consultivo do IRN, relator Luís Manuel Nunes Martins, homologado em 2021-02-21, disponível em R.P. 37-2020 STJSR-CC.pdf https://irn.justica.gov.pt/Portals/33/Doutrina/Pareceres%20do%20Conselho%20Consultivo/Registo%20Predial%20Casa%20Pronta/2021/R.P.%2037-2020%20STJSR-CC.pdf?ver=3MuxjhXqlOc32E4xPuvXnQ%3d%3d&timestamp=1621846757743 (justica.gov.pt))

I – Excetuadas do disposto no n.º 4 do artigo 2.º do Decreto-Lei n.º 281/99, de 26 de julho, as frações autónomas e moradias unifamiliares *referidas no n.º 5 do mesmo artigo estão sujeitas ao regime regra dos artigos 1.º e 2.º, n.º 1, do citado diploma;*

II – É, consequentemente, ilegal, por violação do artigo 1.º, n.º 1, do Decreto-Lei n.º 281/99, a transmissão dessas frações autónomas e moradias ainda em construção.

(Parecer n.º 9/2000 da Procuradoria-Geral da República, de 2000-06-16, *BRN*, 4/02, p. 14, disponível em *BRN – Boletim dos Registos e do Notariado* – abril de 2002 (mj.pt))

NOTAS

Segundo Albino Matos, "a fundamentação do douto parecer, se pode compreender-se para o caso de transmissão de frações autónomas, não pode, todavia, aceitar-se quanto à transmissão de *moradias unifamiliares* em construção, as quais, como *prédios urbanos não concluídos* que são, têm de ficar submetidas ao mesmo regime destes (art. 2.º, n.º 4, do Decreto-Lei n.º 281/99, de 26 de julho). Isto para dizer que, no caso específico, pode legitimamente duvidar-se da conformidade constitucional da doutrina sumariada, não só por lesão da garantia da propriedade privada, como ainda por violação do princípio da igualdade.

De qualquer forma, na prática, o problema poderá ter uma solução à Colombo: em vez de se transmitir a moradia (com o terreno), transmitir-se-á o terreno (com a moradia), o que aliás escapará à proibição da lei tal como a lê o douto parecer..."

LIVROS

Consulta (advogados)

Na ausência de disposição legal expressa que discipline as consultas dos advogados aos arquivos notariais, desde que em nada fique cerceado o exercício do direito que a lei lhes confere de examinar os documentos que o integram, podem os senhores notários, se assim o entenderem, exigir que a consulta seja efetuada na presença de funcionário do cartório, que para o efeito manuseará os documentos cuja consulta se pretende, ou adotar outras medidas que entendam convenientes.

(Despacho da DGRN, de 1997-12-17 (e de 2004-02-11), disponível em *BRN*, n.º 2/2004, de fevereiro – Caderno Principal (mj.pt))

NOTAS

Os despachos procuram conciliar o disposto no art. 32.º, n.º 3, do Código do Notariado com o então art. 63.º do Estatuto da Ordem dos Advogados (no caso do despacho de 1997) e o então art. 100.º do Estatuto da Câmara dos Solicitadores (no caso do despacho de 2004). Hoje, tais normas correspondem ao art. 79.º do Estatuto da Ordem dos Advogados (Lei n.º 145/2015, de 9 de setembro, atualizada mais recentemente pela Lei n.º 79/2021, de 24 de novembro) e ao art. 150.º do Estatuto da Ordem dos Solicitadores e dos Agentes de Execução (Lei n.º 154/2015, de 14 de setembro, atualizada mais recentemente pela Lei n.º 79/2021, de 24 de setembro).

Transferência

O Decreto-Lei n.º 149/83, de 5 de abril, definiu o regime jurídico dos arquivos distritais e das bibliotecas públicas, de que destacamos:

Artigo 3.º

1 – Serão obrigatoriamente incorporados nos arquivos distritais e nas bibliotecas públicas e arquivos distritais:

a) A documentação das conservatórias do registo civil e os livros de registo paroquiais;

b) A documentação das conservatórias dos registos do notariado;

c) A documentação dos tribunais;

d) Os documentos de serviços cessantes;

e) Todos os outros documentos que, nos termos da lei, devam recolher aos arquivos distritais ou se venha a reconhecer que convém neles recolher.

2 – A incorporação da documentação referida nas alíneas a), b) e c) do número anterior far-se-á de acordo com o disposto no artigo 48.º do Código do Registo Civil, no artigo 50.º do Código do Notariado e no artigo 302.º do Decreto-Lei n.º 44278, de 14 de abril de 1962.

3 – A documentação a que se referem as restantes alíneas do n.º 1 ainda não incorporada nos arquivos distritais e nas bibliotecas públicas e arquivos distritais deverá, logo que possível, dar entrada nos mesmos.

4 – As entidades que tiverem a seu cargo a documentação referida no n.º 1 do presente artigo deverão, no ato de entrega, fazê-la acompanhar de relação em duplicado.

5 – (Revogado.)

(...)

NOTAS

Este diploma foi mais recentemente alterado pelo Decreto-Lei n.º 47/2004, de 3 de março. Releva também para estes efeitos o disposto no art. 34.º do Código do Notariado.

LOCAÇÃO FINANCEIRA

FORMA

I – Os contratos de locação financeira podem ser celebrados por documento particular, nos termos do art. 3.º do Decreto-Lei n.º 149/95, de 24 de junho;

II – Versando sobre os bens imóveis, o reconhecimento notarial das assinaturas das partes tem de ser presencial, em obediência a esse preceito;

III – Tratando-se de bens móveis, já é suficiente o reconhecimento por semelhança de tais assinaturas, conclusão que flui, por interpretação enunciativa, do citado art. 3.º, devidamente conjugado com o n.º 4 do art. 153.º do Código do Notariado, visto tratar-se de solução aí implicitamente contida;

IV – O disposto nas alíneas b) e c) não prejudica a aplicação, que for caso disso, do disposto no artigo 9.º do Regulamento do Registo de Automóveis.

(Parecer, de 1996-07-96, do Conselho Técnico do IRN, relator Neto Ferreirinha, P. 9/96 – Not. 3, *BRN*, 11/96, p. 17)

NOTAS

De acordo com o Conselho Técnico do IRN, quanto ao reconhecimento das assinaturas do escrito particular do contrato de locação financeira tendo por objeto veículos automóveis, basta o reconhecimento por semelhança, isto apesar de o artigo 30.º do Regulamento do Registo de Automóveis (Decreto n.º 55/75, de 12 de fevereiro), exigir expressamente o reconhecimento presencial.

Permita-se a observação, só que tal solução é criada pelos ilustres conselheiros à revelia do próprio legislador, com abuso manifesto por falta de credenciais.

Ou bem que o dito art. 30.º [foi revogado pelo Decreto-Lei n.º 178-A/2005, de 28 de outubro] está em vigor e, nesse caso, há que respeitá-lo (é preciso o reconhecimento presencial), ou bem que foi revogado pelo art. 3.º do Decreto-Lei n.º 149/95, como tendemos a crer, e então não é exigível qualquer reconhecimento (presencial) quanto a bens imóveis. Donde, quanto a bens móveis, dispensar-se o reconhecimento, como aqui notámos.

I – No contrato de locação financeira imobiliária celebrado por documento particular, ao abrigo do n.º 1 do art. 3.º do Decreto-Lei n.º 194/95, de 24 de junho, as cláusulas que fixam as condições particulares do contrato – incluindo as que se referem aos elementos essenciais do contrato, nomeadamente ao objeto, ao prazo e ao valor – e as cláusulas que contêm as condições gerais podem constar de anexos ao documento onde as partes manifestem a sua vontade negocial, para que este remeta.

II – Os anexos com as condições particulares e as condições gerais do contrato, desde que rubricados pelas partes, constituem parte integrante do documento que titula o contrato, e deverão ser também objeto das formalidades do reconhecimento notarial presencial das assinaturas das partes, através da numeração sequente de todas as folhas (contrato com anexos), da rubrica, em cada uma dessas folhas, do notário ou do oficial que efetuou o reconhecimento, e da aposição do selo branco do cartório junto dessa rubrica.

(Parecer, de 1996-11-22, do Conselho Técnico do IRN, relator João Bastos, P. 29/96 – R. P. 4, *BRN*, 2/97, p. 13)

NOTAS

Ver também o parecer, de 2014-04-15, do Conselho Técnico do IRN, relatora Blandina Maria da Silva Soares.

I – Para ser válido um contrato de locação financeira de coisa móvel não sujeita a registo não basta o reconhecimento notarial da assinatura do gerente da locatária, sendo necessário o reconhecimento, por semelhança, da assinatura de todos os outorgantes.

II – O abuso do direito emerge da violação de princípios como são a tutela da confiança legítima e a primazia da materialidade subjacente.

III – O venire contra factum proprium *traduz o exercício de uma posição jurídica em contradição com o comportamento assumido anteriormente pelo exercente: o comportamento que tenha imprimido confiança aos sujeitos envolvidos ficará de pé.*

IV – Se um contrato de locação financeira de coisa móvel não sujeita a registo, em que só a assinatura do gerente da locatária foi feita perante notário, foi corretamente cumprido por ambas as partes durante cerca de 10 anos e se após esse período a locatária deixou de proceder ao pagamento da renda acordada, tal justifica que a ordem jurídica tutele a confiança legítima baseada na conduta da locatária, de forma positiva, considerando o então contrato nulo por falta de forma como vinculante.

V – A manutenção deste contrato, não obstante a sua falta de forma, pode considerar-se como uma indemnização – uma das sanções do ato abusivo – mediante reconstituição natural.

VI – A lesão traduzir-se-ia na invocação, pela locatária, da nulidade do contrato, o que constitui abuso do direito, e a restituição do lesado ao estado anterior à lesão traduzir-se-ia em considerar eficaz tal contrato.

(Acórdão do STJ, de 1998-02-05, *BMJ*, 474/431)

I – Os contratos de locação financeira são celebrados por documento particular, exigindo-se, no caso de bens imóveis, o reconhecimento presencial das assinaturas das partes e a certificação, pelo notário, da existência da licença de utilização ou de construção (art. 3.º do Decreto-Lei n.º 149/95, de 24 de junho).

II – Na falta de formalidade do reconhecimento presencial das assinaturas e demais menções a ela associadas, o contrato não é absolutamente nulo, antes enfermando de nulidade atípica que não pode ser conhecida oficiosamente pelo conservador nem invocada por terceiro.

III – Se, na data em que ocorrer o pedido de registo, o contrato já contiver as assinaturas das partes reconhecidas presencialmente com as demais certificações, quando devidas, deverá o registo requisitado com base nele ser lavrados definitivamente.

(Parecer, de 2002-09-26, do Conselho Técnico do IRN, relator António Luís, *BRN-CT*, 9/02, p. 30)

LOTEAMENTO

Alvará

1.º – Em caso de loteamento de terrenos, na venda de qualquer lote deverá ser sempre exigido o alvará que lhe corresponda;

2.º – O alvará deve fornecer ao notário os elementos que identifiquem o terreno a vender; se este não for convenientemente identificado, mas também não houver lugar a dúvidas fundadas, deve aceitar-se o alvará, sob a responsabilidade dos interessados. (...)

(Circular n.º 80, da DGRN, de 1975-05-21)

As obras de edificação a efetuar em áreas abrangidas por operação de loteamento estarão sujeitas a comunicação prévia caso o alvará de loteamento contenha as especificações que são atualmente obrigatórias; se o alvará de loteamento for omisso relativamente a muitas especificações (caso dos alvarás de loteamento anteriores ao Decreto-Lei n.º 448/91), haverá que submeter essa operação urbanística a um licenciamento (até porque já se tem entendido que, quando o alvará não fixa parâmetros, se aplicam, como referentes para a operação de edificação a concretizar naquela área, os parâmetros aplicáveis nos instrumentos de planeamento em vigor na área: na omissão do alvará, as pretensões têm de ser apreciadas à luz dos parâmetros constantes da restante regulamentação em vigor apontando para um procedimento de controlo distinto daquele que é efetuado no domínio da comunicação prévia.

(Fernanda Paula Oliveira, Maria José Castanheira Neves, Dulce Lopes, *Regime Jurídico da Urbanização e Edificação – comentado*, Coimbra, Almedina, 2017, p. 125).

No loteamento, é através do licenciamento da operação (e, é claro, depois de a analisar) que a Administração vai deferir a constituição dos lotes e definir com todo o pormenor as condições em que a edificação pode ser neles feita – e tudo isso, consabidamente, fica indicado no alvará – mas não se afigura que seja aí (ou melhor, só aí) que fica juridicamente concluída a criação e constituição dos correspondentes «prédios autónomos». Parece-nos antes que o licenciamento é também aqui um pressuposto necessário e, além disso, a «cumprida» divisão jurídica fundiária, legalmente indispensável para que os lotes possam ser descritos e constituídos como novas unidades prediais autónomas.

(J. A. Mouteira Guerreiro, *Urbanismo e registo: o caso específico dos loteamentos urbanos*, Coimbra, Almedina, 2012, pp. 7 e 8)

NOTAS

O Decreto-Lei n.º 555/99, de 16 de dezembro, estabelece o regime jurídico da urbanização e da edificação.

Os instrumentos relativos a atos ou negócios jurídicos de que resulte, direta ou indiretamente, a constituição de lotes nos termos da alínea i) do art. 2.º do referido Decreto ou a transmissão de lotes legalmente constituídos, devem mencionar o número do alvará ou da comunicação prévia, a data de emissão do título, a data de caducidade e a certidão do registo predial – n.º 1 do art. 49.º.

Os negócios jurídicos praticados com violação da obrigatoriedade de exibição e identificação do alvará ou do comprovativo da comunicação prévia são nulos, por incumprimento de disposições legais de carácter imperativo – art. 294.º do Código

Civil. Tal nulidade é substantiva e, como tal, impede que os mesmos sejam admitidos a registo.

No caso de existir alvará ou comunicação prévia, e estes não forem, por qualquer circunstância, identificados no ato notarial, o título permanece válido, mas a omissão da referência ao alvará ou à comunicação prévia conduz à qualificação do registo como provisório por dúvidas, ao invés da sua recusa.

Ressalva-se ainda o facto de não poderem ser realizados atos de primeira transmissão de imóveis construídos nos lotes ou de frações autónomas desses imóveis sem que seja exibida, perante a entidade que celebre a escritura pública ou autentique o documento particular, certidão emitida pela câmara municipal, comprovativa da receção provisória das obras de urbanização ou certidão, emitida pela câmara municipal, comprovativa de que a caução a que se refere o artigo 54.º é suficiente para garantir a boa execução das obras de urbanização.

(Parecer n.º 33/2016, de 19 de junho, da Procuradoria-Geral da República, disponível em https://www.ministeriopublico.pt/sites/default/files/documentos/pdf/parecer_cc33_2016.pdf)

AUGI

A Área Urbana de Génese Ilegal (AUGI) ocorre quando um prédio ou conjunto de prédios que, sem licença de loteamento, tenham sido objeto de operações físicas de parcelamento destinadas à construção até à data de entrada em vigor do Decreto-Lei n.º 400/84, de 31 de dezembro, e quando foram parcelados anteriormente à entrada em vigor do Decreto-Lei n.º 46673, de 29 de novembro de 1965.

Algumas áreas de reconversão não cumprem os requisitos mencionados para poderem ser delimitadas como AUGI, nestes casos continuam a ser identificadas como áreas que necessitam de recuperação urbanística, mas que não podem usufruir dos benefícios técnico-administrativos concedidos pela lei.

Constitui dever dos respetivos proprietários ou comproprietários a reconversão urbanística do solo e a legalização das construções integradas em AUGI. O dever de reconversão inclui o dever de conformar os prédios que integram a AUGI com o alvará de loteamento ou com o plano de pormenor de reconversão, nos termos e prazos a estabelecer pela câmara municipal. Este processo de reconversão da AUGI encontra-se legislado pela Lei n.º 91/95, de 2 de setembro.

Compropriedade

O artigo 54.º da Lei n.º 91/95, de 2 de setembro, na redação que lhe foi dada pelo Lei n.º 64/2003, de 23 de agosto, determina que:

"1. A celebração de quaisquer atos ou negócios jurídicos entre vivos de que possa vir a resultar a constituição de compropriedade ou a ampliação do número de compartes de prédios rústicos carece de parecer favorável da câmara municipal do local da situação dos prédios.

2. O parecer previsto no número anterior só pode ser desfavorável com fundamento em que o ato ou negócio visa ou dele resulta parcelamento físico em violação do regime legal dos loteamentos urbanos, nomeadamente pela exiguidade da quota ideal a transmitir para qualquer rendibilidade económica não urbana."

Não obstante este normativo se inserir no regime excecional para a reconversão urbanística das áreas urbanas de génese ilegal, há que ter especial atenção ao facto de que a Lei n.º 64/2003, de 23 de agosto (que introduziu alterações a esse regime), determinar no n.º 1 do seu artigo 4.º, com a epígrafe "norma interpretativa", que "o disposto no artigo 54.º aplica-se independentemente dos prazos previstos no artigo 57.º e igualmente às áreas não delimitadas como AUGI)".

Assim, quando um particular pretenda constituir o regime de compropriedade sobre um prédio rústico, ou aumentar o número de compartes (podendo dessa compropriedade vir a resultar o parcelamento do prédio, designadamente em consequência de uma ação de divisão de coisa comum), a celebração dos atos ou negócios jurídicos inerentes terão que ser precedidos de parecer da câmara municipal. O objetivo do legislador terá sido, parece-nos, o de possibilitar o controlo sobre o parcelamento físico ou jurídico dos prédios rústicos, desde logo quando tal parcelamento contrarie o regime legal dos loteamentos ou dele derive parcelas sem qualquer rendibilidade económica, como poderá acontecer, a título meramente exemplificativo, nas seguintes situações:

– quando da compropriedade resulte o parcelamento (ainda que apenas físico) de prédio rústico localizado fora de perímetro urbano, com o objetivo de o destinar à edificação, por contrariar a regra da localização prevista no artigo 41.º do Decreto-Lei n.º 555/99, exceto, obviamente, se for um caso subsumível à figura do destaque;

– quando, ainda que não seja para construção, resulte do elevado número de compartes a criação de parcelas que não viabilizem qualquer exploração económica;

– quando, mesmo dentro do perímetro urbano, o parcelamento em questão contrarie um qualquer instrumento de gestão territorial.

Por último parece-nos que no fator da rendibilidade económica não urbana, na falta de clarificação por parte do legislador, deverão ser consideradas as unidades mínimas de cultura fixadas para o país e as regras constantes do regime de emparcelamento e fracionamento de prédios rústicos constante do Decreto-Lei n.º 103/90, de 22 de março, com as alterações do Decreto-Lei n.º 59/91, de 30 de janeiro, particularmente os seus artigos 44.º a 47.º que contêm regras sobre o fracionamento de explorações agrícolas e sobre a indivisão das explorações agrícolas em compropriedade, sem esquecer os futuros instrumentos de gestão territorial designados por "projetos de intervenção em espaço rural", um dos tipos de plano de pormenor simplificado.

(Parecer jurídico nº 286/03, de 21 novembro 2003, disponível em http://www.ccdrc.pt/index.php?view=details&id=1529&pop=1&tmpl=component&option=com_pareceres&Itemid=45)

NOTAS

Ver, também, o parecer n.º 53/2017, de 31 de agosto.

Conceito

Tradicionalmente, a ordem jurídica portuguesa identificava o loteamento urbano como uma operação urbanística que tinha por consequência a divisão ou o fracionamento de prédios para efeitos de construção.

As operações de loteamento vêm, hoje, definidas na al. i) do art. 2.º do Regime Jurídico da Urbanização e da Edificação (Decreto-Lei n.º 555/99, de 16 de dezembro, atualizado mais recentemente pela Lei n.º 118/2019, de 17 de setembro) como "as ações que tenham por objeto ou por efeito a constituição de um ou mais lotes destinados, imediata ou subsequentemente, à edificação urbana e que resulte da divisão de um ou vários prédios ou do seu reparcelamento".

O conceito de loteamento urbano abrange, hoje, portanto, não só o fracionamento de prédios em lotes destinados à construção, como a reconfiguração de prédios com a criação de lotes destinados à construção.

A operação urbanística 'loteamento urbano' segue, normalmente, o procedimento de controlo prévio de licenciamento, como já anteriormente falámos (cf. al. a) do n.º 2 do art. 4.º do Regime Jurídico da Urbanização e da Edificação). Nos casos em que a operação urbanística 'loteamento urbano' vem precedida de uma informação prévia favorável válida, segue o procedimento de comunicação prévia (cf. al. f) do n.º 4 do art. 4.º e o n.º 2 do art. 14.º do mesmo diploma legal).

Deste modo e exemplificando, existe loteamento se o dono de um prédio rústico (ou urbano, com logradouro) aliena uma sua parcela para construção – o que aos notários e conservadores do registo predial cumpre controlar. E existe, também, loteamento (operação material) se o dono de um prédio rústico o fraciona mediante a edificação de duas ou mais construções ou o dono de prédio urbano com logradouro ergue nesta nova construção – o que escapa ao controle de notários e conservadores e pertence exclusivamente ao foro da câmara municipal e dos serviços de urbanização.

Assim, não há loteamento no caso de alienação de um prédio rústico todo ele destinado a construção urbana, uma vez que no momento da escritura, com a escritura ou outro título, não se verifica uma divisão em lotes. Por isso deverá o notário celebrar o ato que lhe requeiram, sem apresentação do alvará ou da certidão camarária que o supra. Não se verifica loteamento, isto é, um fracionamento que se traduza num ato jurídico de que resulte a divisão, direta ou mediatamente.

(*Boletim da APN*, n.º 10/1)

O notário, *por definição, cuida apenas do loteamento – ato jurídico –, reservando-se o loteamento – operação material para a fiscalização e controle da* câmara municipal *e serviços de urbanização.*

O loteamento, por outro lado, é um procedimento que muitas vezes só ex post *pode ser verificado; muitas vezes, quer dizer, sempre que a construção não seja o destino ou fim imediato do fracionamento, mas o seu destino subsequente, posterior. Pode não existir loteamento – ato jurídico –, mas ocorrer ou vir a revelar-se loteamento – operação material.*

Por isso mesmo, a fiscalização ou controle do notário não dispensa, antes pelo contrário, o controle da câmara municipal, sendo que a inversa não é verdadeira.

(A. M., *Revista do Notariado*, ano I, n.º 3, p. 29)

NOTAS

Acrescenta-se ainda o seguinte: Curando exclusivamente do loteamento enquanto resultado de um *ato jurídico*, o notário está impedido de recusar o ato com fundamento em que se verificou, ou poderá ter verificado, uma operação de loteamento (passado) ou de que a mesma poderá vir a verificar-se (futuro). O notário apenas pode recusar o ato baseado em que dele resulta (presente) ou se verifica imediatamente um loteamento. Só interessa ao notário o presente, não o passado nem o futuro. Apurando o notário que o fracionamento tem por fim a construção, deve recusar a celebração da escritura, se não lhe é apresentado o respetivo alvará; apurando o contrário, o procedimento será o inverso; se não apurar nem uma coisa nem outra, posto que o(s) lote(s) tenha(m) área inferior à unidade de cultura, deve o notário, como na primeira hipótese, recusar celebração do ato.

Condição

São contrários à lei *e, por isso, nulos todos os negócios jurídicos relativos a terrenos abrangidos por operações de loteamento antes de obtido respetivo alvará, e isto mesmo que subordinados à* condição suspensiva *da obtenção do alvará.*

(J. Osvaldo Gomes, *Manual dos loteamentos urbanos*, Coimbra, Almedina, 1980, pp. 323 e ss.)

NOTAS

O Autor conclui assim, embora em termos dubitativos e reconhecendo o peso das considerações em sentido contrário.

Temos, para nós, que o fim último da lei é impedir o loteamento clandestino e não a celebração de negócios jurídicos, fim esse que é *compatível com o negócio condicional.* O negócio só produzirá efeitos com a verificação da condição, isto é, com a concessão do alvará. Parece que o legislador não poderá pedir mais.

Logradouros

O destaque de uma parcela de terreno para a constituição ou ampliação de logradouro de prédio urbano, face à disciplina do novo regime jurídico da urbanização e da edificação aprovado pelo Decreto-Lei n.º 555/99, de 16 de dezembro, não constitui uma operação de loteamento.

(Parecer, de 2002-09-26, do Conselho Técnico do IRN, relatora Maria Eugénia Moreira, *BRN-CT*, 9/02, p. 19)

Registo predial

I – O registo de autorização para loteamento deve preceder a inscrição de aquisição de lotes, sem o que os registos sobre estes não poderão ser lavrados como definitivos.

II – A falta da inscrição de autorização de loteamento não impede, porém, a feitura de qualquer instrumento pelo qual de transmitam direitos reais ou contraiam encargos sobre os lotes.

(Parecer, de 1993 07 07, do Conselho Técnico do IRN, P. 22/99-R. P. 4, *Revista do Notariado*, 1994/315)

Retificação de estremas

1.º As parcelas de terreno desanexadas de certo e determinado prédio destinadas a retificar as estremas de qualquer outro, por definição, não poderão nem deverão possuir dimensões que aumentem substancialmente a área do prédio retificando e, muito menos, que apresentem uma área nitidamente superior à que nele se contém.

2.º Constituirá manifesta fraude à lei vigente dos loteamentos fazer a declaração na escritura de compra das referidas parcelas que estas se destinam à retificação de estremas do prédio confinante.

3.º Obedecendo ao cabal cumprimento do princípio da legalidade, é legítimo ao conservador recusar o respetivo registo de aquisição das referidas parcelas, por tal declaração falsear as suas verdadeiras natureza e finalidade.

4.º Com efeito, dada a circunstância confessada pelo reclamante que as parcelas se destinavam a ampliar, por anexação, o prédio urbano de que era titular, afigura-se como certa a conclusão de que se visou encobrir um típico loteamento.

(Parecer, de 1986-12-19, do Conselho Técnico dos Registos e do Notariado, relator Rodrigues Fontinha, P. 41/86, RP3, *BRN*, 20/10, e *Revista do Notariado*, 1987/2/293)

NOTAS

Embora não referido diretamente na lei de loteamento em vigor – como, aliás, também sucedia na lei antiga –, é de admitir que o fracionamento para retificação de estremas (art. 1377.º, al. c), do Código Civil) não está sujeito a licenciamento, uma vez que dele não resulta a criação de um lote de terreno. (Cf. M. P. Paz Ferreira e C. P. Oliveira, *O novo regime jurídico dos loteamentos urbanos*, Coimbra, Almedina, 1985, p. 100.)

I – Não constitui operação de loteamento urbano o fracionamento de prédios rústicos com vista à retificação de estremas de prédio urbano – cf. alínea c) do artigo 1377.º do Código Civil,

II – O conservador ao qualificar o ato submetido a registo deverá atender não só às declarações exaradas pelos interessados na escritura pública que titula o fracionamento, mas também a todos os elementos indiciários da finalidade invocada.

III – Para esse efeito, deverá ter-se designadamente em conta a relação entre as áreas da parcela a destacar e a do prédio cujas estremas de retificam, por forma a apurar se da anexação destes terrenos resulta ou não alteração substancial do prédio em causa.

(Parecer, de 1995-10-20, da DGRN, relatora M. Conceição Almeida , P. 1/112 – R. P. 94, *BRN*, 1/96, 17)

M

MANDATO

Conceito

I – O contrato de mandato pressupõe que uma das partes, o mandatário, se obrigue a praticar um ou mais atos jurídicos por conta da outra, postulando o carácter inter vivos *do contrato que ele se torne perfeito durante a vida do mandante.*

II – Assim, não se consubstancia a constituição do mandato, quando, apesar de carta e instruções escritas por pessoa falecida para que outrem se encarregue de, após a sua morte, aplicar fundos seus em fins de carácter humanitário, o mesmo mandato não tenha sido aceite pelo destinatário daquelas carta e instruções em vida do autor das mesmas.

III – Não são de observar instruções ou recomendações feitas pelo testador por qualquer outro modo que não o testamento na forma legal, designadamente por carta.

(Acórdão do STJ, de 1999-05-04, *Colectânea de Jurisprudência S*, 7/2/79)

NOTAS

O contrato de mandato, como é bem sabido, é regulado no Código Civil (arts. 1157.º e ss.). Trabalhos preparatórios: *BMJ*, 16/38 (projeto Galvão Telles).

Mandato comercial

I – A procuração é um título ou documento pelo qual se poderá constituir o mandato comercial escrito (cf. art. 262.º do Código Civil, art. 231.º do Código Comercial e art. 116.º do Código do Notariado).

(...)

III – Se o órgão de representação de uma sociedade constituir num só instrumento de procuração, como mandatários, várias pessoas agrupadas e com poderes discriminados, lavrar-se-á uma única inscrição de mandato comercial, com individualização dos mandatários e discriminação dos poderes conferidos a cada grupo ou pessoa, porquanto se trata de um facto unitário, embora complexo.

(Despacho da DGRN, de 2004-03-29, *BRN CT*, 4/04, p. 39)

NOTAS

A questão era argumentada com argúcia pela registadora recusante: a procuração, só, não serve, posto que a lei que sujeita a registo o mandato comercial escrito (art. 10.º do Código do Registo Comercial) exige a forma escrita quer para a declaração de vontade do mandante, quer para a do mandatário (mandatário = contrato; procuração, não).

MEDIAÇÃO IMOBILIÁRIA

A Lei n.º 15/2013, de 8 de fevereiro, ultimamente alterada pelo Decreto-Lei n.º 102/2017, de 23 de agosto, estipula o regime jurídico a que fica sujeito o acesso e o exercício da atividade de mediação imobiliária.

No seu artigo 40.º estabelece qual a intervenção de notário ou profissional equiparado em negócios sobre imóveis (negócio que vise a constituição ou aquisição de direitos reais sobre bens imóveis, como é o caso da compra e venda e a permuta), devendo mencionar se os citados negócios foram, ou não, objeto da intervenção de empresa de mediação imobiliária, com indicação, em caso afirmativo, da respetiva denominação social e número de licença ou registo junto do Instituto de Construção e de Imobiliário, I.P., (InCI) (n.º 1), tal como a advertência de que incorrem na pena de desobediência prevista no artigo 348.º do Código Penal, no caso de omitirem a informação relativa à intervenção de mediação imobiliária no negócio (n.ºs 2 e 3).

"Quando haja indícios da intervenção na mediação de negócios sobre bens imóveis de pessoa singular ou coletiva que não esteja legalmente habilitada para o exercício da atividade de mediação imobiliária, o notário ou profissional equiparado deve enviar ao InCI, no prazo de 15 dias, cópia dos documentos em que tal intervenção conste" (n.º 4).

MÚTUO

Forma

Artigo único – *Os contratos de mútuo ou usura, seja qual for o seu valor, quando feitos por estabelecimentos bancários autorizados, podem provar-se por escrito particular, ainda mesmo que a outra parte contratante não seja comerciante.*

(Decreto-Lei n.º 32765, de 29 de abril de 1943)

Artigo Único – *Aos contratos de empréstimo celebrados ou a celebrar pelo Instituto Financeiro de Apoio ao Desenvolvimento da Agricultura e Pescas (IFADAP), qualquer que seja o seu valor, é aplicável o disposto no artigo único do Decreto-Lei n.º 32765, de 29 de abril de 1943.*

(Decreto-Lei n.º 71/83, de 7 de fevereiro)

NOTAS

Sobre o mútuo bancário e a sua prova por escrito particular, ver os acórdãos da Relação de Évora, de 1977-10-04 e 1977-11-24 (*Colectânea de Jurisprudência*, 2/5/1237, 1272) e os acórdãos da Relação de Lisboa, de 1978-11-03 e 1979-07-10 (*Colectânea de Jurisprudência*, 3/5/1524, 4/4/1171).

O acórdão do STJ, de 1978-12-06 (*BMJ*, 282/118), decidiu, por seu turno: "O contrato de mútuo bancário, seja qual for o seu valor, tem de ser titulado por escrito particular, não podendo este ser substituído por outro meio de prova ou por outro documento que não seja de força probatória superior."

Este douto acórdão encontra-se anotado, com reserva, na *Rev. Leg. Jur.*, 112/154 (Vaz Serra).

Não é exigível escritura pública *para o empréstimo feito por uma sociedade comercial a um sócio com o fim de este contribuir para o aumento do respetivo capital social e ainda adquirir quotas de outros sócios, sendo a restituição operada por descontos nos lucros sociais que lhe competissem.*

(Acórdão do STJ, de 1976-05-21, *BMJ*, 257/168)

NOTAS

1. Como é sabido, o art. 1143.º do Código Civil sujeita o mútuo de valor superior a € 25 000 a escritura pública ou a documento particular autenticado, e o de valor superior a € 2 500 a documento assinado pelo mutuário.

2. Quanto à *letra* como forma de titular um mútuo e às questões que a propósito se suscitam, a jurisprudência é abundantíssima, podendo confrontar-se os seguintes locais: *BMJ*, 188/205, 208/189, 212/240, 264/248, 286/269, 292/405; *Colectânea de Jurisprudência*, 1/2/413, 1/3/736, 1/3/746, 2/1/118, 2/1/133; *Revista dos Tribunais*, 88/79, 91/61, 91/275; *Revista da Ordem dos Advogados*, 41/11/399; *Rev. Leg. Jur.*, 102/297, 103/435, 105/331, 107/146, 113/255, 114/378.

3. O *empréstimo mercantil* entre comerciantes admite, seja qual for o seu valor, todo o género de prova; para que seja havido por tal é mister que a coisa cedida seja destinada a qualquer ato mercantil – arts. 394.º e 396.º do Código Comercial.

A este respeito cabe referir o acórdão da Relação de Évora de 1974-03-01 (*BMJ*, 235/371):

"I – Constitui mútuo mercantil a transferência de determinado montante da conta de suprimentos de um sócio de uma sociedade por quotas para constituição de prestação suplementar de outro sócio na mesma sociedade.

II – O contrato de mútuo mercantil entre não comerciantes está sujeito à forma prescrita no artigo 1143.º do Código Civil.

III – O art. 395.º do Código Comercial estabelece mera presunção de retribuição do mútuo mercantil, presunção esta que pode ser ilidida."

I – As sociedades financeiras para aquisição a crédito exercem atividade parabancária.

II – Como assim, os respetivos contratos de crédito ao consumidor são válidos desde que reduzidos a escrito, com assinaturas dos contraentes, sem necessidade de escritura pública.

III – O contrato de empréstimo é de natureza real, ficando perfeito com a entrega de coisa emprestada.

(Acórdão da Relação de Lisboa, de 1995-12-14, *Colectânea de Jurisprudência*, 20/5/149)

NOTAS

O douto acórdão invoca, nos fundamentos, o Decreto-Lei n.º 32765, de 29 de abril de 1943, que dispõe sobre a forma dos contratos de mútuo dos estabelecimentos bancários – mas as sociedades em causa, sendo instituições de crédito, não são bancos (ver Decreto-Lei n.º 298/92, de 31 de dezembro, sendo a sua versão mais recente o Decreto-Lei n.º 31/2022, de 6 de maio, e que regula, atualmente, as sociedades financeiras para aquisições a crédito.

I – Constitui doutrina e jurisprudência largamente maioritárias que a restituição das importâncias mutuadas, sendo o mútuo nulo por falta de forma, é feita com base no art. 289.º do Código Civil e não com fundamento no enriquecimento sem causa.

II – A obrigação de restituir baseada no enriquecimento sem causa tem um carácter subsidiário, como expressamente consagra o art. 474.º do Código Civil. O lesado não pode lançar mão da ação de enriquecimento quando tiver outro meio de ser indemnizado ou restituído.

III – A obrigação de restituir com base na nulidade do negócio tem efeito retroativo e abrange os juros, como frutos civis que são, nos termos das disposições conjugadas dos arts. 289.º, 1270.º, n.º 1, e 212.º do Código Civil.

(Acórdão da Relação de Lisboa, de 1998-01-13, *BMJ*, 473/547, e acórdão da Relação de Lisboa de 2018-05-15)

A Lei n.º 78/2021, de 24 de novembro, estabeleceu o regime de prevenção e combate à atividade financeira não autorizada e proteção dos consumidores, de que destacamos:

"Artigo 4.º – *Dever de consulta de conservadores, notários, solicitadores, advogados, oficiais de registo ou câmaras de comércio e indústria e reporte ao Banco de Portugal*

1 – Sempre que, no exercício da sua atividade, conservadores, notários, solicitadores, advogados, oficiais de registo ou câmaras de comércio e indústria intervenham em atos, contratos ou documentos que, pela sua natureza, possam estar relacionados com:

a) A tentativa ou o exercício de atividade financeira não autorizada, nomeadamente em contratos de mútuo ou declarações de assunção ou confissão de dívida;

b) Contratos de locação financeira;

c) Contratos de locação financeira restitutiva;

d) Contratos de compra e venda de imóveis associados a contrato de arrendamento ao vendedor ou de transmissão da propriedade ao primitivo alienante;

e) Contratos de compra e venda de bens imóveis ou de bens móveis sujeitos a registo que não envolvam a concessão de mútuo por entidades habilitadas a desenvolver a atividade creditícia, sempre que o comprador já tenha sido vendedor do mesmo bem, ou esteja previsto o arrendamento ou usufruto do bem imóvel ou o usufruto do bem móvel pelo vendedor, ou esteja prevista a opção de recompra do bem pelo vendedor;

têm o dever de proceder à consulta do registo público de entidades autorizadas disponível no sítio do Banco de Portugal e de fazer constar do documento a celebrar se o ato, contrato ou documento em causa é ou não celebrado no âmbito do exercício de uma atividade financeira reservada a entidades habilitadas junto do Banco de Portugal, divulgando aos outorgantes e fazendo constar do documento a informação obtida.

2 – Em atos de assunção ou confissão de dívida ou contratos de mútuo, os conservadores, notários, solicitadores, advogados, oficiais de registo ou câmaras de comércio e indústria têm o dever de certificação negativa junto dos mutuantes, devendo obter declaração do mutuante em como não está a realizar uma atividade reservada a entidades habilitadas junto do Banco de Portugal e fazê-la constar do documento em causa.

3 – Os conservadores, notários, solicitadores, advogados, oficiais de registo ou câmaras de comércio e indústria abstêm-se de executar qualquer operação ou conjunto de operações, presentes ou futuras, que saibam ou que suspeitem poder estar associadas à tentativa ou ao exercício de atividade financeira não autorizada.

4 – O disposto nos n.os 1 e 3 não é aplicável sempre que advogados e solicitadores atuem no decurso da apreciação da situação jurídica de cliente ou no âmbito da defesa ou representação desse cliente em processos judiciais ou a respeito de processos judiciais, mesmo quando se trate de conselhos prestados quanto à forma de instaurar ou evitar tais processos, independentemente de essas informações serem recebidas ou obtidas antes, durante ou depois do processo.

5 – A partir de 1 de março de 2022, os notários, solicitadores e advogados comunicam eletronicamente ao Banco de Portugal a informação sobre as escrituras públicas, documentos particulares autenticados ou documentos com assinatura por si reconhecida em que intervenham e que se reconduzam aos tipos referidos nas alíneas do n.º 1, com exceção daqueles em que atuem por conta de entidades autorizadas pelos supervisores financeiros. (...)

Habitação

I – Os documentos particulares previstos no Decreto-Lei n.º 255/93, de 15 de julho, não são documentos autênticos ou instrumentos notariais a que se devam aplicar as regras próprias destes, tal como o Código do Notariado prevê.

II – Tais documentos são meros impressos, previstos na Portaria n.º 669-A/93, de 16 de julho, e que apenas têm de ser preenchidos de acordo com o que nela se acha indicado.

III – De igual modo, os "documentos complementares" indicados no texto dos impressos referidos naquela Portaria n.º 669-A/93, apenas servem para regular as condições do mútuo e da hipoteca e não são equiparáveis aos documentos complementares previsto no artigo 64.º do Código do Notariado, nem se regem pelas regras que a estes são aplicáveis.

(Parecer, de 1996-07-26, do Conselho Técnico da DGRN, relator Mouteira Guerreira, P. 22/96 – R. P. 4, *BRN*, 12/96, p. 21)

I – Os sujeitos da relação cujo registo é pretendido – quer sejam os ativos quer os passivos – devem ser clara e precisamente identificados nos títulos, visto que, caso contrário, se o ato de registo viesse a ser definitivamente lavrado, poderia enfermar da causa de nulidade prevista no art. 16.º, al. c), do Código do Registo Predial.

II – Os impressos previstos no Decreto-Lei n.º 255/93, de 15 de julho, bem como na Portaria n.º 669-A/93, de 16 de julho, são meros documentos particulares, a que se não aplicam os princípios notariais próprios do documento autêntico, designadamente no que diz respeito à verificação da identidade e capacidade dos outorgantes.

III – Consequentemente, o que em tais documentos ficou escrito quanto à identificação dos sujeitos e à qualidade em que intervêm é insuscetível de ser interpretado diversamente, nomeadamente através do contexto de uma qualquer forma de verificação de poderes, que, aliás, é neles de todo inexistente.

(Parecer, de 1997-06-27, do Conselho Técnico da DGRN, relator Mouteira Guerreiro, *BRN-Supl.*, 9/97, p. 44)

Juro legal (usura)

I – O disposto no art. 1146.º do Código Civil não proíbe a estipulação contratual do pagamento antecipado dos juros *fixados na taxa legal máxima em empréstimos hipotecários; a cláusula do pagamento antecipado é proibida, nos termos do art. 282.º do mesmo Código, quando se traduzir, v. g., por força do longo prazo do empréstimo, em benefício manifestamente excessivo para o credor, mesmo que a taxa de juro convencionada seja inferior ao máximo legal.*

II – A decisão sobre se a estipulação do pagamento antecipado de juros é usurária, sujeita a modificação ou anulação, só pode fazer-se mediante iniciativa do interessado.

(Acórdão do STJ, de 1972-12-22, *BMJ*, 222/397)

NOTAS

Não é isenta de dúvida a doutrina sumariada, como se mostra dos votos de vencido de dois conselheiros (quanto ao ponto I).

No mesmo sentido, cf. o acórdão da Relação de Lisboa, de 1970-01-28, sumariado e anotado favoravelmente na *Revista dos Tribunais*, 89/326, e o acórdão da Relação de Évora, de 1978-05-18 (*Colectânea de Jurisprudência*, 3/3/1052); contra: o acórdão da Relação de Lisboa, de 1972-06-21 (*BMJ*, 218/310), e o voto de vencido do conselheiro Flamino Martins no acórdão do STJ, de 1983-02-17 (*BMJ*, 324/535).

Os juros convencionados à taxa máxima permitida, em caso de não cumprimento de um contrato de mútuo, não são cumuláveis com quaisquer outros encargos, *designadamente a indeminização respeitante a despesas judiciais.*

(Acórdão do STJ, de 1983-06-28, *BMJ*, 328/564)

Mediação: hipoteca

Após a entrada em vigor do Decreto-Lei n.º 119/74, de 23 de março, e por imperativo do seu art. 31.º, n.º 1, devem os outorgantes de escrituras de empréstimo com garantia hipotecária ser interrogados sobre se houve ou não intervenção de mediador, identificando-o na afirmativa, e consignar-se naqueles instrumentos a resposta obtida.

(Recomendações dos Serviços de Inspeção da DGRN)

Mútuo bancário

O mútuo concedido por instituição bancária, ainda que garantido por hipoteca, está sujeito à disciplina, não do art. 1146.º do Código Civil, mas da decorrente da legislação especial aplicável a todas as operações de crédito ativas efetuadas por aquelas instituições de crédito.

(Acórdão da Relação de Lisboa, de 1989-02-27, *Colectânea de Jurisprudência*, 14/1/144, e *Revista do Notariado*, 1990/2/277)

NOTAS

No mesmo sentido, ver o acórdão da Relação de Évora, de 1979-12-06 (*Colectânea de Jurisprudência*, 4/5/1560):

"I – As operações ativas de crédito, quando efetuadas por instituições de crédito, não estão sujeitas, quanto a juros remuneratórios, à disciplina do art. 1146.º do Código Civil.

II – Estão-no, porém, quanto aos acessórios do crédito, porque não incluídos na legislação especial que regula as citadas operações."

Mútuo consensual

O mútuo consensual será um mútuo que se constitui não com a própria entrega da coisa mutuada, mas sim com o simples encontro de vontade das partes, antes mesmo dessa entrega.

A doutrina civilística tende, com efeito, a aceitar a possibilidade da existência de duas formas distintas de mútuo: uma, tradicional, que se constitui com a entrega da coisa mutuada (mútuo real ou manual); outra atípica ou inominada, em que as partes, embora não procedam logo à transferência da coisa mutuada, se obrigam, uma, a entregar a mesma coisa, a outra, a restituir a quantia a receber no futuro e, eventualmente, a pagar juros.

Esta figura do mútuo consensual não se confunde com a simples promessa de mútuo.

(Braz Teixeira, "Mútuo consensual e promessa de mútuo", *Ciência e Técnica Fiscal*, n.º 125/124)

N

NOTÁRIOS

Com o pacote legislativo publicado em 2004, nomeadamente os Decretos-Leis n.os 26/2004 e 27/2004, ambos de 4 de fevereiro – que aprovam, respetivamente, o Estatuto do Notariado e o Estatuto da Ordem dos Notários –, o Estado Português deu expressão legal à reforma e à modernização do notariado português, convidando os notários a trocar o funcionalismo público pela iniciativa privada.

Assim sendo, na sequência da privatização da atividade notarial, os cartórios notariais públicos têm vindo a ser gradualmente reduzidos.

Os que existem funcionam como serviços autónomos ou em regime de anexação com conservatórias do registo civil, predial, comercial e de automóveis. Os cartórios notariais são competentes para praticar, dentro do concelho onde se situam, quaisquer atos notariais, ainda que respeitem a bens situados ou a pessoas domiciliadas fora da área do respetivo concelho. Em Lisboa e no Porto existem cartórios privativos para o serviço de Protesto de Letras. Existem também Cartórios Notariais de Competência Especializada (CNCE), com a competência que lhes foi atribuída na respetiva portaria de criação, em função dos intervenientes nos atos notariais ou da atividade exercida pelas entidades envolvidas. No âmbito da privatização do notariado, o art. 127.º do referido Decreto-Lei n.º 26/2004 estabelece que os CNCE são regidos por diploma próprio.

Funções

O art. 4.º do Decreto-Lei n.º 26/ /2004, de 4 de fevereiro, com a última alteração do Decreto-Lei n.º 145/2019, de 23 de setembro, descreve as funções dos notários, de que destacamos:

1 – Compete, em geral, ao notário redigir o instrumento público conforme a vontade dos interessados, a qual deve indagar, interpretar e adequar ao ordenamento jurídico, esclarecendo-os do seu valor e alcance e exercer todas as demais competências que lhe sejam atribuídas por lei.

2 – Em especial, compete ao notário, designadamente:

a) Lavrar testamentos públicos, instrumentos de aprovação, depósito e abertura de testamentos cerrados e de testamentos internacionais;

b) Lavrar outros instrumentos públicos nos livros de notas e fora deles;

c) Exarar termos de autenticação em documentos particulares ou de reconhecimento da autoria da letra com que esses documentos estão escritos ou das assinaturas neles apostas;

d) Passar certificados de vida e identidade e, bem assim, do desempenho de cargos públicos, de gerência ou de administração de pessoas coletivas;

e) Passar certificados de outros factos que tenha verificado;

f) Certificar, ou fazer e certificar, traduções de documentos;

g) Passar certidões de instrumentos públicos, de registos e de outros documentos arquivados, extrair públicas-formas de documentos que para esse fim lhe sejam presentes ou conferir com os respetivos originais e certificar as fotocópias extraídas pelos interessados;

h) Lavrar instrumentos para receber a declaração, com carácter solene ou sob juramento, de honorabilidade e de não se estar em situação de falência, nomeadamente para efeitos do preenchimento dos requisitos condicionantes, na ordem jurídica comunitária, da liberdade de estabelecimento ou de prestação de serviços;

i) Lavrar instrumentos de atas de reuniões de órgãos sociais;

j) Transmitir por via eletrónica o teor dos instrumentos públicos, registos e outros documentos que se achem arquivados no cartório a outros serviços públicos perante os quais tenham de fazer fé e receber os que lhe forem transmitidos, por esses serviços, nas mesmas condições;

l) Intervir nos atos jurídicos extrajudiciais a que os interessados pretendam dar garantias especiais de certeza e autenticidade;

m) Intervir em processos de mediação e de arbitragem;

n) Conservar os documentos que por lei devam ficar no arquivo notarial e os que lhe forem confiados com esse fim, aplicando as regras de arquivo eletrónico que cumpram as especificações técnicas fixadas pela Ordem dos Notários no quadro das suas competências de reorganização dos sistemas de arquivo notarial;

o) Liquidar por via eletrónica, a pedido do contribuinte e nos termos por este declarados, o Imposto Municipal sobre as Transmissões Onerosas de Imóveis e outros impostos, tendo em conta os negócios jurídicos a celebrar ou celebrados, nos casos e nos termos a fixar por portaria dos membros do Governo responsáveis pelas áreas das finanças e da justiça;

p) Apresentar por via eletrónica, a pedido dos interessados e de acordo com as respetivas declarações, pedidos de alteração, nos termos do artigo 13.º da Lei n.º 7/2007, de 5 de fevereiro, de morada fiscal do adquirente, de isenção de Imposto Municipal sobre Imóveis relativo a habitação própria e permanente e de inscrição ou atualização de prédio urbano na matriz, nos termos a fixar por portaria dos membros do Governo responsáveis pelas áreas das finanças e da justiça;

q) Apresentar por via eletrónica, a pedido do contribuinte e de acordo com as respetivas declarações, a participação a que se refere o artigo 26.º do Código do Imposto do Selo, nos termos a fixar por portaria dos membros do Governo responsáveis pelas áreas das finanças e da justiça;

r) Promover, em representação dos interessados, os registos necessários à proteção de propriedade industrial e praticar junto do Instituto Nacional da Propriedade Industrial, INPI, I. P., todos os atos necessários para o efeito;

s) Exercer as demais funções que resultam das disposições do presente Estatuto ou de outros preceitos legais.

3 – A solicitação dos interessados, o notário pode requisitar por qualquer via, a outros serviços públicos, os documentos necessários à instrução dos atos da sua competência.

4 – Incumbe ao notário, a pedido dos interessados, preencher a requisição de registo, em impresso de modelo aprovado, e remetê-la à competente conservatória do registo predial ou comercial, acompanhada dos respetivos documentos e preparo.

O

OBRIGAÇÕES DOS NOTÁRIOS

Bolsa de Valores

Do Código dos Valores Mobiliários (Decreto-Lei n.º 486/99, de 13 de novembro, mais recentemente alterado pelo Decreto-Lei n.º 31/2022, de 6 de maio), destacamos:

[...]

Artigo 84.º – *Título executivo*

Os certificados passados pelas entidades registadoras relativos a valores mobiliários escriturais valem como título executivo, se mencionarem o fim a que se destinam, se forem emitidos por prazo indeterminado e se a assinatura do representante da entidade registadora e os seus poderes estiverem reconhecidos por notário.

[...]

Artigo 102.º – *Transmissão de valores mobiliários titulados nominativos*

1 – Os valores mobiliários titulados nominativos transmitem-se por declaração de transmissão, escrita no título, a favor do transmissário, seguida de registo junto do emitente ou junto de intermediário financeiro que o representa.

2 – A declaração de transmissão entre vivos é efetuada:

a) Pelo depositário, nos valores mobiliários em depósito não centralizado, que lavra igualmente o respetivo registo na conta do transmissário;

b) Pelo funcionário judicial competente, quando a transmissão dos valores mobiliários resulte de sentença ou de venda judicial;

c) Pelo transmitente, em qualquer outra situação.

3 – A declaração de transmissão por morte do titular é efetuada:

a) Havendo partilha judicial, nos termos da alínea b) do número anterior;

b) Nos restantes casos, pelo cabeça de casal ou pelo notário que lavrou a escritura de partilha.

4 – Tem legitimidade para requerer o registo junto do emitente qualquer das entidades referidas nos n.ºs 2 e 3.

5 – A transmissão produz efeitos a partir da data do requerimento de registo junto do emitente.

6 – Os registos junto do emitente, relativos aos títulos nominativos, são gratuitos.

7 – O emitente não pode, para qualquer efeito, opor ao interessado a falta de realização de um registo que devesse ter efetuado nos termos dos números anteriores.

Direito de preferência da Administração

Da Lei n.º 107/2001, de 8 de setembro, mais recentemente alterada pela Lei n.º 36/2021, de 14 de junho, destacamos:

Artigo 35.º – *Transmissão de bens classificados*

A lei estabelecerá as limitações incidentes sobre a transmissão de bens classificados ou em vias de classificação pertencentes a pessoas coletivas públicas ou a outras pessoas coletivas tituladas ou subvencionadas pelo Estado ou pelas Regiões Autónomas.

Artigo 36.º – *Dever de comunicação da transmissão*

1 – A alienação, a constituição de outro direito real de gozo ou a dação em pagamento de bens classificados nos termos do artigo 15.º da presente lei, ou em vias de classificação como tal, depende de prévia comunicação escrita ao serviço competente para a instrução do respetivo procedimento.

2 – A transmissão por herança ou legado de bens classificados nos termos do artigo 15.º da presente lei, ou em vias de classificação como tal, deverá ser comunicada pelo cabeça de casal ao serviço competente referido no número anterior, no prazo de três meses contados sobre a data de abertura da sucessão.

3 – O disposto no número anterior é aplicável aos bens situados nas zonas de proteção dos bens classificados nos termos do artigo 15.º da presente lei, ou em vias de classificação como tal.

Artigo 37.º – *Direito de preferência*

1 – Os comproprietários, o Estado, as Regiões Autónomas e os municípios gozam, pela ordem indicada, do direito de preferência em caso de venda ou dação em pagamento de bens classificados ou em vias de classificação ou dos bens situados na respetiva zona de proteção.

2 – É aplicável ao direito de preferência previsto neste artigo o disposto nos artigos 416.º a 418.º e 1410.º do Código Civil, com as necessárias adaptações.

3 – O disposto no presente artigo não prejudica os direitos de preferência concedidos à Administração Pública pela legislação avulsa.

[...]

Artigo 66.º – *Exportação e expedição de outros bens classificados*

1 – Dependem de autorização ou licença da administração do património cultural a exportação e a expedição definitivas ou temporárias de bens classificados como de interesse público, ou em vias de classificação como tal.

2 – A autorização ou a licença a que se refere o número anterior podem sujeitar a exportação ou a expedição a condições ou cláusulas modais.

3 – A apresentação do pedido de exportação ou de expedição para venda concede ao Estado o direito de preferência na aquisição.

4 – As leis de desenvolvimento regularão o regime de exportação e expedição dos demais bens classificados, assim como os procedimentos e formalidades aplicáveis.

5 – A exportação e a expedição de bens inventariados pertencentes a entidades públicas depende de autorização da administração do património cultural.

6 – A autorização a que se refere o número anterior sujeitar-se-á a condições especiais a definir por lei.

[...]

Artigo 95.º – *Outras atribuições*

1 – Salvo disposição da lei em contrário, incumbirá às pessoas coletivas públicas cujos órgãos hajam procedido, por esta ordem, à classificação ou inventariação, ou tenham pendentes procedimentos para esse efeito, a tomada das seguintes decisões, quando a elas haja lugar na base de normas que as prevejam:

a) Expropriação de bens culturais ou de prédios situados na zona de proteção de bens culturais imóveis;

b) Autorização, exercício do direito de preferência ou outras decisões motivadas pela alienação de bens culturais;

c) Emissão de parecer vinculativo, autorização ou asseguramento de intervenções de conservação, restauro, alteração ou de qualquer outro tipo sobre bens culturais ou nas respetivas zonas de proteção;

d) Reconhecimento do acesso de detentores de bens culturais aos benefícios decorrentes da classificação ou inventariação.

2 – Na ausência de normas específicas de distribuição da competência no seio da pessoa coletiva pública apurada nos termos do número anterior, o poder para praticar os atos ali referidos caberá, consoante os casos, ao organismo da administração central ou regional cujo escopo corresponda à natureza do bem ou, na sua falta, ao governo central ou regional ou ao município.

Da Lei de Bases Gerais da Política Pública de Solos, de Ordenamento do Território e de Urbanismo – Lei n.º 31/2014, de 30 de maio, mais recentemente atualizada pelo Decreto-Lei n.º 52/2021, de 15 de junho, destacamos:

Artigo 29.º – *Direito de preferência*

O Estado, as regiões autónomas e as autarquias locais têm o direito de exercer, nos termos legalmente previstos, o direito de preferência nas transmissões onerosas de prédios entre particulares, tendo em vista a prossecução de objetivos de política pública de solos para as finalidades seguintes:

a) Execução dos programas e planos territoriais;

b) Reabilitação e regeneração de áreas territoriais rústicas e urbanas;

c) Reestruturação de prédios rústicos e urbanos;

d) Preservação e valorização do património natural, cultural e paisagístico.

e) Prevenção e redução de riscos coletivos.

O Decreto-Lei n.º 89/2021, de 3 de novembro, regulamenta as normas da Lei de Bases da Habitação, entre elas o direito legal de preferência, de que destacamos:

Artigo 6.º *Objetivos de política pública de habitação*

1 – O Estado, as regiões autónomas e os municípios gozam do direito de preferência nas alienações onerosas de imóveis de uso habitacional, para além das demais situações previstas na lei, nas seguintes circunstâncias:

a) Numa zona de pressão urbanística, delimitada com fundamento na falta ou desadequação da oferta, nos termos previstos no artigo 2.º-A do Decreto-Lei n.º 159/2006, de 8 de agosto, na sua redação atual;

b) Em territórios identificados no Programa Nacional de Habitação com fundamento na falta ou desadequação da oferta referida na alínea anterior.

2 – Nos casos previstos no número anterior, bem como nas circunstâncias previstas no n.º 3 do artigo 37.º da Lei n.º 83/2019, de 3 de setembro, e sem prejuízo da prevalência do direito de preferência dos arrendatários, nos termos previstos no n.º 4 do artigo 37.º da mesma lei, bem como das cooperativas de habitação e construção, nos casos previstos no artigo 28.º do Decreto-Lei n.º 502/99, de 19 de novembro, na sua redação atual, é estabelecida a seguinte graduação do direito de preferência, por ordem na preferência:

a) Municípios;

b) Regiões Autónomas;

c) Estado.

3 – É de 10 dias o prazo para exercício de qualquer dos direitos de preferência ao abrigo do disposto no presente artigo.

4 – O Estado é representado pelo IHRU, I. P., no exercício do direito de preferência previsto no presente capítulo.

Artigo 7.º – *Exercício do direito de preferência pelo Instituto da Habitação e da Reabilitação Urbana, I. P.*

1 – O IHRU, I. P., de acordo com as suas disponibilidades orçamentais, pode preferir nos negócios jurídicos relativos a alienações onerosas de imóveis de uso habitacional, nos casos referidos no n.º 3 do artigo 37.º da Lei n.º 83/2019, de 3 de setembro, quando os imóveis objeto do direito de preferência se situem em área com carência habitacional, determinada pela carta municipal, ou nas zonas referidas nas alíneas a) e b) no n.º 1 do artigo anterior, desde que tal direito não tenha sido exercido pelos municípios ou pelas regiões autónomas.

2 – O direito de preferência previsto no presente capítulo é exercido pelas entidades públicas nos termos previstos no Decreto-Lei n.º 263-A/2007, de 23 de julho, na sua redação atual, dispondo estas de um prazo único de 10 dias para o efeito, sem prejuízo de, em caso de exercício plural desses direitos, prevalecer o da entidade melhor graduada de acordo com a ordem estabelecida no n.º 2 do artigo anterior.

NOTAS

A Direção-Geral do Património Cultural (DGPC) mantém em permanente atualização o *Atlas do Património Classificado e em vias de Classificação*, permitindo uma pesquisa georreferenciada *online* em ATLAS DO PATRIMÓNIO CLASSIFICADO E EM VIAS DE CLASSIFICAÇÃO (arcgis.com).

Nos termos do Decreto-Lei n.º 263-A/2007, de 23 de julho (mais recentemente atualizado pelo Decreto-Lei n.º 125/2013, de 30 de agosto), "o alienante pode remeter os elementos essenciais ao exercício do direito legal de preferência pelo Estado, regiões autónomas, municípios, outras pessoas coletivas públicas ou empresas públicas por uma via eletrónica única, mediante a inscrição dos elementos essenciais da alienação em sítio na Internet de acesso público, nos termos a definir por portaria do membro do Governo responsável pela área da justiça" (art. 18.º, n.º 1). O envio da informação nesses termos "substitui a notificação para preferência, nos termos gerais" (art. 18.º, n.º 2). Já da parte do Estado, regiões autónomas, municípios, outras pessoas coletivas públicas ou empresas públicas, o exercício do direito legal de preferência "está dependente de manifestação prévia da intenção de exercer este direito em sítio na Internet" quando o alienante tenha remetido os elementos essenciais ao exercício do direito legal de preferência por via eletrónica (art. 19.º, n.º 1). Neste caso, a manifestação de intenção do ente público deve surgir no prazo de 10 dias a contar da data de inscrição dos elementos essenciais da alienação (art. 19.º, n.º 2), sendo que, "se o prazo legal do exercício do direito de preferência for inferior a 10 dias, o prazo de manifestação prévia da intenção de exercer aquele direito é reduzido para igual período" (art. 19.º, n.º 3). Tal como decorre das regras gerais, "se a manifestação prévia da intenção de exercer o direito de preferência não for efetuada dentro do prazo, caduca o direito de preferência" (art. 19.º, n.º 4).

O exercício do direito de preferência nestes termos é regulado pela Portaria n.º 794-B/2007, de 23 de julho, mais recentemente alterada pela Portaria n.º 358/2015, de 14 de outubro.

Do n.º 3 do art. 18.º e do n.º 5 do art. 19.º do Decreto-Lei n.º 263-A/2007, de 23 de julho, resulta que o exercício do direito de preferência por via eletrónica não se aplica às alienações de imóveis abrangidas pelo regime previsto no Decreto-Lei n.º 135/2004, de 3 de junho. Tal Decreto-Lei criava e regulava o Programa de Financiamento para Acesso à Habitação (PROHABITA) e possuía, no seu art. 30.º, um regime especial quanto ao exercício do direito de preferência. Entretanto, o PROHABITA foi substituído pelo programa "O 1.º Direito – Programa de Apoio ao Acesso à Habitação" com a entrada em vigor do Decreto-Lei n.º 37/2018, de 4 de Junho (mais recentemente atualizado pelo Decreto-Lei n.º 74/ /2022, de 24 de outubro). Sucede que, no novo regime, nada se diz sobre o exercício do direito de preferência para estes imóveis. Poder-se-á aplicar o regime do Decreto-Lei n.º 263-A/2007, tendo em conta a revogação do Decreto-Lei n.º 135/2004? Ou deverá considerar-se que as normas dos arts. 18.º, n.º 3, e 19.º, n.º 5, devem ser interpretadas no sentido de que remetem agora para o Decreto-Lei n.º 37/2018? Neste último caso, não havendo um regime específico para o exercício do direito de preferência, ter-se-ia de recorrer ao regime geral.

Entretanto, surgiu o Decreto-Lei n.º 89/ /2021, de 3 de novembro, que entrou em vigor no dia 4 de novembro de 2021, e que solucionou esta questão nos termos acima expostos.

IRS

Artigo 123.º – *Notários, conservadores, secretários judiciais, secretários técnicos de justiça e entidades e profissionais com competência para autenticar documentos particulares*

Os notários, conservadores, secretários judiciais, secretários técnicos de justiça e entidades e profissionais com competência para autenticar documentos particulares que titulem atos ou contratos sujeitos a registo predial ou que intervenham nas operações previstas nas alíneas b), e), f) e g) do n.º 1 do artigo 10.º são obrigados a enviar à Autoridade Tributária e Adua-

neira, por via eletrónica, até ao dia 15 de cada mês, relação dos atos por si praticados e das decisões transitadas em julgado no mês anterior dos processos a seu cargo que sejam suscetíveis de produzir rendimentos sujeitos a IRS, através de declaração de modelo oficial, aprovada por portaria do membro do Governo responsável pela área das finanças.

(Código do IRS – Decreto-Lei n.º 442-A/88, de 30 de novembro, mais recentemente atualizado pela Lei n.º 24-D/2022, de 30 de dezembro)

NOTAS

Ver, a este propósito, o disposto no art. 186.º, n.º 1, al. a), do Código do Notariado.

IVA

Artigo 9.º – *Isenções nas operações internas*

Estão isentas do imposto:

[...]

30) As operações sujeitas a imposto municipal sobre as transmissões onerosas de imóveis.

[...]

Artigo 12.º – *Renúncia à isenção*

[...]

5. Os sujeitos passivos que efetuem a transmissão do direito de propriedade de prédios urbanos, frações autónomas destes ou terrenos para construção a favor de outros sujeitos passivos, que os utilizem, total ou predominantemente, em atividades que conferem direito à dedução, podem renunciar à isenção prevista no n.º 30) do artigo 9.º.

[...]

(Código do IVA – Decreto-Lei n.º 394-B/84, de 26 de dezembro, mais recentemente atualizado pela Lei n.º 24-D/2022, de 30 de dezembro)

NOTAS

Optando os sujeitos passivos pela aplicação do IVA à transmissão ou locação de bens imóveis, deverão alertar o notário para essa mesma opção, cabendo-lhe assegurar que são respeitadas as normas sobre as formalidades e condicionalismos a observar pelos sujeitos passivos que decidem optar pela aplicação do IVA à transmissão ou locação de bens imóveis.

Número de identificação fiscal

Por força do artigo 44.º do Código do Registo Predial, dos atos notariais, processuais ou outros que contenham factos sujeitos a registo deve constar a identidade dos sujeitos, nos termos da alínea e) do n.º 1 do artigo 93.º, nomeadamente a menção ao número de identificação fiscal.

O Decreto-Lei n.º 14/2013, de 28 de janeiro, mais recentemente alterado pela Lei n.º 58/2020, de 31 de agosto, procedeu à sistematização e harmonização da legislação referente ao número de identificação fiscal, de que destacamos:

Artigo 29.º – *Menção do número de identificação fiscal*

1 – É obrigatória a menção do NIF em todas as declarações, participações, guias de entrega de imposto, requerimentos, petições, exposições, reclamações, impugnações, recursos, ou quaisquer outros documentos que sejam ou devam ser apresentados nos serviços de Administração Tributária.

2 – No caso de declarações verbais prestadas nos mesmos serviços e que aí devam ser reduzidas a termo, é igualmente obrigatório fazer-se prova do NIF dos declarantes, devendo o mesmo ser anotado no referido termo.

3 – Nas relações com a Administração Tributária, os contribuintes devem apresentar o respetivo cartão de contribuinte ou documento legalmente equivalente.

Artigo 30.º – *Obrigatoriedade de comprovação do número de identificação fiscal*

1 – Os serviços públicos ou quaisquer outras entidades públicas ou privadas devem, no cumprimento das obrigações tributárias que lhe estejam cometidas, exigir dos contribuintes a comprovação do seu NIF.

2 – Os rendimentos sujeitos a retenção na fonte, ainda que dela isentos, não podem ser pagos ou postos à disposição dos respetivos titulares, pelas entidades competentes, sem que aqueles façam previamente a comprovação do seu NIF.

3 – O substituto tributário deve mencionar sempre o NIF das entidades referidas na alínea a) do n.º 2 do artigo 11.º.

Artigo 31.º – *Falta de menção do número de identificação fiscal*

1 – Sem prejuízo das sanções estabelecidas na lei, são recusados ou considerados como não apresentados nos serviços da administração tributária os documentos que não mencionem o NIF, quando dos mesmos deva constar.

2 – Em caso de omissão da menção do NIF em requerimentos, petições, exposições, reclamações, impugnações ou recursos, não sendo possível o seu suprimento oficioso, são os interessados convidados a suprir a deficiência existente.

3 – São liminarmente indeferidos os documentos previstos no número anterior cuja deficiência não seja possível suprir por qualquer dos termos aí previstos.

4 – O não cumprimento do disposto no n.º 3 do artigo 29.º constitui fundamento de recusa liminar de prestação de quaisquer informações ou declarações.

Artigo 32.º – *Autenticidade e legalidade dos documentos*

1 – Os documentos apresentados, para efeitos da aplicação do presente diploma, devem ser originais ou cópias autenticadas, aceitando-se apenas cópias simples mediante o acompanhamento dos respetivos originais.

2 – Os documentos lavrados no estrangeiro, bem como as assinaturas reconhecidas no estrangeiro, devem, aquando da sua apresentação, encontrar-se devidamente validados pelas autoridades competentes.

3 – Os documentos redigidos em língua estrangeira devem ser apresentados em cópia traduzida devidamente certificada, nos termos da lei portuguesa.

4 – Sempre que suscitem dúvidas acerca dos factos alegados pelo contribuinte ou seu representante, pode a AT exigir produção de prova complementar, bem como praticar as diligências necessárias à comprovação dos mesmos.

Pessoas coletivas

O Decreto-Lei n.º 129/98, de 13 de maio (mais recentemente atualizado pelo Decreto-Lei n.º 145/2019, de 23 de setembro), estabeleceu o regime jurídico do Registo Nacional de Pessoas Coletivas, de que destacamos:

Artigo 11.º – *Forma de inscrição*

1 – As entidades sujeitas a registo comercial obrigatório e as que o tenham requerido, bem como os atos e factos que a umas e outras respeitem, são oficiosamente inscritos no FCPC, através de comunicação automática eletrónica do sistema integrado do registo comercial (SIRCOM).

2 – As demais entidades devem promover a inscrição no FCPC no prazo de validade do certificado de admissibilidade, quando exista, ou no prazo de um mês a contar da verificação dos seguintes factos:

a) Finalização das formalidades legais de constituição, no caso de pessoas coletivas;

b) Publicação do diploma de criação, no caso de entidades constituídas por diploma legal;

c) Início de atividade, nos restantes casos.

3 – A inscrição pode ser requerida por um dos constituintes ou, sendo o caso, pelas entidades já constituídas, através das seguintes formas:

a) Presencialmente, por forma verbal, pelo próprio ou por pessoa com legitimidade para o efeito ou advogado, notário ou solicitador, ou por escrito em formulário próprio;

b) Através de sítio na Internet, se essa funcionalidade estiver disponibilizada;

c) Pelo correio em formulário próprio.

4 – Quando intervenham na formalização dos atos constitutivos das pessoas coletivas referidas no n.º 2 ou em alterações estatutárias posteriores, os notários devem promover a inscrição no FCPC ou advertir para a necessidade de esta ser efetuada no prazo legal.

[...]

Artigo 46.º – *Pedido do certificado*

1 – O pedido de certificado de admissibilidade de firma ou denominação deve ser requerido por um dos constituintes ou, sendo o caso, pelas entidades já constituídas, através das seguintes formas:

a) Presencialmente, por forma verbal, pelo próprio ou por pessoa com legitimidade para o efeito, ou advogado, notário ou solicitador ou por escrito em formulário próprio;

b) Através de sítio na Internet;

c) Pelo correio em formulário próprio.

[...]

Registo comercial

Artigo 16.º – *Remessa das relações mensais dos atos notariais e decisões judiciais*

1 – Até ao dia 15 de cada mês, os notários devem remeter à conservatória situada no concelho da sede da entidade sujeita a registo a relação dos documentos lavrados no mês anterior, para prova dos factos sujeitos a registo comercial obrigatório.

2 – De igual modo devem proceder as secretarias dos tribunais, com referência às decisões previstas no n.º 6 do artigo anterior.

[...]

Artigo 30.º – *Representação*

1 – O registo pode ser pedido por:

a) Aqueles que tenham poderes de representação para intervir no respetivo título;

b) Mandatário com procuração bastante;

c) Advogados, notários e solicitadores;

d) Revisores e técnicos oficiais de contas, para o pedido de depósito dos documentos de prestação de contas.

2 – A representação subsiste até à realização do registo, abrangendo, designadamente, a faculdade de requerer urgência na sua realização e a de impugnar a decisão de qualificação do registo, nos termos do artigo 101.º, e implica a responsabilidade solidária do representante no pagamento dos respetivos encargos.

3 – Sem prejuízo do disposto no número anterior, a representação para efeitos de impugnação judicial só pode ser assegurada por mandatário com poderes especiais para o efeito ou com poderes forenses gerais.

(Código do Registo Comercial – Decreto-Lei n.º 403/86, de 3 de dezembro, mais recentemente atualizado pela Lei n.º 9/2022, de 11 de janeiro)

Registo predial

Artigo 39.º – *Representação*

1 – O registo pode ser pedido por mandatário com procuração que lhe confira poderes especiais para o ato.

2 – Não carecem de procuração para pedir o registo:

a) Aqueles que tenham poderes de representação para intervir no respetivo título, nos quais se haverão como compreendidos os necessários às declarações complementares relativas à identificação do prédio;

b) Os advogados, os notários e os solicitadores.

3 – Sem prejuízo do disposto na alínea a), o número anterior não se aplica aos pedidos de averbamento à descrição de factos que não constem de documento oficial.

4 – A representação abrange sempre a faculdade de requerer urgência na realização do registo, subsiste até à feitura do registo e implica a responsabilidade solidária do representante no pagamento dos respetivos encargos.

5 – Compete ao respetivo representante legal ou ao Ministério Público requerer o registo quando, em processo de inventário, for adjudicado a incapaz ou ausente em parte incerta qualquer direito sobre imóveis.

(Decreto-Lei n.º 224/84, de 6 de julho, mais recentemente atualizado pela Lei n.º 89/2017, de 21 de agosto)

P

PACTO DE PREFERÊNCIA

Eficácia real

O pacto de preferência tem de ser registado *para gozar de eficácia real.*

A lei não inclui entre os factos registáveis essa convenção das partes, na venda de bens móveis sujeitos a registo, *não sendo de admitir o recurso analogia.*

Logo, no estado atual da nossa legislação, o pacto de preferência na venda daqueles bens, ou seja, de quotas das sociedades por quotas, navios e veículos automóveis, não pode gozar de eficácia real.

É uma incongruência da lei. Por um lado, pretendeu-se que o direito de preferência na venda de bens móveis sujeitos a registo pudesse gozar de eficácia real, por outro, não se facultam todos os meios indispensáveis à realização desse objetivo.

(*Boletim da DGRN*, ano I, n.º 1, p. 165 – E. C. Ferreira de Almeida)

NOTAS

Se se compreende que esta visão fosse adotada no passado, perante os dados resultantes das alterações legislativas realizadas no âmbito desta matéria, ter-se-á de adotar uma visão diferente. Desde logo, o Código do Registo Comercial, com a alteração promovida pelo Decreto-Lei n.º 349/89, de 13 de outubro, passou a prever expressamente que os pactos de preferência relativos a quotas de sociedades por quotas em que se tenha convencionado atribuir-lhes eficácia real estão sujeitos a registo (art. 3.º, n.º 1, al. c).

Reconhece-se que idêntica técnica legislativa não foi seguida em relação aos bens móveis sujeitos a registo (nomeadamente no que aos automóveis diz respeito). No entanto, com a reforma do Código Civil operada pelo Decreto-Lei n.º 379/86, de 11 de novembro, e que alterou o art. 421.º e o art. 413.º (para o qual aquele remete), o legislador foi claro na sua intenção de desformalização. Aliás, refere-se expressamente no ponto 2 do preâmbulo desse Decreto-Lei que para a "atribuição de eficácia real à promessa, não se justificava que [...] se impusesse escritura pública, ainda que o contrato definitivo a não requeresse", apontando, desde logo, como exemplo expresso a venda ou oneração de automóveis. Mais tarde, no ponto 6 desse mesmo preâmbulo, refere-se que idêntica doutrina vale para o pacto de preferência com eficácia real.

Assim, entendemos que se deve admitir a celebração de pactos de preferência (e o respetivo registo) no âmbito de bens móveis sujeitos a registo, ainda que a sua legislação específica não o preveja expressamente – tratar-se-á não de uma omissão propositada do legislador, mas sim de uma lacuna a ser integrada nos termos gerais.

O direito de preferência convencional para ter eficácia real depende do preenchimento de três requisitos cumulativos: que a eficácia real tenha sido convencionada por declaração expressa; que o direito de preferência respeite a bens imóveis ou a bens móveis sujeitos a registo; que esse direito de preferência tenha sido registado, nos termos da respetiva legislação.

(Acórdão do STJ, de 2013-09-12, disponível em *Acórdãos do Supremo Tribunal de Justiça* (dgsi.pt))

NOTAS

De forma muito sumária, discutia-se neste acórdão o facto de se encontrar ou não previsto a favor do autor da ação, no estatuto social de uma sociedade por quotas, um direito de preferência com eficácia real na alienação de participações dessa sociedade a terceiros. Entendeu o Supremo Tribunal de Justiça que, à luz do regime aplicável ao caso (não o vigente à data de celebração do pacto social, mas sim o que vigorava à data da ação), não se poderia reconhecer eficácia real a esse direito de preferência. Fundamentaram os conselheiros tal decisão no facto de considerarem que a remissão do art. 421.º para o art. 413.º do Código Civil inclui a exigência de que a preferência com eficácia real se estabeleça por declaração expressa (n.º 1), o que não se verificava, de acordo com o tribunal, no caso concreto.

Tal questão é, no entanto, polémica como demonstram os autos. Entretanto, surgiu uma nova decisão judicial sobre uma situação muito semelhante, desta feita pelo Tribunal da Relação de Lisboa, no acórdão de 2016-06-02 (disponível em *Acórdãos do Tribunal da Relação de Lisboa* (dgsi.pt)). Neste caso, entenderam os desembargadores que, por um lado, por estarem em causa normas legais atinentes à validade formal do pacto, seria de aplicar a lei vigente à data da celebração do pacto, ou seja, em 1978 (art. 12.º, n.º 2, do Código Civil). Ora, na sua redação original, nem o art. 421.º nem o art. 413.º se referiam à necessidade da existência de uma «declaração expressa». Por outro lado, ainda que assim não se entenda, considera o tribunal que o legislador, com a reforma de 1986, impôs esta exigência apenas aos contratos-promessa, uma vez que o legislador não a previu expressamente no âmbito do art. 421.º. Por isso, aceita-se que se possa conferir eficácia real a um pacto de preferência por mera declaração tácita.

Sem querermos discutir a questão da aplicação da lei no tempo, parece-nos melhor a doutrina seguida pelo Supremo Tribunal de Justiça na interpretação destes preceitos à luz da sua redação atualmente vigente. Aliás, é o próprio preâmbulo do Decreto-Lei n.º 379/86 que estabelece claramente que, com a alteração do Código Civil a que procedeu, passou a ser inequívoco que a eficácia real da promessa não resulta da simples observância dos requisitos de forma e de publicidade fixados na lei, mas que depende de uma declaração expressa nesse sentido (art. 413.º). O mesmo preâmbulo esclarece que há uma remissão do regime do pacto de preferência para o regime do contrato-promessa por identidade de razão. Se é verdade que o legislador não previu expressamente, no art. 421.º, a necessidade de uma declaração expressa é porque, em nosso entender, tal não seria necessário, uma vez que a remissão é global e subsidiária. Isto significa que, para que se entendesse ser suficiente a mera declaração tácita, tal teria de haver sido especificamente excluído pelo legislador no art. 421.º, o que não se verifica. Entendemos, assim, e salvo melhor juízo, que é necessária a existência de declaração expressa para que se confira eficácia real a um pacto de preferência. Também neste sentido, ainda que a respeito de uma hipótese distinta, o parecer do Conselho Consultivo do IRN, homologado em 2006-11-03, disponível em RP101-05 (justica.gov.pt).

PARTILHA

Casamento (regime de bens)

Esquema de aplicação temporal das leis relativas ao regime de bens do casamento, para efeitos de partilha ou outros:

A) Celebrado de 1 de julho de 1867 a 1 de janeiro de 1931 (Decreto-Lei n.º 19126, de 1930-12-16):

a) regime supletivo – comunhão geral de bens (art. 1108.º);

b) regime convencional – comunhão de adquiridos, separação de bens, dotal;

c) regime imperativo – o varão ou a mulher que contrair segundas núpcias, tendo filhos ou outros descendentes sucessíveis de anterior matrimónio, não poderá comunicar com o outro cônjuge, nem por nenhum título doar-lhe, mais do que a terça parte dos bens que tiver ao tempo do casamento ou que venha a adquirir depois por doação ou herança de seus ascendentes ou de outros parentes – art. 1235.º do Código de Seabra.

B) Celebrado de 1 de janeiro de 1931 a 1 de junho de 1967:

a) igual ao anterior;

b) igual ao anterior;

c) em tudo igual ao anterior, podendo, no entanto, o varão ou a mulher comunicar com o outro cônjuge até metade dos bens que tiver ao tempo do casamento (Decreto-Lei n.º 19126).

C) Celebrado de 1 de junho de 1967 a 1 de abril de 1978:

a) regime supletivo – comunhão de adquiridos (art. 1717.º);

b) regime convencional – comunhão geral de bens, separação de bens, dotal;

c) regime imperativo da separação de bens – art. 1720.º, n.º 1:

1 – O casamento celebrado sem precedência do processo de publicações (art. 1599.º).

2 – O casamento celebrado por quem tenha completado 60 anos sendo homem, ou 50 sendo mulher.

3 – O casamento celebrado por quem tenha filhos legítimos, ainda que maiores ou emancipados.

D) Celebrado de 1 de abril de 1978 até ao presente:

a) igual ao anterior;

b) igual ao anterior;

c) se o casamento for celebrado por quem tenha filhos ainda que maiores emancipados, não poderá ser convencionado o regime da comunhão geral – art. 1699.º, n.º 2;

d) regime imperativo da separação de bens – art. 1720.º, n.º 1:

1 – O casamento celebrado sem precedência do processo de publicações.

2 – O casamento celebrado por quem tenha completado 60 anos de idade.

E) No caso especial do casamento "in articulo mortis", em iminência de parto ou cuja celebração seja expressamente autorizada pelo ordinário próprio por grave motivo de ordem moral, o regime de bens é sempre o de separação absoluta de bens desde 1 de agosto de 1940 a 1 de janeiro de 1959, nos termos dos arts. 17.º, n.º 2, e 18.º do Decreto-Lei n.º 30615; desta data a 1 de julho de 1967, nos termos dos arts. 174.º, n.º 2, e 175.º do Código de Registo Civil de 1959, e daí até ao presente, nos termos dos arts. 1599.º e 1720.º, al. a) do Código Civil.

(*Boletim da APN*, n.º 107/2 – L. M. Moreira Almeida)

NOTAS

1. Ver também: *Boletim da APN*, n.º 47/1 (Ramiro Neves) e n.º 81/3 (Domingos Janeiro), este último sobre a natureza jurídica da comunhão conjugal, que qualifica de contitularidade.

2. Algumas referências mais recentes quanto à natureza da comunhão que a doutrina assimila predominantemente à ideia de *propriedade coletiva*, comunhão de mão comum ou comunhão sem quotas, de tipo germânico – neste sentido: Pereira Coelho, *Curso de Direito de Família*, I, 2.ª edição, Coimbra, 1969, p. 121; Antunes Varela, *Direito da Família*, Lisboa, 1982, p. 373; e acórdão da Relação de Coimbra, de 1983-06-14, *Colectânea de Jurisprudência*, 8/3/62. Ver também o acórdão do Tribunal da Relação de Coimbra de 2001-11-08.

Na Itália, *Rivista del Notariato*, 1980, pp. 405 e ss. (AAVV, "Natura giuridica della comunione legale fra coniugi: contitolarità o vincolo?") e 1983/6/1281 (L. Giacobbe), com extensa resenha de doutrina.

Em Espanha, *Revista de Derecho Notarial*, n.º 112 (1981), 371 (E. Cerda, "Reforma de la sociedad de gananciales"), n.º 115 (1982), 7 (R. Uberos, "La idea de comunidade en la sociedad de gananciales..."), n.º 116 (1982), 7 (S. Echevarria, "Sociedad de gananciales..."), e n.º 121-122 (1983), pp. 7-47 (V. Tamarit, "Aspetos parciales de la reforma del Codigo Civil en tema de sociedad de gananciales"), e pp. 341-398 (S. Echevarria, "Sobre la naturaleza jurídica de la sociedad de gananciales").

I – No regime da comunhão de adquiridos é bem próprio o imóvel comprado por um dos cônjuges na constância do matrimónio e pago antes do casamento, no âmbito do contrato-promessa de compra e venda que veio a efetuar-se.

II – Relativamente a terceiros, se não existir no documento de aquisição, com intervenção de ambos os cônjuges, declaração de que o valor pago foi desembolsado por um dele, não pode o cônjuge pagador invocar a qualidade de bem próprio.

III – Nas relações entre os cônjuges, a falta da referida declaração pode ser substituída por qualquer meio de prova de modo a demonstrar-se o pagamento por um deles.

(Acórdão do STJ, de 1995-12-14, *Colectânea de Jurisprudência S.*, 3/3/168)

NOTAS

1. Cf. nomeadamente o art. 1723.º do Código Civil, além do art. 1722.º, porventura a chave da questão.

O douto acórdão tem voto de vencido do conselheiro Miranda Gusmão, que diz não compreender como possa o sentido da norma ser um nas relações entre cônjuges (aí o bem seria próprio) e ser outro face a terceiros (aí o bem seria o comum).

O argumento é pouco convincente, visto que o direito conhece casos similares, de uma dada realidade efetivamente existente (passe o pleonasmo) não pode ser invocada perante terceiros. É o conhecido fenómeno da inoponibilidade...

Mas também esta consideração interessa pouco para a substância do caso.

2. Supomos que o bem adquirido na constância do casamento em virtude de contrato-promessa anterior àquele é considerado próprio do adquirente no regime da comunhão de adquiridos, não por força do art. 1723.º, al. c), mas por via do art. 1722.º, n.º 1, al. c) – como bem adquirido por virtude de direito próprio anterior ao casamento.

Repare-se que é visivelmente exemplificativa a enumeração do art. 1722.º, n.º 2 ("consideram-se, entre outros, adquiridos por virtude de direito próprio anterior" ...) e que a situação que nos ocupa não é substancialmente diferente de um dos casos previstos naquele preceito ("os bens adquiridos no exercício de direito de preferência fundado em situação já existente à data do casamento").

3. No sentido que defendemos, o acórdão da Relação de Coimbra, de 1992-02-25 (*Colectânea de Jurisprudência*, 17/1/104): "No regime de comunhão de adquiridos é bem próprio do cônjuge comprador uma porção de terreno comprada depois da celebração do casamento, mas na concretização de contrato-promessa anteriormente celebrado, *maxime* quando o comprador pagou todo o preço, ainda em solteiro."

4. Precedentes do aresto do sumário:

– acórdão da Relação de Lisboa, de 1974-02-01 (*BMJ*, 234/336): "Se não estiverem em causa interesses de terceiros, mas tão-só os interesses dos cônjuges, a sub-rogação real referida no art. 1723.º, alínea c), do Código Civil, pode ser provada por qualquer meio e não apenas por documento."

– acórdão da Relação do Porto, 1993-11-15 (*Colectânea de Jurisprudência*, 18/5/212):

"I – A exigência feita no art. 1723.º, al. c), do Código Civil, de que a proveniência do dinheiro ou dos valores seja devidamente mencionada no documento de aquisição, não se aplica quando estão em causa apenas os interesses dos cônjuges.

II – Para que um depósito de dinheiro feito num Banco por um cônjuge casado em comunhão de bens possa ser considerado bem próprio dele (e por isso excluído da relação de bens no inventário subsequente ao divórcio) é necessário alegar e provar que foi feito com dinheiro dele e sem consentimento do outro.

III – Tal prova pode fazer-se por testemunhas, no inventário."

5. Com especial interesse no tema: M. Gonzalesz Enriquez, "La confesión extrajudicial y el art. 1407 del Código Civil", *Anales A. M. Notariado*, XIII, 461-507; J. A. Martinez Sancho, "Casos dudosos de bienes privativos y gananciales", *Anales cit.*, XXVI, 357-404; J. Ramos Albesa, "La subrogación real en la sociedad de gananciales", *Rev. Der. Not.*, 125-126/297-351; G. lo Sardo, "Acquisto di beni personali o com il loro scambio e dichiarazione di esclusione dalla comunione legale", *Riv. Not.*, 1995/4/761-889.

I – O regime da comunhão de adquiridos assenta na clara distinção entre bens próprios e comuns, procurando evitar que um casamento se transforme em negócio.

II – O preceituado na alínea c) do art. 1723.º do Código Civil, ao exigir que, para poderem ser considerados bens próprios de certo cônjuge aqueles que sejam adquiridos com dinheiro ou valores próprios dele, essa circunstância seja mencionada no documento equivalente, com intervenção de ambos os cônjuges, pressupõe que estejam em jogo, também ou apenas, interesses de terceiros.

III – Se estiverem em causa somente interesses dos cônjuges, a mencionada disposição tem o valor duma presunção tantum juris, *que é, por isso, ilidível, podendo assim, para efeitos da sua qualificação como bem próprio, ser provado por qualquer meio o facto de certo bem ter sido adquiridos com dinheiro ou valores próprios do cônjuge adquirente.*

(Acórdão do STJ, de 1996-09-24, *BMJ*, 459/535)

I – O casamento civil de dois portugueses, realizado perante autoridade estrangeira, sem precedência do processo preliminar de publicações perante as autoridades nacionais, implica a sujeição do regime imperativo da separação de bens, nos termos do art. 1720.º, n.º 1, al. a), do Código Civil.

II – Não obstante, verificando-se o circunstancialismo em que:

a) As entidades do registo civil, aquando da transcrição do casamento nos registos nacionais, não inseriram no assento qualquer menção relativa ao regime de bens aplicável ou a respetiva base legal;

b) O casamento perdurou 19 anos, período durante o qual os cônjuges pautaram o seu comportamento como se estivesse sujeito ao regime da comunhão de adquiridos;

c) O averbamento do regime de separação foi inserido já depois do decretamento do divórcio, com o único objetivo de um dos interessados adquirir vantagens patrimoniais resultantes da aplicação do regime de separação absoluta de bens;

deverá decidir-se na adequada ação de justificação judicial, que o averbamento referente ao regime da separação absoluta de bens aposto no assento de transcrição do casamento não releva para efeitos da partilha de bens do casal, a qual deverá pautar-se pelo regime supletivo de comunhão de adquiridos que vigorava na situação registral anterior ao averbamento.

(Acórdão da Relação de Lisboa, de 2003-07-01, *Colectânea de Jurisprudência*, 28/4/65)

NOTAS

"Consideram-se sempre contraídos sob o regime de separação de bens: a) O casamento celebrado sem precedência do processo preliminar de casamento" (art. 1720.º, n.º 1, al. a), do Código Civil).

I – O facto de a aquisição de um imóvel, na constância do casamento, ter sido precedida de um contrato-promessa celebrado antes dele não significa que tal aquisição ocorreu por virtude de direito próprio anterior.

II – Só assim seria se àquele contrato-promessa tivesse sido atribuída eficácia real, ou se o promitente comprador tivesse pago, ao celebrar esse contrato, a título de sinal, a totalidade do preço, por ser então de equiparar para este efeito o contrato-promessa ao contrato de compra e venda, entendimento que encontra apoio, por analogia, no disposto no art. 1723.º, al. c), do Código Civil.

(Acórdão da Relação de Lisboa, de 2001-02-08, *Colectânea de Jurisprudência*, 26/1/111)

I – O prédio adquirido a título oneroso e na pendência de casamento celebrado sob o regime da comunhão de adquiridos é bem comum, ainda que na escritura de compra e venda haja outorgado só um dos cônjuges e declarado falsamente ser solteiro.

II – Mesmo que esse contrato de compra e venda seja o cumprimento de contrato-promessa celebrado anteriormente ao casamento, não pode, só por isso, o prédio ser considerado adquirido por virtude de direito próprio anterior.

III – A solução não é, sem mais, afastada pelo facto de o cônjuge adquirente ter contraído empréstimo com hipoteca e fiança junto de um Banco, ser só ele quem figura como mutuário e vem pagando as prestações de amortização, não tendo o outro cônjuge contribuído para esses pagamentos.

(Acórdão da Relação do Porto, de 2004-10-11, *Colectânea de Jurisprudência*, 29/4/186)

NOTAS

1. Como mostra o texto do acórdão da Relação do Porto, a doutrina encontra-se dividida nesta questão (interpretação do art. 1722.º do Código Civil).

E a jurisprudência também. Na linha oposta à das presentes decisões: acórdão da Relação de Coimbra, de 1992-02-25; acórdão do STJ, de 1995-12-14, *Colectânea de Jurisprudência S.*, 373/168.

2. Ainda sobre o tema, chama-se a atenção para o acórdão do Supremo Tribunal de Justiça, de 2015-07-02, disponível em http://www.dgsi.pt/jstj.nsf/954f0ce6ad9dd8b980256b5f003fa814/8a3a0ca94abff8b480257ed500585c3f?OpenDocument, que veio uniformizar a jurisprudência, nos seguintes termos: "Estando em causa apenas os interesses dos cônjuges, que não os de terceiros, a omissão no título aquisitivo das menções constantes do art. 1723.º, al. c), do Código Civil, não impede que o cônjuge, dono exclusivo dos meios utilizados na aquisição de outros bens na constância do casamento no regime supletivo da comunhão de adquiridos, e ainda que não tenha intervindo no documento aquisitivo, prove por qualquer meio, que o bem adquirido o foi apenas com dinheiro ou seus bens próprios; feita essa prova, o bem adquirido é próprio, não integrando a comunhão conjugal."

Cônjuge

A – Colação

A colação *é a restituição que o herdeiro legitimário tem de fazer à massa da herança dos bens ou valores que lhe foram doados pelo "de cujus" e assenta na vontade presumida do autor da sucessão, que é suposto não ter pretendido com a doação avantajar o donatário herdeiro legitimário – arts. 2104.º e ss., do Código Civil.*

Sendo o cônjuge *herdeiro legitimário, após a reforma de 1977, pergunta-se: estará o cônjuge sujeito a colação? E responde-se que não, "de jure condito", em face dos arts. 2104.º e 2105.º, do Código Civil, que se reportam apenas aos descendentes.*

(J. A. França Pitão, *A posição do cônjuge sobrevivo no atual direito sucessório português*, Coimbra, Almedina, 1979, pp. 53 e ss.)

NOTAS

Se bem que o A. defenda "de jure constituendo" a solução oposta, concorda em face do comando literal da lei que das três categorias de herdeiros legitimários – cônjuge, ascendentes e descendentes – só os descendentes estão sujeitos a colação, ficando excluídos desse ónus os adolescentes e o cônjuge do autor da sucessão.

Importará notar que, por exemplo, o Código Civil Italiano (art. 737) impõe ao cônjuge a colação – ver *Revista da Ordem dos Advogados*, ano 40 (1980), III, 690.

Interessante – e convincente –, a respeito, a posição de Joaquim Fernando Nogueira (*Revista* cit.); o cônjuge não está obrigado à colação, mas também não beneficia da colação; quer dizer, não tira proveito da conferência que os filhos (ou descendentes) façam à herança de bens que tiverem recebido.

Parece-nos, pois, iure constituendo, *sem reservas,* e iure constituto, *com reservas, mas dadas as razões materiais e legais referidas e nos termos do art. 10.º do Código Civil, por analogia dos arts. 2104.º e ss. do Código Civil ou por criação de normas pelo intérprete se houvesse de legislar dentro do espírito do sistema jurídico atual, que deverão estar sujeitos a colação tanto os* descendentes *como o* cônjuge sobrevivo, *quando concorram conjuntamente à herança, a exemplo, aliás, da solução prevista na atual redação do Código Civil italiano para a mesma hipótese.*

(R. Capelo de Sousa, *Lições de Direito das Sucessões*, II, Coimbra, 1982, p. 349)

NOTAS

Ver posições de J. A. França Pitão e J. Fernando Nogueira, nas *Notas* acima. O A. não concorda com o primeiro, que sustenta, *jure condito*, não estar o cônjuge sujeito a colação; e discorda do segundo, para quem o cônjuge não está obrigado a colação, mas também não beneficia da colação.

B – Direito de acrescer

Poderá perguntar-se se o cônjuge, concorrendo na 1.ª ou na 2.ª classe sucessória, *beneficia também do acrescer. A resposta é afirmativa. Por isso, o art. 2137.º, n.º 2, fala hoje em sucessíveis em vez de falar de parentes; e o art. 2143.º prevê mesmo expressamente uma hipótese de acrescimento em benefício do cônjuge.*

(J. Oliveira Ascensão, *Direito Civil – Sucessões*, Coimbra, Almedina, 1981, p. 223)

NOTAS

1. Na 2.ª classe (com ascendentes), o cônjuge não gozará do acrescer (art. 2143.º). De facto, o único sentido útil deste preceito (1.ª parte) reside exatamente não em atribuir, mas antes em retirar ao cônjuge o direito de acrescer, conferindo-o exclusivamente aos outros ascendentes. Quanto à 2.ª parte, o preceito é supérfluo, derivando a sua solução do art. 2144.º na falta de descendentes e ascendentes, o cônjuge é chamado à totalidade de herança (ver J. A. França Pitão, *A posição do cônjuge sobrevivo no atual direito sucessório português*, Coimbra, Almedina, 1979, p. 36).

2. Na 1.ª classe (com descendentes), o cônjuge beneficia do acrescer? E sempre, como quer o A. (p. 229)? Se, havendo vários descendentes, algum repudiar, a sua parte acresce só aos outros descendentes ou também ao cônjuge? Não deverá aplicar-se analogicamente o art. 2143.º?

Sob pena de se concluir absurdamente que o cônjuge tem posição mais favorável quando concorre com descendentes do que quando concorre com ascendentes, terá de se dar razão a Joaquim Fernando Nogueira, quando diz, a propósito, que o cônjuge só deve acrescer quando não disponha a seu favor do tratamento privilegiado do art. 2139.º, n.º 1, isto é, quando o *de cujus* não deixa mais do que três filhos (*Revista da Ordem dos Advogados*, ano 40, III, p. 687).

Aliás, mesmo nesta opinião, o absurdo mantém-se: se o *de cujus* deixa três filhos, o cônjuge, portanto, beneficia do acrescer, a par dos descendentes. E como se justifica que, concorrendo com os ascendentes, já a lei não lhe atribua o acrescer? Que lei é esta, assim suposta, que mais protege os ascendentes do que os descendentes?

O absurdo eliminar-se-á levando às últimas consequências o raciocínio de Joaquim Fernando Nogueira: o art. 2143.º deve aplicar-se analogicamente na 1.ª classe, *em qualquer caso*, beneficie o cônjuge ou não do tratamento privilegiado do art. 2139.º, n.º 1, sucedam ao de cujus quantos filhos sucederem.

O cônjuge goza do direito de acrescer, quando concorre com descendentes; é excluído desse direito, quando concorre com ascendentes. No primeiro caso, o direito de acrescer é imposto pelos arts. 2031.º e 2137.º, n.º 2, do Código Civil; no segundo caso, é afastado expressamente pelo art. 2143.º, n.º 1, 1.ª parte.

(*Boletim da APN*, n.º 83/2 – J. Fonseca e Silva)

NOTAS

Fundamentos invocados:

A regra geral é a existência do direito de acrescer entre sucessíveis da mesma classe (art. 2137.º, n.º 2); a denegação de tal direito ao cônjuge, quando concorre com ascendentes, é, assim, norma claramente excecional, insuscetível, por isso, de aplicação analógica (art. 11.º).

A diversidade de tratamento do cônjuge na concorrência com ascendentes e com descendentes explica-se por naquele caso a quota do cônjuge ser maior (dois terços) e neste ser menor (um quarto, no mínimo; metade, no máximo).

O art. 2143.º, n.º 1, 1.ª parte, não pretendeu beneficiar os ascendentes por confronto com os descendentes; pretendeu, apenas, não desfavorecer excessivamente os ascendentes em confronto com o cônjuge.

C – Legítima

Qual a quota legitimária do cônjuge no caso de concorrer com quatro ou mais filhos?

A legítima global dos filhos e do cônjuge será nesse caso de dois terços (art. 2159.º do Código Civil); como a distribuir? Em igual proporção, cônjuge e filhos? Ou o cônjuge tem direito a um quarto?

A quota legitimária do cônjuge é de um quarto da legítima, *não podendo ser menos em caso algum.*

(*Revista do Notariado*, ano I, n.º 1, julho de 1980, p. 13, nota 34 – Albino Matos)

NOTAS

O art. 2157.º do Código Civil, na redação da reforma de 1977, diz que são herdeiros legitimários o cônjuge, os descendentes e os ascendentes, pela ordem e segundo as regras estabelecidas para a sucessão legítima. E a regra respetiva da sucessão legítima é a do art. 2139.º, n.º 1: a quota do cônjuge não pode ser inferior a um quarto.

Cf. dentro do mesmo pensamento: J. França Pitão, *A posição do cônjuge sobrevivo no atual direito sucessório português*, Coimbra, Almedina, 1978, p. 31; e também J. Fernando Nogueira, "A reforma de 1977 e a posição sucessória do cônjuge sobrevivo", *Revista da Ordem dos Advogados*, ano 40 (1980), III, p. 680.

Deserdação: indignidade

A deserdação – *que consiste na privação da legítima do herdeiro legitimário operada pelo autor da sucessão em testamento, com expressa declaração da causa, nos termos do art. 2166.º do Código Civil – não impede o herdeiro legitimário de suceder, como herdeiro legítimo, na quota disponível ou seu remanescente. É que, em relação à sucessão legítima, vigora uma outra forma de incapacidade, a incapacidade por indignidade, que só opera pela instauração de uma ação judicial (arts. 2034.º e 2036.º do Código Civil).*

(J. A. França Pitão, *A posição do cônjuge sobrevivo no atual direito sucessório português*, 2.ª ed., Coimbra, Almedina, 1979, p. 51)

NOTAS

1. A doutrina transcrita merece-nos séria reserva. Salvo o devido respeito, é chocante e absurda a solução a que conduz, de o sucessor herdar a quota disponível

quando justificadamente ficou privado da legítima, muito mais sagrada e intocável, do que aquela. O mínimo que se pode dizer é que dificilmente se justificaria uma tal solução, manifestamente contrária, de resto, à vontade presumível do *de cujus*.

Ignora-se, por outro lado, o n.º 2 do art. 2166.º do Código Civil, que equipara o deserdado ao indigno para todos os efeitos legais, em face do que se afigura (equiparar é igualar, equivaler) que, contra a doutrina transcrita, deserdado é igual ao indigno, quer dizer, o deserdado é indigno, isto é, carece em absoluto de capacidade sucessória (art. 2034.º) e não sucede, nem na legítima, nem muito menos na quota disponível o seu remanescente.

Neste sentido, Oliveira Ascensão, *Direito Civil – Sucessões*, Coimbra, Almedina, 1981, p. 158, e *As atuais coordenadas do instituto da indignidade sucessória*, separata de *O Direito*, n.º 4, 1969, n.º 1, 1970; ver Pereira Coelho, *Direito das Sucessões*, Coimbra, 1968, pp. 181 e ss.

2. Duvidosa, ainda, a afirmação (também subscrita por Pereira Coelho, *ibidem*, p. 188) de que a incapacidade por indignidade só opera pela instauração de ação judicial. Há quem pense, pelo contrário, que opera automaticamente: ver Oliveira Ascensão, *ob. cit.*, e R. Capelo de Sousa, *Lições de Direito das Sucessões*, I, Coimbra, 1980, pp. 245 e ss.

Divórcio

O disposto no artigo 1790.º do Código Civil – "Em caso de divórcio, nenhum dos cônjuges pode na partilha receber mais do que receberia se o casamento tivesse sido celebrado segundo o regime da comunhão de adquiridos" – não significa que o regime aplicável à partilha seja necessariamente o da comunhão de adquiridos.

I – O inventário é o meio processual próprio para a partilha consequente à extinção da comunhão de bens entre os cônjuges, mesmo quando há desacordo sobre a natureza (bem comum ou bem próprio) do único bem a partilhar;

II – Sendo certo que o pagamento da indemnização de antiguidade é desencadeado pela rotura contratual, é a constituição do vínculo laboral e o seu desenvolvimento que justificam e moldam essa compensação indemnizatória;

III – No regime de bens de comunhão de adquiridos, será comum aquilo que exprime a colaboração de ambos os cônjuges no esforço patrimonial do casamento e têm de ser excluídos da massa comum os bens que resultam do esforço, trabalho ou diligência de, apenas, um deles, ou seja, aqueles para cuja obtenção o outro cônjuge não deu qualquer contributo relevante;

IV – Nesse enquadramento, será de considerar bem próprio a indemnização de antiguidade recebida por um dos cônjuges na parte proporcional ao tempo em que a relação laboral decorreu fora do período da comunhão conjugal; será comum na parte restante.

(Acórdão do Tribunal da Relação do Porto, de 2021-07-12)

NOTAS

1. A Lei n.º 61/2008, de 31 de outubro, que alterou o regime jurídico do divórcio, veio dar nova redação ao artigo 1790.º do Código Civil.

Sobre o sentido e alcance da alteração já se pronunciou o Conselho Técnico do

IRN, no âmbito do processo DIV.68/2008 SJC-CT e C.N. 20/2009, disponíveis em https://www.irn.mj.pt/IRN/sections/irn/doutrina/pareceres/civil/2008/p-div-68-2008-sjc-ct/downloadFile/file/pCódigo Civil068-2008.pdf?nocache=1318866191.57 e em https://www.irn.mj.pt/sections/irn/doutrina/pareceres/civil/2009/p-c-n-20-2009-sjc-ct

2. Os bens que, por força da convenção, tivessem natureza comum, comuns permanecem após o divórcio. O que o artigo 1790.º determina é tão-somente que, nas contas globais da partilha, cada um dos ex-cônjuges não receba mais do que receberia se patrimonialmente o matrimónio se houvesse governado pelo regime tipo da comunhão de adquiridos. O divórcio, em suma, no que toca aos bens comuns, não provoca nenhuma automática desafetação da comunhão em proveito do património próprio do cônjuge por cuja mão tenham sido levados para o casamento.

3. Outra questão é a de saber se é de aplicar a nova ou a antiga versão do normativo à partilha da comunhão conjugal dissolvida por divórcio decretado antes do início da vigência da referida Lei.

A norma de direito transitório formal do artigo 9.º da Lei n.º 61/2008, ao dispor que o regime por ela aprovado não se aplica aos processos pendentes em tribunal, conjugada com o artigo 10.º, que apraza o início da vigência para 2008-12-02, responde com clareza. No artigo 1790.º do que se trata é dos efeitos do divórcio, pelo que é o tempo da instauração do respetivo processo o critério determinante dos termos a que a partilha subsequente deve obedecer: o novo regime só se aplicará aos divórcios requeridos após o seu início de vigência – ou seja, aos divórcios cujos processos se tenham instaurado a partir de 2008-12-02 em diante. Estas conclusões resultam do processo CP 90/2009 SJC-CT, disponível em https://www.irn.mj.pt/sections/irn/doutrina/pareceres/predial/2009/p-cp-90-2009-sjc-ct/downloadFile/file/ctpcp090-2009.pdf?nocache=1317396164.35

I – O contrato-promessa de partilha celebrado pelos cônjuges, preliminarmente ou na pendência do divórcio, para valer após ter sido definitivamente decretado, é um negócio celebrado sob condição suspensiva, não ferido, por si só, de nulidade, a menos que as cláusulas possam infringir a regra cogente do art. 1730.º do Código Civil.

II – A execução específica desse contrato pode, todavia, ser inviabilizada se se provarem factos que possam fazer concluir que a vontade do contraente recusante se acha inquinada, v.g. por erro, dolo ou coação do outro contraente.

(Acórdão do Tribunal da Relação do Porto, de 1999-11-29, *BMJ*, 491/328)

I – É válido o contrato-promessa de partilha de bens comuns do casal outorgado na pendência da ação de divórcio, para produzir efeitos depois do divórcio, no qual seja assegurada a paridade entre os cônjuges na divisão dos bens comuns, nos termos do art. 1730.º, n.º 1, do Código Civil.

II – A apreciação oficiosa de questões de direito, nos termos do art. 5.º, n.º 3, do CPC, deve fazer-se no quadro dos factos que sejam atendíveis, face ao disposto nos n.os 1 e 2 do mesmo artigo, e sempre com respeito pelo que tenha sido anteriormente decidido e não tenha sido impugnado pela parte interessada (art. 635.º, n.º 5).

III – A circunstância de os cônjuges outorgantes do contrato-promessa de par-

tilha de bens comuns do casal terem contraído, entretanto, novo casamento entre ambos não determina, por si, a ineficácia ou qualquer outra forma de extinção daquele contrato-promessa, mantendo este as suas virtualidades enquanto instrumento jurídico que, uma vez executado, permite apurar quais os bens atribuídos a cada um dos cônjuges e que no segundo casamento são de considerar como bens próprios de cada um.

IV – Verificando-se que no contrato-promessa não foi fixado prazo essencial para a celebração do contrato prometido, nem foi indicado qual dos outorgantes (que entretanto se reconciliaram e voltaram a casar) ficaria incumbido de diligenciar pela realização da escritura pública de partilha, a inércia de ambos na outorga do contrato prometido não configura uma situação de incumprimento imputável a qualquer deles.

V – Instaurado processo de inventário para partilha dos bens comuns (na sequência do segundo divórcio), a invocação pela ré, interessada nesse inventário, da nulidade do contrato-promessa de partilha referido em I, com fundamento na violação das regras da imutabilidade do regime de bens (art. 1714.º, n.º 1) e da paridade na sua repartição (art. 1730.º, n.º 1), revela, de forma concludente, a vontade de não cumprir aquele contrato, satisfazendo uma das condições (o incumprimento-mora) previstas no art. 830.º, n.º 1, do Código Civil, para a procedência do pedido de execução específica.

VI – Perante as divergências manifestadas pela ré promitente de forma tão solene relativamente à validade e aos efeitos do contrato-promessa de partilha, a exigência da sua prévia interpelação para a outorga da escritura pública de partilha, como condição para o exercício do direito de execução específica, revelar-se-ia um ato desnecessário e, além disso, inútil.

VII – Ainda que assim não fosse, a citação da ré para a presente ação (que visa a declaração de validade do contrato e a sua execução específica) instaurada pelo autor pelo facto de no referido processo de inventário ter sido determinada a remessa dos interessados para os meios comuns, para discussão da validade e efeitos do contrato-promessa de partilha, sempre implicaria, nos termos do art. 805.º, n.º 1, do Código Civil, a sua constituição em mora relativamente ao cumprimento de tal contrato, para efeitos de aplicação do regime da execução específica previsto no art. 830.º, n.º 1.

(Acórdão do STJ, de 2020-10-07, disponível em stj.pt)

Impugnação

O artigo 2121.º do Código Civil, onde se diz que a partilha extrajudicial só é impugnável nos casos em que sejam os contratos, remete para as regras sobre nulidade e anulabilidade do negócio jurídico, constantes dos arts. 285.º e ss., não para as regras estabelecidas para cada contrato (...).

(Acórdão da Relação de Lisboa, de 1976-05-28, *BMJ*, 259/262)

1 – A lei remete os fundamentos da impugnação da partilha extrajudicial, a que se reporta o art. 2121.º do Código Civil, para a teoria geral dos contratos, nomeadamente, para as regras sobre a nulidade e a anulabilidade do negócio jurídico em geral.

2 – Está ferida de nulidade a partilha extrajudicial da herança de um dos mem-

bros de um casal se ficou provado que os intervenientes nesse negócio jurídico quiseram e conseguiram por essa via esvaziar a meação e o quinhão hereditário do outro cônjuge, de forma a prejudicar os direitos sucessórios de uma filha deste.

(Acórdão do Tribunal de Relação de Évora, de 2013-12-19)

Natureza jurídica

A partilha tem efeito ou natureza atributiva *ou translativa, operando uma transmissão real, verdadeira, direta e jurídica dos bens, reconhecendo a Lei a esta transmissão efeitos importantes.*

(Luís Lopes, "Reflexões sobre a natureza ou efeitos da partilha", *Revista do Notariado*, ano I, n.º 4, abril de 1981, pp. 6 e ss.)

NOTAS

É discutida a natureza jurídica da partilha: declarativa, atributiva, ou ainda, para outros, modificativa ou transformativa?

Oliveira Ascensão, por exemplo, na esteira de Pereira Coelho e Gomes da Silva, citados no trabalho em referência, defende que a partilha não é um ato meramente declarativo de um direito pré-existente, pois que, após ela, o direito de cada co-herdeiro não fica inalterado; nem um ato contributivo de um direito aos bens, pois o beneficiado já o tinha. A partilha, em resumo, será um ato de modificação ou transformação de direitos. Em lugar do direito não exclusivo sobre a totalidade da herança, cada um dos herdeiros fica tendo um direito exclusivo sobre elementos determinados. O direito de cada herdeiro amplia-se qualitativamente e restringe-se quantitativamente (*Direito Civil. Sucessões*, Coimbra Editora, 1981, pp. 499 e ss).

I – A partilha de herança reveste natureza declarativa, limitando-se a concretizar os bens que compõem o quinhão hereditário de cada herdeiro na herança indivisa, cuja sucessão se abriu com a morte do de cuius *– cf. o disposto nos artigos 2031.º, 2050.º, n.º 2, e 2119.º, todos do Código Civil.*

II – No regime da comunhão de adquiridos, são considerados bens próprios do cônjuge, inter alia, *os que lhe advierem depois do casamento por sucessão, bem como os adquiridos na constância do matrimónio por virtude de direito próprio anterior, como decorre do prescrito nas alíneas b) e c) do n.º 1 do artigo 1722.º do Código Civil.*

III – Por força do prescrito na alínea a) do n.º 2 do citado artigo 1722.º, consideram-se adquiridos por virtude de direito próprio anterior, sem prejuízo da compensação eventualmente devida ao património comum, os bens adquiridos em consequência de direitos anteriores ao casamento sobre patrimónios ilíquidos partilhados depois dele.

IV – Consequentemente, o bem partilhado mantém a natureza de próprio mesmo que haja lugar ao pagamento de tornas aos demais herdeiros, e ainda que este seja de valor superior ao do quinhão hereditário e feito à custa de dinheiro comum do casal, sendo devida, in casu, *a compensação do património comum no momento da dissolução e partilha da comunhão.*

(P.º n.º R.P. 222/2010 SJC-CT)

Nulidade

I – Ao referir-se a "bens alheios", o artigo 2123.º do Código Civil quer significar bens não pertencentes à herança, ou seja, todos e quaisquer bens que não integravam o património do autor dela, ainda que já fizessem parte do património de algum ou alguns herdeiros.

II – O herdeiro a quem foi adjudicado em partilha algum bem não pertencente à herança, fosse esse bem já próprio dele ou de terceiro, fica com direito a ser indemnizado pelos restantes co-herdeiros pelo valor correspondente a tal bem, sendo nula a partilha correspondente.

(Acórdão do STJ, de 2003-09-30, *Colectânea de Jurisprudência S.*, 11/3/69)

NOTAS

Se não tiver recaído sobre bens não pertencentes à herança, diz o art. 2123.º, n.º 1, que a partilha é nula nessa parte.

Pagamentos

I – Feita a partilha da herança, cada um dos herdeiros é considerado sucessor único dos bens que lhe foram atribuídos, em propriedade exclusiva ou em compropriedade.

II – Não pode persistir entre alguns desses herdeiros uma situação de autonomia patrimonial, com a adjudicação de bens ou direitos "em comum e sem determinação de parte ou direito".

(Parecer, de 1990-02-14, do Conselho Técnico dos Registos e do Notariado, relator Rocheta Gomes, P. 110/89-R. P. 3, *Revista do Notariado*, 1990/3/425)

Partilha em vida

1. A partilha em vida prevista no n.º 1 do art. 2029.º do Código Civil, só é legalmente possível se a doação que a suporta for feita exclusivamente a favor de potenciais herdeiros legitimários dos doadores, com observância dos demais requisitos aí previstos, e não a outras pessoas.

2. A resolução incondicional prevista no artigo 121.º conjugada com o artigo 120.º, n.º 3, do CIRE assenta numa presunção legal inilidível, não admitindo a prova do contrário, bastando ao beneficiário da presunção a alegação e prova dos factos que a integram, para que se concretize.

3. Para afastar o crédito emergente de um aval, o dador do mesmo terá de alegar factos no sentido de que o credor aceitou a exoneração do devedor ou a assunção da responsabilidade por terceiro, o que não foi alegado pelos autores apelantes na sua petição inicial, pelo que não se justifica a anulação da sentença impugnada para prova de factos que são indiferentes à resolução invocada.

(Acórdão do Tribunal da Relação de Guimarães, de 2017-05-25)

I – A colação em vida dos doadores, no âmbito da chamada "partilha em vida", não pode ser feita pela restituição dos próprios bens doados (ao contrário do que se passa na colação post mortem, *nos termos do disposto no art. 2108.º, n.º 1, do Código Civil).*

II – O carácter inoficioso de uma liberalidade e a medida da sua redução, ou a sua caducidade (se toda a liberalidade foi atingida pelo princípio da intangibilidade da legítima), só podem ser determinados após a abertura da sucessão dos seus autores, que ocorre no momento da morte (cf. artigos 2031.º, 2162.º e 2168.º, todos do Código Civil).

III – É manifestamente nulo, nos termos do art. 294.º do Código Civil, o contrato de "partilha em vida" em que os doadores, donatários e demais presumidos herdeiros legitimários acordaram na conferência do bem – que havia sido doado em comum, por conta da quota disponível dos doadores –, com a "reposição" da quota no prédio por um dos donatários e com a adjudicação da totalidade (do prédio) ao outro donatário, tendo este pago aos restantes interessados as tornas correspondentes à sua "legítima" e ao donatário conferente as tornas correspondentes à sua "legítima" e à parte que lhe pertencia na "quota disponível", por violação dos arts. 2027.º, 2029.º, 2031.º, 2162.º, 2169.º e 2170.º, todos do Código Civil.

(Parecer, de 1996-12-20, do Conselho Técnico do IRN, relator João Bastos, P. 64/96-R. P. 4, *BRN*, 4/97, p. 7)

PEDREIRAS

O regime aplicável à pesquisa e exploração de massas minerais – pedreiras – encontra-se previsto e regulado pelo Decreto-Lei n.º 270/2001, de 6 de outubro, mais recentemente alterado pelo Decreto-Lei n.º 9/2021, de 29 de janeiro.

Destacam-se, neste âmbito, o contrato de exploração e o contrato de pesquisa e de exploração (art. 12.º, n.º 1), cujo regime se encontra vertido nos arts. 12.º a 19.º do referido Decreto-Lei. Trata-se de uma matéria que interessa à atividade notarial, uma vez que a lei exige que estes contratos revistam, obrigatoriamente, a forma de escritura pública (art. 12.º, n.º 2).

Também aqui, por isso, se levantará a questão de saber se, para assegurar a validade formal do negócio, bastará a autenticação de documento particular, para efeitos do disposto no n.º 2 do art. 23.º do Decreto-Lei n.º 116/2008, de 4 de julho.

PENHOR

Crédito

I – O penhor de créditos hipotecários – cuja constituição está sujeita à forma exigida para a transmissão dos direitos empenhados (art. 681.º, n.º 1, do Código Civil) e que, no caso, conforme o disposto no art. 80.º, n.º 2, alínea g), do Código do Notariado, é a escritura pública – e a hipoteca são direitos reais de garantia distintos, cuja publicidade, condicionante da respetiva oponibilidade erga omnes, *é legalmente assegurada pelo registo (arts. 2.º, n.º 1, alínea o), do Código do Registo Predial, e 681.º, n.º 2, do Código Civil), o qual, no caso do penhor, é lavrado por averbamento (art. 101.º, n.º 1, alínea a), do Código do Registo Predial).*

II – A constituição de penhor sobre crédito garantido por hipoteca não implica a cessão desse crédito, que continua a ser propriedade do autor do penhor, não obstante a aplicação, em caso de ineficácia daquela garantia por falta de registo, do disposto no n.º 2 do art. 583.º do Código Civil – integrado na secção relativa à cessão de créditos –, nos termos do qual, nem o pagamento à pessoa que constituiu o penhor, nem a realização com ela de qualquer negócio jurídico relativo ao crédito empenhado, por parte do devedor, antes do registo, são oponíveis ao credor pignoratício, se este alegar e provar que o devedor conhecia a existência do penhor.

III – A asserção contida na parte inicial do número anterior não é prejudicada pelo facto de a lei (art. 684.º do Código Civi.) determinar – na eventualidade de ter sido dado em penhor um direito por virtude do qual se possa exigir uma prestação – a sujeição das relações entre o obrigado e o credor pignoratício às disposições aplicáveis, na cessão de créditos, às relações entre o devedor e o cessionário.

IV – Pode, todavia, suceder que o crédito garantido com penhor de outro crédito (hipotecário) seja objeto de cessão por parte do seu titular, circunstância que, de acordo com o disposto no art. 582.º do Código Civil, importará, na falta de convenção em contrário, a transmissão para o cessionário desse penhor, enquanto garantia do direito (crédito) transmitido; este crédito, ora cedido, assegurado pelo penhor, é diverso do crédito hipotecário sobre o qual ele foi constituído.

V – É a cessão do crédito hipotecário e não a constituição de um penhor sobre ele que implica a transmissão para o cessionário das garantias, designadamente a hipoteca, e outros acessórios que não sejam inseparáveis da pessoa do cedente, pelo que não pode o credor pignoratício, por si, autorizar, em documento autêntico ou autenticado, conforme prevê o art. 56.º do Código do Registo Predial, o cancelamento da hipoteca que garante o crédito penhorado, uma vez que não é titular desse direito.

VI – O art. 13.º deste Código dispõe ainda que os registos são cancelados com base na extinção dos direitos, ónus ou encargos neles definidos, pelo que o registo de hipoteca poderá também ser cancelado com base em documento comprovativo da sua extinção, sendo que, entre as causas determinantes desta se incluem, entre outras, a extinção da obrigação a que serve de garantia e a renúncia do credor (art. 730.º, alíneas a) e d), respetivamente), causas pelas quais pode igualmente cessar o direito de penhor, face à remissão efetuada pelo art. 677.º do Código Civil.

VII – Se a obrigação garantida pela hipoteca residir no pagamento de uma dívida, satisfeita esta, extingue-se a obrigação, e, como direito acessório que é, extingue-se aquela garantia; porém, no caso de incidir um penhor sobre o crédito respetivo, o pagamento tem de ser feito conjuntamente ao credor pignoratício e ao credor hipotecário (art. 685.º, n.º 2, do Código Civil). Do mesmo modo, o titular do crédito empenhado só pode receber a respetiva prestação com o consentimento do credor pignoratício, extinguindo-se, assim, também, o penhor.

VIII – Relativamente à renúncia – que deve ser expressa e exarada em documento autenticado (art. 731.º, n.º 1, do Código Civil) –, como causa extintiva da hipoteca ou do penhor, não carece de ser aceite pelo devedor ou pelo autor da hipoteca.

IX – O cancelamento da hipoteca que garanta um crédito sobre o qual se mostre constituído e registado um penhor poderá ser efetuado, nos termos previstos no art. 56.º supracitado, com base em documento autêntico ou autenticado de que conste o consentimento dos credores pignoratício e hipotecário.

(Parecer do Conselho Técnico da DGRN, relatora Maria Eugénia Cruz Pires dos Reis Moreira, homologado em 2004-06-25, disponível em *BRN*, n.º 7/2004, de julho – Pareceres do Conselho Técnico – II Caderno (mj.pt))

NOTAS

Por força das alterações levadas a cabo pelo Decreto-Lei n.º 116/2008, de 4 de julho, o art. 714.º do Código Civil passou a admitir que a hipoteca voluntária sobre imóveis seja constituída por documento particular autenticado. Para além disso, desapareceu, do elenco do art. 80.º do Código do Notariado, a referência às hipotecas (prevista, até 2005, na al. g) e depois na al. h) deste artigo).

Para além disso, com a entrada em vigor do Decreto-Lei n.º 263-A/2007, de 23 de julho, deixou de se exigir que a renúncia à hipoteca (art. 731.º, n.º 1, do Código Civil) e o cancelamento do registo da hipoteca (art. 56.º, n.º 2, do Código de Registo Predial) se façam por documento autêntico ou autenticado, bastando agora documento que contenha a assinatura do declarante reconhecida presencialmente.

Constituindo-se o penhor com base em contrato, a regra quanto à forma é a da consensualidade. No entanto, existem diversos regimes especiais nesta matéria. Desde logo, no parecer analisado, estava em causa um penhor de direitos, caso que se destaca porque, em matéria de forma e de publicidade, o penhor de direitos observará o disposto para a transmissão dos direitos empenhados (art. 681.º).

Neste âmbito, é de referir também a exigência de forma estipulada pelo art. 400.º do Código Comercial, que exige forma escrita para o penhor celebrado entre comerciantes por quantia excedente a duzentos mil réis. Este valor corresponderia, hoje, a sensivelmente um euro, pelo que existe quem defenda a aplicação analógica dos coeficientes de desvalorização fixados ao abrigo dos arts. 43.º do Código do IRS e 47.º do Código do IRC – Salvador da Costa, *O Concurso de Credores*, 5.ª edição, Coimbra, Almedina, 2015, p. 56, *apud* Pestana de Vasconcelos, *Direito das Garantias*, 3.ª edição, Coimbra, Almedina, 2020, p. 303 (nota 857). Já Miguel Lucas Pires entende que está aqui em causa não um requisito da validade *inter partes* do penhor, mas uma mera condição de oponibilidade a terceiros (Miguel Lucas Pires, *Penhor ou penhores? O regime tradicional do penhor e a proliferação de regimes especiais: implicações para a unidade conceptual e natureza jurídica do instituto*, Coimbra: [s.n.], 2013, tese de doutoramento, disponível em http://hDecreto Lei.hanDecreto Leie.net/10316/31629, p. 56).

Tratando-se de penhor mercantil com apropriação da coisa (também conhecido por "pacto marciano") que observe os requisitos previstos no Decreto-Lei n.º 75//2017, de 26 de junho (desde logo no seu art. 2.º, n.º 1), deverá ser celebrado por documento escrito com reconhecimento presencial das assinaturas das partes (art. 2.º, n.º 2).

Entrega

O penhor não mercantil só produz os seus efeitos pela entrega da coisa empenhada, ou seja, não existe penhor se o devedor não for desapossado da coisa objeto do penhor.

(Acórdão da Relação de Coimbra, de 1986-05-13, *Colectânea de Jurisprudência*, 11/3/45, e *Revista do Notariado*, 1987/1/121)

NOTAS

É, aliás, o que resulta do art. 669.º do Código Civil, sendo o contrato de penhor um contrato real quanto à constituição. No âmbito do penhor mercantil, o Código Comercial admite que a entrega poderá ser meramente simbólica, nos termos do art. 398.º. Contudo, é polémica, na doutrina e na jurisprudência, a questão de saber se no penhor mercantil se pode ou não dispensar o desapossamento do devedor. Existe doutrina que entende que a resposta é afirmativa. No entanto, e seguindo Pestana de Vasconcelos (*Direito das Garantias*, 3.ª edição, Coimbra, Almedina, 2020, pp. 296 e ss.), consideramos que o regime comercial não se afasta do regime civil quanto a este aspeto. De facto, a regra será a de que o penhor apenas se constituirá quando a coisa empenhada seja entregue. Nas hipóteses excecionais em que a lei admita a mera tradição simbólica (apenas as que resultam do art. 398.º do Código Comercial), ainda que não ocorra tradição material do bem, existe, por força desse ato de entrega, uma privação da disponibilidade desses bens por parte do autor do penhor, pelo que teremos de falar necessariamente em desapossamento.

Particulares problemas levantam-se, no entanto, quanto ao penhor de estabelecimento comercial, questão que analisaremos infra.

Estabelecimento

A constituição do penhor sobre o direito ao arrendamento *de local ocupado por um estabelecimento comercial ou industrial depende do consentimento do senhorio, sob pena de ineficácia relativa.*

Em princípio, nada obsta ao penhor do próprio estabelecimento *comercial ou industrial, que ficará normalmente na posse do devedor, devendo existir o cuidado de levar à relação os elementos inventariáveis do objeto empenhado.*

Se o estabelecimento funcionar em prédio próprio, o devedor poderá arrendá-lo ao credor com a condição suspensiva de vir a concretizar-se a alienação que o penhor potencia.

(*Boletim da APN*, n.º 137/2 – J. Xavier Fernandes)

NOTAS

1. Cf. também *Boletim da APN*, n.º 139/4 – A. Silva Graça.

2. A constituição de penhor sobre o direito ao arrendamento é certamente discutível, face aos problemas suscitados pela entrega e também pela natureza do objeto. É que o penhor de direitos só é admitido quando estes tenham por objeto coisas móveis e sejam suscetíveis de transmissão (Código Civil, art. 680.º). Ora, por um lado, o direito do arrendatário não é, para a vastíssima maioria da doutrina, um direito real, pelo que há dúvidas quanto ao facto de se poder considerar um imóvel para efeitos do disposto do art. 204.º, n.º 1, al. d), do Código Civil. Por outro lado, levantam-se também questões quanto à transmissibilidade do direito, uma vez que a garantia não produz efeitos senão pela entrega da coisa empenhada, ou de documento que confira a exclusiva disponibilidade dela, ao credor ou a terceiro (art. 669.º).

3. A ausência de regulação expressa sobre o penhor sobre estabelecimento comercial suscita igualmente algumas dúvidas quanto ao seu regime. Se já não se levantam na doutrina grandes questões sobre a sua admissibilidade, elas surgirão quando seja de aplicar o regime do penhor previsto no Código Comercial, que, como referimos, exige o desapossamento da coisa (ainda que por mera tradição simbólica). No entanto, pelos graves prejuízos que se levantariam com o desapossamento do estabelecimento em relação ao próprio valor do objeto da garantia, tal exigência não parece fazer sentido neste âmbito particular. Foi isso que o próprio legislador reconheceu no art. 21.º, n.º 1, do Decreto-Lei n.º 248/86, de 25 de agosto, relativo ao EIRL (mais recentemente alterado pelo Decreto-Lei n.º 8/ /2007, de 17 de janeiro), estatuindo que pode, sobre estabelecimento individual de responsabilidade limitada, constituir-se um penhor, produzindo este os seus efeitos independentemente da entrega do estabelecimento ao credor. Tal oneração estará, no entanto, sujeita a registo, nos termos dos arts. 21.º, n.º 2, e 16.º. Sucede que grande parte dos estabelecimentos comerciais não são EIRL nem estão sujeitos a registo. Como forma de ultrapassar esta lacuna legal, Pestana de Vasconcelos sugere o recurso à analogia *iuris* (ou, não se admitindo esta figura, à criação de uma norma *ad hoc* nos termos do art. 10.º, n.º 3, do Código Civil), com fundamento no princípio geral de que no penhor de estabelecimento comercial não haverá lugar ao desapossamento do bem, devendo, contudo, essa oneração ser acompanhada de publicidade para que produza efeitos perante terceiros. Tal publicidade, de acordo com o mesmo autor, poderia ser garantida, nestes casos, através, por ex., de menção nas notas de encomenda e nas faturas da titularidade do estabelecimento e da sua oneração (Pestana de Vasconcelos, *Direito das Garantias*, 3.ª edição, Coimbra, Almedina, 2020, pp. 311 a 313). O mesmo autor relembra, ainda, que existem situações em que, por força da aplicação de regimes especiais, o penhor de estabelecimento se fará sempre sem desapossamento – é o caso em que o credor pignoratício seja um banco (penhor bancário) ou se o estabelecimento for o único bem de uma sociedade, quando se onerem as participações sociais dessa sociedade (Pestana de Vasconcelos, *ob. cit.*, p. 311). Gravato Morais aponta para o facto de a maioria da jurisprudência recorrer, para estes efeitos, à aplicação analógica do regime do Decreto-Lei n.º 29833, de 17 de agosto (Gravato Morais, *Alienação e Oneração de Estabelecimento Comercial*, Coimbra, Almedina, 2005, p. 161). Pestana de Vasconcelos rejeita esta perspetiva, apontando para o carácter especial deste regime (*ob. cit.*, p. 312).

No que respeita à forma a observar pelo contrato de penhor, Gravato Morais (*ob. cit.*, pp. 159 e 160), defende que se deverá seguir a forma escrita.

Para um tratamento mais extenso das questões em debate nesta matéria, ver Miguel Lucas Pires, *Penhor ou penhores? O regime tradicional do penhor e a proliferação de regimes especiais: implicações para a unidade conceptual e natureza jurídica do instituto*, Coimbra: [s.n.], 2013, tese de doutoramento, disponível em http://hDecreto Lei.hanDecreto Leie.net/10316/31629, pp. 151-177.

I – O estabelecimento comercial é uma universalidade ou coisa complexa, composta de coisas simples e/ou complexas, constituídas para um fim económico-comercial.

II – É válido um contrato de penhor mercantil de um estabelecimento comercial constituído apenas por coisas móveis e direitos, como o direito ao arrendamento e trespasse do estabelecimento.

III – A denúncia do arrendamento desse local, não autorizada pelo prestamista, feita pelo proprietário de um estabelecimento comercial dado de penhor mercantil, traduz-se numa alienação ilícita deste, e constitui a comissão de um crime equiparado ao de furto, nos termos do art. 1.º § 1.º, do Decreto-Lei n.º 29833, de 17 de abril de 1939.

(Acórdão da Relação de Évora, de 1991-06-18, *Colectânea de Jurisprudência*, 16/3/308)

NOTAS

Sobre a natureza jurídica do estabelecimento comercial, ver, entre outros, Miguel Lucas Pires, *Penhor ou penhores? O regime tradicional do penhor e a proliferação de regimes especiais: implicações para a unidade conceptual e natureza jurídica do instituto*, Coimbra: [s.n.], 2013, tese de doutoramento, disponível em http://hDecreto Lei.hanDecreto Leie.net/10316/31629, pp. 151-177, e, em particular, p. 157 (n. 601 e 602).

Desenvolveremos em sede própria o regime aplicável ao penhor bancário (Decreto-Lei n.º 29833, de 17 de abril de 1939).

I – É admissível o penhor mercantil que inclua o direito ao trespasse do estabelecimento que funcione em local arrendado, desde que o mesmo penhor não abranja bens imóveis.

II – Comete o crime de descaminho ou destruição do penhor mercantil, do § 1.º do art. 1.º do Decreto-Lei n.º 28933, de 17 de agosto de 1939, o comerciante, devedor pignoratício, que unilateralmente e sem autorização do credor, denuncia o contrato de arrendamento do local em que exerce o seu negócio, local esse em que se situa o seu estabelecimento comercial, se este último tiver sido objeto de um contrato de penhor mercantil.

(Acórdão da Relação de Évora, de 1992-03-17, *Colectânea de Jurisprudência*, 17/2/304)

I – Um contrato de penhor mercantil que tem por objeto o direito ao trespasse e arrendamento comercial abrange o próprio estabelecimento comercial.

II – O penhor sobre estabelecimento comercial é permitido porque este não é um bem imaterial.

III – A denúncia unilateral do contrato de arrendamento de estabelecimento comercial com penhor mercantil, sem autorização do credor pignoratício, integra o crime do artigo 1.º, § 1.º, do Decreto-Lei n.º 29 833, de 17 de agosto de 1939. com referência aos artigos 296.º, 297.º, n.º 1, e 299.º do Código Penal.

(Acórdão do STJ, de 1993-05-06, *BMJ*, 427/231)

1. O penhor do alvará de farmácia é nulo, por estar legalmente impossibilitada, dada a natureza desta licença, a sua venda ou transmissão isolada do estabelecimento que a detém.

2. O penhor do estabelecimento de farmácia, realizado em 2012, é válido por constar de documento escrito e é oponível a terceiros por ter sido averbado ao alvará daquela.

(Acórdão do Tribunal da Relação de Coimbra, de 2017-04-27, disponível em *Acórdãos do Tribunal da Relação de Coimbra* (dgsi.pt))

NOTAS

Neste mesmo sentido de que o penhor sobre uma farmácia é possível, mas nunca poderá abranger o seu alvará, também os acórdãos da Relação de Lisboa, de 2020-05-12, disponível em *Acórdãos do Tribunal da Relação de Lisboa* (dgsi.pt), e do STJ, de 2019-10-29, disponível em *Acórdãos do Supremo Tribunal de Justiça* (dgsi.pt))

Penhor bancário

I – O penhor constituído a favor de um Banco sobre o direito ao trespasse e ao arrendamento de estabelecimento comercial é um penhor (mercantil) especial, regulado no Decreto-Lei n.º 29833, de 1939-08-17, cuja validade não implica o desapossamento do estabelecimento do seu dono, que continua a possuí-lo, mas em nome alheio, como mero detentor, como fiel depositário, sujeito às penas de furto, se o alienar sem autorização escrita do credor.

II – A falta de transcrição na escritura constitutiva do penhor das disposições dos §§1.º e 2.º do art. 1.º do referido Decreto-Lei n.º 29833, não têm como consequência a nulidade do respetivo contrato, uma vez que elas não são propriamente elemento do contrato solenizado, mas prescrição dirigida ao notário.

III – No caso de trespasse do estabelecimento, o Banco credor tem o direito de sequela, que lhe é conferido pelo penhor, pelo que o facto de o estabelecimento se encontrar em poder de terceiro não exclui o direito daquele o reivindicar.

(Acórdão do STJ, de 2001-11-29, *Colectânea de Jurisprudência S.*, 9/3/125)

NOTAS

O penhor bancário, regulado pelo Decreto-Lei n.º 29833, de 17 de agosto, consiste numa modalidade especial de penhor que, como referimos anteriormente, se encontra apenas à disposição dos estabelecimentos bancários autorizados (art. 1.º). Este regime destaca-se por permitir a constituição de um penhor sem que haja lugar a desapossamento material do bem para o devedor, conforme resulta do § 1.º do art. 1.º. Os riscos que poderiam resultar do facto de o bem ficar em poder do dono são acautelados com recurso a sanções penais.

No entanto, é necessário fazer dois alertas:

Primeiro, quanto às exigências de forma previstas no art. 2.º deste artigo, elas só relevarão quando esteja em causa um penhor sem desapossamento. É que o Decreto-Lei n.º 32032, de 22 de maio de 1942, estabeleceu que para o penhor bancário bastaria que o contrato se celebrasse por documento particular, mas, simultaneamente, ressalva o disposto no diploma de 1939. Conforme aponta Pestana de Vasconcelos (*Direito das Garantias*, 3.ª edição, Coimbra, Almedina, 2020, p. 316), a melhor interpretação a retirar desta conjugação de normas é a de defender que a forma menos exigente se aplicará ao penhor com desapossamento, enquanto a mais exigente se aplicará ao penhor sem desapossamento.

Por outro lado, este autor alerta também para o facto de Figueiredo Dias considerar que a entrada em vigor do Código Penal de 1982 revogou as referências do Decreto-Lei n.º 29833 aos crimes aí descritos (Figueiredo Dias, "Abuso de confiança", *Comentário Conimbricense ao Código Penal*, parte especial, tomo II, arts. 202.º a 207.º, Coimbra, Coimbra Editora, 1999, pp. 111-113, *apud* Pestana de Vasconcelos, *Direito das Garantias, ob. cit.*, p. 317).

O penhor de créditos de estabelecimento bancário não se confunde com o penhor financeiro. Esta última modalidade encontra-se regulada pelo Decreto-Lei n.º 105/2004 de 8 de maio, mais recentemente alterado pelo Decreto-Lei n.º 192//2012, de 23 de agosto, e, do ponto de vista dos sujeitos que a ela podem recorrer, é mais abrangente (art. 3.º). Para além disso, exige-se que haja lugar ao desapossamento do bem (art. 6.º). Para mais desenvolvimentos sobre esta figura, ver o texto de Margarida Costa Andrade, *O penhor financeiro com Direito de Disposição de Valores Mobiliários* [em linha], *ROA*, também disponível em Margarida Costa Andrade, "O penhor financeiro com Direito de Disposição de Valores Mobiliários", *Revista da Ordem dos Advogados*, 70, 2010 (oa.pt).

Quotas

I – A quota de uma sociedade é suscetível de constituir objeto de penhor.

II – Se, no contrato de penhor de quota celebrado antes da entrada em vigor do Código das Sociedades Comerciais [CSC] *nada for convencionado sobre os chamados "direitos administrativos", à cabeça dos quais se encontra o direito de voto, estes passavam a ser exercidos pelo credor pignoratício.*

III – Em consequência, é nula a deliberação social que decide vender os imóveis que a sociedade possuía tomada sem a presença do credor pignoratício de 90% das quotas.

IV– Esta nulidade e invocável a todo o tempo por qualquer interessado e pode ser declarada oficiosamente pelo tribunal.

V – Também esta deliberação é nula nos termos do art. 56.º, n.º 1, al. d), do CSC, por ser ofensiva dos bons costumes, por se traduzir por liquidação da sociedade em prejuízo do credor pignoratício.

(Parecer de M. Nogueira Serens,1996, *Colectânea de Jurisprudência*, 21/4/5-17)

I – Não havendo convenção entre o devedor e o credor pignoratício, este não pode exercer nenhum direito social.

II – O credor pignoratício não é um possuidor em nome próprio da coisa empenhada.

III – Daí que, não tendo havido acordo relativamente ao exercício por parte do credor pignoratício de quaisquer direitos sociais, a constituição do penhor não ultrapassa a função de mera garantia que o caracteriza.

(Acórdão da Relação de Évora, de 1995-12-07, *BMJ*, 452/508)

NOTAS

O regime do penhor de participações sociais resulta do art. 23.º do Código das Sociedades Comerciais, tendo particular importância, quanto ao exercício dos direitos sociais, o disposto no n.º 4 desse artigo. Para mais desenvolvimentos nesta matéria, ver, entre outros, Pestana de Vasconcelos, *Direito das Garantias*, 3.ª edição,

Coimbra, Almedina, 2020, pp. 348 a 362, e Paulo Olavo Cunha, *Direito das Sociedades Comerciais*, 7.ª ed., Coimbra, Almedina, 2021, pp. 495 a 499.

TURISMO

1 – Nos termos do Decreto-Lei n.º 42825, de 29 de janeiro de 1960, o Fundo de Turismo pode constituir penhor sobre objetos móveis de estabelecimentos hoteleiros, nomeadamente, mobiliário, equipamentos, utensílios, dispensando a entrega desses bens desde que necessários à continuação da atividade dos respetivos estabelecimentos.

2 – Perante os preceitos dos artigos 666.º e seguintes do Código Civil vigente, não é admissível a constituição de penhor sobre um estabelecimento hoteleiro.

(Parecer do Conselho Consultivo da PGR, de 1985-02-28, *Diário da República*, II Série, n.º 107, de 10 de maio de 1985)

NOTAS

Ver o voto de vencido do Procurador-Geral Adjunto António Caeiro.

O Fundo de Turismo é, hoje, a TURISMO FUNDOS, SGOIC, S.A., gerindo vários fundos de investimento imobiliário.

PRAZOS

Cômputo

A lei que estabelecer, para qualquer efeito, um prazo mais curto do que o fixado na lei anterior é também aplicável aos prazos que já estiverem em curso, mas o prazo só se conta a partir da entrada em vigor da nova lei, a não ser que, segundo a lei antiga, falte menos tempo para o prazo se completar (art. 297.º do Código Civil). É só, pois, a partir do momento da entrada em vigor do Código Civil e não «ab initio», que se pode contar o prazo da usucapião estabelecido neste diploma, quando aplicado aos prazos que já ao tempo se encontravam em curso (cf. art. 1296.º do Código Civil).

(Recomendações dos Serviços de Inspeção da DGRN, 1981, *Boletim da APN*, n.º 68/5/a))

NOTAS

A doutrina da douta recomendação é evidentemente correta. Se se a retoma agora, não é apenas por escrúpulo de registo, mas para recordar que passa, doravante, a reger-se sempre pela regra dos 20 anos o prazo máximo da usucapião (art. 1296.º); isto porque o Código Civil iniciou a sua vigência já há bem mais de 20 anos, em 1 de junho de 1967 (art. 2.º do decreto preambular).

PROCURAÇÃO

Abuso

I – Para os efeitos dos arts. 268.º e 269.º do Código Civil, o «abuso de representação» diz respeito à existência de poderes funcionais (a competência) e não ao mau uso *desses poderes.*

II – Se um mandatário com poderes bastantes para vender um prédio por certo preço, que pode receber e de que pode dar quitação, declarar que o recebeu, não sendo isso verdade, comete um ilícito com o mandante, mas isso não afasta, sem mais, a validade nem a eficácia do negócio.

(Acórdão da Relação do Porto, de 1980-10-21, *Colectânea de Jurisprudência*, 5/4/224)

Nos casos de representação necessária ou legal, ou mesmo nos casos que possam configurar-se como de verdadeira organicidade, o abuso de poderes de representação só dará lugar a ineficácia *quando a lei dispuser em tal sentido. (...)*

O chamado mau negócio *ou negócio ruinoso levado a cabo pelo representante de uma das partes não constitui propriamente um* abuso dos poderes de representação, *capaz de desencadear a sanção da* ineficácia *prevista no art. 268.º do Código Civil.*

Para que exista abuso dos poderes de representação *exige-se que o representante, atuando embora dentro dos poderes formais que lhe foram conferidos, o faça de modo substancialmente contrário aos fins da representação.*

(Acórdão do STJ, de 1983-04-06, *BMJ*, 326/430)

NOTAS

O negócio celebrado pelo *falsus procurator* é ineficaz em relação ao *dominus*, se este o não ratificar (art. 268.º, do Código Civil). O mesmo se aplica no caso de o *verus procurator* abusar dos seus poderes, mas só se a outra parte conhecer o abuso (art. 269.º).

Cf., para os respetivos trabalhos preparatórios, Rui Alarcão, *BMJ*, 102/174 e 138/79.

No acórdão de 1970-02-03, o STJ estabeleceu que, "tal como a *nulidade*, nos termos do art. 289.º do Código Civil, a ineficácia produz a obrigação de restituir o que tenha sido prestado ou o valor correspondente" (*BMJ*, 194/184).

Referindo-se a esta distinção entre abuso de representação e mau uso dos poderes, ver o acórdão da Relação do Porto, de 2006-02-07, disponível em *Acórdãos do Supremo Tribunal de Justiça* (dgsi.pt)

I – Se o marido recebeu procuração da mulher para proceder à venda de bens do casal, com equilíbrio de prestação, e vendeu por 1 300 000$ um prédio que valia 9 000 000$, sabendo o marido e adquirente do desequilíbrio das prestações, abusou de poderes.

II – O abuso de poderes gera a ineficácia do negócio em relação ao representado.

III – Sendo ineficaz o negócio pode o representado (a mulher) reivindicar a entrega, por inteiro, do prédio vendido.

(Acórdão da Relação de Coimbra, de 1987-03-10, *Colectânea de Jurisprudência*, 12/2/67, e *Revista do Notariado*, 1988/1/142)

NOTAS

O acórdão informa que a autora passou procuração ao marido, conferindo-lhe "os poderes necessários para vender, *pelos preços e condições que tiver por convenientes*, quaisquer bens móveis ou imóveis, sitos no concelho de Coimbra". Trata-se, claramente de uma cláusula com carácter geral, que deve ser interpretada com apelo, como fez o tribunal, a critérios objetivos de razoabilidade. Compreende-se, por isso, a decisão.

I – Abusou da representação o procurador que, na escritura que serve de título executivo, confessou o representado como devedor de certa quantia e deu de hipoteca um imóvel deste em garantia da dívida, quando ela era só daquele.

II – Competia à embargante o ónus da prova de que o exequente conhecia ou devia conhecer o abuso de poderes.

III – Tendo o procurador e o gestor do embargado mencionado na escritura o empréstimo do embargado para encobrir dívida do procurador resultante da emissão de cheques sem cobertura, não se pode, só por isso, concluir que o embargado, que não interveio na redação da escritura, agiu com negligência.

(Acórdão da Relação do Porto, de 1988-03-03, *Colectânea de Jurisprudência*, 13/2/189)

I – Há abuso de representação quando o mandatário age de modo substancialmente contrário ao fim da representação e isso é conhecido ou cognoscível da outra parte.

II – Apresentando-se o mandatário a prometer vender um prédio por quantia muito inferior ao seu valor, de pessoa que o promitente comprador sabe (ou deve saber) que não quer vender, não contactando o comprador com o proprietário, estando em venda a casa do promitente vendedor e escondendo o promitente comprador a intenção de comprar ao proprietário, há abuso de representação, sendo o negócio ineficaz em relação ao representado.

(Acórdão da Relação de Coimbra, de 1997-06-24, *Colectânea de Jurisprudência*, 22/3/39)

I – É válido um contrato-promessa de compra e venda duma fração autónoma celebrado como negócio fiduciário.

II – Conferidos ao procurador, genericamente, poderes para assinar contratos-promessa de compra e venda, este abusa da representação se os celebra para garantir o pagamento de empréstimos seus. (...)

(Acórdão da Relação de Lisboa, de 2000-03-28, *Colectânea de Jurisprudência*, 25/2/118)

I – Não há coincidência entre as noções de mandato e de representação: o mandato é um contrato de natureza civil ou comercial, pela qual uma das partes se obriga a praticar um ou mais atos jurídicos por conta da outra (arts. 1157.º do Código Civil e 231.º do Código Comercial), sendo a representação um negócio representativo em que o dono do interesse confere poderes para que outrem, em seu nome, pratique atos jurídicos – negócios jurídicos ou não – relativos a esse interesse.

II – Tendo a autora – que é uma sociedade comercial que se dedica, entre outras, à atividade de compra e venda de imóveis – conferido poderes à ré, através da competente procuração, para vender um lote de terreno, para assinar a respetiva escritura e/ou contrato-promessa de venda nos termos e condições tidos por mais convenientes, estabeleceu-se entre as partes um contrato de mandato comercial com representação.

III – Tendo a mandatária procedido à venda desse lote de terreno pelo preço de

1 500 000$00, sabendo que o mesmo havia sido adquirido pela mandante quase cinco anos antes, pelo preço de 2 240 000$00, e sendo então, o valor de mercado do lote de, pelo menos, 7 500 000$00, abusou ela dos seus poderes de representação, independentemente de saber o real valor do lote.

IV – Tal conduta é censurável e grosseira, pelo que constitui a mandatária na obrigação de indemnizar a mandante pelos prejuízos que esta sofreu, nos termos do art. 798.º do Código Civil.

V – À mandatária cabia a prova de que o cumprimento defeituoso da obrigação não procedeu de culpa sua, sendo apreciada nos termos aplicáveis à responsabilidade civil – arts. 799.º e 487.º do mesmo diploma.

VI – Sendo a conduta da ré de qualificar como censurável e com negligência bastante grosseira, não ocorrem os pressupostos legais para que o tribunal possa lançar mão da equidade para redução do montante da indemnização, ao abrigo do art. 494.º, do citado Código.

(Acórdão do STJ, de 2003-06-17, *Colectânea de Jurisprudência S.*, 11/2/109)

NOTAS

Sobre a matéria do abuso de representação e, em particular, a questão do desequilíbrio das prestações, ver, mais recentemente, o acórdão da Relação de Lisboa de 2018-09-06, disponível em *Acórdãos do Tribunal da Relação de Lisboa* (dgsi.pt).

Advogados

Artigo único

1 – As procurações passadas a advogado para a prática de atos que envolvam o exercício do patrocínio judiciário, ainda que com poderes especiais, não carecem de intervenção notarial, devendo o mandatário certificar-se da existência, por parte do ou dos mandantes, dos necessários poderes para o ato.

2 – As procurações com poderes especiais devem especificar o tipo de atos, qualquer que seja a sua natureza, para os quais são conferidos esses poderes.

(Decreto-Lei n.º 267/92, de 28 de novembro)

Casamento

I – A procuração "ad nuptias" passada por um dos nubentes deve indicar a modalidade do casamento e individualizar o outro nubente, intervindo o procurador no ato do casamento como mero núncio ou simples representante na declaração.

II – A menção do regime de bens a adotar não é obrigatória na procuração "ad nuptias", mas, se esta contiver tal menção, o procurador constituído para o ato da convenção pode, como verdadeiro representante, decidir sobre se deve, ou não, celebrar a convenção, consoante as circunstâncias, sem prejuízo da sua intervenção no ato do casamento;

III – A declaração de o casamento se celebrar com ou sem convenção antenupcial, prestada pelos próprios nubentes ou por procurador, é meramente indicativa, ficando a respetiva menção no assento de casamento dependente da apresentação, ou não, até ao momento da celebração deste, do documento comprovativo.

(Parecer do Conselho Técnico da DGRN, de 1996-05-24, relator Manuel Cardoso Vilhena de Carvalho, P. 2/96-R.C. 3, *BRN*, 6/96, p. 3, disponível em PARECERES DO CONSELHO TÉCNICO (mj.pt))

NOTAS

Ver, a este propósito, os arts. 1620.º do Código Civil e 44.º do Código do Registo Comercial.

1 – É legalmente admissível a representação por procurador no âmbito da instauração do processo preliminar de casamento (n.º 1 do artigo 135.º do Código do Registo Civil).

2 – Este processo inicia-se pela declaração para casamento, na qual é vertida a pretensão dos nubentes consubstanciada na celebração do casamento, pretensão que resulta do cruzamento de duas vontades convergentes e solidárias, despidas, por isso, de quaisquer interesses espúrios que possam traduzir-se, de algum modo, num prejuízo para o representado.

3 – Por isso, e porque nesta sede o procurador funciona como um simples núncio, um mensageiro ou porta-voz, desprovido de qualquer autonomia, que se limita a transmitir a vontade de alguém, a do outro nubente, in casu, *é inquestionável a possibilidade desse mesmo nubente conferir poderes de representação mediante procuração ao futuro cônjuge.*

4 – Possibilidade que também pode verificar-se na feitura da convenção antenupcial, condicionada, porém, aos termos da procuração.

5 – Com efeito, a natureza da convenção antenupcial, íntima e exclusivamente associada a interesses de ordem material, e a conflitualidade latente que lhe pode estar subjacente, bem como a natureza do negócio consigo mesmo e as consequências de índole patrimonial, porventura irreversíveis, que inevitavelmente se abatem sobre a sociedade conjugal, são de molde a considerar que a representação de um dos nubentes pelo outro – aqui na qualidade de verdadeiro representante e não de um mero núncio – só é possível desde que se encontre assegurado que a conclusão da convenção não representa qualquer prejuízo para o representado.

6 – Mostra-se indispensável, por isso, que a procuração defina, de forma suficientemente clara, qual o regime de bens a adotar ou contenha, na hipótese, menos vulgar, de se pretender convencionar um regime de bens atípico, todo o conteúdo do contrato a celebrar.

7 – É lícito a um dos nubentes fazer-se representar por procurador no ato da celebração do casamento, desde que a procuração contenha poderes especiais para o referido ato e individualize o outro nubente, a par da indicação da modalidade do casamento (arts. 1620.º do Código Civil e 154.º, n.º 1, do Código do Registo Civil).

8 – No ato do casamento não é possível a representação de um nubente pelo outro nubente, já que a interferência volitiva deste na contração do vínculo matrimonial e a concentração do consentimento numa única pessoa, ainda que com poderes limitados, é suscetível de desvirtuar esse mesmo consentimento.

(Parecer do Conselho Consultivo do IRN, relator António José dos Santos Mendes, homologado em 2013-01-29, disponível em Pº CC 59/2012 SJC-CT (justica.gov.pt))

Cônjuges

A redação introduzida no art. 1684.º, n.º 1, do Código Civil pela reforma de 1977 não alterou o sentido do preceito.

A outorga de poderes *ao outro cônjuge, tal como o* consentimento *conjugal, quando exigido, deve ser* especial *para cada um dos atos; isto porque na termino-*

logia legal a outorga de poderes constitui uma forma de consentimento.

(*Boletim da APN*, n.º 10/3)

NOTAS

1. Em sentido contrário, ver *Boletim da APN*, n.º 4/4 (A. Moreira), que não acompanhamos. De acordo com Albino Matos, "a expressão «consentimento», utilizada pela lei, cobre tanto a autorização para a prática de um ato de que o autorizado é o único sujeito (alienação de bem próprio – *assentimento*), como a legitimação para a prática de ato de que são sujeitos o autorizado e o autorizante (alienação de bem comum – *codisposição*)" – cf., a propósito, com interesse: P. Lima e A. Varela, *Código Civil Anotado*, vol. IV, Coimbra, Coimbra Editora, 1975, p. 270; *Revista de Derecho Notarial*, n.º 112, p. 33; n.º 113, p. 108; n.º 115, pp. 99, 102, 116, e n.º 121, p. 38; Rui Alarcão, *A confirmação dos negócios anuláveis*, Coimbra, Atlântida, 1971, pp. 123-124.

2. Sobre os termos em que deva entender-se a exigência de consentimento especial, ele pode, como sabemos, referir-se aos bens sitos em tal rua ou vila ou freguesia ou concelho ou até mesmo país, importando apenas a existência de tais bens no casal à data do consentimento ou da procuração.

3. Com interesse na presente rubrica, ver *Boletim da APN*, n.º 30/2 (Luiz Lopes), relativamente a *procurações entre cônjuges casados em comunhão de adquiridos*: o cônjuge deve simplesmente consentir e não conferir poderes para a prática de ato referente a bens próprios do outro cônjuge.

A falta de menção concreta do bem a vender na procuração passada ao outro cônjuge que contém poderes para vender, não atinge minimamente a eficácia do contrato de compra e venda celebrado entre o marido, por intermédio da mandatária, sua mulher, e o comprador.

(Acórdão do STJ, de 1993-05-06, *Colectânea de Jurisprudência S.*, 1/2/93)

NOTAS

Este acórdão diz respeito a um caso em que os cônjuges são casados no regime da separação de bens.

Delegação de poderes

I) – A ratio legis *do preceito do art. 252.º, n.º 6, do CSC* [Código das Sociedades Comerciais], *que consagra o princípio da pessoalidade da gerência, visa salvaguardar um núcleo intangível de poderes que não podem ser «delegados», sob pena de se perder tal pessoalidade que passaria, de modo completo e incontrolável, para mandatários ou procuradores que, dispondo de poderes amplos, controlariam a gestão e representação da sociedade, à margem dos gerentes.*

II) – Existe uma relação de confiança na designação do(s) gerente(s) tendo em conta as suas qualidades e competência para o exercício do cargo, que é a um de tempo de representação e administração, pelo que, se os gerentes, através de procuração com latíssimos poderes de administração da vida da sociedade, transmitem a um terceiro poderes compreendidos na gestão, representação e administração da sociedade, objetivamente demitem-se do comando dos destinos do ente societário, abdicando das funções de gerência, cometendo-as integralmente a outrem, ficando, assim, sem qualquer controle dos destinos e gestão, alienando a sua responsabilidade ante os sócios que os incumbiram da gerência, mais a mais se, como no caso, a procuração passada a favor do réu é irrevogável.

III) – A nomeação de mandatários ou procuradores só é válida se se reportar "à prática de determinados atos ou categorias de atos", o que exclui um mandato geral.

IV) – A procuração em causa, sem embargo de discriminar alguns atos cuja competência é conferida a favor do réu, desde logo e de maneira indeterminada, confere-lhe poderes amplíssimos como sejam os habilitantes – "Para praticar todos os atos e contratos que forem necessários ou convenientes para a realização do objeto social da sociedade, nomeadamente: a) representar a sociedade perante tribunais (...); perante os entes e órgãos de administração central, regional (...) todo o tipo de entidades públicas ou privadas (...); b) comprar e vender matérias-primas, bens de equipamentos, utensílios, veículos automóveis e produtos acabados; c) comprar, vender e onerar bens imóveis e móveis; d) fazer contratos de locação de bens móveis e imóveis, incluindo no regime de leasing, bem como fazer a sua alteração, revogação e rescisão; e) contratar operações financeiras, ativas a passivas e abrir linhas de crédito; f) fazer contratos de trabalho, bem como fazer a sua revogação e rescisão, exercer o poder disciplinar, instaurar processos disciplinares e proceder a despedimentos; g) constituir mandatários judiciais (...); h) subscrever livranças, aceites bancários, garantias bancárias e termos de fianças (...); i) fazer despachos alfandegários e assinar e endossar conhecimentos e respetivos comprovantes; j) receber quaisquer valores, bens e documentos e dar quitação; k) outorgar quaisquer escrituras sempre que, no caso concreto, lhe tenham sido atribuídos ou delegados por ata da gerência ou da assembleia-geral que precisará o seu conteúdo; 1) e em geral, exercer todos os poderes de gestão e representação que a gestão e a defesa dos interesses da sociedade exijam."

V) – Por isso viola o n.º 6 do art. 252.º do CSC enfermando de nulidade.

(Acórdão do Supremo Tribunal de Justiça, de 2009-11-24, disponível em *Acórdãos do Supremo Tribunal de Justiça* (dgsi.pt))

NOTAS

Dos n.os 5 e 6 do art. 252.º do Código das Sociedades Comerciais (CSC) decorre, respetivamente, o carácter intransmissível dos poderes de gerência e a impossibilidade de os gerentes se fazerem representar no exercício do seu cargo, ressalvando o n.º 7, no entanto, a possibilidade e de a gerência nomear mandatários ou procuradores da sociedade para a prática de determinados atos ou categorias de atos. Significa isto que uma procuração ou mandato que atribua poderes demasiado amplos, quando esvazie os poderes da gerência, enfermará de nulidade, conforme decorre do douto acórdão, uma vez que viola o disposto no atual n.º 7 do art. 252.º do CSC (alteração na numeração resultante das alterações produzidas pelo Decreto-Lei n.º 109-D/2021, de 9 de dezembro).

Note-se que, na jurisprudência, já se defendeu que, mesmo nestes casos, a sociedade poderá ficar vinculada perante terceiros por força da necessidade de tutela da confiança – acórdão da Relação de Lisboa, de 2012-07-03, disponível em *Acórdãos do Tribunal da Relação de Lisboa* (dgsi.pt). Por outro lado, cabe ressalvar que a sociedade poderá ficar vinculada pela atuação de um representante sem poderes, na medida em que tolere essa situação – acórdão da Relação de Lisboa, de 2015-02-05, disponível em *Acórdãos do Tribunal da Relação de Lisboa* (dgsi.pt).

Relevante também nesta matéria a anotação ao art. 252.º do CSC por Diogo Pereira Duarte em Menezes Cordeiro (coord.), *Código das Sociedades Comerciais Anotado*, 4.ª ed., Coimbra, Almedina, 2021, pp. 895 e 896, nota (18).

Doação

Contraria o estabelecido no art. 949.º, n.º 1, do Código Civil e não é, por isso, de aceitar, a procuração com poderes para doar sem especificação do objeto da doação e indicação da pessoa do donatário.

(Recomendações dos Serviços de Inspeção da DGRN)

Não é permitido atribuir a outrem, por mandato, a faculdade de designar a pessoa do donatário ou determinar o objeto da doação, salvo nos casos previstos no n.º 2 do artigo 2182.º do Código Civil.

(Acórdão da Relação do Porto, de 1997-10-02, *Colectânea de Jurisprudência*, 22/4/206)

NOTAS

O acórdão reproduz, *ipsis verbis*, o art. 949.º, n.º 1, do Código Civil, decidindo o aresto que a procuração em causa é nula, como nula é a doação consequente.

Ver, no mesmo sentido, o acórdão do STJ, de 2002-10-17, disponível em *Acórdãos do Supremo Tribunal de Justiça* (dgsi.pt).

Extinção

Se a procuração autorizou o substabelecimento, com ou sem designação de pessoa, os poderes do mandatário substabelecido não cessam com a morte do originário procurador, sendo, portanto, válidos os atos por ele praticados depois disso.

(*Rev. Leg. Jur.*, ano 69, p. 393)

NOTAS

1. Como afirma Pedro Leitão Pais de Vasconcelos: "A procuração é um negócio jurídico através do qual uma pessoa com legitimidade para afetar determinada situação jurídica confere legitimidade a outrem para agir sobre essa situação jurídica. É, por isso, fundamentalmente, um instrumento de legitimação. A procuração está ligada à situação jurídica objeto da legitimação, e não à pessoa do *dominus*. (...) Deve, consequentemente, entender-se que a natureza jurídica da procuração não exige a sua extinção em virtude da morte do *dominus* originário. (...) Não obstante isto, a morte do *dominus* pode determinar indiretamente a extinção da procuração. (...) A procuração extingue-se, mas não em razão da morte do *dominus*; antes devido à extinção do negócio que constitui a relação subjacente nos termos do art. 265.º, n.º 1, do Código Civil. (...) Caso o negócio que constitui a relação subjacente não caduque com a morte do *dominus*, a procuração manter-se-á em vigor." (*A Procuração Irrevogável*, Coimbra, Almedina, 2002, pp. 183-184)

2. Segundo Albino Matos, o que é dito aqui sobre a morte "vale pelas mesmas razões também para as demais causas de cessação do mandato que sejam pessoais do mandatário (como a renúncia, p. ex.)".

3. A doutrina citada na *Rev. Leg. Jur.*, respeitante ao Código de Seabra, é também pertinente no domínio do Código de 1966. Segundo o art. 265.º, a procuração extingue-se quando o procurador a ela renuncia, ou quando cessa a relação jurídica que lhe serve de base, salvo, neste caso, se outra for a vontade do representado. A procuração é livremente revogável pelo representado, mas, se tiver sido conferida também no interesse do procurador

ou de terceiro, não pode ser revogada sem acordo do interessado, salvo havendo justa causa.

4. A propósito, decidiu o acórdão do STJ, de 1975-04-18 (*BMJ*, 246/131 - anot. *Rev. Leg. Jur.*, 109/124, e *Rev. Trib.*, 93/375): "tendo sido estabelecida no acordo a irrevogabilidade da procuração passada a favor do autor, sob pena de indemnização a pagar a este, a revogação pelo réu sem justa causa representa violação do convencionado, fazendo funcionar a cláusula penal".

I – O mandato só não se extingue por morte do mandante quando tenha sido conferido também no interesse do mandatário ou de terceiro.

II – Contudo, porque tal exceção à regra da caducidade não é de presumir, para que o mandato possa subsistir será necessário que, em cada caso, se comprove aquele interesse.

III – A partilha extrajudicial só pode fazer-se quando houver acordo de todos os interessados pelo que, na falta de qualquer deles, é nula.

(Parecer, de 1988-02-26, do Conselho Técnico dos Registos e do Notariado, relator Mouteira Guerreiro, P. 79/87 - R. P. 3, *Revista do Notariado*, 1988/3/478)

NOTAS

A procuração extingue-se quando cessa a relação jurídica que lhe serve de base (art. 265.º, n.º 1, do Código Civil).

O mandato, por seu turno, caduca por morte ou por sentença de acompanhamento do mandante ou do mandatário, quando essa sentença, relativamente aos atos abrangidos pelo mandato, atribua poderes de representação ao acompanhante ou determine a necessidade de autorização prévia (art. 1174.º). No entanto, a morte do mandante ou a sentença de acompanhamento a ele relativa não faz caducar o mandato, quando este tenha sido conferido também no interesse do mandatário ou de terceiro (art. 1175.º, n.º 1).

Sobre esta questão, mais recentemente, ver o acórdão da Relação de Coimbra, de 2005-05-31, disponível em *Acórdãos do Tribunal da Relação de Coimbra* (dgsi.pt).

I – Para haver representação, não é necessário que exista um interesse do representado.

II – O que caracteriza a representação não é o facto de ser alheio o interesse, mas o de o ser a posição jurídica, pelo que é a indicação deste facto quando da realização do negócio que explica a produção dos efeitos deste na esfera jurídica do representado.

III – Há mandato com representação quando os poderes são conferidos pela vontade do representado através do ato unilateral que é a procuração.

IV – A morte do mandante faz, em princípio, caducar o mandato, mas não o fará se este tiver sido conferido também (e não exclusivamente) no interesse do mandatário ou de terceiro, casos em que aquele pode ser extinto por revogação pelos herdeiros com justa causa ou com acordo do interessado.

(Acórdão da Relação de Lisboa, de 1990-10-11, *Colectânea de Jurisprudência*, 15/4/145)

I – Constitui mandato representativo aquele em que o mandante doador encarrega o mandatário de celebrar com terceiro um contrato de doação.

II – Para não caducar o mandato por morte do doador é necessário que, subja-

cente ao contrato a efetuar, haja uma prestação a que o terceiro tenha direito.

(Acórdão do STJ, de 1994-09-22, *Colectânea de Jurisprudência*, 2/3/66)

NOTAS

Neste caso, está em causa o conflito entre o disposto no art. 945.º, n.º 1, do Código Civil, que refere que a proposta de doação caduca, se não for aceite em vida do doador, e o disposto no art. 1175.º, n.º 1, segundo o qual a morte do doador não faz caducar o mandato quando este tenha sido conferido também no interesse de terceiro.

O acórdão do STJ, de 1995-03-09 (disponível em *BMJ*, 445 (1995), p. 458 (gddc.pt)), decidiu em sentido oposto ao do aresto de 1994 aqui citado, fundando a sua pretensão numa ficção do prolongamento da vida do mandante até ao "cumprimento integral da missão atribuída ao mandatário, podendo este por isso validamente praticar, em nome do mandante, e para além da sua morte, os atos de que fora incumbido".

Mais recentemente, no acórdão de 2010-07-13 (disponível em *Acórdãos do Supremo Tribunal de Justiça* (dgsi.pt)), o STJ veio afirmar que o mandato cujos efeitos *post mortem* resultem da vontade das partes se sobrepõe ao disposto no art. 945.º, n.º 1, pelo que, apesar da morte do mandante-doador, poderá o mandatário celebrar o contrato de doação.

Parece-nos, apesar de tudo, e salvo melhor juízo, mais acertada a posição do acórdão de 1994.

I – A causa da representação é a procuração, "o ato de concessão de poderes representativos, o assentimento do representado à representação", a sua pré-existente declaração de vontade relativamente a certos negócios jurídicos a realizar pelo representante.

II – A procuração é um negócio jurídico autónomo, uma declaração unilateral de vontade, que procede do representado e é dirigida a um terceiro.

III – A procuração não necessita do consentimento do representante, embora o dever de agir do procurador não se possa conceber sem a cooperação da sua vontade; contudo, esse dever de agir não se fundamenta na procuração, mas procede do negócio causal; a vinculação do representado que do ato procuratório resulta é perante o terceiro, e não perante o representante.

IV – Não é o facto de na declaração de vontade se ler que «o mandante considera esta procuração irrevogável nos termos da lei por ser passada no interesse da própria mandatária» que a torna irrevogável, havendo que conhecer se concreta e efetivamente ela foi conferida no interesse da mandatária.

V – A irrevogabilidade tem de resultar da relação jurídica basilar, pelo que para haver mandato de interesse comum não basta que o mandatário ou o terceiro tenham um interesse qualquer, é necessário que esse interesse se integre numa relação jurídica vinculativa, isto é, que o mandante (tendo o mandatário o poder de praticar atos cujos efeitos se produzem na esfera jurídica daquele) queira vincular-se a uma prestação a que o mandatário ou terceiro tenham direito.

VI – Adquirido, nos sobreditos termos, ter sido o mandato conferido no interesse comum do mandante e do mandatário, não caducando, assim, por morte daquele e não se mostrando revogado pelos herdeiros (que só o poderia ser com base em justa causa), podia-o válida e relevantemente usar o mandatário para cumprimento do contrato-promessa celebrado entre ele e o mandante nove dias antes de este falecer.

(Acórdão do STJ, de 1997-06-03, *BMJ*, 468/361, e *Colectânea de Jurisprudência S.*, 5/2/110)

NOTAS

O tribunal entendeu que o representado (o *de cujus*) tinha querido expressamente conferir a possibilidade de o seu representante celebrar negócio consigo mesmo, situação que o art. 261.º, n.º 1, do Código Civil expressamente exceciona.

Sobre a insuficiência do facto de a procuração dizer que é passada no interesse do mandatário para que se aplique o disposto no art. 265.º, n.º 3, ver também o acórdão do Tribunal da Relação de Lisboa, de 2020-11-05, disponível em *Acórdãos do Tribunal da Relação de Lisboa* (dgsi.pt). Sobre o conceito de relação basilar, ver o acórdão do STJ, de 2014-02-18, disponível em *Acórdãos do Supremo Tribunal de Justiça* (dgsi.pt).

É pacífico e evidente que, na constância do casamento, as relações entre os cônjuges, pessoais e patrimoniais, são especialíssimas. Melhor dizendo: o casamento dá origem a relações pessoais e patrimoniais únicas, entre os membros do casal. Assim, afigura-se-nos claro que, se na constância do casamento um dos cônjuges outorga procuração a favor do outro para que este realize determinados negócios jurídicos (a procuração entre cônjuges não pode ser genérica – arts. 1682.º, 1682.º-A e 1684.º do Código Civil) em nome do casal, ou em nome do outro, é a existência do casamento entre eles, essa relação jurídica muito complexa e especial, a relação jurídica que determina, que serve de base, a tal procuração, pelo que cessando o casamento se extingue a procuração – art. 265.º do Código Civil. Para que isso não aconteça é necessário que resulte claro, da procuração, a vontade do representado em sentido diverso. […] Temos, pois, como claro que, no caso em análise, a procuração não pode ser aceite após o divórcio ou a separação de pessoas e bens entre mandante e mandatário.

(Deliberação, de 2000-02-25, do Conselho Técnico da DGRN, *BRN-CT*, 5/2000, disponível em *Pareceres do Conselho Técnico* (mj.pt))

I – A utilização de facto notório – entendendo-se como tal o facto conhecido pelo cidadão comum, regularmente informado – pelo Conservador no exame que efetua aquando da apreciação dos títulos, deve ser analisada caso a caso, tendo sempre em atenção que a sua função é norteada pela qualificação dos documentos apresentados, pelas declarações complementares feitas pelos interessados, pelos registos anteriores e pelas normas aplicáveis.

II – A extinção da procuração por cessação da relação jurídica que lhe serve de base, devido à morte do seu autor, só opera a partir do momento em que a causa da extinção é, por qualquer meio, conhecida do procurador.

III – A extinção da procuração por morte do representado não é oponível a terceiros que ignoravam, sem culpa, esse facto.

(Parecer, do Conselho Técnico da DGRN, relatora Emília Paiva Santos Dias Pereira, homologado em 2002-03-05, disponível em *BRN*, março de 2002 (mj.pt))

NOTAS

Em relação ao ponto II, perante lacuna que imputa ao art. 265.º do Código Civil, o douto parecer aplica, por analogia, o disposto no art. 1175.º, e no ponto III aplica o art. 266.º, n.º 2.

Forma

Na representação voluntária, os poderes representativos só através de procuração se podem provar.

(Acórdão da Relação do Porto, de 1983-03-01, *Colectânea de Jurisprudência*, 8/2/214)

NOTAS

Este acórdão traduz, em nosso entendimento, a doutrina correta: a procuração escrita, eventualmente exigível nos termos do art. 262.º, n.º 2, do Código Civil, não pode ser substituída por qualquer outro meio de prova, nem por confissão nem por outro documento que não tenha foça probatória superior – é o que resulta do art. 364.º do Código Civil. Contra: acórdão do STJ, 1975-11-18 (*BMJ*, 251/144), com anotação contrária na *Rev. Leg. Jur.*, 109/325 (Vaz Serra).

Sobre a prova relativa ao *iter* negocial, isto é, em relação aos motivos da procuração, ver acórdão do Tribunal da Relação de Guimarães (dgsi.pt).

Artigo 116.º – *Procurações e substabelecimentos*

1 – As procurações que exijam intervenção notarial podem ser lavradas por instrumento público, por documento escrito e assinado pelo representado com reconhecimento presencial da letra e assinatura ou por documento autenticado.

2 – As procurações conferidas também no interesse de procurador ou de terceiro devem ser lavradas por instrumento público cujo original é arquivado no cartório notarial.

3 – Os substabelecimentos revestem a forma exigida para as procurações.

(Código do Notariado)

NOTAS

Como refere Albino Matos (*Boletim da APN*, n.º 25/2), no caso em que, apesar de o representado não saber assinar, a procuração tenha de ser lavrada por documento assinado pelo representado com reconhecimento da assinatura, será suficiente documento particular com assinatura a rogo e reconhecimento de tal assinatura. Em sentido contrário, Jorge de Ilharco e José Amaral, *Código do Notariado*, Coimbra, 1967, p. 167.

Para uma interessante abordagem do instituto da procuração e, em particular, de questões respeitantes à sua forma, veja-se João Nuno Calvão da Silva, "Procuração (artigo 116.º do Código do Notariado e artigo 38.º do Decreto-Lei n.º 76-A/2006, de 29 de março", *ROA*, disponível em "João Nuno Calvão da Silva, Procuração (artigo 116.º do Código do Notariado e artigo 38.º do Decreto-Lei n.º 76-A/2006, de 29 de março" – Ordem dos Advogados (oa.pt). Apesar de a interpretação dos arts. 116.º do Código do Notariado e 38.º do Decreto-Lei n.º 76-A/2006 realizada pelo autor nos parecer correta *de iure condendo*, aproximando o sistema português atual àquele que vigorou entre nós até 2006 e ao que ainda hoje vigora nos ordenamentos de matriz civilística mais próximos do nosso, a verdade é que, de *iure condito*, não se poderá, a nosso ver, sustentar tal posição. Aliás, se, à luz do Direito vigente à data da publicação do parecer (2007), se poderia compreender essa posição, logo o legislador veio dissipar as dúvidas com o Decreto-Lei n.º 116/2008, de 4 de julho, que veio acentuar ainda mais a desformalização no nosso ordenamento jurídico e equiparar, *grosso modo*, a escritura pública ao documento particular autenticado (art. 23.º). O facto de esta se tratar de uma originalidade portuguesa que nenhum outro ordenamento próximo do nosso (incluindo países com índices de crescimento e liberdade económica bastante superiores aos portugueses) decidiu replicar nos últimos anos, será elucidativo quanto à (não) realização dos objetivos que o legislador tinha em mente com este processo de desformalização.

Os notários, ao lavrarem os instrumentos de procuração conferida também no interesse de procurador ou de terceiro, nos termos do art. 127.º, n.º 3, do Código do Notariado e do art. 265.º, n.º 3, do Código Civil não estão obrigados a mencionar no seu texto em que é que esse interesse se traduz nem a definir ou especificar os atos ou negócios consubstanciadores do interesse prosseguido pelas partes.

(Parecer, de 1992-10-14, do Conselho Técnico dos Registos e do Notariado, *Boletim da APN*, n.º 195/5)

NOTAS

O art. 127.º, n.º 3, corresponde, atualmente, ao art. 116.º, n.º 2. As procurações em questão, conferidas também no interesse do procurador ou de terceiro, estão sujeitas a algumas exigências específicas de ordem formal: são lavradas por instrumento público que fica arquivado no cartório (art. 116.º, n.º 2, do Código do Notariado), aliás, em maço privativo (arts. 44.º, n.º 2, al. f), e 104.º, n.º 2), registando-se em livro próprio (art. 139.º, n.º 1, al. d) e comunicando-se às finanças (art. 186.º, n.º 1, al. a). As remissões feitas por algumas destas normas para o n.º 3 do art. 116.º devem entender-se como feitas para o seu n.º 2. Tal deve-se a uma alteração na numeração do art. 116.º levada a cabo pelo Decreto-Lei n.º 207/95, de 14 de agosto, que, por sua vez, não alterou as demais disposições.

Se o notário não tem de mencionar no seu texto o interesse do procurador ou de um terceiro que está em causa em cada hipótese, a mera menção de que a procuração foi passada no interesse de procurador ou de terceiro não basta para que ela se considere "irrevogável" à luz do art. 265.º, n.º 3, do Código Civil. Cabe às partes provarem a existência do interesse que alegam do ponto de vista objetivo – ver o já citado acórdão do Tribunal da Relação de Lisboa, de 2020-11-05, disponível em *Acórdãos do Tribunal da Relação de Lisboa* (dgsi.pt).

Forma (estrangeiro)

A procuração lavrada no estrangeiro de acordo com as formalidades da lex loci *é de aceitar, mesmo que não satisfaça os requisitos de forma da lei portuguesa.*

A solução decorre da norma de conflitos do art. 36.º do Código Civil, que reputa suficiente a observância da lei em vigor no lugar em que é feita a declaração. *A lei ressalva, é certo, o caso de a lei reguladora da substância do negócio exigir, sob pena de nulidade ou ineficácia, a observância de determinada forma, ainda que o negócio seja celebrado no estrangeiro; mas uma tal ressalva cabida em matéria de testamentos (art. 2223.º) não tem aplicação às procurações.*

(*Boletim da APN*, n.º 113/1 – F. Clamote).

NOTAS

No mesmo sentido, ver A. M. Borges de Araújo, *Prática Notarial*, 3.ª ed., Coimbra, Almedina, 2001, pp. 135 e 136.

Na visão de Lima Pinheiro, o art. 36.º estabelece "algo de semelhante a uma conexão alternativa", mas que não se reconduz completamente a essa figura, uma vez que a lei da substância do negócio e a lei do lugar da declaração "não estão em pé de igualdade". De facto, a observância da lei do lugar da declaração só será suficiente quando a lei reguladora da substância do negócio não exigir, sob pena de nulidade ou ineficácia, a conformidade com determinada forma, ainda que o negócio seja celebrado no estrangeiro. No entanto, há que ter em conta, de acordo com o mesmo autor, que a exigência da observância de determinada forma pela lei da substância só releva quando seja aplicável "mesmo que o negócio seja celebrado no estrangeiro". De qualquer forma, sublinhe-se que, em determinadas hipóteses, terão de ser observadas determinadas exigências formais estabelecidas pela lei do lugar da declaração, independentemente de esse lugar ser Portugal ou o estrangeiro. É o caso de quando se exija a intervenção de autoridade pública, ou celebração do negócio por documento autêntico com intervenção notarial. Do mesmo modo, poderá a lei do lugar da declaração ressalvar a hipótese de impor sempre a observância da forma aí exigida quando esteja em causa determinado tipo de negócios. Ver Luís de Lima Pinheiro, *Direito Internacional Privado*, vol. II, 4.ª ed. refundida, Coimbra, Almedina, 2018, pp. 277 280.

Sobre a lei aplicável à representação voluntária, ver Helena Mota, "Algumas notas sobre a lei aplicável à representação voluntária no contrato internacional. Uma perspetiva comparada luso-espanhola" *RED – Revista Eletrónica de Direito*, n.º 1, ano 2013, CIJE, disponível em https://cije.up.pt/pt/red/edicoes-anteriores/2013-nordm-1/algumas-notas-sobre-a-lei-aplicavel-a-representacao-voluntaria-no-contrato-internacional-uma-perspectiva-comparada-luso-espanhola/

Letras

A procuração para assinar letras de câmbio, *quer como aceitante, quer por outro negócio cambiário, tem de conter* poderes especiais.

(Acórdão da Relação de Lisboa, de 1985-11-14, *Colectânea de Jurisprudência*, 10/5/85, e *Revista do Notariado*, 1986/4/552)

NOTAS

Todo aquele que apuser a sua assinatura numa letra, como representante duma pessoa, para representar a qual não tinha, de facto, poderes, fica obrigado em virtude da letra e, se a pagar, tem os mesmos direitos que o pretendido representado. A mesma regra se aplica ao representante que tenha excedido os seus poderes (art. 8.º da Lei Uniforme).

Cf. anotadores, a propósito; com interesse, Federico Martorano, "Il diretto successivo del potere di rappresentanza nel diritto cartolare e nel diritto comune", *Rivista del Notariado*, 1984/3/509-29.

Mandato

I – Não é possível proceder à reapreciação da matéria de facto se as Recorrentes se limitam a apresentar a sua discordância do Tribunal quanto à credibilidade conferida a determinada testemunha em detrimento de outra.

II – Quando a sentença proferida já foi anulada em anterior recurso, que determinou a anulação parcial do julgamento para ampliação da base instrutória, em novo recurso da sentença que posteriormente for proferida devem as Recorrentes suscitar de novo todas as questões que pretendem ver reapreciadas.

III – Mandato e representação são duas figuras distintas, podendo o mandato operar sem necessidade de procuração. De comum, têm a circunstância de quer o mandatário quer o procurador agirem por conta do mandante ou dominus. *O mandato com representação é um negócio misto de mandato e de procuração.*

IV – É a relação subjacente que vai definir o conteúdo material da procuração, delimitar os poderes e modelar a atuação do procurador, ou seja, é pela relação subjacente que ele deve nortear a sua atuação. Em situações de alguma indefinição ou em caso de dúvida, será em função da relação subjacente que o procurador pode perspetivar qual seja o interesse do dominus.

V – Verifica-se o abuso de poderes quando, formalmente, o representante atua no domínio dos poderes que lhe foram conferidos, mas, em termos substanciais, se desvia da finalidade com que eles lhe foram conferidos; o procurador age contra (ou para além) o interesse do dominus, *perseguindo normalmente um interesse próprio (ou de terceiro) e conflituante com o do representado. Já no excesso de mandato o procurador atua formalmente para além dos limites dos poderes conferidos.*

VI – Não deve confundir-se o abuso de representação (abuso de poderes) com a representação sem poderes.

(Acórdão do Tribunal da Relação de Coimbra, de 2015-02-10, disponível em *Acórdãos do Tribunal da Relação de Coimbra* (dgsi.pt))

I – O contrato de mandato é sempre um negócio independente da procuração.

II – A procuração sendo um ato unilateral nunca poderia ser considerado um mandato com ou sem representação que é uma figura contratual, logo bilateral.

III – A procuração pode ser o meio de executar um contrato de mandato que possa ter sido celebrado, mas não pode ser considerado como contrato a procuração mencionada.

(Acórdão do Tribunal da Relação de Lisboa, de 2015-10-25, disponível em *Acórdãos do Tribunal da Relação de Lisboa* (dgsi.pt))

I – A procuração é independente do contrato fundamental ou subjacente, normalmente o mandato.

II – O mandato *é um contrato em que ficam reguladas as relações entre o mandante e o mandatário.*

III – A procuração *é um negócio jurídico unilateral, cujo destinatário é o terceiro com quem o procurador deve contratar em nome do mandante.*

IV – O mandante pode pôr restrições aos poderes que, no título, confere ao mandatário e, mesmo que elas não constem da procuração, a sua inobservância faz incorrer o mandatário em responsabilidade para com o mandante.

V – Em relação a terceiros, essas restrições não constantes do título apenas determinam a nulidade dos atos praticados pelo mandatário, se os ditos terceiros tinham conhecimento, ao contratarem com o mandatário, da sua existência.

(Acórdão da Relação do Porto, de 1982-11-04, *Colectânea de Jurisprudência*; 7/5/207)

NOTAS

O STJ (acórdão de 1979-12-08) entendeu ser o mandato um negócio jurídico informal, inteiramente distinto da representação. que pode revestir forma tácita (*BMJ*, 284/235). A propósito das matérias da *procuração* e do *mandato*, cf. as anotações de Vaz Serra, *Rev. Leg. Jur.*, 109/125 e 112/222, e o artigo de Ferrer Correia, "A procuração na teoria da representação voluntária", *Boletim da Faculdade de Direito de Coimbra*, vol. XXIV (1948), pp. 253 e ss., e a obra *Estudos jurídicos*, II, Coimbra, Atlântida, 1969.

I – O mandato não se identifica com a procuração. O mandato é um contrato; a procuração é um ato unilateral.

II – O mandato e a procuração podem coexistir ou andar divorciados: pode haver mandato sem representação e pode haver representação sem mandato.

III – No domínio da representação não pode entender-se que o mero facto de alguém passar procuração a outrem implica necessariamente a vontade de revogar uma anterior procuração conferida a outro, com iguais poderes.

IV – Qualquer pessoa pode constituir e manter mais do que um procurador a quem atribua os mesmos poderes em momentos temporais diferentes, coexistindo a plena validade e eficácia de cada uma das procurações.

V – Há abuso de representação quando o representante atua dentro dos limites formais dos poderes conferidos, mas de modo substancialmente contrário aos fins da representação.

VI – Não resultando provado que os pais dos menores donatários conhecessem ou devessem conhecer o abuso de representação da ré, esse contrato (doação) deve ser mantido como válido e eficaz.

VIII – Nas doações puras a incapazes a lei presume a aceitação por parte dos seus representantes legais.

(Acórdão da Relação do Porto, de 1993-02-01, *Colectânea de Jurisprudência*, 18/1/219)

I – A procuração mais não é do que o meio adequado para ser exercido o mandato.

II – Assim, suspenso o mandato, suspensa fica a procuração.

III A procuração, quando não concedida no interesse de terceiro ou do mandatário, pode ser livremente revogada.

IV – Suspensos o mandato e a procuração, o contrato celebrado pelo mandatário é ineficaz em relação ao mandante.

V – A não ser que haja ratificação, o que não aconteceu.

(Acórdão do STJ, de 1996-04-16, *Colectânea de Jurisprudência S.*, 4/2/19)

NOTAS

Neste caso estava em causa uma situação em que tinha sido passada uma procuração para vender que, no entanto, tinha sido acompanhada de meras instruções verbais ao procurador para que não o fizesse antes de certo tempo. O Supremo aplicou o art. 268.º do Código Civil (representação sem poderes). Não podemos concordar com esta decisão, uma vez que, nesta hipótese, a procuração surgia, necessariamente, como um negócio jurídico formal (art. 262.º), pelo que, nos termos do art. 221.º, se teriam de considerar irrelevantes as estipulações verbais. Quando muito, as tais instruções, poderiam legitimar um pedido ressarcitório contra o procurador, mas não a impugnação da venda efetuada.

I – Exerce um mandato sem representação, em execução de contrato entre ambos celebrado, o réu que, ao intervir em escritura de compra e venda de prédio urbano na qualidade de comprador, age não só em nome próprio, mas também como mandatário da autora, sua namorada e depois mulher, com quem acordara a compra para ambos, que quis efetuar e efetuou, e a suportar com o dinheiro dos dois, como suportaram, quer em solteiros quer depois de casados.

II – No mandato sem representação há interposição, num contrato a celebrar, de uma pessoa que atua em nome próprio e não do mandante, embora aja por conta e no interesse deste.

III – Como resulta do artigo 1180.º do Código Civil, os direitos e obrigações decorrentes do negócio produzem-se na esfera jurídica do mandatário, que fica com a obrigação de os transferir para a pessoa por conta de quem age, ou seja, o mandante.

IV – No mandato sem representação o mandatário age por conta do mandante, mas em nome próprio, não se podendo falar em formalidade de mandato ou em mandato verbal ferido de nulidade, já que aqui vigora o princípio da liberdade formal.

V – A procuração é o negócio jurídico pelo qual uma pessoa confere a outra poderes de representação, isto é, para, em nome dela, concluir um ou mais negócios jurídicos, que produzem os seus efeitos em relação ao representado.

VI – A procuração, salvo disposição legal em contrário, tem de revestir a forma exigida para o negócio que o procurador deva realizar.

VII – Para determinar qual é o pedido, o julgador deve considerar não apenas a conclusão da petição, mas também os fundamentos em que se apoia, sem esquecer que a causa de pedir é o próprio facto jurídico e não a qualificação que dele faz a parte.

VIII – O juiz não pode condenar em objeto diverso do que lhe for pedido, mas pode-o corrigir quando isso não implique uma alteração de teor substantivo, contundindo com o princípio do dispositivo e com o do contraditório.

(Acórdão do STJ, de 2000-02-22, *BMJ*, 494/320)

I – No mandato sem representação, o mandatário, apesar de intervir por conta e no interesse do mandante, não aparece revestido da qualidade de seu representante.

II – Age em nome próprio, pelo que é ele, mandatário, que adquire os direitos e assume as obrigações decorrentes dos atos que celebra.

III – Todavia, em cumprimento das suas obrigações contratuais para com o mandante, o mandatário deve depois transferir para aquele a titularidade desses direitos.

IV – A interposição do mandatário sem representação é lícita, porque é real e verdadeira e não há interesse jurídico, social ou moral em a proibir.

V – O mandato não representativo é consensual, vigorando o princípio da liberdade da forma consagrado no art. 219.º, n.º 2, do Código Civil.

(Acórdão do STJ, de 2004-06-22, *Colectânea de Jurisprudência S.*, 12/2/106)

Negócio consigo mesmo

I – Para se poder operar a anulação de uma procuração com fundamento em incapacidade acidental ao abrigo do art. 257.º, n.º 1, do Código Civil, alegando o autor doença psíquica, necessário se torna que o mesmo faça a prova de que no momento em que a procuração foi outorgada, mercê de comprovada doença do foro neurológico de que padecia, estava privado de capacidade de entender e querer e, outrossim, que esse estado era notório ou conhecido da outra parte.

II – Não tendo sido alegada a falsidade de uma procuração exarada perante funcionário notarial, tal documento prova plenamente terem sido feitas ao mesmo funcionário as declarações atestadas nesse documento.

III – Se, em regra, o «negócio consigo mesmo» ou autocontrato é proibido e em consequência anulável, a lei permite duas exceções a esta regra: quando o representado consentiu especificamente na realização pelo representante do negócio consigo mesmo ou quando seja o negócio, dada a sua natureza, de molde a excluir a possibilidade de um conflito de interesses por dele não poder resultar prejuízo para o representado; considera-se que consentiram especificamente na cedência do representante a si mesmo da quota de uma sociedade de que sabiam ser este, já, sócio-gerente, os outorgantes que, em procuração passada ao mesmo declararam, expressamente, conceder-lhe poderes «para ceder a quem e pelo preço e condições que entender convenientes» a quota que possuíam naquela sociedade.

(Acórdão do STJ, de 1989-02-15, *BMJ*, 384/584)

NOTAS

Advirta-se, quanto à última máxima do sumário, que não é assim que a prática tem entendido as coisas.

A anulabilidade do negócio celebrado pelo representante consigo mesmo, em nome próprio ou em representação de um terceiro, é estabelecida em defesa dos interesses do representado, pelo que deixa de se verificar, como o próprio artigo 261.º do Código Civil estatui, se o representado especificamente consentiu na celebração desse negócio, dado que assim deixa de ocorrer o perigo de o representante poder prejudicar um dos representados em benefício do outro.

(Acórdão do STJ, de 1995-03-21, *BMJ*, 445/480)

I – O negócio consigo mesmo, negotium a semet ipso, é o celebrado por uma só pessoa, que intervém simultaneamente a título pessoal e de representante de outrem, ou como representante ao mesmo tempo de mais de uma pessoa.

II – Tal contrato, porque envolve perigos evidentes, como seja, desde logo, a circunstância de o representante se sentir tentado a sacrificar os interesses do representado em benefício dos seus, é anulável, conforme o disposto no artigo 261.º, n.º 1, do Código Civil.

III – A viabilidade da anulação do negócio fica afetada desde que se possa concluir pela existência de consentimento ou confirmação do representado, caso em que o mesmo, de anulável, em princípio, passa a ser inteiramente válido.

IV – A anulabilidade do negócio é sanável mediante confirmação, que pode ser tácita, conforme o disposto no artigo 288.º do Código Civil, não necessitando para o efeito de se dirigir a um destinatário, antes se bastando com um comportamento concludente, de onde um terceiro ou, na maioria dos casos, a própria parte possam concluir pela existência de uma vontade confirmativa.

V – O comportamento concludente identifica-se com uma conduta do representado a partir da qual se pode retirar uma ilação, devendo o mesmo ser visto como o elemento objetivo da declaração tácita, cujo sentido é determinado, como na declaração expressa, por via interpretativa.

VI – Ora, tendo em conta o sentido normal da declaração negocial, nos termos do artigo 236.º do Código Civil, forçoso é concluir que o representado, ao assinar documento (redigido e lido na sua presença) a declarar ter recebido o preço ajustado pela cedência da sua quota em determinada sociedade, teve em vista confirmar o negócio subjacente operado pelo seu representante no âmbito da respetiva procuração.

(Acórdão do STJ, de 1998-03-03, *BMJ*, 475/610)

I – Torna-se plenamente eficaz em relação à sociedade a intervenção do representante na celebração do contrato como gestor de negócios, atuação essa depois ratificada pelo órgão de gestão competente da sociedade.

II – O negócio celebrado pelo representante consigo mesmo, seja nomine proprio *seja* nomine alieno *(em representação de terceiro) é meramente anulável, a não ser que o representado tenha especificamente consentido na celebração, ou que o negócio exclua, por sua natureza, a possibilidade de um conflito de interesses.*

(Acórdão do STJ, de 2003-06-26, *Colectânea de Jurisprudência S.*, 11/2/122)

Núncio

– A distinção entre a figura do núncio e a do representante é clássica: o representante *realiza o negócio emitindo uma declaração própria em nome do representado (art. 258.º do Código Civil); o* núncio *transmite uma declaração da autoria de outrem, que não result, portanto da sua vontade, sendo neste sentido um mero meio de que se serve o principal (art. 250.º)*

– Ao lado do núncio ativo *– aquele que transmite uma declaração – admite-se ainda a figura do* núncio passivo *ou de receção.*

– Num negócio formal, *faz diferença se estamos perante um núncio ou um representante: neste último caso, é obviamente a declaração do representante que há de revestir o formalismo legal; ao invés, no primeiro, é a declaração do dominus que tem de cumprir a exigência de forma.*

– Daqui resulta, por exemplo, que um núncio não pode participar na celebração de uma escritura pública.

(Raul Guichard, "Sobre a distinção entre núncio e representante", *Scientia Iuridica*, tomo XLIV (1995), n.os 256-8, pp. 317-29)

Pessoa coletiva

I – O art. 263.º do Código Civil, ao dispor sobre a capacidade do procurador, não exclui a possibilidade de serem atribuídos voluntariamente poderes de representação a pessoa coletiva.

II – Conferidos voluntariamente a uma pessoa coletiva poderes de representação, a determinação das pessoas físicas que, de facto, os exercerão dependerá – observadas as disposições legais aplicáveis – do disposto nos respetivos estatutos e, sendo o caso, da deliberação dos órgãos competentes.

(Despacho da DGRN, de 1998-10-22, *BRN*, 10/98, p. 18)

Ratificação

Na representação voluntária, os poderes representativos só através de procuração se podem provar.

A representação sem poderes é ineficaz *até ratificação.*

(Acórdão da Relação do Porto, de 1983-03-01, *Colectânea de Jurisprudência*, 8/2/214)

NOTAS

Cf. art. 268.º do Código Civil: a ratificação está sujeita à forma da procuração e tem eficácia retroativa, salvo direitos de terceiro (n.º 2).

Ver os trabalhos preparatórios do Código Civil: Rui Alarcão, *BMJ*, 102/167 e 138/71.

A ratificação não é privativa da gestão representativa. cabendo igualmente à própria gestão não representativa: P. Lima e A. Varela. *Código Civil Anotado*, I, 1.ª ed., Coimbra, Coimbra Editora, 1967, p. 173, e Pessoa Jorge, *O mandato sem representação*, 1961, pp. 397 e ss. Sobre a natureza jurídica da ratificação: *Rev. Leg. Jur.*, 112/374 (Vaz Serra).

Em matéria de representação sem poderes: acórdãos do STJ, de 78-05-30 (*BMJ*, 277/232) e de 1979-01-19 (*BMJ*, 288/382 – anot. *Rev.* cit.) e o acórdão da Relação do Porto, de 1979-07-18 (*Colectânea de Jurisprudência*, 3/4/1209).

Revogação

Feita uma procuração nos termos do art. 265.º, n.º 3, do Código Civil, no interesse da constituinte e do mandatário, então casados e agora divorciados, com renúncia da constituinte a invocar justa causa *para a revogação, e titulado depois pela mandante, unilateralmente, instrumento de revogação da procuração:*

– Na escritura de venda de um prédio, a celebrar com base nesta procuração, é legítima a introdução, por iniciativa do notário, da advertência "de que a mesma será passível de anulação por falta de consentimento da ex-cônjuge e mandante, se em ação judicial por ela intentada for provada a existência de justa causa como fundamento da revogação da procuração".

(Parecer, de 1986-05-08, do Conselho Técnico dos Registos e do Notariado, relator Carlos Chagas, P. 6/86, not. 2, *BRN*, 14/9, e *Revista do Notariado*, 1986/4/572)

NOTAS

Ver, para os trabalhos preparatórios relativos ao art. 265.º, n.º 3: *BMJ*, 138, p. 71 (Rui de Alarcão – "Breve motivação...", n.ºs 29-31). Com muito interesse, no tema: M. Cámara Alvarez, "La revocación del mandato y del poder", *Anales A. M. Not.*, tomo IV, Madrid, Reus, 1948, pp. 555-64 (max. n.ºs VI a VIII – Revogação da procuração, natureza e efeitos da revogação; procurações irrevogáveis).

I – A cláusula de irrevogabilidade (numa procuração) tem que exprimir uma regulação de interesses que justifique tal vinculação (isto é, a cláusula de irrevogabilidade tem de decorrer de uma relação jurídica causal e basilar, na qual o mandatário ou um terceiro tem direito a uma prestação de que o mandante é o devedor); de outro modo é nula.

II – Constitui justa causa de revogação de procuração irrevogável, qualquer circunstância, facto ou situação em face dos quais não seja exigível, segundo a boa-fé, a continuação da vinculação de uma das partes à relação contratual.

III – Assim, tendo os autores constituído procurador o réu, a quem conferiram poderes irrevogáveis na venda de um prédio, e não vindo o réu a pagar as prestações de um empréstimo contraído pelos autores para a aquisição de tal prédio, conforme se havia comprometido aquando da outorga da procuração, ocorre justa causa de revogação de tal procuração irrevogável.

(Acórdão da Relação de Coimbra, de 2001-11-20, *Colectânea de Jurisprudência*, 26/5/24)

NOTAS

O douto acórdão labora na aplicação do art. 265.º, n.ºs 2 e 3, do Código Civil. Muito importante, na matéria: Pedro Leitão Pais de Vasconcelos, *A procuração irrevogável*, Coimbra, Almedina, 2002, p. 259. A outorga de procuração a uma pessoa não implica, necessariamente, a revogação de uma procuração anterior passada a outra pessoa, com iguais poderes (acórdão da Relação do Porto, de 1993-02-01, *Colectânea de Jurisprudência*, 18/1/219).

De acordo com Albino Matos, quando se peça ao notário um instrumento de revogação de uma procuração com cláusula de irrevogabilidade, não deverá o notário recusar, uma vez que a regra é a da revogabilidade da procuração, ainda que para tal seja necessário justa causa. Sendo a revogação ilegal, ficará ferida de ineficácia (Pedro Leitão Pais de Vasconcelos, *A procuração irrevogável*, Coimbra, Almedina, 2002, p. 166), ponto que caberá ao tribunal apreciar. Nessa medida, o ato deve ser autorizado pelo notário, que, ainda assim, deverá advertir o outorgante da possível ineficácia (art. 174.º do Código do Notariado).

Sobre o conceito de justa causa, ver o acórdão da Relação de Lisboa, de 2020-11-05, disponível em *Acórdãos do Tribunal da Relação de Lisboa* (dgsi.pt)

I – Para uma procurarão ser irrevogável não basta que do respetivo instrumento conste declaração de vontade nesse sentido, é também necessário que ela seja emitida no interesse do procurador.

II – Esse interesse deve integrar-se numa relação jurídica vinculativa, em que o dominus *se queira obrigar a uma prestação a que o procurador tenha direito.*

III – Uma procuração em que se concedam amplos poderes de disposição sobre o património de uma pessoa e se consagre que a mesma é irrevogável não pode ser invocada como título de vocação sucessória, em caso de morte do dominus.

(Acórdão da Relação de Lisboa, de 2003-07-09, *Colectânea de Jurisprudência*, 28/4/82)

NOTAS

Importante a doutrina dos parágrafos I e II do sumário, importada de Pedro Leitão Pais de Vasconcelos, *A procuração irrevogável*, Coimbra, Almedina, 2002.

Fora de casos pontuais que passam por factos simulatórios ou fraudulentos, a procuração no interesse exclusivo do procurador não implica a transmissão da posição jurídica do representado, nem resulta dela, mantendo-se este juridicamente como titular da posição, podendo revogar a procuração com justa causa e agindo o promotor em seu nome.

(Acórdão do STJ, de 2004-03-04, *Colectânea de Jurisprudência S.*, 12/1/90)

NOTAS

O douto acórdão assume a doutrina de Pedro Leitão Pais de Vasconcelos (*A procuração irrevogável*, Coimbra, Almedina, 2002, p. 107) e de Pessoa Jorge (*O mandato sem representação*, 1961, pp. 181 e ss.).

No mesmo sentido, ver, mais recentemente, o acórdão da Relação de Coimbra, de 2015-01-27, disponível em *Acórdãos do Tribunal da Relação de Coimbra* (dgsi.pt).

Sociedades

I – Dado o carácter pessoal e intransmissível da gerência consagrado nos n.os 3, 4 e 5 do artigo 252.º do Código das Sociedades Comerciais, é vedado ao gerente de uma sociedade por quotas nomear mandatário ou procurador da sociedade, sócios ou órgãos sociais, para exercício indiscriminado dos poderes-deveres relativos à administração, representação ou à vida interna da sociedade.

II – É, pois, nula a procuração do gerente na parte em que outorga poderes de representação para a convocatória de assembleias-gerais por violação da norma imperativa contida no n.º 5 daquele artigo 252.º, sendo por isso anuláveis as deliberações nela tomadas, por força daquele vício de procedimento.

(Acórdão da Relação de Lisboa, de 1998-04-30, *BMJ*, 476/481)

NOTAS

1. Resulta do art. 248.º, n.º 3, do Código das Sociedades Comerciais que a competência para convocação de assembleias-gerais nas sociedades por quotas cabe a qualquer um dos gerentes. Deste modo, ainda que não o assuma, esta decisão acaba por delimitar o âmbito do art. 252.º, n.º 6, que permite à gerência nomear mandatários ou procuradores da sociedade para a prática de determinados atos ou categorias de atos. E, portanto, a assembleia-geral a convocar pelo procurador devia estar determinada no instrumento de representação. Serão nulas as deliberações tomadas em assembleia-geral convocada por quem não tem competência para o efeito.

2. Reporta-se no tema, da casuística italiana, a partir da *Riv. Not.*: 1989/4/653; 1994/1-2/143 – com nota importante de V. P. Monteforte, *Cenni sulla sostituzione nella rappresentanza sociale*; e 1994/4/886.

Substituição do procurador (substabelecimento)

A declaração sem reserva *inserta num substabelecimento significa a exclusão do mandatário primitivo (parte final do n.º 2 do artigo 264.º do Código Civil, aplicável ao mandato por força do artigo 1165.º) podendo, portanto, o novo mandatário fazer-se substabelecer por outrem na execução do mandato.*

(Acórdão do STJ, de 1974-03-08, *BMJ*, 235/250)

A declaração sem reserva inserta num substabelecimento tem o significado de excluir o procurador primitivo (parte final do n.º 2 do artigo 264.º do Código Civil).

(Acórdão do STJ, de 1974-02-19, *BMJ*, 234/217)

NOTAS

Os acórdãos sumariados encontram-se anotados, o primeiro na *Revista dos Tribunais*, 92/456, e o segundo na *Revista de Legislação e de Jurisprudência*, 108/83.

Venda

I – O mandato para venda, *sem que o mandante tivesse considerado a hipótese da respetiva* promessa, *não inclui poderes para o mandatário outorgar nesta.*

II – Não sendo a promessa de venda ato necessário para a venda efetiva e, sendo os dois negócios juridicamente diferentes, para que a outorga de poderes para vender *incluísse a de poderes para* prometer vender, *seria necessário que a lei o prescrevesse.*

III – Outro tanto acontece, se na respetiva procuração se conferiam poderes para negociar e vender, pois que as negociações preliminares da venda não se identificam com o contrato-promessa, porque não vinculam juridicamente, podendo apenas importar um dever de indemnizar nos termos gerais do direito.

(Acórdão da Relação do Porto, de 1970-10-30, *BMJ*, 200/289)

NOTAS

O acórdão segue a lição de Cunha Gonçalves (*Tratado de Direito Civil*, Coimbra Editora, 1933, VII, n.º 1015): quando o mandato é especial ou conferido para certos e determinados atos, deverá ser interpretado restritivamente.

O próprio autor, porém, adverte que se não deve exagerar o princípio da interpretação limitativa dos poderes. E, de facto, segundo o art. 1159.º, n.º 2, do Código Civil, o mandato especial abrange, além dos atos nele referidos, todos os demais necessários à sua execução. Ou seja, como escreve Cunha Gonçalves, todos os atos preparatórios, adjuvantes, dependentes, consequentes ou condições legais do ato mencionado na procuração.

No sentido deste acórdão vejam-se, entre outros, o acórdão da Relação de Coimbra, de 1989-04-11 (*Colectânea de Jurisprudência*, 14/3/58).

A procuração que confere poderes a alguém para celebrar um contrato de compra e venda de imóvel inclui implicitamente nesses poderes a faculdade para outorgar o respetivo contrato-promessa.

(Acórdão da Relação de Lisboa, de 1992-09-07, *Colectânea de Jurisprudência*, 17/3/175)

NOTAS

Este acórdão marcou um ponto de viragem na jurisprudência, tendo esta doutrina sido replicada pela Relação de Lisboa, no acórdão de 1992-11-12 (disponível em *Acórdãos do Tribunal da Relação de Lisboa* (dgsi.pt)), e ainda pelo Supremo Tribunal de Justiça, no acórdão de 2003-05-13, disponível em *Acórdãos do Supremo Tribunal de Justiça* (dgsi.pt):

"I – Seja como negócio unilateral ou integrado no contrato de mandato, a procuração é uma declaração recetícia cujos destinatários, segundo a orientação clássica, são os terceiros com quem o representante contrata em nome do representado, devendo ser interpretada de acordo com as regras contidas nos arts. 236.º-238.º do Código Civil.

II – Quem tem poderes para vender determinado prédio «pelo preço e condições que entender», tem também, em princípio, poderes para o prometer vender, visto que estes últimos, porque instrumentais em relação à finalidade pretendida e para o qual se concedem os poderes, cabe perfeitamente no seu âmbito sem exceder os referidos limites.

III – Sob o ponto de vista económico, hoje em dia, o contrato-promessa aparece-nos cada vez mais como um negócio de garantia, pelo que, não obstante a autonomia jurídica em relação ao contrato prometido, a finalidade prática que hoje domina a realização do contrato-promessa, sobretudo no domínio do negócio imobiliário, aproxima-os de tal modo que aquilo que deve acentuar-se é a sua complementaridade mais que as suas diferenças.

IV – Assim, visto que os princípios gerais não afastam, por princípio, os poderes por prometer vender daquele que os tem por vender, será em última análise a interpretação de concreta procuração que deverá permitir encontrar a vontade real do mandante."

PROPRIEDADE HORIZONTAL

ALTERAÇÃO

O registo de alteração do título constitutivo da propriedade horizontal decorrente do exercício do direito da sobrelevação deverá mencionar, além do mais, o valor relativo das novas frações autónomas e a alteração do valor relativo das frações autónomas já existentes, e determina, oficiosamente, a atualização da descrição genérica e a abertura da descrição das novas frações autónomas e de "correção aritmética" do valor relativo das frações autónomas já existentes, formulados conjuntamente com o pedido de modificação da propriedade horizontal.

Até então, a lei dispunha que o título constitutivo da propriedade horizontal só poderia ser modificado com o acordo de todos os condóminos. Contudo, a Lei n.º 8/2022, de 10 de janeiro, vem consagrar a possibilidade de, sempre que os votos representativos dos condóminos que não consintam na alteração ao título constitutivo da propriedade horizontal sejam inferiores a 1/10 do capital investido, e a alteração nao modifique as condições de uso, o valor relativo ou o fim a que as suas frações se destinam, a falta de acordo destes condóminos poder ser suprida judicialmente.

1.º Não constitui modificação *do título constitutivo da propriedade horizontal, para os efeitos do disposto no art. 1419.º do Código Civil, a sua* retificação quanto aos números, livros e folhas *das descrições respeitantes ao prédio nele identificado.*

2.º *Em consequência, poderá tal retificação ser solicitada por qualquer interessado, em pedido concomitante com o de qualquer ato de registo e neste implicitamente contido, desde que não envolva prejuízo de titulares inscritos e seja baseada em documento bastante.*

(Parecer, de 1985-11-18, do Conselho Técnico dos Registos e do Notariado, relator Marques Coelho, P. 29/85, RP 3, *BRN*, 8/6)

NOTAS

A doutrina é razoável e certamente de sufragar. Emanada no campo do registo predial, tem aplicação igualmente no notariado.

A retificação da escritura de constituição poderá ser feita por averbamento, nos termos previstos do art. 132.º do Código do Notariado, comprovando-se o lapso por documento.

A fração autónoma *de um prédio em regime de propriedade horizontal é uma parte especificada dele, e não propriamente um* prédio. *A divisão de um prédio só é legalmente possível em relação ao todo. Daí que os comproprietários de duas ou mais frações autónomas somente possam sair de tal situação, dissolvendo a compropriedade, através de permutas, compras e vendas, doações ou dações em cumprimento.*

O desdobramento, material e jurídico, de cada uma das frações autónomas de um prédio em regime de propriedade horizontal só pode operar-se mediante alteração ou modificação do título constitutivo respetivo.

(Recomendações dos Serviços de Inspeção da DGRN, 1986, *Boletim da APN*, n.º 142/5/b)

I – A interligação entre frações autónomas de um prédio em regime de propriedade horizontal pertencentes ao mesmo condómino, desde que não seja feita através de paredes-mestras ou elementos estruturais, não constitui alteração do prédio e, consequentemente, modificativa do seu título constitutivo.

II – A afetação de partes comuns, a algum ou alguns condóminos, não pode ser feita através de um ato de mera administração ou por deliberação tomada por maioria de votos dos condóminos, ainda que qualificada, por ser violadora do título constitutivo da propriedade horizontal.

(Acórdão da Relação do Porto, de 1992-01-06, *Colectânea de Jurisprudência*, 17/1/214)

Concentração

A concentração de todas as frações autónomas na titularidade de uma só pessoa não opera a extinção automática *do regime de propriedade horizontal, sendo necessária uma manifestação de vontade expressa nesse sentido.*

(A. Ribeiro Mendes, "A propriedade horizontal no Código Civil de 1966", *Revista da Ordem dos Advogados*, ano 30, 1970, pp. 5-78 (máx. 76))

O regime jurídico da propriedade horizontal não é afetado pela circunstância de todas as frações autónomas pertencerem à mesma pessoa.

(Acórdão da Relação de Lisboa, de 1983-05-31, *Colectânea de Jurisprudência*, 8/3/135)

Cônjuges

É necessária a intervenção de ambos os cônjuges, nos termos do art. 1682.º-A do Código Civil, salvo o regime da separação de bens, na escritura de alteração da p. h. [propriedade horizontal], *quando se alterem os valores das percentagens ou permilagens das frações autónomas.*

Isto porque, no caso, há algo que se aliena ou se adquire com relação a bens imóveis, ficando-se com menos (ou com mais) percentagem nas partes comuns, designadamente o terreno ou assento do prédio ou logradouro.

(*Boletim da APN*, n.º 116/3 – Jacinto Duarte)

NOTAS

1. No ato de simples constituição da propriedade horizontal será necessária a outorga de ambos os cônjuges, ou bastará a intervenção do respetivo cônjuge administrador?

A resposta depende de se considerar o ato como tendo natureza dispositiva (assim: F. Monet y Antón, "Problemas de técnica notarial ante la nueva ley de propriedad horizontal, *Estudios de derecho notarial*, I, Madrid, 1962, p. 273), ou antes como ato de mera administração (assim: Armando Guerra, "Considerações acerca do título constitutivo da p. h.", *Revista do Notariado e Registo Predial*, ano 39, p. 72).

A questão, porém, complica-se, em primeiro lugar, por haver autores que não consideram o ato como disposição nem como administração (assim: A. Ribeiro Mendes, "A p. h. no Código Civil de 1966", *ROA*, 1970/54), a par de outros que o consideram as duas coisas, dependentemente dos casos (assim: J. L. Alvarez, "El título constitutivo de la propriedade horizontal", *Estudios de derecho notarial*, II, Madrid, p. 439 – com larga informação doutrinal); em segundo lugar, pela extraordinária dificuldade dos conceitos de disposição e de administração, sobre que existem as teorias mais variadas e em cuja destrinça a doutrina hesita: basta dizer que na administração distingue-se entre a ordinária e a extraordinária e que um mesmo ato, consoante as circunstâncias, poderá ser tido como de administração umas vezes e outras como de disposição (cf., a propósito, Manuel de Andrade, *Teoria geral da relação jurídica*; II, Coimbra, Almedina, pp. 61 e ss., e Pires de Lima, *Direitos Reais*, 3.ª ed., p. 69).

2. Com tudo isto, pensamos, o ato de *simples* constituição da p. h., se não é um ato de simples administração, é assimilável ou, pelo menos, está mais próximo dessa categoria do que da dos atos dispositivos, na medida em que representa uma simples alteração na situação jurídica do prédio, limitando-se a conferir autonomia como objeto de direitos a meras frações de uma coisa, que assumem individualidade jurídica própria.

Bastará, pois, a um tal ato, em princípio, a simples intervenção do cônjuge administrador da coisa. Mesmo, porém, que a administração compita a um só dos cônjuges, não merecerá censura o notário que, cautelarmente, postule a intervenção de ambos: essa intervenção, obviamente, justificar-se-ia menos na hipótese de bens próprios e mais na de bens comuns, configurando-se aqui como outorga (consentimento-participação) e ali como autorização (consentimento-assentimento).

O ato de constituição da propriedade horizontal não empobrece, antes se pode dizer que enriquece o património do casal.

É, sem dúvida, um ato de administração *que cabe perfeitamente na esfera jurídica de disponibilidade e legitimidade de qualquer dos cônjuges.*

Consequentemente, não é necessária a intervenção de ambos os cônjuges *na escritura de constituição de propriedade horizontal.*

(*Boletim da APN*, n.º 137/1 – Jacinto Duarte)

CONJUNTO IMOBILIÁRIO

É possível a constituição da p. h. com relação a um complexo ou aldeamento turístico, ainda que constituídos exclusivamente por vivendas ou bungalows, *com piscinas, jardins, salas de reunião, centros culturais e ruas particulares e outros elementos dos conjuntos comuns a todos os condóminos – verificando-se no caso os requisitos exigidos pelo art. 1415.º do Código Civil.*

(*Boletim da APN*, n.º 116/3 – Jacinto Duarte)

NOTAS

Houve tempos em que se discutiu se o regime da propriedade horizontal poderia ser aplicado àquelas situações em que vários edifícios estão integrados num conjunto imobiliário afetado a determinado fim, havendo elementos ou serviços comuns a todos eles, como jardins, piscinas, garagens, instalações gerais de água, luz, aquecimento, etc. (tal é o caso, por exemplo, das denominadas aldeias turísticas). E a lei evoluiu neste mesmo sentido com a entrada em vigor do Decreto-Lei n.º 269/94, de 25 de outubro, que aditou ao Código Civil um novo artigo – o 1438.º-A –, que veio, assim, alargar o âmbito de incidência do instituto da propriedade horizontal, tornando possível submeter ao respetivo regime conjuntos de edifícios, com a particularidade de se manter a interdependência das frações ou edifícios e a dependência funcional das partes comuns, enquanto características essenciais do condomínio.

Numa primeira fase, surgiu esta nova figura sobretudo por uma questão económica, ou seja, para tornear os custos e as exigências inerentes às operações de loteamento decorrentes dos Decretos-Lei n.º 448/91, de 29 de novembro, e n.º 445/91, de 20 de novembro, na medida em que permitiu a construção de vários prédios num mesmo terreno, o que, até então, só era possível através de uma operação de loteamento sujeita a licenciamento municipal (cf. António Pereira da Costa, "Propriedade horizontal e loteamento: compatibilização", *Revista do CEDOUA*, n.º 3, 1999, p. 65). Tal situação acabou por ser limitada com a entrada em vigor do atual Regime Jurídico da Urbanização e da Edificação, aprovado pelo Decreto-Lei n.º 555/99, de 16 de dezembro, alterado pelo Decreto-Lei n.º 177/2001, de 4 de junho, cujo art. 57.º, n.º 5, aproximou as duas figuras quando estejam em causa "edifícios contíguos e funcionalmente ligados entre si que determinem, em termos urbanísticos, impactes semelhantes a uma operação de loteamento, nos termos a definir por regulamento municipal."

Ver parecer do Conselho Técnico do IRN, disponível em https://www.irn.mj.pt/IRN/sections/irn/doutrina/pareceres/predial/2011/p-c-p-1-2011-sjc-ct/downloadFile/file/RCo1-2011.pdf?nocache=1332338395.49.

Constituição

O regime da propriedade horizontal pode *instituir-se sobre o prédio pertencente a* um só proprietário.

(*Boletim da DGRN*, ano I, n.º 1, p. 33)

A constituição da propriedade horizontal tem sempre de ser anterior à venda de qualquer fração autónoma.

Não pode, portanto, vender-se uma fração de determinado prédio, sobre o qual se pretende instituir o regime de propriedade horizontal, e em razão dessa venda declarar-se constituída essa espécie de propriedade.

Contudo, nada obsta a que no mesmo instrumento se constitua a propriedade horizontal e, seguidamente, se venda uma ou mais frações autónomas do respetivo prédio.

(Despacho de 1973-03-02, *Código do Notariado*, ed. da DGRN, 1973, p. 95)

Destino das frações

I – As restrições de origem negocial, como seja a do uso a que a fração se destina constituem parte integrante do estatuto do domínio quando inscritas no registo predial devendo entender-se nesse caso que vinculam os futuros subadquirentes das frações autónomas.

II – Quando, segundo o título, uma fração seja destinada à habitação, não pode ser destinada a consultório médico.

III – Se o respetivo titular a ceder de arrendamento para consultório médico, o contrato celebrado é nulo, pois não tendo aquela possibilidade de dar à sua fração outro destino que não o da habilitação, não podia ceder o respetivo uso para outro fim.

(Acórdão da Relação de Lisboa, 1979-10-19, *Colectânea de Jurisprudência*, 4/4/1205).

Ver também o acórdão do Tribunal da Relação Porto, de 2019-04-29, disponível em http://www.dgsi.pt/jtrp.nsf/56a6e7121657f91e80257cda00381fd

f/02113975156d6ecf8025840b0049e8c7?OpenDocument):

"I – Ao título constitutivo da propriedade horizontal, cabe especificar as partes do edifício correspondentes a cada fração, bem como o fim a que se destina cada fração ou parte comum, conforme decorre do disposto no artigo 1418.º do Código Civil.

II – Na sua interpretação há que recorrer ao critério de interpretação do declaratário normal colocado na posição do real declaratário (art. 236.º do Código Civil) – já que a real vontade do declaratário, isto é, do dono de obra que interveio no título constitutivo da propriedade horizontal não foi alegada e como tal não apurada – quanto à ligação existente e pretendida entre cada fração autónoma identificada por uma letra e a letra atribuída a cada um dos lugares de garagem.

III – A modificação do título constitutivo da propriedade horizontal está dependente do formalismo especificado no artigo 1419.º, n.º 1, do Código Civil.

IV – Atua em abuso de direito aquele que exercita um direito de que é titular de forma manifestamente excessiva para lá dos limites impostos pela boa-fé, bons costumes ou pelo fim social ou económico desse direito.

V – De entre os comportamentos típicos abusivos que justificam nos termos legais um juízo de censura a uma atuação que de outro modo seria considerada legítima, temos o *venire contra factum proprium*. Em causa a tutela de confiança, apoiada na boa-fé. Àquele que invoca a atuação abusiva incumbe provar a factualidade integradora da mesma.

VI – O uso exclusivo de um lugar de garagem desde 1994 de forma ininterrupta e à vista de toda a gente, só por si não legitima a invocada confiança, porquanto e desde logo não está apurado que esta atuação/ocupação tenha ocorrido sem oposição de ninguém ao longo deste mesmo período."

Logradouro

I – A lei, ao definir prédio urbano, aponta, como elementos distintivos, o solo que constitui a parte do terreno onde o edifício se encontra incorporado e os terrenos que sirvam de logradouro ao edifício.

II – Em prédio constituído em propriedade horizontal, só o solo é parte necessariamente comum, traduzindo os pátios e logradouros a mesma realidade física e funcional – terrenos contíguos a casa de habitação para serventia.

III – No ato constitutivo da propriedade horizontal, pode um logradouro ser atribuído a uma só fração.

(Acórdão da Relação do Porto, de 1989-05-23, *BMJ*, 387/655, e *Colectânea de Jurisprudência*, 14/3/203)

NOTAS

Um quintal ou logradouro anexo ao edifício deve considerar-se abrangido na al. a) do n.º 2 do art. 1421.º do Código Civil: será (presumidamente) comum, mas já não o será se o título constitutivo dispuser o contrário.

Nulidade

Nos termos do artigo 294.º do Código Civil, o título constitutivo ou modificativo da propriedade horizontal é parcialmente nulo ao atribuir à parte comum ou a fração autónoma do edifício destino ou utilização diferentes dos constantes do respetivo projeto aprovado pela câmara municipal.

(Assento do STJ, de 1989-05-10, *DR*, de 1989-07-15, e *BMJ*, 387/79)

Partes comuns

Presumem-se comuns e, portanto, compropriedade de todos os condomínios, as coisas que não estejam afetadas ao uso exclusivo de um deles (art. 1421.º, n.º 2, alínea e), do Código Civil) – afetação material existente à data da constituição do condomínio, que deve constar do respetivo título constitutivo, e não meramente resultante de uma objetiva destinação.

(Acórdão do STJ, de 1991-05-09, *BMJ*, 407/545)

A casa da porteira, uma vez tomada como unidade independente na composição da propriedade horizontal e como tal individualizada no respetivo título constitutivo, com fixação de valor e de percentagem ou permilagem em relação ao todo, assume natureza de fração autónoma – e não de parte comum – em pé de igualdade com as demais frações, suscetível por isso de alienação por parte do seu proprietário singular.

(Acórdão do STJ, de 1978-02-16, *BMJ*, 274/233)

NOTAS

Ver também o acórdão da Relação de Lisboa, de 2014-04-03 (disponível em http://www.dgsi.pt/jtrl.nsf/33182fc732316039802565fa00497eec/e87cbfff272db35680257cdd0036eac6?OpenDocument):

"1. As partes comuns do edifício definidas no título constitutivo da propriedade horizontal, nomeadamente as instalações destinadas à casa da porteira, mantêm-se inalteradas, sendo insuscetíveis de modificação por ação individual, própria e autónoma dos proprietários das frações, apenas podendo ser alterado desde que haja acordo de todos os condóminos, nos termos do art. 1419.º, n.º 1, do Código Civil.

2. Não pode ser adquirido o direito real de propriedade, por um dos condóminos, por usucapião, tendo por objeto uma parte comum do edifício, como é o caso da dependência destinada ao uso da porteira e assim destinada pelo título constitutivo da propriedade horizontal."

Percentagem ou permilagem

No título constitutivo da p. h. tem de indicar-se o valor relativo de cada fração, expresso em percentagem ou permilagem do valor total do prédio (art. 1418.º do Código Civil).

A indicação tem como objetivo a determinação da participação dos condóminos nas despesas das partes comuns, no pagamento de serviços de interesse comum (art. 1424.º, n.º 1), assim como nos encargos de inovações (art. 1426.º, n.º 1), da fixação do número de votos na assembleia (art. 1430.º, n.º 2), e também da participação em eventuais receitas comuns, inclusive em caso de perda total ou parcial do imóvel (art. 1428.º).

A soma das percentagens ou permilagens tem de ser igual a cem ou a mil, respetivamente – o que implicará em certos casos (p. ex., três frações autónomas reputadas iguais) a necessidade de efetuar algum ajustamento ou arredondamento (ex.: 33,33 – 33,33 – 33,34).

(*Boletim da APN*, n.º 27/1)

NOTAS

Ver também o parecer do Conselho Consultivo de 2014-05-15, disponível em https://www.irn.mj.pt/sections/irn/doutrina/pareceres/predial/2014/29--Código Civil-2014-r-p-21-2014/downloadFile/file/29-RP_21-2014_STJ-CC.pdf?nocache=1403168676.61.

Responsabilidade por encargos de condomínio

A Lei n.º 8/2022, de 10 de janeiro, estabelece, como documento instrutório obrigatório da escritura de compra e venda ou do documento particular autenticado de alienação de uma determinada fração, a declaração escrita emitida pelo administrador de condomínio da qual conste o montante de todos os encargos de condomínio em vigor relativamente à respetiva fração, com especificação da sua natureza, respetivos montantes e prazos de pagamento, bem como das dívidas existentes, respetiva natureza, montantes, datas de constituição e vencimento. A referida declaração deverá ser emitida pelo administrador do condomínio no prazo máximo de 10 dias a contar do pedido do proprietário da fração.

Determina-se, ainda, que a responsabilidade pelas dívidas existentes é aferida em função do momento em que a mesma deveria ter sido liquidada, salvo declaração expressa do adquirente de que prescinde da declaração a ser emitida pelo administrador e, nesse caso, o adquirente da fração autónoma aceitará, necessariamente, a responsabilidade por qualquer dívida do vendedor ao condomínio.

Por fim, prevê-se expressamente que os montantes que constituam encargos do condomínio, independentemente da sua natureza, que se vençam em data posterior à transmissão da fração, são da responsabilidade do novo proprietário.

NOTAS

As vendas em execução, por se tratar de vendas coercitivas, por vezes de carácter urgente, podem tornar impossível a obtenção da referida declaração. No entanto, o regime previsto no artigo 824.º do Código Civil prevê a transmissão dos bens livres dos direitos de garantia que os onerarem, bem como dos demais direitos reais que não tenham registo anterior ao de qualquer arresto, penhora ou garantia, com exceção dos que, constituídos em data anterior, produzam efeitos em relação a terceiros independentemente do registo. As dívidas ao condomínio, exemplo típico das obrigações *propter rem*, têm um estatuto diferente, pelo que nos parece que a declaração é de exigir, mesmo nas vendas em execução, sob pena do adquirente vir a ser confrontado com a responsabilidade por qualquer dívida do executado ao condomínio.

R

RECONHECIMENTO

O reconhecimento de assinaturas consiste na confirmação da autoria da assinatura ou da letra e assinatura, num documento particular, e está consagrado nos artigos 153.º e seguintes do Código do Notariado. Este reconhecimento pode ser simples, com menções especiais ou a rogo:

1. Reconhecimento de assinaturas simples – Este reconhecimento respeita à letra e assinatura, ou só à assinatura, do signatário de documento. Os reconhecimentos simples são sempre presenciais.

2. Reconhecimento de assinaturas especial – É aquele que inclui, por lei ou a pedido dos interessados, a menção de alguma circunstância especial (por exemplo, que está a assinar como procurador daquela pessoa), e que seja conhecida ou verificada por quem vai fazer o reconhecimento, em face de documentos exibidos. Estes reconhecimentos podem ainda ser:

a) Reconhecimento de assinaturas presencial – Reconhecimento da letra e assinatura, ou só da assinatura, conforme a forma exigida por lei para a prática do ato, em documentos escritos e assinados, ou apenas assinados na presença de quem o vai reconhecer;

b) Reconhecimento de assinaturas por semelhança – Reconhecimento feito através da simples confrontação da assinatura apresentada com a assinatura constante do documento de identificação ou de qualquer outro documento permitido por lei.

3. Reconhecimento a rogo – Só pode ser reconhecida por via de reconhecimento presencial e desde que o rogante não saiba ou não possa assinar. Neste caso é lido e explicado o documento que está a assinar ao rogante, e é nesse mesmo documento colocada a sua impressão digital.

A aposição da impressão digital, sem mais, como forma de suprir a assinatura, só é possível relativamente aos documentos autênticos. Conclusão que resulta da leitura conjugada do art. 51.º do Código do Notariado com o art. 371.º do Código Civil.

CERTIFICAÇÃO DE PODERES OU QUALIDADE

Solicitado o reconhecimento da assinatura aposta em requerimento declaração para o registo da compra *de um veículo automóvel com a menção de que o signatário é representante, com poderes para o ato, de certa* sociedade por quotas cujo objeto é a indústria de padaria, *pastelaria e produtos afins e a sua comercialização, o ato notarial deve ser praticado quando se faça prova de que:*

1 – O signatário é gerente da sociedade.

2 – Os atos que envolvam responsabilidade ou obrigação para essa sociedade terão validade, e só a terão, se assinados pelo gerente em causa.

(Parecer, de 1985-03-11, do Conselho Técnico dos Registo e do Notariado, relator Carlos Chagas, P. 2/84, not. 2, *BRN.*, 1/16)

O reconhecimento constitui com a certificação um só ato incindível, *uma unidade em princípio indissolúvel, um ato só, que há que realizar ou recusar, em princípio, na forma em que é requerido.*

Não há dois atos, *reconhecimento e certificação, de que se possa dizer a recusa de um (o reconhecimento) ilegal e a de outro (certificação) legal ou assim-assim.*

O ato de reconhecimento é um só, a realizar ou não, conforme se requer.

Pedindo-se ao notário um reconhecimento com certificação de qualidades ou poderes, sendo a certificação inviável, importa recusar o ato na sua unidade e globalidade, a não ser que o interessado se satisfaça, em face da recusa, com o mero reconhecimento.

(Albino Matos, *Revista do Notariado*, outubro de 1980, ano I, n.º 2, p. 14)

Contrato-promessa

I – A redação dada aos arts. 410.º, 442.º e 830.º do Código Civil é de âmbito geral, valendo para todos os contratos-promessa.

II – Em contrato-promessa de compra e venda de prédio urbano o reconhecimento presencial das assinaturas dos outorgantes e a certificação da existência de licença de utilização ou de construção são formalidades "ad substantiam", cuja falta implica nulidade.

(Acórdão da Relação de Lisboa, de 1986-10-07, *Colectânea de Jurisprudência*, 11/4/141, e *Revista do Notariado*, 1987/2/261)

O direito real de habitação periódica escapa à previsão do art. 410.º, n.º 3, do Código Civil, não sendo necessário, no contrato-promessa respeitante a tal direito, o reconhecimento presencial das assinaturas e a certificação, pelo notário, da existência de licença de utilização ou construção.

(Acórdão da Relação de Coimbra, de 1997-05-06, *Colectânea de Jurisprudência*, 22/3/13)

NOTAS

No mesmo sentido do acórdão da Relação de Coimbra, ver o acórdão da Relação de Lisboa, de 2000-10-12 (disponível em http://www.dgsi.pt/jtrl.nsf/33182fc732316039802565fa00497eec/2e1caadbca015956802569a50053fafc?OpenDocument):

"Muito embora o artigo 410.º do Código Civil fixe o regime geral do contrato-promessa, os elementos essenciais que o contrato-promessa de compra e venda de direito real de habitação periódica deve conter obrigatoriamente acham-se consagrados nomeadamente nos artigos 30.º, 31.º e 32.º do citado Decreto-Lei n.º 130/89. E de tais normativos não resulta a exigência do reconhecimento presencial da assinatura dos promitentes, tal como não resulta dos artigos 17.º a 20.º do Decreto-Lei n.º 275/93 vigente.

E essa mesma exigência não decorre, igualmente do regime geral estabelecido nos n.os 1 e 2 do artigo 410.º do Código Civil, que apenas impõe que o contrato-promessa conste de documento escrito assinado pelo promitente ou promitentes, consoante seja unilateral ou bilateral, quando a lei exija documento, quer autêntico, quer particular, para o contrato prometido.

A imposição do reconhecimento presencial das assinaturas dos promitentes introduzida com o aditamento de um n.º 3 ao aludido artigo 410.º pelo Decreto-Lei n.º 236/80, de 18 de junho, foi ditada pelas circunstâncias que se viviam no domínio do mercado de aquisição de habitação própria, como dá conta o próprio legislador no preâmbulo desse diploma.

A "ratio" desse aditamento em 1980 com a exigência do reconhecimento presencial da assinatura dos promitentes e da certificação pelo notário da existência de licença de utilização ou construção afasta a sua aplicação aos contratos-promessa de aquisição do direito real de habitação periódica instituído em 1993.

Por outro lado, não se exigindo para o contrato de compra e venda do direito real de habitação periódica (contrato definitivo) o reconhecimento presencial da assinatura do comprador – endossado –, mas tão-só a do vendedor – endossante – não se compreenderia maior solenidade para o contrato-promessa com a imposição do reconhecimento presencial da assinatura do promitente adquirente.

Aliás, tendo o legislador optado por consagrar no diploma que rege o direito real de habitação periódica os elementos essenciais que devem figurar obrigatoriamente do respetivo contrato-promessa de compra e venda e do contrato definitivo, teria, seguramente, feito referência em tal diploma à exigência formal em questão (reconhecimento presencial das assinaturas dos promitentes), tanto mais que era conhecedor dessa exigência instituída desde 1980 no n.º 3 do artigo 410.º do Código Civil.

Afigura-se que o legislador optou por outros mecanismos para assegurar o equilíbrio entre os contraentes, como é o caso da possibilidade de o promitente-comprador resolver o contrato por carta registada com aviso de receção nos sete dias seguintes à sua assinatura (n.º 4 do artigo 30.º do Decreto-Lei n.º 130/89).

Assim, não obstante alguma jurisprudência em sentido contrário entende-se que o direito real de habitação periódica não cai na previsão do artigo 410.º n.º 3 do Código Civil.

Não sendo exigível em tal contrato o reconhecimento presencial da assinatura do promitente-comprador, a inobservância dessa formalidade não constitui violação geradora da sua nulidade por aplicação do disposto no artigo 220.º do citado compêndio substantivo."

I – O contrato-promessa de compra e venda de edifício já construído que não contenha as formalidades prescritas no art. 410.º, n.º 3, do Código Civil, designadamente a certificação pelo notário da existência da respetiva licença de utilização, não está inquinado de uma nulidade absoluta, mas tão-só de uma nulidade mista ou atípica, pelo que o registo provisório de aquisição lavrado com base nele não pode ser objeto de recusa (arts. 47.º, n.º 3, e 69.º, n.º 1, alínea d), do Código do Registo Predial).

II – A omissão do cumprimento da predita formalidade também não importa a pro-

visoriedade por dúvidas da respetiva inscrição, já que, não tendo o contrato-promessa que a suporta efeitos translativos da propriedade, a situação não está abrangida pela obrigação da prova da existência da licença de utilização, estabelecida, em homenagem à proteção do interesse público do combate à construção clandestina, pelo art. 1.º, n.º 1, do Decreto-Lei n.º 281/99, de 26 de julho, para a celebração de escrituras públicas que envolvam a transmissão do prédio. (...)

(Parecer, de 2004-10-27, do Conselho Técnico da DGRN, relatora Maria Eugénia Moreira, *BRN-CT*, 10/04, p. 11)

Exequibilidade dos escritos particulares

Artigo 707.º – *Exequibilidade dos documentos autênticos ou autenticados*

Os documentos exarados ou autenticados, por notário ou por outras entidades ou profissionais com competência para tal, em que se convencionem prestações futuras ou se preveja a constituição de obrigações futuras podem servir de base à execução, desde que se prove, por documento passado em conformidade com as cláusulas deles constantes ou, sendo aqueles omissos, revestido de força executiva própria, que alguma prestação foi realizada para conclusão do negócio ou que alguma obrigação foi constituída na sequência da previsão das partes.

(Art. 707.º do Código do Processo Civil)

NOTAS

Ver o acórdão do Tribunal da Relação do Porto, de 2018-11-08 (disponível em http://www.dgsi.pt/jtrp.nsf/56a6e7121657f91e80257cda00381fdf/6051cf95c1ea5373802583620043b087?OpenDocument):

"No art. 707.º do CPC [Código do Processo Civil], o legislador admite que alguns elementos da obrigação exequenda possam não constar do documento que serve de título executivo, mas de outro documento ou com força executiva própria ou emitido em conformidade com o documento autêntico ou autenticado apresentado como título executivo, considerando que tal constitui garantia suficiente da existência da dívida."

Art. 708.º – *Exequibilidade dos escritos com assinatura a rogo) do Código do Processo Civil*

Qualquer documento assinado a rogo só goza de força executiva se a assinatura estiver reconhecida por notário ou por outras entidades ou profissionais com competência para tal.

(Art. 708.º do Código do Processo Civil)

NOTAS

A exigência do reconhecimento notarial da assinatura é suprimida em absoluto para os extratos de fatura, letras, livranças e cheques.

Quanto aos demais escritos particulares, mantém-se a distinção entre reconhecimento presencial e assinatura a rogo.

I. A assinatura a rogo é admitida nas letras e livranças, por a respetiva Lei Uniforme não conter qualquer reserva nesta matéria e o direito português não só admitir a assinatura a rogo nos documentos particulares, como até conferir força executiva a tais documentos. Porém, tal como sucede em relação aos restantes documentos particulares, a assinatura a rogo nas letras e livranças tem de ser reconhecida pelo notário com as formalidades previstas.

II. Nada parece obstar a que uma assinatura a rogo numa letra em branco (que não é "papel sem nenhuns dizeres") seja reconhecida pelo notário, procedendo-se à leitura dos dizeres do título, dado que alguns sempre terá de conter, com esclarecimento do futuro preenchimento dos restantes elementos, a constar do mesmo de harmonia com o pacto de preenchimento.

III. Porém, para quem defenda que a assinatura a rogo numa letra em branco não pode ser reconhecida pelo notário por o documento conter espaços em branco, terá então de aceitar a invalidade da assinatura e a consequente nulidade da obrigação assumida e não que se deva considerar como dispensado o reconhecimento notarial, por a lei o não admitir.

(Acórdão da Relação de Lisboa, de 2008-11-27, disponível em http://www.dgsi.pt/jtrl.nsf/0/f487ee222ad7b0c18025753f005ec58a?OpenDocument)

Impressos de venda: automóveis

I – O n.º 1 do art. 9.º [alterado pelo Decreto-Lei n.º 178-A/2005, de 28 de setembro] *do Regulamento do Registo de Automóveis, constante do Decreto n.º 55/75, de 12 de fevereiro, exige, a propósito da regularidade da representação de pessoas coletivas ou sociedades interessadas no registo, que o reconhecimento notarial da assinatura do signatário contenha a declaração da sua qualidade de representante da pessoa coletiva ou sociedade e de que tem poderes para o ato.*

II – Como decorre do n.º 1 do art. 6.º do Código das Sociedades Comerciais [CSC], *a capacidade de gozo da sociedade compreende os direitos e as obrigações necessários ou convenientes à prossecução do seu fim.*

III – Assim, a sociedade comercial tem capacidade para alienar veículos automóveis, mesmo nos casos em que a atividade de compra e venda desses bens não se inclua no seu objeto, se tal se revelar necessário ou conveniente à prossecução do seu fim.

IV – Nas sociedades por quotas é aos gerentes que compete a celebração dos atos aludidos no número anterior, uma vez que cabem nos seus poderes funcionais, sem necessidade de deliberação dos sócios, se o contrato social não dispuser diversamente – cf. arts. 252.º, 259.º e 246.º do CSC.

V – De resto, os atos praticados pelos gerentes, em nome da sociedade e dentro dos poderes que a lei lhes confere – quer tais atos se compreendam no objeto social, quer ultrapassem o âmbito da atividade que constitui o seu objeto, sem prejuízo do disposto no n.º 1 do artigo 6.º do CSC – vinculam-na para com terceiros, restando apenas à sociedade a possibilidade de lhes opor as limitações de poderes resultantes do seu objeto social, se provar que o terceiro sabia ou não podia ignorar que o ato não respeitava essa cláusula e se entretanto a sociedade o não assumiu, por deliberação expressa ou tácita dos sócios – vide *n.os 1 e 2 do artigo 260.º do CSC.*

VI – Não é, assim, legítima a recusa do reconhecimento da assinatura do(s) gerente(s) de sociedade por quotas, aposta em requerimento para registo automóvel, com a menção de que o(s) signatário(s) têm poderes para o ato, mesmo nos casos em que o objeto da sociedade não compreenda a alienação de veículos automóveis – cf. art. 173.º do Código do Notariado – muito embora se não possa considerar supérflua a consignação no termo do reconhecimento da declaração prestada pelo signatário de que o ato é necessário ou conveniente à prossecução dos fins da sociedade.

VII – Também, por outro lado, não deve o conservador recusar o registo automóvel com o argumento de que o reconhecimento notarial não contém a expressa menção de que o ou os signatários têm "poderes para o ato", desde que dele conste que são representantes da sociedade – já que a representação implica aqueles mesmos poderes.

(Despacho da DGRN, de 2001-01-29, *BRN-CT*, 2/2001, p. 50)

Navios

Do Decreto-Lei n.º 201/98, de 10 de julho, que estabelece o estatuto legal do navio, destacamos:

Artigo 1.º – *Noção*

1 – Para efeitos do disposto no presente diploma, navio é o engenho flutuante destinado à navegação por água.

2 – Fazem parte integrante do navio, além da máquina principal e das máquinas auxiliares, todos os aparelhos, aprestos, meios de salvação, acessórios e mais equipamentos existentes a bordo necessários à sua operacionalidade.

Artigo 2.º – *Registo*

Os navios e os factos a eles respeitantes estão sujeitos a registo, nos termos do disposto na legislação respetiva.

(...)

Artigo 10.º – *Forma dos contratos relativos a direitos reais sobre o navio*

Os contratos que impliquem a constituição, modificação, transmissão ou extinção de direitos reais sobre navio devem ser celebrados por escrito, com reconhecimento presencial da assinatura dos outorgantes.

Reconhecimento por semelhança

Apresentado por uma das partes um documento particular cuja assinatura, atribuída à parte contrária, está reconhecida por semelhança, pode esta parte declarar que a assinatura não lhe pertence e fazer contraprova da presunção de veracidade resultante do reconhecimento (não sendo, pois, necessário arguir a falsidade).

(Acórdão da Relação de Coimbra, de 1990-03-27, *BMJ*, 395/681)

NOTAS

1. Ver também o acórdão da Relação de Lisboa, de 2009-09-17 (disponível em http://www.dgsi.pt/jtrl.nsf/33182fc732316039802565fa00497eec/8558d5abcadb827f802576650058c762):

"I – Ao invés dos documentos autênticos, que fazem prova por si mesmos da proveniência que ostentam, os documentos particulares não provam, só por si, a sua procedência da pessoa que aparentemente assume a sua *autoria* ou *paternidade*.

II – A parte contra a qual o documento particular é apresentado pode impugnar a veracidade da letra ou da assinatura ou declarar que não sabe se aquelas são verdadeiras, não lhe sendo imputadas, caso em que cabe à parte que o ofereceu fazer prova da veracidade da subscrição pela pessoa a cuja autoria é atribuído.

III – Não sendo estabelecida a genuinidade do documento particular, porque impugnado e não demonstrada a sua veracidade pelo apresentante, o mesmo constitui apenas um meio de prova livremente apreciado pelo julgador, ficando arredada a sua força probatória plena."

2. Conforme à lei (art. 375.º do Código Civil, *max.* n.º 3): o reconhecimento por semelhança vale em princípio como mero juízo pericial.

Verificação da identidade

Se em atos que se revestem de maior solenidade, caso dos instrumentos públicos, a lei permite que a verificação de identidade *dos outorgantes se faça por declaração de* dois abonadores, *por maioria de razão visará o mesmo procedimento quanto à verificação de identidade do signatário ou rogante, em caso de reconhecimento de assinatura.*

(Despacho da DGRN, de 1998-05-27, *BRN*, 6/98, p. 32)

RECUSAS

Certidões, fotocópias, etc.

1.º Requisitada ao Cartório fotocópia pública-forma da ata lavrada num livro de atas, *de certa sociedade, não constitui fundamento de recusa:*

a) Ter-se omitido na ata e no livro a indicação da firma;

b) Encontrar-se a ata redigida em termos invulgares ou anormais.

2.º Ainda que o documento aparente valor precário, o notário não pode substituir-se ao interessado na decisão de extrair dele uma pública-forma, que pode até destinar-se à demonstração dessa mesma precariedade.

(Parecer, de 1985-02-13, do Conselho Técnico dos Registos e do Notariado, relator Carlos Chagas, P. 1/84, not. 2, *BRN*, 1/5)

Recursos

Numa situação em que o notário se recuse a praticar o ato que lhe seja requisitado, "pode o interessado interpor recurso para o tribunal de 1.ª instância da sede do cartório notarial, sem prejuízo do recurso hierárquico para o diretor-geral dos Registos e do Notariado, nos termos da lei orgânica dos serviços", tal como disposto no art. 175.º do Código do Notariado.

"Se o interessado declarar, verbalmente ou por escrito, que pretende recorrer, o notário deve entregar-lhe, dentro de 48 horas, uma exposição datada onde se especifiquem os motivos de recusa" (art. 176.º).

Os trâmites processuais encontram-se consagrados nos artigos 177.º a 182.º, que passamos a expor:

a) No prazo de 15 dias a contar da data da entrega da exposição do notário (onde devem constar os motivos de recusa), o interessado apresenta no cartório a petição do recuso (dirigida ao juiz de direito e acompanhada da exposição do notário e dos documentos que se pretenda oferecer), na qual se farão as competentes alegações, de forma não necessariamente articulada, tendentes a demonstrar a improcedência dos motivos da recusa, concluindo-se por pedir que seja determinada a realização do ato;

b) Autuada a petição e os documentos, o notário tem 48 horas para lavrar despacho a sustentar ou a reparar a recusa;

c) Se o notário reparar a decisão da recusa, deve notificar do facto o recorrente; se a recusa se mantiver, então remeterá o processo a juízo, juntando-lhe eventualmente os documentos que julgue necessários para completar a sua instrução;

d) Uma vez recebido em juízo, o processo vai primeiro ao Ministério Público para emissão de parecer, após o que será julgado por sentença a proferir no prazo de 8 dias;

e) Da sentença cabe recurso, com efeito suspensivo, para a Relação – o qual será processado e julgado como o de agravo em matéria cível –, podendo recorrer a parte prejudicada pela decisão, o notário ou o Ministério Público (do acórdão da Relação não cabe recurso para o Supremo Tribunal da Justiça, sem prejuízo dos casos em que o recurso é sempre admissível);

f) Se no julgamento do recurso for determinada a realização do ato recusado, deve o notário efetuá lo logo que as partes o solicitem, com referência à decisão transitada (é claro que, julgado procedente o recurso, será remetida oficiosamente ao notário recorrido a certidão da decisão definitiva e, se o tribunal o entender, remeter-se-á também cópia ao IRN, se o notário for público, e, segundo nos parece, à Ordem dos Notários, se for privado), a qual, a nosso ver, só poderá ser para fins de eventual instauração de procedimento disciplinar.

REGISTO COMERCIAL

Cessão de quotas

I – O registo comercial, salvas as exceções previstas na lei, não tem carácter constitutivo.

II – Só estão sujeitos ao princípio do trato sucessivo os atos modificativos de titularidade de quotas ou de partes sociais e de direitos sobre elas.

III – A eficácia para com a sociedade dos atos modificativos de titularidade de participações nos quais ela não tenha intervenção depende de lhe serem comunicados por escrito ou por ela reconhecidos, e não da existência de registo.

IV – A titularidade registral dos sócios deliberantes é irrelevante para o registo definitivo de deliberação social que não suponha ou envolva modificação dessa titularidade.

(Despacho do DGRN, de 1998-11-02, sobre parecer de Felício Noronha, *BRN*, 4/99, p. 21)

NOTAS

Ver também parecer do Conselho Técnico do IRN, de 2019-10-22, disponível em https://www.irn.mj.pt/sections/irn/doutrina/pareceres/comercial/2019/pareceres-1-15-2019/downloadFile/attachedFile_1_f0/RCo21-2019-STJSR-CC.pdf?nocache=1577377366.9.

Notariado

A – Controlo da legalidade

– A qualificação do conservador da legalidade do ato a registar acaba por ser uma segunda qualificação na maior parte dos casos, isto porque obedece a parâmetros análogos aos do controlo anterior da legalidade realizado pelo notário.

– Sucede que o notário está em contacto com as partes, cuja vontade deve interpretar e conformar legalmente, ao contrário do conservador que aprecia a viabilidade do pedido de registo apenas em face da prova documental.

– Não havendo obstáculo a que se elimine um dos controlos de legalidade, só faz sentido que se elimine o segundo, uma vez que repete o anterior, embora para finalidade distinta. Donde, o controlo da legalidade a cargo do conservador deve manter-se sempre que não exista controlo anterior efetuado por outra entidade de tal incumbida por dever de ofício.

– A intervenção do notário destina-se a prevenir conflitos através da formalização. Ora, se o notário errou, ao menos aos olhos do conservador, o conflito, que se pretendia prevenido, já surgiu, o que mostra o paradoxo da situação atual, que aliás só serve para impedir ou condicionar o acesso ao registo, mas nada remedeia dos supostos vícios ou irregularidades.

– Para fundar a fé pública registral basta uma apreciação da legalidade, seja a efetuada pelo notário ou pelo tribunal, quando intervenham na formação do facto registável, seja a do próprio conservador, quando não exista aquela intervenção. É certo que duas apreciações da legalidade serão solução mais segura do que apenas uma, mas três, nesta perspetiva, também seriam melhor do que duas...

(José Gonzáles, "Qualificação de atos registáveis com intervenção notarial (Duplo controlo da legalidade)", *Boletim da APN*, n.º 241/6, disponível em https://www.irn.mj.pt/sections/irn/legislacao/publicacao-de-brn/docs-brn/2004/brn-n-1-2004/

downloadFile/attachedFile_4_f0/qualif_atos.pdf?nocache=1207154321.41)

I – O nosso sistema de registo é um sistema de mera inoponibilidade, sendo o registo condição de eficácia perante terceiros dos factos a ele sujeitos; mas do registo deriva a presunção iuris tantum *de que o direito existe e pertence ao titular, nos precisos termos em que o registo o define.*

II – Aquela presunção assegura tão-somente que, se o direito pertencer àquele em cujo nome está inscrito, este não o alienou nem constitui sobre ele encargos além dos que estiverem igualmente inscrito nas respetivas tábuas (se, naturalmente, estiverem sujeitos a registo); e a referida presunção só funciona porque existe o princípio da legalidade.

III – Por força dos assinalados efeitos, ambos derivados do registo, da oponibilidade e da presunção, a escritura pública submetida a registo reforça substancialmente o seu valor e eficácia.

IV – Os princípios da legitimação e do trato sucessivo, que também enformam o nosso sistema registral, postulam igualmente o controlo da legalidade, ao qual se devem submeter todos os títulos. Porém,

V – É claro que as decisões judiciais transitadas em julgado, porque imodificáveis, escapam ao controlo da legalidade; mas não faz sentido equiparar, para este efeitos, a escritura pública à sentença judicial.

VI – O nosso sistema registral, nas atuais circunstâncias, não pode ser um sistema de registo jurídico ou de fé pública, porque persistem obstáculos – designadamente, a inexistência de uma informação predial única e a vigência de um sistema deficiente de primeira inscrição e do princípio da consensualidade – que impedem a vigência de um sistema nos termos do qual quem adquiriu mediante contraprestação, acreditando naquilo que o registo publicita, e, por sua vez, inscreveu o seu direito, será mantido na sua aquisição e inscrição, ainda que ulteriormente se resolva ou invalide o direito do transmitente.

VII – Um sistema de registo de direitos oferece ao tráfico jurídico transparência, segurança, celeridade e custos reduzidos.

VIII – Num sistema de mera inoponibilidade como o nosso, um afrouxamento na apreciação crítica do conservador relativamente aos pedidos baseados em escrituras públicas iria diminuir significativamente a importância do registo, tornando ainda mais frágil a presunção que dele deriva.

IX – A exclusão do controlo da legalidade relativamente aos documentos notariais poderia conduzir à caricata situação da feitura de registos nulos – por nulidade do título – em que de seguida o conservador ficaria constituído no dever de providenciar pelo seu cancelamento.

X – Também os notários devem controlar a legalidade dos documentos notariais apresentados para instruir as escrituras por si lavradas.

(João Bastos, "O controlo da legalidade quando estão em causa títulos notariais", *BRN*, 11/03, disponível em https://www.irn.mj.pt/sections/irn/legislacao/publicacao-de-brn/docs-brn/2003/brn-11-de-2003/downloadFile/attachedFile_3_f0/control_legal.pdf?nocache=1207761169.29).

NOTAS

Estes dois textos foram apresentados no colóquio "O duplo controlo da legalidade", em Lisboa, a 5 de dezembro de 2003, organizado pela Universidade Lusíada e pela

Associação Sindical dos Conservadores dos Registos.

B – Legitimação

1. Os factos de que resulte transmissão de direitos sobre imóveis não podem ser titulados sem que os bens estejam definitivamente inscritos a favor do transmitente.

2. Excetua-se desta exigência, entre outros casos legalmente previstos, o primeiro ato de transmissão depois de 1 de outubro de 1984, relativo a prédios situados em concelhos onde não tenha vigorado o registo obrigatório, se for exibido documento comprovativo ou feita justificação simultânea do direito da pessoa de quem se adquire.

3. *Por* documento comprovativo, *para este efeito, deve entender-se* aquele que prove o direito para fins de registo, *como é o caso da certidão da* escritura de habilitação *notarial.*

(Parecer, de 1992-06-24, do Conselho Técnico dos Registos e do Notariado, P. 23/92 – R. P. 4, *BRN*, 5/95, p. 12)

A transmissão de um direito com infração ao princípio da legitimação (art. 9.º, n.º 1, do Código do Registo Predial) não implica a invalidade do ato, tendo meras consequências disciplinares.

(Acórdão da Relação do Porto, de 1993-10-12, *Colectânea de Jurisprudência*, 18/4/228)

NOTAS

É pacífica, ao que se julga, a doutrina do presente acórdão, que indica no mesmo sentido: Isabel Pereira Mendes, *Código do Registo Predial Anotado*, 2.ª ed., Coimbra, Almedina, p. 37; Oliveira Ascensão, *Direito Civil – Reais*, 5.ª ed., Coimbra Editora, p. 349.

Adite-se a indicação com Borges de Araújo, *Prática Notarial*, 2.ª ed., Coimbra, Almedina, 1993, p. 118.

I – O princípio da legitimação consagrado no art. 9.º do Código do Registo Predial dirige-se à entidade tituladora dos factos sujeitos a registo, enquanto o princípio do trato sucessivo estabelecido no art. 34.º do mesmo Código é de cumprimento obrigatório pelo conservador do registo predial.

II – Para a inscrição de aquisição de prédio não descrito não é necessária a inscrição prévia em nome de quem transmite, a menos que se trate de caso de urgência devidamente justificada por perigo de vida dos outorgantes (art. 34.º, n.º 1, do citado Código).

III – Por isso, só ao notário incumbe verificar se nos atos de transmissão de prédios (não descritos) que façam parte de herança indivisa, os transmitentes se encontram habilitados como únicos herdeiros (cf. al. a) do art. 55.º do Código do Notariado).

IV – Assim – não sendo aliás exigível o registo (prévio) da aquisição sem determinação de parte ou direito a favor dos herdeiros/transmitentes – não deve também a inscrição de aquisição pedida com base em escritura de compra e venda de prédio não descrito, onde se observaram as formalidades aludidas na conclusão anterior, ser lavrada como provisória por dúvidas a pretexto de que os interessados não apresentaram documento comprovativo do cumprimento das obrigações fiscais decorrentes da transmissão por sucessão hereditária a favor dos vendedores, visto este facto não ser objeto do pedido de registo e, consequentemente, de qualificação (art. 72.º, n.º 1, do CRP).

(Parecer, de 1999-10-27, do Conselho Técnico da DGRN, relatora Maria Ferraro, *BRN-CT*, 1/2000, p. 39)

Nulidade

1.º O registo de aquisição de prédio alheio é nulo, qualquer que seja o título de aquisição.

2.º A nulidade só pode ser invocada depois de declarada por decisão judicial com trânsito em julgado.

(Parecer, de 1988-10-18, do Conselho Técnico dos Registos e do Notariado, relator Rocheta Gomes, P. 44/88 – R. P. 3, *Revista do Notariado*, 1989/1/154)

Prédio

I – Dispõe de legitimidade para a reclamação da recusa de conversão qualquer dos sujeitos ativos da inscrição provisória.

II – Para os efeitos do disposto na alínea b) do n.º 1 do art. 46.º do Código do Registo Predial não é de exigir qualquer fórmula sacramental para declarar a superveniência da alteração; basta a afirmação inequívoca de que o prédio atualmente tem determinados elementos de identificação, sem prejuízo de o declarante dever esclarecer as razões das divergências.

(Parecer, de 1988-11-17, do Conselho Técnico dos Registos e do Notariado, relator Mouteira Guerreiro, P. 56/88 – R. P. 3, *Revista do Notariado*, 1989/2/290)

NOTAS

A doutrina sumariada aproveita igualmente ao disposto no art. 74.º do Código do Notariado, que lhe reproduz o sentido.

REPÚDIO

Herança

I – Na sucessão legal, a declaração de repúdio da herança manifestada por quem é filho do autor da herança desencadeia a questão da verificação dos pressupostos de representação a favor dos descendentes de quem repudia já nascidos ou concebidos à data da abertura da herança ou, inexistindo tais descendentes, dos pressupostos do direito de acrescer a favor dos outros descendentes do de cujus *e/ou do cônjuge que lhe sobreviva.*

II – Como tal, não pode essa questão ser ignorada quer pelo Notário, ao celebrar as escrituras de habilitação de herdeiros e de partilha de herança, quer pelo Conservador, ao qualificar o pedido de registo de facto decorrente daqueles atos por lhe competir verificar a sua validade.

III – Pressupondo o direito de acrescer que não haja representação, que, por sua vez, existe a favor dos descendentes do repudiante nos termos já referidos, a verificação daquele direito depende das circunstâncias de inexistirem esses descendentes.

IV – Com vista à produção de prova dessa circunstância factual (existência ou inexistência de descendentes) – que até então só seria legalmente admissível, quando não tivesse sido ainda reconhecida judicialmente, por via notarial da habilitação de herdeiros na medida em que esta tem por objetivo o reconhecimento de que não existem outras pessoas que concorram na sucessão com os habilitados – veio o Decreto-Lei n.º 67/90, de 1 de março, impor e o atual Código do Notariado continua a fazê-lo, como formalidade de observância obrigatória, que nas escrituras de repúdio se mencione se o repudiante tem descendentes, tal como prevê o artigo 46.º, n.º 3, do referido Código.

V – Daí que, declarada pelo repudiante a inexistência de descendentes, nada mais seja necessário – designadamente, a habilitação complementar da que foi efetuada anteriormente ao repúdio, reconhecendo como herdeiro quem veio repudiar – para que se tenha por comprovado o pressuposto negativo do direito de acrescer, que é a não verificação da representação.

VI – Quando porém a referida menção de inexistência de descendentes não conste da escritura de repúdio celebrada em data anterior àquela em que se tornou exigível tal menção, ainda assim se deverá admitir – por se mostrarem cumpridas a forma e a solenidade exigidas por lei para a relevância da declaração – que o repudiante venha declarar essa circunstância na escritura de partilha da herança que repudiou, sem necessidade também da habilitação complementar a que se refere a conclusão anterior.

VII – Mas, se tal intervenção não for possível – quer por impedimento, quer por recusa do repudiante – só a habilitação de herdeiros com observância das regras estabelecidas no art. 82.º (atual art. 80.º) e seguintes do Código do Notariado, quando tal não tenha sido ainda objeto de reconhecimento judicial, poderá legalmente comprovar o direito de acrescer por inexistirem descendentes sucessíveis, isto é, por se não verificar no caso a representação.

(Parecer, de 1998-10-23, do Conselho Técnico da DGRN, relator Silva Pereira, *BRN-Supl.*, 11/98, p. 23)

NOTAS

Ainda sobre este tema, ver o parecer do Conselho Técnico do IRN, de 2018-05-02 (disponível em https://www.irn.mj.pt/sections/irn/doutrina/pareceres/predial/2018/pareceres-1-15-2018/downloadFile/attachedFile_11_f0/19_CC_2018-CN9-2017-STJ-CC.pdf?nocache=1527588117.27).

I – A falta de contestação apenas importa a confissão dos factos alegados pelo requerente não sujeitos a prova vinculada e não abrange o direito invocado, para efeitos do disposto no art. 567.º do Código de Processo Civil.

II – No incidente de habilitação de herdeiros, a confissão referida em I não ocorre quando há mais do que um réu e quando se verifique citação edital de herdeiros incertos.

III – Não se pode falar em nulidade de sentença por omissão de pronúncia o facto de o tribunal não ter ordenado diligências requeridas por uma das partes, justificado em despacho próprio, e também quando as mesmas não sejam necessárias para a decisão da causa.

IV – A habilitação de herdeiros para efeitos fiscais, o recebimento de pensão de sobrevivência por morte do marido não tem o efeito de aceitação tácita da herança que impeça o posterior repúdio da mesma.

V – O repúdio da herança depois de decorrido o prazo para contestação do incidente de habilitação de herdeiros importa o não reconhecimento do repudiante como herdeiros, uma vez que o repúdio retroage ao momento da abertura da sucessão e por se considerar como se nunca tivesse sido chamado à sucessão aquela que repudia.

(Acórdão do Tribunal da Relação de Lisboa, de 2016-04-28, disponível em https://dre.pt/dre/detalhe/acordao/b.11-2-2016-99333475)

NOTAS

Relativamente à matéria sucessória, importa ainda referir que o n.º 1 do artigo 2033.º do Código Civil, na redação da Lei n.º 72/2021, de 12 de novembro, passa a prever que têm capacidade sucessória, além do Estado, todas as pessoas nascidas ou concebidas ao tempo da abertura da sucessão, não excetuadas por lei, bem como as pessoas concebidas, nos termos da lei, no quadro de um procedimento de inseminação *post mortem*.

S

SELO

Aquisição onerosa ou doação

O imposto do selo relativo à verba 1.1 da TGIS [Tabela Geral do Imposto do Selo], *em sede de* partilha, *incidirá sobre o excesso que o partilhante leve a mais em imóveis ("Aquisição onerosa ou por doação do direito de propriedade ou de figuras parcelares desse direito sobre imóveis...").*

O excesso que o partilhante leve a mais em imóveis pode não coincidir com o montante das tornas prestadas. É o que acontecerá quando o acervo a partilhar se compuser de ativo e de passivo de bens móveis e imóveis.

Se o acervo a partilhar se compuser, por exemplo, de ativo e de passivo, o passivo é abatido ao ativo para efeito das contas, tornas, entre os partilhantes, não tendo, contudo, qualquer relevância para o efeito do imposto do selo. Assim, o herdeiro, porque fica com o encargo do pagamento da totalidade do passivo, pode prestar tornas apenas no valor de 100, mas porque em imóveis leva a mais 200, será sobre os 200 que irá incidir o imposto.

(Recomendação da DGRN, 2004, *BRN*, 5/04, p. 19)

NOTAS

Ver o parecer do IRN, de 2019-01-22, disponível em https://www.irn.mj.pt/sections/irn/doutrina/pareceres/predial/2019/parecer-1-15/downloadFile/attachedFile_1_f0/2_CC_2019-RP128-2018_STJ-CC.pdf?nocache=1553522009.17.

Incidência objetiva

A Lei n.º 150/99, de 11 de setembro, aprovou o Código do Imposto do Selo e a tabela geral anexa.

O imposto do selo incide sobre os atos, contratos, documentos, títulos, papéis e outros factos previstos na tabela geral, incluindo as transmissões gratuitas de bens, ficando ainda sujeitos a imposto os documentos, atos ou contratos emitidos ou celebrados fora do território nacional, nos mesmos termos em que o seriam se no território nacional fossem emitidos ou celebrados, caso em Portugal sejam apresentados para quaisquer efeitos legais – arts. 1.º, n.º 1, e 4.º, n.º 2, al. a).

Incidência subjetiva

São sujeitos passivos do imposto, no que ao notariado mais interessa, nos termos do art. 2.º, n.ºs 1, als. a), b) e r), 2, 3, 5 e 6:

– Notários, conservadores dos registos civil, comercial, predial e de outros bens sujeitos a registo, outras entidades públicas, incluindo os estabelecimentos e organismos do Estado, bem como todas as entidades ou profissionais que autentiquem os documentos particulares, relativamente aos atos, contratos e outros factos em que sejam intervenientes, com exceção dos celebrados perante notários relativos a crédito e garantias concedidos por instituições de crédito, sociedades financeiras ou outras entidades a elas legalmente equiparadas e por quaisquer outras instituições financeiras, e quando, nos termos da alínea n) do artigo 5.º, os contratos ou documentos lhes sejam apresentados para qualquer efeito legal;

– Entidades concedentes do crédito e da garantia ou credoras de juros, prémios, comissões e outras contraprestações;

– O trespassante, nos trespasses de estabelecimento comercial, industrial ou agrícola;

– Pessoas singulares, para quem se transmitam os bens, nas transmissões gratuitas, sem prejuízo das seguintes regras:

a) Nas sucessões por morte, o imposto é devido pela herança, representada pelo cabeça de casal, e pelos legatários;

b) Nas demais transmissões gratuitas, incluindo as aquisições por usucapião, o imposto é devido pelos respetivos beneficiários.

– Adquirentes dos bens imóveis, nos atos ou contratos da verba 1.1. da tabela geral;

– Nas situações previstas na verba 2 da tabela geral, o locador e o sublocador.

Para este efeito, é sujeito passivo:

a) Em caso de pluralidade de locadores ou de sublocadores, aquele que proceder à apresentação da declaração prevista no artigo 60.º ou o primeiro locador ou sublocador identificado na referida declaração, quando apresentada por terceiro autorizado, sem prejuízo da responsabilidade de qualquer dos locadores ou sublocadores, nos termos gerais, em caso de incumprimento da obrigação declarativa;

b) No arrendamento e subarrendamento de prédio pertencente a herança indivisa ou de parte comum de prédio constituído em propriedade horizontal, a herança indivisa representada pelo cabeça de casal e o condomínio representado pelo administrador, respetivamente.

Isenções

Mais uma vez, atendendo aos pontos que mais relevam para o notariado, preceituam os arts. 1.º, n.º 5, al. e), 6.º, als. a) e e), 7.º, n.º 1, als. i), j) e t):

a) Os sujeitos passivos de IRC, ainda que dele isentos, nas transmissões gratuitas, embora só para efeitos da verba 1.2 da tabela geral;

b) O Estado, as Regiões Autónomas, as autarquias locais e as suas associações e federações de direito público e quaisquer dos seus serviços, estabelecimentos e organismos;

c) As instituições de segurança social;

d) As pessoas coletivas de utilidade pública administrativa de mera utilidade pública;

e) As instituições particulares de solidariedade social e entidades a estas legalmente equiparadas;

f) O cônjuge ou unido de facto, descendentes e ascendentes, nas transmissões gratuitas sujeitas à verba 1.2 da tabela geral de que forem beneficiárias (as doações feitas em conjunto a filhos, genros e noras, estão sujeitas a imposto em relação à metade destes);

g) Os empréstimos com características de suprimentos, incluindo os respetivos juros, quando realizados por detentores de capital social a entidades nas quais detenham diretamente uma participação no capital não inferior a 10% e desde que esta tenha permanecido na sua titularidade durante um ano consecutivo ou desde a constituição da entidade participada, contanto que, neste caso, a participação seja mantida durante aquele período;

h) Os mútuos constituídos no âmbito do regime legal do crédito à habitação até ao montante do capital em dívida, quando deles resulte mudança da instituição de crédito ou sub-rogação nos direitos e garantias do credor hipotecário, nos termos do artigo 591.º do Código Civil; e

i) As aquisições onerosas ou a título gratuito de imóveis por entidades públicas empresariais responsáveis pela rede pública de escolas, destinadas direta ou indiretamente à realização dos seus fins estatutários.

Estão ainda isentos de imposto de selo:

a) As cooperativas do primeiro grau, de grau superior e as régies cooperativas, sobre os atos, contratos, documentos, títulos e outros factos, incluindo as transmissões gratuitas de bens, quando este imposto constitua seu encargo – ver n.os 13 e 14 do art. 66.º do EBF (Estatuto dos Benefícios Fiscais);

b) A Santa Sé, a Conferência Episcopal Portuguesa, as dioceses e demais jurisdições eclesiásticas, bem como outras pessoas jurídicas canónicas constituídas pelas competentes autoridades eclesiásticas para a prossecução de fins religiosos, sobre as aquisições onerosas ou gratuitas de bens imóveis para fins religiosos e, bem assim, sobre os atos de instituição de fundações, uma vez que inscritas no competente registo do Estado – cf. art. 26.º, n.º 3, da Concordata entre a República Portuguesa e a Santa Sé.

NOTAS

Sempre que haja alguma isenção, deve averbar-se no documento ou título a disposição legal que a prevê - art. 8.º do Código do Imposto do Selo.

VALOR TRIBUTÁVEL

– Nas transmissões onerosas e nas doações o selo incide sobre o valor do ato ou do contrato ou sobre o valor patrimonial tributário dos imóveis (este, quanto aos rústicos, é o que for indicado como relevante para efeitos de IMT e de selo), consoante o que for maior.

No caso de imóveis omissos na matriz, o imposto é a liquidação sobre o valor constante do ato ou do contrato, embora a liquidação possa ser oficiosamente corrigida pelos serviços competentes, sendo caso disso, logo que o valor da avaliação se torne definitivo – cf. arts. 12.º, n.os 1 e 2, e 27.º do CIMT.

– Nas partilhas e divisões o selo incide sobre o excesso que o adquirente levar a mais em imóveis, excesso esse que pode não coincidir com o montante das tornas prestadas, nomeadamente, quando o

acervo a partilhar seja composto por bens móveis e imóveis ou por ativo e passivo: no primeiro caso, se a partilha compreender bens móveis e imóveis, para a liquidação do selo da verba 1.1 só interessa considerar o excesso da quota-parte que ao adquirente pertencer nos bens imóveis – cf. art. 2.º, n.º 5, alínea c), do CIMT; no segundo caso, se da herança a partilhar fizer parte ativo e passivo, o passivo é abatido ao ativo para efeito das tornas entre os partilhantes, mas tal facto não tem relevância para efeito do imposto do selo, o qual incide sempre sobre o valor dos imóveis que o interessado levar a mais em relação à quota-parte que nesses bens lhe pertencer.

(Fernando Neto Ferreirinha, *Manual de Direito Notarial*, 2.ª ed., Coimbra, Almedina, 2019)

NOTAS

Ver parecer do IRN, de 2009-07-23, disponível em https://www.irn.mj.pt/sections/irn/doutrina/pareceres/predial/2008/p-rp-281-2008-sjc-ct/downloadFile/file/aa.5RP281-08.pdf?nocache=1317201340.36.

SERVIDÃO

Constituição

Uma das formas de constituição das servidões prediais é o contrato *(art. 1547.º, n.º 1, do Código Civil), que deve ser, expressa e claramente, definido ou caracterizado no respetivo título. Não basta, pois, que o dono do prédio serviente se limite a declarar que constitui neste uma servidão de passagem, aqueduto ou outra qualquer, a favor de outro prédio e que o dono deste afirme aceitar o "contrato", já que de tais termos se não alcança qual este seja.*

(Recomendações dos Serviços de Inspeção da DGRN, 1981, *Boletim da APN*, n.º 68/5/c)

NOTAS

Pode certamente subscrever-se a doutrina da presente recomendação, mas tem de reconhecer-se que a formulação podia ser mais feliz. Na prática censurada, com efeito, não deixa de haver contrato, um negócio jurídico bilateral, uma dupla declaração de vontade; e, por outro lado, certo é não haver apenas contratos típicos, mas também atípicos ou inominados.

O que talvez se pudesse dizer é que a constituição da servidão não constitui um negócio abstrato, nem um ato de causa genérica, antes se integrando normalmente (mas, necessariamente?) num contrato dispositivo típico (venda, permuta, doação, dação em cumprimento, etc.).

I – A servidão é um encargo que recai sobre um prédio e que aproveita exclusivamente a outro, mas as utilidades impostas naquele devem ser determinadas e definidas e, tratando-se de poderes de fruição, não devem confundir-se com o direito de propriedade sobre o prédio serviente – artigos 1543.º e 1544.º do Código Civil.

II – Por sua vez, logradouro é uma porção de terreno que é componente de um edifício a que está ligado – para lhe servir de jardim, quintal ou pátio – constituindo ambos um prédio urbano – artigo 204.º, n.º 2, do Código Civil.

III – Assim, não pode considerar-se como utilidade passível de integrar o conteúdo de uma servidão a afetação de determinada área de um prédio rústico (prédio serviente) a logradouro de um prédio urbano (prédio dominante), por essa utilidade se poder confundir com a apropriação do próprio domínio, ficando o dono do prédio dominante a exercer sobre o prédio serviente poderes em tudo semelhantes aos do proprietário.

IV – Consequentemente, está ferida de nulidade por indeterminação do seu objeto e indefinição do seu conteúdo a constituição de uma nova servidão de logradouro sobre parte de um prédio rústico a favor de uma fração autónoma de um prédio urbano. (...)

V – A servidão de água para uso doméstico só pode ser constituída a favor de prédio ou fração autónoma destinados a habitação, por ser indissociável da especial afetação a que está adstrito o prédio dominante, pelo que também está ferida de nulidade a constituição de servidão de água para uso doméstico a favor de uma fração autónoma destinada à indústria. (...)

(Parecer, de 1998-09-23, do Conselho Técnico da DGRN, relator Maria Ferraro, *BRN- Supl.*, 9/98, p. 3)

1 – O direito à água que nasce num prédio em benefício de um terceiro, conforme o título da sua constituição, pode ser um direito ao uso pleno dessa água, sem qualquer limitação por parte do adquirente da mesma – neste caso, está-se perante a aquisição do direito de propriedade à água –, como pode ser apenas o direito de aproveitar essa água noutro prédio, com as limitações inerentes às necessidades desse prédio de água – caso em que se está perante a constituição de uma servidão à água, constituído sobre o prédio onde esta nasce e/ou é captada (prédio serviente) a favor do outro prédio propriedade do terceiro adquirente da água (prédio dominante).

2 – Tanto o direito de propriedade sobre a água, como o direito de servidão àquela, podem ser adquiridos por usucapião, desde que no prédio onde se situa a fonte ou a nascente da água existam sinais permanentes e visíveis que revelem a captação e a posse dessa água por parte do terceiro.

3 – Os requisitos da permanência e da visibilidade daquelas obras existentes no prédio onde se situa a fonte ou nascente da água, reveladoras da captação e da posse dessa água no mesmo por parte do terceiro, não devem ser entendidos em termos absolutos, bastando que essas obras tenham algum significado e sejam percetíveis e revelem a atuação do terceiro sobre a captação da água onde se situa a respetiva fonte ou nascente. Essas obras não têm de ser visíveis no seu todo, bastando que o sejam parcialmente.

4 – As servidões de aqueduto da água (pelo rego) e de passagem (pelo caminho, situado paralelamente e ao longo desse rego) para encaminhamento da água, que oneram o prédio onde se situa a nascente ou fonte (prédio serviente), em benefício do prédio para onde a mesma é encaminhada, propriedade de terceiro (prédio dominante), não têm autonomia face ao direito de propriedade do terceiro relativamente à água, tratando-se de servidões funcionalizadas e inerentes ao aproveitamento do direito de propriedade sobre a água desse terceiro.

5 – Consequentemente, o proprietário da água, proprietário do prédio dominante para onde essa água é encaminhada através do rego (prédio dominante), não pode aceder ao prédio serviente, onde se situa o rego, o caminho, a poça onde a água é apresada e a mina que abastece essa poça de água, a não ser nos dias em que é proprietário dessa água (terças, sextas e quintas feiras, de todas as semanas e durante todo o ano), e nesses dias apenas pode aceder a esse prédio serviente com o fito exclusivo de exercer o seu direito de propriedade sobre essa água, designadamente, para reparar e/ou limpar a mina, a poça, o rego e/ou o caminho, para que os mesmos continuem a desempenhar as funções a que se destinam, ou para encaminhar a água da poça para o rego que a conduz ao prédio dominante, ou para conduzir essa água ao longo do rego até esse prédio dominante.

(Acórdão do Tribunal da Relação de Guimarães, de 2018-05-03, disponível em http://www.dgsi.pt/jtrg.nsf/86c25a698e4e7cb7802579ec004d3832/3ef96231d963a54a802582910032bf19?OpenDocument)

NOTAS

Ver também o parecer do IRN, de 2007-12-21, disponível em https://www.irn.mj.pt/sections/irn/doutrina/pareceres/predial/2007/p-r-p-56-2007-dsj-ct/downloadFile/file/prp056-2007.pdf?nocache=1316447867.64.

SIMULAÇÃO

SIMULAÇÃO RELATIVA

Sendo nulo, por simulação, o contrato de compra e venda, *titulado por escritura pública, relativo a imóvel, é válido o contrato de doação que se pretendeu encobrir.*

(Acórdão da Relação de Évora, de 1987-01-22, *Colectânea de Jurisprudência*, 12/1/285, e *Revista do Notariado*, 1987/4/594)

NOTAS

Diz o artigo 241.º do Código Civil:

"1. Quando sob o negócio simulado exista um outro que as partes quiseram realizar, é aplicável a este o regime que lhe corresponderia se fosse concluído sem dissimulação, não sendo a sua validade prejudicada pela nulidade do negócio simulado.

2. Se, porém, o negócio dissimulado for de natureza formal, só é válido se tiver sido observada a forma exigida por lei."

I – O legatário instituído no testamento de um dos intervenientes em ato simulado, é terceiro para oferecer prova testemunhal a fim de comprovar o acordo simulatório, quando na ação pretenda fazer valer o seu direito ao legado.

II – Dissimulando a compra e venda doação por morte do doador, a doação é nula se na escritura não intervieram duas testemunhas instrumentárias.

III – A validade ou nulidade do contrato simulado em prejuízo da Fazenda Nacional determina-se pelas regras do direito privado.

IV – Sendo nulos tanto o negócio simulado, como o dissimulado, qualquer interessado pode invocar a nulidade.

(Acórdão da Relação do Porto, de 1991-07-15, *Colectânea de Jurisprudência*, 16/4/237)

I – O conceito de negócio simulado encontra-se explicitado, de harmonia com a doutrina tradicional, no n.º 1 do art. 240.º, de que decorre que há simulação sempre que concorram divergência intencional entre a vontade e a declaração das partes, combinação ou conluio que determine a falsidade dessa declaração (acordo simulatório), e a intenção, intuito ou propósito de enganar ou prejudicar terceiros.

II – Ainda quando não tenha havido intenção fraudulenta, isto é, de prejudicar terceiros (animus nocendi) *– caso mais frequente –, haverá simulação se existir o intuito ou propósito de enganar terceiros* (animus decipiendi).

III – A simulação pode ser absoluta – hipótese em que o negócio por tal viciado colorem habet, substantiam ver o nullam *–, ou relativa, caso em que o negócio celebrado* colorem habet, substantiam *vero alteram, como acontece no caso da alegada doação disfarçada de venda: nesse caso, subjaz ao negócio ostensivo ou aparente, fictício, um outro, latente, oculto, encoberto, dissimulado, disfarçado ou camuflado, que é o verdadeiramente querido pelas partes.*

IV – É nulo por simulação o contrato de compra e venda de imóvel destinado a encobrir uma doação quando se prove que o pretenso vendedor apenas teve em vista prejudicar os seus herdeiros legitimários, subtraindo aquele imóvel à herança e partilha por sua morte.

V – Assim subtraído o imóvel pretensamente vendido ao acervo hereditário, os herdeiros defendem, nesse caso, um direito próprio à quota hereditária.

VI – O intuito de enganar constitui matéria de facto fora do âmbito dos pode-

res de cognição do Supremo Tribunal de Justiça.

VII – Não pode recorrer-se a presunções simples, naturais, judiciais ou hominis *para suprir a falta de prova relativamente a factos oportunamente discutidos e apreciados na audiência de discussão e julgamento.*

VIII – Identificado o intuito de enganar terceiros com a intenção de criar uma aparência, essa intenção é necessariamente revelada pela divergência entre a vontade real e a declarada e pelo acordo que tal determina, de tal modo que assim concertadamente criada aparência não conforme com a realidade, tanto basta para que tenha de julgar-se evidenciado o intuito ou propósito de enganar terceiros.

IX – Consagrando a nulidade do negócio simulado, a lei quer nomeadamente dizer que a simulação pode ser invocada por qualquer interessado e é de conhecimento oficioso: pelo que sempre a simulação fiscal terá de ser oficiosamente declarada.

X – Como decorre do art. 241.º, n.º 1, do Código Civil, tratando-se de simulação relativa, a lei admite a validade do negócio dissimulado: uma vez desvendada a simulação, abstrai-se do negócio jurídico simulado, que é nulo, e atende-se ao negócio real, oculto, de tal modo que, prevalecendo o que na realidade se quis e fez sobre o que simuladamente se concebeu, o ato dissimulado, vindo à superfície, fica sujeito ao regime que lhe é próprio, como se tivesse sido celebrado às claras, tendo pois, valor jurídico, salvo se, por qualquer razão, for nulo, como será o caso se não revestir a forma legal, ou anulável.

XI – Mesmo quando considerado que a forma legal abrange a causa negotii, *é de ter em atenção que, na aplicação do direito, a procura de soluções razoáveis sobreleva à procura de uma verdade apodíctica, e que a noção de razoável tem sobretudo que ver com critérios sociológicos.*

XII – Nas ações de condenação, a declaração do direito em causa e do que dele resulta, ou do que determina, funciona como meio da condenação que constitui o fim próprio dessas ações: como assim, o pedido de declaração da nulidade de negócio jurídico deduzido numa tal ação só formalmente, que não substancialmente, como tal pode ser efetivamente considerado, sendo essa nulidade, afinal, com evidência, o fundamento de direito da ação, e, assim, nos factos que concretamente a determinam, a respetiva causa de pedir.

(Acórdão do STJ, de 2003-10-09, disponível em http://www.dgsi.pt/jstj.nsf/954f0ce6ad9dd8b980256b5f003fa814/03a647624007027580256dea00350e85?OpenDocument)

SOCIEDADES

Associações

É legalmente admissível a constituição de uma sociedade comercial (na espécie, uma sociedade anónima) por parte de cooperativas ou de associações.

(Parecer, de 1989-02-16, do Conselho Técnico dos Registos e do Notariado, relator Mouteira Guerreiro, P. 3/89 – R. P. 3, *Regesta*, 1989/3/44, e *Revista do Notariado*, 1990/1/118)

NOTAS

A ampla maioria da doutrina defende que os sujeitos do contrato de sociedade poderão ser tanto pessoas singulares como pessoas coletivas, incluindo-se, neste âmbito, outras sociedades comerciais (art. 11.º, n.ºs 4 a 6, *ex vi* art. 1.º, n.º 4, do Código das Sociedades Comerciais), agrupamentos europeus de interesse económico (art. 3.º, n.º 2, al. b) do Regulamento (CEE) n.º 2137/85 do Conselho, de 25 de julho de 1985, cooperativas (art. 8.º, n.ºs 1 e 3, e art. 9.º do Código Cooperativo), associações e fundações. Neste sentido ver, entre outros, Engrácia Antunes, *Direito das Sociedades*, 10.ª ed., do autor, 2021, pp. 171-173; Coutinho de Abreu, *Curso de Direito Comercial*, vol. II, Coimbra, Almedina, 2002, pp. 93-99; e Albino Matos, *Constituição de Sociedades*, 5.ª ed., Coimbra, Almedina, 2001, pp. 44- 47. Este último autor defende, quanto às associações e fundações, que a participação em sociedades comerciais apenas poderá ser admitida quando prevista ou autorizada pelos respetivos estatutos, à luz de uma interpretação restritiva do disposto no art. 11.º, n.ºs 3 a 5, do Código das Sociedades Comerciais.

Ata de reunião de órgão social

No instrumento notarial de ata não são necessárias as assinaturas dos sócios quando estejam em causa sociedades anónimas ou sociedades em comandita, devendo esses instrumentos ser assinados pelos sócios presentes quando relativos a sociedades constituídas de acordo com um dos outros tipos legais (art. 46.º, n.º 6, do Código do Notariado).

O instrumento é lavrado em um só exemplar (art. 103.º, n.º 1), que fica sempre arquivado (art. 104.º, n.º 2), estando sujeito a registo no livro a tal destinado (art. 139.º, n.º 1, al. d)), que será aquele a que se refere a al. f) do n.º 1 do art. 7.º do Código do Notariado, isto é, o livro de registo de outros instrumentos avulsos e de documentos que os interessados pretendam arquivar.

NOTAS

1. Sobre esta matéria, ver, muito embora se trate de textos escritos à luz do anterior Código do Notariado, Albino Matos, "A documentação das deliberações sociais no Projeto do Código das Sociedades", *Revista do Notariado*, n.º 1, 1986, pp. 43-91; Pinto Furtado, "A ata e o instrumento notarial de documentação das reuniões de assembleias das sociedades comerciais", separata de *RDES*, n.ºs 1 e 2 (ano XXV), e ainda, *Boletim da APN*, n.º 44/1. Já à luz da atual legislação, ver, entre outros, Menezes Cordeiro e David de Oliveira Festas, in Menezes Cordeiro (coord.), *Código das Sociedades Comerciais Anotado*, 4.ª ed., Coimbra, Almedina, 2020, pp. 318-321; e Coutinho

de Abreu, in Coutinho de Abreu (coord.), *Código das Sociedades Comerciais em Comentário*, vol. I, Coimbra, Almedina, 2010, pp. 711-720.

2. No sentido de que os instrumentos de ata de reunião de órgão social deverão ser arquivados no livro de registo de outros instrumentos avulsos e de documentos que os interessados pretendam arquivar, ver *Boletim da APN*, n.º 137/4, e o despacho da DGRN, de 1971-04-30, *Código do Notariado*, ed. DGRN, 1973, p. 156.

I – A ata, em princípio, como documento ad substantiam, *é o único meio de prova das deliberações sociais (art. 63.º, n.º 1, do CSC).*

II – Não constando da ata da assembleia geral qualquer proposta de alteração da convocatória e respetiva votação, não pode provar-se que os sócios a votaram.

III – A ata da assembleia-geral das sociedades por quotas deve ser assinada por todos os sócios que a ela estiveram presentes, incorrendo em multa até 120 dias quem a não assinar sem justificação (arts. 248.º, n.º 6, e 521.º do CSC).

(Acórdão do Tribunal da Relação de Coimbra, de 1992-03-31, *Colectânea de Jurisprudência*, 17/2/61)

I – A ata não integra a forma da deliberação, embora seja indispensável para a sua prova.

II – São irrelevantes, não afetando o conteúdo da deliberação tomada nem viciando as manifestações de vontade dos sócios constantes da ata, as omissões desta quanto ao nome do presidente da assembleia, indicação do valor e titulares das quotas, menção de que não votou a deliberação um dos sócios e declaração escrita que este quis fazer.

(Acórdão do Tribunal da Relação de Coimbra, de 1993-03-23, *Colectânea de Jurisprudência*, 18/2/19)

O sentido dos votos dos acionistas que intervieram e votaram em assembleia geral de uma sociedade anónima tem necessariamente que ser o que se depreende da ata dessa assembleia, não podendo ser demonstrado pelo recurso a outros meios de prova, designadamente a testemunhal.

(Acórdão do Tribunal da Relação do Porto, de 1995-09-26, *Colectânea de Jurisprudência*, 20/4/190)

I – A ata de uma assembleia geral, como documento particular, tem a força probatória que a lei dá a esta espécie de documentos.

II – Desde que não seja arguida de falsa, a ata faz fé quanto ao seu conteúdo, depois de lida e aprovada em assembleia.

(Acórdão do Tribunal da Relação de Coimbra, de 1998-02-17, *Colectânea de Jurisprudência*, 23/1/125.)

I – A ata da assembleia geral das sociedades, enquanto documento necessário para a validade do ato ou deliberação, é um documento «ad substantiam» que exclui a sua substituição por qualquer outro meio de prova, mesmo confissão, ou por documento que não seja de força probatória superior – art. 364.º, n.º 1, do Código Civil.

II – Não constando da ata o fundamento da destituição de um sócio da administração de uma sociedade anónima nem a convocatória para a assembleia geral o indicar, desconhece-se a razão pela qual foi votada a destituição.

(Acórdão do Tribunal da Relação do Porto, de 1998-06-22, *Colectânea de Jurisprudência*, 23/3/210)

I – A ata da assembleia geral de uma sociedade não é uma formalidade ad substantiam, *não sendo a ata notarial uma forma legal de deliberação, não afetando a sua falta o procedimento deliberativo, nem o conteúdo da deliberação.*

II – A sua falta ou a falta da sua assinatura só atinge o seu valor probatório.

(Acórdão do Tribunal da Relação do Porto, de 2014-05-19, no processo n.º 502/10.0TBVFR.P1, disponível em http://www.dgsi.pt/jtrp.nsf/56a6e7121657f91e80257cda00381fdf/68d42b5320e2d3d480257cee004a8781?OpenDocument)

I) As atas das reuniões sociais podem ser lavradas por notário quando a assembleia-geral assim o delibere, ou a pedido de qualquer sócio – art. 63.º, n.º 7, do Código das Sociedades Comerciais, aprovado pelo Decreto-Lei n.º 262/86, de 2 de setembro –, vigente à data da deliberação social anulada.

II) O Notário solicitado para intervir não fica investido em quaisquer funções de controlo da legalidade da assembleia. Ao narrar os factos, no instrumento público, o documento passa a ter força probatória de documento autêntico, merecendo a fé pública e a confiança que lhe empresta aquela intervenção.

(Acórdão do STJ, de 2015-05-19, processo n.º 477/03.2TBVNO.C3.S1, disponível em http://www.dgsi.pt/jstj.nsf/954f0ce6ad9dd8b980256b5f003fa814/89a47d583313f03a80257e4a0055ff4f?OpenDocument)

NOTAS

1. Relativamente ao acórdão do Tribunal da Relação de Coimbra, de 1992-03-31, ver também o acórdão do mesmo tribunal, de 1993-04-14. Note-se que, com a entrada em vigor da Lei n.º 94/2021, de 21 de dezembro, o limite máximo da pena de multa aplicável a estas hipóteses deixou de ser de 120 dias, passando a ser de 240 dias.

2. É já antiga a controvérsia na doutrina e na jurisprudência quanto à natureza jurídica da ata. Defendendo que se trata de uma formalidade *ad probationem* que completa as deliberações, dando-lhes eficácia, ver Menezes Cordeiro e David de Oliveira Festas, in Menezes Cordeiro (coord.), *Código das Sociedades Comerciais Anotado*, 4.ª ed., Coimbra, Almedina, 2021, p. 320. Diferentemente, Coutinho de Abreu, in Coutinho de Abreu (coord.), *Código das Sociedades Comerciais em Comentário*, vol. I, Coimbra, Almedina, 2010, pp. 717- 720, considera não estar em causa uma condição de eficácia das deliberações, mas apenas um meio de prova. A jurisprudência que aqui citámos apresenta as diferentes perspetivas que têm sido acolhidas a este propósito, com os acórdãos do Tribunal da Relação de Coimbra de 1992-03-31 e do Tribunal da Relação do Porto de 1998-06-22 a seguirem a tese da formalidade *ad substantiam*, e os acórdãos do Tribunal da Relação de Coimbra de 1993-03-23 e do Tribunal da Relação do Porto de 2014-05-19 a seguirem a tese de que a ata se traduz apenas num meio de prova. Consequência prática da opção doutrinal seguida traduz-se no facto de os que defendem a primeira tese considerarem que a ata excluirá a possibilidade de recurso a outro meio de prova ou documento que não seja de força probatória superior. Já os que defendem a segunda tese considerarão que a ata corresponderá a um meio de prova ao qual se aplicará o disposto nos arts. 346.º e 347.º do Código Civil, podendo ceder perante contraprova.

Estando em causa uma ata notarial, não se levantarão dúvidas – trata-se de documento autêntico, possuindo, por isso, força probatória plena, ilidível apenas com base na sua falsidade (arts. 371.º e 372.º do Código Civil). Recorde-se, de todo o modo, que a força probatória da ata abrangerá apenas as deliberações dos sócios, tal como resulta da letra do art. 63.º, n.º 1 (ver, neste sentido, o acórdão do Tribunal da Relação de Coimbra, de 2013-05-21, no processo n.º 160/08.2TBPMS.C1, disponível em http://www.dgsi.pt/jtrc.nsf/c3fb530030ea1c61802568d9005cd5bb/df5aea165021ba6e80257b8a004d79d4?OpenDocument).

3. Certo é que a doutrina é praticamente unânime em reconhecer que, estando em causa uma ata notarial, não caberá ao notário um papel de controlo da legalidade da assembleia ou dos atos nela praticados - ver, por todos, Menezes Cordeiro e David de Oliveira Festas, *Código das Sociedades Comerciais Anotado*, 4.ª ed., Coimbra, Almedina, 2021, p. 320, e Paulo Olavo Cunha, *Direito das Sociedades Comerciais*, 7.ª ed., Coimbra, Almedina, 2021, p. 722 –, entendimento que foi também já acolhido em sede jurisprudencial, nomeadamente, no citado acórdão do STJ de 2015-05-19. Em Espanha, esta posição encontra-se consagrada na lei, no art. 102.º, n.º 3, do *Reglamento del Registro Mercantil* (Real Decreto 1784/1996, de 19 de julho, mais recentemente alterado pelo Real Decreto 309/2020, de 11 de fevereiro). Na tradução que realizámos da obra de Isidoro Calvo Vidal, *Digitalização da função notarial e intervenção à distância*, Lisboa, Wolters Kluwer, 2021, pp. 112-114, e em especial notas (14), tivemos a oportunidade de expressar a nossa concordância com a visão crítica do autor quanto a esta matéria. De facto, como aponta Calvo Vidal, o afastamento da função de controlo da legalidade do notário no âmbito das atas de reuniões sociais põe em causa os interesses de segurança jurídica preventiva e de tutela dos sócios e da sociedade que, muitas vezes, são o fundamento da opção pela intervenção notarial nesta sede. A possibilidade de se adotar uma deliberação ilegal perante um notário e com o seu conhecimento, sem que este possa sequer advertir as partes para tal facto, contraria os mais elementares princípios da função notarial e poderá mesmo levar a que a força da ata notarial, enquanto instrumento público, se veja comprometida. No sentido que defendemos, ver José Navarro Viñuales, "El ata de los órganos colegiados de la sociedade en el Reglamento del Registro Mercantil", *La Notaría*, n.º 2 (1996), Colegi de Notaris de Barcelona, p. 115, e José Mezquita del Cacho, *Seguridad jurídica y sistema cautelar para su protección preventiva en la esfera privada*, vol. 1 – *Teoría de la seguridade jurídica en su doble proteCódigo Civilión, pública y privada*, Barcelona, Editorial Bosch, 1989, p. 211.

4. As atas notariais são lavradas por notário em instrumentos avulsos (arts. 46.º, n.º 6, e 103.º e ss. do Código do Notariado), dependendo o recurso a esta figura de deliberação dos sócios tomada no início da assembleia ou de decisão do órgão de administração requerida por sócio através de escrito entregue na sede social com cinco dias úteis de antecedência em relação à data da assembleia geral, suportando o sócio requerente as despesas notariais (art. 63.º, n.º 6, do Código das Sociedades Comerciais). De acordo com Menezes Cordeiro e David de Oliveira Festas, *Código das Sociedades Comerciais Anotado*, 4.ª ed., Coimbra, Almedina, 2021, pp. 319-320, quando vários sócios requeiram a intervenção notarial, indicando notários diferentes, caberá ao presidente da mesa a escolha do notário. Para além disso, estes autores sublinham que deve ser dada conta das atas

elaboradas com intervenção notarial no próprio livro de atas da sociedade.

Capacidade

1.ª – Nos termos do art. 6.º, n.º 1, do CSC, a capacidade de uma sociedade é medida pelo seu fim mediato, que é a obtenção de lucros, pelo que não compreende a prática de atos gratuitos (de natureza não lucrativa);

2.ª – Porém, a inexistência de um espírito de liberalidade ou o facto de a sociedade agir por motivos não altruísticos, mas interessados – conseguir vantagens da contraparte ou de terceiros – intervém como facto impeditivo da incapacidade, por força do art. 6.º, n.os 2 e 3, do CSC;

3.ª – A sociedade que invoque a nulidade da prestação de garantias a dívidas de outras entidades só tem assim de alegar e provar o carácter gratuito do ato; é ao beneficiário da garantia que, para repelir essa arguição, incumbe o ónus de demonstrar a existência de um justificado interesse próprio da sociedade garante (o qual se presume, juris et de jure, *havendo uma relação de domínio ou de grupo entre as sociedades garante e garantida);*

4.ª – O justificado interesse próprio suporá apenas que o móbil dos gerentes, administradores ou diretores, ao prestarem a garantia, tenha sido o de satisfazer certo interesse económico da sociedade garante, e não o de proporcionar uma vantagem ao credor ou ao devedor (em si e por si);

5.ª – A incapacidade da sociedade para a prática de atos gratuitos com fim desinteressado é uma incapacidade de gozo, como tal insuscetível de ser suprida ou sanada pela intervenção de todos os gerentes, administradores ou diretores (ou mesmo de todos os associados);

6.ª – O beneficiário de garantia prestada por uma sociedade a dívida de outra entidade que tenha confiado na existência de um justificado interesse próprio por efeito de uma atuação dos gerentes, administradores ou diretores contrária às regras da boa-fé poderá responsabilizá-los, pessoalmente, nos termos do art. 227.º do Código Civil (bem como à sociedade, nos termos do art. 6.º, n.º 5, do CSC) – mas nunca o dolo daqueles que justamente não podem praticar o ato em nome e por conta da sociedade poderá arredar uma incapacidade de gozo, estabelecida no interesse de terceiros.

(Carlos Osório de Castro, "Da Prestação de Garantias por Sociedades", *Revista da Ordem dos Advogados*, ano 56, vol. II, agosto de 1996, pp. 592- 593)

I – Não é nula a hipoteca constituída por uma sociedade comercial sobre um seu prédio urbano para garantir dívida contraída por outra sociedade.

II – Demais, se a sociedade que constitui a hipoteca declara, na respetiva escritura, que tem interesse direto na concessão do empréstimo e se o seu sócio maioritário era sócio-gerente da mutuária, que necessitava com urgência do empréstimo para pagamento de dívida que já fora objeto de execução.

(Acórdão do Tribunal da Relação do Porto, de 1999-04-13, *Colectânea de Jurisprudência*, 24/2/193)

I – A constituição gratuita de hipoteca por uma sociedade sobre um prédio de sua propriedade, a favor de entidade bancária para garantia do cumprimento de obrigações de outra sociedade, é em princípio, nula por estar excluída do âmbito da sua capacidade jurídica.

II – Incumbe ao réu o ónus de provar o justificado interesse próprio da Autora na constituição da hipoteca, ou de estar esta em relação de domínio ou de grupo com a sociedade garantida, por se tratar de factos impeditivos do direito à declaração de nulidade.

III – Não vincula a sociedade o ato praticado por um seu representante, em observância ao deliberado pelos sócios, sempre que esta não tenha capacidade jurídica para celebrar o negócio em causa.

(Acórdão do Tribunal da Relação de Lisboa, de 2000-01-27, *Colectânea de Jurisprudência*, 25/1/100)

NOTAS

1. O sumário do artigo citado de Osório de Castro surge na sequência de um texto de Pedro de Albuquerque, publicado também na *Revista da Ordem dos Advogados* sobre a matéria da prestação de garantias por sociedades comerciais (Pedro de AlbuquerquE, "A Vinculação das Sociedades Comerciais por Garantia de Dívidas de Terceiros", *Revista da Ordem dos Advogados*, ano 55, vol. III, dezembro de 1995, pp. 689-711), em que o autor concluía em sentido diverso, defendendo que a sociedade ficaria vinculada pela prestação de garantias a dívidas de terceiros por parte dos seus gerentes ou administradores desde que estes atuassem dentro dos poderes de representação que a lei formalmente lhes confere e que essa prestação fosse justificada com base na invocação da existência de um interesse social na prática do ato por parte da sociedade garante. Este texto de Osório de Castro originou uma resposta por parte de Pedro de Albuquerque, com o artigo "Da Prestação de Garantias por Sociedades Comerciais a Dívidas de Outras Entidades" (*Revista da Ordem dos Advogados*, ano 57, vol. I, janeiro de 1997, pp. 69-147), que, por sua vez, foi objeto de réplica por parte de Osório de Castro, de novo sobre a "Prestação de Garantias por Sociedades a Dívidas de Outras Entidades: Luzes e Sombras" (*Revista da Ordem dos Advogados*, ano 58, vol. II (julho de 1998), pp. 823-858). Mais recentemente, ver a obra de Pedro Albuquerque, *A vinculação das sociedades comerciais anónimas e por quotas*, vol. I, Lisboa, By the Book, 2017.

2. A questão de determinar a qual das partes caberá o ónus de demonstrar o interesse da sociedade na prestação da garantia (se à sociedade garante ou ao beneficiário da garantia), continua, hoje, apesar da sua amplíssima relevância prática, uma questão em aberto. Parte da doutrina segue o entendimento que decorre das normas gerais (art. 342.º do Código Civil), ou seja, o de que caberá ao benificiário da garantia provar a existência de justificado interesse, uma vez que se trata de um elemento constitutivo do direito que alega – ver, neste sentido, para além dos textos citados de Osório de Castro, Soveral Martins, *Código das Sociedades Comerciais em Comentário*, Coimbra, Almedina, 2010, pp. 115-116, ou Coutinho de Abreu, *Curso de Direito Comercial*, vol. II, 2.ª ed., Coimbra, Almedina, 2002, pp. 196-197. Outros autores, como Paulo Olavo Cunha, *Direito das Sociedades Comerciais*, 7.ª ed., Coimbra, Almedina, 2021, p. 90, ou Diogo Costa Gonçalves, *Código das Sociedades Comerciais Anotado*, 4.ª ed., Coimbra, Almedina, 2021, p. 123, defendem, juntamente com Pedro Albuquerque, a tese da inversão do ónus da prova. Esta última posição é aquela que é maioritariamente seguida pela jurisprudência. Ver, mais recentemente, os acórdãos do STJ, de 2018-05-22, no processo n.º 3524/12.3YYLSB-A.L1.S1, disponível

em http://www.dgsi.pt/jstj.nsf/954f0ce6ad9dd8b980256b5f003fa814/449f338c12c4b4bb80258296002f20ec?OpenDocument, e do Tribunal da Relação de Lisboa, de 2018-10-11, no processo n.º 11197/14.2T2SNT-AK.L1-6, disponível em http://www.dgsi.pt/jtrl.nsf/33182fc732316039802565fa00497eec/ec1e28f3ec3fd70c8025833d003aadad?OpenDocument.

3. Sobre o tema da capacidade das sociedades para a prestação de garantias, ver ainda, na doutrina especializada, João Labareda, "Nota sobre a prestação de garantias por sociedades comerciais a dívidas de outras entidades", *Direito societário português – Algumas Questões*, Lisboa, Quid Juris, 1998, pp. 167-195, ou Soveral Martins, "Capacidade e representação das sociedades comerciais", in Soveral Martins [*et al.*], *Problemas do Direito das Sociedades*, Coimbra, Almedina, 2002, pp. 471-496. Quanto à jurisprudência destacam-se, entre outros, para além dos arestos já citados, os acórdãos do STJ, de 2009-09-17, no processo n.º 267/09.9YFLSB.S1, disponível em http://www.dgsi.pt/jstj.nsf/954f0ce6ad9dd8b980256b5f003fa814/fa7d2a70baa0ba1980257634005dbb4b?OpenDocument, e, mais recentemente, de 2019-03-12, no processo n.º 11197/14.2T2SNT-F.L1.S2, disponível em http://www.dgsi.pt/jstj.nsf/954f0ce6ad9dd8b980256b5f003fa814/32a3fb527247c786802583bd003875df?OpenDocument.

I – A sociedade comercial não pode invocar a sua incapacidade de gozo e a nulidade do ato que praticou face a terceiro, salvo provando que estes sabiam ou deviam saber que o ato não respeitava a cláusula do pacto social.

II – O terceiro, para beneficiar da garantia dada por uma sociedade com o aval numa letra, tem de demonstrar o interesse da sociedade em prestar a garantia.

III – O banco, que recebe a letra avalizada por uma sociedade, não pode ignorar que a prestação da garantia não faz parte do objeto social da dadora do aval.

(Acórdão do Tribunal da Relação de Coimbra, de 2000-10-17, *Colectânea de Jurisprudência*, 25/4/37)

I – A definição da capacidade das sociedades comerciais distingue-se do âmbito da vinculação destas pelos atos dos titulares dos seus órgãos – tendo, aliás, precedência sobre esta segunda questão.

II – A delimitação da capacidade das sociedades comerciais faz-se, nos termos do artigo 6.º do Código das Sociedades Comerciais, em função do respetivo fim, que é o da obtenção de lucros mediante o exercício em comum de uma atividade que não seja de mera fruição.

III – Tal capacidade abrange, assim, os direitos e obrigações necessários ou convenientes à prossecução do referido fim, incluindo-se as liberalidades usuais.

IV – Em princípio, a sociedade comercial não tem, nos termos do artigo 6.º, n.º 3, do respetivo Código, capacidade para se obrigar mediante a constituição de garantias a favor de terceiros.

V – Ainda segundo o mesmo preceito, excetuam-se do princípio nele definido as situações em que exista justificado interesse próprio da sociedade garante, bem como os casos de sociedades em relação de domínio ou de grupo.

VI – São nulos os atos praticados por titulares de órgãos de sociedade comercial que não sejam abrangidos pela capacidade desta.

VII – Não podem vincular a sociedade comercial os atos estranhos à capacidade desta praticados por titulares dos respetivos órgãos.

VIII – Não tem, assim, cabimento discutir acerca da eventual vinculação de uma sociedade comercial em relação a um contrato de penhor de carteira de ativos financeiros prestados a favor de terceiro celebrado por um administrador e um procurador seus, mas sem que ocorresse qualquer das situações especiais referidas em V.

(Acórdão do STJ, de 2000-02-17, *BMJ*, 494/366)

I – Por ser contrário à lei, o ato de prestação de uma garantia, por parte de uma sociedade, a outra entidade, sem que ocorra uma das situações previstas na 2.ª parte do n.º 3 do art. 6.º do CSC, qual seja o "justificado interesse", é um ato nulo, nos termos dos arts. 280.º, n.º 1, e 294.º do Código Civil.

II – O ónus da prova do interesse da sociedade na prestação de garantia incumbia ao reclamante do crédito, por ser um facto necessário à demonstração da validade da hipoteca.

(Acórdão do Tribunal da Relação de Lisboa, de 2003-12-16, *Colectânea de Jurisprudência*, 28/5/122)

I – A economia do art. 69.º do CSC, conexionado com o disposto no art. 9.º, n.º 1, da 1.ª Diretiva do Conselho das Comunidades Europeias, postula que, em homenagem a um princípio da confiança e ao facto de a sociedade ser apenas uma entidade com função instrumental ao serviço dos sócios para que lhes seja proporcionada a prossecução em comum de certo escopo económico, não seja exigível de terceiros, ou dos destinatários de garantias prestadas pela sociedade, a indagação e prova da não existência das circunstâncias referidas no n.º 3, segundo segmento, do mesmo preceito.

II – Não há qualquer razão para distinguir, a este título, quanto a qualquer dessas circunstâncias, pelo que o respetivo ónus da prova incumbe ao interessado na invalidação do negócio.

III – A primeira parte do n.º 3 do referido art. 6.º não estabelece qualquer presunção legal de desconformidade de prestação de garantias com o fim da sociedade, sendo, ao invés, de ponderar que o negócio praticado pela sociedade por quotas, ainda que não contido no seu objeto social, em princípio, vincula a sociedade.

(Acórdão do Tribunal da Relação de Évora, de 2004-02-05, *Colectânea de Jurisprudência*, 29/1/249)

I – O art. 6.º do Código das Sociedades Comerciais [CSC] veio consagrar o princípio da ilimitação adotado no art. 9.º, n.º 1, da 1.ª Diretiva do Conselho, de 9 de março de 1968, aí se consagrando o princípio de que as pessoas coletivas são equiparadas às pessoas físicas e a sua capacidade abrange quaisquer direitos ou obrigações, independentemente do seu objeto e fim, com exclusão dos direitos inerentes à personalidade singular.

II – O art. 6.º, n.º 3, do CSC, ao estabelecer que as sociedades não podem prestar garantias reais ou pessoais a dívidas de terceiros, com exceção dos casos de justificado interesse próprio da sociedade garante, não exige necessariamente que esse interesse se reporte a atos que produzam lucro direto.

III – Por ser assim, um estabelecimento de um bairro popular de Lisboa, que se constituiu fiador do arrendamento de uma casa sita nas suas proximidades, tem um interesse próprio na prestação da garantia por forma a manter a confiança dos moradores, essencial para a manutenção do negócio.

(Acórdão do Tribunal da Relação de Lisboa, de 2004-03-11, *Colectânea de Jurisprudência*, 29/2/86)

CONTRATO DE SOCIEDADE

I – As quotas de capital de cada sócio devem ser mencionadas no contrato de constituição das sociedades comerciais.

II – Não estão, contudo, abrangidas nesse conceito de "quotas de capital" as ações referentes às sociedades anónimas ou em comandita por ações.

(Parecer, de 1989-07-25, do Conselho Técnico dos Registos e do Notariado, relator Mouteira Guerreiro, P. 70/89 – R. P. 3, *Revista do Notariado*, 1989/3/469, e *Regesta*, 1989/4/57)

NOTAS

A questão em tabela era a de saber se no contrato de sociedade (anónima) pode omitir-se a indicação da participação de capital de cada sócio, respondendo o Conselho que sim. É impossível acompanhar o douto parecer, já que a doutrina aprovada traduz uma verdadeira interpretação revogatória do disposto no art. 9.º, n.º 1, do Código das Sociedades, não tendo (*et pour cause*) qualquer correspondência no texto da lei. A norma citada estabelece com a máxima clareza que "[d]o contrato de *qualquer tipo de sociedade* deve constar: [...] A quota de capital e a natureza da entrada de cada sócio [...]". Isto significa, e não pode deixar de significar, de acordo com o pensamento legislativo, que a quota de capital deve constar do contrato *de qualquer tipo de sociedade*, ou seja, das sociedades em nome coletivo, das sociedades por quotas, das sociedades anónimas e das sociedades em comandita. A referida exigência corresponde, aliás, com toda a certeza, a uma precisa intenção ou a uma ponderada opção da parte do legislador, visto que, não constando da versão inicial do Projeto, foi acrescentada depois na revisão ministerial que precedeu a publicação do código.

Hoje, a doutrina é praticamente unânime em defender que todos os contratos de sociedade, independentemente do tipo social em causa, devem referir a participação no capital de cada sócio: Paulo Olavo Cunha, *Direito das Sociedades Comerciais*, 7.ª ed., Coimbra, Almedina, 2021, pp. 147-149; Adelaide Menezes Leitão e José Alves de Brito, in Menezes Cordeiro (coord.), *Código das Sociedades Comerciais Anotado*, 4.ª ed., Coimbra, Almedina, 2021, p. 135; e Maria Elisabete Ramos, in Coutinho de Abreu (coord.), *Código das Sociedades em Comentário*, Coimbra, Almedina, 2010, pp. 168-169.

Artigo 7.º – *Forma e partes do contrato*

1 – O contrato de sociedade deve ser reduzido a escrito e as assinaturas dos seus subscritores devem ser reconhecidas presencialmente, salvo se forma mais solene for exigida para a transmissão dos bens com que os sócios entram para a sociedade, devendo, neste caso, o contrato revestir essa forma, sem prejuízo do disposto em lei especial.

[...]

(Código das Sociedades Comerciais, aprovado pelo Decreto-Lei n.º 262/86, de 2 de setembro, mais recentemente alterado pela Lei n.º 9/2022, de 11 de janeiro)

NOTAS

A reforma levada a cabo no Direito das Sociedades, em Portugal, pelo Decreto-Lei n.º 76-A/2006, de 29 de março, teve como aspeto de maior relevância, para a atividade notarial, a eliminação da exigência de escritura pública outorgada perante notário para a constituição das sociedades comerciais (art. 2.º do referido diploma). Desde então, a forma legal especial exigida para o contrato de sociedade passou a ser a de documento particular (art. 363.º, n.º 2, *in fine* do Código Civil), com reconhecimento presencial das assinaturas das partes.

Tendo em conta que o art. 38.º do Decreto-Lei n.º 76-A/2006 alargou a competência para o reconhecimento das assinaturas às câmaras de comércio e indústria, aos conservadores, aos oficiais de registo, aos advogados e aos solicitadores, esta alteração legislativa traduziu-se, na prática, na criação da possibilidade de se proceder à constituição de uma sociedade comercial sem qualquer tipo de intervenção notarial.

Ainda assim, a lei estabelece que poderá ser exigida forma mais solene para o contrato de sociedade, quando essa forma seja a prescrita para a transmissão dos bens com que os sócios entram para a sociedade. Tal estatuição não afasta, contudo, a nossa conclusão expressa no parágrafo anterior, uma vez que o n.º 2 do art. 23.º do Decreto-Lei n.º 116/2008, de 4 de julho, veio, *grosso modo*, estabelecer uma equivalência entre documento autêntico (a escritura pública – art. 363.º, n.º 2, do Código Civil) e documento particular autenticado (arts. 150.º a 152.º do Código do Notariado). Tendo a competência para autenticar documentos sido também alargada às câmaras de comércio e indústria, aos conservadores, aos oficiais de registo, aos advogados e aos solicitadores, bastará a intervenção de um destes agentes nos casos em que a transmissão dos bens objeto da obrigação de entrada exija a observância de forma especial, para que se cumpra o disposto no art. 7.º, n.º 1, do Código das Sociedades Comerciais – ver, neste sentido, Maria Elisabete Ramos, in Coutinho de Abreu (coord.), *Código das Sociedades em Comentário*, Coimbra, Almedina, 2010, pp. 133-134.

Este movimento de desformalização tinha tido já expressão material com o Decreto-Lei n.º 111/2005, de 8 de julho, que veio permitir a constituição imediata de sociedades comerciais ("empresa na hora") e foi acentuado com a previsão expressa da possibilidade de constituição de sociedades por via eletrónica, através do Decreto-Lei n.º 125/2006, de 29 de junho ("empresa *online*").

Feito este brevíssimo resumo – a referência a todas as "árvores" da "floresta legislativa", como lhe chamou Menezes Cordeiro ("Uma Nova Reforma do Código das Sociedades Comerciais?", *Revista de Direito das Sociedades*, n.º 1, ano 1, 2009, pp. 12-14), tornaria este comentário demasiado extenso – que poderemos dizer?

É inegável que as reformas introduzidas pelo legislador no nosso Direito das Sociedades, aquele que, para Menezes Cordeiro, *ob. cit.*, p. 11, é o "mais complexo da Europa", trouxeram efeitos positivos – ver, neste sentido, entre outros, Paulo Olavo Cunha, *Direito das Sociedades Comerciais*, 7.ª ed., Coimbra, Almedina, 2021, pp. 235-239. Simplesmente, como aponta Menezes Cordeiro, *loc. cit.*, "[…] foram cometidos alguns erros, com destaque para o inadmissível subaproveitamento da classe dos notários. Estes, dispondo de uma rede nacional devidamente apetrechada, poderiam (e podem!)

contribuir para a simplificação em curso, explicando-a, viabilizando-a, executando-a e introduzindo nela o que falta: o selo da segurança e das boas práticas". Breves e tão claras as palavras deste ilustre autor.

Como refere Albino Matos ("Sociedades, documento autêntico ou particular?", in Coutinho de Abreu [*et al.*], *Reformas do Código das Sociedades*, Coimbra, Almedina, 2007, pp. 125-126), no que respeita à específica questão da forma dos atos societários, a reforma de 2006, ao contrário do que sucedeu noutras áreas do Direito Societário que sofreram alterações nesse âmbito (como, por exemplo, a matéria da *Corporate Governance*), foi adotada sem a existência de estudos prévios ou de debate das soluções propostas. Por outro lado, como aponta o mesmo autor (*ob. cit.*, pp. 132-134), a escritura pública não representava uma "imposição burocrática" (tal como parece resultar do segundo parágrafo do preâmbulo do Decreto-Lei n.º 76-A/2006). Pelo contrário, a intervenção notarial permitia assegurar, por um lado, o respeito do negócio pela lei, na sua dimensão de "legalidade extrínseca". Mais do que isso, e por outro lado, a intervenção notarial permitia garantir a autenticidade substancial dos negócios, ou seja, a correspondência entre o texto do negócio e a vontade livre e esclarecida das partes – a "legalidade intrínseca" dos negócios. Alertando para a possibilidade do surgimento de abusos e de litígios, Albino Matos (*ob. cit.*, p. 136) conclui que "[a] garantia de autenticidade não existe, por definição, no documento particular, resultando afetada a segurança jurídica por ser incerta a correspondência entre a declaração e a vontade dos subscritores".

Idênticas conclusões às que aqui expusemos, a propósito da constituição de sociedades, valem, também, para as alterações legislativas que se produziram no domínio das exigências formais relativamente às alterações do contrato de sociedade (art. 85.º), às fusões, cisões e transformações (arts. 106.º, 118.º e 120.º e o revogado art. 135.º) e à dissolução de sociedades (art. 145.º).

Relativamente às operações de fusão e de cisão, não podemos deixar de dar nota, juntamente com Engrácia Antunes (*Direito das Sociedades*, 10.ª ed. do autor, Porto, 2021, p. 454), que, estando em causa "[...] operações de reorganização societária de primeira grandeza que usualmente envolvem médias e grandes empresas, e onde as necessidades de segurança jurídica e de ponderação sobrelevam sobre quaisquer outras [...]", o "afã de celeridade" do legislador será, no mínimo, equivocado, podendo-se mesmo questionar, tendo em conta que o registo das fusões e das cisões se processa hoje meramente por depósito (art. 53.º-A, n.º 5, al. a)), se o que se ganhou em celeridade compensa efetivamente o que assim se perdeu em certeza.

Faremos, mais adiante, uma referência mais desenvolvida à atual situação do Registo Comercial em matéria de Direito Societário em "**Sociedades – Registo**".

Deliberações sociais

I – A sanção para o aumento do capital, cuja deliberação não obteve o mínimo de votos necessários (de três quartos) à sua aprovação, é a mera anulabilidade.

II – Ao votar a nomeação de sócio para dar execução à deliberação de aumento de capital, intervindo na respetiva escritura, o sócio votante aprovou expressamente aquela deliberação.

(Acórdão do Tribunal da Relação do Porto, de 1990-01-09, *Colectânea de Jurisprudência*, 15/1/220)

I – Não obstante o disposto no art. 56.º, n.º 1, do CSC, nem sempre a violação de normas imperativas gera nulidade das deliberações; tal efeito só ocorre, em princípio, quando a contrariedade àquelas normas se traduza no conteúdo e não no procedimento, no modo ou processo de formação da deliberação.

II – Assim, o facto de uma deliberação para aumento de capital social não ter sido votada pela maioria de ¾ dos votos correspondentes ao capital social implica a simples anulabilidade daquela.

III – O aviso convocatório para a assembleia deliberativa de aumento de capital social deve conter como informação mínima a prestar aos sócios a referida no art. 87.º do CSC sob pena de anulabilidade, prevista no art. 58.º, n.º 1, al. c).

IV – A mera desproporção ou desigualdade das quotas não é, só por si, motivo de anulabilidade fundada no abuso de direito.

(Acórdão do Tribunal da Relação de Coimbra, de 1992-12-02, *Colectânea de Jurisprudência*, 17/5/69)

NOTAS

O douto parecer silencia a questão, verdadeiramente importante, de saber qual o valor negativo da deliberação a que falta a maioria qualificada exigida pela lei ou pelo contrato.

A doutrina da inexistência foi sustentada entre nós por Raul Ventura (*Sociedades por Quotas*, vol. II, Coimbra, Almedina, 1989, p. 266). De facto, o Projeto de Código das Sociedades elaborado por este autor dispunha, no seu art. 75.º, n.º 1, que "[p]ara nenhum efeito se consideram tomadas as deliberações que não tenham sido aprovadas pelo número mínimo de votos ou de sócios exigido por lei ou pelo contrato [...]", o que apontava no sentido da inexistência da deliberação.

Tal solução foi criticada por Vasco da Gama Lobo Xavier ("Invalidade e ineficácia das deliberações sociais no Projeto do Código das Sociedades", *RLJ*, n.º 118, pp. 138-139), não passando para o texto do Código aquela norma do projeto.

Deste modo, e não se incluindo a discutida deliberação no rol das deliberações nulas (art. 56.º), parece que estará a mesma ferida apenas de anulabilidade, por força do disposto na al. a) do n.º 1 do art. 58.º do Código das Sociedades Comerciais. Neste sentido, Brito Correia, *Direito Comercial*, vol. III, Lisboa, AAFDL, 1990, pp. 325-327; Vasco da Gama Lobo Xavier, *loc. cit*, e *Anulação de deliberação social e deliberações conexas*, Coimbra, Atlântida, 1976, pp. 214-215; Coutinho de Abreu, in Coutinho de Abreu (coord.), *Código das Sociedades em Comentário*, Coimbra, Almedina, 2002, pp. 671-675, autor que, neste âmbito, segue a teoria da relevância com origem na doutrina alemã. As decisões da jurisprudência aqui citada seguem, assim, aquela que é a posição amplamente maioritária na doutrina sobre o problema do valor negativo da deliberação a que falte a maioria qualificada exigida por lei ou pelo contrato (nestes casos estavam em causa aumentos de capital em sociedades por quotas, aplicando-se, por isso, o disposto no art. 265.º, n.º 1, do CSC).

O n.º 5 do artigo 249.º do Código das Sociedades Comerciais, conjugado com o n.º 1 do artigo 380.º do mesmo Código, contém uma norma de carácter imperativo, no sentido de que só admite estipulação contratual que amplie, e nunca restrinja, o círculo legal de representantes nela previsto.

(Parecer do Conselho Técnico da DGRN, objeto de despacho de concordância do diretor-geral em 1996-05-03, disponível em https://irn.justica.gov.pt/Portals/33/Doutrina/Boletins%20-%20BRN/1996/maio/II_Caderno_BRN_5_mai_1996.pdf?ver=o9O4lDu3K66GmGcnFjYzow%3d%3d)

NOTAS

No sentido defendido no parecer: Vasco da Gama Lobo Xavier, *Rev. Leg. Jur.*, pp. 119-221; Branca Cruz, *Assembleias Gerais nas Sociedades por Quotas*, Coimbra, Almedina, 1988, pp. 56 e ss.; Menezes Cordeiro e David de Oliveira Festas, *Código das Sociedades Comerciais Anotado*, 4.ª ed., Coimbra, Almedina, 2021, p. 886; e Paulo Olavo Cunha, *Direito das Sociedades Comerciais*, 7.ª ed., Coimbra, Almedina, 2021, p. 661. Já quanto às sociedades anónimas, o art. 380.º, n.º 1, do Código das Sociedades das Comerciais, é claro nesta matéria ao estatuir que "[o] contrato de sociedade não pode proibir ou limitar a participação de acionista em assembleia geral através de representante".

Dissolução

I – A causa de dissolução de sociedade constituída antes da entrada em vigor do Código das Sociedades Comerciais, prevista no seu art. 533.º, n.º 4, por incumprimento tempestivo da obrigação, a que legalmente está descrita, de aumentar o capital quando o seu montante seja inferior ao mínimo naquele código estabelecido, para valores pelo menos iguais a este mínimo, não constitui causa de dissolução imediata.

II – Para que a dissolução se verifique, necessário é ainda que seja decretada por via judicial, conferindo a lei à decisão efeito constitutivo e à dissolução eficácia ex nunc, isto é, a partir do trânsito em julgado da mesma decisão.

III – Até lá, a sociedade faltosa mantém plenamente a sua personalidade jurídica, não gerando a situação ilícita criada pelo referido incumprimento qualquer incapacidade de gozo de direitos, nomeadamente o de aumentar o capital social.

IV – Não está, assim, a sociedade impedida de exercer esse direito, deliberando o aumento de capital, mesmo depois de expirado o prazo para o efeito perentoriamente concedido por lei.

V – Nem é, consequentemente, nula a respetiva deliberação, cujo conteúdo – o aumento de capital – não pode considerar-se, em si mesmo, ofensivo de preceito inderrogável, ainda que por vontade unânime dos sócios (cf. art. 56.º, n.º 1, al. d), do CSC).

(Parecer, de 92-01-22, do Conselho Técnico dos Registos e do Notariado, relator Silva Pereira, P. 82/91 - R.P. 4, *Revista do Notariado*, 1992/2/282)

I – A dissolução da sociedade marca o momento em que se reconheceu que ela esgotou a sua função, mas não traduz desde logo a sua extinção, pois torna-se necessário ainda proceder à cobrança dos créditos, pagamento das dívidas e partilha dos bens sociais sobrantes.

II – A sociedade em liquidação não se transforma em comunhão de bens ou de interesses, não passa a sociedade fictícia nem é sociedade especial, nova; goza de personalidade coletiva e esta personalidade é a mesma de que gozava a sociedade antes de ser dissolvida.

III – Como resulta do artigo 146.º, n.º 2, do Código das Sociedades Comerciais, continuam a ser aplicáveis às sociedades dissolvidas, em liquidação, as disposições que regem as sociedades não dissolvidas, com as necessárias adaptações, quando outra coisa não resulte das disposições subsequentes ou da modalidade de liquidação.

IV – Assim, nada obsta, fora daqueles estritos condicionalismos, que uma sociedade comercial dissolvida, em liquidação, possa ser declarada falida, caso se venha a reconhecer, entretanto, que, por carência de meios próprios, se encontra impossibilitada de cumprir pontualmente as suas obrigações.

(Acórdão do STJ, de 1996-07-02, *BMJ*, 459/556)

Os cônjuges dos sócios casados sob o regime da comunhão geral ou da comunhão de adquiridos não têm que intervir na deliberação de dissolução, uma vez que se trata de uma deliberação social e não são sócios. Não intervindo, não podem – com a recusa de consentimento – invalidar a deliberação. Consequentemente, não têm de intervir na escritura.

(Recomendação da DGRN, 2000, *BRN*, 7/2000, p. 9)

NOTAS

1. Relativamente ao parecer atrás citado (de 1992-01-22), na opinião de Albino Matos, "[o] conselho resolveu, na essência, muito bem. Mas há um ponto de pormenor em que o parecer suscita alguma reserva, lá onde afirma que o aumento de capital para além do prazo legal é irrelevante para o desenrolar do processo tendente à dissolução da sociedade. No caso, diz-se, o facto dissolutivo está já consumado e conduz à extinção da sociedade, não sendo do interesse da lei que esta continue: de tal modo que, aos sócios, querendo manter as suas relações jurídicas, mais não restará que constituir nova sociedade. Esta doutrina repugna por absurda e, por isso mesmo, não é de presumir que corresponda ao pensamento legislativo. Pelo contrário, o simples bom senso do foro comum sugere ao intérprete a ideia de que o cumprimento do dever legal, mesmo que para além do prazo que a lei lhe assinala, deve ser tido em conta para evitar a abertura do processo de dissolução ou para extinguir esse mesmo processo, caso já tenha sido instaurado. Recorde-se, quanto a este último aspeto, o princípio processual da atualidade da decisão [ver o atual art. 611.º do Código do Processo Civil], que obriga a sentença a tomar em consideração os factos jurídicos supervenientes de modo que a decisão corresponda à situação existente no momento do encerramento da discussão [...]". O autor recorda que esta interpretação é a que melhor se articula com outras soluções previstas na lei societária, como, por exemplo, o facto de se exigir na ação de declaração de nulidade de contrato social registado a prévia notificação da sociedade para a regularização, quando esteja em causa um vício sanável (art. 44.º, n.º 1), ou o caso da liquidação judicial por falta de forma ou por ilicitude do objeto, em que também se prevê a existência de uma notificação para regularização da situação (arts. 172.º e 173.º).

2. Defendendo também a possibilidade de uma sociedade dissolvida ser declarada insolvente antes de terminado o processo de liquidação, ver, entre outros, o acórdão do STJ, de 2008-11-06, no processo n.º 08B1740, disponível em http://www.dgsi.pt/jstj.nsf/954f0ce6ad9dd8b980256b5f003fa814/28ba58c987928e44802574fa00401330?OpenDocument, e, mais recentemente, o acórdão do Tribunal da Relação de Guimarães, de 2019-10-17, no processo n.º 4454/18.0T8VCT.G1, disponível em http://www.dgsi.pt/jtrg.nsf/86c25a698e4e

7cb7802579ec004d3832/4f4130a30fe9d92d8 02584a900369852?OpenDocument.

3. A matéria da dissolução e da liquidação de sociedades foi também objeto de importantes alterações legislativas nos últimos anos.

A dissolução pode resultar de deliberação dos sócios (arts. 145.º, n.º 1, 141.º e 142.º, n.º 3, do Código das Sociedades Comerciais), ou ser objeto de justificação notarial (art. 94.º, n.º 2, do Código do Notariado), ou de procedimento simplificado de justificação promovido pelo conservador do registo comercial (art. 79.º-A do Código do Registo Comercial).

A estas hipóteses soma-se, desde 2006, a dissolução administrativa, regulada, pelo regime jurídico dos procedimentos administrativos de dissolução e de liquidação de entidades comerciais, que se encontra previsto no Anexo III do Decreto-Lei n.º 76-A/2006, de 29 de março (mais recentemente alterado pelo Decreto-Lei n.º 250/2012, de 23 de novembro). Este procedimento administrativo veio substituir o procedimento judicial de dissolução como regime-regra, muito embora a via judicial continue a ser a via relevante para determinados casos especiais (sendo que, no Código das Sociedades Comerciais, se destacam os arts. 141.º, n.º 1, al. e), e 142.º, n.º 4).

No âmbito deste regime, o legislador criou também um procedimento especial de extinção imediata de entidades (arts. 27.º e ss. do regime jurídico dos procedimentos administrativos de dissolução e de liquidação de entidades comerciais), que tem sido denominado de "extinção de empresa na hora". Trata-se de solução criticada por Paulo Olavo Cunha (*Direito das Sociedades Comerciais*, 7.ª ed., Coimbra, Almedina, 2021, p. 1118, e em especial nota (1665)), que considera tratar-se de uma modalidade de dissolução de aplicação extremamente difícil, porque pressupõe, por um lado, que previamente à decisão de dissolução sejam totalmente eliminados o ativo e o passivo da sociedade existentes e, por outro, que esta decisão seja tomada pela unanimidade dos sócios (art. 27.º, n.º 1), o que, segundo este autor, torna este regime impraticável nas empresas que tenham uma média ou grande dimensão do ponto de vista do seu número de sócios.

Antes da entrada em vigor do Decreto-Lei n.º 76-A/2006, de 29 de março, no âmbito da dissolução extrajudicial, exigia-se a intervenção notarial: a dissolução deveria observar a forma de escritura pública, a não ser que fosse deliberada pela assembleia geral, caso em que a ata da deliberação deveria ser lavrada por notário, ou pelo secretário da sociedade. Desde a entrada em vigor deste diploma, para que se proceda à dissolução de uma sociedade comercial, bastará, como aponta Joana Pereira Dias (in Menezes Cordeiro (coord.), *Código das Sociedades Comerciais Anotado*, 4.ª ed., Coimbra, Almedina, 2021, p. 635), a apresentação da ata ou de outro documento de certificação para que se efetue o registo da dissolução.

Ora, sucede que o legislador, tendo alterado, em 2006, a disciplina do art. 145.º do Código das Sociedades Comerciais, no respeitante à forma e ao registo da dissolução, não alterou o disposto nos arts. 89.º e ss. e em particular no art. 94.º do Código do Notariado, quanto à matéria das justificações notariais. Ora, sabendo que, nos termos da al. a) do n.º 2 do art. 80.º do Código do Notariado, se prescreve a forma de escritura pública para as justificações notariais, somos levados a concluir, juntamente com Joana Pereira Dias, *loc. cit.*, que, sempre que a dissolução da sociedade decorra de justificação notarial (arts. 141.º, n.º 2, do CSC, e 94.º, n.º 2, do Código do Notariado), deverá seguir a forma de escritura pública, podendo, no entanto, e em alternativa, o interessado recorrer ao procedimento simplificado de dissolução (art. 79.º-A do Código do Registo Comercial), caso não pretenda seguir uma forma tão solene.

Sobre a matéria da dissolução administrativa, ver, entre outros, Paula Costa Silva, Rui Pinto e Maria Leonor Ruivo, "DLA (Dissolução e Liquidação Administrativas)", in Menezes Cordeiro (coord.), *Código das Sociedades Comerciais Anotado*, 4.ª ed., Coimbra, Almedina, 2021, pp. 1749-1817, e, para uma leitura crítica, Cassiano dos Santos, "Dissolução e Liquidação Administrativas de Sociedades", in Coutinho de Abreu [*et al.*], *Reformas do Código das Sociedades*, Coimbra, Almedina, 2007, pp. 139-162.

Estrangeiro

I – A sociedade com sede no estrangeiro que pretenda exercer a sua atividade em Portugal por mais de um ano deve instituir uma representação permanente nos termos do disposto no n.º 1 do art. 4.º do Código das Sociedades Comerciais.

II – Até então, ou mesmo após o decurso do citado prazo, os negócios jurídicos que porventura celebrar não são feridos de nulidade em virtude do incumprimento daquela disposição legal.

III – Consequentemente, não será esse mesmo incumprimento que pode tornar os referidos negócios irregistáveis.

(Parecer, de 1991-11-20, do Conselho Técnico dos Registos e do Notariado, relator Mouteira Guerreiro, P. 81/91 – R. P. 4., *Revista do Notariado*, 1992/2/292)

NOTAS

Destacando o renovado interesse que o art. 4.º do Código das Sociedades Comerciais poderá vir a adquirir com a saída do Reino Unido da União Europeia, Pedro Leitão Pais de Vasconcelos, "O Brexit e o art. 4.º do Código das Sociedades Comerciais", *Revista de Direito Comercial*, 2022, pp. 1165-1200, e disponível em https://www.revistadedireitocomercial.com/o-brexit-e-o-art-4-do-codigo-das-sociedades-comerciais .

Firma

A – Novidade

I – A «firma» pode ser tomada em sentido amplo ou restrito; no primeiro sentido abrange quer a firma em sentido restrito, quer a denominação particular.

II – Em sentido restrito, ou firma-nome, é aquela cujo núcleo distintivo é constituído por nomes de pessoas. Caso contrário, é denominação particular ou firma-denominação.

III – A exclusividade ou a novidade da firma-nome é imposta pelo art. 10.º, n.º 4, do Código das Sociedades Comerciais, que exige que seja completamente distinta das que já se acharem registadas.

IV – No nosso direito, a «firma» é o nome do comerciante; porém, a sua disciplina não cabe no direito ao nome, mas no Direito Industrial.

V – É um bem imaterial, sobre o qual recai um direito de exclusivo, de natureza patrimonial e suscetível de transmissão a terceiros.

VI – O titular da firma registada tem direito a que as novas firmas sejam completamente distintas, sem dependência de haver, ou não, potencialidade de prejuízos derivados do uso da nova firma.

VII – A adoção de firma que não se distingue da firma de um concorrente pode enquadrar-se na figura da concorrência desleal, suscitando uma situação de concurso de normas em relação às que tutelam a firma.

(J. Oliveira Ascensão, "Firma (Parecer)", *Colectânea de Jurisprudência*, 13/4/27-37)

Há evidente possibilidade de confusão, mais fonética que gráfica, entre as denominações sociais «S.P.S. – Sistemas de Proteção e Segurança, Lda.» e «SVS – Serviços de Vigilância e Segurança, Lda.», respeitantes a sociedades que, identificando-se essencialmente pelas siglas, operam na mesma área geográfica e em campo igual ou afim, o da segurança, num caso, através do negócio de componentes e, no outro, pela prestação de serviços.

(Acórdão do Tribunal da Relação de Lisboa, de 1987-03-10, *BMJ*, 366/545)

A lei não proíbe que determinada denominação social tenha algum elemento comum com o de outra anteriormente registada quando tal elemento não seja decisivo para afastar o princípio da exclusividade.

(Acórdão do STJ, de 1995-06-14, *Colectânea de Jurisprudência S.*, 3/2/129)

I – O conceito de firma abrange, hoje, o conceito mais restrito, subjetivista, e o de denominação particular.

II – O princípio da novidade ou da exclusividade deve nortear-se pela não confundibilidade pelo comum dos cidadãos.

III – Outrossim, a preocupação de não confundibilidade procura proteger o titular da firma pré-existente mas, mais do que isso, tende a garantir a ordem natural dos mercados e, muito especialmente, à luz da boa-fé, a proteger terceiros, mormente consumidores.

IV – Casuisticamente, deve atender-se, em coerência e designadamente, aos tipos de atividades desenvolvidas e outros fatores, ainda que de menor importância num país pequeno, como os locais das sedes.

V – Basicamente, o juízo de distinção ou de confundibilidade deve considerar a globalidade das firmas e, no seu âmbito, os elementos impressivos objetivamente.

VI – À luz das circunstâncias fácticas que vêm apuradas pelas instâncias, não há confundibilidade razoável entre as firmas: "DHL – Transportadores Rápidos Internacionais, Lda." e "DRL – Compra para Revenda de Imóveis, Lda."

(Acórdão do STJ, de 1995-11-15, *BRN*, 9/98, p. 11)

NOTAS

1. Como refere Oliveira Ascensão, no parecer atrás citado, a firma é o nome do comerciante, sendo que a sua adoção se trata de uma obrigação de todos os comerciantes (art. 18.º, n.º 1, do Código Comercial), o que inclui, como se sabe, as sociedades comerciais (art. 13.º, n.º 2, do Código Comercial e arts. 9.º, n.º 1, al. c), e 10.º do Código das Sociedades Comerciais).

No âmbito societário, o cumprimento da obrigação de adotar uma firma assume especial relevo, sobretudo ao nível da constituição das sociedades comerciais. Com efeito, os arts. 45.º e ss. do Regime Jurídico do Registo Nacional de Pessoas Coletivas (Decreto-Lei n.º 129/98, de 13 de maio, mais recentemente alterado pelo Decreto-Lei n.º 145/2019, de 23 de setembro), dispõem sobre o certificado de admissibilidade de firma ou denominação, cuja obtenção é obrigatória, entre outras hipóteses, no âmbito da constituição das sociedades comerciais – nos termos do art. 54.º deste diploma, os atos de constituição de pessoas coletivas deverão fazer referência à emissão do certificado de admissibilidade da firma ou denominação adotada, através da indicação do respetivo número e data de emissão.

Manifestação da relevância que a lei atribui a este elemento é o facto de sancionar com nulidade os atos de constituição societária ou de alteração dos estatutos que tenham sido praticados sem a emissão do certificado de admissibilidade de firma ou denominação, quando este seja exigido por lei (art. 55.º, n.º 1, al. b)).

Em alternativa ao pedido de obtenção de certificado de admissibilidade, os interessados poderão adotar uma das firmas de fantasia incluídas na Bolsa de Firmas criada pelo Registo Nacional de Pessoas Coletivas, quando optem por constituir as suas sociedades segundo o regime da "empresa na hora" (art. 15.º do Decreto-Lei n.º 111/2005, de 8 de julho, mais recentemente alterado pelo Decreto-Lei n.º 33/2011, de 7 de março) ou da "empresa *online*" (art. 14.º do Decreto-Lei n.º 125/2006, de 29 de junho, mais recentemente alterado pelo Decreto-Lei n.º 109-D/2021, de 9 de dezembro).

A título de curiosidade, deixamos aqui algumas das firmas que integram a Bolsa, disponível em http://bolsafirmasdenominacoes.justica.gov.pt/ (consultado em 20 de julho de 2022) – e nem precisamos de sair da letra A!: "Abecedário Cremoso", "Alavanca Diligente", "Alfabeto Viçoso", "Alínea Sumarenta" ou "Atalhos Odoríferos".

2. Se, tradicionalmente, se contrapunha o conceito de firma como nome dos comerciantes ao conceito de denominação como nome das pessoas coletivas não comerciantes, hoje, esta distinção encontra-se esbatida, quer porque a expressão "firma" é usada pela lei também para designar não comerciantes (art. 39.º do Regime Jurídico do Registo Nacional de Pessoas Coletivas), quer porque o legislador se serve da expressão "denominação" para se referir a entidades coletivas que podem ser comerciantes (art. 5.º do Regulamento (CEE) n.º 2137/85 do Conselho, de 25 de julho de 1985) – neste sentido, ver Remédio Marques, in Coutinho de Abreu (coord.), *Código das Sociedades em Comentário*, vol. I, Coimbra, Almedina, 2002, p. 179.

Estando em causa um sinal distintivo que tem como função a identificação e distinção dos agentes económicos (ver, entre outros, Nuno Sousa e Silva, "Sinais Distintivos: uma introdução", *Revista de Direito Comercial*, 2020, disponível em https://www.revistadedireitocomercial.com/sinais-distintivos-uma-introducao, p. 1923), exige-se que a firma possua novidade, isto é, que não seja suscetível de confusão ou erro com as firmas já registadas ou licenciadas no mesmo âmbito de exclusividade – art. 33.º, n.º 1, do Regime Jurídico do Registo Nacional de Pessoas Coletivas e atual art. 10.º, n.º 3, do Código das Sociedades Comerciais. Note-se que, como aponta a jurisprudência, o que aqui está em causa é uma novidade relativa, ou seja, saber se a firma pretendida é suscetível de se distinguir de outros sinais relevantes (ver, entre outros, o acórdão do Tribunal da Relação do Porto, de 2009-05-29, no processo n.º 518/08.7TYVNG.P1, disponível em http://www.dgsi.pt/jtrp.nsf/56a6e7121657f91e80257cda00381fdf/51db86cf5ad26596802575c4003bae3a?OpenDocument) .

Este juízo de comparação não se limita apenas às demais firmas, mas deve ser também estendido às marcas e logótipos registados no Instituto Nacional da

Propriedade Intelectual, desde que se encontrem inscritos no Registo Nacional de Pessoas Coletivas (art. 33.º, n.ºs 5 e 6, do Regime Jurídico do Registo Nacional de Pessoas Coletivas). Contudo, ainda que o registo venha a ser admitido, ele poderá vir a ser invalidado, nos termos do art. 4.º, n.º 4, do Código da Propriedade Industrial (Decreto-Lei n.º 110/2018, de 10 de dezembro, recentemente alterado pelo Decreto-Lei n.º 9/2021, de 29 de janeiro), por confundibilidade da firma com outros sinais de comércio previamente registados. O *site* eportugal.gov.pt disponibiliza um teste de confundibilidade de firmas, permitindo a comparação com outros nomes registados na base de dados do Registo Nacional de Pessoas Coletivas, que, no entanto, tem um valor meramente informativo, disponível em https://eportugal.gov.pt/empresas/Services/Online/Pedidos.aspx?service=PNS .

Tenha-se ainda em atenção que o princípio da novidade não é entendido de forma absoluta pelo Registo Nacional de Pessoas Coletivas, que admite a existência de firmas semelhantes quando respeitem a sociedades pertencentes ao mesmo grupo empresarial ou com sócios comuns – ver, neste sentido, Pedro Sousa e Silva, *Direito Industrial*, 2.ª ed., Coimbra, Almedina, 2020, pp. 370-371. Sobre a relação entre novidade e exclusividade e o âmbito de proteção das firmas, ver *ibidem*, pp. 369-370, nota (902), e 374-381, e ainda Remédio Marques, *ob. cit.*, pp. 200 e 209-210.

Existem várias posições na doutrina sobre a natureza jurídica da firma – para uma breve panorâmica sobre as posições em debate, ver Pedro Sousa e Silva, *ob. cit.*, pp. 364-365, e Remédio Marques, *ob. cit.*, pp. 181-186.

B – Verdade

I – Só com autorização escrita de todos os seus herdeiros pode permanecer na firma ou denominação de sociedade o nome do sócio falecido que a compunha.

II – Considera-se consentimento escrito para que o nome do sócio falecido continue na firma ou denominação de sociedade a outorga de todos os seus herdeiros em escritura de alteração de pacto social em que a firma seja mantida. [...]

(Parecer, de 1989-06-14, do Conselho Técnico dos Registos e do Notariado, relator Marques Coelho, P. 21 /89 – R P. 3., *Revista do Notariado*, 1990/1/101)

I – Os elementos componentes das firmas das sociedades (firmas-nome e firmas-denominação) devem respeitar o princípio da verdade.

II – Este princípio é delimitado por via negativa, na medida em que a firma não pode sugerir atividade diferente da que constitui o objeto social.

III – Inversamente, não tem a firma que incluir, por forma completa, toda a atividade que a sua titular exerce ou se propõe exercer.

(Parecer, de 1992-02-12, do Conselho Técnico dos Registos e do Notariado, *Boletim da APN*, n.º 195/5)

I – A qualificação de uma firma comercial deve basear-se nos seus elementos característicos ou individualizadores, suscetíveis de constituir o seu núcleo essencial (artigo 32.º, n.ºs 2 e 3, do Decreto-Lei n.º 129/98, de 13 de maio)

II – Em relação a sociedade por quotas, é "firma-nome" a que for constituída pela firma de uma sociedade-sócia e pela expressão "Portugal" (artigos 10.º e 200.º do Código das Sociedades Comerciais).

(Acórdão do STJ, de 1999-02-09, *BRN*, 5/99, p. 13, e *Colectânea de Jurisprudência S.*, 7/1/93)

NOTAS

1. Relativamente ao parecer de 1989-06-14, ver o disposto no atual art. 32.º, n.º 5, do Regime Jurídico do Registo Nacional de Pessoas Coletivas.

2. No acórdão do STJ, de 1999-02-09, o Registo Nacional de Pessoas Coletivas recusara a firma "Outokumpu Copper (Portugal), Lda.", para uma sociedade por quotas de que eram sócias duas sociedades, Outokumpu Copper Españo, SA, e Outokumpu Oy, com base em não se tratar de firma-nome e, posto isso, não dar a conhecer o objeto social. O Supremo desautorizou esta recusa, entendendo que a firma discutida seria válida.

3. O princípio da verdade determina que a firma seja composta com elementos verdadeiros que não induzam os agentes económicos em erro sobre a identificação, natureza ou atividade do titular (art. 32.º, n.º 1, do Regime Jurídico do Registo Nacional de Pessoas Coletivas). Significa isto que não devem ser introduzidas na firma – ainda que constituída por designações de fantasia, siglas ou composições – expressões que sugiram que a pessoa coletiva em causa prossegue uma atividade distinta da que constitui o seu objeto social (art. 32.º, n.º 2) ou que possam induzir em erro quanto à caracterização jurídica da pessoa coletiva, designadamente o uso, por entidades com fim lucrativo, de expressões correntemente usadas na designação de organismos públicos ou de associações sem finalidade lucrativa (art. 32.º, n.º 4, al. a), do Regime Jurídico do Registo Nacional de Pessoas Coletivas e art. 10.º, n.º 5, al. a), do Código das Sociedades Comerciais). A este propósito, Paulo Olavo Cunha, *Direito das Sociedades Comerciais*, 7.ª ed., Coimbra, Almedina, 2021, p. 136, dá o seguinte exemplo: "[...] uma pequena sociedade comercial não deve utilizar na composição da sua firma a expressão «Casa Mundial», porque esta sugere uma dimensão de atividade substancialmente diferente da real [...]".

Assim, pode afirmar-se, juntamente com o parecer citado, que o princípio da verdade terá uma expressão essencialmente negativa, traduzindo-se na proibição de sinais enganosos, como explica Nuno Sousa e Silva, "Sinais Distintivos: uma introdução", *Revista de Direito Comercial*, 2020, disponível em https://www.revistadedireitocomercial.com/sinais-distintivos-uma-introducao, p. 1877, nota (60).

4. A lei estabelece ainda outras proibições absolutas relativamente às firmas que se prendem com a adoção de expressões proibidas por lei ou ofensivas da moral ou dos bons costumes (art. 32.º, n.º 4, al. b), do Regime Jurídico do Registo Nacional de Pessoas Coletivas e art. 10.º, n.º 5, al. b), do Código das Sociedades Comerciais), expressões incompatíveis com o respeito pela liberdade de opção política, religiosa ou ideológica (art. 32.º, n.º 4, al. c), do Regime Jurídico do Registo Nacional de Pessoas Coletivas) ou expressões que desrespeitem ou se apropriem ilegitimamente de símbolos nacionais, personalidades, épocas ou instituições cujo nome ou significado seja de salvaguardar por razões históricas, patrióticas, científicas, institucionais, culturais ou outras atendíveis (art. 32.º, n.º 4, al. d). Estas normas traduzem-se, de acordo com autores como Remédio Marques, in Coutinho de Abreu (coord.), *Código das Sociedades em Comentário*, vol. I, Coimbra, Almedina, pp. 187-188, em manifestações

de um princípio da licitude que vigora no âmbito da composição das firmas.

Liquidação

I – Na fase da liquidação os atos que a sociedade pratique e as deliberações que tome visam, à luz dos princípios legalmente previstos, saldar o património e extinguir as relações contratuais assumidas.

II – Pode, no entanto, durante essa fase – ou seja, no decurso do processo de dissolução – a sociedade deliberar o regresso à atividade, *renascendo, assim, sem restrições, a relação societária.*

III – Caso delibere regressar à atividade, porque cessou o processo dissolutivo do vínculo societário, a sociedade pode, portanto, sem limitações, alterar quaisquer cláusulas do contrato de sociedade, *incluindo a que fixa o seu capital.*

IV – Contudo, depois de registada a dissolução – e subsistindo simplesmente a fase de liquidação, *sem que tenha sido deliberado o regresso à atividade – dever-se-á manter em vigor, coerentemente com os princípios do próprio ordenamento jurídico, o* mesmo contrato de sociedade *(nos seus elementos legalmente essenciais), tal como existia no momento da dissolução.*

V – Consequentemente, não é possível, nestas circunstâncias, registar o facto redução do capital, *na medida em que se traduziria* necessariamente *numa alteração desse elemento do contrato da sociedade dissolvida.*

VI – Facto diverso – e igualmente sujeito a registo nos termos do disposto no art. 95.º, n.º 4, al. a), do Código das Sociedades Comerciais – é a deliberação da redução de capital que, se a sociedade não regressar à atividade, será ineficaz, *ineficácia esta que, todavia, em termos de direito registral, se compatibiliza com a possibilidade de ser lavrado o correspondente registo.*

VII – A deliberação social que se destine a basear um pedido de registo deve ser válida, pelo que – designadamente em face do disposto na alínea d) do n.º 1 do artigo 48.º do Código do Registo Comercial – não é admissível que se verifiquem quaisquer dos motivos de nulidade previstos no n.º 1 do artigo 56.º do Código das Sociedades Comerciais.

(Parecer, de 200-04-28, do Conselho Técnico da DGRN, relator Luís Gonzaga das Neves Silva Pereira, homologado em 2000-05-02, *BRN-CT*, 7/2000, p. 15)

NOTAS

1. Tenha-se em atenção que, tal como aponta Raul Ventura (*Dissolução e Liquidação de Sociedades*, Coimbra, Almedina, 1987, p. 215), a propósito do disposto no art. 146.º, n.º 5, do Código das Sociedades Comerciais, "[...] o facto de a sociedade já se encontrar em liquidação, não impede, só por si, que o contrato seja modificado para introdução ou alteração de regras respeitantes à liquidação". No mesmo sentido, Carolina Cunha, in Coutinho de Abreu (coord.), *Código das Sociedades Comerciais em Comentário*, vol. II, 2.ª ed., Coimbra, Almedina, 2017, p. 694.

2. Sobre a matéria da liquidação ver, também, na jurisprudência, entre outros, os acórdãos do STJ, de 2019-10-01, no processo n.º 4022/06.0TCLRS.L2.S1, disponível em http://www.dgsi.pt/jstj.nsf/954f0ce6ad9dd8b980256b5f003fa814/e753fc9f25ae32Código Civil802584860048cda4?OpenDocument, e de 2016-04-07, no processo n.º 842/10.9TBPNF.P2.S1,

disponível em http://www.dgsi.pt/jstj.nsf/954f0ce6ad9dd8b980256b5f003fa814/144a6d40060b5b6c80257f920036c5fe?OpenDocument, e o acórdão do Tribunal da Relação do Porto, de 2018-10-11, no processo n.º 160094/14.2YIPRT.P2, disponível em http://www.dgsi.pt/jtrp.nsf/56a6e7121657f91e80257cda00381fdf/fbc018ac404cb78c80258354004e8d9f?OpenDocument.

Mediação imobiliária

Artigo 40.º – *Intervenção de notário ou profissional equiparado em negócios sobre imóveis*

1 – A escritura pública ou documento particular que titule negócio sobre bem imóvel deve mencionar se o mesmo foi objeto da intervenção de empresa de mediação imobiliária, com indicação, em caso afirmativo, da respetiva denominação social e número de licença ou registo junto do InCI.

2 – O notário ou profissional equiparado que intervenha em negócios sobre imóveis deve advertir os intervenientes do dever de fazerem constar dos documentos respetivos a intervenção referida no número anterior de que tenham conhecimento, bem como a cominação prevista no número seguinte.

3 – O cliente de empresa de mediação imobiliária que, tendo sido advertido nos termos do número anterior, omita a informação relativa à intervenção daquela no negócio incorre na pena de desobediência prevista no artigo 348.º do Código Penal.

4 – Quando haja indícios da intervenção na mediação de negócios sobre bens imóveis de pessoa singular ou coletiva que não esteja legalmente habilitada para o exercício da atividade de mediação imobiliária, o notário ou profissional equiparado deve enviar ao InCI, no prazo de 15 dias, cópia dos documentos em que tal intervenção conste.

(Lei n.º 15/2013, de 8 de fevereiro, mais recentemente alterada pelo Decreto-Lei n.º 102/2017, de 23 de agosto)

NOTAS

O Instituto da Construção e do Imobiliário, I. P. (InCI), corresponde, atualmente, ao Instituto dos Mercados Públicos, do Imobiliário e da Construção, I. P. (IMPIC), cuja estrutura resulta do Decreto-Lei n.º 232/2015, de 13 de outubro.

Menores

Numa sociedade por quotas, *pode o pai adquirir para o filho menor certa e determinada participação,* sem necessidade de autorização judicial, *desde que o capital social se encontre inteiramente realizado e o pacto não estipule a exigência de prestações suplementares.*

(Parecer, de 1978-01-23, do Conselho Técnico da DGRN, *Boletim da DGRN*, ano I, n.º 1, p. 278)

NOTAS

A dúvida sobre esta questão foi claramente desfeita com a reforma, de 1977, do Código Civil e a alteração que daí resultou para o art. 1889.º, n.º 1, al. d), que passou a dispor que "[c]omo representantes do filho não podem os pais, sem autorização do tribunal: [...] d) Entrar em sociedade em nome coletivo ou em comandita simples ou por ações [...]".

Por isso, é, hoje, pacífico que os menores (não emancipados) podem ser sócios de sociedades anónimas e por quotas, desde que a sua participação na sociedade seja efetuada pelos seus representantes legais – pais ou tutor (art. 1889, n.º 1, al. d), *ex vi* art. 1938.º, n.º 1, al. a), do Código Civil). Também os maiores acompanhados (arts. 138.º e ss.), poderão, caso a entrada para uma sociedade comercial esteja incluída no âmbito da sentença de acompanhamento, carecer da intervenção do respetivo acompanhante (art. 143.º), para se tornarem sócios (arts. 145.º, n.º 2, als. b) e c)).

No entanto, estando em causa uma situação em que a intervenção dos representantes legais não seja suficiente para suprir a incapacidade, é importante ter em conta que, desde a entrada em vigor do Decreto-Lei n.º 272/2001, de 13 de outubro (mais recentemente alterado pela Lei n.º 85/2019, de 3 de setembro), a concessão da autorização exigida por lei nos arts. 1889.º e 1938.º do Código Civil deixou de ser competência dos tribunais judiciais para passar a caber ao Ministério Público (art. 2.º, n.º 1, als. a) e b), do Decreto-Lei n.º 272/2001).

Sobre esta matéria, ver, mostrando concordância com o conteúdo do parecer citado, no sentido de que os incapazes só poderão ser sócios de sociedades cujo capital se encontre inteiramente realizado e em que não exista obrigação estatutária de realizar prestações acessórias ou suplementares, J. Engrácia Antunes, *Direito das Sociedades*, 10.ª ed., do autor, Porto, 2021, pp. 173-174, em especial, nota (378). O autor assinala também que poderão existir hipóteses em que os incapazes de exercício participem diretamente e em nome próprio na constituição de sociedades – no caso do menor, quando o objeto da respetiva entrada se enquadre no disposto nas als. a) ou b) do n.º 1 do art. 127.º do Código Civil, e, no caso do maior acompanhado, quando esteja em causa ato não abrangido pela sentença de acompanhamento (art. 145.º) ou que possa, em circunstâncias especiais, ser considerado como negócio da sua vida corrente (art. 147.º, n.º 1).

Já Albino Matos considera que a restrição fixada pelo parecer deve ser encarada com reserva, uma vez que a lei não exige que o capital das sociedades esteja realizado ou que o contrato não estipule a exigência de prestações suplementares para que os incapazes possam participar em sociedades. Segundo este autor, a lei não distingue estas hipóteses, e é duvidoso que haja razão para distinguir.

Objeto social

A – Admissibilidade

É nulo *o ato de constituição de sociedades comerciais cujo objeto social inclua ou seja exclusivamente a prestação de* consulta jurídica.

(Ofício-circular da DGRN, de 1982-11-23)

I – A consultadoria jurídica *em geral é reservada a advogados e solicitadores.*

II – É nulo *o pacto social cujo objeto é a consultadoria jurídica e em que os sócios que a exercem não são exclusivamente advogados e solicitadores.*

(Acórdão do Tribunal da Relação de Lisboa, de 1982-10-28, *Colectânea de Jurisprudência*, 7/4/132)

1.º – A sociedade constituída sob a firma (...), ao especificar, no título constitutivo, como seu objeto a exploração agrícola, não permite conferir-se-lhe a natureza de sociedade comercial.

2.º – A vaga e genérica referência à atividade que se propõe prosseguir impede de conhecer se alguns dos atos que vier a praticar poderão ser qualificados de objetivamente comerciais.

3.º – Nos §§ 1.º e 2.º do art. 230.º do Código Comercial faz-se a exclusão de empresas comerciais que tenham por fim (...) a exploração agrícola, interpretada esta designação como o fabrico de produtos nos terrenos e equipamentos que a integram, bem como a sua manufatura e venda.

(Parecer, de 1985-03-11, relator Rodrigues Fontinha, *Regesta*, 1985, 92 P, e *BRN*, n.º 2, p. 11.)

I – A Classificação Portuguesa de Atividades Económicas (CAE), publicada pelo Decreto-Lei n.º 182/93, de 14 de maio, tem fins de natureza estatística e o número da subclasse respetiva é atribuível ao agente económico que, de facto *(ainda que* não de direito*) exerça essa atividade e, tratando-se de pessoa coletiva, independentemente da apresentação ou verificação de qualquer prova referente à sua regular constituição.*

II – Consequentemente, o facto de a determinada sociedade comercial ter sido atribuída uma subclasse da CAE não significa, nem pode demonstrar que – em caso de tal ser necessário – a sociedade tenha obtido algum licenciamento ou que os sócios possuam as qualificações requeridas para o exercício da atividade constante do objeto social.

III – Será, sim, em sede de qualificação registral que caberá apreciar da viabilidade do pedido e da possibilidade de ser lavrada a inscrição definitiva de constituição dessa sociedade, nomeadamente por se demonstrar a conformidade do objeto adotado com as correspondentes exigências legais.

IV – Nesta apreciação da legalidade do objeto não cabe fazer diferenciação alguma entre o que tenha sido designado como principal ou como secundário, nem a distinção tem cabimento à luz das vigentes disposições do Código das Sociedades Comerciais.

V – As atividades de "consultoria para os negócios e gestão", bem como "a formação profissional e atividades de contabilidade, auditoria e consultoria fiscal" não são qualificáveis como devendo ser apenas exercidas por advogados ou outros juristas.

(Parecer, de 1998-09-23, do Conselho Técnico da DGRN, relator Mouteira Guerreiro, homologado em 1998-09-25, *BRN*, 11/98, disponível em https://irn.justica.gov.pt/Portals/33/Doutrina/Boletins%20-%20BRN/1998/dezembro/II_Caderno_BRN_11_dez_1998.pdf?ver=pKuG7HzBwKvFG6EqSAYaTg%3d%3d)

I – Não cabe ao Registo Nacional de Pessoas Coletivas interferir na redação do objeto declarado no certificado de admissibilidade da firma ou denominação, nem verificar da sua conformidade com a lei, limitando-se, apenas, a não autorizar denominações confundíveis ou que sugiram atividades diferentes das contidas no objeto.

II – Nos instrumentos destinados à constituição de sociedades ou à alteração dos respetivos contratos, o objeto social não pode ser ampliado a atividades não contidas no objeto declarado no certificado de admissibilidade, o que não prejudica a especificação ou restrição das atividades nele contidas, desde que estas não estejam refletidas na denominação, nem as alterações de redação que não envolvam a sua ampliação.

III – O objeto indicado no contrato deve especificar, com precisão, as ativida-

des que os sócios propõem que a sociedade venha a exercer.

IV – Assim, a indicação da atividade de serviços de auditoria (de per si), ainda que satisfaça a exigência legal da determinação do objeto, poderá sempre incluir, atento o seu carácter genérico, a atividade de "auditoria às contas", cometida por lei exclusivamente a Revisores Oficiais de Contas.

(Parecer do Conselho Técnico da DGRN, de 2005-01-07, *BRN*, 11/04, pp. 16-17, disponível em https://irn.justica.gov.pt/Portals/33/Doutrina/Boletins%20-%20BRN/2004/12_dezembro/04_Dez_i.pdf?ver=RSRDp9odkwf2dJVNJa-t9w%3d%3d&timestamp=1623924381419)

NOTAS

1. Tendo em conta as coordenadas existentes no nosso ordenamento jurídico e, particularmente, do Código Comercial de 1888, em Portugal, as atividades económicas podem distinguir-se entre atividades civis e atividades comerciais.

Tradicionalmente, considerava-se que as atividades de profissionais liberais revestiam natureza eminentemente civil e, como tal, sendo exploradas a nível coletivo através de sociedades, também essas mesmas sociedades deveriam assumir carácter civil e não comercial.

A reforma levada a cabo no âmbito do regime das sociedades profissionais, quer por força da entrada em vigor da nova Lei das Associações Públicas Profissionais (Lei n.º 2/2013, de 10 de janeiro), quer, sobretudo, por força da entrada em vigor da Lei das Sociedades de Profissionais (Lei n.º 53/2015, de 11 de junho), veio contribuir para uma mudança neste cenário, com o art. 27.º, n.º 2, da Lei das Associações Públicas Profissionais e o art. 4.º da Lei das Sociedades de Profissionais a estabelecerem a possibilidade de as sociedades de profissionais se constituírem sob a forma de sociedade comercial (ficando excluída a hipótese de estas sociedades assumirem a natureza de sociedades anónimas europeias – art. 4.º, n.º 2, da Lei das Sociedades de Profissionais).

Decorre, no entanto, do art. 27.º, n.º 4, da Lei das Associações Públicas Profissionais, que os estatutos de cada uma das associações públicas profissionais, podem estabelecer restrições ao disposto no regime geral, desde que tais restrições tenham fundamento no exercício de poderes de autoridade pública que a profissão comporte ou em razões imperiosas de interesse público ligadas à missão de interesse público que a profissão, na sua globalidade, prossiga.

É isso mesmo que ocorre com as sociedades de advogados, sujeitas ao regime previsto nos arts. 213.º a 222.º do Estatuto da Ordem dos Advogados (Lei n.º 145/2015, de 9 de setembro, mais recentemente alterada pela Lei n.º 79/2021, de 24 de novembro), que veio estabelecer diversas especificidades em relação ao regime da Lei das Associações Públicas Profissionais e da Lei das Sociedades de Profissionais. Da leitura deste diploma, e em particular do seu art. 213.º, parece resultar que estas sociedades poderão apenas assumir a forma de sociedades civis de responsabilidade limitada ou ilimitada (art. 213.º, n.º 10, afastando-se, assim, o regime-regra de responsabilidade ilimitada dos sócios nas sociedades civis resultante do art. 997.º, n.º 1, do Código Civil) ou de sociedades comerciais em nome coletivo, regime que se explica tendo em conta que, nas sociedades de advogados, apenas se admitem sócios profissionais (art. 213.º, n.º 2), que terão necessariamente de contribuir para a sociedade com a prestação dos seus serviços, ou seja, em indústria. Neste sentido, e sobre a matéria das sociedades de advogados à luz da legislação atual, ver Paulo de Tarso Domingues, "Podem as sociedades de advogados ser, hoje, sociedades comerciais? Breve análise do novo regime jurídico", *Cadernos de Direito Privado*, Centro de Estudos Jurídicos do Minho, n.º 54 (abril-junho de 2016), pp. 3-10, em especial pp. 5-6. Diferentemente, entendendo que as sociedades de advogados serão sempre, e necessariamente, sociedades civis, Coutinho de Abreu, *Código das Sociedades em Comentário*, vol. I, 2.ª ed., Coimbra, Almedina, 2017, p. 48.

Apenas os advogados e os solicitadores podem prestar serviços de consulta jurídica, uma vez que se trata de matéria que se inclui no âmbito dos atos próprios dos advogados e solicitadores (arts. 1.º e 3.º da Lei n.º 49/2004, de 24 de agosto, e art. 66.º do Estatuto da Ordem dos Advogados), sendo proibido o funcionamento de escritório ou gabinete, constituído sob qualquer forma jurídica, que preste a terceiros serviços que compreendam, ainda que isolada ou marginalmente, a prática de atos próprios dos advogados e dos solicitadores (com exceção, naturalmente, dos escritórios ou gabinetes compostos exclusivamente por advogados, por solicitadores ou por advogados e solicitadores, das sociedades de advogados, das sociedades de solicitadores e dos gabinetes de consulta jurídica organizados pela Ordem dos Advogados e pela Câmara dos Solicitadores) – ver, neste sentido, o disposto no art. 6.º, n.º 1, da Lei n.º 49/2004, de 24 de agosto. Os n.ºs 3 e 4 do art. 6.º preveem as hipóteses excecionais em que se admite a prática de atos próprios de advogados e solicitadores por sindicatos e associações patronais e por entidades sem fins lucrativos que requeiram o estatuto de utilidade pública, respetivamente.

2. Os §§ 1.º e 2.º do art. 230.º do Código Comercial determina que não serão comerciais as empresas que tenham por objeto o desenvolvimento de explorações agrícolas, pelo que os atos de fabrico e manufatura, bem como de fornecimento dos produtos dos terrenos dessas explorações, não serão considerados comerciais. Significa isto que, por não terem por objeto a prática de atos de comércio (art. 1.º, n.º 2, do Código das Sociedades Comerciais), as sociedades que se dediquem à exploração de empresas agrícolas não poderão ser sociedades comerciais, devendo assumir natureza civil. Sendo sociedades civis, poderão, apesar desse facto, adotar um dos tipos sociais previstos no art. 1.º, n.º 2, do Código das Sociedades Comerciais, de acordo com o n.º 4 do mesmo artigo, ficando, assim, sujeitas ao disposto neste diploma, tornando-se, desse modo, sociedades civis sob forma comercial.

3. Sobre a distinção entre atos civis e atos de comércio (e a correspondente distinção entre sociedades civis e sociedades comerciais) em geral e sobre empresas comerciais e não comerciais, ver Coutinho de Abreu, *Curso de Direito Comercial*, vol. I, 12.ª ed. Coimbra, Almedina, 2019, pp. 63-108 e 253-262; *idem*, *Código das Sociedades em Comentário*, vol. I, 2.ª ed., Coimbra, Almedina, 2017, pp. 46-48; e J. Engrácia Antunes, *Direito das Sociedades*, 10.ª ed., do autor, Porto, 2021, pp. 85-95. Este último autor critica a manutenção, ao nível do Direito vigente, da divisão das atividades económicas em atividades civis e comerciais, evidenciando que o seu artificialismo se manifesta de forma especialmente clara pelo facto de o legislador admitir a existên-

cia de sociedades civis sob forma comercial e de determinar a aplicação do regime das sociedades comerciais a estas figuras – *ob. cit.*, pp. 86-87 e 93-94. Na jurisprudência, ver, entre outros, os acórdãos do Tribunal da Relação de Lisboa, de 1983-01-04, *Colectânea de Jurisprudência*, 8/1/91, e do STJ, de 1983-07-28, *BMJ*, 329/527, e os pareceres do Conselho Técnico da DGRN, de 1984-06-06, *Regesta*, 1984, 147 P., e de 1990-11-08, P. 13/90, *Revista do Notariado*, 1991/2/286.

4. Sobre o parecer de 2005-01-07, ver, quanto à sua primeira máxima, o disposto no atual art. 32.º, n.º 3, do Regime Jurídico do Registo Nacional de Pessoas Coletivas (Decreto-Lei n.º 129/98, de 13 de maio, mais recentemente alterado pelo Decreto-Lei n.º 145/2019, de 23 de setembro). Já quanto à segunda máxima, releva a disciplina do art. 54.º, n.ºs 4 e 5, do mesmo diploma.

B – Determinação

I – Como objeto de sociedade devem ser concretamente determinadas no contrato as atividades que os sócios propõem que a sociedade venha a exercer.

II – Não satisfaz essa exigência a cláusula contratual que estipula ter a sociedade por objeto as atividades referidas em determinado preceito legal, ou seja, as atividades apenas determináveis por remissão para esse preceito legal.

(Parecer do Conselho Técnico da DGRN, de 1992-04-01, relator Fernando Neto Ferreirinha, homologado em 1992-04-07, *BRN*, 8/03, disponível em https://irn.justica.gov.pt/Portals/33/Doutrina/Boletins%20-%20BRN/2003/setembro/II_Caderno_PCT_BRN_8_set_2003.pdf?ver=XudxQwb1R3vBI25JVmgNtw%3d%3d&timestamp=1624446300347)

1 – Do contrato de qualquer tipo de sociedade devem constar, especificadas em termos suficientemente precisos, como objeto social, todas as atividades que os sócios propõem que a sociedade venha a exercer (artigos 9.º, n.º 1, alínea d), e 11.º, n.º 1, do Código das Sociedades Comerciais);

2 – Consequentemente, a lei comercial não consente que uma sociedade comercial indique, como objeto social, toda e qualquer atividade económica, não concretamente determinada, não sendo, assim, permitidas formulações que, pelo seu carácter vago ou genérico, o não esclareçam devidamente;

3 – Tal sucede, v.g., quando se pretende, como objeto social, a título principal ou secundário, "o comércio em geral" ou "qualquer atividade comercial e industrial em conformidade com a lei";

4 – Formulações como as indicadas na conclusão anterior, que tenham sido incluídas em contratos de sociedades celebrados, na forma legal, antes da entrada em vigor do Código das Sociedades Comerciais, devem considerar-se automaticamente eliminadas (artigo 530.º deste diploma legal); [...]

(Parecer da PGR, de 1995-03-09, no processo n.º 74/1994, relator Padrão Gonçalves, disponível em https://www.ministeriopublico.pt/pareceres-pgr/8741)

NOTAS

1. Referindo também esta decisão do Conselho Técnico, ver J. Engrácia Antunes, *Direito das Sociedades Comerciais*, 10.ª ed., do autor, Porto, 2021, p. 188, nota (412).

2. O art. 11.º, n.º 2, do Código das Sociedades Comerciais estabelece que "[c]omo objeto da sociedade devem ser indicadas no contrato as atividades que os sócios

propõem que a sociedade venha a exercer". A questão do grau de determinação do objeto da sociedade foi, durante muitos anos, uma questão polémica, sendo comuns as situações em que surgiam sociedades que tinham como objeto apenas "qualquer atividade industrial ou comercial". Outra cláusula regularmente utilizada era a que previa que a sociedade poderia deliberar exercer qualquer outra atividade que os sócios acordassem e que fosse legal.

Desde a entrada em vigor do Código das Sociedades, o entendimento amplamente maioritário da doutrina segue a leitura adotada pelo parecer da PGR de 1995-03-09 aqui citado. Ver, nesse sentido, entre outros, Soveral Martins, in Coutinho de Abreu (coord.), *Código das Sociedades Comerciais em Comentário*, vol. I, Coimbra, Almedina, 2010, pp. 224-227; Adelaide Menezes Leitão e José Alves Brito, in Menezes Cordeiro (coord.), *Código das Sociedades Anotado*, 4.ª ed., Coimbra, Almedina, 2021, p. 145; e Albino Matos, *Constituição de Sociedades*, 5.ª ed., Coimbra, Almedina, 2001, pp. 60-63. No sentido que aqui propugnamos, ver, também, o parecer da PGR n.º 33/99, de 1999-09-30, e ainda os pareceres do Conselho Técnico da DGRN, de 1990-01-18 (*Revista do Notariado*, 1990/2/308), e de 1990-05-24 (*Revista do Notariado*, 1991/1/149).

C – Participações

I – Como objeto da sociedade, devem ser indicadas no contrato as atividades que a mesma se propõe exercer, nos termos do art. 11.º, n.º 2, do Código das Sociedades Comerciais.

II – Não estão compreendidos no objeto – e como tais não devem ser levados ao registo – os simples atos de participação autorizados pelo contrato, ao abrigo do n.º 4 do mesmo artigo 11.º.

(Parecer do Conselho Técnico da DGRN, de 1993-03-23, relator Rocheta Gomes, homologado por despacho do director-geral de 1993-04-05, *BRN-CT*, 9/02, p. 60, disponível em https://irn.justica.gov.pt/Portals/33/Doutrina/Boletins%20-%20BRN/2002/outubro/02_Out_ii.pdf?ver=UhMrj1uOz3JIEkKGHXB5EQ%3d%3d)

NOTAS

A referência do douto parecer ao n.º 4 do art. 11.º entende-se porque é anterior ao Decreto-Lei n.º 257/96, de 31 de dezembro, o qual alterou a redação daquele artigo e renumerou os seus vários parágrafos. Isto para dizer que onde se diz n.º 4 deve ler-se, atualmente, n.º 5 do art. 11.º: o contrato pode ainda autorizar, livre ou condicionalmente, a aquisição pela sociedade de participações como sócio de responsabilidade ilimitada ou de participações em sociedades com objeto diferente, em sociedades reguladas por leis especiais e em agrupamentos complementares de empresas. Tudo isso é permitido legalmente desde que o contrato o autorize. Mas nada disso interessa à cláusula do objeto.

Situação diferente existirá quando estejam em causa sociedades gestoras de participações sociais (SGPS), que têm por único objeto contratual a gestão de participações sociais noutras sociedades, como forma indireta de exercício de atividades económicas (art. 1.º, n.º 1, do Decreto-Lei n.º 495/88, de 30 de dezembro, mais recentemente alterado pela Lei n.º 109-B/2001, de 27 de dezembro). Ainda assim, cabe notar, tal como Soveral Martins, in Coutinho de Abreu (coord.), *Código das Sociedades Comerciais em Comentário*, vol. I, Coimbra, Almedina, 2010, p. 234, que existe uma distinção entre a simples aquisição de participações sociais e o exercício da atividade de gestão de participações sociais. No sentido de que o regime das SGPS exclui a possibilidade de uma sociedade com objeto diferente daquele previsto no art. 1.º, n.º 1, do Decreto-Lei n.º 495/88 exercer, de facto e em exclusivo, uma atividade de gestão de participações sociais, ver Nuno Brito Lopes, "Os Aspetos Jurídico-Societários das SGPS", *Revista da Ordem dos Advogados*, ano 58, vol. 3 (dezembro de 1998), p. 1178.

Obrigações

Artigo único

Sem prejuízo do disposto na legislação em vigor sobre a emissão de obrigações por parte de sociedades anónimas e sociedades por quotas, o Ministro das Finanças poderá, por despacho, autorizar outras entidades a emitir a referida espécie de títulos, em circunstâncias especiais devidamente justificadas.

(Decreto-Lei n.º 320/89, de 25 de setembro)

Pacto leonino

1.º – É nula a cláusula que exclui um sócio da comunhão nos lucros da sociedade, por se tratar de um caso de "pacto leonino".

2.º – Pela mesma razão, é nula a deliberação pela qual se faz a repartição das reservas com violação da regra da proporcionalidade.

3.º – Deve, pois, ser recusado, por motivo da nulidade do facto, o subsequente registo de aumento do capital e alteração do pacto social.

(Parecer, de 1986-03-03, do Conselho Técnico dos Registos e do Notariado, relator Rocheta Gomes, P. 2/86, RP3, *BRN*, 11/10, e *Revista do Notariado*, 1986/3/406)

NOTAS

A deliberação de repartição não proporcional das reservas parece simplesmente anulável, e não propriamente nula, como pretende o douto parecer. De facto, como resulta atualmente do art. 22.º, n.º 1, do Código das Sociedades Comerciais (e resultava já do art. 992.º do Código Civil), a regra da proporcionalidade na distribuição dos lucros é meramente supletiva, podendo ser afastada por disposição estatutária. Sabendo também que o Código das Sociedades Comerciais adotou, a propósito da anulabilidade, a tese de Vasco da Gama Lobo Xavier (*Anulação de deliberação social*, Coimbra, Almedina, 1999, p. 260), de acordo com a qual as deliberações cujo conteúdo seja ilegal apenas são nulas quando a disciplina que estabelecem não possa cobrar eficácia sequer através da vontade unânime dos sócios (ver o atual art. 56.º, n.º 1, al. d)), esta deliberação seria apenas anulável (ver atualmente o disposto no art. 58.º, n.º 1, al. a)). A respeito dos arts. 22.º e 58.º do Código, e no sentido aqui seguido, ver Paulo de Tarso Domingues, in Coutinho de Abreu (coord.), *Código das Sociedades em Comentário*, vol. I, Coimbra, Almedina, 2.ª ed., 2017, pp. 381-383, e Coutinho de Abreu, *ob. cit.*, p. 711.

Criticável, quanto a este parecer, é ainda o facto de parecer confundir deliberação e cláusula estatutária e de pretender decidir sobre a validade daquela com base nos critérios previstos legalmente para esta.

Partilha

I – Após a dissolução da sociedade, se esta não tiver dívidas, podem os sócios proceder à partilha imediata dos bens sociais.

II – Porém, existindo dívidas, que não sejam exclusivamente as de natureza fis-

cal ainda não exigíveis à data da dissolução, já não é possível aos sócios proceder imediatamente à partilha.

III – Se, apesar da existência de um tal passivo comum, for feita a partilha imediata, o ato é manifestamente nulo e não pode ser admitido a registo.

(Parecer, de 1992-09-28, do Conselho Técnico dos Registos e do Notariado, relator Mouteira Guerreiro, P. 64/92 – R. P. 4, *Regesta*, 1993/161)

NOTAS

Cf. o disposto no art. 147.º do Código das Sociedades Comerciais e no art. 48.º, n.º 1, al. d), do Código do Registo Comercial.

Ver, na jurisprudência sobre a responsabilidade dos sócios quando procedam à imediata partilha dos bens da sociedade dissolvida quando existam dívidas, o acórdão do STJ, de 2012-03-06, no processo n.º 4026/07.5TVPRT.P1.S1, disponível em http://www.dgsi.pt/jstj.nsf/954f0ce6ad9dd8b980256b5f003fa814/a7c2dc8d947dfa60802579c1005006f6?OpenDocument .

Registo

Artigo 53.º-A – *Formas de registo*

1 – Os registos são efetuados por transcrição ou depósito.

2 – O registo por transcrição consiste na extração dos elementos que definem a situação jurídica das entidades sujeitas a registo constantes dos documentos apresentados.

3 – Sem prejuízo dos regimes especiais de depósito da prestação de contas, o registo por depósito consiste no mero arquivamento dos documentos que titulam factos sujeitos a registo.

4 – (Revogado.)

5 – São registados por depósito:

a) Os factos mencionados nas alíneas b) a l), n), p), q), u), v) e z) do n.º 1 do artigo 3.º, salvo o registo do projeto de constituição de sociedade anónima europeia gestora de participações sociais, bem como o da verificação das condições de que depende a sua constituição;

b) Os factos referidos nas alíneas b), c) e e) do n.º 2 do artigo 3.º;

c) Os factos constantes das alíneas b) e d) do artigo 5.º;

d) O facto mencionado na alínea b) do artigo 6.º;

e) O facto referido na alínea g) do artigo 7.º;

f) O facto constante da alínea e) do artigo 8.º;

g) Os factos constantes do artigo 9.º se respeitarem a factos que estão sujeitos a registo por depósito;

h) Os factos mencionados nas alíneas a), d) e e) do artigo 10.º;

i) Todos os factos que por lei especial estejam sujeitos a depósito.

6 – O consentimento do credor para o cancelamento do registo de hipoteca pode ser prestado por via eletrónica, nos termos definidos por portaria do membro do Governo responsável pela área da justiça.

(Código do Registo Comercial, aprovado pelo Decreto-Lei n.º 403/86, de 3 de dezembro, mais recentemente alterado pela Lei n.º 9/2022, de 11 de janeiro)

NOTAS

1. Dissemos atrás, em "**Sociedades – Contrato de sociedade**", que dedicaríamos algumas palavras ao atual sistema registral português em matéria de Direito das Sociedades.

A reforma, ou contra-reforma, como lhe chamou Carla Soares (*Contra-Reforma do Notariado e dos Registos: um Erro Conceptual,*

Coimbra, Almedina, 2009), introduzida pelo Decreto-Lei n.º 76-A/2006, de 29 de março, não gerou apenas repercussões ao nível da atividade notarial, tendo as suas inovações produzido os mais profundos efeitos no âmbito do registo comercial português.

Uma vez mais, por razões de economia textual, não procederemos a uma análise de todos os aspetos que foram objeto de alteração por força deste diploma. Focaremos a nossa atenção, essencialmente, na "bicefalia registal" (J. Engrácia Antunes, "O Registo Comercial", *Revista da Ordem dos Advogados*, ano 77, vols. I e II, janeiro/junho de 2017, p. 327) que o legislador introduziu com a distinção entre registos por transcrição e registos por depósito (art. 53.º-A, n.º 1, do Código do Registo Comercial).

A este respeito, a mera leitura da lei permite imediatamente perceber que nem no registo por transcrição existe verdadeiramente uma transcrição, mas sim uma inscrição no registo, como explica Mouteira Guerreiro ("Registo Comercial – Ainda existe?", *Revista da Ordem dos Advogados*, disponível em https://www.oa.pt/upl/%7Bf7b7faf8-466f-44a7-9574-a93142ba2e31%7D.pdf, p. 4), nem no registo por depósito há verdadeiramente registo, estando em causa, como lembra J. Engrácia Antunes, *loc. cit.*, um mero arquivamento dos documentos. Sinal mais claro desta última afirmação é o facto de o legislador, no art. 22.º do Código, prever que apenas podem padecer de nulidade os registos por transcrição, o que significa que os registos por depósito poderão respeitar a atos nulos ou até inexistentes, sem que isso afete a validade do registo (ver Mouteira Guerreiro, *ob. cit.*, pp. 6-7, e J. Engrácia Antunes, *ob. cit.*, pp. 326-328). É, aliás, o próprio legislador que reconhece esta realidade, afastando a aplicação do princípio da legalidade (art. 47.º, não podendo o registo por depósito ser recusado ou feito provisoriamente por dúvidas – arts. 48.º e 49.º) e da presunção de verdade (art. 11.º) relativamente a esta modalidade de registos.

Apesar destas concessões do legislador, levantam-se ainda, essencialmente, dois tipos de problemas, como aponta J. Engrácia Antunes (*ob. cit.*, pp. 327-328). Por um lado, esta "bicefalia" promove o surgimento de situações de contradição na informação registral por força das eventuais sobreposições que surjam entre as duas modalidades legais de registo. Por outro lado, apesar de os registos por depósito não assegurarem a autenticidade ou validade dos documentos depositados, constituem condição de oponibilidade *erga omnes* nos termos do art. 14.º do Código. Isto para não falar dos problemas que se põem quanto àquelas que eram as funções clássicas de segurança jurídica e de controlo da legalidade – o *nobile officium* (Mouteira Guerreiro, *ob. cit.*, p. 8) – associadas ao sistema registral.

Se a isto associarmos o facto de o art. 55.º-A ter atribuído aos oficiais dos registos, profissionais sem a formação e especialização jurídica necessárias para isso, a competência para proceder à qualificação de determinados atos, poderemos concluir, juntamente com Albino Matos ("Sociedades, documento autêntico ou particular?", in Coutinho de Abreu [*et al.*], *Reformas do Código das Sociedades*, Coimbra, Almedina, 2007, p. 133), que as soluções adotadas pela reforma de 2006, a respeito do registo comercial, convergiram, essencialmente, no sentido "[...] de se preconizar como imperativa a abolição do controlo de legalidade no registo [...]". Para uma perspetiva crítica, em geral, desta reforma, ver também, Mónica Jardim, "O Sistema Registal Português e as alterações legislativas que, directa ou indiretamente, lhe introduziram fragilidades", *CENoR*, 2014, disponível em http://cenor.zohosites.com/publicacoes-detalhe?idp=411333300000867007, em especial pp. 7-9.

Perguntava, no seu artigo, Mouteira Guerreiro (*ob. cit.*, p. 6): "Mas que é isto e para que é que isto serve?" Para que serve, também não sabemos. Quanto ao que é, arriscamos uma resposta: quando o Estado institui um mecanismo "[...] que nada prova, que nada faz presumir [...]" (*ibidem*, p. 7), em suma, que nada acrescenta, estamos, curiosamente (ou talvez não), perante mera burocracia.

2. Criticando especificamente, no âmbito da reforma de 2006, o regime previsto para o registo das quotas introduzido nos arts. 242.º-A a 242.º-F do Código das Sociedades Comerciais, ver, entre outros, Menezes Cordeiro, "Do registo de quotas: as reformas de 2006, de 2007 e de 2008", *Revista de Direito das Sociedades*, ano 1, n.º 2 (2009), pp. 318-320, e Pedro Maia, "Registo e Cessão de Quotas", in Coutinho de Abreu [*et al.*], *Reformas do Código das Sociedades*, Coimbra, Almedina, 2007, pp. 169 e ss., em especial pp. 175-176.

Sede social

I – Na consideração da necessidade de concretização da sede social no contrato de sociedade, prescrita pelo n.º 1 do artigo 12.º do Código das Sociedades Comerciais, deverá atender-se aos critérios sociais que em cada momento são utilizados para a designação de um lugar, tendo em consideração as normas e procedimentos administrativos atinentes a tal designação.

II – Em conformidade com tais critérios e tendo em conta tais normas e procedimentos, não pode ser considerada supérflua a menção, no contrato de sociedade, da localidade onde se situa a sua sede, nos casos em que a situação desta possa ser identificada, para além da freguesia e do concelho, pela rua e número de polícia do prédio onde a sede se situa.

III – Nos casos referidos na conclusão anterior, a falta de indicação no pacto social da localidade onde a sede se situa não obsta ao registo definitivo do contrato da sociedade, atendendo a que tal elemento de identificação, não estando determinado, é, porém, determinável pelos interessados, com recurso aos restantes elementos de localização da sede que daquele constam.

IV – Nos mesmos casos, a falta de indicação da localidade onde a sede se situa pode ser suprida através de declarações complementares prestadas pelos interessados, nos termos do artigo 33.º do Código do Registo Comercial.

(Parecer dos Serviços Jurídicos da DGRN, com despacho de concordância do diretor-geral, de 1996-06-05, *BRN*, 9/97, p. 14)

NOTAS

O art. 12.º, n.º 1, determina que "[a] sede da sociedade deve ser estabelecida em local *concretamente definido*" (itálico nosso). A partir desta redação, a doutrina retira a exigência de que o contrato indique, quanto à sede estatutária da sociedade, o nome do lugar e/ou freguesia e o concelho, ou o nome da localidade, rua, número de polícia e do andar ou equivalente, freguesia e concelho – ver, neste sentido, Coutinho de Abreu, *Curso de Direito Comercial*, vol. II, 12.ª ed, Coimbra, Almedina, p. 114. Sobre esta matéria, ver também Paulo Olavo Cunha, *Direito das Sociedades*

Comerciais, 7.ª ed., Coimbra, Almedina, 2021, pp. 139-140.

Tipicidade

I – As sociedades comerciais estão sujeitas ao princípio da tipicidade, não podendo adotar tipos não definidos na lei.

II – Esse princípio abrange não só a obrigatoriedade de opção por um dos quatro tipos de sociedade comercial previstas no Código das Sociedades Comerciais, mas também a necessidade de adoção dos órgãos administrativos representativos para esse tipo previstos.

III – Não pode, assim, nos estatutos de uma sociedade comercial por quotas. atribuir-se a um conselho de administração a administração dos negócios sociais e a representação da sociedade em juízo ou fora dele, já que, nos termos do n.º 1 do art. 252.º daquele Código, a administração e representação das sociedades por quotas deve ser efetuada por um ou mais gerentes.

(Acórdão do STJ, de 1992-03-05, *BMJ*, 415/666)

NOTAS

Ver, também, citando este aresto, Paulo Olavo Cunha, *Direito das Sociedades Comerciais*, 7.ª ed., Coimbra, Almedina, 2021, p. 114.

Transformação

I – Para que qualquer sociedade possa transformar-se em sociedade de tipo diferente, é indispensável que o capital esteja integralmente liberado ou que as entradas convencionadas no contrato estejam totalmente realizadas.

II – Não se mostrando cumpridas as condições apontadas, o contrato de transformação será nulo (art. 294.º do Código Civil), pelo que o registo deve ser recusado.

(Parecer, de 1988-10-24, do Conselho Técnico dos Registos e do Notariado, relator Rodrigues Fontinha, P. 58/88-R. P. 3, *Regesta*, 1988/6/85, e *Revista do Notariado*, 1989/2/308.)

I – Uma sociedade não pode transformar-se se o capital não estiver integralmente liberado ou se não estiverem totalmente realizadas as entradas convencionadas no contrato (art. 131.º, n.º 1, al. a), do Código das Sociedades Comerciais).

II – Porém, a integral realização do capital deve reportar-se, de acordo com o escopo legal, à sociedade tal como existe quando vai ser outorgada a escritura que a transforma. [...]

(Acórdão do Tribunal da Relação de Lisboa, de 1990-02-15, *Colectânea de Jurisprudência*, 15/1/169, e *Revista do Notariado*, 1990/2/280)

I – O artigo 9.º, n.º 3, do Código das Sociedades Comerciais cria um regime jurídico específico para as disposições supletivas do Código das Sociedades Comerciais que permite a derrogação de tais disposições por força do próprio contrato social ou quando neste se preveja a derrogação por deliberação dos sócios;

II – As alterações facultativas, introduzidas aquando da transformação da sociedade de um tipo para outro tipo legal, devem ser aprovadas segundo os requisitos previstos na lei ou nos estatutos para a tomada da deliberação pela sociedade a transformar, mas, em si mesmas, regulam-se pelo regime substantivo prescrito na lei para o novo tipo social, dado que se destinam a vigorar no quadro dessa nova forma de organização; [...]

(Acórdão do Tribunal da Relação de Guimarães, de 2020-02-27, no processo n.º 649/19.8T8VNF.G1, disponível em http://www.dgsi.pt/jtrg.nsf/86c25a698e4e7cb7802579ec004d3832/9c3382c6cab4d49e8025852800345d19?OpenDocument)

NOTAS

1. Ver o disposto no art. 131.º, n.º 1, al. a), do Código das Sociedades Comerciais. O parecer citado tem uma nota crítica de Albino Matos na *Revista do Notariado*, 1989/2/308, e um comentário igualmente desfavorável na mesma revista, 1989/2/173-91, de M. G. Pereira, "A liberação do capital na transformação de sociedades".

2. Veja-se, em geral, sobre a transformação de sociedades, além do fundamental de Raul Ventura e Luís Brito Correia, "Transformação de Sociedades. Anteprojeto e notas justificativas", *BMJ*, 218/5, 219/11, 220/13; António Caeiro, "Breves notas sobre a transformação de sociedades anónimas em sociedades por quotas", *Rev. Dir. Economia*, 1979/1/21-32; *idem*, *Temas de direito das sociedades*, Coimbra, Almedina, 1984, pp. 229 e ss.; Raul Ventura, *Alterações do contrato de sociedade*, Coimbra, Almedina, 1986, pp. 22 e ss.; e G. Amadio, "La transformazione a fini liquidativi", *Riv. Not.*, 1987/2/263-87.

3. Concluindo também pela nulidade, ver Francisco Mendes Correia, in Menezes Cordeiro (coord.), *Código das Sociedades Comerciais Anotado*, 4.ª ed., Coimbra, Almedina, 2021, p. 603, e Raul Ventura, *Fusão, Cisão, Transformação de Sociedades*, Coimbra, Almedina, 1990, p. 482.

4. Aderindo ao entendimento expresso pelo Tribunal da Relação de Lisboa na segunda máxima do sumário, ver, entre outros, M. Gonçalves Pereira, "A liberação do capital na transformação de sociedades", *Revista do Notariado*, 1989/2/173-91; Francisco Mendes Correia, *in* Menezes Cordeiro (coord.), *Código das Sociedades Comerciais Anotado*, 4.ª ed., Coimbra, Almedina, 2021, p. 601, nota (1); e J. Engrácia Antunes, *Direito das Sociedades*, 10.ª ed., do autor, Porto, 2021, p. 475, nota (1065).

Unipessoais

I – As cooperativas *podem associar-se a outras pessoas coletivas (incluindo sociedades comerciais), quer participando nas que já existam, quer intervindo na formação das que, "ex novo", se constituam.*

II – Dever-se-á considerar que, nestas, estão englobadas as sociedades unipessoais por quotas, *dado que as cooperativas têm capacidade jurídica para as criar e que elas próprias também podem ser constituídas por qualquer pessoa coletiva.*

(Parecer, de 2000-02-25, do Conselho Técnico da DGRN, relator Mouteira Guerreiro, *BRN-CT*, 5/2000, p. 60)

A unificação das quotas do sócio único não é requisito necessário à transformação de uma sociedade por quotas em sociedade unipessoal por quotas.

(Parecer dos Serviços Jurídicos da DGRN, com despacho de concordância do diretor-geral, de 2002-10-07, *BRN*, 9/02, p. 20)

SOCIEDADES ANÓNIMAS

ADMINISTRAÇÃO

A - Composição

I – As sociedades anónimas cujo capital seja inferior a 20 000 contos podem, no respetivo contrato, adotar o regime de fiscal único, ao qual se aplica, com as necessárias adaptações, o disposto quanto ao conselho fiscal.

II – Não sendo indicado o suplente, não pode, em consequência, ser lavrado como definitivo o registo de designação da pessoa que exerce o cargo de fiscal único.

(Parecer, de 1990-02-14, do Conselho Técnico dos Registos e do Notariado, relator Rocheta Gomes, P. 1/90 – R.P. 3, *Revista do Notariado*, 1990/3/436)

I – Não viola a lei o contrato de uma sociedade anónima, com capital não excedente a 20 000 contos, que estabelece que a administração compete a um conselho de administração ou a um administrador único, e que a fiscalização compete a um conselho fiscal ou a um fiscal único. [...]

(Parecer do consultor externo Remo de Noronha, com despacho de concordância do director-geral da DGRN, de 1996-11-27, *BRN*, 6/97, p. 10)

NOTAS

1. Conforme resulta do art. 278.º, n.º 2, do Código das Sociedades Comerciais, em determinadas hipóteses, as sociedades anónimas poderão ter apenas um administrador único e um fiscal único, ao invés de um conselho de administração e de um conselho fiscal.

No que respeita à administração, tal possibilidade verifica-se, hoje, quando o contrato de sociedade o preveja e desde que o capital social não exceda os 200 mil euros (art. 390.º, n.º 2). A nomeação de administrador único é admitida não só nas sociedades que se estruturem de acordo com o "modelo clássico", mas também naquelas que sigam o "modelo germânico" (art. 424.º, n.º 2), sendo, no entanto, afastada nas sociedades em que se opte pelo modelo "anglo-saxónico" (art. 278.º, n.º 5).

Nas sociedades que se estruturem de acordo com o modelo "clássico", ou seja, que possuam conselho de administração e conselho fiscal (art. 278.º, n.º 1, al. a), poderá a fiscalização da sociedade ficar a cargo de um fiscal único, desde que se trate de um revisor oficial de contas ou de sociedade de revisores oficiais de contas (arts. 413.º, n.º 1, al. a), e 414.º, n.º 1). Decorre do art. 413.º, n.º 3, que o fiscal único terá sempre um suplente, que será igualmente revisor oficial de contas ou sociedade de revisores oficiais de contas.

Note-se que a possibilidade de designação de um fiscal único dependerá do facto de a sociedade em causa não ser emitente de valores mobiliários admitidos à negociação em mercado regulamentado ou de não ultrapassar, durante dois anos seguidos, dois dos limites previstos pela al. a) do n.º 2 do art. 413.º, sendo que, atualmente, nenhum desses limites respeita ao capital social. Nestes casos, a fiscalização caberá, de acordo com a lei, a um conselho fiscal e a um revisor oficial de contas ou a uma sociedade de revisores oficiais de contas que não seja membro do conselho fiscal.

Sobre as diferentes estruturas ou modelos de governação das sociedades anónimas à luz do Código das Sociedades Comerciais, ver, entre outros, Paulo Olavo Cunha, *Direito das Sociedades Comerciais*, 7.ª ed., Coimbra, Almedina, 2019, pp. 795-806.

2. Concordando com o parecer, no sentido de que os estatutos poderão prever que a sociedade poderá ser gerida, em alternativa, por um administrador único ou por um conselho de administração, cabendo à assembleia geral a opção por um ou outro sistema: Albino Matos, *Constituição de Sociedades*, 5.ª ed., Coimbra, Almedina, 2001, p. 251, e também Ricardo Costa, *Código das Sociedades Comerciais em Comentário*, vol. VI, 2.ª ed., Coimbra, Almedina, 2019, p. 203. Contra: Soveral Martins, *Os poderes de representação dos administradores de sociedades anónimas*, Coimbra, Coimbra Editora, 1998, p. 102.

I – Quando o contrato de sociedade estabelecer que esta é administrada por um conselho de administração, deve fixar o número (ímpar) dos seus membros.

II – Não pode entender-se que exista essa fixação, imperativamente estabelecida pelo n.º 1 do art. 390.º do Código das Sociedades Comerciais, quando o contrato de sociedade se limita a indicar um número mínimo de administradores.

III – Para que possa ter-se por cumprido o aludido preceito legal é indispensável que, pelo menos, o contrato social fixe um número mínimo, máximo e ímpar dos membros do conselho de administração.

(Parecer do Conselho Técnico da Direção-Geral dos Registos e do Notariado, relator Mouteira Guerreiro, de 1998-03-19, homologado em 1998-03-20, *BRN-Supl.*, 4/98, p. 42)

NOTAS

1. Admitindo como válida a cláusula do contrato de sociedade que fixe apenas um limite mínimo e um limite máximo de administradores, ver Albino Matos, *Constituição de Sociedades*, 5.ª ed., Coimbra, Almedina, 2001, p. 251; Ricardo Costa, *Código das Sociedades Comerciais em Comentário*, vol. VI, 2.ª ed., Coimbra, Almedina, 2019, p. 203; Paulo Olavo Cunha, *Direito das Sociedades Comerciais*, 7.ª ed., Coimbra, Almedina, 2019, pp. 812-813, nota (1210); e Raul Ventura, *Novos Estudos sobre Sociedades Anónimas e Sociedades em Nome Colectivo*, Coimbra, Almedina, 1994, p. 14.

2. Note-se que, à luz da redação dada pelo Decreto-Lei n.º 76-A/2006, de 29 de março, ao art. 390.º, n.º 1, deixou de se exigir que o número de administradores seja obrigatoriamente ímpar (para o modelo germânico, ver o disposto no art. 424.º, n.º 1).

B – Deliberações

I – É imperativo o disposto nos arts. 406.º nomeadamente na sua al. f) e 407.º, n.º 2, do CSC sobre a competência do conselho de administração das sociedades anónimas.

II – Por isso, são nulos os atos praticados em sua violação, como sejam a prestação de cauções e garantias pessoais ou reais pela sociedade, feitas pelo seu presidente do conselho de administração, sem precedência de deliberação do respetivo conselho de administração.

(Acórdão do STJ, de 2001-01-11, *Colectânea de Jurisprudência S.*, 9/1/63)

NOTAS

1. Segundo as normas indicadas, compete ao conselho deliberar, entre o mais, sobre a prestação de cauções e garantias pessoais ou reais pela sociedade, sendo certo que a competência relativa a esta matéria não poderá ser objeto de delegação de poderes, nem sequer poderá o conselho de

administração encarregar especialmente algum ou alguns dos administradores de se ocuparem especialmente desta questão, conforme decorre respetivamente, dos n.os 4 e 2 do art. 407.º.

2. Criticando esta decisão do Supremo, ver Soveral Martins, "Capacidade e Representação das Sociedades Comerciais", *Problemas do Direito das Sociedades*, Coimbra, Almedina, 2002, pp. 494-496, e *idem*, *Código das Sociedades Comerciais em Comentário*, vol. VI, 2.ª ed., Coimbra, Almedina, 2019, pp. 442-443.

C – Período de designação

I – O conselho de administração da sociedade anónima é necessariamente designado por determinado prazo fixado no contrato ou, na falta dessa indicação, pelo que se acha supletivamente prescrito na parte final do n.º 3 do artigo 391.º do Código das Sociedades Comerciais.

II – Este prazo constitui um requisito especial da inscrição respetiva, em conformidade com o disposto na alínea u) do artigo 16.º do Regulamento aprovado pela Portaria n.º 773/94, de 26 de agosto.

III – Consequentemente, sendo esse o único prazo publicitado pelo registo (e não se pondo sequer a questão da caducidade da inscrição), após a data em que o mesmo já tenha expirado, o certo é que não possui a conservatória quaisquer elementos que lhe permitam certificar que o conselho de administração da sociedade continua ainda a ser o que consta da sobredita inscrição.

IV – Não obstante, em termos de direito substantivo – e salvo o disposto na parte final do n.º 4 do citado artigo 391.º – os administradores mantêm-se ainda em funções até à designação do novo conselho de administração, funções essas cujo regime não está, porém, especial e concretamente regulado no Código das Sociedades Comerciais.

V – Deve, no entanto, entender-se que, durante esse período em que, apesar de expirado o prazo do mandato, os administradores se conservam em funções, poderão estes praticar todos os atos necessários para assegurar a gestão e representação da sociedade.

VI – Caso falte definitivamente algum administrador e inexistindo suplente, é admissível que os demais possam cooptar um novo membro – o que, nos termos legais, deverá obrigatoriamente ser submetido à ratificação da primeira assembleia geral seguinte.

VII – Caso se ponha o problema da invalidade da deliberação de cooptação por violar alguma disposição de contrato (mormente respeitante a tal facto ou à regulamentação do prazo do mandato do órgão em causa), a sanção legalmente prevista é a da mera anulabilidade – o que, portanto, não colide com a registabilidade do ato.

(Parecer do Conselho Técnico da DGRN, relator Mouteira Guerreiro, homologado em 2000-09-28, *BRN-CT*, 10/2000, p. 8)

NOTAS

1. Os referidos n.os 3 e 4 do art. 391.º do Código das Sociedades Comerciais correspondem, desde a entrada em vigor do Decreto-Lei n.º 109-D/2021, de 9 de dezembro, aos atuais n.os 4 e 5.

2. Já a norma relevante, em matéria de publicitação do prazo pelo qual os administradores foram nomeados, é, hoje, o art. 10.º, al. i), do Regulamento do Registo Comercial (Portaria n.º 657-A/2006 do Ministério da Justiça, de 29 de junho,

mais recentemente alterada pela Portaria n.º 47/2022, de 20 de janeiro).

3. Quanto à questão da invalidade das deliberações do Conselho de Administração, cf. o art. 411.º do Código das Sociedades Comerciais, em especial o seu n.º 3. Na doutrina, ver entre outros, Paulo Olavo Cunha, *Direito das Sociedades Comerciais*, 7.ª ed., Coimbra, Almedina, 2019, pp. 907-913.

D – Pessoa coletiva

A pessoa singular designada por uma pessoa coletiva que foi nomeada administrador de uma sociedade anónima, para exercer tal cargo em nome próprio nos termos do n.º 4 do art. 390.º do Código das Sociedades Comerciais, pode ser destituída desse cargo, independentemente de deliberação da assembleia geral da sociedade, por ato da pessoa coletiva que a designou.

(Parecer, de 1987-06-26, do Conselho Técnico dos Registos e do Notariado, relator Marques Coelho, P. 19/87– R. P. 3, *Revista do Notariado*, 1988/3/496)

I – No ordenamento jurídico português atual, a designação nos termos do n.º 4 do art. 390.º do CSC de uma pessoa coletiva para o órgão de administração de uma sociedade anónima com estrutura clássica (ou monista) não implica a atribuição da qualidade de administrador à pessoa coletiva em causa.

II – Mesmo no âmbito do citado preceito de direito societário, administrador é sempre (e só) a pessoa singular – nomeada pela pessoa coletiva designada para o órgão de administração –, por isso se diz que exerce o cargo em nome próprio (cf. n.os 3 e 4 do art. 390.º, CSC).

III – Resulta do anteriormente exposto que no âmbito da transmissão dos direitos e obrigações da sociedade incorporada ou das sociedades fundidas para a sociedade incorporante ou para a nova sociedade – que é um dos efeitos da fusão (cf. art. 112.º, CSC) – não está incluída a administração de (outra) sociedade.

IV – Em sede de registo comercial, inexiste facto autónomo sujeito a registo, configurando-se apenas uma atualização da inscrição de designação dos membros do conselho de administração, dando notícia da extinção por fusão da sociedade designada para o órgão de administração e da identificação da sociedade que lhe sucedeu (cf. art. 68.º, CRcom)

(Deliberação do Conselho Técnico da DGRN, redator João Guimarães Gomes de Bastos, homologada em 2003-04-30, *BRN-CT*, 5/03, p. 8)

NOTAS

1. A temática da relação que se estabelece entre a pessoa coletiva nomeada administradora de uma sociedade e a pessoa singular designada por aquela trata-se de um tema debatido pela doutrina, existindo autores que consideram que a pessoa coletiva será verdadeira administradora da sociedade que a nomeie – ver, entre outros, Raul Ventura, *Novos Estudos sobre Sociedades Anónimas e Sociedades em Nome Colectivo*, Coimbra, Almedina, 1994, pp. 179-181 e 184-186; e autores que defendem que a qualidade de administrador caberá à pessoa singular indicada – neste sentido, ver Menezes Cordeiro e A. Barreto Menezes Cordeiro, *Código das Sociedades Comerciais Anotado*, 3.ª ed., Coimbra, Almedina, 2020, p. 1298.

2. Particularmente polémica é a questão da cessação de funções da pessoa singular designada. Defendendo que a pessoa singular indicada pela pessoa coletiva estará

sujeita a "[...] destituição pela assembleia geral da sociedade administrada, como qualquer outro administrador desta [...]", Raul Ventura (*ob. cit.*, pp. 182-183), critica expressamente esta decisão do conselho técnico. No mesmo sentido, ver também, Paulo Olavo Cunha, *Direito das Sociedades Comerciais*, 7.ª ed., Coimbra, Almedina, 2019, pp. 814-817.

A favor da solução do parecer, defendendo que a designação da pessoa singular indicada será "livremente revogável" pela pessoa coletiva designada, estão Menezes Cordeiro e A. Barreto Menezes Cordeiro, *loc. cit.* No mesmo sentido, ver Paulo de Pitta e Cunha, "Pessoas coletivas designadas administradores de sociedades anónimas", *O Direito*, ano 125.º, vols. I e II (janeiro-junho de 1993), pp. 223-225, e Albino Matos. Transcrevemos aqui o comentário deste último autor à decisão do Conselho Técnico: "A doutrina é de aplaudir e decorre naturalmente dos fundamentos invocados. Por um lado, no plano conceptual, a qualificação como mandato da relação jurídica estabelecida entre o administrador designado e a pessoa coletiva designante, com a revogabilidade *ad nutum* a resultar dos princípios legais expressos nos arts. 1170.º, n.º 1, do Código Civil, e 245.º do Código Comecial (cf., a propósito, M. Cámara Alvarez, "La revocación del mandato y del poder", *Anales A. M. Not.*, IV, pp. 555 664). Por outro lado, no campo dos interesses, a responsabilidade solidária da pessoa coletiva pelos atos do administrador designado, ex art. 390.º, n.º 4, do Código das Sociedades Comerciais. A solução encontrada tem, aliás, certo precedente no direito histórico. Recorde-se que o Decreto-Lei n.º 49831, de 15 de novembro de 1969, na redação do Decreto-Lei n.º 648/70, previa, no seu art. 3.º, a eleição de uma pessoa coletiva para o conselho fiscal da sociedade anónima. A pessoa coletiva, nesse caso, deveria designar uma pessoa singular como seu representante para o exercício das respetivas funções, isto em carta registada dirigida ao presidente da assembleia geral (n.º 2). Idêntica comunicação se impunha no caso de ser revogada a designação do representante ou de este cessar por outro motivo as suas funções (n.º 5). Quer isto dizer que a lei autorizava expressamente a revogação da designação por parte da pessoa coletiva; certo de que a norma dispunha apenas para o conselho fiscal, mas não havia qualquer razão para a não entender como aplicável por analogia ao conselho de administração [...]".

3. Sobre a questão da administração das sociedades anónimas por pessoas coletivas em geral (e seguindo a posição contrária à do parecer do Conselho Técnico quanto à matéria da destituição), ver o interessante estudo de João Marcelo Gomes Brandão, "Pessoas coletivas no órgão de administração: Especificidades. (Des)vantagens da sua designação no modelo clássico de governação das sociedades anónimas", in Raquel Carvalho e Catarina Santos Botelho (coord.), *Yearbook: Mestrado da Faculdade de Direito – Escola do Porto/Universidade Católica Portuguesa*, vol. 3, Universidade Católica Editora, Porto, 2020, pp. 986-1031, disponível em https://www.uceditora.ucp.pt/pt/digital/3085-yearbook-mestrado-faculdade-de-direito-2020.html.

E – Reforma

I – O art. 402.º do CSC, ao permitir, de forma excecional, às sociedades anónimas o estabelecimento, a seu cargo, do regime de reforma dos administradores, exige que tal regime conste do contrato de sociedade.

II – É inválida uma cláusula do contrato de sociedade que apenas preveja a possibilidade de o regime de reforma vir a ser criado, em qualquer altura, pela assembleia geral.

III – É nula, por estar fora da competência desse órgão, a deliberação da assembleia geral que cria o regime de reforma dos administradores.

(Acórdão do STJ, de 2000-05-10, *Colectânea de Jurisprudência S.*, 8/2/52)

NOTAS

As segunda e terceira máximas do acórdão constituem afirmações que dividem a doutrina. Defendendo a decisão do Supremo, que citam, ver Menezes Cordeiro e A. Barreto Menezes Cordeiro, *Código das Sociedades Comerciais Anotado*, 3.ª ed., Coimbra, Almedina, 2020, p. 1321; e Paulo Olavo Cunha, *Direito das Sociedades Comerciais*, 7.ª ed., Coimbra, Almedina, 2019, pp. 879-884. Diferentemente, defendendo que será suficiente que os estatutos sociais prevejam tão-só pensões de reforma por velhice e/ou invalidez dos administradores, deixando para o "regulamento de execução" o regime próprio dessas pensões, está Coutinho de Abreu (*Código das Sociedades Comerciais em Comentário*, vol. VI, 2.ª ed., Coimbra, Almedina, 2019, pp. 398-400).

A jurisprudência tem, no entanto, seguido aquela que foi a posição estabelecida pelo Supremo em 2000. Ver, neste sentido, os acórdãos do Tribunal da Relação de Lisboa, de 2013-12-19, no processo n.º 1706/10.1TVLSB.L1-6, disponível em http://www.dgsi.pt/jtrl.nsf/33182fc732316039802565fa00497eec/d20c93a6f9b65f7180257c8200432213?OpenDocument, e de 2016-12-07, no processo n.º 325/13.5TVLS.L2-2, disponível em http://www.dgsi.pt/jtrl.nsf/33182fc732316039802565fa00497eec/9c26bb159f6b95e3802580b20034da06?OpenDocument.

F – Substituição

I – A aplicação do art. 393.º do CSC tem um de dois pressupostos: a falta definitiva ou a falta temporária de administrador.

II – A falta pressuposta pelo citado art. 393.º é a falta individual de um ou mais administradores.

III – Só a falta total e simultânea dos membros do conselho de administração – a qual apenas resulta do termo do tempo legal ou estatutário da duração das funções – é afastada da aplicação da citada norma do art. 393.º do CSC.

IV – Decorrentemente, o fiscal único de sociedade cujos membros – todos os membros – do conselho de administração renunciaram, aliás em momentos distintos, às suas funções, inexistindo suplentes, é competente para a designação dos substitutos, nos termos da al. c) do n.º 1 do art. 393.º do CSC.

(Deliberação do Conselho Técnico da DGRN, relator João Guimarães Gomes de Bastos, homologada em 2003-11-27, *BRN-CT*, 11/03, p. 25)

NOTAS

Em relação à quarta máxima do sumário, cabe assinalar, essencialmente, duas questões.

Por um lado, é polémica, na doutrina, a atribuição ao fiscal único da competência para designar administradores substitutos. Favoravelmente, ver Ricardo Costa, *Código das Sociedades Comerciais em Comentário*, vol. VI, 2.ª ed., Coimbra, Almedina, 2019, pp. 283-284, em especial p. 283, nota (61); e Coutinho de Abreu, *Governação das Sociedades Comer-*

ciais, 2.ª ed., Coimbra, Almedina, 2010, p. 147. Contra esta posição: Paulo Olavo Cunha, *Direito das Sociedades Comerciais*, 7.ª ed., Coimbra, Almedina, 2019, p. 836.

Por outro lado, levantam-se também questões quanto à possibilidade de o órgão de fiscalização proceder à substituição de administradores quando apenas uma minoria dos administradores efetivos se mantenha em funções. Excluindo essa possibilidade, ver Ricardo Costa (*ob. cit.*, pp. 284-287). Em sentido diverso, ver Brito Correia, *Os Administradores das Sociedades Anónimas*, Coimbra, Almedina, 1993, p. 763, defendendo que, ainda que o conselho de administração não possua número de administradores suficientes para poder reunir, poderá o órgão de fiscalização designar substitutos.

Secretário

I – O secretário da sociedade é de designação obrigatória nas sociedades cotadas em bolsa e facultativa nas demais sociedades anónimas e nas sociedades por quotas.

II – Este cargo é exercido profissionalmente, no âmbito de uma competência específica e legalmente prevista, por quem tenha as habilitações adequadas para essa atividade, sendo assegurada a respetiva substituição – em caso de falta ou impedimento – por um secretário suplente, que terá de possuir as mesmas qualificações.

III – É, assim, necessário que, sendo designado o secretário da sociedade, também o seja o respetivo suplente.

(Parecer, de 1998-02-27, do Conselho Técnico da DGRN, relator Mouteira Guerreiro, *BRN-CT*, 4/99, p. 2)

NOTAS

Cf., atualmente, o disposto no art. 446.º-A, n.os 1 e 3, do Código das Sociedades Comerciais.

Admitindo como curso superior adequado ao desempenho das funções de secretário da sociedade as licenciaturas em Economia ou Gestão, ver o Despacho da DGRN, de 2001-06-28, *BRN-CT*, 7/01, p. 12.

SOCIEDADES POR QUOTAS

AMORTIZAÇÃO DE QUOTAS

A – Justa causa

[...] III – É válida a determinação estatutária de amortização da quota, nos casos em que esta seja submetida a procedimentos judiciais suscetíveis de conduzirem à sua transmissão, com a consequente intromissão no grémio social de pessoa estranha. [...]

VII – Não é lícito à sociedade relegar o pagamento da importância devida pela aquisição ou amortização de quota para o momento que entender, postergando eventual e potencialmente os interesses do sócio cedente.

(Acórdão do STJ, de 1994-04-13, *Colectânea de Jurisprudência S.*, 2/2/27)

NOTAS

Cf. o disposto nos arts. 233.º, n.º 1, e 235.º, n.º 1, do Código das Sociedades Comerciais – em princípio, a contrapartida da amortização corresponderá ao valor de liquidação da quota, determinado nos termos do artigo 105.º, n.º 2, do Código, sendo o seu pagamento fracionado em duas prestações, a efetuar dentro de seis meses e um ano, respetivamente, após a fixação definitiva da contrapartida. No entanto, este regime poderá ser afastado pelos estatutos ou por acordo entre a sociedade e o titular da participação social.

Admitindo, também, a validade da cláusula estatutária que preveja a amortização em caso de venda judicial da quota, ver o acórdão do STJ, de 1992-03-24, no processo n.º 080948, cujo sumário se encontra disponível em http://www.dgsi.pt/jstj.nsf/954f0ce6ad9dd8b980256b5f003fa814/0e91241edc375ffb802568fc003a0777?OpenDocument.

I – A permissão de amortização de quotas no contrato de sociedade envolve, independentemente dos seus termos, a possibilidade de amortização com o consentimento do titular.

II – Assim, tal consentimento não é um facto-fundamento da amortização que tenha de ser expressamente previsto no contrato, ao contrário do que sucede com a amortização compulsiva.

(Despacho da DGRN, de 1997-03-31, sobre parecer de Felício Noronha, *BRN*, 5/97, p. 21)

NOTAS

Cf., no mesmo sentido: V. G. Lobo Xavier, *Rev. Leg. Jur.*, 121, pp. 364 e ss.; António Soares, *O novo regime da amortização de quotas*, Lisboa, AAFDL, 1988, pp. 24 e ss.; e Raul Ventura, *Sociedades por quotas*, vol. I, Coimbra, Almedina, 1987, pp. 650 e ss. Em sentido divergente, exigindo que mesmo a amortização com consentimento do titular da quota seja autorizada por lei ou pelo contrato, ver Coutinho de Abreu, *Curso de Direito Comercial*, vol. II, 3.ª ed., Coimbra, Almedina, 2009, p. 407; e Menezes Cordeiro, *Manual de Direito das Sociedades*, vol. II, 2.ª ed., Coimbra, Almedina, 2007, p. 385.

I – O prazo do n.º 2 do art. 225.º do CSC é norma especial para os casos de morte de sócio de sociedade por quotas, pelo que prevalece sobre o prazo geral do n.º 2 do art. 234.º do mesmo Código.

II – Embora a sociedade só adquira o direito a amortizar depois de decorrido o prazo de 60 dias sobre a morte do sócio, caso os herdeiros deste não tenham feito a comunicação a que se refere a alínea c) do n.º 1 do art. 8.º do pacto social, tem de exercer esse direito dentro do prazo de 90 dias subsequentes ao conhecimento da morte do sócio por alguns dos gerentes, sob pena de a quota se considerar transmitida para os herdeiros.

III – Nos termos do art. 235.º, n.º 1, al. a), do CSC, salvo estipulação em contrário do contrato de sociedade ou acordo das partes, a contrapartida da amortização é o valor de liquidação da quota determinado nos termos do art. 105.º, n.º 2. com referência ao momento de deliberação.

IV – Sendo, segundo os estatutos, o valor da quota para efeitos de amortização (ou de aquisição) aquele que se revelar mais elevado dentre o nominal e o do último balanço aprovado, a apreciação de qual deles é o mais elevado tem de poder ser efetuada antes da deliberação de amortizar.

V – O valor do último balanço aprovado, tendo em conta a obrigação legal da gerência de apresentar anualmente à aprovação o relatório da gestão e as contas relativas ao exercício, há de reportar-se ao ano económico imediatamente anterior.

(Acórdão do Tribunal da Relação de Évora, de 2000-11-16, *Colectânea de Jurisprudência*, 25/5/260)

B – Morte

I – Constituir e reconstituir um pacto societário tem o mesmo significado e, portanto, deve ter o mesmo tratamento jurídico, donde resulta que, no âmbito interno das relações entre os sócios que alterum um pacto societário, esta alteração é eficaz, abrangendo-se nesta eficácia os herdeiros que sucedem na posição jurídica de um sócio que assumiu essa deliberação, independentemente do respetivo registo (artigo 13.º do Código de Registo Comercial e artigos 2024.º e 2025.º do Código Civil).

II – Estando em causa uma cláusula estatutária de simples possibilidade de amortização da quota do sócio falecido, os sucessores deste adquirem, na data do óbito e como consequência deste, a contitularidade da quota e o direito de serem convocados para qualquer assembleia geral da sociedade, enquanto não ocorrer a amortização ou ato semelhante que faça cessar a posição jurídica adquirida por sucessão (artigo 248.º, n.º 5, do Código das Sociedades Comerciais).

III – Se a convocatória anteriormente referida for omitida, independentemente de os contitulares da quota do sócio falecido poderem ou não votar relativamente à respetiva amortização, as deliberações são nulas [artigo 56.º, n.º 1, alínea a), do Código das Sociedades Comerciais].

(Acórdão do STJ, de 1997-09-23, *BMJ*, n.º 469/586)

NOTAS

Tal como é entendimento comum na doutrina, a transmissão *mortis causa* das participações sociais está sujeita, em regra, às normas gerais de Direito das Sucessões. No entanto, os arts. 225.º e 226.º do Código das Sociedades Comerciais admitem que o contrato de sociedade preveja limitações a essa transmissibilidade. Nestas hipóteses, caso a quota não se transmita, deverá a sociedade amortizá-la, adquiri-la ou fazê-la adquirir por sócio ou por terceiro (arts. 225.º, n.º 2, e 226.º, n.º 2).

Seguindo-se a via da amortização, tem sido entendimento tradicional da jurisprudência aquele que é aqui seguido pelo STJ, ou seja, o de que os sucessores do sócio falecido terão o direito de estar presentes nas assembleias respeitantes à amortização da quota. Neste sentido, ver já na jurisprudência anterior ao Código das Sociedades Comerciais, os acórdãos do STJ de 1973-02-16, *BMJ*, 224/195, de 1975-01-07, *BMJ*, 243/280, e de 1977-02-01, *BMJ*, 264/210. Seguindo a posição da jurisprudência tradicional, ver Menezes Cordeiro, *Manual de Direito das Sociedades*, vol. II, 2.ª ed., Coimbra, Almedina, 2007, p. 367; Tiago Soares da Fonseca, in Menezes Cordeiro (coord.), *Código das Sociedades Comerciais Anotado*, 4.ª ed., Coimbra, Almedina, 2021, pp. 818-819, nota (13); e Pedro de Albuquerque, in Menezes Cordeiro (coord.), *ob. cit.*, p. 793, autor que defende que o sucessor, mais que o direito de participar na assembleia respeitante à decisão sobre o destino da quota, terá mesmo o direito de votar na deliberação. Na jurisprudência mais recente, ver o acórdão do STJ, de 2013-10-29, no processo n.º 994/11.0T2AVR.C1.S1, disponível em http://www.dgsi.pt/jstj.nsf/954f0ce6ad9dd8b980256b5f003fa814/e0c2d3dc768ac7ad80257c1300562127?OpenDocument, que, defendendo que os sucessores do sócio falecido podem participar nas assembleias em que a sociedade seja chamada a terminar com o período de pendência da quota do sócio falecido, esclarece que não terão o direito de votar nessas deliberações.

Trata-se de leitura criticada por Coutinho de Abreu (*Curso de Direito Comercial*, vol. II, 3.ª ed., Coimbra, Almedina, 2009, pp. 359-361), que lembra que o n.º 2 do art. 227.º do Código das Sociedades Comerciais estatui que, na pendência da amortização ou aquisição da quota do sócio falecido, "[o]s direitos e obrigações inerentes à quota ficam suspensos enquanto não se efetivar a amortização ou aquisição dela [...]", pelo que, estabelecendo o estatuto da sociedade limitações à transmissão da quota, deverão ser apenas os sócios sobreviventes a decidir o destino da participação social. E, apesar de o n.º 3 do art. 227.º prever que "[d]urante a suspensão, o sucessores poderão, contudo, exercer todos os direitos necessários à tutela da sua posição jurídica, nomeadamente votar em deliberações sobre alteração do contrato ou dissolução da sociedade", o mesmo autor, *loc. cit.*, refere que esta solução permite aos sucessores do *de cujus* a participação plena apenas nas deliberações sociais que visem assegurar a conservação ou identidade da quota que era do sócio falecido e o seu valor absoluto e relativo, dando como exemplos de concretizações destas hipóteses não só as situações de alterações dos estatutos e de dissolução da sociedade, mas também de fusão, cisão e transformação.

Cessão de quotas

A – Cônjuges

As cessões de quotas sociais, no caso de casamento contraído no regime de comunhão geral de bens ou de comunhão de adquiridos:

A/ Carecem, por regra, do consentimento *de ambos os cônjuges;*

B/ Não carecem, porém, do consentimento do outro cônjuge quando:

a) As quotas tenham a natureza de bens próprios do cedente; ou

b) Sendo quotas comuns:

– estejam sub-rogadas em lugar de bens na situação descrita na alínea b);

– tenham sido doadas ou deixadas a ambos os cônjuges com exclusão da administração do outro cônjuge (salvo se por conta da legítima desse outro cônjuge).

(*Boletim da APN*, n.º 45/2)

Por implicar uma alteração à imutabilidade das convenções antenupciais ou ao regime de bens legalmente fixado ou supletivamente aplicável, a cessão onerosa *de uma quota feita por um dos cônjuges ao outro, não separados judicialmente de pessoas e bens, é proibida pelos n.ºs 1 e 2 do art. 1714.º do Código Civil.*

(Recomendações dos Serviços de Inspeção da DGRN, 1985, *Boletim da APN*, n.º 136/5)

I – É nula, por ir contra a disposição imperativa do art. 1714.º, n.º 2, do Código Civil, a cessão onerosa de quotas entre cônjuges não separados judicialmente de pessoas e bens. (...)

(Parecer, de 1990-11-22, do Conselho Técnico dos Registos e do Notariado, relator Maria Odete Miranda, P. 34/90 – R. P. 4, *Revista do Notariado*, 1991/3/464)

I. Do vertido no art. 8.º, n.ºs 2 e 3, do Código das Sociedades Comerciais, ponderada a "mens legis" – imunizar o ente societário às dissenções familiares –, não resulta que se tenha pretendido atribuir, ao cônjuge "considerado como sócio", poderes de administração, sobre participação social comum, tão amplos como aqueles que a lei civil confere ao cônjuge administrador.

II. Por assim ser, sopesada a regra básica da administração conjunta ou concorrente dos bens comuns do casal (art. 1678.º n.º 3, 2.ª parte, do Código Civil), decorrência do princípio diárquico da direção da família, constitucionalmente consagrado art. 36.º, n.º 3, da CRP), carece de consentimento do cônjuge que não é considerado como sócio a alienação ou oneração de participação social comum (atos extra-sociais), "ex vi" do exarado no art. 1682.º, n.º 1, do Código Civil.

(Acórdão do STJ, de 2006-06-29, no processo n.º 06B1447, disponível em http://www.dgsi.pt/jstj.nsf/954f0ce6ad9dd8b980256b5f003fa814/b33e39ffda1ce8e3802571bf0044f4c5?OpenDocument)

NOTAS

1. Quanto à doutrina citada do *Boletim da APN* e do STJ, cf. o disposto nos arts. 1678.º, n.º 2, al. d), e 1682.º, n.º 3, al. b), do Código Civil. Tal como lembra Coutinho de Abreu (*Curso de Direito Comercial*, vol. II, 3.ª ed., Coimbra, Almedina, 2009), o regime do art. 228.º, n.º 2, do Código das Sociedades Comerciais não consome o regime do Código Civil quando a cessão de quotas se opere entre cônjuges. Ver, ainda, na jurisprudência mais recente, o acórdão do Tribunal da Relação de Coimbra, de 2018-10-18, no processo n.º 3507/17.7T8LRA.C1, disponível em http://www.dgsi.pt/jtrc.nsf/c3fb530030ea1c61802568d9005cd5bb/70979699d43a4cf880258344004150cf?OpenDocument . Na doutrina, sufragando esta posição, ver, também, entre outros, Remédio Marques, in Coutinho de Abreu (coord.), *Código das Sociedades Comerciais em Comentário*, vol. I, Coimbra, Almedina, 2010, pp. 151-153. Contra, considerando que a alienação das participações não dependerá do consentimento do cônjuge que não seja sócio, ver entre outros, Paulo Olavo Cunha, *Direito das Sociedades Comerciais*, 7.ª ed., Coimbra, Almedina, 2021, p. 93, e o acórdão do Tribunal da Relação do Porto, de 2005-12-07, no processo n.º 0535980, disponível em http://www.dgsi.pt/jtrp.nsf/56a6e7121657f91e80257cda00381fdf/608ef513378be683802570dc00515c2d?OpenDocument .

2. Já a propósito das recomendações dos Serviços da Inspeção da DGRN, de 1985, escreveu Albino Matos que a cessão one-

rosa de quotas não corresponde necessariamente a uma compra e venda, podendo assumir simplesmente "[...] a natureza de cessão da posição contratual (arts. 424.º e ss. do Código Civil) [...]". Nesse sentido, defendia que o art. 1714.º, tratando-se de norma excecional pertencente ao livro de Direito da Família do Código Civil, não seria aplicável, nem por via analógica nem por via do art. 939.º, às hipóteses em que o negócio-base da cessão, ainda que onerosa, não correspondesse a uma compra e venda. Assim, o autor entendia que o fundamento de aplicação desta norma aos demais contratos onerosos resultaria da interpretação extensiva da norma. Por outro lado, no que respeita às cessões entre cônjuges a título gratuito, Albino Matos refere que serão permitidas se as quotas em causa tiverem a natureza de bem próprio e o regime matrimonial não for o da separação imperativa, alertando, porém, para o facto de que, nessas hipóteses, o contrato será revogável pelo cedente *ad nutum* e a todo o tempo (arts. 1762.º, 1764.º e 1765.º do Código Civil).

B – Consentimento

I – Sendo declarada ineficaz perante a sociedade uma cessão de quotas daquela, mas válida inter partes, *é o autor-cessionário o único interessado em que se ponha termo à ineficácia, passando ele a ser sócio da sociedade, como titular de duas quotas, direito que lhe é negado por esta.*

II – A cessão de quotas não consentida pela sociedade é válida, mas ineficaz em relação àquela.

III – O cessionário da quota pode licitamente cedê-la a terceiro embora a primeira cessão não tenha sido consentida e quer esta nova cessão seja ou não consentida pela sociedade já que o facto de na nova cessão figurar como cedente quem não é para a sociedade um sócio «oponível» não fere, só por si, os interesses da sociedade que respeitam à pessoa do cessionário e não à pessoa do cedente, nem sequer podendo dizer-se que tais interesses foram feridos apenas por o cessionário-cedente ser reconhecido sócio para deixar de ser sócio.

(Acórdão do Tribunal da Relação Coimbra, de 1991-04-23, *Colectânea de Jurisprudência*, 16/2/97)

I – Salvo estipulação contratual em contrário, a cessão de quotas a estranhos – pessoas não incluídas no n.º 2 do art. 228.º do CSC – não produz efeitos para com a sociedade enquanto não for consentida por esta (cf. citada disposição legal).

II – O consentimento da sociedade pode ser prestado por deliberação dos sócios tomada em assembleia geral realizada ulteriormente à outorga da respetiva escritura pública de cessão (cf. arts. 230.º, n.º 2, e 246.º, n.º 1, al. b), "in fine", ambos do CSC). (...)

(Despacho da DGRN, de 2003-05-30, *BRN-CT*, 6/03, p. 30)

NOTAS

Decorre do art. 228.º, n.º 2, do Código das Sociedades Comerciais (CSC) que a cessão de quotas não produz efeitos para com a sociedade, enquanto esta não consentir essa mesma transmissão (exceto quando esteja em causa cessão entre cônjuges, ascendentes e descendentes, ou entre sócios).

O consentimento é, então, apenas condição de eficácia do negócio em relação à sociedade e não de validade ou de eficácia interpartes. Mais, uma cessão de quotas não consentida pela sociedade poderá mesmo produzir efeitos perante terceiros quando haja lugar ao registo da cessão (arts. 3.º, n.º 1, al. c), e 14.º, n.º 1, do Código do Registo Comercial), como refere Coutinho de Abreu (*Curso de Direito Comercial*, vol. II, 3.ª ed., Coimbra, Almedina, 2009, p. 364).

Se o consentimento é, salvo as hipóteses excecionadas por lei ou pelos estatutos (art. 229.º, n.º 2, do CSC), condição necessária para que a cessão se torne eficaz perante a sociedade, ele não é condição suficiente, sendo, para além disso, necessário que o negócio observe a forma escrita (art. 228.º, n.º 1, do CSC, sob pena de nulidade nos termos do art. 220.º do Código Civil) e que a cessão seja comunicada à sociedade (art. 228.º, n.º 3) – mesmo que o consentimento tenha já sido obtido ou não seja necessário –, devendo, ainda, promover-se o registo da cessão, que tem natureza obrigatória (art. 242.º-A do CSC e art. 3.º, n.º 1, do Código do Registo Comercial). Ver, a este propósito, entre outros, Pedro de Albuquerque, in Menezes Cordeiro (coord.), *Código das Sociedades Comerciais Anotado*, 4.ª ed., Coimbra, Almedina, 2021, pp. 797-798, e Paulo Olavo Cunha, *Direito das Sociedades Comerciais*, 7.ª ed., Coimbra, Almedina, 2021, pp. 515-517.

Este último autor (*ob. cit.*, p. 515, nota (792)), critica a redação do art. 242.º A, uma vez que da leitura da norma parece resultar que será suficiente o mero pedido de registo para que os factos relativos às quotas produzam efeitos perante a sociedade. O autor propõe, assim, que se interprete esta norma no sentido de que a eficácia da cessão estará dependente do seu efetivo registo, considerando que, com esta redação, o legislador terá pretendido que os efeitos da cessão e de outros atos relativos a quotas sujeitos a registo se reportassem, após o seu deferimento, ao momento da sua solicitação.

Sobre esta matéria, ver, ainda, o acórdão do STJ, de 2011-02-08, no processo n.º 767/06.2TCFUN.L1.S1, disponível em http://www.dgsi.pt/jstj.nsf/954f0ce6ad9dd8b980256b5f003fa814/bd0edb6a058713548025783800430a07?OpenDocument .

Para uma leitura crítica do sistema de registo de quotas introduzido pela reforma de 2006, remetemos para o n.º 2 das notas que deixámos na rubrica "**Sociedades – Registo**".

2. No sentido de que o consentimento poderá ser dado pela sociedade em momento ulterior à cessão, ver, entre outros, Pedro de Albuquerque, *ob. cit.*, p. 798, e, ainda, Coutinho de Abreu, *Curso de Direito Comercial*, vol. II, 3.ª ed, Coimbra, Almedina, 2009, pp. 367-368.

C – Filhos ou netos

A cessão onerosa de uma quota social de pai para filho pode ser anulada com base no art. 877.º do Código Civil, mesmo que do pacto social conste expressamente essa autorização e os seus únicos sócios sejam o cedente e o filho impugnante.

(Acórdão do Tribunal da Relação do Porto, de 1982-02-04, *Colectânea de Jurisprudência*, 7/1/273)

NOTAS

Defendendo a aplicação do art. 877.º do Código Civil às situações de cessão de quotas a filhos ou netos, ver Soveral Martins, "One Step Behind: Pensar a transmissão de poder nas sociedades por quotas familiares", *Revista Electrónica de Direito*, n.º 2, vol. 22 (junho de 2020), disponível em https://cije.up.pt/pt/red/edicoes-anteriores/2020--nordm-2/one-step-behind-pensar-a-

-transmissao-de-poder-nas-sociedades--por-quotas-familiares/, p. 122. No sentido do acórdão citado, ainda que também antes da entrada em vigor do Código das Sociedades Comerciais, ver os acórdãos do Tribunal da Relação do Porto, de 1977-01-05 (*Colectânea de Jurisprudência*, 2/1/43) e do STJ, de 1977-07-07 (*BMJ*, 269/169).

Cônjuges

As sociedades por quotas que, depois da entrada em vigor do Código Civil de 1966 e mesmo depois das alterações nele introduzidas pelo Decreto-Lei n.º 496/77, de 25 de novembro, e antes da vigência do Código das Sociedades Comerciais, aprovado pelo Decreto-Lei n.º 262/86, de 2 de setembro, ficaram reduzidas a dois únicos sócios, marido e mulher, não separados judicialmente de pessoas e bens, não são, em consequência dessa redução, nulas.

(Assento n.º 12/96 do Supremo Tribunal de Justiça, *DR* 269/96, de 1996-11-20)

I – No regime do artigo 1714.º do Código Civil são válidas as sociedades por quotas em que participem dois cônjuges não separados judicialmente de pessoas e bens, como únicos sócios ou com terceiros, desde que não assumam responsabilidade pessoal ilimitada.

II – O artigo 8.º, n.º 1, do Código das Sociedades Comerciais tem natureza interpretativa do disposto no artigo 1714.º do Código Civil, aplicando-se retroativamente às sociedades por quotas anteriormente constituídas.

III – A 1.ª directiva do Conselho das Comunidades Europeias, de 9 de março de 1968, a que Portugal está vinculado pelo Tratado de Adesão às Comunidades, limitando os casos de nulidade, entre os quais se não inclui a sociedade por quotas formada por dois cônjuges, com ou sem a participação de terceiros, aplica-se mesmo às já existentes desde que registadas.

(Acórdão do STJ, de 1999-09-23, *BMJ*, 489/370)

NOTAS

O art. 1714.º, n.º 1, do Código Civil acolhe o princípio da imutabilidade das convenções antenupciais e dos regimes de bens no ordenamento jurídico português. No n.º 2 desta norma, o legislador veio prever a proibição da celebração de contratos de compra e venda e de sociedade entre cônjuges, ressalvando, contudo, no n.º 3, a possibilidade de os cônjuges participarem na mesma sociedade de capitais.

Mais tarde, com o Código das Sociedades Comerciais, o legislador veio expressamente permitir a constituição de sociedades entre cônjuges, bem como a participação destes em sociedades, desde que só um deles assumisse responsabilidade ilimitada, tendo-se procedido, como o próprio ponto 7 do preâmbulo do Código das Sociedades Comerciais indica, a uma modificação do regime do art. 1714.º do Código Civil.

Sucede que, à luz da lei anterior, e sobretudo em face do disposto no n.º 3 do art. 1714.º, se levantavam dúvidas quanto a saber se um dos tipos sociais mais frequentemente utilizados na realidade económica – as sociedades por quotas – se enquadrava no âmbito das sociedades de pessoas ou das sociedades de capitais e, portanto, se a constituição de sociedades por quotas entre cônjuges ou se a sua participação neste tipo social seria admitida.

Se, como dissemos, este problema se deixou de colocar para futuro com a entrada em vigor do Código das Sociedades Comerciais, surgiu a questão de determinar se esta nova solução seria imediatamente aplicável às sociedades (nomeadamente às sociedades por quotas) constituídas entre cônjuges à luz do Direito pretérito.

Surgiram duas grandes correntes jurisprudenciais, uma das quais defendendo a nulidade das sociedades constituídas exclusivamente por cônjuges antes da entrada em vigor do Código das Sociedades Comerciais (ver, entre outros, os acórdãos da Relação do Porto de 1986-11-25, *Colectânea de Jurisprudência*, 11/5/226, e de 1988-01-19, *Colectânea de Jurisprudência*, 13/1/190, e do Supremo Tribunal de Justiça de 1988-10-27, *BMJ*, 380/473), e a outra defendendo que o art. 8.º, n.º 1, teria natureza interpretativa, relevando o disposto no art. 13.º do Código Civil (ver, entre outros, os acórdãos da Relação de Lisboa de 1986-12-18, *Colectânea de Jurisprudência*, 11/5/158, da Relação do Porto de 1989-06-06, *BMJ*, 388/602, e do Supremo Tribunal de Justiça de 1990-01-17, *BMJ*, 393/612).

Esta última posição foi acolhida pelo assento do Supremo Tribunal de Justiça citado (que hoje tem apenas valor de acórdão uniformizador de jurisprudência) e corresponde, tendencialmente, àquela que é seguida pela maioria da jurisprudência. Na doutrina, seguindo também esta posição, ver, entre outros, António Caeiro, *A parte geral do Código das Sociedades Comerciais*, Coimbra, Almedina, 1988, pp. 20-21, e Albino Matos, *Constituição de Sociedades*, 5.ª ed., Coimbra, Almedina, 2001, pp. 42-43.

No entanto, cabe realçar que esta leitura tem sido alvo de crítica por alguns autores, destacando-se, nomeadamente, Remédio Marques (*Código das Sociedades em Comentário*, vol. I, 1.ª ed., Coimbra, Almedina, 2010, pp. 143-144), e Pereira Coelho e Guilherme de Oliveira (*Curso de Direito da Família*, vol. I, 5.ª ed., Imprensa da Universidade de Coimbra, 2016, p. 536).

Gerentes

A

I – Na sociedade por quotas, quando haja vários gerentes, os respetivos poderes são exercidos conjuntamente, salvo se existir cláusula do contrato de sociedade que disponha de modo diverso.

II – Essa gerência plural pode ser organizada através de um conselho de gerência, sem prejuízo de se deverem respeitar as regras constantes do CSC, designadamente no que respeita à vinculação da sociedade.

(Parecer, de 1990-10-11, do Conselho Técnico dos Registos e do Notariado, relator Mouteira Guerreiro, P. 36/90 – R. P. 4, *Revista do Notariado*, 1991/2/295)

B – Cessação de funções

I – Na sociedade por quotas – diversamente do que sucede noutros tipos de sociedades, incluindo a anónima – ao conjunto dos sócios pertence a orientação e representação da sociedade, não tendo a gerência uma competência exclusiva e que possa ser excetuada da tutela última que cabe sempre e necessariamente ao universo dos sócios.

II – Nesta ótica, o legislador fixou à assembleia geral deste tipo societário uma competência inderrogável e exclusiva, nomeadamente no tocante às matérias enunciadas no n.º 1 do art. 246.º do Código das Sociedades Comerciais.

III – Entre estas se inscrevem as mencionadas nas alíneas c) e d) do citado preceito legal, sendo ainda certo que, quanto à destituição dos gerentes, o n.º 1 do art. 257.º do mesmo Código prescreve que os sócios a podem deliberar a todo o tempo.

IV – De harmonia com o princípio da tipicidade *(basicamente decorrente do disposto no n.º 2 do art. 1.º do aludido Código) não pode, na sociedade por quotas, ser convencionada qualquer cláusula estatutária que derrogue a descrita competência atribuída ao universo dos sócios.*

V – Consequentemente, ter-se-á de considerar como manifestamente nula a disposição do contrato de uma sociedade por quotas que impeça (ou tenha por fim coativamente impedir) os sócios de deliberar a todo o tempo a destituição dos gerentes.

VI – É outrossim ferido de nulidade manifesta o preceito do contrato de sociedade no qual se convencione que é excluído da sociedade o sócio que vote a destituição de qualquer gerente ou que para esta contribua "por qualquer forma, designadamente pela abstenção ou pela não comparência na reunião".

VII – Os direitos especiais dos sócios – que se acham previstos no art. 24.º do referido código – consistem numa vantagem peculiar e exclusiva concedida ao sócio, baseada no próprio contrato social e não nos que respeitem ao ente coletivo ou a todos e quaisquer gerentes, sejam ou não sócios.

(Parecer, de 1998-07-29, do Conselho Técnico da DGRN, relator Mouteira Guerreiro, *BRN-Supl.*, 8/98, p. 29)

I – Numa sociedade por quotas com mais de dois sócios, a deliberação da assembleia geral que destitui um gerente com o fundamento em justa causa considera-se validamente aprovada desde que, tendo em conta as presenças (ou representações) nessa assembleia, os votos emitidos a favor da proposta excedam os emitidos contra a mesma, não sendo levados em conta as abstenções, tudo nos termos da conjugação do art. 250.º, n.º 3, com o art. 257.º, n.º 2, ambos do CSC.

II – Nos termos da conclusão anterior, dever-se-á considerar como formada a deliberação em que apenas um só sócio, independentemente do valor da quota que possui, vota nessa assembleia a destituição dum gerente, com fundamento em justa causa.

III – É que para a realização dessa assembleia geral o Código das Sociedades Comerciais não exige nenhum quórum constitutivo, ou seja, a lei não exige um número mínimo de presenças (ou representações) para que se possa deliberar.

(Despacho da DGRN, de 2003-04-30, *BRN-CT*, 5/03, p. 6)

I – A cessação de funções de gerente de sociedade por quotas, por renúncia, verifica-se com a emissão da respetiva declaração, a receção pela sociedade desta declaração, e com o decurso do prazo fixado no art. 258.º, n.º 1, do CSC (ou na data que o renunciante indicar, se ulterior ao decurso deste prazo).

II – Decorrentemente, a data da cessação de funções de gerente, por renúncia, que deve constar do respetivo averbamento, nos termos da alínea e) do art. 17.º-A do Regulamento do Registo Comercial, é a data em que a renúncia se tornou efetiva, nos termos do n.º 1 do art. 258.º do CSC (8 dias depois do recebimento da comunicação).

III – Formalizando-se a renúncia por carta registada com aviso de receção e não tendo este sido datado pelo destinatário, a data da receção – a que deve acrescer o prazo legal (8 dias) da efetivação para que ocorra a eficácia do facto – é a data do carimbo aposto no aviso pela estação dos CTT reexpedidora.

IV – A carta de renúncia – que deve ser dirigida a outro gerente, havendo-o (cf. art. 260.º, n.º 5, do CSC) – não tem que ser enviada para a sede social, podendo sê-lo para a morada do gerente destinatário.

V – Também não é essencial à perfeição da declaração que o aviso de receção seja assinado pelo gerente destinatário, podendo sê-lo por pessoa que tenha a necessária "competência de recebimento".

(Despacho da DGRN, de 2004-05-30, *BRN-CT*, 6/04, p. 2)

NOTAS

O art. 17.º-A, al. e), do anterior Regulamento do Registo Comercial, corresponde ao art. 12.º, al. b), do atual diploma.

C – Representação

I – A vinculação da sociedade para com terceiros pelos atos praticados pelos gerentes dentro dos poderes que a lei lhes confere, estabelecida no n.º 1 do art. 260.º do CSC, é uma norma de interesse e ordem pública.

II – Esta regra imperativa da ilimitação dos poderes de representação dos gerentes da sociedade não pode, pois, ser afastada pela vontade, mesmo unânime, dos sócios.

III – Por isso, é nula a cláusula do pacto da sociedade que limite aquela vinculação

(Parecer, de 1988-10-24, do Conselho Técnico dos Registos e do Notariado, relator Marques Coelho, P. 59/88 – R. P. 3, *Regesta*, 1989/1/82, e *Revista do Notariado*, 1989/2/328)

[...] VIII – As deliberações dos sócios podem, conforme preceituado no artigo 259.º, limitar as funções administrativas dos gerentes, mas não, atento o disposto no artigo 260.º, n.º 1, que em particular as rege, as suas funções representativas.

A deliberação mercê da qual se suprimem as funções representativas de gerentes viola, portanto, no plano do seu conteúdo, o artigo 260.º, n.º 1 – norma tendente à proteção dos terceiros que negoceiem com a sociedade e por isso imperativa –, sendo consequencialmente nula por aplicação do artigo 56.º, n.º 1, alínea d) [...]

(Acórdão do Supremo Tribunal de Justiça, de 1995-04-24, *BMJ*, 446/302)

I – A expressão "salvo cláusula do contrato de sociedade que disponha de modo diverso" no artigo 261.º, n.º 1, do Código das Sociedades Comerciais, impõe que a derrogação do regime dispositivo de representação de sociedade comercial por quotas, em caso de pluralidade de gerentes, se faça através de cláusula do contrato que diretamente estabeleça um regime diferente.

II – Assim, não é válida uma cláusula que se não propõe estabelecer qualquer regime de representação, antes se limita a remeter para deliberações ordinárias dos sócios a forma de obrigar a sociedade.

(Despacho da DGRN, de 1999-04-08, *BRN*, 7/99, p. 27)

NOTAS

1. Para Albino Matos, a doutrina da terceira máxima do sumário do parecer de 1988-10-24 levanta dúvidas: "[a] cláusula não será propriamente nula, mas apenas ineficaz, no sentido de inoponível a terceiros (assim, textualmente, a fonte do

art. 260.º, n.º 1, e a 1.ª Diretiva, n.º 68/151/CEE, art. 9.º, n.º 2) [...]". No mesmo sentido, Brito Correia ("Vinculação da Sociedade", p. 352, em AAVV, *Novas perspetivas do direito comercial*, Coimbra, Almedina, 1988, pp. 339-354). Soveral Martins ("Capacidade e Representação das Sociedades Comerciais", *Problemas do Direito das Sociedades*, Coimbra, Almedina, 2002, p. 477) defende que, no âmbito das sociedades por quotas, "[...] as limitações que resultem do contrato de sociedade ou de deliberações dos sócios não impedem a vinculação da sociedade pelos atos praticados pelos gerentes [...]". Estas cláusulas não serão contudo inválidas, como recorda o mesmo autor (*ob. cit.*, p. 489), uma vez que poderão ter relevância interna no âmbito das relações entre o gerente e a sociedade, nomeadamente para efeitos de responsabilidade civil do gerente.

2. Relativamente às deliberações que procurem limitar os poderes de representação de algum ou alguns dos gerentes, a jurisprudência tem decidido pela sua nulidade, conforme recorda Menezes Cordeiro, *Manual de Direito das Sociedades*, vol. II, Coimbra, Almedina, 2007, p. 425. Ver, no sentido da nulidade da cláusula ou deliberação que proíba ou limite a representação do gerente, as deliberações do Conselho Técnico da DGRN de 1988-10-24 (*Regesta*, 1989/1/82) e de 1990-11-08 (*Revista do Notariado*, 1991/2/305), o acórdão da Relação de Lisboa de 1994-03-22 (*Colectânea de Jurisprudência*, 19/2/91), confirmado pelo acórdão do STJ citado, e o acórdão do STJ de 1996-10-15 (*Colectânea de Jurisprudência S.*, 4/3/62).

I – A nossa lei admite, nas sociedades por quotas com gerência plural, gerentes desprovidos do poder de representação da sociedade.

II – São, por isso, válidas cláusulas como as que restringem a possibilidade de obrigar a sociedade com gerência plural apenas a determinado gerente, ou apenas aos gerentes que sejam sócios.

(Despacho da DGRN, de 1997-04-17, *BRN*, 5/97, p. 23)

NOTAS

A eficácia das cláusulas que exijam a intervenção nominal de algum gerente em concreto, para que a sociedade fique vinculada perante terceiros, trata-se de questão controvertida. Autores como Coutinho de Abreu (*Curso de Direito Comercial*, vol. II, Coimbra, Almedina, 2009, pp. 549-550) e Pupo Correia (*Direito Comercial*, Lisboa, 1988, p. 472) defendem a oponibilidade destas cláusulas a terceiros.

Contra, considerando inoponíveis a terceiros as cláusulas contratuais que exijam a intervenção de determinados gerentes, ver Raul Ventura, *Sociedades por Quotas*, vol. III, Coimbra, Almedina, 1991, p. 197, e Diogo Pereira Duarte, in Menezes Cordeiro (coord.), *Código das Sociedades Comerciais Anotado*, 4.ª ed., Coimbra, Almedina, 2021, p. 920. Na jurisprudência, ver a fundamentação do acórdão do STJ, de 2015-02-24, no processo n.º 580/11.5TBMMN.E1.S1, disponível em http://www.dgsi.pt/jstj.nsf/954f0ce6ad9dd8b980256b5f003fa814/4e578268b7a6ff5680257df60057e7f3?OpenDocument, citado por este último autor.

– A administração e representação de uma sociedade por quotas não pode estar limitada pela intervenção de sócio não gerente.

– As limitações provenientes do funcionamento interno de uma sociedade são inoponíveis a terceiros de boa-fé, desde que não tenham a sua fonte na própria lei.

(Acórdão do Tribunal da Relação do Porto, de 1999-07-01, *Colectânea de Jurisprudência*, 24/4/189)

I – Nas sociedades por quotas com vários gerentes, o método da gerência colegial – concretizada mediante deliberação formada, através de voto, em reunião – apenas é aplicável, no âmbito interno, ao exercício dos poderes de gestão ou administração.

II – Nessas sociedades, os poderes de representação – que as vinculam perante terceiros – têm de ser exercidos segundo o método de gerência conjunta ou coletiva, em que dois gerentes, pelo menos, manifestam a mesma vontade, que àquelas é imputada.

III – O artigo 260.º, n.º 1, do Código das Sociedades Comerciais, ao estabelecer que "os atos praticados pelos gerentes, em nome da sociedade e dentro dos poderes que a lei lhes confere, vinculam-na para com terceiros, não obstante as limitações constantes do contrato social ou resultante de deliberação dos sócios", significa que as limitações dos poderes de representação da sociedade pelos gerentes, decorrentes do pacto social ou de deliberação da gerência, não retiram validade e eficácia aos atos por eles praticados no exercício daqueles.

IV – Assim, a vinculação, perante terceiros, de uma sociedade por quotas de cujo pacto social consta uma cláusula segundo a qual "para obrigar a sociedade é necessária a assinatura conjunta de dois membros do conselho de gerência ou de um deles e de procurador" não pode ser feita depender de prévia deliberação, em termos colegiais, do conjunto dos gerentes, apesar de esse pacto conter outra estipulação no sentido de que "a administração dos assuntos da sociedade e sua representação em juízo e fora dele, ativa e passivamente, competem ao conselho de gerência". (...)

(Acórdão do Supremo Tribunal de Justiça, de 1999-06-08, *BMJ*, 488/371.

A sociedade fica vinculada pelo aceite subscrito apenas por um dos gerentes, não obstante o pacto social exigir a assinatura dos dois, salvo se a outra parte sabia ou não podia ignorar que a assinatura de um só não vinculava a sociedade.

(Acórdão do Tribunal da Relação de Coimbra, de 2001-06-26, *Colectânea de Jurisprudência*, 26/3/40)

Não obstante a previsão no pacto social duma sociedade por quotas da intervenção de dois gerentes para vincular a sociedade, a intervenção de apenas um deles em representação da sociedade, como aceitante duma letra, vincula esta perante o sacador.

(Acórdão do Tribunal da Relação de Lisboa, de 2002-01-22, *Colectânea de Jurisprudência*, 27/1/80)

NOTAS

Conforme resulta do art. 252.º, n.º 1, do Código das Sociedades Comerciais, as sociedades por quotas podem ser administradas por apenas um gerente ou por uma gerência plural. Neste último caso, o art. 261.º estabelece que, salvo disposição estatutária em contrário, valerá, para efeitos de representação externa da sociedade, a regra da conjunção maioritária, de acordo com a qual a sociedade se considerará vinculada pelos negócios jurídicos concluídos pela maioria dos gerentes ou por ela ratificados.

Em relação às sociedades em que vigore esta regra da conjunção (seja pela via supletiva, seja pela via estatutária), têm surgido entendimentos diversos quanto ao regime que lhes é aplicável em matéria de vinculação.

A doutrina maioritária, onde se incluem autores como Coutinho de Abreu (*Curso de Direito Comercial*, vol. II, 3.ª ed., Coimbra, Almedina, 2009, pp. 553-555), Diogo Pereira Duarte (*in* Menezes Cordeiro (coord.), *Código das Sociedades Comerciais Anotado*, 4.ª ed., Coimbra, Almedina, 2021, p. 920) e Soveral Martins ("Capacidade e Representação das Sociedades Comerciais", *Problemas do Direito das Sociedades*, Coimbra, Almedina, 2002, pp. 483-486), entende que, nestas hipóteses, as sociedades por quotas só poderão ficar vinculadas se se respeitar a exigência legal ou estatutária de intervenção do número mínimo de gerentes estipulado na lei ou no contrato. No sentido de que, vigorando a regra supletiva de vinculação prevista no art. 261.º, n.º 1, a sociedade só fica vinculada se, no negócio, intervier a maioria dos gerentes ou se esta maioria o ratificar, ver os acórdãos do Tribunal da Relação do Porto, de 2012-04-16, no processo n.º 909/10.3TTVCT.P1, disponível em http://www.dgsi.pt/jtrp.nsf/c3fb530030ea1c61802568d9005cd5bb/da6aa9fc81fed420802579ea003d2190?OpenDocument, e do Tribunal da Relação de Lisboa, de 2007-04-12, no processo n.º 6082/2006, disponível em http://www.dgsi.pt/jtrl.nsf/33182fc732316039802565fa00497eec/18d806378e1845d0802573c400602d41?OpenDocument .

Contudo, uma outra parte relevante da jurisprudência assume uma leitura diversa – as sociedades por quotas ficarão vinculadas pelos negócios concluídos por um só gerente, ainda que vigore a regra da conjunção, assumindo o disposto no art. 261.º, n.º 1, uma eficácia meramente interna e prevalecendo, deste modo, os interesses de tutela da posição dos terceiros que contratem com a sociedade sobre a proteção da própria sociedade. Veja-se, neste sentido, entre outros, para além dos acórdãos citados nesta rubrica, o acórdão do STJ, de 2008-09-23, no processo n.º 08A2239, disponível em http://www.dgsi.pt/jstj.nsf/954f0ce6ad9dd8b980256b5f003fa814/d35968f360b9977b802574cd003c4d6b?OpenDocument, e, mais recentemente, o acórdão do Tribunal da Relação de Évora, de 2018-10-02, no processo n.º 12287/17.5YIPRT.E1, disponível em http://www.dgsi.pt/jtre.nsf/134973db04f39bf2802579bf005f080b/5e359b6710fd3fe08025832e002eb810?OpenDocument. Na doutrina, postulando este entendimento, destaca-se Paulo Olavo Cunha, *Direito das Sociedades Comerciais*, 7.ª ed., Coimbra, Almedina, 2021, pp. 779-780.

A indicação da qualidade de gerente prescrita no n.º 4 do artigo 260.º do Código das Sociedades Comerciais pode ser deduzida, nos termos do artigo 217.º do Código Civil, de factos que, com toda a probabilidade, a revelem.

(Acórdão de uniformização de jurisprudência n.º 1/2002, do STJ, no processo n.º 3370/2000, disponível em https://dre.pt/dre/detalhe/jurisprudencia/1-2002-239223)

NOTAS

Dispõe o n.º 4 do art. 260.º do Código das Sociedades Comerciais que "[o]s gerentes vinculam a sociedade, em atos escritos, apondo a sua assinatura com indicação dessa qualidade".

A interpretação desta norma revelou-se questão controversa nos tribunais. Uma corrente jurisprudencial defendia que a menção da qualidade de gerente deveria ser expressa (neste sentido, ver, entre outros, o acórdão do STJ, de 1999-06-02, *BMJ*, n.º 488, p. 365), enquanto outra linha sustentava a posição de que a qualidade de gerente poderia ser extraída pelos destinatários do escrito em causa a partir das circunstâncias do caso, cumprindo-se, assim, o disposto na lei (neste sentido, ver, entre outros, o acórdão do STJ, de 1996-10-24, *Colectânea de Jurisprudência S.*, 4/3/78). Esta última posição veio a ser acolhida pelo acórdão de uniformização de jurisprudência aqui citado.

Sobre esta matéria, ver, entre outros, na doutrina, Diogo Pereira Duarte, in Menezes Cordeiro (coord.), *Código das Sociedades Comerciais Anotado*, 4.ª Ed., Coimbra, Almedina, 2021, pp. 915-916, ou Soveral Martins, "Capacidade e Representação das Sociedades Comerciais", *Problemas do Direito das Sociedades*, Coimbra, Almedina, 2002, pp. 478-481.

Lucros

I – O art. 217.º do Código das Sociedades Comerciais destinou-se a proteger as minorias, mas, para evitar bloqueios por parte delas, deixou de exigir, na renúncia ao direito aos dividendos, a unanimidade dos sócios.

II – A cláusula estatutária permitida pelo n.º 1 do dito preceito tem que ter ela própria, por objeto imediato, a medida da repartição do lucro distribuível, não podendo remeter a determinação dessa medida para uma futura deliberação dos sócios em assembleia geral.

(Acórdão do Tribunal da Relação de Coimbra, de 1990-03-06, *Colectânea de Jurisprudência*, 15/2/45)

I – Embora diferentes, tanto o regime do art. 20.º da LSQ (Lei das sociedades por quotas) como o regime do art. 217.º do CSC, enquanto disciplinavam o direito dos sócios a participar nos lucros do exercício, tinham natureza supletiva.

II – Em ambos os regimes era permitido que o pacto social atribuísse às assembleias gerais das sociedades por quotas o poder de, deliberando por maioria, modificarem o esquema de distribuição dos lucros neles previstos.

III – Choca o sentido comum de justiça e os bons costumes e enferma de abuso de direito a deliberação que determina a não distribuição de lucros e atribui significativa retribuição à gerência, composta por alguns dos sócios.

(Acórdão do Supremo Tribunal de Justiça, de 93-01-07, *Colectânea de Jurisprudência S.*, 1/1/5, e *BMJ*, 423/539)

NOTAS

Prescreve o n.º 1 do art. 217.º do Código das Sociedades Comerciais, para as sociedades por quotas (numa redação semelhante à acolhida pelo n.º 1 do art. 294.º para as sociedades anónimas), que "[s]alvo diferente cláusula contratual ou deliberação tomada por maioria de três quartos dos votos correspondentes ao capital social em assembleia geral para o efeito convocada, não pode deixar de ser distribuído aos sócios metade do lucro do exercício que, nos termos desta lei, seja distribuível". Trata-se, claramente, de uma norma dispositiva, cujo regime poderá ser alterado por cláusula do pacto social.

A determinação do alcance das alterações que os estatutos podem introduzir nesta matéria trata-se de questão sobre a qual se têm pronunciado os tribunais. Num primeiro momento (ver o citado acórdão do Tribunal da Relação de Coimbra, de 1990-03-06), a jurisprudência entendeu que a cláusula contratual relativa à distribuição dos lucros deveria indicar claramente uma medida específica de distribuição dos lucros, não podendo remeter a determinação dessa medida para uma futura deliberação dos sócios em assembleia geral.

Como nota Cassiano dos Santos ("O Direito aos Lucros", *Problemas do Direito das Sociedades*, Coimbra, Almedina, 2002, pp. 197-198), houve, entretanto, uma inversão da orientação doutrinal e jurisprudencial nesta matéria, admitindo-se que a cláusula estatutária que se pronuncie sobre esta matéria preveja apenas que a competência para decidir sobre o destino dos lucros caberá à assembleia geral, podendo esta cláusula, de acordo com Albino Matos (*Constituição de Sociedades*, 5.ª ed., Coimbra, Almedina, 2001, p. 195), admitir a deliberação por simples maioria, ou agravar o quórum estabelecido por lei, prevendo uma maioria mais elevada ou até mesmo a unanimidade.

Defendendo também o carácter dispositivo destas normas, ver, na jurisprudência, para além do citado acórdão do STJ, de 1993-01-07, os arestos do Tribunal da Relação do Porto, de 1990-01-11 (*Colectânea de Jurisprudência*, 15/1/225), do Tribunal da Relação de Coimbra, de 1991-07-02 (*Colectânea de Jurisprudência*, 16/4/89), e, mais recentemente, do STJ, de 2010-10-12, no processo n.º 191/07.OTBVRM.G1.S1, disponível em http://www.dgsi.pt/jstj.nsf/954f0ce6ad9dd8b980256b5f003fa814/3f7e7566c9d76241802577ba004d510e?OpenDocument.

Menores

1 – As prestações suplementares representam para o sócio a elas adstrito uma verdadeira obrigação, estabelecendo entre a sociedade e o sócio uma relação de crédito-débito.

2 – Nos termos do art. 1889.º, n.º 1, alínea h), do Código Civil, como representantes do filho não podem os pais, sem autorização do tribunal, contrair obrigações cujo cumprimento se deva verificar depois da maioridade.

3 – Decorrentemente, não podem os pais, sem autorização do tribunal, adquirir para o filho quota em sociedade cujo contrato social clausule a admissibilidade de os sócios deliberarem que lhes sejam exigidas prestações suplementares, a menos que o menor fique excluído dessa obrigação, ou, não ficando excluído, que, contratualmente, essa deliberação não possa vir a ser tomada e ou cumprida após a sua maioridade.

4 – A sanção para o seu incumprimento é a anulabilidade, e encontra-se consagrada no n.º 1 do art. 1893.º do Código Civil.

(Recomendação da DGRN, 2004, *BRN*, 4/04, p. 14)

NOTAS

Ver, neste sentido, o parecer, de 1978-01-23, do Conselho Técnico da DGRN (*Boletim* da DGRN, ano I, n.º 1, p. 278), aqui já citado na rubrica "**Sociedades – Menores**". Ver, também, a este propósito, as notas que deixámos nessa mesma rubrica.

Prestações suplementares

Por violação do art. 210.º, n.º 4, do Código das Sociedades Comerciais, é nula a deliberação social que instituiu nos estatutos a exigência aos sócios de prestações suplementares "correspondentes a metade do capital social e reservas existentes em cada momento".

(Acórdão do STJ, de 1994-04-13, *Colectânea de Jurisprudência S.*, 2/2/27.)

NOTAS

Cf., a este propósito, a parte inicial do preceito citado pelo acórdão, bem como a al. a) do n.º 3 do art. 210.º.

SUPRIMENTOS

I – O contrato de suprimento societário é uma modalidade de empréstimo de coisa fungível, mormente dinheiro, concedido pelo sócio à sociedade respetiva, ficando esta obrigada à correspondente restituição, ou é o contrato pelo qual o sócio convencionou com a sociedade o diferimento do vencimento de créditos seus sobre ela, desde que, em qualquer dos casos, o crédito fique tendo carácter de permanência.

II – O contrato de suprimento societário encontra-se previsto e regulamentado a propósito das sociedades comerciais por quotas, mas, por via analógica, é possível a sua existência no âmbito das sociedades anónimas.

(Acórdão do STJ, de 1994-12-14, *Colectânea de Jurisprudência S.*, 2/3/173)

I – O regime do contrato de suprimento, previsto e regulamentado para as sociedades por quotas, é de aplicar por analogia às sociedades anónimas, mesmo tratando-se de suprimentos facultativos.

II – No entanto, a analogia só permite a aplicação desse regime ao acionista empresário, aquele que tem a responsabilidade pelo destino da empresa e se interessa pelo seu bom desempenho.

III – Acionista empresário é aquele que detém pelo menos 10% do capital social.

(Acórdão do STJ, de 1999-02-09, *Colectânea de Jurisprudência S.*, 7/1/100)

I. Apesar de o regime legal dos suprimentos se encontrar previsto no Código das Sociedades Comerciais, para as sociedades por quotas, é generalizada a sua aplicação às sociedades anónimas, uma vez que as razões que justificam a regulamentação específica desses empréstimos dos sócios nas sociedades por quotas também se podem verificar nas sociedades anónimas.

II. Tem-se, no entanto, entendido, por influência da jurisprudência alemã, que, não se vislumbrando razões para que os denominados sócios investidores sejam abrangidos pelas limitações impostas pelo regime legal dos suprimentos nas sociedades por quotas, não se justifica que os empréstimos por eles efetuados não tenham um tratamento idêntico ao de um credor estranho à sociedade, atenta a distância que os separa da atividade social e a diminuta relevância do seu interesse no destino da empresa.

III. Para além de poderem ser decisivos o tratamento como suprimentos previsto no próprio pacto social ou no respetivo contrato de mútuo celebrado entre a sociedade e o acionista, o intérprete deverá definir o regime do empréstimo nas sociedades anónimas, tendo em consideração todas as particularidades do caso, designadamente, além da dimensão da participação social do acionista mutuante, o acesso deste a informações sobre a situação financeira da sociedade, o eventual desempenho de funções nos órgãos da sociedade, a influência do acionista na gestão empresarial da sociedade, a prestação de garantias pela sociedade, o facto do empréstimo se inserir numa operação coordenada de crédito à sociedade, o montante do empréstimo e a situação financeira da sociedade.

(Acórdão do STJ, de 2021-11-30, no processo n.º 1000/19.2T8CTB-A.C1.S1m, disponível em http://www.dgsi.pt/jstj.nsf/954f0

ce6ad9dd8b980256b5f003fa814/7cb2bf0750 36f20c802587a10058498d?OpenDocument)

NOTAS

O contrato de suprimento encontra-se regulado nos arts. 243.º a 245.º do Código das Sociedades Comerciais, surgindo, assim, sistematicamente integrado no seu Título III, respeitante às sociedades por quotas.

No entanto, como nota Alexandre Mota Pinto ("Suprimentos nas Sociedades Anónimas. Anotação ao acórdão do Supremo Tribunal de Justiça de 30 de novembro de 2021", *Revista da Ordem dos Advogados*, ano 82, vols. I e II (jan./jun. de 2022), p. 50), em interessante anotação ao citado acórdão do STJ de 2021-11-30, a realização de suprimentos, no âmbito das sociedades anónimas, trata-se de uma realidade comprovada pelas diversas decisões jurisprudenciais que têm surgido a este respeito, e de que são exemplos, entre outros, o acórdão do STJ, de 1999-02-09 (*Colectânea de Jurisprudência S.*, 7/1/100, e, mais recentemente, o acórdão do Tribunal da Relação do Porto, de 2019-04-29, no processo n.º 10776/15.5T8PRT.P1, disponível em http://www.dgsi.pt/jtrp.nsf/56a6e7121657f91e80257cda00381fdf/9f1725790bada2e18025840b0046fe01?OpenDocument).

A posição seguida pela jurisprudência do Supremo Tribunal de Justiça, desde o acórdão de 1994-12-14 (*Colectânea de Jurisprudência S.*, 2/3/173), posteriormente reiterada no acórdão de 99-02-09 (*Colectânea de Jurisprudência S.*, 7/1/100), defendia a aplicação por via analógica do regime legal dos suprimentos aos empréstimos realizados pelos sócios a uma sociedade anónima, mas apenas quando esses sócios fossem acionistas empresários, assumindo esta natureza os acionistas que detivessem ações correspondentes a pelo menos 10% do capital social. O Supremo adotava, assim, o entendimento que havia já sido proposto na doutrina por Raul Ventura, *Sociedades por quotas*, vol. II, Coimbra, Almedina, pp. 86-89.

Tal solução foi criticada pela doutrina, desde logo pelo facto de a percentagem mínima de participação no capital proposta por Raul Ventura não se tratar de uma exigência legal, não podendo, por um critério desta natureza, ser imposto por via da doutrina e da jurisprudência – ver, entre outros, Menezes Cordeiro, *Manual de Direito das Sociedades*, 2.ª ed., Coimbra, Almedina, 2007, p. 299, e Januário da Costa Gomes e Francisco Rodrigues Rocha, in Menezes Cordeiro (coord.), *Código das Sociedades Comerciais Anotado*, 4.ª ed., Coimbra, Almedina, 2021, pp. 870-871.

Surgiram, assim, outras propostas a este respeito na doutrina defendendo que a aplicação do regime dos suprimentos aos empréstimos realizados pelos acionistas à sociedade não poderia depender apenas do critério do montante da participação social, mas sim de uma análise casuística dos contratos em causa e podendo diversos elementos assumir relevo para a qualificação do contrato. Neste sentido, embora com visões não inteiramente semelhantes, ver Paulo de Tarso Domingues, "Do capital social – Noção, princípios e funções", *Boletim da FDUC*, 2.ª ed., Coimbra, Coimbra Editora, 2004, e, mais recentemente, "O financiamento societário através de suprimentos, prestações suplementares e prestações acessórias", *Revista de Direito Comercial*, 2021, disponível em https://www.revistadedireitocomercial.com/o-financiamento-societario-atraves-de-suprimentos-prestacoes-suplementares-e-prestacoes-acessorias, pp. 865-867, em especial, nota (40), e Alexandre Mota Pinto, *Do Contrato de*

Suprimento: o Financiamento da Sociedade entre Capital Próprio e Capital Alheio, Coimbra, Almedina, 2002, e, mais recentemente, a já citada anotação ao acórdão do Supremo Tribunal de Justiça 2021-11-30, pp. 54-59.

Esta visão veio agora a ser acolhida pelo Supremo Tribunal de Justiça, que estabeleceu de forma clara que "[...] não só um acionista com uma diminuta participação social pode ter acesso a informação sobre a situação financeira da sociedade ou influência na gestão da sua atividade, como pode mutuar elevadas somas que colocam em risco os interesses dos demais credores, fornecendo à sociedade capital alheio, quando esta carecia de capital próprio, não deixando, por isso, de se justificar a aplicação do regime previsto para os suprimentos nas sociedades por quotas [...]. Assim, para além de poderem ser decisivos o tratamento como suprimentos previsto no próprio pacto social ou no respetivo contrato de mútuo celebrado entre a sociedade e o acionista, o intérprete deverá definir o regime do empréstimo, tendo em consideração todas as particularidades do caso, designadamente, além da dimensão da participação social do acionista mutuante, o acesso deste a informações sobre a situação financeira da sociedade, o eventual desempenho de funções nos órgãos da sociedade, a influência do acionista na gestão empresarial da sociedade, a prestação de garantias pela sociedade, o facto do empréstimo se inserir numa operação coordenada de crédito à sociedade, o montante do empréstimo e a situação financeira da sociedade."

Unificação de quotas

I – A unificação de quotas é, em face do disposto no artigo 219.º do Código das Sociedades Comerciais, um ato do sócio e não da sociedade.

II – O sócio que possuir uma quota como solteiro e posteriormente adquirir outra já casado em regime de comunhão de adquiridos, só poderá unificá-la com a primeira desde que demonstre que ela é também seu bem próprio, designadamente face ao disposto na alínea c) do artigo 1723.º do Código Civil (...).

III – Em caso de aumento de capital por incorporação de reservas a quota inicial é acrescida do que lhe couber, sem qualquer impedimento, uma vez que o sócio já possuía na sua parte social o correspondente valor.

(Parecer do Conselho Técnico da DGRN, relator Mouteira Guerreiro, homologado em 1995-05-19, *BRN-CT*, 2/02, p. 21)

NOTAS

1. De acordo com Albino Matos, "[a] questão era a de saber se o sócio pode unificar uma quota adquirida em solteiro com outra que adquiriu como casado no regime de comunhão de adquiridos. Depende da titularidade, devemos dizer; sim, se a segunda quota for bem próprio, como afirma o douto parecer. No caso de aumento do capital, analisado pelo parecer, a segunda quota é indiscutivelmente bem próprio na hipótese de *aumento por incorporação de reservas*. Mas é-o também, salvo melhor opinião, na hipótese de *aumento por novas entradas em dinheiro*, independentemente da proveniência deste (art. 1723.º, al. c), contra o que diz o douto parecer. É que, tendo o sócio direito de preferência no aumento do capital (arts. 266.º e 458.º do Código das Sociedades Comerciais), a quota ou fração que adquira em tal contexto deve considerar-se adquirida em virtude de direito próprio anterior, sendo, portanto, igualmente

bem próprio (art 1722.º, n.º 1, al. c), e n.º 2, al. d), do Código Civil)".

Considerando, como este autor, que a quota adquirida por um sócio cônjuge no âmbito de um aumento de capital na constância do matrimónio no exercício do direito de preferência fundado em quota adquirida antes do casamento, ver os acórdãos do Tribunal da Relação de Lisboa, de 2014-12-09, no processo n.º 4790/05.6TCLRS.L1-1, disponível em http://www.dgsi.pt/jtrl.nsf/33182fc732316039802565fa00497eec/f925fc2c7b4e707f80257dd300801474?OpenDocument&Highlight=0,bens,comuns, e de 2011-10-20, no processo n.º 372/09.1TCFUN.L1-2, disponível em http://www.dgsi.pt/jtrl.nsf/33182fc732316039802565fa00497eec/17074b612c0a0bde8025798b005235da?OpenDocument .

2. Defendendo também a nulidade da unificação da quota que integre os bens comuns do casal com outra quota que integre o património do cônjuge sócio, ver o parecer do Conselho Consultivo do IRN (relator João Bastos), homologado em 2012-02-27, disponível em https://irn.justica.gov.pt/Portals/33/Doutrina/Pareceres%20do%20Conselho%20Consultivo/Registo%20Comercial/2011/RCo011-2011.pdf?ver=2019-06-07-145743-280.

Diferentemente, Cláudia Sofia Antunes Martins ("Efeitos Patrimoniais Especiais do Casamento nos Regimes da Comunhão: Cônjuges Titulares de Participações Sociais em Sociedades por Quotas ou Comerciantes", *Revista de Ciências Empresariais e Jurídicas*, (27), disponível em https://parc.ipp.pt/index.php/rebules/article/view/750, p. 204), entende que "[...] a unificação de quotas, pertencendo uma ao património comum do casal e outra ao património próprio do sócio, não origina a sua nulidade, devendo considerar-se, ao abrigo do art. 1726.º, n.º 1, do Código Civil, que a quota social unificada mantém a natureza da participação social mais valiosa".

T

TELECÓPIA

Os serviços dos registos e do notariado continuam a poder transmitir entre si, por meio de telecópia, todos os documentos de que possam ser extraídas certidões.

(Despacho da DGRN, de 1999-11-08, *BRN*, 10/99, p. 3)

1 – Os certificados, as certidões e os documentos análogos devem conter a designação do serviço emitente, a numeração das folhas, a menção da data e do lugar em que foram passados e, ainda, a rubrica e assinatura do funcionário competente.

2 – Nos documentos transmitidos por telecópia, nos termos da alínea l) do n.º 2 do artigo 4.º, além dos requisitos referidos no número anterior, deve incluir-se uma nota de encerramento contendo as menções exigidas para a emissão de certidões de teor.

3 – Os documentos recebidos por telecópia nos cartórios devem ser imediatamente arquivados no maço próprio, após terem sido numeradas e rubricadas todas as folhas e lavrada a nota de recebimento com indicação do número de folhas efetivamente recebidas, local, data, categoria e assinatura do funcionário competente do serviço recetor.

(Código do Notariado, art. 160.º)

TESTAMENTO

Capacidade testamentária

A capacidade testamentária ativa não é afetada por qualquer deficiência cerebral ou mental do testador, ao tempo da feitura do testamento, mas tão-somente por anomalias daquela natureza que eliminem a vontade e o entendimento.

(Acórdão do STJ, de 1971-12-10, *BMJ*, 212/257, disponível em http://www.dgsi.pt/jstj.nsf/954f0ce6ad9dd8b980256b5f003fa814/c41960349d5b8e88802568fc0039a268?OpenDocument)

I – O artigo 2180.º do Código Civil exige que o testador tenha expressado a sua vontade por palavras suas, tenha manifestado claramente a sua vontade e que essa expressão revele uma vontade que tenha ultrapassado a fase da ideia, projeto ou mero desígnio.

II – (...)

III – Recai sobre o interessado na anulação do testamento o ónus da prova da situação de incapacidade de facto do testador.

IV – Porém, se estiver demonstrado que o testador se encontrava num estado de saúde mental em que a incapacidade era a consequência mais provável, cabe ao beneficiário do testamento o ónus de demonstrar que apesar disso, no momento da celebração do testamento, o testador se encontrava com aptidão natural para entender o sentido da declaração e exercer livremente o poder de dispor dos seus bens.

(Acórdão do Tribunal da Relação Porto, de 2020-11-19, disponível em http://www.dgsi.pt/jtrp.nsf/56a6e7121657f91e80257cda00381fdf/99d1046fb254460580258646005 0a05c?OpenDocument)

NOTAS

Do disposto nos arts. 2188.º e ss. do Código Civil resulta, sucessivamente: a regra geral é a da capacidade (podem testar todos os que a lei não declare incapazes de o fazer); os menores não emancipados e os maiores acompanhados são incapazes apenas nos casos em que a sentença de acompanhamento assim o determine (contém a alteração mais recente do regime do maior acompanhado – Lei n.º 49/2018, de 14 de agosto).

Carácter pessoal

A

O artigo 1740.º [atual art. 2182.º] *do Código Civil proíbe que a instituição de herdeiro ou de legatário fique dependente do arbítrio de terceiro, mas não proíbe que o testador cometa a terceiro a escolha do legatário entre pessoas determinadas.*

É válido, pois, o legado deixado a uma de três pessoas, a escolher por outrem.

(Acórdão do STJ, de 1943-05-04, *Revista de Legislação e Jurisprudência*, ano 76, p. 133)

NOTAS

A solução é taxativa no Código Civil de 1966, dispondo expressamente, o n.º 2 do art. 2182.º, que o testador pode cometer a terceiro a nomeação do legatário de entre pessoas por aquele determinadas (e, bem assim, a repartição da herança ou do legado, quando institua ou nomeie uma generalidade de pessoas).

Em qualquer desses casos, todo e qualquer interessado tem a faculdade de requerer ao tribunal a fixação de prazo para a repartição da herança ou do legado ou a nomeação do legatário: sob a cominação, no primeiro caso, de a repartição pertencer à pessoa designada para o efeito pelo tribunal, e, no segundo, de a distribuição do legado ser feita por igual pelas pessoas que o testador tenha determinado (art. 2182.º, n.º 3).

B – Testamento "per relationem"

É nula, por contrária aos arts. 2182.º, n.º 1, e 2184.º do Código Civil, a disposição testamentária pela qual um indivíduo institui certas pessoas herdeiras do remanescente da sua herança, para que elas deem a esse remanescente o destino que lhes deixa recomendado, em harmonia com a vontade de seu falecido irmão.

(Acórdão do STJ, de 1927-10-14, *Revista da Legislação e Jurisprudência*, ano 61, p. 30)

NOTAS

Tomou-se a liberdade de atualizar as referências legais do acórdão sumariado, cujo conteúdo se transcreve.

Art. 2182.º, n.º 1: "O testamento é ato pessoal, insuscetível de ser feito por meio de representante ou de ficar dependente do arbítrio de outrem, quer pelo que toca à instituição de herdeiros ou nomeação de legatários, quer pelo que respeita ao objeto da herança ou do legado, quer pelo que pertence ao cumprimento ou não cumprimento das suas disposições."

Art. 2184.º: "É nula a disposição que dependa de instruções ou recomendações feitas a outrem secretamente, ou se reporte a documentos não autênticos, ou não escritos e assinados pelo testador com data anterior à data do testamento ou contemporânea desta."

Cláusula de incomunicabilidade: legítima

O testador só pode impor condições quanto aos bens de que lhe é permitido dispor; não as pode impor quanto aos bens que constituem a quota legitimária. E assim é nula a disposição pela qual o testador determina que serão incomunicáveis os bens que constituem a legítima dum dos herdeiros.

(Acórdão do STJ, de 1934-02-09, *RLJ*, 67/110)

NOTAS

1. Notar-se-á que o acórdão foi tirado no domínio do Código de Seabra e que é exatamente oposta a doutrina que vingou no Código Civil de 1966 (art. 1733.º, n.º 1, al. a)): "São excetuados da comunhão: a) os bens doados ou deixados, ainda que por conta da legítima, com a cláusula de incomunicabilidade" (...).

2. A este respeito e por elucidativo, transcreve-se, sem comentários, o sumário do acórdão da Relação do Porto, de 1970-04-20 (*BMJ*, 196/298), publicado, salvo erro, na *Jurisprudência das Relações*, 16/385:

"I – É válida a cláusula de incomunicabilidade estabelecida em testamento, celebrado em novembro de 1950, pelo pai, que faleceu em dezembro do mesmo ano e cuja herança se partilha de 1969, em relação aos bens deixados, por conta da legítima, a um filho casado no regime de comunhão geral de bens desde abril de 1946.

II – A validade resulta do disposto no art. 15.º do Decreto-Lei n.º 47344, que aprovou o novo Código Civil conjugado com a alínea b) do n.º 1 do art. 1733.º deste Código, a qual é claramente interpretativa do direito pré-vigente, na medida em que veio pôr termo a dúvidas e divergências, que anteriormente se levantavam a respeito da interpretação do n.º 2 do art. 1109.º do Código Civil de 1867.

III – Por isso, a esposa do filho contemplado no testamento não tem meação nos bens deixados ao marido, por conta da legítima, pelo pai deste e sogro daquela."

Cf., ainda, Pires de Lima e Antunes Varela, *Código Civil Anotado*, IV, Coimbra, Coimbra Editora, 1975, p. 401.

Concepturos

Não é necessária a indicação de ambos os pais, quando se instituem em testamento nascituros não concebidos. No caso de estes não nascerem, os bens pertencerão aos herdeiros legítimos que o eram à morte do testador.

(*Revista de Legislação e Jurisprudência*, ano 62, 91)

Tendo caducado a disposição testamentária a favor de nascituros não concebidos, por se verificar a inexistência destes, a devolução do testador – à falta de disposição em contrário – faz-se para os seus herdeiros legítimos, existentes no momento da sua morte, *independentemente de estes serem ou não vivos aquando da caducidade da referida disposição.*

(Acórdão da Relação Porto, de 1980-06-19, *Colectânea de Jurisprudência*, 5/3/101, disponível em http://www.dgsi.pt/JTRP.NSF/56a6e7121657f91e80257cda00381fdf/e95a0b423a54c2988025686b0066b48c?OpenDocument)

NOTAS

Ver o art. 2033.º, n.º 2, al. a), do Código Civil: "2 – Na sucessão testamentária ou contratual têm ainda capacidade [sucessória]: a) os nascituros não concebidos, que sejam filhos de pessoas determinadas, viva ao tempo da abertura da sucessão."

Cf., ainda, o art. n.º 66.º, n.º 2, e *BMJ*, 235/354.

No sentido do texto: acórdãos do STJ, de 1962-03-02, *BMJ*, 115/507, e de 1962-12-07, *BMJ*, 122/589; e J. A. Lopes Cardoso, *Partilhas Judiciais*, I, Coimbra, Almedina, 1969, p. 84.

Condição

1. O fideicomisso supõe que duas pessoas são por testamento chamadas sucessivamente *aos mesmos bens – primeiro uma (fiduciário), e depois a outra (fideicomissário), à morte daquela.*

O fiduciário tem uma propriedade temporária (vitalícia) e, quando ele falece, essa propriedade passa, como definitiva, ao fideicomissário. O direito do primeiro mantém-se no passado, não se considerando destruído retroativamente, e o do segundo só existe para o futuro, a partir do decesso daquele.

2. Situação diversa é a que se verifica nos casos em que o testador faz uma dupla deixa dos mesmos bens a favor de duas pessoas, mas subordinadamente à ocorrência ou não ocorrência de determinado acontecimento a verificar-se à morte ou até à morte de uma delas, e de tal maneira que, se o acontecimento se der, se considera essa pessoa retroativamente, *como não chamada à sucessão, e como chamada, também* retroativamente, *a outra. A condição será* resolutiva *para a primeira e* suspensiva *para a segunda.*

Há aqui o aproveitamento do instituto da condição, *quer na sua modalidade resolutiva quer na sua modalidade suspensiva, a que o testador pode subordinar a designação do sucessível, seja herdeiro ou legatário, e a que é inerente a ideia de retroatividade, pois os seus efeitos se retrotraem sempre à morte dele, testador (Código Civil, arts. 2229.º e 2242.º).*

3. No fideicomisso, os dois instituídos são ambos efetivos sucessores, um depois *do outro. Na situação diversa agora encarada, só existe no fim de contas um sucessor real, que será o primeiro se o acontecimento incerto se não der, e o segundo na hipótese contrária. Este, a suceder, não sucederá* depois *daquele, mas* em vez *dele, como seu substituto direto, graças à* retroatividade *da condição que destrói na raiz um dos chamamentos e o faz substituir, também desde a origem, pelo outro.*

4. Nestes termos, deve qualificar-se como legado condicional e não como fideicomisso a deixa que o testador faz de certa coisa a sua mulher, com a declaração de que, se esta a não alienasse, a coisa reverteria por morte dela para um terceiro.

(Inocêncio Galvão Telles, "Legado condicional e fideicomisso" (parecer), *Revista do Notariado*, 1988/1/79-94)

I – A declaração testamentária em que o testador (casado no regime da comunhão geral, sem filhos e/ou ascendentes), após constituir a mulher única e universal herdeira, venha a dispor que no caso de "ao falecimento da minha mulher ainda existirem bens provenientes da minha meação, estes serão herdados por meus irmãos e sobrinhos", não pode ser interpretada como um encargo fideicomissário do art. 2295.º do Código Civil.

II – Uma tal declaração testamentária deve antes ser configurada como uma declaração condicional, traduzindo-se a condição no falecimento do seu cônjuge, deixando bens provenientes da herança do testador, condição que, a verificar-se, fará produzir os efeitos que o testador havia deixado "condicionados" (condição suspensiva) e que, a não se verificar, fará cessar definitivamente os efeitos "condicionados" (condição resolutiva).

III – Donde, perante tal interpretação da declaração testamentária, está o cônjuge/beneficiário totalmente livre de dispor dos bens, que não estão cativos de qualquer encargo imposto pelo testador.

(Acórdão do STJ, de 2002-02-07, *Colectânea de Jurisprudência S.*, 10/1/75)

Cônjuge

A

O "de cujus", casado sem ascendentes ou descendentes, não necessita instituir, por testamento, o cônjuge seu universal herdeiro, já que este o é, como seu único herdeiro legítimo (art. 2144.º do Código Civil).

(Recomendações dos Serviços de Inspeção da DGRN)

NOTAS

Efetivamente, na falta de descendentes e ascendentes, o cônjuge é chamado à totalidade da herança, nos termos do art. 2144.º do Código Civil, na redação introduzida pela reforma de 1977.

O ato testamentário de instituição do cônjuge como herdeiro, na falta de descendentes ou ascendentes, é assim claramente supérfluo.

Esta regra legal, relativa à *redação* ou aos termos do ato, não é mais do que a expressão de um *princípio geral de direito* notarial (que, todavia, importa interpretar e aplicar com prudência e sentido de medida), segundo o qual se deve evitar tudo quanto seja inútil, supérfluo ou desnecessário, respeite a inutilidade à prática do ato, à sua *existência*, ou respeite ao texto do ato, à sua *redação*.

B – Legado em substituição da legítima

No sentido de minorar a predominância conferida na sucessão à posição do côn-

juge sobrevivo, resultante da reforma de 1977 do Código Civil, pode recorrer-se à figura do legado em substituição da legítima, previsto no art. 2165.º do referido Código:

O interessado fará testamento dispondo da quota disponível, legando ao cônjuge certos bens em substituição da legítima, regulando a hipótese de aceitação do legado que, nos termos legais, implica a perda do direito à legítima.

(C. Chagas, "Legados em substituição da legítima", *Revista do Notariado,* julho de 1980, ano I, n.º 1, pp. 21 e ss.)

NOTAS

A consagração do cônjuge como herdeiro legitimário, ao arrepio da tradição do nosso direito, trouxe realmente algum sobressalto às perspetivas de sucessão e às convicções de largos setores do nosso povo, tornando-se, em certos casos, os seus efeitos práticos particularmente chocantes: desde logo, o caso de cônjuges casados em regime de separação de bens, e particularmente se esse regime é de origem convencional; o caso, ainda, de cônjuges sem descendência nem ascendência, que, pela atuação da regra legitimária, veem mudar de ramo familiar – dos parentes de um dos cônjuges para os parentes do outro – a totalidade ou parte substancial do património hereditário.

Daí que se venha generalizando a prática sugerida no artigo em referência, recebendo-se, em geral, com muito agrado, a solução do *legado de usufruto vitalício da herança* em substituição da legítima. Exemplo: A e B, que não têm descendentes nem ascendentes, legam-se reciprocamente – em testamentos separados, já se vê –, em substituição da legítima, o usufruto vitalício de todos os seus bens, designando herdeiros universais, ou da quota disponível, consoante o legado venha ou não a ser aceite.

Conteúdo

Não subsistem dúvidas quanto à validade de cláusulas de carácter não patrimonial *que a lei expressamente permite inserir no testamento. Corolário importante é o de que o notário se não pode recusar a lavrar testamento (público) só com disposições desta ordem, alegando que o conteúdo essencial do testamento não está satisfeito.*

Disposições de carácter não patrimonial expressamente referidas por lei *são por exemplo a revogação de um testamento anterior (art. 2312.º), a perfilhação (art. 1853.º, al. c)), a confissão (art. 358.º, n.º 4), a designação de tutor e a respetiva revogação (art. 1928.º, n.º 3), a deserdação (art. 2166.º), a nomeação de testamenteiro (art. 2320.º), a reabilitação de um sucessível que incorreu em indignidade (art. 2038.º)...*

Aliás o notário não se pode recusar a lavrar testamento público só respeitante a matérias não patrimoniais, ainda que estas não correspondam às previstas expressamente por lei.

(J. Oliveira Ascensão, *Direito Civil – Sucessões,* Coimbra, Coimbra Editora, 1981, p. 284)

NOTAS

No sentido do texto, Pereira Coelho, *Direito das Sucessões,* Coimbra, 1968, p. 273.

Segundo o art. 2179.º do Código Civil:

"1. Diz-se testamento o ato unilateral e revogável pelo qual uma pessoa dispõe, para depois da morte, de todos os seus bens ou de parte deles.

2. As disposições de carácter não patrimonial que a lei permite inserir no testamento são válidas se fizerem parte de um ato revestido de forma testamentária, ainda que nele não figurem disposições de carácter patrimonial."

O testamento público, para além de outras características que lhe são específicas, também é, por força da lei, um negócio jurídico individual de efeitos "post mortem" e temporariamente secreto.

Como mera exceção à característica da individualidade e, consequentemente, à do seu sigilo temporário, a lei apenas permite a contida na alínea b) do n.º 3 do art. 1685.º do Código Civil.

Daí que, por ser ofensivo de um certo número das suas características, não seja admissível que, à sombra da permissão ínsita na citada alínea, o testador e o seu consorte declarem que certos bens móveis existentes na sua casa de habitação são de uma sua filha, por lhos haverem doado, por tal declaração ter o sentido e alcance de uma proposta de doação de índole contratual – arts. 940.º, 945.º e 947.º do Código Civil.

(Recomendações dos Serviços da Inspeção da DGRN, 1982, *Boletim da APN*, n.º 87/6/b)

NOTAS

Surpreendentemente talvez, por inusual, a prática censurada pela douta recomendação está longe de ser ilegal.

A declaração em causa é uma declaração confessória e não, como se pretende, uma proposta de doação.

Muito duvidoso, ainda, é que a autorização prevista no art. 1685.º, n.º 3, al. b), seja a única exceção permitida, como se alega, à regra da individualidade.

A referida prática será de evitar, em todo o caso, até pelos problemas que a propósito suscitaria a eventual revogação do testamento.

Deserdação

O disposto no art. 2166.º, n.º 1, al. c), do Código Civil não consente que o testador deserde o seu sucessível com fundamento na recusa de alimentos ao autor da sucessão, desde que jamais foi fixada judicialmente, ou convencionada, qualquer prestação alimentar a pagar pelo sucessível ao autor da sucessão.

(Acórdão da Relação de Coimbra, de 1991-10-29, *Colectânea de Jurisprudência*, 16/4/124)

1. A possibilidade de, em testamento, o autor da sucessão deserdar o herdeiro legitimário, nos termos do artigo 2166.º, n.º 1, al. c) do Código Civil, emerge só a partir da existência de um vínculo jurídico do herdeiro ao dever de prestar alimentos ao autor da sucessão, reportado a data anterior à da outorga do testamento.

2. A expressão "alimentos devidos" contida no artigo 2166.º, n.º 1, al. c) do Código Civil refere-se a uma obrigação alimentar já concretamente fixada, por acordo ou judicialmente.

3. Assim, só se justifica a deserdação desde que pré-definida a obrigação de alimentos, nos termos acabados de referir.

(Acórdão do Tribunal da Relação de Lisboa, de 2008-02-14, disponível em http://www.dgsi.pt/jtrl.nsf/33182fc732316039802565fa00497eec/653ccc1b6bd89f9880257427003b1dc7?OpenDocument)

NOTAS

Conclusão duvidosa, não encontrámos, todavia, qualquer elemento doutrinal que se lhe pudesse opor (e não foi por pouco buscar...).

Recorde-se, entretanto, o teor do art. 2166.º do Código Civil:

"1 – O autor da sucessão pode em testamento, com expressa declaração da causa, deserdar o herdeiro legitimário, privando-o da legítima, quando se verifique algumas das seguintes ocorrências:

a) Ter sido o sucessível condenado por algum crime doloso cometido contra a pessoa, bens ou honra do autor da sucessão, ou do seu cônjuge ou de algum descendente, ascendente, adotante ou adotado, desde que ao crime corresponda pena superior a seis meses de prisão;

b) Ter sido o sucessível condenado por denúncia caluniosa ou falso testemunho contra as mesmas pessoas;

c) Ter o sucessível, sem justa causa, recusado ao autor da sucessão ou ao seu cônjuge os devidos alimentos.

2 – O deserdado é equiparado ao indigno para todos os efeitos legais."

Conforme ainda o disposto no art. 2167.º, "a ação de impugnação da deserdação, com fundamento na inexistência da causa invocada, caduca ao fim de dois anos a contar da abertura do testamento".

No Código de Seabra, regiam os arts. 1875.º e ss. A propósito, ver Cunha Gonçalves, *Tratado de direito civil*, X, n.os 1472.º e ss.

I – A sentença penal estrangeira é insuscetível de ser executada em Portugal enquanto não revista e confirmada.

II – Mas nada obsta a que tal sentença seja utilizada em ação de declaração de indignidade sucessória como meio de prova de que o réu foi condenado por homicídio doloso contra a pessoa do autor da sucessão.

III – O prazo do art. 2036.º do Código Civil é de caducidade, pelo que tal prazo fica impedido pela propositura da ação e não pela citação do réu.

IV – Ao passo que no instituto de indignidade sucessória basta ao autor provar os requisitos do art. 2034.º do Código Civil, no instituto de deserdação tem o autor da sucessão de em testamento excluir expressamente o herdeiro da legítima, com fundamento em qualquer das ocorrências do art. 2166.º do Código Civil.

V – O instituto da indignidade sucessória é aplicável no caso de sucessão legitimária.

(Acórdão da Relação do Porto, de 2001-03-05, *Colectânea de Jurisprudência*, 26/2/161)

NOTAS

Sobre a deserdação, ver os arts. 2166.º e 2167.º do Código Civil.

I – A deserdação não é automática e está sujeita a ser impugnada com base na inexistência do facto invocado pelo testador.

II – Apesar do prazo para a impugnação da deserdação se iniciar com a abertura do testamento, é exigível, por analogia com o art. 2059.º do Código Civil, o conhecimento pelo deserdado da causa invocada no testamento e da deserdação.

III – Tendo a autora tomado conhecimento, há mais de dois anos, da deserdação, mas não sabendo o seu fundamento, o prazo para impugnação só se conta desde que tomou conhecimento da razão invocada pelo testador.

(Acórdão da Relação de Coimbra, de 2003-06-03, *Colectânea de Jurisprudência*, 28/3/27)

Disposição a favor dos parentes de terceiro

I – No extrato da inscrição devem ser identificados os sujeitos do facto inscrito, nos termos da alínea e) do n.º 1 e do n.º 2 do art. 93.º do Código do Registo Predial.

II – Não podendo ser identificados dessa forma, serão feitas as menções previstas no n.º 3 do referido artigo.

III – Esta doutrina aplica-se ao caso em que o testador institui como herdeiros os sobrinhos, mencionando primeiro os nomes de alguns e indicando depois que os outros são os filhos dos irmãos José, Álvaro e Américo.

IV – Neste caso, sendo vivo apenas o Américo, a inscrição de aquisição deve lavrar-se a favor, além dos demais instituídos, também dos filhos daquele Américo que existam ao tempo do seu falecimento.

(Parecer, de 1990-10-10, do Conselho Técnico dos Registos e do Notariado, relator Mouteira Guerreiro, P. 28/90 – R. P. 4, *Revista do Notariado*, 1991/2/257)

NOTAS

A disposição em causa, por força do disposto no art. 2226.º, n.º 1, do Código Civil, que o parecer não considerou, contemplava, no tocante aos filhos do Américo, apenas os que existissem (ou estivessem concebidos – art. 2033.º, n.º 1) à data da morte do testador.

Encargo

I – O encargo imposto num legado, que seja contrário à lei *ou* legalmente impossível, *é nulo e deve ter-se por não escrito, não importando saber da sua natureza modal ou condicional.*

II – O encargo de um legado que se traduzia na obrigação de construção e administração de um hospital por parte de uma câmara municipal é contrário à lei, *por esta não prever essa possibilidade entre as atribuições e competências dos municípios e por isso tem de haver-se como não escrito.*

III – Tem natureza modal *e não condicional, a cláusula de um testamento pela qual o testador dispõe a favor de uma câmara municipal da propriedade de determinados imóveis com a obrigação de construir e manter um hospital.*

(Acórdão do STJ, de 1985-10-17, *BMJ*, 350/355)

NOTAS

Ver os arts. 2244.º a 2247.º do Código Civil.

De harmonia com a previsão do art. 2245.º, é aplicável aos encargos impossíveis, contrários à lei ou à ordem pública, ou ofensivos dos bons costumes, o disposto no art. 2230.º: uns e outros se têm por não escritos, mas no caso de encargos física ou legalmente impossíveis ressalva-se a declaração do testador em contrário.

Erro

I – Se o testador tiver indicado erroneamente os bens que são objeto da disposição, mas da interpretação do testamento for possível concluir a que bens pretendia referir-se, a disposição vale relativamente a estes bens.

II – O lapso de escrita que consistiu em repetir a menção da localização de uma das frações autónomas, na identificação de outra do mesmo prédio, não afetando a primeira, deve considerar-se circunscrito a esta outra fração mal identificada.

III – Por se concluir que a esta fração autónoma, e não a qualquer das demais, pretendeu referir-se o testador, quando dispôs dela a favor de determinado legatário, deve aceitar-se a declaração dos interessados nesse sentido e lavrar-se como definitivo o registo de aquisição.

(Parecer, de 1988-02-26, do Conselho Técnico dos Registos e do Notariado, relator Rocheta Gomes, P. 86/87 – R. P. 3, *Revista do Notariado*, 1988/3/504)

NOTAS

1. Corresponde, textualmente, ao art. 2203.º do Código Civil. Cf., com interesse para o direito anterior (art. 1837.º do Código de Seabra): Cunha Gonçalves, *Tratado de direito civil*, IX, n.º 1382; Hugo Castelo Branco, "Esboço duma teoria do erro nos testamentos", *Revista da Ordem dos Advogados*, 1952, 1-2/270-8.

2. O simples erro de cálculo ou de escrita, revelado no próprio contexto da declaração ou através das circunstâncias em que a declaração é feita, apenas dá direito à retificação desta (art. 249.º do Código Civil).

Estrangeiro

I – O art. 31.º, n.º 2, do Código Civil indica claramente qual é a conexão que deve existir entre o negócio jurídico praticado por cidadão português em país estrangeiro e a lei que neste vigore, e ao abrigo da qual o negócio jurídico surgiu: esse cidadão português deve ter residência habitual no país estrangeiro em referência (o que não se dava na espécie).

II – A lei francesa (art. 969.º do Código Civil) prevê expressamente que o testamento possa ser ológrafo, ou seja, todo escrito pela mão do testador; e exige, para a sua validade, que ele seja totalmente escrito, datado e assinado pela mão do testador, sem sujeição a qualquer outra forma (art. 970.º do referido diploma legal) e, ainda, que seja depositado nas mãos de um notário antes de ser executado.

III – Exigindo o art. 2223.º do Código Civil Português, relativamente aos testamentos feitos por cidadão português em país estrangeiro, a observância de uma forma solene na sua feitura ou aprovação, deve entender-se que essa forma solene, com o sentido de forma escrita, é apenas exigível ou à sua feitura, ou à sua aprovação, não sendo, pois, exigível esse requisito de forma nas duas fases.

IV – O art. 2223.º do Código Civil Português não impõe a aprovação de testamento ológrafo feito por cidadão português em França, quer ao notário francês, junto do qual se procedeu ao seu depósito, quer ao funcionário consular português da área.

(Acórdão do STJ, de 1992-05-12, *BMJ*, 417/759)

NOTAS

Este acórdão foi publicado também na *Rev. Leg. Jur.*, 125/314, com a anotação discordante de Guilherme de Oliveira: a norma aplicável era a do art. 65.º, e não a do art. 31.º, do Código Civil; e, para efeito do art. 2223.º, forma solene não é igual a forma escrita, exigindo-se ainda a intervenção de um notário ou oficial equivalente.

Confirma este acórdão, com diferente fundamento, o acórdão da Relação de Coimbra, de 1991-02-26 (*Colectânea de Jurisprudência*, 16/1/86).

Ver também o parecer do Conselho Técnico do IRN, de 2010-03-05, disponível em https://www.irn.mj.pt/sections/irn/doutrina/pareceres/predial/2009/p-r-p-252-2009-sjc-ct/downloadFile/file/ctprp252-2009.pdf?nocache=1317733416.04.

Herdeiro "ex re certa"

Pode acontecer que o testador designe os seus herdeiros, e preencha a quota dos herdeiros com bens determinados. *Pode dizer: são meus herdeiros Lúcia, Lívio e Luís, o que sem dúvida é lícito. E pode a seguir indicar bens concretos, que preencham a quota de cada um. Os contemplados não ficariam com isto excluídos das vicissitudes que caracterizam a variabilidade normal da situação de herdeiro, como o acrescer em relação a outros herdeiros.*

(J. Oliveira Ascensão, *Direito Civil – Sucessões*, Coimbra, Coimbra Editora, 1981, p. 267)

NOTAS

Escusado enaltecer a importância que para o notariado reveste a doutrina sumariada e que se pode considerar comum: ver Pereira Coelho, *Direito das Sucessões*, Coimbra, 1968, p. 56, nota; R. Capelo de Sousa, *Lições de Direito das Sucessões*, Coimbra, Coimbra Editora, 2000, I, p. 62 e ss.; Galvão Teles, *Direito das Sucessões*, Coimbra, Coimbra Editora, 1973, pp. 178 e ss.; este tendendo à qualificação do caso como legado e aqueles no sentido da qualificação como herança.

Indisponibilidade relativa

I – É em razão de ser duvidosa a liberdade e espontaneidade da declaração da vontade do testador, dada a particular relação entre ele e o herdeiro instituído – médico, enfermeiro ou sacerdote – e o possível ascendente destes sobre aquele, que o artigo 2194.º do Código Civil considera nulas as disposições a favor de tais pessoas.

II – A indisponibilidade aí referida só opera quanto aos médicos e enfermeiros que trataram certa doença do testador, se este vier a falecer dessa mesma doença, e não doutra, ainda que crónica.

III – Quer a assistência do médico, quer a assistência religiosa do sacerdote devem ter-se realizado durante a doença de que morreu o testador, e durante a mesma doença deverá ter sido feito o testamento, para que o artigo 2149.º seja aplicável.

IV – Padecendo o testador, desde há vários anos, de doença crónica de foro cardíaco, vindo a falecer na sequência de uma crise súbita e fulminante, cinco meses depois de elaborado o testamento, não é inválida a disposição feita a favor do médico que o acompanhou, aliás não exclusivamente, na evolução da doença, mas não na crise aguda final.

(Acórdão da Relação de Lisboa, de 2001-10-25, *Colectânea de Jurisprudência*, 26/4/125)

O notário é solicitado para lavrar um testamento em que o outorgante, muito doente, pretende instituir como herdeiro o enfermeiro que o trata. Não há qualquer dúvida sobre a integridade das faculdades mentais do outorgante.

Deverá o notário celebrar o ato ou recusar-se com fundamento na nulidade da disposição (art. 2194.º do Código Civil e art. 190.º, n.º 1, al. a), do Código do Notariado)?

Uma das circunstâncias condicionantes da nulidade da disposição testamentária a favor do médico ou do enfermeiro, nos termos do citado preceito do Código Civil, é vir o autor da disposição a falecer da doença de que estava a ser tratado quando da celebração do testamento. Portanto, é uma circunstância que só pode ser comprovada depois do óbito do testador. Ora o testador pode vir a falecer de doença que não seja aquela de que estava a ser tratado no momento.

A conclusão, portanto, é de que a citada disposição do Código Civil, só por si, não constitui fundamento para o notário se recusar a lavrar o testamento nos termos solicitados.

(*Boletim da APN*, n.º 36/2)

NOTAS

Votamos com a maior firmeza no sentido da doutrina sumariada.

Segundo o art. 2194.º do Código Civil, é nula a disposição a favor do médico ou enfermeiro que tratar o testador, se o testamento for feito durante a doença e o seu autor vier a falecer dela. O preceito compreende as disposições a título de herança e as disposições a título de legado, esclarecendo, porém, o artigo 2195.º que a nulidade não abrange os legados remuneratórios de serviços recebidos pelo doente.

A nulidade da disposição apenas pode ser afirmada no quadro de um juízo de prognose *póstuma* e, por isso, não legitima a recusa da celebração do ato.

Por último, não vemos motivo de censura para o notário que, realizando o ato, problemática ou eventualmente nulo, consigne sucintamente no instrumento a explicação feita ao outorgante com advertência da possível nulidade.

Integração

Há uma tendência para excluir a integração do negócio testamentário, mas não parece inteiramente justificada.

Se nas disposições do testador há um salto, inutilizar-se-á tudo o resto porque o testamento não ficou consignada uma disposição de que elas dependiam? Não parece que isso seja compatível com um princípio de aproveitamento dos atos jurídicos, e particularmente do testamento, que não pode ser repetido.

Deve antes procurar-se o que seria compatível com a vontade do testador se houvesse previsto o ponto omisso: o art. 239.º do Código Civil.

(J. Oliveira Ascensão, *Direito Civil – Sucessões*, Coimbra, Coimbra Editora, 1981, p. 289)

NOTAS

Contra, o acórdão do STJ, de 1965-03-26 (*BMJ*, 145/388).

Sobre integração do negócio jurídico, cf. o acórdão do STJ, de 1973-02-16, e a que qualificou a integração em princípio como matéria de facto, merecendo anotação discordante de A. Vaz Serra (*RLJ*, 103/213).

A tese da inadmissibilidade da integração dos testamentos parece indiscutivelmente exata quando com ela pretende apenas declarar-se vedada ao intérprete qualquer adição, completamento *ou* acrescentamento *do contexto testamentário.*

Ao abrigo dessa ideia, que não traduz senão um corolário da natureza formal da declaração testamentária, deve o julgador considerar como insanavelmente nulas, por exemplo, as disposições em que o testador deixe em branco o nome da pessoa contemplada ou o objeto da deixa, e a lacuna não possa ser preenchida através doutros passos do testamento, por mais convincente que seja a prova extrínseca relativa à pessoa ou ao objeto visados pelo declarante.

A tese deve, porém, ser decididamente rejeitada quando com ela pretende exprimir-se a impossibilidade de ampliar a vontade expressa no testamento a pontos não previstos pelo testador na altura da elaboração do negócio.

(Antunes Varela, *Ineficácia do testamento e vontade conjetural do testador*, Coimbra, Coimbra Editora, 1950, p. 4, nota)

NOTAS

O autor aponta como exemplo vários casos que podem exigir, em determinados pontos, uma interpretação integradora do testamento e escreve ainda, na sua (injustamente) pouco lembrada tese de doutoramento: "Nos testamentos, tal como nos negócios entre vivos, o julgador depara a cada passo com verdadeiras *lacunas* da declaração; e as mesmas razões que justificam a tese subjetivista em matéria de interpretação, aconselham-no neste caso, ou seja, na atividade de preenchimento de tais lacunas, a orientar-se constantemente pela vontade presuntiva do testador, que encontra a sua base mais sólida na própria vontade real coadjuvada pelas presunções de experiência ou pelas máximas de razoabilidade adequadas."

INTERPRETAÇÃO

I – Na interpretação dos testamentos é admissível prova extrínseca, *estranha ao próprio contexto de documentos.*

II – Ao testador, no entanto, só pode ser imputada uma vontade que possa ainda considerar-se, de algum modo, expressa na declaração testamentária.

III – Infringe-se este limite, não só quando se imputa ao testador uma vontade frontalmente oposta ao que consta do próprio testamento, como também quando o seu contexto é de todo alheio àquela vontade.

(Acórdão do STJ, de 1966-05-03, *BMJ*, 157/296)

NOTAS

Doutrina conforme com o art. 2187.º do Código Civil.

O acórdão da Relação de Coimbra, de 1982-12-14, entre o mais, decidiu a propósito: "Na interpretação dos testamentos não é admissível prova complementar sobre uma tese enunciada quando essa tese não tenha no contexto do testamento um mínimo de correspondência" (*Colectânea de Jurisprudência*, 7/5/50).

Ver também o acórdão do Tribunal da Relação de Lisboa, de 2021-05-20, disponível em http://www.dgsi.pt/jtrl.nsf/33182fc732316039802565fa00497eec/5e97eb8a10df73f0802586e80030e5a3?OpenDocument:

"1 – Não há lugar à *reapreciação da matéria de facto* pela Relação quando o facto concreto objeto da *impugnação* ou da pretendida *ampliação* não seja suscetível de, face às circunstâncias próprias do caso em apreciação, ter relevância jurídica.

2 – O n.º 1 do art. 2187.º do Código Civil consagra a *tese subjetivista* na interpretação dos testamentos: o intérprete deve, acima de tudo, procurar a *vontade real* do testador. Isto porque, não sendo o testamento um negócio recetício, não há que proteger o interesse do *declaratário* nem as «*expectativas*» do *chamado* à sucessão. Por isso, não tem aplicação, na interpretação do testamento, a chamada *tese objetivista* expressa na *teoria da impressão do destinatário*, consagrada no art. 236.º n.º 1, do Código Civil.

3 – A lei exige, no art. 542.º, n.º 2, al. d), do CPC, para que ocorra litigância de má-fé neste tipo de *ilícito processual*, que o *uso manifestamente reprovável* que a parte faz do processo *esteja ordenado à prossecução de qualquer uma das finalidades descritas*. Isto é, o comportamento tem de ser um *comportamento finalístico*: a parte *instrumentaliza o*

processo ou *os meios processuais* para alcançar um *fim*, seja este o de atingir um *objetivo ilegal*, o *impedir a descoberta da verdade*, o de *entorpecer a ação da justiça* ou o de *protelar o trânsito em julgado da decisão*.

4 – A circunstância deste tribunal da Relação ter negado provimento ao recurso não significa que os apelantes agiram *com intenção específica* de *protelar o trânsito em julgado* da sentença: a *improcedência do recurso* não é sinónimo de *falta de fundamento sério* para o recurso.

5 – Para efeito da al. a) do art. 542.º, n.º 2, do CPC, para que se possa considerar que a parte litiga de má-fé, não basta que a pretensão deduzida, a defesa apresentada ou o recurso interposto seja considerado improcedente: exige-se que seja invocada uma *posição jurídica impensável, desrazoável*, baseada numa interpretação de uma norma ou de um instituto jurídico totalmente contrária à *opinião comum dos Doutores* e da jurisprudência sedimentada."

I – Com a expressão "contexto do testamento", do artigo 1761.º do Código Civil, pretende o legislador que se atenda não apenas ao texto de cada uma das disposições consideradas de modo isolado, mas a todo o conjunto do testamento.

II – Embora o fiduciário esteja numa situação próxima da do usufrutuário, a realidade jurídica é muito diversa, uma vez que o primeiro é proprietário pleno dos bens, só com o encargo de os conservar, e o segundo apenas detém o poder da sua fruição.

(Acórdão da Relação do Porto, de 2004-01-15, *Colectânea de Jurisprudência*, 29/1/66)

NOTAS

A expressão "contexto do testamento" é retomada na lei subsequente, atualmente em vigor – art. 2187.º do Código Civil.

Legado

A

I – É válida a deixa de coisa certa e determinada pertencente à herança indivisa *do cônjuge pré-defunto, feita pelo seu viúvo, mas apenas dá ao contemplado o direito de exigir o respetivo valor em dinheiro.*

II – A falta de individualização de cada um dos prédios rústicos que integram a deixa, não lhe tira os requisitos de certeza e determinação que definem o legado.

III – A disposição de extração de resina *de pinhais do testador integra também um legado, porque são certos e determinados os bens sobre que incide.*

(Acórdão da Relação de Coimbra, 1978-10-27, *Colectânea de Jurisprudência*, 3/4/1177)

NOTAS

Quanto ao primeiro ponto do sumário, interessa evocar aqui o acórdão do STJ, de 1981-07-21 (*BMJ*, 309/364): "A disposição por um dos cônjuges de coisa certa e determinada do património comum, quando devidamente autorizada pelo outro cônjuge, mantém-se válida em substância se, à morte do disponente, ainda não se fez a partilha por óbito do pré-defunto."

Nos legados de terrenos aptos para cultura *deve consignar-se no testamento a declaração do testador de possuir ou não outros prédios contíguos do mesmo género.*

No caso afirmativo, ou omitindo-se tal declaração, deve fazer-se constar do ato a advertência da possibilidade de anulação – em espécie – do legado, dentro do prazo de três anos a contar do falecimento do testador (arts. 1376.º e 1379.º do Código Civil e P. 202/70, de 21-04).

(Recomendações dos Serviços de Inspeção da DGRN, 1979, *Boletim da APN*, n.º 20/1-a)

Tendo o testador dividido a sua herança em legados e não aceitando um dos legatários, seu herdeiro legitimário, a designação dos bens que preenchiam a sua legítima, só em relação a esses bens existe ineficácia do testamento.

(Acórdão da Relação de Coimbra, de 1982-12-07, *Colectânea de Jurisprudência*, 7/5/49)

NOTAS

Em artigo publicado na *Revista do Notariado* (ano II, n.º 6, p. 27) faz-se a crítica da douta recomendação, considerando que a lei apenas impõe a afirmação da anulabilidade, não a sua negação; a anulabilidade não se presume, não tem de ser negada; a lei só obriga a referir a sua existência, não a inexistência.

Aliás, o que a recomendação põe em causa é um testamento, um ato *mortis causa*, isto é, um ato que só por morte produz efeito. E, à morte do testador, que lei vigorará? Não se sabe, bem podem as disposições vigentes ser revogadas ou alteradas. Eis uma disposição anulável à data do testamento que pode ser válida à data da abertura da sucessão. Quer dizer: a possibilidade de anulação é de raiz mais que problemática e, ainda por aí, a advertência supérflua.

De resto, pode, ao tempo da disposição, não se verificar fracionamento, e verificar-se à data da abertura da sucessão: basta, para tal, que entre as datas dos dois eventos o testador haja adquirido terreno contíguo ao legado. Eis uma disposição válida à data do testamento e anulável à data do óbito. O que reforça o juízo afirmativo da inanidade da advertência recomendada: à data do testamento, a anulabilidade não pode ser afirmada nem negada.

I – O testamento em que os prédios legados sejam identificados exclusivamente pelo lugar da sua situação – que é diferente para cada um deles – preenche os elementos mínimos de determinação dos bens objeto do chamamento sucessório, pelo que é título bastante para o registo da respetiva aquisição a favor do legatário.

II – Se, além disso, o testamento, na identificação dos prédios, faz alusão a uma "relação de bens" em que o testador figura como cabeça de casal, mas assinada por outrem, a qual terá sido apresentada ao notário que presidiu ao ato, tal documento, que existe no cartório, deverá, se ainda o não foi ser arquivado no respetivo maço de documentos, averbando-se o facto no instrumento.

(Despacho da DGRN, de 2002-11-29, *BRN-CT*, 11/02, p. 34)

I – O princípio da intangibilidade da legítima consagrado no art. 2163.º do Código Civil analisa-se na impossibilidade para o testador de impor encargos sobre a legítima ou, contra a vontade do herdeiro, designar os bens que a devem preencher.

II – Isto não impede o testador de interferir na composição da legítima, designadamente através da instituição de um legado por conta da quota hereditária, mediante o qual pode designar os bens que hão de integrar, no todo ou em parte, o quinhão de um herdeiro legitimário, que deste modo, em lugar de ter apenas direito a uma quota, cujo preenchimento seria feito na partilha, adquire logo, pela aceitação, direito àqueles bens determinados.

III – O legado de coisa certa e determinada do património comum do casal escapa à disciplina do art. 2252.º do Código Civil para o legado de coisa pertencente só em parte ao testador, ex vi *da ressalva contida no n.º 2 do mesmo preceito, que remete, nessa matéria, para o regime fixado no art. 1685.º do citado Código.*

IV – Nos termos deste art. 1685.º e como exceção à regra contida no seu n.º 2 – conversão automática "ope legis" da disposição em substância no legado do valor da coisa – é válida a deixa de bens certos e determinados, quando autorizada pelo outro cônjuge, ou previamente, por forma autêntica, ou no próprio testamento (cf. n.º 3, alínea b).

V – A aquisição do direito de propriedade sobre prédio deixado por conta da legítima implica a aceitação expressa ou tácita do legado, conforme o previsto nos artigos 2050.º e 2056.º, aplicáveis por força do disposto no art. 2249.º, todos do Código Civil.

VI – A aceitação tácita do legado, na ausência da correspondente noção legal, é a que decorre de factos que com toda a probabilidade a revelam (art. 217.º, n.º 1, do Código Civil), devendo ser havida como tal a requisição, pelo legatário, do registo de aquisição a seu favor do prédio assim titulado (...).

(Despacho da DGRN, de 2004-10-06, *BRN*, 9/04, p. 14)

B – Coisa alheia

I – É nulo o legado de coisa pertencente ao sucessor onerado com o encargo ou a terceiro, salvo se do testamento se depreender que o testador sabia que não lhe pertencia a coisa legada (cf. art. 2251.º, n.º 1, do Código Civil).

II – No direito a quinhão em herança indivisa não há qualquer direito de propriedade dos herdeiros aos bens em concreto que constituem a herança.

III – O testamento em que o autor da herança legou determinado prédio que integra o dissolvido casal de que o mesmo era contitular não pode valer como disposição do respetivo quinhão na universalidade (cf. art. 2187.º do Código Civil).

(Despacho da DGRN, de 2004-01-30, *BRN-CT*, 2/04, p. 30)

NOTAS

Sobre o legado de coisa alheia, pertencente a terceiro ou ao próprio onerado, ver o art. 2251.º do Código Civil, de que a máxima I transcreve o n.º 1.

C – Cônjuges

A disposição que incide sobre bens certos e determinados pertencentes à comunhão é sempre válida quanto ao valor e, em princípio, nula quanto à substância; por isso, nos termos do art. 1685.º, n.º 2, do Código Civil, o contemplado com o legado, feito pelo viúvo de usufruto do recheio de uma casa que faz parte do casal comum pode sempre exigir o respetivo valor em dinheiro.

(Acórdão do STJ, de 1974-06-28, *BMJ*, 238/236)

Nos termos do art. 1766.º do Código Civil de 1867 (art. 1685.º do vigente) é válida a deixa testamentária da nua propriedade de todos os bens do casal feita por um dos cônjuges com aquiescência, manifestada por forma autêntica, do outro, ao qual é reservado o usufruto desses bens.

(Acórdão do STJ, de 1976-01-20, *BMJ*, 253/184)

A lei – art. 1685.º do Código Civil – permite de modo expresso, que a aquiescên-

cia de um cônjuge à disposição da última vontade feita pelo outro de certos bens que fazem parte do património comum do casal seja dada no próximo testamento.

Sendo assim, a deixa testamentária feita pela mulher ao marido é válida, ainda que este tenha tido intervenção nesse testamento para conceder aquela autorização.

(Acórdão da Relação do Porto, de 1977-07-06, *Colectânea de Jurisprudência*, 2/5/1162)

NOTAS

Ver o art. 1685.º do Código Civil.

A testadora legara certos bens a um filho e outros bens ao marido, que interveio no testamento para autorizar aquele legado de bens determinados do património comum.

Na primeira instância declarou-se nula a disposição a favor do marido, por apelo ao disposto no art. 2181.º ("não podem testar no mesmo ato duas ou mais pessoas, quer em proveito recíproco, quer em favor de terceiro").

A Relação decidiu o contrário, entendendo – e bem – que no ato em causa só testou uma pessoa, a mulher, não o marido; e se a presunção que está na base do art. 2181.º fosse extensiva a casos como o citado, então, em circunstância alguma ao cônjuge do testador seria lícito intervir no ato testamentário, ainda que nele fosse contemplado, pela razão de que sempre se poderia afirmar que a disposição feita pelo testador era influenciada pelo seu cônjuge.

D – Dinheiro

I – O legado será válido sempre que a coisa legada, embora não existindo na herança, faça parte de certo género ou espécie.

II – O dinheiro integra-se na categoria de coisas fungíveis, *sendo, por isso, irrelevante que a soma legada se encontre ou não no património do falecido, incumbindo ao herdeiro o encargo de obtê-la para a entregar ao legatário,*

III – São devidos juros *desde a expiração do prazo fixado para cumprimento do legado. (...)*

(Acórdão do STJ, de 1968-01-12, *BMJ*, 173/291)

NOTAS

Este acórdão foi publicado também na *Revista da Leislação e de Jurisprudência*, 101/364, com anotação concordante de Pires de Lima.

O legado de coisa indeterminada de certo género é válido, ainda que nenhuma coisa do género exista no património do testador à data do testamento ou à data da morte (art. 2253.º do Código Civil).

Concordando que o dinheiro é coisa fungível por excelência e que o legado é válido mesmo que o dinheiro como tal não exista na herança, Cunha Gonçalves, *Tratado de Direito Civil em Comentário ao Código Civil Português*, Coimbra Editora, 1936, vol. 10, n.º 1439.

Quanto à entrega do legado de dinheiro e respetivo juro, ver os arts. 2270.º e 2271.º: o lugar de entrega é o da abertura da sucessão e o prazo é de um ano a contar da morte do testador, com ressalva de disposição em contrário; os juros são devidos, com fixação ou sem fixação de prazo, a partir da mora de quem deva satisfazer o legado.

E – Legado em substituição da legítima

1. A admissibilidade do legado em substituição da legítima era já reco-

nhecida no domínio do Código de Seabra, ao tempo vigente.

No Código Civil de 1966, a figura é explicitamente prevista pelo art. 2165.º, recolhida do respetivo anteprojeto de Galvão Teles, art. 167.º (*BMJ*, 54/77).

2. A intenção do testador de substituição da legítima deve ser expressa, mas pode ser tácita, ou deduzir-se por via de interpretação do próprio testamento.

De todo o modo, a intenção de substituição nunca é de presumir; na dúvida deve entender-se que se está perante a atribuição a um herdeiro, e não perante um legado em substituição da legítima (Oliveira Ascensão, *Direito Civil – Sucessões*, Coimbra Editora, 1981, p. 354).

I – Deixando a inventariada dois filhos e tendo instituído, por testamento, a favor de um deles, um legado em substituição da legítima, se este não vier a aceitar o legado, apenas lhe caberá a sua legítima, não tendo, por aquele facto, direito de participar na partilha da quota disponível *atribuída a seu irmão.*

II – Tal quota pertence a este exclusivamente, por forma do testamento, cuja eficácia e validade se mantém, a despeito daquela (não) aceitação do referido legado.

(Acórdão da Relação do Porto, de 1983-06-09, *Colectânea de Jurisprudência*, 8/3/264)

NOTAS

A instituição de um legado em substituição da legítima envolve, para o legatário, a exclusão automática da quota disponível? Parece que sim, para o presente douto acórdão, cuja decisão, porém, estava facilitada por o respetivo testamento conter, além do legado em lugar da legítima, a disposição a favor de outro filho de todo o remanescente da herança.

Como quer que seja, o notário, ao redigir o testamento, não deve deixar dúvidas a este respeito. Cumpre-lhe, pensamos, velar por que o testador se exprima claramente quanto ao destino da quota disponível, ou melhor, quanto à exclusão, ou não, do legatário nessa quota, e isto quer para o caso de aceitação, quer de repúdio do legado.

I – Não é nulo o testamento em que se deixa como legado o usufruto de certos bens a herdeiro legitimário e se institui herdeiros outras pessoas.

II – Se o valor do usufruto for inferior ao da legítima há que proceder à redução das deixas inoficiosas.

III – A aceitação do legado em substituição da legítima, pelo herdeiro legitimário, implica a perda do direito à legítima.

(Acórdão da Relação de Lisboa, de 1992-02-17, *Colectânea de Jurisprudência*, 17/1/158)

NOTAS

1. A terceira máxima não respeita ao legado por conta da legítima, como se diz por lapso no sumário da fonte, mas antes ao legado em substituição da legítima (art. 2165.º do Código Civil).

A distinção entre uma e outra figura é muito clara na lei, assim como na doutrina: C. P. Corte-Real, "O legado por conta da legítima e o legado em substituição da legítima", *CTF*, 310-312/19-34; e Galvão Telles, "Legado por conta da legítima e legado em substituição da legítima", *O Direito*, 1989, II/239-50.

2. Sobre o caso discutido no acórdão esclareça-se que o cônjuge beneficiado pelo legado não era, ao tempo do testamento,

herdeiro legitimário do testador, pelo que não se apresenta como pacífica a conclusão da Relação de que o testador quis o legado em substituição da legítima.

A questão é realmente de interpretação da vontade do disponente, mas a intenção de substituição nunca é de presumir, devendo, em caso de dúvida, entender-se que se está perante a atribuição a um herdeiro e não perante um legado em substituição da legítima (assim, Oliveira Ascensão, *Direito Civil – Sucessões*, Coimbra Editora, 1981, p. 354).

F – Recheio de casa

Legada uma casa "com o seu recheio", deve considerar-se este legado equivalente àquele a que se refere o artigo 1832.º do Código Civil (de Seabra), isto é, ao legado da casa com tudo o que se achar dentro dela.

Compreende, pois, tal legado não só o mobiliário propriamente dito, mas tudo quanto dentro da casa se encontrar, *como roupas, joias, vidros, louças, dinheiro, utensílios, géneros e até alfaias agrícolas.*

Do legado só se excluem as dívidas ativas, posto que na casa se encontrem os documentos respeitantes a elas. (...)

E questão de direito, e não de facto, saber qual é o alcance do legado do recheio da casa.

(Acórdão da Relação de Lisboa, de 1943-01-16, *Revista de Legislação e Jurisprudência*, ano 76, p. 175)

NOTAS

A mesma solução resulta, hoje, do art. 2263.º do Código Civil: "Sendo legado o recheio de uma casa ou o dinheiro nela existente, não se entende, no silêncio do testador, que são também legados os créditos, ainda que na casa se encontrem os documentos respetivos."

Cf., a propósito, com interesse: um parecer de Manuel de Andrade, intitulado "Legado de casas com todos os móveis e valores" (*Scientia Iuridica*, tomo VII, n.º 33, pp. 43-51); um artigo de Jaime Ribeiro de Oliveira, com copiosa informação de doutrina e jurisprudência (*RDES*, ano XXIV, n.os 1-2-3, pp. 79-92), sob a epígrafe: "Teria o art. 2263.º do Código Civil vigente alterado o conceito de «legado do recheio de uma casa» previsto no art. 1832.º do Código Civil de 1867?"

Nulidade

O facto de o notário se ter guiado, na feitura do testamento, por uns apontamentos *que lhe foram entregues, em nome da testadora, por um terceiro não significa que a testadora se encontrava em estado de coação nem que deixou de exprimir clara e compridamente a sua vontade, se ela fez ao notário declarações verbais que confirmavam o que dos apontamentos constava.*

Não invalida *o testamento, nem lhe tira o carácter de ato pessoal a circunstância de as confrontações dos imóveis de que a testadora dispôs terem sido indicadas por terceira pessoa. (...)*

(Acórdão do STJ, de 1928-03-09, *Revista da Legislação e de Jurisprudência*, ano 61, p. 172)

"I – Em princípio, o ónus da prova dos factos demonstrativos da incapacidade acidental do testador, no momento da feitura do testamento – cf. art. 2199.º do Código Civil –, recai sobre o interessado na anulação do testamento, nos termos do artigo 342, n.º 1, do Código Civil.

II – No entanto, logrando o interessado na anulação do testamento provar que a testadora padecia de doença de alzheimer com anterioridade ao período que abrange o ato anulando – testamento –, é de presumir, sem necessidade de mais, que na data do mesmo ato aquele estado se mantinha sem interrupção.

III – Assim, se, à data do testamento, se mostra atestado medicamente que a testadora sofria da referida doença de alzheimer, em contínua atividade e progressão, e que estava totalmente dependente de terceiros, é de concluir que, no momento da feitura do testamento, aquela se encontrava numa situação de incapacidade natural de entender e de querer o sentido da declaração testamentária.

IV – Nestes casos, provando-se a referida situação de demência, incumbia à beneficiária do testamento fazer a prova de que, no momento da feitura do mesmo, apesar da referida doença de que sofria, a testadora não foi influenciada pelo concreto estado demencial em que se encontrava.

(Acórdão do Tribunal da Relação de Guimarães, de 2017-10-04, disponível em http://www.dgsi.pt/jtrg.nsf/-/FFF8C1E-7FF1921D2802581E2003331B8)

Revogação

A revogação, expressa ou tácita, de um testamento por outro surte efeito mesmo que o segundo testamento seja, por sua vez, revogado ou caduque, pois o primeiro não ressurge, a não ser que o testador manifeste a sua vontade em tal sentido.

(Sentença do juiz de Barcelos, A. Costa e Sá, de 1970-01-03, *Revista dos Tribunais*, ano 90, p. 137)

NOTAS

1. Para que um testamento revogado recobre a sua força é necessário que o testador, ao revogar o testamento revogatório, declare, ainda que por escritura pública, ser sua vontade que revivam as disposições do primeiro.

2. Constitui aplicação direta do disposto no art. 2314.º do Código Civil:

"1 – A revogação expressa ou tácita produz o seu efeito, ainda que o testamento revogatório seja por sua vez revogado.

2 – O testamento anterior recobra, todavia, a sua força, se o testador, revogando o posterior, declarar ser sua vontade que revivam as disposições do primeiro."

Substituição fideicomissária

Não há fórmulas sacramentais para impor a obrigação de conservar e transmitir os bens que são objeto da substituição fideicomissária.

(Acórdão do STJ, de 1972-01-14, *BMJ*, 213/246)

Deixando António a raiz de determinados bens a Alfredo, e, no caso deste falecer sem filhos legítimos, aos sobrinhos de Alfredo, filhos de Henriqueta, tal deixa não pode ser considerada um fideicomisso *se as instâncias excluíram da intenção do testador impor a Alfredo a obrigação de conservar e transmitir aqueles bens.*

(Acórdão do STJ, de 1972-01-25, *BMJ*, 213/250)

NOTAS

A substituição fideicomissária é aplicável à herança, como aos legados (art. 2296.º do Código Civil): "Diz-se substituição fideicomissária, ou fideicomisso, a disposição pela qual o testador impõe ao herdeiro instituído o encargo de conservar a herança, para que ela reverta, por sua morte, a favor de outrem; o herdeiro gravado com o encargo chama-se fiduciário, e fideicomissário o beneficiário da substituição."

São havidas como fideicomissárias, nos termos do art. 2295.º, n.º 1, do mesmo Código:

"a) As disposições pelas quais o testador proíba o herdeiro de dispor dos bens hereditários, seja por ato entre vivos, seja por ato de última vontade;

b) As disposições pelas quais o testador chame alguém ao que restar da herança por morte do herdeiro;

c) As disposições pelas quais o testador chame alguém aos bens deixados a uma pessoa coletiva, para o caso de esta se extinguir."

A legou a B um prédio com a obrigação de o conservar para que reverta, por morte de B, a favor de C. A faleceu e B aceitou o legado. Pergunta-se: podem B e C operar a venda do prédio, de comum acordo, a um terceiro?

Cada um isoladamente – B (fiduciário) e C (fideicomissário) – parece que não o poderão fazer, aquele por força do disposto no art. 2291.º, este por força do art. 2294.º, ambos do Código Civil.

Mas, de comum acordo, dir-se-ia, porque não? Não poderia B, por exemplo, vender o seu direito a C ou, em favor deste, renunciar a ele? Os direitos de B e de C limitam-se reciprocamente: B não pode vender porque a coisa há de vir a pertencer a C: e C não pode vender porque a coisa pertence a B (vd. notas). Não poderão ambos, de comum acordo, desvincularem-se um ao outro destes limites e operarem a alienação?

Só que, perguntar-se-á, quem é o sujeito ativo da alienação? B ou C? C não, porque a coisa não lhe pertence (art. 2294.º). Será B, por isso que, segundo se diz, é verdadeiro proprietário? Mas B não pode vender (art. 2291.º), ainda que com o consentimento de C, porque este consentimento haveria de ter-se por autêntico repúdio, *coisa que o art. 2294.º proíbe.*

A solução parece que será forçosamente a de uma dupla transmissão: de B para C, por via unilateral (renúncia) ou contratual, gratuita ou onerosa; depois de C para o terceiro.

(*Boletim da APN*, n.º 67/5 – A. Matos)

O fiduciário, tanto em face do Código Civil de 1867 (...), como perante o Código Civil agora vigente, é proprietário *dos bens deixados em fideicomisso e não simples usufrutuário desses bens.*

(Acórdão da Relação do Porto, de 1974-06-14, *BMJ*, 238/283).

I – Na substituição fideicomissária, *que se caracteriza por uma sucessão na propriedade, o fiduciário encontra-se na situação de proprietário dos bens, com o encargo de os conservar e devolver ao fideicomissário com a abertura da substituição, podendo esta revestir a forma condicional, dado a lei não exigir que seja puro e simples o encargo de transmitir: verificado o evento de que depende a substituição, cessa o direito do fiduciário e começa o direito – também de propriedade – do fideicomissário.*

II – Na deixa testamentária condicional, *a nomeação pelo testador do segundo instituído (ou substituto) é feita sob condição suspensiva e, verificada a condição, que é resolutiva para o primeiro instituído, ela tem eficácia retroativa, não se verificando, portanto, a ordem sucessiva na propriedade, que caracteriza o fideicomisso.*

III – A classificação da disposição testamentária como condicional ou fideicomisso, depende da vontade do testador, entendida segundo as regras do art. 1761.º do Código de Seabra, em cuja vigência se abriu a sucessão.

IV – É de classificar como substituição fideicomissária, *e não deixa condicional, no domínio do Código de Seabra, a disposição testamentária em que a testadora instituiu única e universal herdeira dos seus bens sua sobrinha F... declarando que, se esta falecesse sem filhos, será simples fiduciária dos mesmos bens, que reverteriam, em tal caso, para os filhos da irmã dela testadora.*

(Acórdão do STJ, de 1985-12-17, *BMJ*, 352/377)

NOTAS

Além dos elementos indicados no douto aresto e na anotação da fonte, podem confrontar-se, no tema do sumário, Tito Arantes, "Fideicomissos e condições resolutivas", (*Revista dos Tribunais*, 88/195), e ainda os acórdãos do STJ, de 1972-01-25 (*BMJ*, 213/250), do STJ, de 1973-04-06 (*BMJ*, 226/241), da Relação do Porto, de 1973-11--30 (*BMJ*, 237/306) – sumariados na rubrica **Testamento – Condição**.

I – São três as notas essenciais que caracterizam a substituição fideicomissária: dupla disposição testamentária do mesmo objeto; encargo de conservar e transmitir, imposto ao fiduciário em proveito do fideicomissário; e ordem sucessiva, pois o fiduciário e o fideicomissário são instituídos sucessiva e não simultaneamente.

II – A determinação da intenção do testador constitui matéria de facto, da exclusiva competência das instâncias.

(Acórdão do STJ, de 1992-09-29, *BMJ*, 419/716)

NOTAS

O assento legal da substituição fideicomissária encontra-se nos arts. 2286.º e ss. do Código Civil.

Substituição quase-pupilar

Pode ter-se como válida ou eficaz a substituição que António, casado com Maria, ambos sem ascendentes vivos, faz a favor desta, depois de instituir o filho único de ambos, Manuel, maior, interdito por demência, único herdeiro de todos os bens da sua herança.

A cláusula final em que o testador institui a mulher herdeira da sua quota disponível, no caso de se considerar insubsistente a substituição, é válida e assegura praticamente os mesmo efeitos que a substituição.

(J. G. Pinto Coelho, "Sobre um caso de substituição quase pupilar", *Rev. Leg. Jur.*, ano 87, pp. 356-363)

NOTAS

Cf. os arts. 2297.º e 2300.º do Código Civil (substituições pupilar e quase-pupilar).

Na doutrina, para o Código de Seabra, Cunha Gonçalves, *Tratado de direito civil*, Coimbra Editora, 1936, vol. 10, n.ºs 1457 e ss. Para o Código de 1966: Tavarela Lobo, "Temas Jurídicos", *RDES*, ano XVI (1969), n.ºs 3-4, p. 372; e Oliveira Ascensão, *Direito Civil – Sucessões*, Coimbra Editora, 1981, pp. 63-66.

Testamentária

É válida a cláusula testamentária segundo a qual são conferidos poderes ao testamento para vender pessoalmente *um prédio da herança e pagar, com o produto da alienação, diversos legados em dinheiro, deixados a particulares e a instituições de caridade, desde que não sejam chamados à sucessão herdeiros legitimários.*

(*Rev. Leg. Jur.*, ano 88, p. 244)

NOTAS

Cf. os arts. 2320.º a 2334.º do Código Civil.

O testador pode nomear uma ou mais pessoas que fiquem encarregadas de vigiar o cumprimento do seu testamento ou de o executar, no todo ou em parte: é o que se chama testamentaria (art. 2320.º); a recusa da mesma faz-se por meio de declaração perante notário (art. 2324.º).

O testamenteiro tem as atribuições que o testador lhe conferir, dentro dos limites da lei (art. 2325.º).

O testador pode encarregar o testamenteiro do cumprimento dos legados e dos demais encargos da herança, quando este seja cabeça de casal e não haja lugar a inventário obrigatório (art. 2327.º).

Para efeitos do disposto no artigo anterior, pode o testamenteiro ser autorizado pelo testador a vender quaisquer bens da herança, móveis ou imóveis, ou os que forem designados no testamento (art. 2328.º).

É válida a cláusula testamentária pela qual determinado irmão da testadora fica encarregado de dividir a importância de uma pensão periódica pelos irmãos e irmãs da testadora ou filhos deles, de harmonia com as suas necessidades e conforme aquele julgar conveniente.

(Acórdão da Relação de Lisboa, de 1971-04-28, *BMJ*, 206/108)

NOTAS

1. A bondade da decisão parece poder justificar-se pelas disposições combinadas dos arts. 2182.º, n.º 2 (atribuição a terceiro da herança ou legado), e 2327.º (cumprimento de legados pelo testamenteiro) do Código Civil.

2. Em matéria de testamentaria, refira-se também, quanto a jurisprudência, o acórdão do STJ 22/71 (*BMJ*, 203/176).

Para o direito anterior, ver os arts. 1885.º a 1909.º do Código de Seabra.

Na doutrina: Cunha Gonçalves, *Tratado de direito civil*, Coimbra Editora, 1936, vol. 10, n.os 1475 e ss.; Oliveira Ascensão, *Direito Civil – Sucessões*, Coimbra Editora, 1981, n.os 10/IV, 223/III, 227/I, 232 e 233; R. Capelo de Sousa, *Lições de direito das sucessões*, II, Coimbra, Coimbra Editora, 1980-82, pp. 68 e ss.

Testamento cerrado

I – Para que o testamento cerrado respeite a forma solene bastará que se use a forma escrita.

II – O testamento cerrado carece de ser aprovado pelo notário, sem o que será mero escrito sem valor de testamento.

III – Elaborado testamento cerrado em França por português e não se mostrando que foi aprovado por notário, não é válido em Portugal.

(Acórdão da Relação de Coimbra, de 1991-02-26, *Colectânea de Jurisprudência*, 16/1/86)

NOTAS

Vejam-se, entre outros preceitos com interesse para o caso e citados pelo douto acórdão, os arts. 31.º, 65.º, 2206.º e ss. e 2223.º do Código Civil, bem como os arts. 116.º e ss. do Código do Notariado.

No sentido da primeira proposição, invoca-se Baptista Machado, *Lições de Direito Internacional Privado – Apontamentos, 1971--72*, p. 453, e I. Magalhães Colaço, *Sistema português de normas de conflitos*, Lisboa, AAFDL, 1968, p. 95.

I – O simples facto de abertura irregular do testamento não tem como consequência a sua anulação.

II – Apagadas palavras que estavam escritas no testamento encontrado no espólio do testador, salvo prova em contrário, é de presumir ser este o autor da obliteração.

III – A obliteração parcial de testamento deve ser interpretada como revogação parcial do mesmo.

(Acórdão da Relação do Porto, de 1996--03-28, *Colectânea de Jurisprudência*, 21/2/211)

I – Não pode ser afetada pela obliteração a parte do testamento sobre a qual a obliteração não incidiu.

II – Havendo certas passagens do testamento quase apagadas, tornando-se difícil e, em parte, impossível a sua leitura, impõe-se, em ampliação da matéria de facto, que seja definida a extensão da ilegibilidade.

(Acórdão do STJ, de 1997-04-22, *Colectânea de Jurisprudência S.*, 5/2/67)

NOTAS

Ambos os arestos respeitam à mesma espécie, mantendo o Supremo, apenas em parte, o primeiro sumariado.

Ver, a respeito, o art. 2315.º do Código Civil (inutilização do testamento cerrado).

I – A ação de nulidade do testamento cerrado fundada no facto de, contra o disposto no art. 2206.º do Código Civil, ter sido datilografado e de não terem sido prestadas pelo testador as declarações referidas nas alíneas a), b) e c) do n.º 2 do art. 116.º do Código do Notariado de 1967, caduca se proposta depois de decorridos dez anos sobre a data em que o interessado teve conhecimento do testamento, na sua forma e conteúdo.

II – O testamento cerrado deve ser manuscrito pelo próprio testador ou por outrem a seu rogo, estando excluído o uso da datilografia, sob pena de nulidade.

(Acórdão do STJ, de 2003-02-18, *Colectânea de Jurisprudência S.*, 28/1/101)

NOTAS

1. Alguma dúvida suscita a segunda máxima, assim como o acerto da decisão na espécie discutida.

A questão é esta: a lei notarial que exige a manuscrição do testamento cerrado não prescreve a nulidade para o caso de infração (art. 106.º do Código do Notariado); e a lei civil que prescreve a nulidade, não exige a manuscrição, limita-se a exigir que o testamento seja escrito pelo testador ou por terceiro (art. 2206.º do Código Civil).

De resto, a exigência do art. 106.º, se fazia sentido no tempo em que o próprio testamento público devia ser manuscrito, perdeu razão e sentido quando a lei foi alterada neste particular.

Aliás, mesmo naquele tempo, se o uso da datilografia não implicava a nulidade do testamento público, porque haveria de implicá-la no caso de testamento cerrado?

Testamento "per relationem"

Os documentos a que se refere o art. 2184.º do Código Civil, como integradores da vontade manifestada no testamento, além de deverem ser escritos e assinados pelo testador – não produzindo, assim efeito uma declaração datilografada, embora com reconhecimento da assinatura do testador –, devem ainda ser contemporâneos do testamento ou a ele anteriores e ser neste concretamente referidos e identificados.

(Acórdão do STJ, de 1971-01-22, *BMJ*, 203/176)

NOTAS

Tomou-se a liberdade de atualizar a referência legal do sumário, correspondente ao art. 1741.º do Código de Seabra.

Segundo o art. 2184.º do Código Civil, "é nula a disposição que dependa de instruções ou recomendações feitas a outrem secretamente, ou se reporte a documentos não autênticos, ou não escritos e assinados pelo testador com data anterior à data do testamento ou contemporânea desta".

A doutrina sumariada afigura-se razoável. No mesmo sentido, o acórdão do STJ, de 1964-04-21; cf. *BMJ*, 136/358, *Revista da Legislação e Jurisprudência*, 97/373, e *Revista do Notariado e Registo Predial*, 39/29; e, ainda, Cunha Gonçalves, *Tratado de direito civil*, Coimbra Editora, vol. IX, n.º 1363.

Nos termos do entendimento preconizado, quando o testador se reporte a documentos autênticos ou por si escritos e assinados, deve o notário referir concretamente e identificar no testamento esses mesmos documentos.

TRANSAÇÃO

IMÓVEIS

I – Na pendência de inventário judicial, a partilha hereditária pode efetivar-se por acordo das partes: na conferência de interessados, através de ata, judicialmente homologada, da qual constem todos os elementos relativos à composição dos quinhões e a forma da partilha – caso o juiz entenda que a simplicidade desta o consente – ou mediante o recurso a um contrato de transação.

II – A transação judicial, sendo um negócio jurídico, ao mesmo tempo, de natureza processual e de um direito material, que carece da homologação por sentença, pode assumir as formas de: termo no processo, ata, quando resulte de conciliação obtida pelo juiz, e documento autêntico ou particular, neste caso, sem prejuízo das exigências de forma da lei substantiva.

III – Esta ressalva implica, como corolário lógico, que, respeitando a partilha a bens imóveis, o documento em que se consubstancia a transação tenha de obedecer, sob pena da produção de efeitos meramente obrigacionais, ao formalismo da escritura pública notarial.

(Parecer, de 2003-11-27, do Conselho Técnico do IRN, relatora Maria Eugénia Moreira, *BRN-CT*, 11/03, p. 19)

TRESPASSE

Estabelecimento comercial ou industrial

1 – O notário que celebrar escritura do trespasse ou outro tipo de transmissão contratual relativa a estabelecimento comercial ou industrial exigirá previamente do cedente documento comprovativo da sua comunicação ao serviço periférico local da administração tributária da área da sua sede ou domicílio, feita com uma antecedência mínima de 30 dias e máxima de 60 relativamente à data da escritura.

2 – O disposto no número anterior não será aplicável se, antes da escritura, o transmitente apresentar ao notário certidão do serviço periférico local da residência, comprovativa da inexistência de quaisquer dívidas tributárias, emitida no prazo de 5 dias úteis após o pedido.

3 – Quando o trespasse for celebrado por qualquer outra forma legalmente admissível que não por escritura pública, o cedente deve comunicar a transmissão ao serviço periférico local da administração tributária da área da sua sede ou domicílio, nos mesmos prazos estabelecidos no n.º 1, relativamente à data da transmissão.

(Artigo 82.º do Código do Procedimento e do Processo Tributário)

I – Com o trespasse do estabelecimento comercial o trespassante fica implicitamente obrigado a não concorrer, durante certo tempo *e num* certo espaço, *como trespassário. Essa obrigação* implícita *de não concorrência tem o seu fundamento, segundo o tradicional ensinamento da doutrina, no* dever de entrega *que impende sobre o trespassante.*

II – A doutrina e a jurisprudência têm ido, porém, mais longe na definição do âmbito subjetivo *da obrigação implícita de não concorrência, fazendo-a abranger outros sujeitos que não apenas o trespassante do estabelecimento (e, sendo este um empresário em nome individual, o seu cônjuge), quando se prove que, em concreto, a concorrência desses outros sujeitos seria particularmente perigosa para o trespassário, atentos os* vínculos *que mantinham com o estabelecimento trespassado.*

III – Pela obrigação implícita de não concorrência poderá ser também vedado ao trespassante a assunção da qualidade de sócio de uma sociedade em nome coletivo, que explore um estabelecimento concorrente com o do trespassário sempre que, atentas as circunstâncias do caso concreto, se justifique a desconsideração da personalidade jurídica da sociedade, *por forma a ser possível dizer que é o sócio (trespassante) quem efetivamente concorre com o trespassário.*

(M. Nogueira Serens, "Trespasse de estabelecimento comercial (Obrigação de não concorrência)", parecer, 1997, *Colectânea de Jurisprudência S.*, 9/2/5-21)

I – A lei portuguesa não contém nenhuma regra sobre a existência de um dever de não concorrência do trespassante.

II – Em princípio, o exercício posterior pelo trespassante de atividade comercial concorrente na mesma zona territorial é exercício normal da concorrência e não concorrência desleal.

III – Se no trespasse se entrou em conta com o valor da clientela do estabelecimento, há uma obrigação implícita de não concorrência, sendo então a concorrência que o trespassante venha a fazer uma concorrência ilícita, em violação do contrato, e não concorrência desleal.

IV – Essa obrigação contratual implícita não se pode encontrar, contudo, da mesma maneira num negócio em que é cedida, pelo posterior concorrente, uma quota na sociedade que detém um estabelecimento comercial.

(Acórdão da Relação de Coimbra, de 2003-09-23, *Colectânea de Jurisprudência*, 28/4/10)

Natureza jurídica

O trespasse constitui um ato unitário e simples, de efeitos complexos, *operando quanto ao arrendamento os efeitos de uma cedência, quanto aos móveis, em regra, os de uma compra e venda, e quanto à clientela fundamentalmente os de uma prestação de serviços.*

Trata-se de uma figura autónoma, que não se confunde com a venda, ou troca, etc., que lhe possam subjazer. O trespasse é a transferência do estabelecimento; e aqueles atos os que operam, em certas circunstâncias, a transferência, ou seja, o trespasse.

(V. Taborda Ferreira, "Sublocação e trespasse: elementos para a definição de trespasse", *RDES*, ano IX (1956), n.º 2, pp. 97-112)

NOTAS

Quem transfere o estabelecimento obriga-se não (só) a dar, mas a (não) fazer: a fornecer os endereços dos clientes, a entregar a correspondência e documentação, etc., e a não fazer concorrência ao estabelecimento trespassado abrindo outro na vizinhança (J. Pinto Loureiro, *Tratado da locação*, III, Coimbra, Coimbra Editora, 1947, p. 151, e também *Manual dos direitos de preferência*, II, Coimbra Editora, 1945, p. 27).

Sobre a matéria em epígrafe, fundamental: Orlando de Carvalho, *Critério e estrutura do estabelecimento comercial*, Coimbra, Atlântida, 1967, e também na *Rev. Leg. Jur.*, 110/115 e 114/360 (Alguns aspetos de negociação do estabelecimento).

Quanto *à obrigação de não concorrência* do trespassante e seus limites: Ferrer Correia, *Lições de direito comercial*, I, Coimbra, 1965, p. 255; e, recentemente, L. Roca-Sastre Muncunill, "La vida jurídica de la empresa individual", "Ponencia" da Delegação de Espanha ao XV Congresso Internacional do Notariado Latino (Paris, 1979), *Revista de Derecho Notarial*, n.º 107, 1980, pp. 145-254.

O trespasse é toda a transmissão definitiva, "inter vivos", voluntária e global ou unitária de um estabelecimento comercial ou industrial (p. 437).

O trespasse e a cessão de exploração não são contratos inominados, *pois têm a sua própria nominação na lei que os prevê e regula, embora de forma não sistemática nem de todo completa (pp. 444-8).*

Não são tão-pouco contratos mistos; *são antes unos e unívocos (pp. 448-50).*

E são ainda negócios causais: *a cessão de exploração por definição e o trespasse na medida em que coenvolve várias espécies negociais (pp. 451-3).*

(E. Santos Júnior, "Sobre o trespasse e a cessão de exploração do estabelecimento comercial", AAVV, *As operações comerciais*, Coimbra, Almedina, 1988, pp. 397-463)

Objeto

I – O trespasse tem por objeto um estabelecimento comercial ou industrial e só é válido se a transferência abranger as instalações, utensílios, mercadorias ou outros elementos que integrem o estabelecimento e se destinar ao exercício do mesmo ramo de comércio ou indústria.

II – A transferência do estabelecimento, com as aludidas características de trespasse, implica a transmissão do direito ao arrendamento do local onde aquele se situa, sem dependência de autorização do senhorio.

III – A atividade de "escritório comercial" tanto pode constituir um estabelecimento comercial, objeto de trespasse, como ser um mero elemento de um estabelecimento que, por qualquer motivo, tenha de situar-se em local diferente daquele onde se concentram as mercadorias ou a atividade industrial.

IV – É legal o trespasse parcial de um estabelecimento, mas só no caso de haver secções que ofereçam relativa autonomia. Daí que não seja de aceitar que o escritório destinado a expediente e contabilidade de um estabelecimento ofereça esse carácter de autonomia suscetível de trespasse.

V – Constitui um estabelecimento o escritório comercial que tenha por objeto adquirir produtos destinados a atividades dos seus clientes ou até de sociedades coligadas, isto é, uma atividade (puramente burocrática, mas lucrativa) de intermediário, adquirindo mercadoria (diretamente) para os seus clientes, e não para si, destinada à venda.

VI – A cedência do local arrendado a terceiro mediante o pagamento da renda estipulada para o contrato de arrendamento, quer esta seja paga ao arrendatário pelo sublocatário, quer o seja diretamente ao senhorio, constitui sublocação.

(Acórdão do STJ, de 1989-10-31, *BMJ*, 390/425)

1. Trespasse é a transmissão definitiva, por ato entre vivos, onerosa ou gratuita, de um estabelecimento comercial.

2. Num concreto negócio de trespasse as partes gozam de liberdade para excluírem da transmissão alguns elementos do estabelecimento, não podendo, no entanto, essa exclusão abranger os bens necessários ou essenciais para identificar ou exprimir a empresa objeto do negócio.

3. Desrespeitando-se o âmbito mínimo (necessário) ou essencial de entrega, constituído pelos elementos necessários ou suficientes para a transmissão de um concreto estabelecimento, impossibilitado fica o trespasse, pelo que objeto do negócio translativo serão então singulares bens, ou conjuntos de bens de um estabelecimento, mas não o próprio estabelecimento.

4. Na comunicação do trespasse ao senhorio é necessária a remessa da cópia de um exemplar do contrato de trespasse, sob pena de ineficácia em relação ao senhorio.

(Acórdão do Tribunal da Relação de Lisboa, de 2020-09-29, disponível em http://www.dgsi.pt/jtrl.nsf/33182fc732316039802565fa00497eec/66769210744791df802585fc004beced?OpenDocument).

Passivo

Transmitido um estabelecimento comercial, a transferência do passivo determinado só produz efeitos com consentimento expresso do credor, não bastando, para tanto, dar-lhe conhecimento da transmissão do estabelecimento.

(Acórdão do STJ, de 1976-10-07, *BMJ*, 260/138)

O trespasse de estabelecimento comercial não envolve a constituição do tres-

passário na responsabilidade pelo passivo, a menos que tenha havido declaração de vontade, por parte dele, nesse sentido.

Efetuada no âmbito de processo executivo movido contra o arrendatário a penhora "do direito ao trespasse e arrendamento", tal não interfere no direito do senhorio de receber as rendas.

O adquirente do direito ao "trespasse e arrendamento", entretanto vendido na ação executiva não é responsável pelo pagamento das rendas anteriores à venda judicial, improcedendo a ação de despejo contra si intentada com fundamento na falta de pagamento das rendas em data anterior a essa venda.

Nesta conformidade não poderá o senhorio recusar o pagamento das rendas pelo novo arrendatário, com esse mesmo fundamento.

(Acórdão do Tribunal da Relação de Lisboa, de 2003-10-28, disponível em http://www.dgsi.pt/jtrl.nsf/-/2115CBC2F300C39E80256E6D0053509E)

Reserva de propriedade

I – A inclusão da cláusula da reserva de propriedade está expressamente permitida no caso do contrato de compra e venda a prestações (artigo 934.º do Código Civil), sendo esta disposição aplicável aos outros contratos onerosos pelos quais se alienem bens ou se estabeleçam encargos sobre eles, na medida em que sejam conformes com a sua natureza e não estejam em contradição com as disposições legais respetivas (artigo 939.º do Código Civil).

II – Nestas condições está o contrato de trespasse.

III – Não existe disposição legal que exclua a admissibilidade da cláusula de reserva de propriedade quando seja de trespasse o contrato negociado.

IV – Quando se trespassa um estabelecimento com reserva de propriedade, não se transfere a título provisório a propriedade do estabelecimento como universalidade e a titularidade da posição de arrendatário.

V – Tal transferência opera-se a título definitivo, muito embora o contrato possa vir a ser resolvido pelo trespassante se o trespassário não efetuar o pagamento do preço do trespasse.

(Acórdão do Tribunal da Relação do Porto, de 1990-05-29, disponível em http://www.dgsi.pt/jtrp.nsf/56a6e7121657f91e80257cda00381fdf/20dd07d3927d77fe8025686b006679fc?OpenDocument)

TROCA

Coisa futura

I – Por se tratar de negócio essencialmente real quoad effectum, *o contrato de permuta de lote para construção urbana (bem presente) por frações autónomas de edifício a construir nesse lote (bens futuros) só pode ser validamente concluído quando simultaneamente se constitua – sob* a conditio juris, *embora, da conclusão de tal edifício – a respetiva propriedade horizontal (arts. 62.º, n.º 2, do Código do Notariado e 280.º do Código Civil).*

II – O registo de aquisição do lote de terreno, com base nesse contrato, determinará então que se lavre também oficiosamente, como provisória por natureza (al. b) do n.º 1 do art. 92.º do Código do Registo Predial), a inscrição da constituição daquela propriedade horizontal.

III – Tal inscrição irá, por sua vez, permitir que se lavre desde logo o registo – também provisório por natureza nos termos da al. c) do n.º 1 do referido art. 92.º – da aquisição, também emergente da permuta, das frações autónomas a favor do cedente do terreno, tornando-a assim oponível a terceiros, e que o adquirente do terreno celebre novos atos de alienação de outras frações autónomas, todos eles suspensivamente condicionados, pela sua própria natureza, ao referido evento da conclusão do edifício (a construir ou em construção).

IV – Os registos provisórios de todos esses factos aquisitivos incidentes sobre frações autónomas, assim alienadas, não retirarão porém legitimidade ao adquirente do lote de terreno, enquanto proprietário inscrito do prédio – e este direito único sobre o prédio só se extinguirá (para dar lugar a tantos direitos de propriedade quantas as frações autonomizadas por força da divisão decorrente do ato constitutivo da propriedade horizontal) no momento em que se conclua a construção do edifício – para praticar, nesse entretempo, atos de alienação ou de oneração do prédio, que porém, ocorrendo pendente conditione, *serão resolúveis* ope legis *e* ex tunc *na parte respeitante às frações autónomas entretanto alienadas, como bens futuros, com a verificação do evento condicionante (art. 273.º do Código Civil).*

V – Devem, em contrapartida, ser recusados quer o registo de aquisição das frações autónomas quer o registo do lote de terreno, nos termos do art. 69.º, n.º 1, al. b), do Código do Registo Predial, pedidos com base em contrato, celebrado por escritura pública, em que as partes declarem ceder reciprocamente, uma o lote de terreno e a outra determinadas frações autónomas do edifício que se obriga a construir naquele lote, mas sem constituir (simultaneamente) a propriedade horizontal, uma vez que, não observando o requisito de admissibilidade legal de negócios inter vivos *de alienação de frações autónomas imposto pelo citado art. 62.º, n.º 2, do Código do Notariado, o consenso alcançado só poderá produzir efeitos meramente obrigacionais.*

(Parecer, de 2000-04-28, do Conselho Técnico da DGRN, relator Silva Pereira, *BRN-CT*, 6/2000, p. 50)

NOTAS

Advirta-se que o douto parecer tem vários votos de vencido, um quanto à conclusão, outros quanto aos fundamentos.

I – Celebrada escritura de permuta pela qual os donos de um terreno o cedem a uma empresa construtora, em troca de seis frações autónomas do prédio a nele edificar, livres de ónus ou encargos, a transferência da propriedade das frações ocorre quando construídas e entregues, sem necessidade de novo ato de transmissão.

II – O não cumprimento da obrigação de transmissão das frações livres de ónus ou encargos constitui a empresa na obrigação de indemnizar por responsabilidade contratual.

III – A hipoteca voluntária constituída pela empresa a favor do Banco, em garantia do empréstimo concedido, em data anterior à constituição da propriedade horizontal e à do registo de aquisição das frações a favor do dono do terreno, é válida e eficaz e prevalece sobre os registos posteriores.

IV – O Banco não pode ser responsabilizado com base na doutrina do efeito externo das obrigações, salvo se tiver agido com abuso de direito.

(Acórdão do STJ, de 2002-03-19, *Colectânea de Jurisprudência S.*, 10/1/139)

Conceito

I – É permuta, e não compra e venda, ou dação em cumprimento, o negócio jurídico pelo qual a firma proprietária de um imóvel o cede a outrem, sob determinado valor, e recebe em troca um certo número das suas ações, de valor nominal igual àquele, possuídas pelo cessionário.

II – O inquilino habitacional não goza do direito de preferência em relação à troca do imóvel em que reside, por só o ter nos casos de venda ou de dação em pagamento.

(Acórdão da Relação de Lisboa, de 85-07-30, *Colectânea de Jurisprudência*, 10/4//130, e *Revista do Notariado*, 1986/3/363)

Terrenos aptos para cultura

O art. 1378.º do Código Civil, relativo à troca de terrenos aptos para cultura, *diz respeito à troca de* parcelas *de prédios; não respeita à troca de* prédios, *a qual é lícita e admitida sem submissão ao condicionalismo do preceito.*

(*Boletim da APN*, n.º 29/2)

NOTAS

Segundo o art. 1378.º do Código Civil:

"A troca de terrenos aptos para cultura só é possível:

a) Quando ambos os terrenos tenham área igual ou superior à unidade de cultura fixada para a respetiva zona;

b) Quando, tendo qualquer dos terrenos área inferior à unidade de cultura, da permuta resulte adquirir um dos proprietários terreno contíguo a outro que lhe pertença, em termos que lhe permitam constituir um novo prédio com área igual ou superior àquela unidade;

c) Quando, independentemente da área dos terrenos, ambos os permutantes adquiram terreno confinante com prédio seu."

Este preceito teve por base o art. 79.º do anteprojeto de Pires de Lima (*BMJ*, 123/258) e por fonte a Base IV da Lei n.º 2116, de 62-08-14, que se referia expressamente a *parcelas*.

Que a lei civil não pretendeu inovar, omitindo embora aquela referência expressa da lei n.º 2116, informa-o o próprio autor do anteprojeto (*Código Civil Anotado*, III, 2.ª ed., Coimbra Editora, 1987, p. 242), subscrevendo, com o Prof. Antunes Varela, a doutrina sumariada: "Se se verificar, pois, uma troca de dois prédios independentes, que não sejam contíguos a terrenos do mesmo proprietário, não há qualquer limitação; a troca é perfeitamente legal, porque não há nenhum fracionamento de prédios rústicos."

O art. 1378.º do Código Civil, relativo à troca de terrenos aptos para cultura, *deve ser aplicado à letra, como impedindo a troca de* prédios *e/ou* parcelas *de prédios, fora do condicionalismo que prescreve.*

(*Boletim da APN*, n.º 35/2 – Fernandinho Rocha – e n.º 46/1 – Taveira Machado)

NOTAS

Combatendo a doutrina contrário (*Boletim da APN*, n.º 29/2), os AA. argumentam: o legislador visou conseguir o emparcelamento, para o que atribuiu aos proprietários confinantes o direito de preferência na venda ou dação em cumprimento; não pode admitir-se a troca de prédios rústicos aptos para cultura fora das condições do art. 1378.º, porque frustaria aquele objetivo legal, já que na troca não existe direito de preferência.

De facto, o que o legislador procurou, com o art. 1378.º, não foi conseguir o emparcelamento, mas sim evitar o fracionamento; e o fracionamento não se verifica na troca de *prédios*, mas na de suas *parcelas*; esta e só esta, por conseguinte, está sujeita ao condicionalismo do art. 1378.º.

Aliás, é sabido que a lei civil de 1966 não pretendeu inovar, consagrando o regime então vigente, constante da Lei n.º 2116, de 14 de agosto de 1962; e a Base IV, correspondente ao atual art. 1378.º, proibia apenas a troca de *parcelas*, não a troca de *prédios* rústicos aptos para cultura. Por último, a Base VI, sobre direito de preferência, não admitia esse direito nos casos de troca. Quer dizer: agora, como então, é admitida a troca de prédios, livremente, e nenhum argumento se pode extrair do facto de não haver direito de preferência em caso de troca.

Troca a filhos ou netos

I São aplicáveis ao escambo ou troca as normas relativas à compra e venda.

II – E, assim, é-lhe aplicável a disposição do art. 877.º do Código Civil, que proíbe a venda de bens por pais ou avós a filhos ou netos, se os outros filhos ou netos não consentirem nessa venda.

(Acórdão da Relação do Porto, de 1982-01-14, *Colectânea de Jurisprudência*, 7/1/258)

NOTAS

Doutrina razoável, fundamentada em a troca constituir um contrato oneroso inominado a que são aplicáveis as normas da compra e venda (art. 939.º do Código Civil).

No mesmo sentido, Tavarela Lobo, *RDES*, ano XVI (1-2), p. 182

U

USUFRUTO

Direito de acrescer

Há um verdadeiro direito de acrescer entre usufrutuários, quer no domínio do Código de Seabra, quer no domínio do atual Código Civil.

(Acórdão da Relação de Coimbra, de 1984-03-13, *Colectânea de Jurisprudência*, 9/2/38 e *Revista do Notariado*, 1985/1/128)

NOTAS

Para o Código de Seabra, art. 2250.º, ver Cunha Gonçalves, *Tratado de direito civil*, vol. XI, Coimbra Editora, 1929, n.º 1725, e *Rev. Leg. Jur.*, ano 90, p. 275.

No Código Civil atual, art. 1442.º: "Salvo estipulação em contrário, o usufruto constituído por contrato ou testamento em favor de várias pessoas conjuntamente só se consolida com a propriedade por morte da última que sobreviver." Ver também os arts. 2302.º e 2305.º.

Cf. ainda, com especial interesse na matéria: A. Gonçalves Coimbra, *O direito de acrescer no novo Código Civil*, Coimbra, Almedina, 1974, pp. 193 e ss.; *Revista da Ordem dos Advogados*, 1983/I/41-61 (A. Carlos Lima, "Aspetos do usufruto simultâneo e sucessivo. Contitularidade de direitos"); e Pires de Lima e Antunes Varela, *Código Civil Anotado*, III, 2.ª ed., Coimbra Editora, 1987, pp. 467/8.

I – A instituição do usufruto conjunto ou simultâneo a favor de duas ou mais pessoas, quando no título constitutivo nada tenha sido estipulado em contrário, confere a cada um dos co-usufrutuários um direito virtual ou tendencialmente extensível à totalidade das coisas usufruídas.

II – O reconhecimento desse direito dito de acrescer impede que se tenha por verificada a extinção do usufruto, ainda que só em parte, pelo facto de um dos seus beneficiários vir a adquirir a propriedade de tais coisas.

III – Preenchem os condicionalismos referidos nas conclusões anteriores, sendo-lhes por isso aplicáveis as regras aí definidas, as vendas, simultaneamente tituladas na mesma escritura, que A (proprietário pleno) faça a B e C, em comum e por inteiro até à morte deste último (C), do usufruto sobre determinados imóveis e somente a B da nua propriedade desses mesmos imóveis.

IV – Devem por isso tais factos – a constituição do usufruto conjunto e a aquisição da propriedade (de raiz) – ingressar no registo tal como foram titulados com observância das disposições combinadas nos arts. 97.º, n.º 1, e 98.º, n.º 1, do CRP. (...)

(Parecer, de , n.º 172599-05-29, do Conselho Técnico da DGRN, relator Silva Pereira, *BRN-CT*, 9/99, p. 40)

Menção

Seja qual for o título por que se opere a transmissão da nua propriedade *dum prédio, feita pelo titular da propriedade plena, implica o desmembramento desta em duas propriedades imperfeitas, passando a existir o usufrutuário ao lado do nu proprietário (art. 1440.º do Código Civil).*

O facto de o notário, na escritura, não ter feito expressa referência à reserva do usufruto pelo transmitente, por entender que só na hipótese de doação a lei lha impõe (art. 958.º do Código Civil), não obsta a que tenha havido, como é lógico, uma constituição desse direito.

(Recomendações dos Serviços Inspeção da DGRN, *Regesta*, 1982, 110-P)

NOTAS

Contraria, pensamos, a boa técnica uma escritura nos moldes da que é posta em causa na recomendação. Uma escritura que suscita dúvidas, cujos termos são ambíguos ou equívocos, não é uma escritura bem feita, posto que observe a estrita lei substancial (cf. art. 58.º do Código do Notariado).

Merece consideração que o que se doa, vende ou transmite, conforme o caso, não é a raiz ou nua propriedade de certa coisa, mas a própria coisa, cujo usufruto se reserva, ou transmite a outrem, ou que foi reservado ou transmitido a terceiro.

I – Civilisticamente, a renúncia ao usufruto é uma causa de extinção do direito de usufruto e gera a expansão do direito de propriedade que, por via dele [do usufruto], se encontrava comprimido [reduzido à raiz ou nua propriedade].

II – Para efeitos fiscais, designadamente dos arts. 1.º, 3.º, n.º 3, al. a), e 13.º, n.º 6, do Código do Imposto de Selo, aquele ato integra o conceito de «transmissão gratuita» e está sujeito a imposto de selo.

III – No direito fiscal o conceito de «transmissão» não se identifica com o conceito matriz do direito civil, pois o que nele releva não é o ingresso deste ou daquele bem ou direito na esfera jurídico-patrimonial de determinado sujeito, mas sim a transmissão que faz com que a esfera patrimonial deste se veja aumentada ou enriquecida – o que se tributa é a transmissão de riqueza traduzida no incremento do património do contribuinte.

IV – Os proprietários da raiz, transformados em proprietários plenos em consequência da renúncia ao usufruto, são os titulares do interesse económico para os efeitos do n.º 1 do art. 3.º do CIS, cabendo-lhes o pagamento do imposto do selo que é devido em consequência daquela renúncia.

V – Sendo esses proprietários filhos dos usufrutuários renunciantes e beneficiários da renúncia destes, beneficiam eles da isenção subjetiva [de tal imposto] prevista na al. e) do art. 6.º do CIS.

(Acórdão do Tribunal da Relação do Porto, de 2014-03-18, disponível em http://www.dgsi.pt/jtrp.nsf/-/2A9024FACCF4464F80257CCF004A8B94)

ÍNDICE GERAL